二級建築士試験
出題キーワード別問題集

2024年度版
全7年度分収録

全日本建築士会 監修
建築資格試験研究会 編

学芸出版社

はじめに

「二級建築士試験」は、建築士法第４条の規定に基づき建築物の設計、工事監理を行う技術者の業務の適正をはかるとともに、技術水準の確保などを目的として、都道府県知事が実施する国家試験です。

「二級建築士」の設計または工事監理ができる業務の範囲については建築士法第３条に規定があり、一級建築士に次いでその社会的責任の大きい資格であるといえますが、この二級建築士となるための第１関門である「二級建築士学科試験」は、毎年７月上旬に行われています。

本書は、二級建築士として必要な基礎的知識を有するか否かを判定するべく出題された「学科試験」の過去の問題と正解・解説を掲載した受験参考書です。

最大の特徴は、過去７年分の問題を並べ替え、学科ごとに出題キーワード別に集めたことです。これにより、試験の出題傾向と頻度が一目でわかり、大変な労力を要する受験準備も、能率的に進めることができる画期的な問題集となっています。受験者のみなさんには、実際に試験に出た類似問題を集中して解くことで、確実に実力を身につけられるだけではなく、自分のウイークポイントを知ってそれらを克服する上でも、役立てていただけることでしょう。

すべての問題には、正解を導くためのポイントも簡潔にまとめました。試験は五者択一なので、ともすれば自分の答えの正誤のみが気になりがちですが、一つ一つの解答の根拠を理解することが、合格につながる本当の実力を高めることになります。また本書は、出題キーワード別に整理してありますが、懇切な出題年度・問題番号の表記により、単年度の通しチェックも簡単にできるよう工夫してあります。問題を解く上でベースとなる、関係法令や各種構造規準等の出典もなるべく明記するようにしましたので、試験会場に持ち込み可能な建築関係法令集などを併用して学習されることをおすすめします。

受験のチャンスは、毎年一度きりです。二級建築士を目指すみなさんが、試験当日に日頃の実力が発揮できるように、本書を活用いただければ幸いです。

建築資格試験研究会

目　次

◉学科 I

＊各年度の下欄の数字は同年度に実施された二級建築士試験の問題番号を示します。問題は出題キーワードごとに新しい年度のものから順番に掲載しています。

R05	R04	R03	R02	R01	H30	H29
2023	2022	2021	2020	2019	2018	2017
1	1	1	1	1	1	1
	2			2	2	
2		2	2			2
3,10	3,10	3,10	3,10	3,10	3,10	3,10
6	5	6	6	6		6
4	4	4	4	4	4	4
5	6		5	5	5,6	5
		5				
7	7	7	7	7	7,8	7
9	9	9	8,9	9	9	9
8	8	8		8		8
11	11	11	11	11	11	11
12	12	12	12	12	12	12
		13				
13			13	13	13	13
14		14		14		14
15	13,15	15	15	15	14,15	15
	14		14			
16,17	16,17	16	16,17,18	16,17	16,17	16,17
		18		18		
18		17			18	18
19	19	19	19	19	19	19
20	20	20	20	20	20	20,21
22		22	21,22	21,22	21	22
21	22	21			22	
	23	23		23	23	23
23	24		23	24	24	24
24	18,21	24	24			
25	25	25	25	25	25	25

目 次

◉学科Ⅱ

R05	R04	R03	R02	R01	H30	H29
2023	2022	2021	2020	2019	2018	2017
		1	1	1		
1	1				1	1
2	2	2	2	2	3	2, 8
3	3	3	3	3	2	3
	5				5	
			5			5
4		5		5		
5	4	4	4	4	4	4
8	6,7	6,7	6,7	6,8	6,8	6
6,7	8	8	8	7	7	7
9	9	9	9	9	9	9
10	10	10	10	10	10	10
11	11	11	11	11	11	11
12	12	12	12	12	12	12
13,14	13,14	13,14	13,14	13,14	13,14	13, 14
15			15		15	16
16	15,16	15,16	16	15,16	16	15
17,18	17	17	17	17	17	18, 19
	18	18	18	18	18	
19	19	19	19	19	19	17
20	20	20	20	20	20	20
21,22	21,22	21,22	21,22	21,22	21,22	21, 22
23,24,25	23,24,25	23,24,25	23,24,25	23,24,25	23,24,25	23, 24, 25

目次

◉学科Ⅲ

R05	R04	R03	R02	R01	H30	H29
2023	2022	2021	2020	2019	2018	2017
1	1	1	1	1	1	1
2	2	2	2	2	2	2
3	3	3	3	3	3	3
4	4	5	4	4	4	4
5	5	4	5	5	5	5
6	6	6	6	6	6	6
7	7	7	7	7	7	8
8	8	8	8	8	8	7
9	9	9	9	9	9	9
10	10	10	10	10	10	10
12	11		11	12		
	12		12		12	11
11		11,12		11	11	12
13			13			
	13	13		13	13	13
14	14	14	14	14	14	14
15	15	15	15	15	15	15
16	16	16	16	16	16	16
17	17	17	17	17	17	17
18,19	18,19	18,19	18,19	18,19	18,19	18, 19
20	20	20	20	20	20	20
21	21	21	21	21		21
22	22	22	22	22	21,22	22
23	23	23	23	23	23	23
		24	24	24	25	24
24,25	24,25	25	25	25	24	25

目 次

◉学科Ⅳ

R05	R04	R03	R02	R01	H30	H29
2023	2022	2021	2020	2019	2018	2017
1	1	1			1	
			1	1		1
2		3		3		3
3	2		3	2	3	
	3	2	2		2	
4	4	4	4	4	4	4
						2
5	5	5	5	5	5	5
			7			6
6,7	6,7	6,7	6	6,7	6,7	7
8	8	8				9
			11	11	11	
9	9	9	10	10	10	8
10	11	11	8		8	10
11	10	10	9	8,9	9	11
12,13	12,13	12,13	12,13	12,13	12,13	12,13
14	14	14	14	14	14	14
15,16	15,16	15,16	15,16	15,16	15,16	15,16
17	17	17	17	17	17	17
18	18	18	18	18	18	18
19	19	19	19	19	19	19
20	20	20	20	20	20	20
21	21	21	21	21	21	21
22	22	22	22	22	22	22
23		23		23		23
24	24	24	24	24	24	24
	23		23		23	
25	25	25	25	25	25	25

〈本書の特徴と使い方〉

■出題キーワード別の編集

二級建築士試験「学科試験」の出題傾向を徹底分析し、過去7年分の問題を並べ替えて、出題キーワード別に収録しました。

これにより、類似問題が集約されますので、試験の出題頻度と問題の傾向がわかりやすく、受験対策が効率よく進められます。キーワード別の集中学習、弱点チェックで実力アップができるとともに、試験当日に備えた問題研究にも役立ちます。

同じキーワードの問題の中では、新しいものから順に掲載しています。

■出題頻度が一目でわかるレイアウト

各問題の前には、出題年度（元号）が一目でわかるバーを入れました。過去の出題状況が把握でき、今後の出題予想にも役立ちます。問題番号には、出題された学科と問題番号がわかるようにしてあります。

（凡例）**問題 01** Ⅳ 4 → キーワードごとの通し番号・学科Ⅳ・問題4

■解法のポイントを的確に解説

解説のあとに問題のポイントを明解に解説し、解法を的確にアドバイスしています。解答の根拠となる関係法令などの出典も、できるだけ明示しました。

・本書では、よく用いられる法令名等に以下のような省略表記を採用しています。

建築基準法 → 建基法（学科Ⅱにおいては「法」）
都市計画法 → 都計法
建築士法 → 士法
建築物の耐震改修の促進に関する法律 → 耐震改修促進法
高齢者・障害者等の移動等の円滑化の促進に関する法律 → バリアフリー法
国土交通省大臣官房庁営繕部監修「建築工事監理指針」 → 工事監理指針
日本建築学会「建築工事標準仕様書」 → JASS

＊各法の施行令、施行規則は、上記省略表記の「法」が各々「令」「則」に変わります。

（凡例） 建築基準法第2条第二号 → 建基法2条二号（法2条二号）
都市計画法施行令第25条 → 都計令25条

・過去の試験問題で現行の法規等や使用単位にそぐわない箇所は、編者の判断により、法規名、単位、内容等に適宜修正を加え学習者の便をはかりました。二級建築士試験オリジナル問題に修正を加えた問題は問題番号の右肩に＊を付し、次のように示しています。

（凡例）**問題 00** Ⅱ 6 ＊

・本書の内容は、原稿執筆時点（2023年10月）での法規・規準に準拠しています。

「学科Ⅰ」 分野別攻略法

建築史

・「日本」では住宅と社寺建築の様式、「西洋」では古代ギリシャや中世ゴシック建築に関する出題が、中心である。「建築史総合」では、日本・西洋ともに著名な建築家の設計による建築物の内容が問われる。

環境工学

・「温湿度」や「換気・通風・空気汚染」「結露」では、日常生活と関連して出題される。たとえば、「気温の快適範囲は、夏のほうが高い」や「老人のほうが子どもより、高めの気温を好む」など、あまりにも常識すぎて、逆に深読みしないように。

・「温湿度」の空気線図では、問題のボリュームがあり、難しそうにみえるが、空気線図という解答の元になる資料が載っていることから過去問を繰り返し学習することで確実に得点できる部分でもある。「換気・通風・空気汚染」「伝熱」では、計算の出題があるが、覚えるべき式は各項目で２つ程度なので、計算の不得意な方でも、学習時間が許せば理解したい。

計画各論

・「集合住宅」や「商業建築」「事務所」などでは、各形式（例：集合住宅であれば、片廊下型やメゾネット型など）が出題の中心となるので、図と用語で理解しよう。

・「各部計画」では、寸法や所要面積などが出題されるが、ここでは繰り返し出題されている過去問を中心に覚えていこう。

建築設備

・「空調・換気設備」や「省エネルギー設備」では、環境に配慮した事項からの出題が多い。

・「給水設備」「排水設備」や「電気設備」「照明設備」では、過去問から多く出題されている。

二級建築士試験
平成29年度～令和5年度

学科Ⅰ

学科Ⅰ

1 日本建築史

R05	R04	R03	R02	R01	H30	H29

問題01 Ⅰ1 日本の歴史的な建築物に関する次の記述のうち、**最も不適当なものはどれか。**

1. 唐招提寺金堂（奈良県）は、和様の建築様式で、一重、寄棟造りであり、前面1間を吹放しとしている。
2. 銀閣と同じ敷地に建つ東求堂（とうぐどう）（京都府）は、書院造りの先駆けであり、四室のうちの一室は同仁斎（どうじんさい）といわれ、四畳半茶室の最初と伝えられている。
3. 伊勢神宮内宮正殿（三重県）は、神明造りの建築物であり、式年遷宮によって造替が続けられている。
4. 浄土寺浄土堂（兵庫県）は、阿弥陀三尊を囲む四本の柱に太い繋虹梁（つなぎこうりょう）が架かり、円束と挿肘木による組物が支える大仏様の建築物である。
5. 三仏寺投入堂（鳥取県）は、修験の道場として山中に営まれた三仏寺の奥院であり、岩山の崖の窪（くぼ）みに建てられた日吉造りの建築物である。

解説 三仏寺投入堂（鳥取県）は、崖などの平地ではない場所に用いられる懸（かけ）造りで、屋根部分は仏寺建築ではあるが流造（切妻屋根で平入）となっている。清水寺（京都府）も懸造りである。日吉造りは日吉大社（滋賀県）に見られる神社様式で、入母屋屋根で平入を変形させた形であり左右にも庇がある。

2. 東求堂（とうぐどう）（京都府）は、足利義政の書斎として使われ付書院、違い棚が備えられていて、4畳半の部屋には炉が切られていたことから、初期の書院造りであり茶室のはじまりともいわれる。
4. 大仏様は、柱同士を貫でつなぎ耐震性を高めることによって大空間を実現した構造であるが、完全な形で現存する大仏様は、浄土寺浄土堂（兵庫県）と東大寺南大門（奈良県）の2棟のみである。

正解 5

R05	R04	R03	R02	R01	H30	H29

問題02 Ⅰ1 日本の歴史的な建築物に関する次の記述のうち、**最も不適当なものはどれか。**

1. 鹿苑寺金閣（京都府）は、方形造りの舎利殿で、最上層を禅宗様仏堂風の形式とし、二層を和様仏堂風、一層を住宅風とした建築物である。

2.　円覚寺舎利殿（神奈川県）は、部材が細く、屋根の反りが強い等の和様の特徴をもつ建築物である。

3.　旧正宗寺三匝堂（福島県）は、通称さざえ堂と呼ばれ、堂内に二重螺旋の連続斜路を有する建築物である。

4.　薬師寺東塔（奈良県）は、本瓦葺きの三重塔であり、各重に裳階が付いた建築物である。

5.　法隆寺金堂（奈良県）は、重層の入母屋造りの屋根をもつ堂であり、飛鳥様式で建てられた建築物である。

解説　円覚寺舎利殿（神奈川県）は、禅宗様（唐様）を代表する建築物であり、問題の特徴は禅宗様（唐様）のものである。和様は水平線を強調したデザインが特徴で、唐招提寺金堂がその代表的な建築物である。

3.　旧正宗寺三匝堂（福島県）は、上りと下りで二重螺旋構造のスロープとなっていて、以前は通路上に西国三十三観音像が安置されていた。

4.　薬師寺東塔（奈良県）は三重塔であるが、各層に裳階と呼ばれる庇のような構造物があるため、六重塔に間違われることがある。

正解 2

R05	R04	R03	R02	R01	H30	H29

問題 03　I 1　日本の歴史的な建築物に関する次の記述のうち、**最も不適当なもの**はどれか。

1.　数寄屋造りの桂離宮（京都府）は、古書院、中書院、新御殿等から構成され、茶室建築の手法を取り入れた建築物である。

2.　霊廟建築の日光東照宮（栃木県）は、本殿と拝殿とを石の間で繋ぐ権現造りの建築物である。

3.　東大寺南大門（奈良県）は、肘木を柱に直接差し込んで、組物を前面に大きく突き出した、大仏様（天竺様）の建築物である。

4.　住吉造りの住吉大社本殿（大阪府）は、奥行のある長方形の平面形状で、四周に回り縁がなく、内部は内陣と外陣に区分されている等の特徴をもった建築物である。

5.　出雲大社本殿（島根県）は、神社本殿の一形式の大社造りであり、平入りの建築物である。

解説　出雲大社本殿（島根県）は、妻入りの建築物で入口が右に寄った非対称の形式である。神社建築には他に、妻入りで、入口が中央にある住吉造、春日造や、平入りの神明造、流造、八幡造などがある。

正解 5

R05	R04	R03	R02	R01	H30	H29

問題 04 Ⅰ 1　日本の歴史的な建築物に関する次の記述のうち、**最も不適当なもの**はどれか。ただし、（　）内は、所在地を示す。

1. 姫路城大天守（兵庫県）は、白漆喰（しっくい）で塗り籠（こ）められた外壁が特徴的な城郭建築最盛期を代表する建築物である。
2. 三仏寺投入堂（鳥取県）は、修験の道場として山中に営まれた三仏寺の奥院であり、岩山の崖の窪（くぼ）みに建てられた懸（かけ）造りの建築物である。
3. 厳島神社社殿（広島県）は、両流れ造りの屋根をもつ本殿と摂社 客（まろうど）神社が主要な社殿で、拝殿、祓殿（はらえどの）、舞台、回廊などで構成された建築物である。
4. 旧正宗寺三匝堂（さんそう）（福島県）は、通称さざえ堂と呼ばれ、二重螺旋（らせん）の連続斜路を有する建築物である。
5. 伊勢神宮内宮正殿（三重県）は、神明造りの建築様式であり、全ての柱が礎石の上に立てられている建築物である。

解説　伊勢神宮内宮正殿（三重県）の神明造りをはじめ、大社造り、住吉造りなど初期神社建築の基礎部分は、基本的に地面に穴を掘って柱を立てる“掘立柱”となっている。日本に仏教が伝わり仏寺建築の技術が普及してきた後にみられる流造り、春日造り、八幡造りなどの基礎部分は、礎石の上に柱を立てるようになった。　**正解 5**

R05	R04	R03	R02	R01	H30	H29

問題 05 Ⅰ 1　日本の歴史的な建築物に関する次の記述のうち、**最も不適当なもの**はどれか。

1. 清水寺（京都府）は、急な崖に建っている本堂の前面の舞台を、長い束（つか）柱で支える懸（かけ）造りの建築物である。
2. 円覚寺舎利殿（神奈川県）は、部材が細い、組物が精密に細工されている、屋根の反りが強い等の禅宗様（唐様）の特徴をもった建築物である。
3. 鹿苑寺金閣（京都府）は、最上層を禅宗様仏堂風の形式とし、二層を和様仏堂風、一層を住宅風とした建築物である。
4. 中尊寺金色堂（岩手県）は、外観が総漆塗りの金箔（ぱく）押しで仕上げられた方三間の仏堂である。
5. 薬師寺東塔（奈良県）は、各重に裳階（もこし）が付いた本瓦葺きの五重塔である。

解説　薬師寺東塔（奈良県）は、五重の塔ではなく三重の塔である。各重に裳階（もこし）（小さい屋根）が付いているため、六重の塔にも見える。奈良時代に建てられた薬師寺の中で唯一創建当時より現存している建物で国宝に指定されている。五重の塔として有名なのは、法隆寺（奈良県；飛鳥時代）・興福寺（奈良県；室町時代）・東寺（京都府；江戸時代）などがある。

2. 仏寺建築の種類としては、禅宗様（唐様）の他に、挿し肘木により組物を前面に大きく突き出し、部材が太くて豪放な東大寺南大門（奈良県）が代表例の大仏様（天竺様）、禅宗様・大仏様より前に中国から伝わった様式を和風化させた、唐招提寺金堂（奈良県）が代表例の和様、和様に禅宗様または大仏様を融合させた折衷様があり、明王院本堂（広島県）が代表例である。

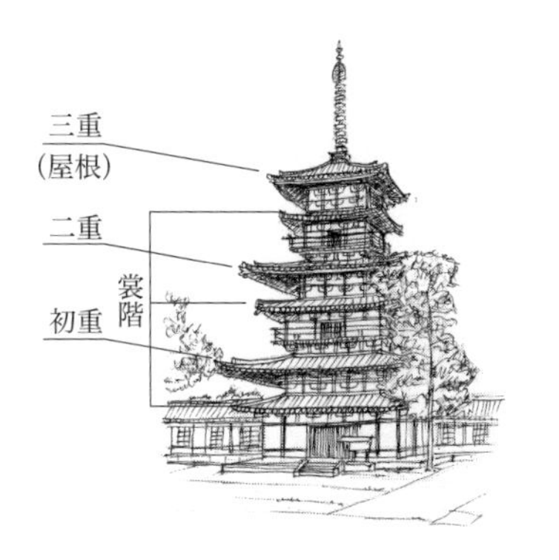

正解 5

R05	R04	R03	R02	R01	H30	H29

問題 06 Ⅰ 1 日本の歴史的な建築物に関する次の記述のうち、**最も不適当なもの**はどれか。

1. 住吉造りの住吉大社本殿（大阪府）は、奥行のある長方形の平面形状で、四周に回り縁(えん)がなく、内部は内陣と外陣に区分されている等の特徴をもった建築物である。
2. 霊廟(れいびょう)建築の日光東照宮（栃木県）は、本殿と拝殿とを石の間で繋(つな)ぐ権現造りの建築物である。
3. 神明造りの伊勢神宮内宮正殿（三重県）は、柱が全て掘立て柱で、棟木を直接支える棟持柱が側柱の外側に独立して設けられた建築物である。
4. 数寄屋造りの桂離宮（京都府）は、古書院、中書院、新御殿等から構成され、茶室建築の手法を取り入れた建築物である。
5. 大仏様（天竺様）の東大寺南大門（奈良県）は、部材が細く、屋根の反りが強い等の特徴をもった建築物である。

解説 大仏様（天竺様）の特徴は、挿し肘木により組物を前面に大きく突き出し、部材は太くて豪放な構造である。部材が細く、屋根の反りが強い等の特徴は禅宗様に見られる。

1. 住吉造りのほかに日本最古の神社形式としては、神明造り（伊勢神宮本殿）、大社造り（出雲大社本殿）がある。
2. 権現造りは、二つの社殿を繋げ、その間の空間を「相の間」とした八幡造り（宇佐神宮本殿）の特徴が伝わった建築である。

正解 5

R05	R04	R03	R02	R01	H30	H29

問題 07 Ⅰ 1 日本の歴史的な建築物に関する次の記述のうち、**最も不適当な**ものはどれか。

1. 厳島神社社殿（広島県）は、檜皮（ひわだ）葺きの殿堂を回廊で結び、海面に浮かんで見えるように配置した建築物である。
2. 東大寺南大門（奈良県）は、大仏様（天竺様）の建築様式であり、鎌倉時代に再建された建築物である。
3. 出雲大社本殿（島根県）は、神社本殿の一形式の大社造りであり、平入りの建築物である。
4. 鹿苑寺金閣（京都府）は、方形造りの舎利殿で、最上層を禅宗様仏堂風の形式とし、二層を和様仏堂風、一層を住宅風とした建築物である。
5. 中尊寺金色堂（岩手県）は、外観が総漆塗りの金箔（ぱく）押しで仕上げられた方三間の仏堂であり、平安時代に建てられた建築物である。

解説 出雲大社本殿は、妻入りの建築物で入口が右に寄った非対称の形式である。妻入りで、入口が中央にあるものは住吉造、春日造である。平入りの形式としては神明造、流造、八幡造などがある。

正解 3

学科Ⅰ

2 西洋・近代建築史

R05	R04	R03	R02	R01	H30	H29

問題01 Ⅰ2 歴史的な建築物とその建築様式との組合せとして、**最も不適当な**ものは、次のうちどれか。

1. アルハンブラ宮殿（スペイン）――――イスラム建築
2. シュパイヤー大聖堂（ドイツ）――――ロマネスク建築
3. サン・マルコ大聖堂（イタリア）―――ビザンティン建築
4. パリのオペラ座（フランス）―――――ルネサンス建築
5. シャルトル大聖堂（フランス）――――ゴシック建築

解説 ルネサンスは、フランス語の「再生」を意味する。封建制や教会などからの束縛を離れて、国家・社会・個人に新しい秩序をもたらすことを目的とし、古典主義的なデザインを用いる。イタリアのフィレンツェで始まった建築様式で、フィレンツェ大聖堂（イタリア）が代表作である。パリのオペラ座（フランス）は、ネオ・バロック様式を代表する建築で、その豪華なデザインは、国家の威信を表現し、その後、帝国主義の国々は競って取り入れた。

3. ビザンティン建築は、ハギア・ソフィア大聖堂（イスタンブール）も代表する建築で、平面の中央部に強大なペンデンティヴドームを乗せたものである。サン・マルコ大聖堂（イタリア）は、ギリシア十字式教会堂という十字形平面の交差部と、そこから4方向に張り出す各空間にドームを乗せた形式が特徴の建築である。
5. シャルトル大聖堂（フランス）は、ゴシック建築様式完成期の代表的な建築とされる。ゴシック建築として有名なパリのノートルダム大聖堂は、初期のゴシック建築を代表する建築であるが、2019年焼失により現在修復作業中である。

正解4

R05	R04	R03	R02	R01	H30	H29

問題02 Ⅰ2 西洋建築史における建築物A～Eについて、建造された年代の古いものから新しいものへと並べた順序として、**正しい**ものは、次のうちどれか。ただし、（　）内は、建築様式、所在地を示す。

A. ノートルダム大聖堂（ゴシック建築・パリ）
B. 大英博物館（ネオクラシシズム建築・ロンドン）
C. サン・ピエトロ大聖堂（バロック建築・バチカン）

D. フィレンツェ大聖堂（ルネサンス建築・フィレンツェ）
E. ハギア・ソフィア（ビザンチン建築・イスタンブール）

1. A → E → C → D → B
2. E → A → D → C → B
3. C → E → D → B → A
4. E → C → D → A → B
5. D → E → C → B → A

解説 西洋建築史の年代別の順序は、エジプト建築→ギリシャ建築→ローマ建築→初期キリスト教建築→ビザンチン建築→ロマネスク建築→ゴシック建築→ルネサンス建築→バロック建築・ロココ建築→ネオクラシシズム（新古典主義）建築が一般的であるが、このほかさまざまな様式が含まれる場合もある。 正解 2

R05	R04	R03	R02	R01	H30	H29

問題 03 I 2 建築物とその特徴に関する次の記述のうち、**最も不適当な**ものはどれか。

1. パルテノン神殿（アテネ）は、ドリス式のオーダーによる周柱式と細部にイオニア式の要素を用いたギリシア建築である。
2. ミラノ大聖堂（ミラノ）は、多数の小尖塔のある外観を特徴とした、ロマネスク建築の代表的な建築物である。
3. クリスタル・パレス（ロンドン）は、鉄骨、ガラス等の部材の寸法を規格化し、それらを工場でつくるプレファブリケーションの手法を用いて建築された、ロンドン万国博覧会（1851 年）の展示館である。
4. ファンズワース邸（アメリカ・イリノイ州）は、中央コア部分以外に間仕切壁をもたず、外壁が全てガラスで覆われた住宅である。
5. 落水荘（アメリカ・ペンシルヴェニア州）は、2 層の床スラブが滝のある渓流の上に張り出し、周囲の自然を眺められるように意図された住宅である。

解説 ミラノ大聖堂（ミラノ）は、パリ大聖堂と並ぶゴシック建築の代表作である。ロマネスク建築は、太い柱に厚い壁と半円アーチやヴォールト天井が特徴である。

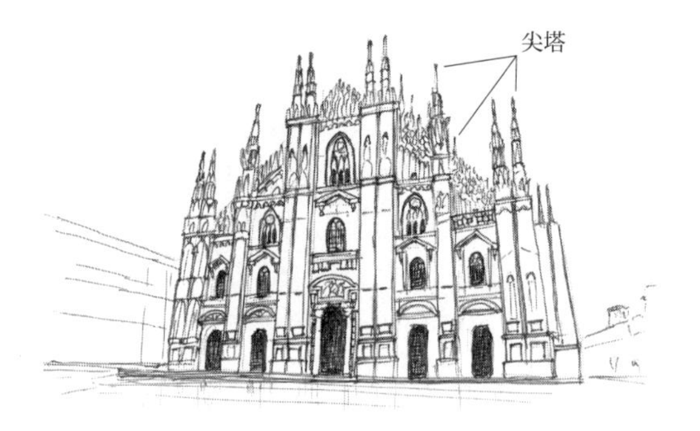

4.5. ファンズワース邸（ア

メリカ・イリノイ州)の設計は、ミース・ファン・デル・ローエ、落水荘(アメリカ・ペンシルヴェニア州)の設計は、フランク・ロイド・ライト。この2人にル・コルビジェを加えた3人を近代建築の巨匠と呼ぶことがある。 正解 2

【学科Ⅰ】

3 建築史総合

R05	R04	R03	R02	R01	H30	H29

問題 01 Ⅰ2 建築物とその設計者との組合せとして、**最も不適当な**ものは、次のうちどれか。

1. 国立京都国際会館――――大谷幸夫
2. 広島平和記念資料館――――村野藤吾
3. 東京文化会館――――前川國男
4. 塔の家――――東孝光
5. 住吉の長屋――――安藤忠雄

解説 広島平和記念資料館を設計したのは、丹下健三である。丹下健三は、その他にも国立代々木競技場、東京カテドラル聖マリア大聖堂、東京都庁舎、香川県庁舎などがある。村野藤吾の代表作は、世界平和記念聖堂、日生劇場、新歌舞伎座、依水園などがある。

正解 2

R05	R04	R03	R02	R01	H30	H29

問題 02 Ⅰ2 建築物A～Eとその設計者との組合せとして、**最も適当な**ものは、次のうちどれか。ただし、(　　)内は、所在地を示す。

A. 落水荘（アメリカ）
B. 惜櫟荘（せきれきそう）（静岡県）
C. 軽井沢の山荘（長野県）
D. サヴォア邸（フランス）
E. 塔の家（東京都）

	フランク・ロイド・ライト	ル・コルビュジエ	吉田五十八	吉村順三	東孝光
1.	A	D	B	C	E
2.	A	D	B	E	C
3.	A	D	C	B	E
4.	D	A	C	E	B
5.	D	A	E	C	B

解説 A.　落水荘（アメリカ）は、2層のスラブが滝のある渓流の上に張り出し、周囲の自然と一体感のあるフランク・ロイド・ライトの代表作である。

B.　惜櫟荘（せきれきそう）（静岡県）を設計した吉田五十八は、昭和初期に活躍し数寄屋建築に当時の近代的生活様式が対応できるよう新たな近代数寄屋建築を生み出した。

C.　軽井沢の山荘（長野県）は、1階部分がコンクリート打放し、2階部分が片流れ屋根の木造となっている吉村順三の代表作である。

D.　サヴォア邸（フランス）は、近代建築の5原則を具現化させたル・コルビュジエの代表作である。

E.　塔の家（東京都）は、三角形で6坪という敷地に、地下1階、地上5階の鉄筋コンクリート構造で計画された東孝光設計の自邸である。　正解1

R05	R04	R03	R02	R01	H30	H29

問題03 I 2　住宅作品とその設計者との組合せとして、**最も不適当な**ものは、次のうちどれか。

1.　ロビー邸――――――フランク・ロイド・ライト
2.　ファンズワース邸――――ミース・ファン・デル・ローエ
3.　フィッシャー邸―――――ルイス・カーン
4.　塔の家――――――――坂倉準三
5.　小篠邸――――――――安藤忠雄

解説 「塔の家（1966、東京）」の設計者は東孝光である。都市の魅力的な利便性を求め東京オリンピック時の道路計画でできた三角形で、わずか6坪という敷地に、地下1階・地上5階の鉄筋コンクリート構造の住宅（自邸）を建てたものである。坂倉準三が設計した代表的な住宅建築には、岡本太郎邸（現岡本太郎記念館）がある。

1.　ロビー邸は、アメリカのシカゴにある住宅で、低層で水平線が強調されたフランク・ロイド・ライトの提唱するプレーリースタイル（草原様式）の代表作である。

2.　ファンズワース邸は、鉄骨のフレームにガラス張りというデザインで、内部が外から丸見えになっている住宅である。内部は柱のない空間で真ん中に水回りを集めたセンターコアが配置されていて、どのような用途にも対応できるようになっている。

ファンズワース邸

5.　幾何学的な空間の配置と光の取入れ方など、安藤忠雄の住宅作品として有名である。

正解4

R05	R04	R03	R02	R01	H30	H29

問題04 〔Ⅰ2〕 住宅作品とその設計者との組合せとして、**最も不適当な**ものは、次のうちどれか。

1. ファンズワース邸（アメリカ）――ミース・ファン・デル・ローエ
2. 母の家（アメリカ）――――――――ロバート・ヴェンチューリ
3. ロビー邸（アメリカ）―――――――フランク・ロイド・ライト
4. サヴォア邸（フランス）――――――ル・コルビュジエ
5. シュレーダー邸（オランダ）――――ルイス・カーン

解説 シュレーダー邸の設計者は、トーマス・リートフェルトであり、オランダのユトレヒトに1924年に建てられた住宅である。リートフェルトはオランダ語で「様式」を意味する「デ・ステイル」のデザイングループのメンバーであり「赤と青の椅子」を制作している。シュレーダー邸はこの椅子のデザインを発展させたもので、住宅の内外に、赤や青や黄などの色が線や面で構成されている。2000年には、ユネスコの世界文化遺産に登録されている。

3. ロビー邸は、シカゴ（アメリカ）に建てられた住宅で、低層で水平線を強調したデザインはフランク・ロイド・ライトの提唱するプレーリースタイル（草原様式）を代表する建築物である。

正解 5

学科Ⅰ

4 用語・単位・環境工学

R05	R04	R03	R02	R01	H30	H29

問題01 Ⅰ3 建築環境工学に関する次の記述のうち、**最も不適当な**ものはどれか。

1. 人工光源の演色性を表す演色評価数は、その数値が小さくなるほど、色の見え方に関する光源の特性が自然光に近くなる。
2. 熱放射によって、ある物体から他の物体へ伝達される熱の移動現象は、真空中においても生じる。
3. 照度の均斉度は、室内の照度分布の均一さを評価する指標であり、その数値が1に近いほど均一であることを示している。
4. 昼光率は、全天空照度に対する、室内におけるある点の昼光による照度の比率である。
5. 音における聴感上の三つの要素は、音の大きさ、音の高さ、音色である。

解説 演色評価数は、対象の光源の下で色がどのように見えるかを表す指数で、基準光源（自然光など）によって照らされた色の見え方を100（最大値）で表し、値が低くなるほど基準光源によって照らされた色との差が大きいことになる。

2. 熱が伝わる方法には、「伝導」、「対流」、「放射」の3種類があり、真空状態は物質や空気、液体などが存在しないため「熱伝導」、「熱対流」はおこらない。しかし、熱放射は熱を伝える物質を必要としないため真空中でも熱を伝える。
5. 音は音波によって伝わるが、この波の周波数が音の大きさで、強さ（波の振幅）が音の高さ、波の波形の違いが音色として感知される。

正解1

R05	R04	R03	R02	R01	H30	H29

問題02 Ⅰ10 環境評価・地球環境等に関する次の記述のうち、**最も不適当な**ものはどれか。

1. CASBEE（建築環境総合性能評価システム）は、建築物が消費する年間の一次エネルギーの収支を正味ゼロ又はマイナスにすることを目指した建築物を評価する手法である。
2. ヒートアイランド現象は、人工排熱、地表面の人工被覆及び都市密度の高度化等の人間活動が原因で都市の気温が周囲より高くなる現象である。

3.　SDGs（持続可能な開発目標）は、2030年を達成年限とする国際目標であり、「水・衛生」、「エネルギー」、「まちづくり」、「気候変動」等に関する項目が含まれている。
4.　カーボンニュートラルは、二酸化炭素をはじめとする温室効果ガスの「排出量」から、植林、森林管理等による「吸収量」を差し引いて、合計を実質的にゼロにすることである。
5.　再生可能エネルギーは、太陽光・風力・地熱・水力・バイオマス等の温室効果ガスを排出しないエネルギー源である。

解説　CASBEE（建築環境総合性能評価システム）は、建築物の環境性能を環境品質（Q：Quality）と環境負荷（L：Load）の両側面から評価し格付けする手法で、評価結果が「S」「A」「B⁺」「B⁻」「C」の5段階で表わされる。建築物が消費する年間の一次エネルギーの収支を正味ゼロ又はマイナスにすることを目指した建築物を評価する手法は、ZEB（ネット・ゼロ・エネルギー・ビル）や、ZEH（ネット・ゼロ・エネルギー・ハウス）である。

正解 1

R05	R04	R03	R02	R01	H30	H29

問題 03 Ⅰ 3　建築環境工学に関する次の記述のうち、**最も不適当な**ものはどれか。
1.　熱伝導率の値が大きい材料ほど、断熱性が高い。
2.　日射量は、ある面が受ける単位面積・単位時間当たりの日射エネルギー量で表される。
3.　輝度は、光を発散する面をある方向から見たときの明るさを示す測光量である。
4.　音の強さは、音波の進行方向に垂直な単位面積を単位時間当たりに通過する音響エネルギー量で表される。
5.　PMV（予測平均温冷感申告）は、温度、湿度、気流、放射の四つの温熱要素に加え、人の着衣量と作業量を考慮した温熱環境指標のことである。

解説　熱伝導率は、材料内の熱の伝えやすさを表すもので、値が大きいほど熱を伝えやすく断熱性は低くなる。
2.　日射量が1年のうちで最も多くなるのは、日照時間が最も長い夏至の6月頃である。

正解 1

R05	R04	R03	R02	R01	H30	H29

問題 04 Ⅰ 10　環境評価・地球環境に関する次の記述のうち、**最も不適当な**ものはどれか。

1. ZEH（ネット・ゼロ・エネルギー・ハウス）は、外皮の断熱性能等の向上や高効率設備、再生可能エネルギーの導入により、室内環境の質を維持しつつ、年間の一次エネルギー消費量が正味ゼロ又はマイナスとなることを目指した住宅のことである。
2. ヒートアイランド現象は、大気中の二酸化炭素などの温室効果ガスが増えることを主たる要因として気温が上昇する現象である。
3. 暖房デグリーデーは、その地域の気候条件を表す指標で、その値が大きいほど暖房に必要な熱量が大きくなる。
4. カーボンニュートラルは、二酸化炭素をはじめとする温室効果ガスの「排出量」から、植林、森林管理などによる「吸収量」を差し引いて、合計を実質的にゼロにすることである。
5. ビル風の防止対策としては、外壁面の凹凸を多くする、外壁の出隅部分を曲面にする、頻度の高い風向に対する壁面の面積を小さくするなどの手法が有効である。

解説 ヒートアイランド現象の主たる原因は、都市部における道路や建築物からの輻射熱、自動車や建築物からの排熱、緑地などの土の面積が少ないことによる夜間放射冷却の減少による。二酸化炭素などの温室効果ガスには、大気中の赤外線を吸収し再放出する性質はあるが、温暖化の原因になるほどの影響はない。

3. 暖房デグリーデーは、暖房が必要とされる期間中（1年のうち日中平均気温が10℃を下回る初めの日から終わりの日の間）の基準温度（14℃）と外気温との差の合計なので、値が大きくなるほど暖房に必要な熱量は大きくなり、地域ごとに値は変わる。また、夏季の冷房が必要な期間中は冷房デグリーデーを用いる。 正解 2

R05	R04	R03	R02	R01	H30	H29

問題 05 Ⅰ 3 建築環境工学における用語・単位に関する次の記述のうち、**最も不適当な**ものはどれか。

1. 大気放射は、日射のうち、大気により吸収、散乱される部分を除き、地表面に直接到達する日射である。
2. 残響時間は、音源から発生した音が停止してから、室内の平均音圧レベルが60dB低下するまでの時間をいう。
3. 生物化学的酸素要求量（BOD）は、水質汚濁を評価する指標の一つである。
4. 絶対湿度の単位は、相対湿度の単位と異なり、kg/kg(DA)である。
5. 熱伝導率の単位は、熱伝達率の単位と異なり、W/(m・K)である。

解説 大気放射は、大気中に放射されたエネルギーの一部が大気に一旦吸収され再放射されたもので、問題の内容は直達日射である。

2. 残響時間は、室の容積が大きいほど長くなり、入室人数が多い場合や吸音材が多いほど短くなる。また、周波数が高いほど残響時間は短くなる。 正解 1

R05	R04	R03	R02	R01	H30	H29

問題 06 Ⅰ 10 建築物の環境評価及び地球環境に関する次の記述のうち、**最も不適当な**ものはどれか。

1. CASBEE（建築環境総合性能評価システム）は、室内の快適性や景観の維持を含めた建築物の運用に関わる費用を算出するシステムである。
2. PM2.5（微小粒子状物質）は、人の呼吸器系、循環器系への影響が懸念されており、我が国では環境基準が定められている。
3. SDGs（持続可能な開発目標）は、2030 年を年限とする国際目標であり、「水・衛生」、「エネルギー」、「まちづくり」、「気候変動」などに関する項目が含まれている。
4. 建築物の $LCCO_2$（ライフサイクル CO_2）は、資材生産から施工・運用・解体除却までの全過程の CO_2 排出量を推定して算出する。
5. ZEB（ネット・ゼロ・エネルギー・ビル）は、室内環境の質を維持しつつ、建築物で消費する年間の一次エネルギーの収支を正味ゼロ又はマイナスにすることを目指した建築物である。

解説 CASBEE（建築環境総合性能評価システム）は、建築物の環境性能を環境品質（Q：Quality）と環境負荷（L：Load）の両側面から評価し格付けする手法で、評価結果を「S」「A」「B^+」「B^-」「C」の 5 段階で表す。建築物の運用に関わる費用を算出するものではない。

4. $LCCO_2$（Life Cycle CO_2）は、建築物の建設を始めてから解体するまで（＝ライフサイクル：建設→運用→更新→解体）に排出される CO_2 の排出量をもとに評価するものである。 正解 1

R05	R04	R03	R02	R01	H30	H29

問題 07 Ⅰ 3 用語とその単位との組合せとして、**最も不適当な**ものは、次のうちどれか。

1. 立体角投射率――――%
2. 日射量――――――W/m^2
3. 熱伝達率――――――W/(m・K)
4. 比熱――――――――kJ/(kg・K)
5. 光束――――――――lm

解説 熱伝達率は、材料表面と周辺空気との間の熱の伝わりやすさを表す指標で、壁体表面 $1m^2$ 当たり、材料表面と周辺空気の温度差 1K 当たり、1 秒間当たりに移動する熱量（W）を表していて、単位は［W/（m^2・K）］である。値が大きいほど熱を通しやすく、風速が大きいと値が大きくなる。W/（m・K）の単位は、熱伝導率の単位で、壁の材料内の熱の伝わりやすさを表している。

正解 3

R05	R04	R03	R02	R01	H30	H29

問題 08 I 10 屋外気候に関する次の記述のうち、**最も不適当な**ものはどれか。

1. 月平均気温の 1 年の最高気温と最低気温の差を年較差といい、高緯度地域で大きく、低緯度地域で小さくなる傾向がある。
2. 我が国において、一般に、全天積算日射量は夏至の頃に最大となるが、月平均気温は地面の熱容量のため夏至より遅れて最高となる。
3. 日平均気温が、30℃ 以上の日を真夏日、0℃ 未満の日を真冬日という。
4. ある地域の特定の季節・時刻における風向の出現頻度を円グラフに表したものを、風配図という。
5. 縦軸に月平均気温、横軸に月平均湿度をプロットし、年間の推移を示した図をクリモグラフという。

解説 真夏日と真冬日の定義は、日平均気温ではなく日最高気温が 30℃ 以上は真夏日、0℃ 未満は真冬日となっている。同じような用語として、日最高気温が 25℃ 以上は夏日、35℃ 以上は猛暑日、日最低気温が 0℃ 未満は冬日となっている。

5. クリモグラフは、気温を縦軸、湿度を横軸にとり、各地域の月平均の気温変動をグラフに描いたもので、日本のように夏は高温多湿、冬は低温少湿の地域では右上がりの図となり、西洋の内陸部のように夏は高温少湿、冬は低温多湿の地域では左上がりの図となる。

正解 3

R05	R04	R03	R02	R01	H30	H29

問題 09 I 3 建築環境工学に関する次の記述のうち、**最も不適当な**ものはどれか。

1. 同じ体積の場合、容積比熱が大きい材料は、容積比熱が小さい材料に比べて、温めるのに多くの熱量を必要とする。
2. 照度は、受照面における単位面積当たりに入射する光束である。
3. NC 値は、室内騒音を評価する指標の一つである。
4. クロ（clo）値は、衣服の断熱性を表す指標であり、人の温冷感に影響する要素の一つである。
5. 蛍光ランプなどの照明器具から発生する熱は、潜熱である。

解説 潜熱は、湿度を変化させる熱（エネルギー）で、温度は変化しないが状態が変化（[水]→沸騰→[水＋蒸気]など）することである。それに対し、温度を変化させる熱（エネルギー）を顕熱といい、日射（負荷）、照明器具、OA（事務）機器などから発生する熱がそれにあたる。

4. クロ（clo）値は衣服の断熱・保温性を表わす指標である。一方、PMV（予測平均温冷感申告）は、温度、湿度、気流、放射の4温熱要素に、着衣量のクロ（clo）値と作業量を考慮した温熱指標のことである。

正解 5

R05	R04	R03	R02	R01	H30	H29

問題 10 I 10 建築物の環境負荷に関する次の記述のうち、**最も不適当な**ものはどれか。

1. CASBEE（建築環境総合性能評価システム）は、建築物の環境性能について、建築物における環境品質と省エネルギー性能の二つの指標により評価するものである。
2. 大気中の二酸化炭素濃度の上昇は、ヒートアイランド現象の直接的な原因とはならない。
3. 暖房デグリーデーは、ある地域の統計上の日平均外気温と暖房設定温度との差を暖房期間で積算したものであり、暖房エネルギー消費量の予測に使われる。
4. ZEH（ネット・ゼロ・エネルギー・ハウス）は、断熱性能の向上や高効率設備・再生可能エネルギーの導入により、年間の一次エネルギー消費量の収支を0（ゼロ）とすることを目指した住宅である。
5. 建築物におけるLCA（ライフサイクルアセスメント）は、建設から運用、解体に至る一連の過程で及ぼす様々な環境負荷を分析・評価することをいう。

解説 CASBEE（建築環境総合性能評価システム）は、建築物の環境性能を環境品質（Q：Quality）と環境負荷（L：Load）の両側面から評価し格付けする手法で、評価結果が「S」「A」「B^{+}」「B^{-}」「C」の5段階で表わされる。

4. ZEH（ネット・ゼロ・エネルギー・ハウス）は、省エネルギー住宅に太陽光発電などの再生可能エネルギーの導入により、年間の一次エネルギー消費量の収支を0（ゼロ）とするもので、「ZEH」はゼッチと発音する。

5. LCA（ライフサイクルアセスメント）は、環境問題として、CO_2排出問題や資源消費と廃棄物の循環型社会の重要性が認識される中、環境側面及び潜在的環境影響を評価するものである。環境影響の領域としては、資源利用、人の健康および生態系への影響が含まれる。

正解 1

R05	R04	R03	R02	R01	H30	H29

問題 11 I 3 建築環境工学に関する次の記述のうち、**最も不適当な**ものはどれか。

1.　BOD（生物化学的酸素要求量）は、空気汚染を評価する指標の一つである。
2.　残響時間は、音源から発生した音が停止してから、室内の平均音圧レベルが 60 dB 低下するまでの時間をいう。
3.　PMV（予測平均温冷感申告）は、温度、湿度、気流、放射の四つの温熱要素に加え、人の着衣量と作業量を考慮した温熱環境指標のことである。
4.　建築物の $LCCO_2$ は、ライフサイクルを通しての二酸化炭素の総排出量を示したものである。
5.　対流熱伝達は、壁面などの固体表面とそれに接している空気との間に生じる熱移動現象のことである。

解説　BOD（生物化学的酸素要求量）は、水の汚染を表す指標で、微生物が水中で有機物を分解するのに必要な酸素量のことである。空気汚染の指標としては二酸化炭素濃度（CO_2）が用いられるが、これは呼吸や喫煙などの生活行為や調理などの燃焼により、空気中に臭気や塵埃が増えるにつれ二酸化炭素量（CO_2）も増えるためである。そのほかには、一酸化炭素（CO）や揮発性有機化合物（VOC）があり、濃度について許容値や基準値が設けられている。　正解 1

R05	R04	R03	R02	R01	H30	H29

問題 12　I 10　屋外気候に関する次の記述のうち、**最も不適当な**ものはどれか。
1.　大気中の二酸化炭素濃度の上昇は、地球規模の気温上昇を招くとともに、ヒートアイランド現象の主たる原因となる。
2.　快晴日における海岸地方の風は、日中は海から陸へ、夜間は陸から海へ吹く傾向がある。
3.　快晴日における屋外の絶対湿度は、一般に、1 日の中ではあまり変化しないので、相対湿度は気温の高い日中に低く、気温の低い夜間に高くなる。
4.　我が国においては、夏至の頃に地表面に入射する日射量が最大になるが、土壌等に熱を蓄える性質があるので、月平均気温が最高になるのは夏至の頃よりも遅くなる。
5.　深さ 10 ～ 100 m の地中温度は、一般に、その地域の年平均気温よりわずかに高く、年間を通じて安定している。

解説　二酸化炭素は大気中の赤外線を吸収し再放出するので、大気中の二酸化炭素濃度の上昇は温室効果をもたらし温暖化の原因の一つにはなるが、ヒートアイランド現象の主な原因は、都市部における道路や建築物からの輻射熱、自動車や建築物からの排熱、緑地などの土の面積が少ないことによる夜間放射冷却の減少であるので当てはまらない。

5. この安定した地中の熱を利用し、冷暖房や給湯、融雪などに利用することがある。

正解 1

R05	R04	R03	R02	R01	H30	H29

問題 13 〔Ⅰ 3〕 建築環境工学に関する次の用語の組合せのうち、**同じ単位で表すことのできる**ものはどれか。

1. 熱貫流率 ——代謝量
2. 熱貫流率 ——昼光率
3. 照度 ————日射量
4. 照度 ————音の強さ
5. 日射量 ———音の強さ

解説 日射量と音の強さの単位はともに W/m^2 である。各種の単位を表す。
熱貫流率：$W/(m^2 \cdot K)$、代謝量：met、昼光率：%、照度：lx。

正解 5

R05	R04	R03	R02	R01	H30	H29

問題 14 〔Ⅰ 10〕 屋外気候等に関する次の記述のうち、**最も不適当な**ものはどれか。

1. 快晴日における屋外の絶対湿度は、一般に、1 日の中ではあまり変化しない。
2. 風速増加率は、ビル風の影響を評価する際に用いられる指標で、その値が 1.0 の場合、建築物の建築前後で風速の変化がないことを表している。
3. 冷房デグリーデーは、その地域の気候条件を表す指標で、その値が大きいほど冷房負荷が大きくなる。
4. ある地域の特定の季節・時刻に吹く風の風向発生頻度を円グラフで表した風配図は、円グラフの中心から遠いほど、その風向の風の発生頻度が高いことを表している。
5. 冬期の夜間において、断熱防水を施した陸(ろく)屋根の外気側表面温度は、外気温が同じであれば、曇天日より快晴日のほうが、高くなりやすい。

解説 快晴時、地表から放出された熱は放射冷却により上昇して、上空の冷気が降りてくることによって地表付近の気温は低くなる。曇天時の場合は、雲に上昇空気の熱は吸収され一部はそこから地表面に放出されることにより快晴時ほどの温度低下は起こらない。

2. 風速増加率は、建築物を建設する前後における風速の比率（建設後の風速 / 建設前の風速）で表されるので風速が変わらなければその値は 1.0 になる。
4. 風配図は、ある地点における一定期間の風向の頻度を 8 方位もしくは 16 方位に分けて表し、同時に各風向の平均風速をも示したもので、円の中心から棒状にデータを表したものや、各データを線で結びレーダーチャートのように表したものがある。形がバラの花びらに似ていることからウインドローズということもある。

正解 5

◖学科Ⅰ◗

5 温湿度

R05	R04	R03	R02	R01	H30	H29

問題 01 Ⅰ 6　図に示す湿り空気線図中の A 点の湿り空気（乾球温度 15℃ 相対湿度 40%）及び B 点の湿り空気（乾球温度 30℃、相対湿度 50%）に関する次の記述のうち、**最も不適当な**ものはどれか。

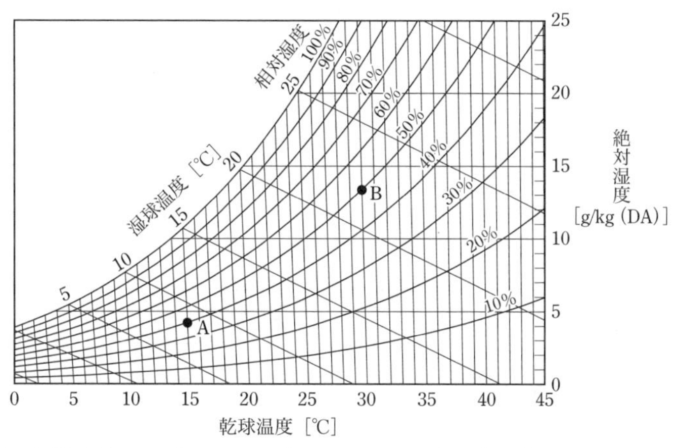

1.　A 点の空気を乾球温度 30℃ まで加熱すると、相対湿度は約 16%となる。
2.　A 点の空気に含まれる水蒸気量は、B 点の空気に含まれる水蒸気量の約 30%である。
3.　B 点の空気が 15℃ の壁面に接触すると、壁の表面に結露が発生する。
4.　A 点の空気を B 点の空気と同様な状態にするには、加熱及び乾燥空気 1kg 当たり 9g 程度の加湿が必要となる。
5.　A 点の空気と B 点の空気を同じ量だけ混合すると、「乾球温度 22.5℃、相対湿度約 45%」の空気となる。

解説　A 点と B 点を結んだ中間点が 2 つの空気を同量混合した状態点となるため、「乾球温度 22.5℃、相対湿度約 52%」となる。

1.　A 点の空気を乾球温度 30℃ まで加熱するので、A 点を右側に水平移動させ、乾球温度 30℃ の線との交点で相対湿度の値を読めば約 16%となり正しい。
2.　B 点の空気に含まれる水蒸気量は、約 13.5［g/kg（DA）］（2）で、A 点の空気に含まれる水蒸気量は約 4［g/kg（DA）］（2）' なので、13.5［g/kg（DA）］× 0.3 ＝ 4.05［g/kg（DA）］となり正しい。

3. B 点の露点温度は B 点を左に水平移動させ相対湿度 100％の曲線の交点から乾球温度向かって線を引いた値で読取れ約 18.5℃ であるから 15℃ の壁に接触すると、壁の表面に結露が発生することになり正しい。

4. A 点と B 点との状態を比較すれば、乾球温度で A 点の空気を 30℃ まで加熱し、乾燥空気 1 kg 当たり 9 g 程度の加湿が必要となるので正しい。

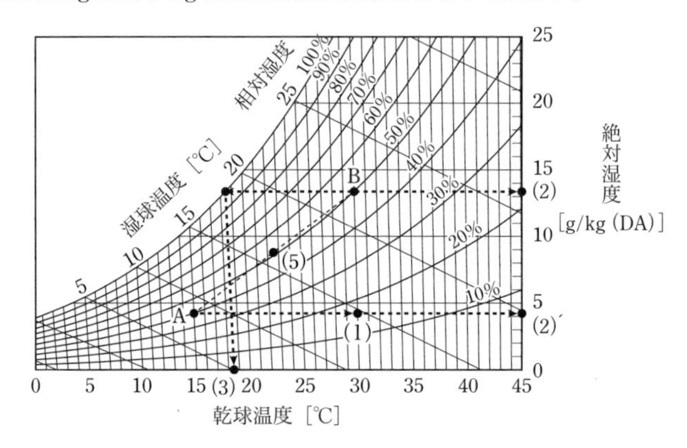

正解 5

R05	R04	R03	R02	R01	H30	H29

問題 02 Ⅰ 5 湿り空気に関する次の記述のうち、**最も不適当な**ものはどれか。

1. 絶対湿度は、乾燥空気 1 kg に含まれている水蒸気の重量であり、湿り空気の温度によって変化する。
2. 水蒸気分圧は、湿り空気中の水蒸気のみで、湿り空気が占めている容積を占有したときの水蒸気の圧力である。
3. 相対湿度は、湿り空気の絶対湿度と、同じ温度における飽和絶対湿度との比である。
4. 湿球温度は、温度計の感温部を湿った布などで覆って測定した温度である。
5. 湿り空気は、露点温度以下の物体に触れると、物体の表面に露又は霜が生じる。

解説 湿り空気の温度は、乾球温度のことで、この温度変化は空気線図上では水平方向の移動で表す（右図）。よって、絶対湿度に影響しない。

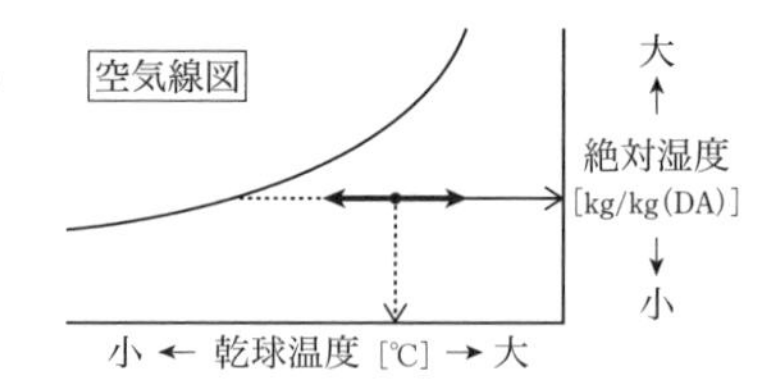

正解 1

R05	R04	R03	R02	R01	H30	H29

問題03 Ⅰ 6　湿り空気に関する次の記述のうち、**最も不適当な**ものはどれか。

1.　湿り空気の質量は、乾燥空気の質量と水蒸気の質量との和である。
2.　乾球温度が同じであれば、乾球温度と湿球温度との差が大きいほうが、相対湿度は高い。
3.　絶対湿度を変えずに、空気を加熱すると、その空気の相対湿度は低くなる。
4.　絶対湿度を変えずに、空気を加熱・冷却しても、その空気の水蒸気圧は変化しない。
5.　湿球温度は、乾球温度よりも高くなることはない。

解説　湿度100%だと理論上乾球温度と湿球温度は等しくなる。水の蒸発で潜熱によってたくさんの熱が奪われると、乾球温度と湿球温度との差は大きくなり、相対湿度は低くなる。

3.　絶対湿度を変えずに、空気を加熱するということは、空気線図で見ると右に水平移動することになるので、相対湿度は低下する。

4.　絶対湿度は湿り空気内の乾燥空気1kgに対する水蒸気量であらわされる。水蒸気圧は、湿り空気の全圧から空気圧を除したものであるため、絶対湿度が変わらない場合、水蒸気量は変わらないので、水蒸気圧は変わらない。なお、この空気を加熱（空気線図で右へ水平移動）すると相対湿度は低下し、冷却（空気線図で左へ水平移動）すると上昇する。

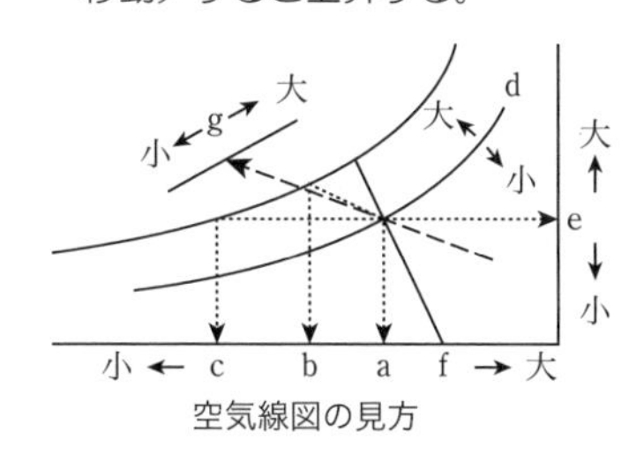

a：乾球温度［℃］
b：湿球温度［℃］
c：露点温度［℃］
d：相対湿度［%］
e：絶対湿度［kg/kg (DA)］
f：比体積［m^3/kg (DA)］
g：比エンタルピー［kJ/kg (DA)］

空気線図の見方

正解 2

R05	R04	R03	R02	R01	H30	H29

問題04 Ⅰ 6　図に示す湿り空気線図中のA点の湿り空気（乾球温度20℃、相対湿度30%）及びB点の湿り空気（乾球温度30℃、相対湿度60%）に関する次の記述のうち、**最も不適当な**ものはどれか。

1.　A点の空気を乾球温度30℃まで加熱すると、相対湿度は約17%まで低下する。
2.　B点の空気が15℃の壁面に触れると、壁の表面に結露が発生する。
3.　A点の空気に含まれる水蒸気量は、B点の空気に含まれる水蒸気量の約

50％である。

4.　A点の空気をB点の空気と同様な状態にするには、加熱と同時に乾燥空気1kg当たり約12gの加湿が必要となる。

5.　A点の空気とB点の空気とを同じ量だけ混合すると、「乾球温度約25℃、相対湿度約50％」の空気となる。

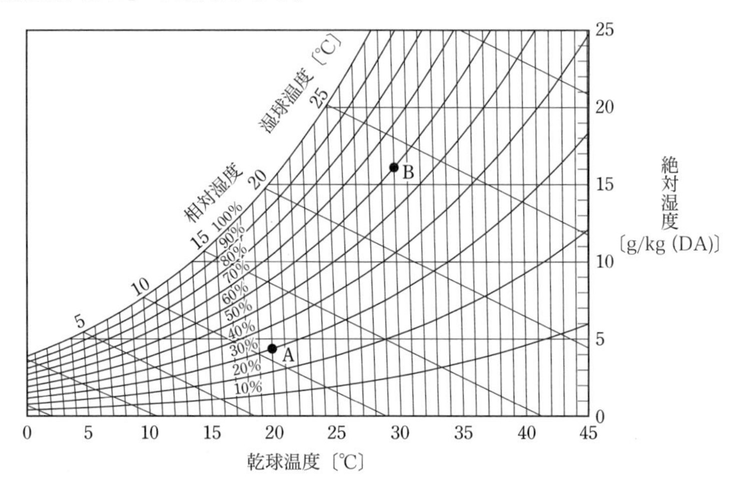

解説　空気に含まれる水蒸気量は絶対湿度から読み取ることができ、空気線図よりA点の水蒸気量は乾燥空気1kg当たり約4.3g、B点の水蒸気量は乾燥空気1kg当たり約16.1gであるので、A点の空気に含まれる水蒸気量は、B点の空気に含まれる水蒸気量の約25％である。

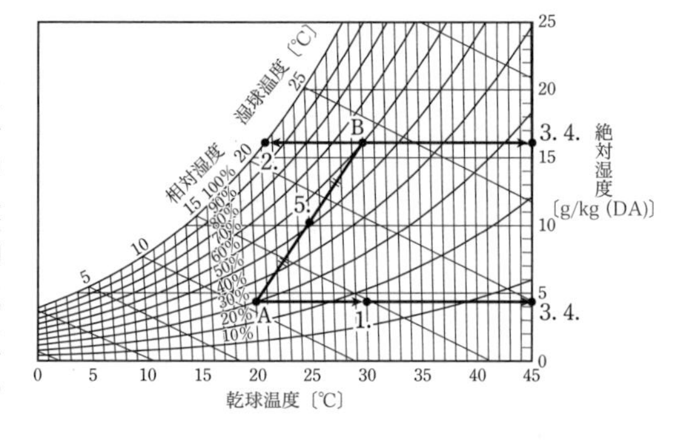

1.　加熱は、空気線図上では点の場所を右に水平移動することになるので、30℃まで水平移動させたところの相対湿度は約17％となる。

2.　B点の空気が15℃の壁面に触れるということは、B点の空気を15℃まで冷却するということになる。冷却は、空気線図上では点の場所を左に水平移動することになるが、約21.5℃で露点温度になることがわかるので、壁の表面には結露が生じる。

4.　A点をB点の状態にするには、加熱と加湿が必要であり、空気線図より加湿の量は、絶対湿度の差となる。A点とB点の乾燥空気1kg当たりに含まれる水蒸気量の差（約16.1g－約4.3g＝約11.8g）で、約12gの加湿が必要である。

5. A点とB点の空気を同じ量だけ混合する空気の状態は、A点とB点を直線で結んだ中点の位置の状態になるので、「乾球温度約25℃、相対湿度約50%」の空気となる。

正解3

R05	R04	R03	R02	R01	H30	H29

問題05 I 6 湿り空気に関する次の記述のうち、**最も不適当な**ものはどれか。

1. 絶対湿度が同じであれば、空気を加熱しても、露点温度は変化しない。
2. 絶対湿度が同じであれば、空気を冷却すると、相対湿度は高くなる。
3. 乾球温度が同じであれば、乾球温度と湿球温度との差が小さいほど、相対湿度は低くなる。
4. 乾球温度が同じであれば、相対湿度が高くなると、絶対湿度も高くなる。
5. ある空気を露点温度以下に冷却した後、元の温度に加熱すると、相対湿度は低くなる。

解説 空気線図より、相対湿度が高いほど、乾球温度と湿球温度の差は小さくなる。逆に、相対湿度が低いほど、乾球温度と湿球温度の差は大きくなる。

1. 絶対湿度が変化しないということは、空気中の水蒸気量が変わらないということなので、露点温度（相対湿度が100%になる温度）は変わらない。
2. 絶対湿度が変化しないということは、空気中の水蒸気量が変わらないということなので、空気を冷却（=温度を下げる）すれば、相対湿度は高くなる。
4. 乾球温度が同じで、相対湿度が高くなるということは、水蒸気量が増えることなので、絶対湿度も上がる。
5. ある空気を露点温度以下に冷却するということは、空気中の水蒸気が減らされることになるので、相対湿度は低くなる。

正解3

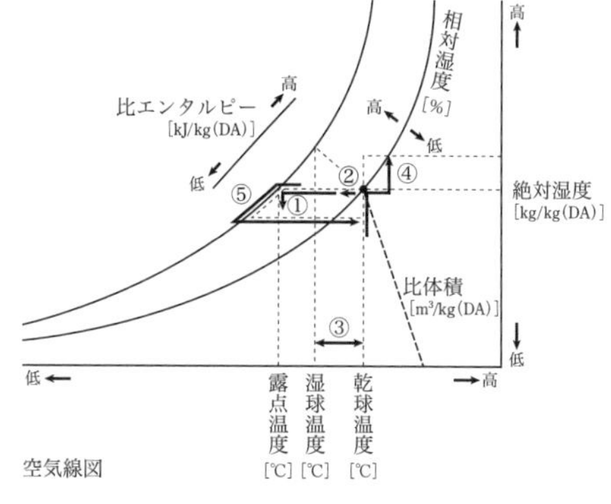

空気線図

R05	R04	R03	R02	R01	H30	H29

問題06 I 6 図に示す湿り空気線図中のA点の湿り空気（乾球温度12℃、相対湿度60%）及びB点の湿り空気（乾球温度22℃、相対湿度60%）に関する次の記述のうち、**最も不適当な**ものはどれか。

1. A点の空気を22℃まで加熱すると、相対湿度は約32%まで低下する。
2. A点の空気中に洗濯物を干すよりも、B点の空気中に干すほうが、早く乾燥する。

3.　表面温度が 10℃ の窓面に、A 点の空気が触れても窓表面で結露しないが、B 点の空気が触れると窓表面で結露する。

4.　A 点の空気に含まれる水蒸気量は、同じ量の B 点の空気に含まれる水蒸気量とほぼ等しい。

5.　A 点の空気と B 点の空気を同じ量ずつ混合すると、混合した空気の相対湿度は約 63%となる。

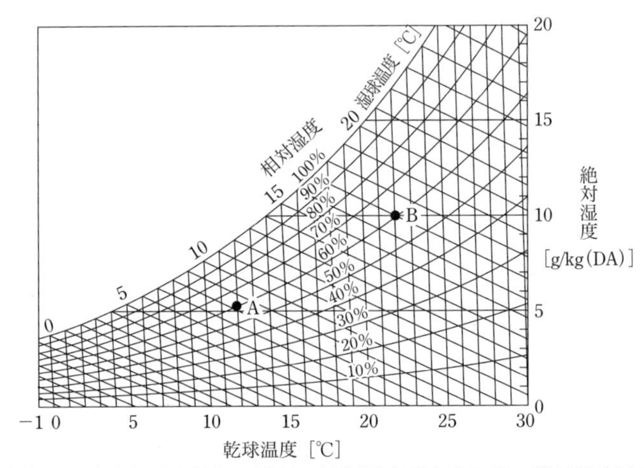

解説　空気中に含まれる水蒸気の量は、絶対湿度で表される。絶対湿度は空気線図上の点を右に水平移動させ右側の縦軸（絶対湿度）との交点の値を読み取ることによって得られる。A 点：約 5.3 g/kg（DA）、B 点：約 10.0 g/kg（DA）となり、ほぼ等しいとは言えない。

1.　加熱では、水蒸気量は変化しないので、A 点を水平異動させ 22℃（乾球温度）の交点（C）を読み取ると、相対湿度が約 32%に変化することが確認できる。

2.　A 点、B 点共に相対湿度は 60%であるが、B 点のほうが乾球温度が高いので早く乾燥する。

3.　露点温度（湿度が 100%になる温度）が 10℃ 以上であれば、結露することになる。露点温度は空気線図上の点を左に平行移動し左の曲線との交点から読み取れる温度（またはその交点から下に垂直線を下ろした乾球温度上の温度でもよい）。A 点：約 4.8℃、B 点：約 14℃ となり、B 点の空気は結露する。

5.　A 点の空気と B 点の空気 1：1 の混合なので、A 点と B 点を直線で結びその真ん中が混合空気の点（D）となる。線分 AB と A 点（12℃）B 点（22℃）の乾球温度の中間 17℃ からの垂直線との交点での相対湿度の値を読み取ると約 63%となる。

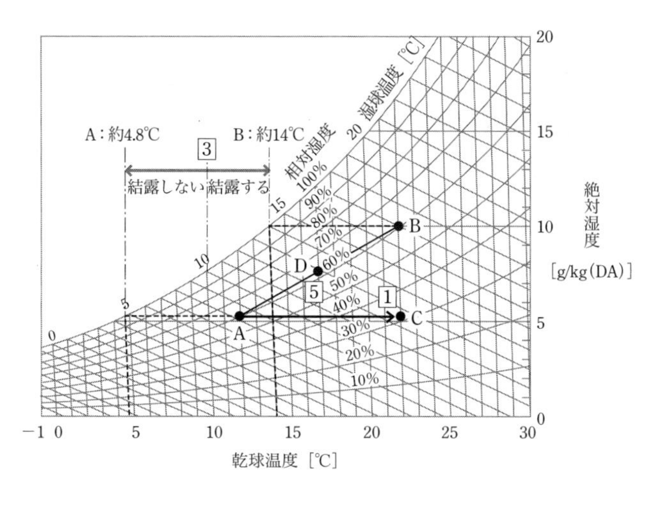
A：約4.8℃
B：約14℃
3
結露しない
結露する
相対湿度
湿球温度［℃］
100%
90%
80%
70%
60%
50%
40%
30%
20%
10%
A
B
C
D
5
1
絶対湿度
［g/kg(DA)］
乾球温度［℃］

正解 4

【学科Ⅰ】

6 換気・通風・空気汚染

R05	R04	R03	R02	R01	H30	H29

問題01 （Ⅰ 4） 室内の空気環境に関する次の記述のうち、**最も不適当な**ものはどれか。

1. 室における全般換気とは、室全体に対して換気を行い、その室における汚染質の濃度を薄めることをいう。
2. 送風機を給気側又は排気側のどちらかに設ける場合、室内の汚染空気を他へ流出させないようにするには、排気側へ設ける。
3. 空気齢とは、室内のある点の空気が、流出口までに達するのに要する平均時間のことをいう。
4. 透湿とは、多孔質材料等の壁の両側に水蒸気圧差がある場合、水蒸気圧の高いほうから低いほうへ壁を通して湿気が移動することである。
5. 居室の必要換気量は、一般に、居室内の二酸化炭素濃度の許容値を基準にして算出する。

解説 室内へ流入した空気が、流入口から室内のある点に達するのに要する時間を空気齢といい、ある点から流出口に達するのに要する時間を空気余命という。流入口からある点を通って流出口に到達する時間（空気齢＋余命）を空気寿命という。空気齢の値が大きいほど新鮮度は低く、小さいほど換気口率が良いことになる。

1. 全般換気は、建築物全体に換気の経路を計画し外気を常に室内へ取り込むもので、それに対してトイレなど特定の室の換気をするものを局所換気と言う。
5. 一般的に居室の二酸化炭素濃度の許容値は 1,000 ppm（0.1%）である。 **正解 3**

R05	R04	R03	R02	R01	H30	H29

問題02 （Ⅰ 4） 換気に関する次の記述のうち、**最も不適当な**ものはどれか。

1. 開放型燃焼器具に対する必要換気量は、一般に、燃料消費量に対する理論廃ガス量の 40 倍である。
2. 居室の空気中において、一般に、二酸化炭素の許容濃度は 0.1% (1,000 ppm) であり、毒性の強い一酸化炭素の許容濃度は 0.001% （10 ppm） である。
3. 温度差換気において、外気温度が室内温度よりも低い場合、中性帯よりも下方から外気が流入する。

4. 第2種機械換気方式は、室内を正圧に維持することにより、周辺諸室からの汚染空気の流入を防ぐものである。

5. 汚染物質が発生している室における必要換気量は、汚染物質の発生量が同じ場合、その室の容積の大小によって変化する。

解説 汚染物質が発生する室の必要換気量は汚染物質の発生量によって変化し、室容積には影響されない。汚染物質の発生量ではなく、部屋の種類（必要換気回数）から必要換気量を求める場合は、室容積は影響する。

$Q=\dfrac{K}{P_a-P_o}$ 　Q：必要換気量［m^3/h］　K：在室者の呼吸による CO_2 発生量［m^3/h］
P_a：室内の CO_2 許容濃度　P_o：外気の CO_2 濃度

3. 温度差換気は重力換気ともいい、室内側と室外側にある温かく軽い空気と冷たくて重い空気の圧力差を換気駆動力とするもので、給排気口の高低差が大きいほど換気能力は高くなる。中性帯とは、上下に開口部がある場合に、内外の圧力差が等しくなる床と天井の中間あたりをいう。

正解 5

R05	R04	R03	R02	R01	H30	H29

問題03 Ⅰ4 イ～ホの条件の室において、最低限必要な換気回数を計算した値として、**最も適当な**ものは、次のうちどれか。

条件

イ．室容積：50 m^3

ロ．在室者数：3人

ハ．在室者1人当たりの呼吸による二酸化炭素の発生量：0.02 m^3/h

ニ．室内の二酸化炭素の許容濃度：0.10％

ホ．外気の二酸化炭素の濃度：0.04％

1. 1.0回/h
2. 1.5回/h
3. 2.0回/h
4. 2.5回/h
5. 3.0回/h

解説 換気回数を求める計算の流れは、①必要換気量 Q［m^3/h］の算出、②換気回数 N［回/h］の算出の順番で行う。

①1人当たりの必要換気量 Q［m^3/h］の算出

$$Q=\frac{K}{P_a-P_o}=\frac{0.02}{0.0010-0.0004}=33.3\,[m^3/h]$$

②換気回数 N［回/h］の算出

$$N=\frac{33.3\times 3}{50}\fallingdotseq 2.0\,[\text{回/h}]$$

正解 3

R05	R04	R03	R02	R01	H30	H29

問題 04 Ⅰ4 室内の空気環境に関する次の記述のうち、**最も不適当な**ものはどれか。

1. 送風機を給気側又は排気側のどちらかに設ける場合、室内の汚染空気を他室へ流出させないようにするには、排気側へ設ける。
2. 室内のある点の空気が、流出口までに達するのに要する平均時間を空気齢という。
3. 温度差による自然換気の効果を高めるためには、給気口と排気口の高低差を大きくする。
4. 透湿とは、多孔質材料等の壁の両側に水蒸気圧差がある場合、水蒸気圧の高いほうから低いほうへ壁を通して湿気が移動することである。
5. JIS 及び JAS におけるホルムアルデヒド放散量による等級区分の表示記号では、「F☆☆☆」より「F☆☆☆☆」のほうが放散量は小さい。

解説 室内へ流入した空気が、流入口から室内のある点に達するのに要する時間を空気齢といい、ある点から流出口に達するのに要する時間を余命という。流入口からある点を通って流出口に到達する時間（空気齢＋余命）を空気寿命という。空気齢の値が大きいほど新鮮度は低く、小さいほど換気効率が良いことになる。

3. 夏より冬のほうが温度差が大きいので、換気量も冬のほうが多い。

正解 2

R05	R04	R03	R02	R01	H30	H29

問題 05 Ⅰ4 換気に関する次の記述のうち、**最も不適当な**ものはどれか。

1. 居室の必要換気量は、一般に、居室内の二酸化炭素濃度の許容値を基準にして算出する。
2. 開放型燃焼器具に対する必要換気量は、一般に、燃料消費量に対する理論廃ガス量の 40 倍である。
3. 2 階建ての住宅において、屋内の温度よりも外気温が低い場合、下階には外気が入ってくる力が生じ、上階には屋内の空気が出ていく力が生じる。
4. 第 2 種機械換気方式は、室内を負圧に維持することにより、周辺諸室への汚染空気の流出を防ぐものである。
5. 居室内の一酸化炭素濃度の許容値は、一般に、0.001％（10 ppm）である。

解説 第 2 種機械換気方式は、給気を給気機で行い、排気を自然排気する方式で、室内は大気圧より高い正圧となる。そのため、室内に汚染空気が侵入するのを防ぐことができ、クリーンルームなどに用いられる。

2. 開放型燃焼器具に対する必要換気量が、燃料消費量に対する理論廃ガス量の40倍であるのは、一般的な換気扇による場合で、法規上排気に有効な排気フードなどを用いた場合の必要換気量は、それよりも低減される。

5. 二酸化炭素濃度の許容値は、一般に0.1%（1,000 ppm）である。 正解4

R05	R04	R03	R02	R01	H30	H29

問題06 I 4 換気に関する次の記述のうち、**最も不適当な**ものはどれか。

1. 換気回数は、室の1時間当たりの換気量を室容積で除した値である。
2. 汚染質が発生している室における必要換気量は、汚染質の発生量が同じ場合、その室の容積の大小によって変化する。
3. 第3種機械換気方式は、室内を負圧に保持することにより、周辺諸室への汚染質の流出を防ぐことができるので、便所などに用いられる。
4. 温度差換気において、外気温度が室内温度よりも低い場合、中性帯よりも下方から外気が流入する。
5. 居室の空気中において、一般に、二酸化炭素の許容濃度は0.1%(1,000 ppm)であり、毒性の強い一酸化炭素の許容濃度は0.001%（10 ppm）である。

解説 汚染物質が発生する室の必要換気量は汚染物質の発生量によって変化し、部屋容積には影響されない。必要換気回数を用いて換気量を求める場合には、部屋容積の値を用いる。

$$Q=\frac{K}{P_a-P_0}$$

Q：必要換気量［m^3/h］　K：在室者の呼吸によるCO_2発生量［m^3/h］
P_a：CO_2濃度の許容範量　P_0：外気のCO_2濃度

3. 第1種機械換気方式は、給排気共に機械換気設備を用いることにより、室内の気圧を正圧にも負圧にも制御でき、大規模空間や調理室などで用いられることがある。第2種機械換気方式は、給気に機械換気設備を用いることにより、室内を正圧に保持し、室内への汚染空気の流入を防ぐことができる。主に手術室やクリーンルームで用いられる。

4. 温度差換気は重力換気ともいい、室内側と室外側にある温かく軽い空気と冷たくて重い空気の圧力差を換気駆動力とするもので、給排気口の高低差が大きいほど換気能力は高くなる。中性帯とは、上下に開口部がある場合に、内外の圧力差が等しくなる床と天井の中間あたりをいう。 正解2

R05	R04	R03	R02	R01	H30	H29

問題07 I 4 室内の空気環境に関する次の記述のうち、**最も不適当な**ものはどれか。

1. 室における全般換気とは、一般に、室全体に対して換気を行い、その室における汚染質の濃度を薄めることをいう。

2.　温度差換気において、外気温度が室内温度よりも高い場合、中性帯よりも下方から外気が流入する。

3.　居室の必要換気量は、一般に、居室内の二酸化炭素濃度の許容値を基準にして算出する。

4.　居室において、一般に、一酸化炭素濃度の許容値は、0.001％（10 ppm）である。

5.　日本工業規格（JIS）及び日本農林規格（JAS）において定められているホルムアルデヒド放散量による等級区分の表示記号では、「F ☆☆☆」より「F ☆☆☆☆」のほうが放散量は小さい。

解説　中性帯よりも下方から外気が流入するのは、室内温度より外気温度が低い冬期である。中性帯とは、上下に開口部がある場合に、床と天井の中間部分をいう。

1.　全般換気は、建築物全体に換気の経路を計画し、外気を常に室内へ取り込むもので、それに対してトイレなど特定の室の換気をするものを局所換気と言う。

5.　ホルムアルデヒド放散量による等級区分の表示記号で、「F ☆☆☆☆」の材料には使用制限はなく、それ以下の「F ☆☆☆」（第三種ホルムアルデヒド発散建築材料）、「F ☆☆」（第二種ホルムアルデヒド発散建築材料）の場合、使用面積に制限がかかる。「F ☆」（第一種ホルムアルデヒド発散建築材料）の場合、内装などへの使用は禁止されている。

正解 2

【学科Ⅰ】

7 伝熱

R05	R04	R03	R02	R01	H30	H29

問題01 Ⅰ 5　伝熱・断熱に関する次の記述のうち、**最も不適当な**ものはどれか。

1.　壁体の総合熱伝達率は、「対流熱伝達率」と「放射熱伝達率」の合計である。
2.　断熱材の熱伝導抵抗は、一般に、水分を含むと大きくなる。
3.　外壁の構成材料とその厚さが同じであれば、断熱材を躯体の室内側に配置しても、屋外側に配置しても熱貫流率は等しくなる。
4.　鉄筋コンクリート造の建築物において、外断熱工法を用いると、躯体のもつ熱容量を活用しやすくなり、内断熱工法を用いるよりも室温の変動を小さくすることができる。
5.　木造の建築物において、防湿層を外壁の断熱層の室内側に設けることは、外壁の内部結露の防止に効果的である。

解説　断熱材が水分を含むと断熱性は損なわれるので、熱伝導抵抗は小さくなる。しかし、熱伝導率という見方をすれば、熱を通しやすくなるので大きくなる。

3.　熱貫流率は、断熱材の配置には影響されないが、断熱材の素材、厚さには影響される。

4.　鉄筋コンクリート造を構成する材料は、熱伝導率や材料密度が高く外気温に影響されやすいので外断熱工法により室温の変動を小さくする効果は内断熱工法より大きい。

正解 2

R05	R04	R03	R02	R01	H30	H29

問題02 Ⅰ 6　イ～ニの条件に示す室の外皮平均熱貫流率の値として、**正しい**ものは、次のうちどれか。ただし、温度差係数は全て1.0とする。

条件

イ．屋根（天井）　：面積40 m^2、熱貫流率0.2W/(m^2・K)
ロ．外壁（窓を除く）：面積60 m^2、熱貫流率0.3W/(m^2・K)
ハ．窓　：面積24 m^2、熱貫流率2.0W/(m^2・K)
ニ．床　：面積40 m^2、熱貫流率0.2W/(m^2・K)

1.　0.02 W/(m^2・K)
2.　0.10 W/(m^2・K)

3.　0.50 W/(m²・K)
4.　1.00 W/(m²・K)
5.　2.00 W/(m²・K)

解説　外皮平均熱貫流率とは、住宅の内部から床、外壁、屋根（天井）や開口部などを通過して外部へ逃げる熱量（熱貫流量）を外皮全体の面積で平均した値で、以下のような計算で求められる。

$Q = K \times (t_1 - t_2) \times S$

Q：熱貫流量［W］　　K：熱貫流率［W/(m²・K)］

S：壁などの面積（m²）　　$t_1 - t_2$：温度差係数（1.0）

外皮平均熱貫流率 $= \dfrac{40 \times 0.2 + 60 \times 0.3 + 24 \times 2.0 + 40 \times 0.2}{40 + 60 + 24 + 40} = 0.50$［W/(m²・K)］

正解 3

R05	R04	R03	R02	R01	H30	H29

問題 03　Ⅰ 5　伝熱に関する次の記述のうち、**最も不適当な**ものはどれか。

1.　熱伝導は、物質内部に温度差がある場合、温度が高いほうから低いほうへ熱エネルギーが移動する現象をいう。
2.　熱放射は、ある物体から他の物体へ直接伝達される熱の移動現象であり、真空中においても生じる。
3.　壁面と壁面に接する流体との間で熱が移動する現象は、対流熱伝達である。
4.　稠(ちゅう)密な固体や静止している流体の中では、熱伝導、熱対流、熱放射のうち、熱伝導のみが生じる。
5.　物質の熱容量が小さくなると、熱の吸収による温度上昇と放出による温度降下とが遅くなり、蓄熱という現象が生じる。

解説　蓄熱という現象は、熱容量の大きな物質で起こりやすく、鉄筋コンクリートなどの材料は蓄熱しやすい。

4.　熱伝導は物質内に熱が伝わる現象で、熱対流は気体や流体の対流による熱の移動で、熱放射は放射線（赤外線）によって空間を移動する現象である。問題のような状態は、熱伝導でのみ生じる。

正解 5

R05	R04	R03	R02	R01	H30	H29

問題 04　Ⅰ 5　伝熱に関する次の記述のうち、**最も不適当な**ものはどれか。

1.　木材の熱伝導率は、一般に、グラスウールの 3 ～ 4 倍程度である。
2.　中空層において、内部が真空であっても、放射によって熱移動が生じる。
3.　窓付近に生じるコールドドラフトは、室内空気が窓のガラス面で冷やされることによって重くなり、床面に向けて降下する現象である。

4. 白色ペイント塗りの壁においては、短波長放射である可視光線の反射率は低く、長波長放射である赤外線の反射率は高い。
5. 壁体の屋外側表面の熱伝達抵抗は、一般に、室内側表面の熱伝達抵抗に比べて小さい。

解説 一般的に色による反射率は、白、淡彩色は、短波長放射である可視光領域の反射率が高いため、遮熱効果が出やすい。長波長放射である赤外線では反射率は低くなる。濃色の場合、短波長放射である可視光領域の反射率が低く、遮熱効果が低くなる。

5. 熱伝達とは、壁表面と空気の間の熱移動のことで、熱伝達抵抗は、熱移動しやすいと小さい値となり、熱移動しにくいと大きい値となる。屋内と屋外を比べた場合、屋外は風の影響で熱が移動しやすいので、屋内より熱伝達抵抗は小さくなる。

正解 4

R05	R04	R03	R02	R01	H30	H29

問題 05 Ⅰ 5 図に示す外壁におけるア～オの対策について、**冬期の室内側表面結露を防止するうえで有効なもののみの組合せ**は、次のうちどれか。

ア 密閉空気層の厚さを、10 mm から 20 mm にする。
イ 断熱材を、熱伝導率の小さいものに変更する。
ウ 密閉空気層の位置を、断熱材とコンクリートの間に変更する。
エ 室内側の壁付近に、気流を妨げる物を置かないようにする。
オ 断熱材の室内側に、防湿フィルムを設置する。

1. ア、イ、ウ
2. ア、イ、エ
3. ア、イ、オ
4. イ、エ、オ
5. ウ、エ、オ

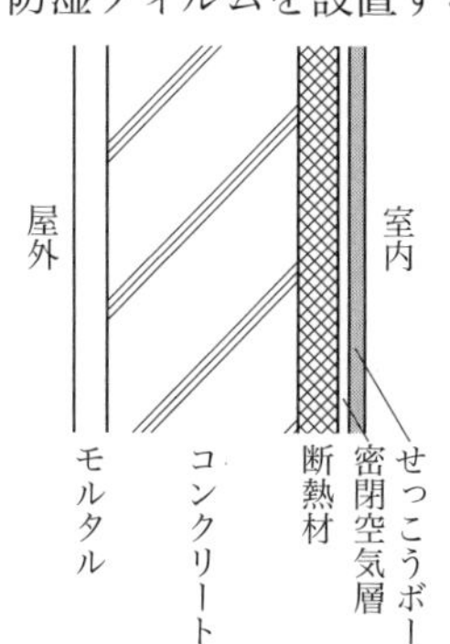

せっこうボードの厚さ	： 12mm
密閉空気層の厚さ	： 10mm
断熱材の厚さ	： 30mm
コンクリートの厚さ	：150mm
モルタルの厚さ	： 25mm

解説 ア．密閉空気層の厚さは、4cm までは熱抵抗が高くなるので正しい。
イ．熱伝導率は、熱の伝えやすさを表す値で小さいほど熱を通しにくく、断熱効果は高いので正しい。
ウ．コンクリートと断熱材の間に密閉空気層をつくることは、断熱材内部に生じる内部結露の防止対策にはなるが、室内側の表面結露を防止する有効な対策にはならない。
エ．室内側の壁付近に物が置いてあると、気流があっても壁付近の湿度が下がらないことがあるので、この記述は正しい。

オ．断熱材の室内側に防湿層を設けることにより、室内の湿気が壁内に浸透し断熱材とコンクリートの接触面周辺に生じる内部結露の防止対策にはなるが、室内側の表面結露を防止する有効な対策にはならない。 正解 2

R05	R04	R03	R02	R01	H30	H29

問題 06 Ⅰ 6　熱貫流率が 1.0 W/(m²·K) の壁体について、熱伝導率 0.03 W/(m·K) の断熱材を用いて熱貫流率を 0.4 W/(m²·K) とするために、**必要となる断熱材の厚さ**は、次のうちどれか。

1.　30 mm
2.　35 mm
3.　40 mm
4.　45 mm
5.　50 mm

解説　熱還流率は下記のように求められる。

$$熱貫流率（K）=\frac{1}{\frac{1}{\alpha_1}+\Sigma\frac{d}{\lambda}+\frac{1}{\alpha_2}}$$

断熱材がない状態での熱貫流率の値が 1.0 W/(m²·K) ということは、$\frac{1}{\alpha_1}+\frac{1}{\alpha_2}=1.0$ ということになる。

この壁体に熱伝導率（λ）が 0.03 W / (m·K) の断熱材を使ったとき熱貫流率が 0.4 W/(m²·K) ということは、

$$熱貫流率（K）=\frac{1}{1.0+\frac{d}{0.03}}=0.4$$

ということになる。

$d=0.045$（m）$=45$（mm）　∴ 45 mm 正解 4

R05	R04	R03	R02	R01	H30	H29

問題 07 Ⅰ 5　図に示す内断熱を施したコンクリート造の壁体の内部温度分布として、**正しい**ものは、次のうちどれか。ただし、外気温は 0℃、室温は 25℃で、定常状態とする。

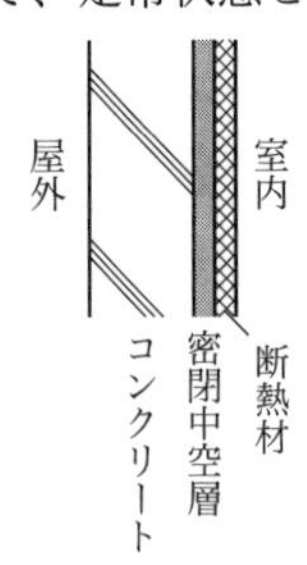

内断熱を施したコンクリート造の壁体

コンクリートの厚さ：100mm
密閉中空層の厚さ　：20mm
断熱材の厚さ　　　：20mm

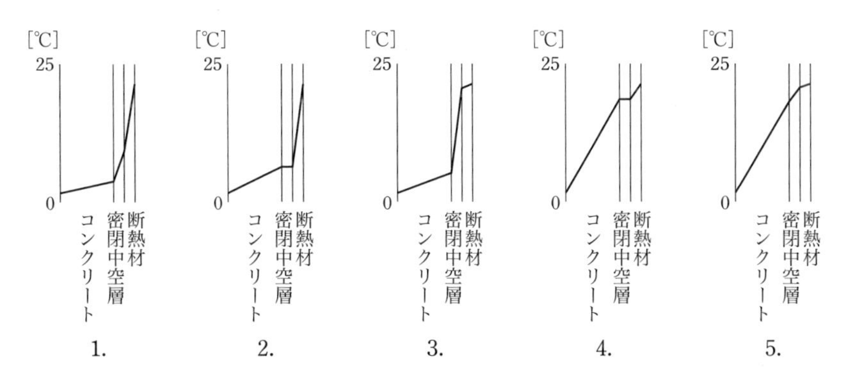

解説 図に示す材料における断熱性能は、断熱材＞密閉中空層＞コンクリートなので、断熱性能が高いほど壁体の内部温度分布の勾配は急になる。この条件を満たす図は 1. である。

正解 1

学科Ⅰ

8 結露

R05	R04	R03	R02	R01	H30	H29

問題01 Ⅰ5 結露に関する次の記述のうち、**最も不適当な**ものはどれか。

1. 冬期において、外壁の室内側表面結露を防止するためには、断熱強化により、外壁の室内側壁面温度を上昇させることが有効である。
2. 外壁の内部結露を防止させるためには、防湿層を断熱材の外気側に配置することが有効である。
3. 地下室において、夏期に生じる結露は、換気をすることによって増加する場合がある。
4. 床下結露には、室内から侵入した水蒸気が結露するものや、地盤からの水蒸気が非暖房室の冷たい床板に触れて結露するものなどがある。
5. 小屋裏結露を防止するためには、天井面での防湿を行い、小屋裏換気を促進するために十分な換気口を確保することが有効である。

解説 外壁の内部結露を防止するためには、室内側から水蒸気の流入を抑える必要があるため、断熱材の室内側に防湿層を設ける必要がある。問題のように防湿層を断熱材の外気側に配置すると、室内から流入した水蒸気が防湿層によって断熱材内に滞留することになり内部結露が生じる。

1. 冬期の外壁の室内側表面結露を防止するためには、換気によって温度差を小さくし、湿度を下げることも有効である。

正解 2

学科I 9 日照・日射・日影・採光

R05	R04	R03	R02	R01	H30	H29

問題01 I 7 北緯35度のある地点における日照・日射に関する次の記述のうち、**最も不適当な**ものはどれか。

1. 冬至の日に終日日影となる部分を、永久日影という。
2. 地表面放射と大気放射の差を、実効放射（夜間放射）という。
3. 開口部に水平な庇を設ける場合、夏期における日射遮蔽効果は、東面より南面のほうが大きい。
4. 南向き鉛直面の可照時間は、夏至の日より冬至の日のほうが長い。
5. 夏至の日の終日日射量は、南向き鉛直面より水平面のほうが大きい。

解説 永久日影は冬至の日ではなく、夏至の日に終日日影となる部分のことをいう。

3. 夏期における南面の開口部にある水平な庇の日射遮蔽効果は、太陽高度が高いため東面より大きい。
4. 南向き鉛直面の可照時間は、夏至で約7時間、冠至で約9時間30分である。春分、秋分は日の出から日の入りまでの約12時間の可照時間となる。
5. 夏至の日における終日日射量は、水平面>東・西面>南面>北面である。 正解 1

R05	R04	R03	R02	R01	H30	H29

問題02 I 7 採光・照明に関する次の記述のうち、**最も不適当な**ものはどれか。

1. 昼光率は、室内の壁や天井の表面の反射の影響を受けない。
2. 全天空照度は、直射日光による照度を含まない。
3. 光の色の三原色は、赤、緑、青である。
4. 事務室において、細かい視作業を伴う事務作業の作業面に必要な照度は、一般に、1,000lx程度とされている。
5. 光束は、ある面を単位時間に通過する光のエネルギー量を、視感度で補正した値である。

解説 昼光率とは、室内におけるある点の昼光による照度と、その時の屋外の明るさ（全天空照度）との比で表される。室内におけるある点の昼光による照度は、直接入射する直接光のみによる場合と、室内の仕上げ面等に反射してから入射する反射光のみによる場合で分けて計算されるため、室内の壁や天井の表面の反射の影響を受ける。その他、昼光率に影響を与える要素は、窓の大きさや位置、窓に隣接する樹木や建築物などがある。

3. 光の三原色は、赤（Red）、緑（Green）、青（Blue）で、この3色を用いた表現方法をRGBカラーモデルといい、テレビなどのディスプレーに使われている。似たような言葉で、色の三原色があるが、これは、シアン（Cyan）、マゼンタ（Magenta）、イエロー（Yellow）で、これに黒（Black）を用いたCMYKカラーモデルはプリンターなどで用いられる。

正解1

R05	R04	R03	R02	R01	H30	H29

問題03 Ⅰ7 日照、採光、照明に関する次の記述のうち、**最も不適当な**ものはどれか。

1. 光束は、光源から放射されるエネルギーを、人間の目の感度特性で重みづけした測光量である。
2. 照度は、光が入射する面の入射光束の面積密度で、明るさを示す測光量である。
3. 演色性は、物体表面の色の見え方に影響を及ぼす光源の性質である。
4. 可照時間は、天候や障害物の影響を受けない。
5. 設計用全天空照度は、「快晴の青空」より「薄曇りの日」のほうが小さな値となる。

解説 天空日射は太陽光が空気中の塵や水蒸気により乱反射した空の明るさであり、大気透過率が高くなる快晴時などは直達日射量が増え、天空日射量は減少する。このため設計用全天空照度は、「快晴の青空（10,000 lx）」より「薄曇りの日（50,000 lx）」のほうが大きな値となる。

4. 可照時間は、天候や障害物、実際に日が照ったかを考慮せず、ある地域の日の出から日没までの時間をいう。この時間は、緯度が高いほど、また夏よりも冬のほうが短い。

正解5

R05	R04	R03	R02	R01	H30	H29

問題04 Ⅰ7 日射・採光・照明に関する次の記述のうち、**最も不適当な**ものはどれか。

1. 室内の採光性能を評価する場合は、一般に、直射日光は除き、天空光のみを対象とする。
2. 照度の均斉度は、室全体の照度分布の均一さを評価する指標であり、その数値が1に近いほど均一であることを示している。

3. 冬至の日の1日当たりの直達日射量は、水平面より南向き鉛直面のほうが大きい。
4. 視野内に高輝度な光が入ることによって、視認性の低下にかかわらず、不快感を生じさせるまぶしさを不快グレアという。
5. 人工光源の平均演色評価数の値が小さいほど、自然光の下での物体色の見え方に近い。

解説 演色評価数は、15色の試験色について、ある光源のもと、自然光での色の見え方を再現できているものを最大値（100）として表したもので、値が小さいほど演色性が悪い(違う色に見える)。15種類の色のうち決められた8種類の色の演色評価数を平均したものが平均演色評価数で、照明器具などの演色性を評価するために用いられる。

1. 室内の光環境を考えた場合、直射日光は天候や周辺環境、季節により容易に変動するため、一般的に天空光を対象とする。
2. 均斉度とは、ある作業面の最低照度を最高照度（または、平均照度）で除した値なので、その数値が1に近いということは、最低照度と最高照度の差がほとんどないことを表している。

正解 5

R05	R04	R03	R02	R01	H30	H29

問題05 I 7 日照・日射に関する次の記述のうち、**最も不適当な**ものはどれか。

1. 日射遮蔽係数が小さい窓ほど、日射の遮蔽効果が大きい。
2. 北緯35度の地点において、快晴時の夏至の日の1日間の直達日射量は、東向き鉛直面より南向き鉛直面のほうが大きい。
3. 北緯35度の地点において、開口部に水平な庇（ひさし）を設置する場合、夏期における日射の遮蔽効果は、西面より南面のほうが大きい。
4. 日照率は、可照時間に対する日照時間の割合である。
5. 昼光率は、全天空照度に対する、室内におけるある点の昼光による照度の割合である。

解説 夏至（夏期）において建築物が受ける日射量は、水平面＞東・西側壁面＞南東側壁面＞南側壁面＞北側壁面のような関係となり、南向き鉛直面より東向き鉛直面の方が日射量は多い。

正解 2

R05	R04	R03	R02	R01	H30	H29

問題06 I 7 図は、北緯35度の地点において、水平面に建つ建築物の概略図である。この建築物の平面配置に応じた冬至の日における終日日影の範囲として、**最も不適当な**ものは、次のうちどれか。

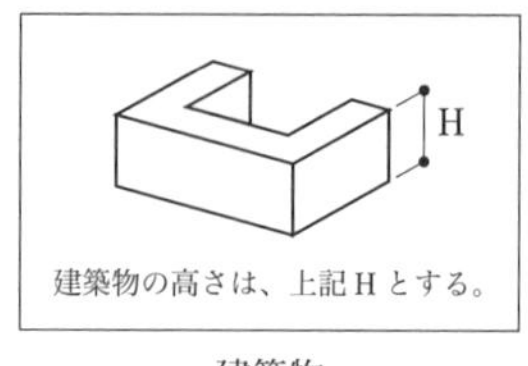

建築物

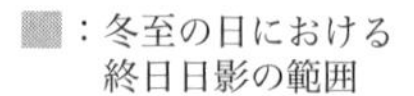

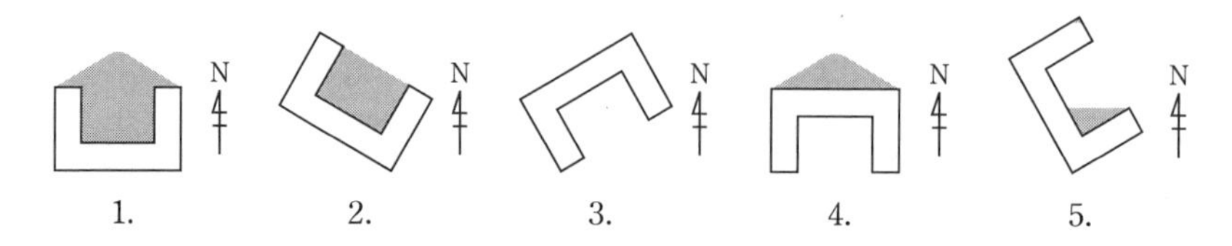

解説 問題のような水平方向に影ができるのは春分・秋分の日で、実際は右図のような影の形となる。

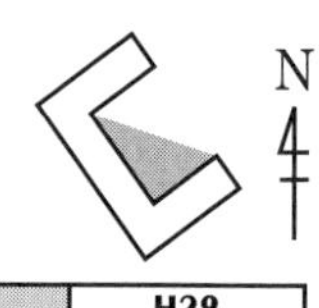

R05	R04	R03	R02	R01	H30	H29

問題 07 I 8　採光・照明等に関する次の記述のうち、**最も不適当な**ものはどれか。

1. 反射グレアは、視対象そのものや視対象の方向のショーウィンドウなどに、輝度の高い部分が正反射して生じるグレアである。
2. 一つの側窓を有する室内のある点における昼光率は、一般に、窓からの距離が遠くなるほど低くなる。
3. 事務室において、細かい視作業を伴う事務作業の作業面に必要な照度は、一般に、1,000 lx 程度とされている。
4. 光の色温度は、その光色の色度に近似する色度の光を放つ黒体の絶対温度で表される。
5. 冬期における北向きの側窓によって得られる室内の照度は、一般に、薄曇りの時より晴天時のほうが高い。

解説 北向きの側窓からの採光なので、直射日光による採光ではなく天空光によるものと考えると、薄曇り時の全天空照度は快晴や曇天の時より高くなる。

4. 温度の単位は、ケルビン(K)で表され、数値が低いほど赤みを帯び、数値が高いほど青みを帯びた白色になる。

正解 5

R05	R04	R03	R02	R01	H30	H29

問題 08 I 7　日照・日射に関する次の記述のうち、**最も不適当な**ものはどれか。

1. 我が国においては、北向き鉛直面に直達日射を受けない。

2.　窓の日射遮蔽係数は、その値が大きいほど日射の遮蔽効果は低い。
3.　我が国において、南向き鉛直壁面の日照時間は、春分の日及び秋分の日が最も長い。
4.　我が国において、開口部に水平な庇(ひさし)を設ける場合、夏期における日射の遮蔽効果は、西面より南面のほうが高い。
5.　天空日射量は、一般に、大気透過率が高くなるほど減少する。

解説　日本における北向き鉛直壁面は、春分の日から秋分の日まで期間、太陽の日の出と日の入りは東西軸より北側になるので直達日射を受ける。
2.　日射遮蔽係数とは、普通透明ガラス（3mm 厚）から快晴時の日射（太陽光）による熱を1、完全に遮光した場合を0とし、遮光しない時とカーテンや庇などで遮蔽した時との比をいう。
5.　天空日射は太陽光が空気中の塵や水蒸気により乱反射した空の明るさであり、大気透過率が高くなるほど直達日射量が増え、天空日射量は減少する。また、夏よりも冬のほうが水蒸気（湿度）が少ないので大気透過率が高くなり、天空日射量は減少する。

正解 1

学科Ⅰ

10 音響・残響・吸音・遮音

R05	R04	R03	R02	R01	H30	H29

問題 01 Ⅰ 9 音響設計に関する次の記述のうち、**最も不適当な**ものはどれか。

1. 空気音遮断性能の等級(D_r 値)は、その数値が大きいほど性能が優れている。
2. 床衝撃音遮断性能の等級(L_r 値)は、その数値が小さいほど性能が優れている。
3. 室用途による室内騒音の評価値（*NC* 値）は、その値が大きいほど、許容される騒音レベルは低くなる。
4. 窓や壁体の音響透過損失の値が大きいほど、遮音による騒音防止の効果は高い。
5. 板状材料と剛壁の間に空気層を設けた吸音構造は、一般に、高音域よりも低音域の吸音に効果がある。

解説 *NC* 値とは、室内の静けさを表す指標であり、数値が小さいほど騒音が少ない。*NC* 値20～30は非常に静かであり、コンサートホールや劇場などの室内性能に要求されるレベルである。*NC* 値 40 ～ 50 は、1 ～ 2 m の距離で普通の声での会話ができる程度である。

1. D_r 値は、壁などで隔てられた空間の遮音性能を評価するための指標で、入射音と透過音の差を等級化して表すため数値が大きいほど遮音性が優れていること示す。
2. L_r 値は、上の階の床衝撃音（個体音）が下の階でどの程度聞こえるのかを等級別に表すもので、その数値が小さいということは透過音が小さく性能が優れていることを示す。

正解 3

R05	R04	R03	R02	R01	H30	H29

問題 02 Ⅰ 9 吸音・遮音に関する次の記述のうち、**最も不適当な**ものはどれか。

1. 壁を構成する材料の一部に、音響透過損失の著しく小さい部分がわずかでも含まれていると、その壁全体の音響透過損失は著しく小さくなる。
2. 中空二重壁の共鳴透過について、壁間の空気層を厚くすると、共鳴周波数は低くなる。
3. 多孔質材料は、一般に、低音域よりも高音域の吸音に効果がある。
4. 吸音材料は、一般に、音の透過率が低いので、遮音性能は高い。

5. 吸音率は、「壁の内部に吸収される音のエネルギー」と「壁を透過する音のエネルギー」の和を、「壁に入射する音のエネルギー」で除したものである。

解説 吸音材は、入射してくる音エネルギーを材料の中で吸収させ、吸収しきれない音は透過させて反射させないようにするため、基本的に透過率が高くなり遮音性能は低くなる。

2. 共鳴透過による周波数は、板の面密度と空気層厚の平方根に反比例するので、空気層や板厚が大きい場合、共鳴透過の周波数は低くなる。 正解 4

R05	R04	R03	R02	R01	H30	H29

問題 03 I 9 音響設計に関する次の記述のうち、**最も不適当な**ものはどれか。

1. 室内の騒音の許容値を NC 値で表す場合、その値が小さいほど、許容される騒音レベルは低くなる。
2. 軽量床衝撃音への対策として、カーペットや畳などの緩衝性の材料を用いることが効果的である。
3. 窓や壁体の遮音による騒音防止の効果を高めるには、窓や壁の材料の音響透過損失の値を小さくする。
4. フラッターエコーは、一般に、向かい合う平行な壁面それぞれの吸音率が低いと発生する。
5. 一般に、室容積が大きくなるほど、最適残響時間は長くなる。

解説 透過損失とは、入射した音と、材料を通過した音との音圧レベルの差を表し、値が大きいほど遮音性が高いことを表しているので、騒音防止の効果を高めるには、音響透過損失の値が大きい材料を選ばなければならない。

4. フラッターエコー（定在波）は、平行面の間で音が延々と反射を繰り返す現象で、鳴き竜などがこれに当てはまる。 正解 3

R05	R04	R03	R02	R01	H30	H29

問題 04 I 8 音に関する次の記述のうち、**最も不適当な**ものはどれか。

1. 音波は、波の伝搬方向と媒質粒子の振動方向が等しい縦波である。
2. 無限大の面音源から放射された音は、距離減衰することなく伝搬する。
3. 直接音と反射音の行路差が 17 m 以上になると、エコー（反響）が生じる可能性がある。
4. 空気中の音速は、気温にかかわらず、340 m/s である。
5. 音における聴感上の三つの要素は、音の大きさ、音の高さ、音色である。

解説 音速（c）は、c [m/s] ＝ 331.5 ＋ 0.6t（t：気温）で表されるので、気温が高い

ほど速くなる。

2. 音源からの距離が2倍になると、点音源では音圧レベルが約6dB減衰し、線音源では約3dB減衰するが、無限大とみなせる面音源の場合、距離によって減衰しない。

3. 直接音と反射音が人の耳に達する時間差が、1/20sを超えるとエコー（反響）が生じる。音の速さは、常温（15℃）で約340m/sであるから、340m/s × 1/20s ＝ 17mの行路差が生じると発生する可能性がある。

正解4

R05	R04	R03	R02	R01	H30	H29

問題05 Ⅰ9 吸音・遮音に関する次の記述のうち、**最も不適当な**ものはどれか。

1. 同じ厚さの一重壁であれば、一般に、壁の単位面積当たりの質量が2倍になると、垂直入射する音の透過損失は3dB大きくなる。
2. 室間音圧レベル差（D値）は、隣接する2室間の空気音の遮音性能を評価するものであり、その数値が大きいほど性能が優れている。
3. 吸音材料は、一般に、音の透過性が高いので、遮音性能を期待できない。
4. 多孔質材料の吸音率は、一般に、低音域より高音域のほうが大きい。
5. 残響時間は、音源から発生した音が停止してから、室内の平均音圧レベルが60dB低下するまでの時間をいう。

解説 透過損失を求める式は、透過損失（TL [dB]）＝ 20 × log（周波数×面密度）− 42.5で表される。壁の単位面積当たりの質量が2倍になるということは、

透過損失（TL [dB]）＝ 20 × log {周波数×（面密度×2）kg/m²} − 42.5
＝ 20 × {log2 ＋ log（周波数×面密度）} − 42.5
≒ 6 ＋ 20 × log（周波数×面密度）− 42.5

となり、透過損失は約6dB大きくなる。（log2 ＝ 0.301）

正解1

R05	R04	R03	R02	R01	H30	H29

問題06 Ⅰ9 音に関する次の記述のうち、**最も不適当な**ものはどれか。

1. 同じ音圧レベルの音であっても、3,000 ～ 4,000Hz程度の音が最も大きく聞こえる。
2. 残響時間は、室容積に比例し、室内の総吸音力に反比例する。
3. 人間の知覚可能な音の周波数の範囲は、一般に、20 ～ 20,000Hzである。
4. 壁体における遮音性能は、音響透過損失の値が大きいほど優れている。
5. 板状材料と剛壁との間に空気層を設けた吸音構造は、一般に、低音域の吸音よりも高音域の吸音に効果がある。

解説 板状材料と剛壁の間に空気層を設けた吸音構造は、音が板状材料に当たり空気層がばねの働きをする共振運動により、吸音が行われる仕組みである。一般的な構造では、共振する周波数は低音域の100 ～ 200Hzで発生することが多いので、低音域の

吸音に効果がある。

4. 透過損失とは、入射した音と、材料を透過した音との音圧レベルの差で、その差（値）が大きいほど音を遮ることなので遮音性能は優れている。 正解 5

R05	R04	R03	R02	R01	H30	H29

問題 07 I 9 音に関する次の記述のうち、**最も不適当な**ものはどれか。

1. 同じ音圧レベルの場合、一般に、1,000Hz の純音より 125Hz の純音のほうが小さく聞こえる。
2. 日本工業規格（JIS）における床衝撃音遮断性能の等級 L_r については、その数値が小さくなるほど床衝撃音の遮断性能が高くなる。
3. 音が球面状に一様に広がる点音源の場合、音源からの距離が 2 倍になると音圧レベルは約 3 dB 低下する。
4. 室内騒音レベルの許容値を NC 値で示す場合、その数値が小さくなるほど許容される室内騒音レベルは低くなる。
5. 室内騒音レベルの許容値は、「音楽ホール」より「住宅の寝室」のほうが高い。

解説 音源から A 点の距離を r (m)、音源から B 点までの距離を $2r$ (m)とした場合、B 点での音圧レベルの低下は以下のように表される。$20 \times \log(2r/r) = 20 \times \log 2 = 20 \times 0.301 \fallingdotseq 6$ db の減衰となる。 正解 3

R05	R04	R03	R02	R01	H30	H29

問題 08 I 9 音に関する次の記述のうち、**最も不適当な**ものはどれか。

1. 同じ厚さの一重壁であれば、一般に、壁の単位面積当たりの質量が大きいものほど、透過損失が大きい。
2. 音が球面状に一様に広がる点音源の場合、音源からの距離が 1/2 になると音圧レベルは、約 3 dB 上昇する。
3. 残響時間は、音源から発生した音が停止してから、室内の平均音圧レベルが 60 dB 低下するまでの時間をいう。
4. 多孔質材料の吸音率は、一般に、低音域より高音域のほうが大きい。
5. 気温が高くなるほど、空気中の音速は速くなる。

解説 音源からの距離が 1/2 になる場合の、距離減衰は $20 \times \log_{10} 1/2 = 20 \times \log_{10} 0.5 = 20(\log_{10} 5 - \log_{10} 10) = 20(0.7 - 1.0) = -6$ db となり、約 6 db 上昇する。

4. グラスウールや木毛セメント板などの多孔質型の材料の場合、吸音率は高音域の方が大きい。逆に、合板やスレート板などの板振動型の材料の場合は、吸音率は低音域の方が大きくなる。
5. 音速（c）は、c (m/s) $= 331.5 + 0.6t$（t: 気温）で表されるので気温が高いほど速くなる。 正解 2

学科Ⅰ

11 光・色彩

R05	R04	R03	R02	R01	H30	H29

問題01 Ⅰ8 色彩に関する次の記述のうち、**最も不適当な**ものはどれか。

1. 明所視において、同じ比視感度の青と赤であっても、暗所視では赤よりも青のほうが明るく見える。
2. 色光の加法混色において、赤（R）、緑（G）、青（B）を同じ割合で混色すると、黒色になる。
3. 低明度で低彩度の場合、同じ色であっても、面積が大きくなると明度や彩度は低く感じられる。
4. マンセル色相環において、対角線上に位置する色同士を同じ割合で混色すると、無彩色になる。
5. 「文字や記号からイメージする色」と「色彩から認識する色」の2つの異なる情報が相互に干渉し、理解に混乱が生じる現象をストループ効果という。

解説 加法混色は光の混色であり、赤（R）、緑（G）、青（B）を同じ割合で混ぜると白色になるのに対し、減法混色は、インクのような色を吸収する媒体の混色であり、色の3原色シアン（C）、マゼンタ（M）、イエロー（Y）を同じ割合で減法混色すると黒色になる。

3. 色の面積が大きくなると、一般的に明度や彩度は高く見えるが、低明度で低彩度の色は暗く見える。
4. マンセル色相環において、対角線上に位置する色同士は、補色関係にあり混ぜると無彩色になる。

正解 2

R05	R04	R03	R02	R01	H30	H29

問題02 Ⅰ8 色彩に関する次の記述のうち、**最も不適当な**ものはどれか。

1. 床、壁、天井の内装材の色彩は、一般に、全体的に彩度を低くし、天井面は明度を高く、床面は明度を低くする。
2. マンセル表色系においては、有彩色を5R4/14のように表現し、5Rが色相、4が彩度、14が明度を示している。
3. 明度と彩度を合わせて色の印象を表したものを、色調（トーン）という。

4. マンセル表色系において、各色相の中で最も彩度の高い色を、純色という。
5. 他の色に囲まれた色が周囲の色に近づいて見えることを、色の同化現象という。

解説 マンセル表色系は、H（色相）V（明度）/C（彩度）で表されるので、問題の4は明度、14が彩度を示している。
1. 住宅などの色彩において、空間を落ち着かせるために彩度は低めに計画し、明度は床を低く、壁や天井を高めに計画することが一般的である。
5. 色の同化現象は、2つの異なる色が互いに隣接したり、ある色の周りが違う色で囲まれたりしたときに、互いに溶け込んでその中間の色に見える現象である。

正解 2

R05	R04	R03	R02	R01	H30	H29

問題 03 Ⅰ 8 色彩に関する次の記述のうち、**最も不適当な**ものはどれか。
1. 色彩によって感じられる距離感覚は異なり、一般に、暖色は近くに、寒色は遠くに感じる。
2. 明所視において同じ比視感度の青と赤であっても、暗所視では青よりも赤のほうが明るく見える。
3. 混色によって無彩色を作ることができる二つの色は、相互に補色の関係にある。
4. 色光の加法混色においては、三原色を同じ割合で混ぜ合わせると、白色になる。
5. マンセル表色系における明度（バリュー）は、完全な白を10、完全な黒を0として表す。

解説 明るい場所で物を見る場合を明所視、暗い場所で物を見る場合を暗所視という。暗い場所では、青色や緑色といった短波長色は、赤色などの長波長色より明るく見える。これをプルキンエ現象という。
4. 加法混色は光の混色であり、赤・緑・青を同じ割合で混ぜると白色になるのに対し、減法混色は、インクのような色を吸収する媒体の混色であり、混ぜ合わせていくと黒に近づく。
5. マンセル表色系では、色を「H（色相：色合い）・V（明度：明るさ）・C（彩度：鮮やかさ）」で表す。色相は、色の種類を文字で、純色（その色の代表色）への近似値（5を純色とし1～10の10段階）を数字で表す。彩度は、無彩色（白、黒、灰色）の0から鮮やかさの増加に伴って数値が最高14くらいまで上がる。 正解 2

R05	R04	R03	R02	R01	H30	H29

問題 04 Ⅰ 8 色彩に関する次の記述のうち、**最も不適当な**ものはどれか。

1. マンセル表色系における明度は、物体表面の反射率の高低を表しており、明度5の反射率は約50%である。
2. 床や壁などの色彩計画において、一般に、小さいカラーサンプルよりも実際に施工された大きな面のほうが、明度・彩度ともに高く見える。
3. マンセル表色系においては、有彩色を5R4/14のように表現し、5Rが色相、4が明度、14が彩度を示している。
4. 各色相のうちで最も彩度の高い色を、一般に、純色といい、純色の彩度は色相や明度によって異なる。
5. 光の色の三原色は赤、緑、青であり、物体表面の色の三原色はシアン、マゼンタ、イエローである。

解説 マンセル表色系における明度と反射率の関係は、比例関係ではなく対数関係になっていて、明度（V）＝5の場合、反射率≒20%となる。

2. 面積が大きいほど、彩度・明度は高く見える。また、面積が小さい色は、明度・彩度とも低く見える。このように、同一色が面積の大小によって明度・彩度が異なって見えることを面積効果（対比）という。
4. 純色は、色相（色の種類）により、8～14段階と差がある。例えば、赤は高く、青緑は低い。

正解 1

R05	R04	R03	R02	R01	H30	H29

問題 05 Ⅰ 8 採光・照明に関する次の記述のうち、**最も不適当な**ものはどれか。

1. 人工光源の演色性を表す演色評価数は、その数値が小さくなるほど、色の見え方に関する光源の特性が、自然光に近くなる。
2. 住宅の寝室における読書時の照度は、一般に、300～750 lx程度がよいとされている。
3. 昼光率は、室内の壁及び天井、周囲の建築物、樹木等の影響を受ける。
4. 全天空照度は、天候や時間によって変化する。
5. タスク・アンビエント照明では、一般に、アンビエント照度をタスク照度の1/10以上確保することが望ましい。

解説 演色評価数は、対象の光源の下で色がどのように見えるかを表す指数で、基準光源（自然光など）によって照らされた色の見え方を100（最大値）で表し、値が小さくなるほど基準光源によって照らされた色との差が大きいことになる。

正解 1

学科I 12 住宅

R05	R04	R03	R02	R01	H30	H29

問題 01 I 11 住宅の計画に関する次の記述のうち、**最も不適当な**ものはどれか。

1. 食器棚（幅 1,800 mm、奥行 450 mm）と 6 人掛けの食卓があるダイニングの広さを、内法面積で 13 m² とした。
2. 寝室の気積を、1 人当たり 6 m³ とした。
3. 高齢者の使用する居室の作業領域の照度を、JIS の照明設計基準の 2 倍程度とした。
4. 階段の昇り口の側壁に設ける足元灯の高さを、昇り口の 1 段目の踏面から上方に 300 mm とした。
5. 2 階にあるバルコニーにおいて、バルコニーの床面からの高さが 500 mm の腰壁の上部に設置する手摺（すり）の高さを、腰壁の上端から 900 mm とした。

解説 寝室の所要面積は、1 人当たり 5 ～ 8 m² であり、天井高さを最低の 2.1 m とすると気積は 10.5 ～ 16.8 m³/ 人となる。

1. 内法面積で 13 m² は、約 8 畳の広さがあり、記述の家具が収まる広さである。
4. 足元灯を階段に設置する場合、昇り降りの始めの段差がはっきりわかるように 1 段目に設置し、降り口側にも設置する。折り返し階段などは踊り場にも設置することが望ましい。
5. バルコニーの高さは、バルコニーの床面より 1,100 mm 以上必要である。問題は腰壁高さ 500 mm、手摺（すり）の高さ 900 mm で合計 1,400 mm となるので正しい。 正解 2

R05	R04	R03	R02	R01	H30	H29

問題 02 I 11 住宅の計画に関する次の記述のうち、**最も不適当な**ものはどれか。

1. 和室を江戸間（田舎間）とするに当たり、柱心間の寸法を、基準寸法（910 mm）の整数倍とした。
2. 玄関のインターホンの取付け位置を、玄関ポーチの床面から 1,400 mm とした。

3.　車椅子使用者に配慮し、居室の出入口の前後は段差を避け、内法（のり）寸法で1,400 mm × 1,400 mm 程度のスペースを確保した。

4.　玄関のくつずりと玄関ポーチの床面との高低差を、高齢者に配慮して30 mmとした。

5.　都市型集合住宅において、2名が居住する住居の床面積を誘導居住面積水準の目安に従って、60 m²とした。

解説　玄関のくつずりと玄関ポーチの床面との高低差は20 mm以下としなければならない。さらに、くつずりと玄関土間の高低差は5 mm以下とする。

3.　居室の出入口扉の前後は、車椅子での回転（180°）できるスペースが必要とされるので内法（のり）寸法で1,400 mm × 1,400 mm程度のスペースが必要となる。360°回転する場合は1,500 mm × 1,500 mm程度のスペースが必要である。

5.　都市型集合住宅における誘導居住面積水準の目安は、単身者で40 m²、2人以上の場合は、20 m² ×世帯人数＋ 15 m²とされていて、計算すると20 m² × 2人＋ 15 m² ＝ 55 m²以上となり、60 m²は条件を満たしている。

正解 4

R05	R04	R03	R02	R01	H30	H29

問題03 Ⅰ 11　住宅の計画に関する次の記述のうち、**最も不適当な**ものはどれか。

1.　パッシブデザインは、建築物が受ける自然の熱、風及び光を活用して暖房効果、冷却効果、照明効果等を得る設計手法である。

2.　台所において、L型キッチンを採用することにより、車椅子使用者の調理作業の効率化を図ることができる。

3.　就寝分離とは、食事をする空間と寝室とを分けることである。

4.　和室を京間とする場合、柱と柱の内法（のり）寸法を、基準寸法の整数倍とする。

5.　ユーティリティルームは、洗濯、アイロンかけ等の家事を行う場所である。

解説　就寝分離は、子供が親と異なる部屋で別々に就寝することを表し、食事をする空間と寝室とを分けることは食寝分離である。

1.　パッシブデザインは自然の熱、風及び光を直接または蓄熱してから放熱するなどの活用をするが、太陽光発電のように、自然の力を機械設備を通して活用することをアクティブデザインという。

4.　江戸間（田舎間）の場合は、柱芯の間隔が基準寸法（910 mm）の整数倍となる。京間の基準寸法は955 mmである。

正解 3

R05	R04	R03	R02	R01	H30	H29

問題04 Ⅰ 11　住宅の計画に関する次の記述のうち、**最も不適当な**ものはどれ

か。

1. 家族や来客等、複数人で四方を取り囲んで調理ができるように、台所の形式をアイランド型とした。
2. 開放的な室内空間にするため、平面形式を、水回りや階段などを1箇所にまとめて配置するコア型とした。
3. 高齢者の使用する書斎において、机上面の照度は、JISにおける照度基準の2倍程度とした。
4. 寝室の気積を、1人当たり6m³とした。
5. 高齢者に配慮して、階段の勾配を7/11以下となるようにし、踏面の寸法を300mmとした。

解説 寝室の所要面積は、1人当たり5～8m²であり、天井高さを最低の2.1mとすると気積は10.5～16.8m³/人となる。

正解 4

R05	R04	R03	R02	R01	H30	H29

問題 05 I 11 高齢者や身体障がい者等に配慮した一戸建て住宅の計画に関する次の記述のうち、**最も不適当な**ものはどれか。

1. 車椅子使用者が利用する洗面器の上端の高さは、洗顔を考慮して、床面から750mmとした。
2. 浴室の出入口において、脱衣室との段差の解消と水仕舞を考慮して、グレーチングを用いた排水溝を設けた。
3. 車椅子使用者が利用するキッチンカウンターの下部には、高さ400mm、奥行450mmのクリアランスを設けた。
4. 階段の昇り口の側壁に設ける足元灯の高さは、昇り口の1段目の踏面から上方に300mmとした。
5. 車椅子使用者が利用する駐車場において、駐車スペースの幅は、乗降を考慮して、3.5mとした。

解説 車椅子使用者が利用するキッチンカウンターの下部に設ける「クリアランス」の寸法は、高さ650mm、奥行450mm程度必要であり、カウンターの高さは750mm程度必要である。

4. 足元灯を階段に設置する場合、昇り降りの始めの段差がはっきりわかるように1段目に設置し、降り口側にも設置する。折り返し階段などはに踊り場にも設置することが望ましい。

正解 3

R05	R04	R03	R02	R01	H30	H29

問題 06 Ⅰ 11　住宅の計画に関する次の記述のうち、**最も不適当な**ものはどれか。

1.　収納ユニット（幅 2,400 mm、奥行 600 mm）、シングルベッド 2 台、ナイトテーブル 2 台及び化粧台がある夫婦の寝室の広さを、内法（のり）面積で 15 m² とした。
2.　和室を江戸間（田舎間）とするに当たって、柱と柱の内法（のり）寸法を、基準寸法（畳の短辺寸法）の整数倍とした。
3.　食器棚（幅 1,800 mm、奥行 450 mm）と 6 人掛けの食卓があるダイニングの広さを、内法（のり）面積で 13 m² とした。
4.　電灯の壁付きスイッチの高さを、床面から 1,200 mm とした。
5.　屋内階段における手摺（すり）の高さを、踏面の先端の位置から 800 mm とした。

解説　江戸間（田舎間）の場合、柱芯の間隔が基準寸法（910 mm）の整数倍となる。京間の場合、柱と柱の内法寸法が、基準寸法（955 mm）の整数倍となる。

5.　階段における手摺（すり）の高さは、踏面の先端の位置から 70 ～ 80 cm が適切である。また、階段は、住宅内の事故が多く発生する場所であり、降り始めや登り終り部分の手摺の端部などの処理は重要である。　**正解 2**

R05	R04	R03	R02	R01	H30	H29

問題 07 Ⅰ 11　住宅の計画に関する次の記述のうち、**最も不適当な**ものはどれか。

1.　都市部の狭い敷地において、プライバシーを確保するため、建築物や塀で囲まれた中庭を設ける住宅形式を、タウンハウスという。
2.　コア型の住宅は、給排水衛生設備などを 1 箇所にまとめた形式であり、設備工事費の低減や動線の単純化を図り、外周部には居室を配置することができる。
3.　パッシブデザインは、建築物が受ける自然の熱、風及び光を活用して暖房効果、冷却効果、照明効果等を得る設計手法である。
4.　台所において、L 型キッチンを採用することにより、車椅子使用者の調理作業の効率化を図ることができる。
5.　居住者の高齢化を考慮する場合、出入口の扉は引戸とすることが望ましい。

解説　プライバシーを確保するため、建築物や塀で囲まれた中庭を設ける住宅形式はコートハウスである。都市部で計画されるコートハウスは、プライバシーの確保のほかに中庭からの採光や通風を得ることもその理由である。

5.　開き戸は、ドアを開けるときに立ち位置が変わるので、高齢者には事故の可能性があるため、立ち位置を変えることがない引戸のほうが望ましい。　**正解 1**

◀学科Ⅰ▶

13 集合住宅

R05	R04	R03	R02	R01	H30	H29

問題01 Ⅰ 12 集合住宅の計画に関する次の記述のうち、**最も不適当な**ものはどれか。

1. 住戸の自由な間取りを実現するために、入居希望者が組合をつくり、住宅の企画・設計から入居・管理までを運営していくコーポラティブハウスとした。
2. 車椅子使用者の利用を考慮して、主要な経路の廊下には、50 m 以内ごとに 140 cm 角以上の車椅子の転回が可能なスペースを設けた。
3. 専用面積が小さい住戸で構成する集合住宅を、メゾネット型とした。
4. 中廊下型の集合住宅において、住棟を南北軸とし、その東西に住戸を並べる配置とした。
5. 居住部分の内装仕上げや設備等を入居者や社会の変動に応じて容易に改修・更新することができる、スケルトン・インフィル住宅とした。

解説 メゾネット型は、1 住戸を 2 層以上で構成しているため、専用面積が大きい住戸に適する住戸形式である。

2. 車椅子の転回（180 度）が可能なスペースは最低で 140 cm 角以上必要で、回転（360 度）には 150 cm 以上のスペースが必要である。
4. 中廊下型の集合住宅は、東西の住戸の採光を確保するために住棟を南北軸とする。片廊下型と比較すると戸数密度は高められるが、通風、日照、プライバシーの確保は難しい。

正解 3

R05	R04	R03	R02	R01	H30	H29

問題02 Ⅰ 12 集合住宅の計画に関する次の記述のうち、**最も不適当な**ものはどれか。

1. テラスハウスは、共用の中庭を中心に、それを囲んで配置される集合住宅の形式である。
2. スキップフロア型は、共用廊下のない階の住戸では、外気に接する 2 方向の開口部を設けることができる。

3. ボイド型は、階段・エレベーター等をコアとして設け、コアとつながった共用廊下の中央に吹抜けを配置した形式である。
4. フライングコリドーは、プライバシーに配慮し、片廊下型などの共用廊下を住戸から離して設けたものである。
5. スケルトンインフィル住宅は、「建築物の躯体や共用設備部分」と「住戸専有部分の内装や設備」とを明確に分けて計画することによって、住戸の更新性や可変性を高めることができる。

解説 テラスハウスは、各住戸が専用庭を持った連続低層住宅で独立性を有する。問題の共用の中庭を中心に、それを囲んで配置される集合住宅の形式はコモンアクセスといい、各住戸の利用者の交流を増大させるとともにプライバシーの確保も考慮した計画である。

4. コリドーとは廊下・通路等の意味であり、フライングコリドーは住戸から離して空中に浮いているような形式をいう。通風・採光・プライバシーの確保ができる。

正解 1

R05	R04	R03	R02	R01	H30	H29

問題 03 Ⅰ 12 集合住宅の計画に関する次の記述のうち、**最も不適当な**ものはどれか。

1. コンバージョンは、事務所ビルを集合住宅にする等、既存の建築物を用途変更・転用する手法である。
2. コモンアクセスは、共用庭と各住戸へのアクセス路とを分離した形式で、動線はアクセス路側が中心となり、共用庭の利用は限られたものになりやすい。
3. 子どもが飛び跳ねたりする音などの床衝撃音が下階に伝わることを防ぐためには、床スラブをできるだけ厚くすることが有効である。
4. 都市型集合住宅における2名が居住する住居の誘導居住面積水準の目安は、55 m^2 である。
5. ライトウェル（光井戸）は、住戸の奥行きが深い場合などに、採光を目的として設けられる。

解説 コモンアクセスは、共用庭から各住戸へアクセスする形式で、共用庭の利用を促し、近隣交流の機会を増大させる効果をもたらす。

3. 子どもが飛び跳ねたりする重量床衝撃音対策には、スラブを厚くする他に、床を重くしたり、振動を抑えるように床の端部の取付け方を工夫するほか、床仕上げ材の検討などが挙げられる。

4. 誘導居住面積水準は、世帯人数に応じて、豊かな住生活の実現の前提として多様なライフスタイルに対応するために必要と考えられる住宅の面積に関する水準である。都市型集合住宅の場合、単身者の場合 40 m²、2 人以上の世帯では 20 m²× 世帯人数＋ 15 m² とされている。
5. ライトウェルは、トップライトや吹き抜け、中庭を利用して建物内に光を取り込む仕組みである。

正解 2

R05	R04	R03	**R02**	R01	H30	H29

問題 04 I 12 集合住宅の計画に関する次の記述のうち、**最も不適当な**ものはどれか。

1. コレクティブハウスは、厨房や食堂などを共用しながら、各居住者が独立した生活を確保することができる。
2. 中廊下型は、片廊下型に比べて、プライバシー・遮音・採光などの居住性を確保しやすい。
3. コーポラティブハウスは、住宅入居希望者が組合を作り、協力して企画・設計から入居・管理まで運営していく方式の集合住宅である。
4. スキップフロア型は、一般に、共用廊下を介さずに、外気に接する 2 方向の開口部を有した住戸を設けることができる。
5. リビングアクセス型は、一般に、共用廊下側に居間を配置することで、各住戸の表情を積極的に表に出すことなどを意図しているが、プライバシーの確保には注意を要する。

解説 中廊下型は、廊下の両側に住戸を配置させるため、片廊下側に比べ住戸密度は高くなるが、通風や日照、プライバシーは確保しにくい。また、採光条件に差が出ないように住棟の廊下を南北に配置させる。

5. 集合住宅において、共用廊下側はプライバシーを守るために水回りなどが配置されやすく、閉鎖的な雰囲気になりがちであるが、居間などのパブリックスペースを配置することにより各住戸の表情が廊下側に伝わることが期待される。さらに、リビングを通して個室にアクセスすることになるので、家族間のコミュニケーションが取りやすくなるという効果もある。

正解 2

R05	R04	R03	R02	**R01**	H30	H29

問題 05 I 12 集合住宅の計画に関する次の記述のうち、**最も不適当な**ものはどれか。

1. 住戸の通風・採光やプライバシーを確保するために、共用廊下を住棟から離して設けるフライングコリドーとした。

2.　住戸内の居室は、将来的な家族構成の変化に対応するために、可動家具を用いて室の大きさを変更できるようにした。
3.　居住部分の内装仕上げや設備等を、入居者の希望に応じて、容易に改修・更新することができるスケルトン・インフィル住宅とした。
4.　専用面積が小さい住戸で構成する集合住宅はメゾネット型とし、専用面積が大きい住戸で構成する集合住宅は階段室型とした。
5.　住戸の自由な間取りを実現するために、住宅入居希望者が組合を作り、住宅の企画・設計から入居・管理までを運営していくコーポラティブハウスとした。

解説　メゾネット型は、1住戸を2層以上で構成した住戸形式で、専用面積が大きい住戸に適する。階段室型の特徴は、プライバシーが確保しやすく、廊下型などと比較して採光・通風・独立性に富むことであるが、高層化には向かない。　正解4

R05	R04	R03	R02	R01	H30	H29

問題06　I 12　集合住宅の計画に関する次の記述のうち、**最も不適当な**ものはどれか。
1.　コンバージョンは、既存の事務所ビル等を集合住宅等に用途変更・転用させる手法である。
2.　ボイド型は、階段・エレベーター等をコアとして設け、コアとつながった共用廊下の中央に吹抜けを配置した形式である。
3.　テラスハウスは、各住戸が区画された専用の庭をもつ連続住宅であり、各住戸が戸境壁を共有しながらも、庭があることで独立住宅としての要素を有する。
4.　スケルトンインフィル住宅は、「建築物の躯体や共用設備部分」と「住戸専有部分の内装や設備」とを明確に分けて計画することによって、住戸の更新性や可変性を高めた集合住宅である。
5.　コモンアクセスは、共用庭と各住戸へのアクセス路とを分離した形式で、動線はアクセス路側が中心となり、共用庭の利用は限られたものになりやすい。

解説　コモンアクセスは、共用庭から各住戸へアクセスする形式で、共用庭の利用を促し、近隣交流の機会を増大させる効果をもたらす。　正解5

R05	R04	R03	R02	R01	H30	H29

問題07　I 12　集合住宅の住戸平面計画において、L（居間）、D（食事室）、K

(台所) を組み合せた形式に関する次の記述のうち、**最も不適当な**ものはどれか。

1.　DK型は、小規模な住戸に用いる場合、食寝分離は図られるが、団らんは就寝の場と重なる傾向にある。
2.　LDK型は、比較的狭い住戸に用いる場合、団らん・食事と私室を分離させることはできるが、充実した居間を確保しにくい傾向にある。
3.　L＋D＋K型は、比較的広い住戸で採用しないと、かえって生活を窮屈にする場合がある。
4.　L＋DK型は、居間中心の生活を求めるのには適しているが、食事の準備や後片づけなどの家事労働の効率化は図りにくい。
5.　LD＋K型は、食事を中心に団らんする生活に適しているが、LDの面積が十分に確保できない場合、LDの計画に工夫を要する。

解説　L＋DK型は、食事室と台所が一室にあるため、食事の準備や後片づけなどの家事労働の効率化を図りやすく、居間の独立性も確保しやすい。食事室は家族全員が最も多く集まる場所なので、居間と一緒に計画すればにぎやかな空間となり、それぞれの部屋を独立させれば落ち着いた空間となるが、計画面積を確保できなければ落ち着かない空間となる。

正解 4

【学科Ⅰ】

14 商業建築

R05	R04	R03	R02	R01	H30	H29

問題01 Ⅰ 13 事務所ビル・商業建築の計画に関する次の記述のうち、**最も不適当な**ものはどれか。

1. フリーアドレス方式は、事務室の在席率が60%以下でないとスペースの効率的な活用が難しい方式である。
2. システム天井は、モデュール割りを用いて、設備機能を合理的に組み込みユニット化した天井である。
3. 喫茶店において、厨房の床面積は、一般に、述べ面積の15～20%程度である。
4. 延べ面積に対する客室部分の床面積の合計の割合は、一般に、ビジネスホテルよりシティホテルのほうが大きい。
5. 機械式駐車場において、垂直循環式は、一般に、収容台数が同じであれば、多層循環式に比べて、設置面積を小さくすることができる。

解説 ビジネスホテルは、会社員などの宿泊を主とした利用のため客室が多い構成になっている。シティホテルは客室以外の宴会場や会議室などが必要となるため、客室部分の床面積の合計の割合は、ビジネスホテルのほうが大きい。

1. フリーアドレス方式は、事務所スペースを削減させるため席を固定させず空いたスペースで仕事をするもので、在席率50～60%以下の事務所でスペースの効率化ができ、コミュニケーションの増進も図られる。
5. 垂直循環方式はタワー型の空間内で駐車パレットを観覧車のように垂直方向に循環させるのに対して、多層循環方式は、地下空間内などに駐車スペースを確保し水平方向に循環させる方式であるため、設置面積でいうと垂直循環式のほうが小さくできる。

正解4

学科Ⅰ

15 事務所

R05	R04	R03	R02	R01	H30	H29

問題 01 Ⅰ 13 事務所ビルの計画に関する次の記述のうち、**最も不適当な**ものはどれか。

1. 事務室の空調設備は、室内をペリメーターゾーンとインテリアゾーンに分け、それぞれの負荷に応じて個別制御ができるように計画した。
2. 事務室において、人が椅子に座ったときの視界を遮り、立ったときに全体を見通すことができるようにパーティションの高さを、120 cm とした。
3. 事務室において、在席率が 80%と想定されたので、個人専用の座席を設けず、スペースを効率的に利用するために、フリーアドレス方式で計画した。
4. 地下階に設ける駐車場において、各柱間に小型自動車が並列に 3 台駐車できるように、柱スパンを 9 m とした。
5. 基準階の平面プランとして、片コア（偏心コア）タイプを採用したので、コア部分にも、外光・外気を取入れやすい計画とした。

解説 フリーアドレス方式は、日中不在の社員が多い企業など座席の稼働率の低い場合に導入され、在席率が 50 ～ 60%の場合に適している。

1. 事務室の空調計画において、窓や壁周辺のペリメーターゾーンは外気温や日射さらに季節や方位によって熱環境が変化する。それに対して、室内側のインテリアゾーンでは OA 機器や人体からの発熱により年間を通して冷房が必要となる。このように事務室内のエリアによって熱環境が異なるのでエリアごとに対応できることが望ましい。
4. 駐車スペースの幅は、小型乗用車で 2.3 m 以上必要であるため、柱スパンが 9 m であれば並列に 3 台駐車は可能である。

正解 3

R05	R04	R03	R02	R01	H30	H29

問題 02 Ⅰ 13 事務所ビルの計画に関する次の記述のうち、**最も不適当な**ものはどれか。

1. レンタブル比は、貸事務所ビルの収益性に関する指標の一つであり、収益部分の床面積に対する非収益部分の床面積の割合である。

2. 高層の事務所ビルにおける乗用エレベーターの台数については、一般に、最も利用者が多い時間帯の5分間に利用する人数を考慮して計画する。
3. 事務室の机の配置方式において、特に業務に集中することが必要な場合、一般に、対向式レイアウトよりも並行式レイアウトのほうが適している。
4. 事務室において、人が椅子に座ったときの視界を遮り、立ったときに全体を見通すことができるパーティションの高さは、120 cm程度である。
5. オフィスランドスケープは、一般に、固定間仕切を使用せず、ローパーティション・家具・植物などによって事務室のレイアウトを行う手法である。

解説 レンタブル比とは、延べ面積に対する賃貸等の収益部分の床面積合計の割合である。一般的に基準階では75～85%であるが、建物全体としてはエントランスや機械室などの非収益部分が増加するので65～75%になる。

3. 事務室の机の配置方式で、業務に集中することが必要な場合は、一般的に対向式レイアウトよりも並行式レイアウトのほうが適しているが、並べられる机の数は対向式レイアウトのほうが20～30%多く配置できる。 正解1

R05	R04	R03	R02	R01	H30	H29

問題03 I 13 事務所ビル、商業建築の計画に関する次の記述のうち、**最も不適当な**ものはどれか。

1. コアプランの計画において、事務室の自由な執務空間を確保するため、コアを事務室から独立させた分離コア型とした。
2. 事務室において、在席率が50～60%と想定されたので、個人専用の座席を設けず、在籍者が座席を共用し、スペースを効率的に利用するために、オフィスランドスケープ方式で計画した。
3. 地下階に設ける自走式駐車場において、一般的な自動車の車高を考慮して、駐車スペースの梁下の高さが2.3mになるように計画した。
4. バーにおいて、カウンター内の床の高さは、客席の床の高さに比べて低くなるように計画した。
5. 喫茶店において、厨房の床面積を延べ面積の15%で計画した。

解説 事務所ビルの計画において、個人専用の座席を設けず、座席を共用し、スペースを効率的に利用する方式はフリーアドレス方式で、在席率が50～60%が適しているといわれる。オフィスランドスケープは、ドイツで考案されたオフィスのレイアウト方式で、ローパーティション・家具・植物などによって事務室のレイアウトを行い固定間仕切は使用せず、多彩なレイアウトが可能で、フリーアドレス方式のオフィスレイアウトにも用いられる。

3. 自走式駐車場の駐車スペースにおいて、梁下までの高さは 2.1m 以上である。車路では、梁下までの高さは 2.3m 以上となっている。
4. バーカウンターの計画において、店員がお客に対して上からの目線にならないように配慮する。

正解 2

R05	R04	R03	R02	R01	H30	H29

問題 04 I 13 事務所ビル、商業建築の計画に関する次の記述のうち、**最も不適当な**ものはどれか。

1. システム天井は、モデュール割りに基づいて、設備機能を合理的に配置することができるユニット化された天井である。
2. ダブルコアプランにおいて、ブロック貸しや小部屋貸しの賃貸方式は、一般に、レンタブル比を高めることができる。
3. 事務室の机の配置方式において、特に業務に集中することが必要な場合、一般に、対向式レイアウトよりも並行式レイアウトのほうが適している。
4. ビジネスホテルにおいて、客室部門の床面積の合計は、一般に、延べ面積の 60 ～ 70%程度である。
5. 量販店において、売場部分の床面積の合計（売場内の通路を含む。）は、一般に、延べ面積の 60 ～ 65%程度である。

解説 ダブルコアプランは、2方向避難ができることが特徴で、レンタブル比を高めることはできない。レンタブル比を高められるのは、センターコアプランである。

1. システム天井は、照明器具や煙感知器・空調の吹出し口などの設備器具を、天井下地に組み込み一体化した天井のことで、ユニットとして工場で生産される。

正解 2

R05	R04	R03	R02	R01	H30	H29

問題 05 I 13 事務所ビルの計画に関する次の記述のうち、**最も不適当な**ものはどれか。

1. 地下階に設ける駐車場において、各柱間に普通乗用車が並列に 3 台駐車できるように、柱スパンを 7m とした。
2. 事務室の執務空間と通路を仕切るパーティションは、通路側に人が立った状態で、執務空間を見通すことのできるように、高さを 150cm とした。
3. 事務室の在席率が 50 ～ 60%と想定されたので、執務空間の効率的な活用を考慮し、フリーアドレス方式を採用した。
4. 事務室の空調設備は、室内をペリメーターゾーンとインテリアゾーンに分け、それぞれの負荷に応じて個別制御ができるように計画した。

5.　基準階床面積が比較的大きいので、構造計画上望ましい配置として、コアを基準階平面の中央部全体に配置したオープンコア形式を採用した。

解説　駐車スペースの幅は、普通乗用車で 2.5m 以上必要で、柱スパン 7m の内法寸法には納まらないので 3 台の駐車はできない。事務所建築の計画において柱スパンは設備計画上 3,000mm ～ 3,600mm を基準にすることが経済的であるため 6m ないし 7m となることが多い。このような計画では駐車スペースは柱スパン内に 2 台となることが多い。

4.　事務室の空調計画において、窓や壁周辺のペリメーターゾーンは外気温や日射さらに季節や方位によって熱環境が変化する。それに対して、室内側のインテリアゾーンでは OA 機器や人体からの発熱により年間を通して冷房が必要となる。このように事務室内のエリアによって熱環境が異なるのでエリアごとに対応できることが望ましい。

正解 1

16 図書館・学校・幼稚園

R05	R04	R03	R02	R01	H30	H29

問題01 Ⅰ 14　教育施設等の計画に関する次の記述のうち、**最も不適当な**ものはどれか。

1.　保育所の計画において、幼児用便所は保育室の近くに設けた。
2.　図書館の開架閲覧室において、書架の間隔を、車椅子使用者の通行を考慮して210cmとした。
3.　図書館の開架閲覧室において、照明は書架の最下部まで十分な照度が得られるように計画した。
4.　小学校の計画において、図書室・視聴覚室・コンピュータ室の機能を統合したメディアセンターを設け、1クラス分の人数が利用できる広さとした。
5.　教科教室型の中学校において、学校生活の拠点となるホームベースを、教室移動の動線から離して、落ち着いた奥まった位置に設けた。

解説　ホームベースは、生徒のロッカーや掲示板を設置してホームルームも行うこともできる学校生活の拠点となる場所で、教科教室に付属させるなど動線的には近くに配置するように計画する。　正解5

R05	R04	R03	R02	R01	H30	H29

問題02 Ⅰ 14　教育施設等の計画に関する次の記述のうち、**最も不適当な**ものはどれか。

1.　地域図書館において、開架貸出室の一部にブラウジングコーナーを設けた。
2.　保育所において、保育室の1人当たりの床面積は、3歳児用より5歳児用のほうを広くした。
3.　保育所において、幼児用の大便器のブースの扉の高さを1.2mとした。
4.　小学校において、学習用の様々な素材を学年ごとに分散配置するスペースとして、「ラーニング（学習）センター」を設けた。
5.　小学校のブロックプランにおいて、学年ごとの配置が容易で、普通教室の独立性が高いクラスター型とした。

解説　3歳児は、5歳児と比べて、外遊びや集団遊びが少なく室内遊びが増える関係で、

1人当たりの保育室の床面積を広く計画することが望ましい。

5. 小学校のブロックプランは、他に普通教室を片廊下でつなげた「片廊下型」、普通教室を中廊下でつなげた「中廊下型」、数クラスを片廊下でつなげたブロックを別の廊下に枝状につなげた「フィンガー型」、多目的ホールの周りに普通教室を配置した「ホール型」などがある。 正解2

R05	R04	R03	R02	R01	H30	H29

問題03 I 14 教育施設等の計画に関する次の記述のうち、**最も不適当な**ものはどれか。

1. 地域図書館において、新聞や雑誌などを気軽に読む空間として、レファレンスルームを設けた。
2. 地域図書館の分館において、一般閲覧室と児童閲覧室とは分けて配置し、貸出しカウンターは共用とした。
3. 中学校の教室において、「黒板や掲示板」と「その周辺の壁」との明度対比が大きくなり過ぎないように、色彩調整を行った。
4. 幼稚園の保育室において、1人当たりの床面積は、5歳児学級用より3歳児学級用のほうを広くした。
5. 保育所の幼児用便所は、見守りや指導をしやすくするため、保育室の近くに設けた。

解説 レファレンスサービスは、図書館の利用者が辞書、事典、地図などのレファレンスブック（参考図書）を用いて調べものや図書に関する相談を行うサービスである。新聞や雑誌などを読む空間は、ブラウジングコーナーである。

2. 図書館の閲覧室の計画において、騒音の発生しやすい児童閲覧室は一般閲覧室とは分けて配置することが望ましい。
4. 3歳児は、5歳児と比べて、外遊びや集団遊びが少なく、室内遊びが増える関係で一人当たりの保育室の床面積を広く計画することが望ましい。 正解1

R05	R04	R03	R02	R01	H30	H29

問題04 I 14 教育施設等の計画に関する次の記述のうち、**最も不適当な**ものはどれか。

1. 地域図書館において、新聞や雑誌などを気軽に読む空間として、レファレンスコーナーを設けた。
2. 保育所の保育室において、昼寝の場と食事の場とを分けて設けた。
3. 幼稚園の保育室において、1人当たりの床面積は、5歳児学級用より3歳児学級用のほうを広くした。

4.　小学校において、多様化する学習形態に合せたワークスペースとして、多目的スペースを普通教室に隣接して設けた。
5.　中学校において、図書室の出納システムは、開架式とした。

解説　レファレンスコーナーは、図書館の利用者が辞書、事典、地図などのレファレンスブック（参考図書）を用いて調べものをしたり、図書に関する相談を行うスペースである。新聞や雑誌などを読む空間は、ブラウジングコーナーである。
3.　幼稚園の保育室は、年齢の低い学級のほうが手がかかることから定員を少なくするため、1人当たりの床面積は広くなる。　正解 1

【学科Ⅰ】

17 公共建築1

R05	R04	R03	R02	R01	H30	H29

問題01 Ⅰ 15　文化施設の計画に関する次の記述のうち、**最も不適当な**ものはどれか。

1.　美術館において、日本画を展示する壁面の照度を、JISの照明設計基準に合わせて、200 lx程度とした。
2.　コンサートホールにおいて、演奏者と聴衆との一体感を生み出すことを意図して、ステージを客席が取り囲むシューボックス型の空間形式を採用した。
3.　劇場において、ホワイエをもぎり（チケットチェック）の後に配置し、歓談などもできるように広めに計画した。
4.　博物館において、学芸員の研究部門は、収蔵部門に近接して配置した。
5.　美術館において、展示室に加え、ワークショップやアーティスト・イン・レジデンス等、多様な活動ができる空間を計画した。

解説　コンサートホールにおいて、演奏者と聴衆との一体感を生み出すことを意図して、ステージを客席が取り囲む形式はアリーナ型である。シューボックス型は、長方形平面の箱型ホールで、長方形の短辺の一方に舞台を配置して、舞台にほぼ並行に座席を並べた形式である。

1.　美術館における作品の適正照度は、日本画は200 lx、洋画、彫刻（プラスタ、木、紙）は500 lxである。

正解2

R05	R04	R03	R02	R01	H30	H29

問題02 Ⅰ 13　文化施設に関する次の記述のうち、**最も不適当な**ものはどれか。

1.　劇場において、プロセニアムアーチの開口寸法は、客席数や上演演目により異なる。
2.　劇場の舞台において、下手（しもて）とは客席側から見て左側をいう。
3.　音楽ホールにおいて、アリーナ型は、客席がステージを取り囲む形式で、演奏者との一体感が得られやすい。
4.　美術館において、絵画を展示する場合の展示壁面の照度は、一般に、日本画より油絵のほうを低くする。

5. 美術館において、絵画用の人工照明の光源は、一般に、自然光に近い白色光とすることが望ましい。

解説 美術館における展示物の照度は、作品が照明によって損傷を受けることを極力抑えるため、油絵は 500 lx とされ、日本画は 200 lx である。

1. プロセニアムアーチとは、観客席からみて舞台を額縁のように区切った構造物のことである。客席数や上演演目により、開口寸法や比率などを変えることがある。また、プロセニアムアーチの舞台側上部には、フライロフトと呼ばれる幕や舞台照明などを吊り下げる空間があるが、この高さは客席から照明器具などが見えないようプロセニアムアーチ開口部の高さの 2.5 倍程度必要である。 正解 4

R05	R04	R03	R02	R01	H30	H29

問題 03 I 15 公共建築等の計画に関する次の記述のうち、**最も不適当な**ものはどれか。

1. 図書館において、資料の検索等を行うコンピューター機器を備えた、レファレンスコーナーを設けた。
2. 診療所において、診察室は処置室と隣接させて配置した。
3. 劇場において、演目に応じて舞台と観客席との関係を変化させることができるように、アダプタブルステージ形式を採用した。
4. 中学校の教室において、「黒板や掲示板」と「その周辺の壁」との明度対比が大きくなり過ぎないように、色彩調整を行った。
5. 保育所において、保育室は、乳児用と幼児用とを間仕切りのないワンルームとし、乳児と幼児の人数比の変動に対応できるようにした。

解説 乳児は、乳児室、ほふく室を確保しなければならない。また、安全面の点から乳児と幼児とは保育スペースを分けなければならず、設置基準面積はそれぞれ乳児（ほふく室）：3.3 m²/人、2 歳児：1.98 m²/人となっている。乳児の設置基準面積は地域によって待機児童の関係から緩和措置が取られているケースもある。 正解 5

R05	R04	R03	R02	R01	H30	H29

問題 04 I 15 社会福祉施設等に関する次の記述のうち、**最も不適当な**ものはどれか。

1. 特別養護老人ホームは、常に介護が必要で在宅介護を受けることが困難な高齢者が、入浴や食事の介護等を受ける施設である。
2. サービス付き高齢者向け住宅は、居住者の安否確認や生活相談のサービスを提供し、バリアフリー構造を有する賃貸等の住宅である。
3. ケアハウスは、家族による援助を受けることが困難な高齢者が、日常生活上必要なサービスを受けながら自立的な生活をする施設である。

4. 老人デイサービスセンターは、常に介護が必要な高齢者が、入浴や食事等の日常生活上の支援、機能訓練等を受けるために、短期間入所する施設である。

5. 介護老人保健施設は、病院における入院治療の必要はないが、家庭に復帰するための機能訓練や看護・介護が必要な高齢者のための施設である。

解説 老人デイサービスセンターは、入所型の施設ではなく、送迎などによる通所型の老人福祉施設である。短期間入所する施設には、ショートステイなどのサービスを行う老人短期入所施設や特別養護老人ホームなどがある。

3. ケアハウスは、軽費老人ホームの一種で、自立の度合いやサービスの種類により分類される。

正解 4

R05	R04	R03	R02	R01	H30	H29

問題 05 I 15 建築物の計画に関する次の記述のうち、**最も不適当な**ものはどれか。

1. 劇場において、大道具などを搬出入するサービス用出入口の位置は、観客動線からは切り離し、車両が道路から進入しやすいものとする。
2. 診療所において、X 線撮影室は、一般に、診察室及び処置室に近接させる。
3. 幼稚園において、園舎と園庭との出入りのための昇降口を設ける場合、一般に、園舎等の周囲を迂(う)回せず園庭へ出やすい位置に計画する。
4. 図書館において、図書の無断持ち出しを防ぐために、BDS（ブック・ディテクション・システム）を導入する。
5. 博物館の荷解室及び収蔵庫は、収蔵品に付着した害虫等を駆除するための燻(くん)蒸室からできるだけ離して配置する。

解説 燻蒸室は収蔵品についた虫などを駆除・殺菌するための部屋で、動線計画上荷解室や収蔵庫に近いほうが望ましい。

2. 医師が主に患者の病状を診る診察室と、採血・注射・点滴などの治療を行う処置室ならびに X 線撮影室は、重なる医療行為が多いことから隣接して配置する。

正解 5

R05	R04	R03	R02	R01	H30	H29

問題 06 I 15 文化施設の計画に関する次の記述のうち、**最も不適当な**ものはどれか。

1. 美術館において、参加型企画に使用する学習体験室や講義室は、一般に、利用者がエントランスホールから展示室を通過せずに移動できる計画とする。

2. 美術館の展示室は、一般に、来館者の逆戻りや交差が生じないように、一筆書きの動線計画とする。
3. 劇場の舞台において、下手（しもて）とは客席側から見て右側をいう。
4. 劇場において、オープンステージ形式は、舞台と観客席が仕切られていないことから、演者と観客の一体感が生まれやすい。
5. 博物館において、低湿収蔵庫や高湿収蔵庫を設ける場合は、ならし室を近接させ、収蔵物を仮収納できる計画とする。

解説 劇場の舞台において、客席側から見て右側を上手、左側を下手という。
5. 展示物によっては、温湿度管理が必要なものもあり、収蔵庫から展示室などへの移動段階で大きな温湿度変化が起こる場合、環境変化にならすため、ならし室に仮収納できるようにする。

正解 3

R05	R04	R03	R02	R01	H30	H29

問題 07 Ⅰ 14 教育施設等に関する次の記述のうち、**最も不適当な**ものはどれか。

1. 地域図書館において、書架を設置しない 40 人収容の閲覧室の床面積を、100 m² とした。
2. 地域図書館において、閲覧室の床の仕上げは、歩行音の発生を抑制するため、タイルカーペットとした。
3. 小学校において、学年ごとのカリキュラムに対応するため、低学年は総合教室型とし、高学年は特別教室型とした。
4. 車椅子使用者に配慮し、居室入口前の廊下は、車椅子使用者が転回しやすくするため、直径 1,200 mm の転回スペースを計画した。
5. 高齢者の使用する居室の作業領域の照度は、日本工業規格（JIS）の照明設計基準の 2 倍を目安とした。

解説 車椅子使用者が転回するために必要なスペースは、1,500mm × 1,500mm である。

正解 4

R05	R04	R03	R02	R01	H30	H29

問題 08 Ⅰ 15 文化施設の計画に関する次の記述のうち、**最も不適当な**ものはどれか。

1. 劇場において、演目に応じて舞台と観客席との関係を変化させることができるように、アダプタブルステージ形式を採用した。
2. 博物館において、学芸員の研究部門は、収蔵部門に近接して配置した。

3. 美術館において、ミュージアムショップを、エントランスホールに面して配置した。
4. コンサートホールにおいて、演奏者と聴衆との一体感を生み出すことを意図して、ステージを客席が取り囲むシューボックス型の空間形式を採用した。
5. コミュニティセンターにおいて、図書室や会議室などのゾーンと体育室や実習室などのゾーンとは、離して配置した。

解説 コンサートホールにおいて、ステージを客席が取り囲む形式は、アリーナ型で、シューボックス型は、長方形平面の短辺部に舞台を設け、それに平行して客席を並べるコンサートホールの形式である。

1. 劇場の形式として、舞台と客席がプロセニアム（額縁）により明確に分けられるプロセニアムステージ形式、舞台と客席が間で仕切られることなく一つの空間にあるオープンステージ形式、演目に応じて、プロセニアムステージやオープンステージなどの形式に変化させられるアダプタブルステージ形式がある。 正解 4

R05	R04	R03	R02	R01	H30	H29

問題 09 Ⅰ 15 建築物の計画に関する次の記述のうち、**最も不適当な**ものはどれか。

1. 病院の手術室の空気調和設備は、単独に設け、室内の気圧を室外の気圧よりも高くする。
2. 劇場における舞台と客席との間に設けられる額縁状のものを、プロセニアムアーチという。
3. 美術館において、洋画の展示壁面の照度を、500 lx 程度とする。
4. 博物館の荷解室及び収蔵庫は、収蔵品に付着した害虫等を駆除するための燻（くん）蒸室からできるだけ離して配置する。
5. コンサートホールにおいて、アリーナ型は、客席がステージを取り囲むように配置されているので、演奏者と聴衆の一体感が得られやすい。

解説 燻蒸室は収蔵品についた虫などを駆除・殺菌するための部屋で、動線計画上荷解室や収蔵庫に近いほうが望ましい。 正解 4

学科Ⅰ

18 公共建築 2

R05	R04	R03	R02	R01	H30	H29

問題 01 Ⅰ 14 社会福祉施設等又は高齢者、障がい者等に配慮した建築物の計画に関する次の記述のうち、**最も不適当な**ものはどれか。

1. グループホームとは、知的障がい者や精神障がい者、認知症高齢者などが専門スタッフ又はヘルパーの支援のもと、少人数で共同生活を行う家のことである。
2. コレクティブハウスは、共同の食事室や調理室等が設けられた、複数の家族が共同で生活する集合住宅であり、高齢者用の住宅としても用いられている。
3. 車椅子使用者が利用する浴室において、浴槽の縁の高さは、洗い場の床面から 55cm 程度とする。
4. 高齢者が利用する洗面脱衣室において、床暖房や温風機等の暖房設備を設置することは、急激な温度変化によって起こるヒートショックを防ぐために有効である。
5. 高齢者が利用する書斎において、机上面の照度は、600 ～ 1,500 lx 程度とする。

解説 車椅子使用者が利用する浴室において、浴槽の縁の高さは、洗い場の床面から車椅子の座面の高さと等しくなるように 40 ～ 45 cm とする。

2. コレクティブハウスは、個人や家族の独立した生活（スペース）を確保しながら、他の利用者（個人・家族）との共用スペースでの共同生活が可能な住宅。コレクティブとは、「集合的な」「集団的な」「共同の」などの意味がある。
5. 高齢者の推奨照度は若年者の 2 倍程度必要である。一般の書斎の照度は、750 lx である。

正解 3

R05	R04	R03	R02	R01	H30	H29

問題 02 Ⅰ 14 社会福祉施設等又は高齢者、身体障がい者等に配慮した建築物の計画に関する次の記述のうち、**最も不適当な**ものはどれか。

1. 車椅子使用者に配慮し、避難施設となる屋内の通路には、車椅子を円滑に利用できる有効幅員、ゆとりある空間を確保し、原則として段を設けない。

2. ユニットケアは、入居者の個性や生活リズムに応じて暮らしていけるようにサポートする介護手法であり、ユニットごとに「入居者の個室」と「入居者が他の入居者や介護スタッフ等と交流するための共同生活室」とを備えていることが特徴的である。

3. 車椅子使用者に配慮し、エントランスから道路境界線まで50 cmの高低差が生じるアプローチを計画する場合、スロープの勾配は、1/8程度を基本とする。

4. 車椅子使用者が利用する浴室は、浴槽の深さを50cm程度、エプロンの高さを40～45 cm程度とする。

5. 特別養護老人ホームにおけるサービス・ステーションは、一般に、療養室に近接して設ける。

解説 車椅子使用者用のスロープの勾配は1/12を超えないこととなっている。高低差が16 cm以下の場合、勾配は1/8を超えないこととなっている。 正解3

【学科I】19 各部計画

R05	R04	R03	R02	R01	H30	H29

問題01 I 16 建築物の床面積及び各部の勾配に関する次の記述のうち、**最も不適当な**ものはどれか。

1. ユニット型指定介護老人福祉施設において、1人用個室の内法寸法による床面積を、15 m² とした。
2. 保育所において、5歳児を対象とした定員25人の保育室の内法寸法による床面積を、60 m² とした。
3. 一戸建て住宅において、厚形スレート葺の屋根の勾配を、3/10とした。
4. 自走式の地下駐車場にある高低差4 m の自動車専用傾斜路において、傾斜路の始まりから終わりまでの水平距離を、20 m とした。
5. ビジネスホテルにおいて、「延べ面積」に対する「客室部門の床面積の合計」の割合を、70%とした。

解説 傾斜路の勾配は、1/6以下としなければならないが、水平距離20m で高低差4m では1/5となり不適当である。標準は1/8程度である。また、車体下部の損傷を防止するために、傾斜路の始まりと終わりに本勾配の半分程度の緩和勾配を設ける。1/6勾配は16.7%、1/5勾配は20%、1/8勾配は12.5%である。

1. ユニット型指定介護老人福祉施設における1人用個室の床面積は、10.65 m² 以上なので15 m² は適当である。
2. 保育室の床面積は2歳以上で1人当たり1.98 m² 以上であるので、25人であれば1.98 m² × 25人 = 49.5 m² 以上となり60 m² であれば適当である。
3. 一般的にスレート屋根の勾配は3/10以上、瓦屋根は4/10以上である。
5. 貸し事務所、ホテルなどにおいて「延べ面積」に対する「収益を上げる面積」の割合をレンタブル比といい、65%〜75%が適正とされている。

正解 4

R05	R04	R03	R02	R01	H30	H29

問題02 I 17 高齢者や身体障がい者等に配慮した建築物に関する次の記述のうち、**最も不適当な**ものはどれか。

1. 一戸建て住宅において、車椅子使用者のために、壁付コンセントの中心高さを、抜き差しを考慮して、床面から250mm とした。

2. 物販店舗において、外国人のために、案内表示には図記号（ピクトグラム）を用い、多言語を併記する計画とした。
3. 病院において、発達障がい者のために、外部から音や光を遮り、一人でも静かに過ごせるカームダウン・クールダウンスペースを計画した。
4. 集合住宅の共用廊下において、高齢者、障がい者等の通行の安全上支障がないように、各住戸の外開き玄関扉の前にアルコーブを設けた。
5. 公衆便所において、杖使用者等が立位を保つために、床置式の男子小便器の両側に設ける手摺（すり）の高さを、床面から 850 mm とした。

解説 車椅子使用者のための、壁付コンセントの中心高さは、床から 400mm 程度である。
3. 発達障害や知的障害、精神障害、認知症者は、慣れない環境下でストレスを感じることがあり、気持ちを落ち着かせるためにカームダウン・クールダウンスペースを病院、空港など公共施設、職場などに設けることが望ましい。
4. 各住戸の玄関前にアルコーブ（へこんだ空間）を設けると、玄関扉を外開きとしても玄関先での安全の確保や訪問者への対応などに活用できる。　正解 1

R05	R04	R03	R02	R01	H30	H29

問題 03 Ⅰ 16　車椅子使用者に配慮した建築物の計画に関する次の記述のうち、**最も不適当な**ものはどれか。
1. 一戸建ての住宅において、壁付コンセントの取り付け高さを、床面から 40 cm とした。
2. 一戸建ての住宅において、ドアモニターや空調スイッチの高さを、床面から 140 cm とした。
3. 一戸建て住宅の駐車場において、駐車スペースの幅は、乗降を考慮して、3.5 m とした。
4. 病院の受付において、番号札の発券機の操作ボタン及び取り出し口が、それぞれ床面から高さ 60 ～ 100 cm 程度の範囲に納まるようにした。
5. 物販店舗において、購入した商品を袋に詰めるためのサッカー台は、上端高さを床面から 75 cm とし、下部スペースの奥行きを 50 cm とした。

解説 一戸建ての住宅において、ドアモニターや空調スイッチの高さは、車椅子、高齢者に配慮して床面から 90 ～ 100 cm とする。一般の場合でも 110 ～ 120 cm とされ 140cm は高すぎる。
5. 車椅子使用者が使用する作業台（サッカー台、記帳台等）は、上端高さは床面から 70 ～ 75 cm 程度、下部スペースは、車椅子の肘掛けが当たらないように、高さ 60 ～ 65 cm 程度、奥行きは 45 cm 程度とする。　正解 2

R05	R04	R03	R02	R01	H30	H29

問題04 I 17 JIS における案内用図記号とその表示事項との組合せとして、**最も不適当な**ものは、次のうち どれか。

	案内用図記号	表示事項
1.		オストメイト用設備／オストメイト
2.		介助用ベッド
3.		スロープ
4.		授乳室（男女共用）
5.		カームダウン・クールダウン

解説 問題の案内用図記号は、女性用の授乳室で、男女共用の授乳室は右図の記号である。 正解 4

R05	R04	R03	R02	R01	H30	H29

問題05 I 16 建築計画における各部寸法に関する次の記述のうち、**最も不適当な**ものはどれか。

1. 診療所の駐輪場において、自転車1台当たりの駐輪スペースを、400 mm × 1,600 mm とした。
2. 診療所の階段において、手摺を床面からの高さ 800 mm と 600 mm の位置に上下2段に設置し、手摺の端部を壁側に曲げた。
3. 一戸建て住宅の玄関ポーチにおいて、車椅子使用者に配慮し、車椅子が回転できるスペースを 1,500 mm 角程度とした。
4. 一戸建て住宅の台所において、流し台の前面に出窓を設けるに当たって、立位で流し台を使用する場合、流し台手前から出窓までの距離を 800 mm とした。
5. 一戸建て住宅の屋内の階段において、蹴込み寸法を、昇る際に躓きにくくするため、20 mm とした。

解説 自転車1台当たりの駐輪スペースは、600 mm × 1,900 mm 以上確保する必要がある。

2. 手摺(すり)を上下2段に設置する場合、上段は 75 ～ 85 cm、下段は 60 ～ 65 cm とし、端部は服などの引掛りを防止するため壁側や下側に曲げることが望ましい。 正解 1

R05	R04	R03	R02	R01	H30	H29

問題 06 I 16 建築計画における各部寸法及び床面積に関する次の記述のうち、**最も不適当な**ものはどれか。

1. 一般の病室において、4 床室の内法寸法を、幅 6 m、奥行 5.8 m とした。
2. 乳幼児連れの親子が利用する便所のブースの広さは、ベビーカーを折りたたまずに入ることを考慮して、内法寸法を、幅 1,000 mm、奥行 1,200 mm とした。
3. 保育所において、乳児及び 2 歳未満の幼児を対象とした定員 10 人のほふく室の床面積を 40 m^2 とした。
4. 出入口が一つのエレベーターにおいて、車椅子使用者の利用を考慮し、かご入口正面の壁面における床上 400 mm から 1,500 mm 程度の範囲に、出入口状況確認用の安全ガラスの鏡を設けた。
5. 鉛直型段差解消機の乗降スペースは、車椅子での転回を考慮し、幅 1,600 mm、奥行 1,600 mm を確保した。

解説 内法寸法が、幅 1,000 mm、奥行 1,200 mm ではベビーカーを折りたたまずに乳幼児連れの親子が入ることはできない。

1. 病室の床面積は、1 床当たり 6.4 m^2 以上必要であるので、4 床室の場合、6.4 m^2 × 4 ＝ 25.6 m^2 以上の床面積が必要となる。問題の病室の床面積は、6 m × 5.8 m ＝ 34.8 m^2 となり広さを満たしている。
3. 保育所のほふく室は、1 人当たり 3.3 m^2 以上必要で、定員 10 名なら 33 m^2 以上必要である。問題のほふく室の面積は 40 m^2 なので広さを満たしている。また、ほふく室は、活動が活発な幼児の保育室からは離すほうが望ましい。
5. 車椅子が回転するために必要なスペースは、幅 1,500 m、奥行 1,500 m 以上必要である。

正解 2

R05	R04	R03	R02	R01	H30	H29

問題 07 I 17 高齢者や身体障がい者等に配慮した建築物の計画に関する次の記述のうち、**最も不適当な**ものはどれか。

1. 住宅の改修において、階段の手摺(すり)については、両側に設置する余裕がなかったので、高齢者が降りるときの利き手側に設置した。

2. エレベーターのかご内の車椅子使用者対応の操作盤の位置は、床面から操作ボタンの中心までの高さを、1,000 mm とした。
3. 車椅子使用者が利用する便所のブースの出入口の有効幅を、900 mm とした。
4. 車椅子使用者が日常的に使用する収納スペースの最上段の棚板の高さを、床面から 1,200 mm とした。
5. 弱視者や色弱者に配慮して、病院の呼び出しカウンターに設置した電光表示板は、黒色の下地に濃い赤色の文字で表示した。

解説 弱視者や色弱者は、赤色が暗い色に見える場合があるので、黒色の下地に濃い赤色の組み合わせは見極めが困難である。その他、赤と緑、黄緑と橙、青と紫など見極めが難しい組合せが多数ある。

3. 車椅子使用者が利用する便所の出入口の幅は、800 mm 以上必要とされ、900 mm 以上が望ましいとされている。

正解 5

R05	R04	R03	R02	R01	H30	H29

問題 08 I 18 伝統的な木造住宅に関する次の記述のうち、**最も不適当な**ものはどれか。

1. 床脇の違い棚の上棚と下棚を連結する部材を、海老束という。
2. 床の間を座敷より一段高くする場合、小口を隠すため、床板や床畳の前端に床框（がまち）を設ける。
3. 落し掛けは、床の間の前面垂れ壁の下端に取り付ける横木である。
4. 欄間は、通風、換気等のために、小屋裏に設ける開口部である。
5. 床の間がある和室を竿縁天井とする場合、一般に、竿縁の方向は床の間と平行に配置する。

解説 欄間は、通風、換気等のために、天井と鴨居の間に設ける開口部である。

正解 4

問題09 Ⅰ 16　屋根伏図A～Eとその屋根の名称との組合せとして、**最も適当な**ものは、次のうちどれか。ただし、図中の矢印は屋根の流れ方向を示す。

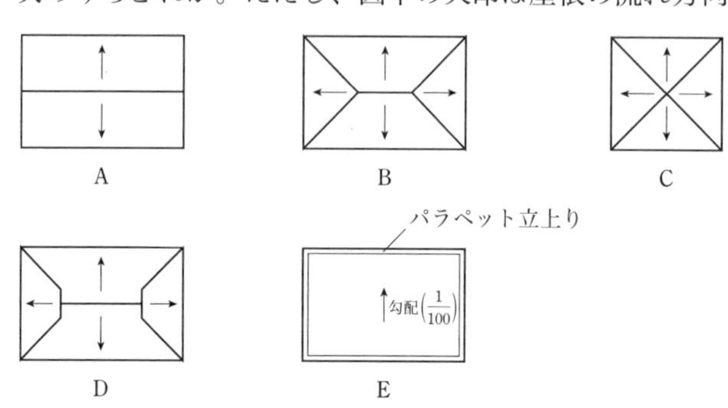

	A	B	C	D	E
1.	切妻屋根	入母屋屋根	寄棟屋根	方形屋根	陸屋根
2.	切妻屋根	寄棟屋根	方形屋根	入母屋屋根	陸屋根
3.	入母屋屋根	切妻屋根	陸屋根	寄棟屋根	方形屋根
4.	陸屋根	寄棟屋根	方形屋根	入母屋屋根	切妻屋根
5.	切妻屋根	入母屋屋根	陸屋根	寄棟屋根	方形屋根

解説　Aは、逆の2方向に流れているので切妻屋根である。Bは、4方向に流れていて棟があり、4方向の傾斜が棟から始まっているので寄棟屋根である。Cは、屋根の平面形状が正方形で屋根の中央から4方向に流れているので方形屋根である。Dは、Bと近い形だが、左右への傾斜の始まりの部分に破風の線があるので入母屋屋根である。Eは、平らな屋根であるので陸屋根である。

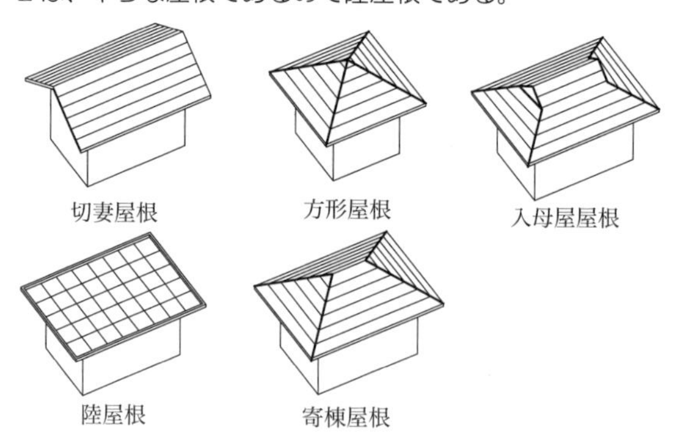

正解 2

R05	R04	R03	R02	R01	H30	H29

問題 10 Ⅰ 17 車椅子使用者に配慮した建築物の計画に関する次の記述のうち、**最も不適当な**ものはどれか。

1. 水飲み器は、操作部が手動式のものを採用した。
2. コンセントの中心高さは、抜き差しを考慮して、床面から 250 mm とした。
3. 引戸には、引手とドア枠の間に手が挟まれないように、引き残しを設けた。
4. 建具枠には、車椅子のフットレストや車輪との接触によって傷がつくのを防ぐために、床面からの高さ 350 mm 程度まで金属板のカバーを設けた。
5. 高低差 170 mm の屋内傾斜路は、勾配を 1/12 とした。

解説 コンセントの位置が低いと車椅子では姿勢を下げなければ届かないので、コンセントは 40 cm 程度の位置に設置する。また、スイッチ類（特殊なスイッチを除く）は 110 cm 程度（ベッド周辺においては 80 ～ 90 cm 程度）とすることが望ましい。

1. 水飲み器の操作部は、車椅子の場合足踏み式だと操作しにくいので、手動式のものを併設するか、光電管式（感知して水が出るもの）、ボタン式またはレバー式とすることが望ましい。飲み口の高さは、地面・床面等から 70 ～ 80 cm 程度の高さとする。
3. 引戸を引いたとき、ドアのハンドル（バー）とドア枠が当たらないように、引き残しと呼ばれるドアが控壁に収まらない部分を 10 cm 程度設ける。

正解 2

R05	R04	R03	R02	R01	H30	H29

問題 11 Ⅰ 16 建築物の各室の内法（のり）寸法による所要床面積に関する次の記述のうち、**最も不適当な**ものはどれか。

1. 特別養護老人ホームにおいて、定員 1 人の居室の床面積を 12 m² とした。
2. 軽費老人ホーム（ケアハウス）において、定員 1 人の居室の床面積を 24 m² とした。
3. 病院において、定員 4 人の小児用病室の床面積を 20 m² とした。
4. 保育所において、4 歳児を対象とした定員 20 人の保育室の床面積を 44 m² とした。
5. 保育所において、乳児及び 2 歳未満の幼児を対象とした定員 10 人のほふく室の床面積を 28 m² とした。

解説 保育所において、乳児及び 2 歳未満の幼児のほふく室の所要面積は 3.3 m²/ 人となっているので、定員 10 人のほふく室であれば、33 m² 以上の床面積が必要になる。乳児室の場合所要面積は、1.6528 m²/ 人となっている。

正解 5

R05	R04	R03	R02	R01	H30	H29

問題 12 I 17　車椅子使用者に配慮した建築物の計画に関する次の記述のうち、**最も不適当な**ものはどれか。

1.　車椅子使用者専用駐車場から建築物の入口までの通路は、屋根を設けるとともに、車椅子使用者及び歩行者の専用とし、幅員を 120 cm とした。
2.　室内の廊下において、キックプレートと兼用した幅木を設けるに当たり、その高さを床面から 25 cm とした。
3.　壁付きコンセントの取付け高さを、床面から 40 cm とした。
4.　高低差が 16 cm の屋内傾斜路において、傾斜路の両側とも手摺(すり)を設けず、勾配を 1/15 とした。
5.　腰掛け便座の両側に手摺(すり)を設け、手摺(すり)同士の間隔を 70 cm とした。

解説　キックプレートとは、車椅子のフットレストが壁や扉などに衝突して破損するのを防ぐ目的で設置され、床面から 35 cm までの高さを保護する。

4.　屋内傾斜の場合、勾配は 1/12 以下とするが、高低差が 16 cm 以下の場合 1/8 以下となっている。

正解 2

R05	R04	R03	R02	R01	H30	H29

問題 13 I 16　建築計画における各部寸法及び床面積に関する次の記述のうち、**最も不適当な**ものはどれか。

1.　食卓の高さが床面から 700 mm であったので、大人用椅子は座面の高さが床面から 400 mm のもの、子ども用椅子は座面の高さが床面から 500 mm のものを採用した。
2.　駐輪場において、自転車 1 台当たりの駐輪スペースを、700 mm × 1,900 mm とした。
3.　自走式屋内駐車場の自動車用斜路の本勾配を、1/5 とした。
4.　診療所の療養病床の病室において、4 床室の内法寸法を、幅 6 m、奥行 5.4 m とした。
5.　住宅において、ツインベッドを用いる夫婦寝室の床面積を、収納家具を置くスペースも含めて 16 m^2 とした。

解説　駐車場の車路の勾配は、17%（1/6）以下と規定されていて、13%（1/8）～10%（1/10）程度の勾配にすることが望ましいとされている。

1.　食卓と椅子の高さ関係には、使いやすい高さ関係がある。椅子の座面からテーブルの天板までの距離のことを差尺といい、（身長× 0.55）÷ 3 －（2 ～ 3 cm）で表される。大人と子供の平均身長で計算するとそれぞれの差尺は、大人が 27 cm ～ 30 cm

程度、子供が20cm程度となる。

5. ツインベッドを用いる寝室の所要面積は、1人当たり8 m^2 でなので、夫婦寝室（2人）の床面積は16 m^2 以上必要である。 正解3

R05	R04	R03	R02	R01	H30	H29

問題14 I 17 高齢者等に配慮した建築物の計画に関する次の記述のうち、**最も不適当な**ものはどれか。

1. 居室の作業領域の照度を、日本工業規格（JIS）における照明基準の2倍とした。
2. 車椅子使用者に配慮し、記帳などを行う受付カウンターの上端の高さを、床面から720mmとした。
3. 屋内階段の手摺（すり）の端部は、上下階でそれぞれ水平に450mm延ばし、壁面側に曲げた。
4. 車椅子使用者が利用する屋内傾斜路には、高さ900mmごとに踊場を設けた。
5. 階段のノンスリップ（滑り止め）は、踏面と同一面とした。

解説 車椅子使用者が利用する傾斜路は、高さ750mmごとに踏面1,500mm以上の踊場を設けなければならない。 正解4

学科Ⅰ

20 住宅生産他

R05	R04	R03	R02	R01	H30	H29

問題01 Ⅰ 18 建築生産等に関する次の記述のうち、**最も不適当な**ものはどれか。

1. ボックスユニット工法は、工場生産されたプレキャストコンクリート板を使用して現場で箱状に組み立てる工法であり、工期の短縮にも適している。
2. 枠組壁工法（ツーバイフォー工法）は、北米において発展した木造建築の工法で、主に断面寸法が2インチ×4インチの部材により構成され、一般に、接合部においてはCマーク表示金物を使用する。
3. プレファブ工法は、部材をあらかじめ工場で生産する方式であり、品質の安定化、工期の短縮化等を目的とした工法である。
4. モデュラーコーディネーションは、基準として用いる単位寸法等により、建築及び建築各部の寸法を相互に関連づけるように調整する手法である。
5. 曳家（ひきや）は、建築物を解体せずに、あらかじめ造った基礎まで水平移動させる工事のことである。

解説 ボックスユニット工法は、あらかじめ工場で組み立てられた箱状の室ユニットを現場で組み上げていく方法である。工場生産されたコンクリート板を現場で組み立てる工法はプレキャスト工法という。

正解1

R05	R04	R03	R02	R01	H30	H29

問題02 Ⅰ 18 建築生産に関する次の記述のうち、**最も不適当な**ものはどれか。

1. カーテンウォールは、建築物の外周に設けられた、荷重を支持しない壁のことである。
2. 枠組壁工法（ツーバイフォー工法）は、北米において発展した木造建築の工法で、主に断面が2インチ×4インチの部材により構成される工法である。
3. プレカット方式は、従来、大工が行っていた木材の継手・仕口等の加工を、工場の機械によって行う方式である。
4. ボックスユニット構法は、建築物の一部又は全体を、空間を内包する大型の部品としてあらかじめ組み立てておく構法である。

5.　モデュラーコーディネーションは、在来軸組工法において耐震性を向上させるために、壁をバランスよく配置することである。

解説　モデュラーコーディネーションとは、建築物を設計するときに基準となる寸法を設定し、それを基準に柱間や窓サイズ、空間構成にいたるまで各部の寸法を決定する設計手法で、モデュール割りともいう。　正解 5

学科Ⅰ

21 住宅地計画

R05	R04	R03	R02	R01	H30	H29

問題01 Ⅰ18 防犯に配慮した一戸建て住宅の計画に関する次の記述のうち、**最も不適当な**ものはどれか。

1. 敷地境界線に近接する塀として、棘（とげ）のある低木を植栽し、その内側に縦格子の柵を設置する計画とした。
2. 敷地内空地には、歩くと足音が出るように砂利を敷く計画とした。
3. バルコニーは、雨水のたて樋や、高さのある庭木などから離し、近隣からの見通しがよい位置に計画した。
4. 庭へ出入りする掃出し窓に、網入り板ガラスを使用する計画とした。
5. 玄関と勝手口は、防犯建物部品等の錠前を有する片開き扉とし、道路等から見通しがよい位置に計画した。

解説 網入りガラスは、板ガラスの中にワイヤーを封入させた防火設備で、防犯性能は高くない。ガラスの強度も板ガラスとあまり変わらず、ガラス破損時に音もあまりせず飛び散ることもないなど、防犯性能が低い面もある。防犯性の高いガラスとしては合わせガラスなどがある。 正解4

R05	R04	R03	R02	R01	H30	H29

問題02 Ⅰ17 まちづくりに関する次の記述のうち、**最も不適当な**ものはどれか。

1. 視覚障害者誘導用ブロックには、線状の突起のある移動方向を指示する線状ブロックと、点状の突起のある注意喚起を行う点状ブロックとがある。
2. スプロールは、一端が行止りの街路において、その端部で車の方向転換を可能としたものである。
3. アンダーパスは、道路や鉄道の地盤面下を潜り抜ける道路で、雨水が流入しやすいので、排水機能の確保が必要である。
4. 登録有形文化財である建築物の一部を改装するに当たって、建築物の外観が大きく変わる場合などは現状変更の届出が必要となる。
5. イメージハンプは、車道の色や材質の一部を変えて、車の運転者に速度抑制を心理的に促すために設けるものであり、路面に高低差はない。

解説 スプロールは、都市周辺部において、市街地が無計画・無秩序に拡大していく現象で、街路の行止まりとなる端部で車の方向転換が可能なものはクルドサックである。

4. 指定文化財や登録有形文化財などに対し、作為的かつ物理的に変更を生じさせたり影響を与える行為を現状変更といい、届出が必要である。 正解 2

R05	R04	R03	R02	R01	H30	H29

問題 03 Ⅰ 18 まちづくりに関する次の記述のうち、**最も不適当な**ものはどれか。

1. パークアンドライドは、周辺の駅に整備された駐車場まで自動車で行き、そこから公共交通機関を利用して、中心市街地へ移動することによって、中心市街地への自動車の流入を減らすための手法である。
2. トランジットモールは、歩行者用の空間であるモールの形態の一つであり、一般の自動車の進入を排除して、路面電車やバスなどの公共交通機関に限って走行を認めたものである。
3. ボンエルフは、住宅地において、通過交通を排除し、歩行者と自動車の動線を完全に分離させるための手法である。
4. スプロールは、都市周辺部において、市街地が無計画、無秩序に拡大していく現象である。
5. ペデストリアンデッキは、歩行者と自動車の動線分離を目的とした高架の歩廊である。

解説 ボンエルフは、ハンプやシケイン、狭さくなどにより、車が速度を上げられないようにして、歩行者と車が共存することを目的につくられた道路である。オランダ語で「生活の庭」を意味し、1970 年代にオランダの都市デルフトで初めて建設された。歩行者と車の動線を完全に分離させるための手法は、ラドバーン方式などがある。

2. トランジットモール（Transit mall）は、市街地での通行を公共交通機関（Transit）に限り、自家用車の乗り入れを制限することで、歩行者道路（mall）を機能させている。 正解 3

R05	R04	R03	R02	R01	H30	H29

問題 04 Ⅰ 18 まちづくりに関する次の記述のうち、**最も不適当な**ものはどれか。

1. クリストファー・アレグザンダーが提唱したパタン・ランゲージは、建築や環境の合理的な設計手法で、住民参加のまちづくりや建築を目指したものである。

2. ラドバーン方式は、中心市街地への自動車の流入を減らすため、周辺の駅に整備された駐車場まで自動車で行き、そこから公共交通機関を利用して中心市街地へ移動する手法である。
3. 景観法の特色の一つは、住民等による景観計画の策定・提案ができることである。
4. ボンエルフは、住宅地の道路において、歩行者と自動車の共存を図るための手法である。
5. 都市部において街区全体の防災性能を高める方法として、個々の建築物の建替に際しての、共同建替、協調建替がある。

解説 ラドバーン方式は、アメリカのニュージャージー州ラドバーン地区において1920年代に建設された住宅地に取り入れられた住宅地計画であり、クルドサック（袋小路）やループ状の道路などを住宅地内に設けることにより、歩行者の道と車道を分離させた手法である。中心市街地への自動車の流入を減らすため、周辺の駅に整備された駐車場まで自動車で行き、そこから公共交通機関を利用して中心市街地へ移動する手法はパークアンドライドである。

5. 共同建替は、複数の土地所有者が隣接する複数敷地を用いて共同で一体的に共同住宅などに建替えるもので、協調建替は、複数の土地所有者が一定のルールに基づき一体性に配慮した建替を個別に行うものである。 正解 2

学科Ⅰ

22 設備用語

R05	R04	R03	R02	R01	H30	H29

問題 01 Ⅰ 19 建築設備に関する用語とその説明との組合せとして、**最も不適当な**ものは、次のうちどれか。

1. 除害施設――――――――――工場や事業所等から下水道への排水管接続において、規定濃度以上の有害物質等を事前に除去する施設をいう。
2. DO（溶存酸素）――――――水中に溶解している酸素の量であり、排水の汚れ具合を示す指標の一つである。
3. 顕熱―――――――――――物体において、温度を変えずに相変化だけに消費される熱をいう。
4. 特殊継手排水システム――排水立て管への流入速度を減速させ、管内圧力を小さく抑える工夫をした伸頂通気システムの一種である。
5. 力率―――――――――――交流回路に電力を供給するときの有効電力と皮相電力との比である。

解説 物体において、温度を変えずに相変化だけに消費される熱は潜熱といい、相変化の状態によって蒸発熱（気化熱）、融解熱などに分けられる。顕熱は、物体の温度変化に消費される熱である。

5. 力率は、設備で実際に消費された電力（有効電力）と実際には消費されなかった電力を含めた見かけ上の電力（皮相電力）の比で表され、力率が高いほど設備の効率が良いということになる。

正解 3

R05	R04	R03	R02	R01	H30	H29

問題 02 Ⅰ 19 建築設備等に関する用語とその説明との組合せとして、**最も不適当な**ものは、次のうちどれか。

1. NC－30 ―全てのオクターブバンドで騒音レベルがNC－30曲線を上回っていることをいう。
2. HEMS ――住宅内の家電機器、給湯機器や発電設備等をネットワークでつなぎ、設備等の制御やエネルギーの可視化を行う技術である。
3. SHF ―――空調機により空気に加えられる熱量又は空気から除去される熱

量のうち、顕熱量の占める割合である。

4. IP－PBX ―従来のアナログやデジタル回線網とIPネットワーク相互間での通話を可能にする電話交換機である。

5. BOD ―― 生物化学的酸素要求量のことであり、水質基準を評価する指標の一つで、浄化槽設置区域では、放流水に含まれる上限値が定められている。

解説 NC値（Noise Criteria）は、部屋の静けさを表す指標でオフィス内の空調機器騒音等の、定常騒音に対するアンケート調査をもとに、会話障害との関係からまとめられたものである。評価する騒音の騒音レベルをNC曲線にあてはめ、全てのポイントで下回る数値がその部屋のNC値となる。

2. HEMSは、Home Energy Management Serviceの略で、消費者自らが、自宅の電気機器の使用量や稼働状況を管理（可視化）するシステムである。

3. SHFは、顕熱比を表し、空調負荷における全熱（温度と湿度変化に伴う熱量）に対する顕熱（湿度変化に伴う熱量）の割合を意味する。

4. PBXは、電話回線で外線通話や内線通話において保留・転送などの機能を制御する機器で、IP－PBXはこの機能をIP回線上で行うものである。

5. BODはBiochemical oxygen demandの略で、微生物が水中の有機物を分解するために必要とする酸素の量である。

正解1

R05	R04	R03	R02	R01	H30	H29

問題03 Ⅰ 19 建築設備に関する次の記述のうち、**最も不適当な**ものはどれか。

1. 避難設備は、人を安全な場所へ誘導するために設けられる、避難はしご、救助袋などをいう。
2. 600V2種ビニル絶縁電線（HIV）は、使用電圧が600V以下の電気工作物や電気機器の配線用で、主に防災設備の耐熱配線に用いる。
3. 吸込み型トロッファは、照明器具と空調用吸込み口を一体化した照明器具で、照明発熱による空調負荷の軽減効果が期待できる。
4. 外気冷房は、中間期や冬期において、室温に比べて低温の外気を導入して冷房に利用する省エネルギー手法である。
5. 第3種換気は、室内を正圧に保持できるので、室内への汚染空気の流入を防ぐことができる。

解説 第3種換気はトイレなどで用いられる換気方法で、給気が自然換気、排気は機械換気であるため、室内は負圧となる。室内を正圧に保つには給気を機械換気、排気を自然換気の第2種機械換気としなければならない。

2. 600V2種ビニル絶縁電線（HIV）は、600V以下の電気工事に用いる同様の600V

ビニル絶縁電線（IV）よりも耐熱性能が高い。 正解 5

R05	R04	R03	R02	R01	H30	H29

問題 04 I 19 建築設備に関する用語とその説明との組合せとして、**最も不適当な**ものは、次のうちどれか。

1. COP ――― 加湿器における飽和効率のことであり、その加湿器で実際に加湿できる範囲を示す数値である。
2. UPS ――― 無停電電源装置のことであり、停電等の際に、一時的に電力供給を行うために用いられる。
3. SHF ――― 空調機により空気に加えられる、又は、空気から除去される熱量のうち、顕熱量の占める割合である。
4. PBX ――― 構内電話交換機のことであり、「事業所内などでの電話機相互の接続」と「電話局の回線と事業所内の電話機との接続」を行う装置である。
5. VAV ――― 変風量方式のことであり、空調対象室の熱負荷の変動に応じて、給気量を変動させる空調方式である。

解説 COP は、成績係数（Coefficient Of Performance）を表していて、エネルギー消費効率の目安として、消費電力 1 kW 当たりの冷却能力等を表したものであり、その値が大きいほど省エネルギーに有効といえる。問題の加湿器における飽和効率は、PAL（Perimeter Annual Load）である。

5. 空調機で作られた調和空気の給気量を、変風量ユニットを使って変動させる変風量方式に対し、変風量ユニットを使わず、一定風量を各部屋に送る定風量方式もある。 正解 1

R05	R04	R03	R02	R01	H30	H29

問題 05 I 19 建築設備に関する次の用語の組合せのうち、**最も関係の少ない**ものはどれか。

1. 昇降機設備 ――――― 頂部すき間
2. 消火設備 ―――――― 窒息作用
3. 避雷設備 ―――――― 回転球体法
4. 排水設備 ―――――― 成績係数
5. ガス設備 ―――――― BF 方式

解説 成績係数は、エアコンや冷凍機などのエネルギー消費効率を表わす係数であり、数値が大きいほど効率がよいといえる。COP(Coefficient of Performance)ともいい、空気調和設備に関係する用語である。

2. 窒素作用は、消火の 3 要素（除去・窒息・冷却）のひとつで、酸素供給を絶つことで燃焼を停止させ消火することで、油火災に対して泡消火器を用いる消火がこれにあたる。

5. BF方式とは、密閉式燃焼方式のガス温水器で自然給排気（balanced flue）によるもので、バランス型風呂釜に用いられる。 正解4

R05	R04	R03	R02	R01	H30	H29

問題06 I 19 建築設備に関する次の用語の組合せのうち、**最も関係の少ない**ものはどれか。

1. 排水設備――――――――――――――ミキシングバルブ
2. 給湯設備――――――――――――――膨張管
3. 換気設備――――――――――――――ダンパー
4. 電気設備――――――――――――――アウトレットボックス
5. 照明設備――――――――――――――ウォールウォッシャ

解説 ミキシングバブルは、水道水と暖めたお湯を混合し、使用に適した温水をつくる給湯設備で、温水混合栓ともいう。

2. 水を温めると膨張するが、お湯を大量に使用する住宅のセントラルヒーティングやビルディング用の空調システム、大規模給湯システムなどで発生する膨張水を吸収させるためには膨張タンクが必要になる。加熱装置と膨張タンクを繋げる配管を膨張管という。
4. アウトレットボックスは、電気工事で配線の分岐、接続などに用いる鋼製またはプラスチック製のボックス。 正解1

R05	R04	R03	R02	R01	H30	H29

問題07 I 19 建築設備に関する次の用語の組合せのうち、**最も関係の少ない**ものはどれか。

1. 照明設備――ウォールウォッシャ
2. 換気設備――ストレーナ
3. 衛生設備――ロータンク
4. 給湯設備――ミキシングバルブ
5. 電気設備――キュービクル

解説 ストレーナは各種配管の中を流れる水、蒸気、油など流体に含まれる異物や配管内に生じるゴミを分離または除去させるろ過装置である。

1. ウォールウォッシャは、天井埋込型のダウンライトなどを用いて壁面全体をまんべんなく明るくする照明手法。照度が同一であっても、天井や壁が明るくなっていると、感覚的な明るさ感を高めることができ、空間全体が広く見えるという効果を生み出す。
4. ミキシングバルブは、水道水と温めたお湯を混合し、使用に適した温水をつくる器具であり、温水混合栓ともいう。 正解2

学科Ⅰ

23 空調・換気設備

R05	R04	R03	R02	R01	H30	H29

問題 01 Ⅰ 20　空気調和設備に関する次の記述のうち、**最も不適当な**ものはどれか。

1.　室内の床に放熱管を埋め込んだ放射暖房方式は、一般に、温風暖房方式に比べて、室内における上下の温度差が小さくなる。
2.　変風量単一ダクト方式は、定風量単一ダクト方式に比べて、送風機のエネルギー消費量を節減することができる。
3.　密閉回路の冷温水配管系には、一般に、膨張タンクは不要である。
4.　ファンコイルユニットは、一般に、冷温水コイルを用いて冷却・加熱した空気を循環送風する小型ユニットである。
5.　10 ～ 12℃ 程度の冷風を利用した低温送風空調方式は、送風搬送動力の低減が可能であり、空調機やダクトサイズを小さくすることができる。

解説　暖房設備等における冷温水配管では、水と温水との間の状態変化にともなう体積の膨張を吸収するため膨張タンクが必要である。膨張タンクには、密閉式と開放式がある。

2.　変風量単一ダクト方式は、各室の負荷変動に応じて吹出し風量を変化させることができる空調方式で、定風量単一ダクト方式は、空調機で作られた調和空気を一定風量で各部屋に送るものである。そのため、変風量単一ダクト方式のほうが、送風機のエネルギー消費量を節減できる。

正解 3

R05	**R04**	R03	R02	R01	H30	H29

問題 02 Ⅰ 20　空気調和設備に関する次の記述のうち、**最も不適当な**ものはどれか。

1.　床吹出し空調方式は、冷房時には、通常の天井吹出し空調方式よりも給気温度を高くする必要がある。
2.　放射冷房は、気流や温度むらによる不快感が少なく、快適な室内環境を得やすい。
3.　中央熱源方式の空気調和設備において、水方式の場合は、換気機能を有する装置が別途必要となる。
4.　冷凍機の自然冷媒には、アンモニアや二酸化炭素などが用いられている。
5.　開放式冷却塔の冷却効果は、主として、「冷却水に接触する空気の温度」と「冷却水の温度」との差によって得られる。

解説　開放式冷却塔の冷却水を冷ます効果は、冷却水に接触させる空気の温度によるものではない。冷却水を霧状にして外気との接触面積を増やしたり、外気を当てる方向などにより接触時間を長くしたりすることなどによりその効果は上がる。
2.　放射冷房は、熱が高い方から低い方へ伝わる特徴を利用するもので、放射パネルを冷却し直接物体（床・壁・天井・人）との熱を交換することにより風を起こすことなく空間を冷却するシステムである。　正解 5

R05	R04	R03	R02	R01	H30	H29

問題 03　I 20　空気調和設備に関する次の記述のうち、**最も不適当な**ものはどれか。
1.　ターミナルレヒート方式は、レヒータ（再熱器）ごとの温度調節が可能であるが、冷房時には、一度冷やした空気を温めるため、大きなエネルギー損失となる。
2.　変風量単一ダクト方式は、一般に、定風量単一ダクト方式に比べて、室内の気流分布、空気清浄度を一様に維持することが難しい。
3.　同一量の蓄熱をする場合、氷蓄熱方式は、水蓄熱方式に比べて、蓄熱槽の容積を小さくすることができる。
4.　空気熱源マルチパッケージ型空調機方式では、屋外機から屋内機に冷水を供給して冷房を行う。
5.　置換換気・空調は、空気の浮力を利用した換気・空調方式である。

解説　空気熱源マルチパッケージ型空調機方式は、冷水ではなく冷媒によって冷房を行う。冷水を使うのは水熱源方式である。
2.　定風量単一ダクト方式は、機械室で作った調和空気を各室に送るものなので、室内環境を一様に維持することに関しては変風量単一ダクト方式より有利である。
正解 4

R05	R04	R03	R02	R01	H30	H29

問題 04　I 20　空気調和設備に関する次の記述のうち、**最も不適当な**ものはどれか。
1.　定風量単一ダクト方式は、熱負荷のピークの同時発生がない場合、変風量単一ダクト方式に比べて、空調機やダクトサイズを小さくすることができる。

2. 10～12℃ 程度の低温冷風を利用した低温送風空調方式は、送風搬送動力の低減が可能であり、空調機やダクトサイズを小さくすることができる。
3. マルチパッケージ型空調機の個別空調方式は、各室やゾーンごとの単独運転が可能であり、一般に、中小規模の事務所などに適している。
4. 室内の床に放熱管を埋め込んだ放射暖房方式は、温風暖房方式に比べて、室内における上下の温度差が少なくなる。
5. 二重ダクト空調方式は、冷風と温風の2系統のダクトによる給気を混合させて温度制御を行うので、個別制御性は高いが、エネルギー損失は大きい。

解説 変風量単一ダクト方式は、室内のVAVユニットにより吹出し風量を変化させることが可能であるため、定風量単一ダクト方式より送風量を低減できる。結果として定風量単一ダクト方式は、変風量単一ダクト方式と比べてダクトサイズが大きくなる。他の空調方式に比べても定風量単一ダクト方式のダクトサイズは一般的に大きくなる。
2. 低温送風空調方式は、送風温度を下げることにより送風搬送動力の低減とともにダクトスペースも小さくできる。
5. 二重ダクト空調方式は、冷風と温風を別々のダクトで送り、混合ボックスで適温に混合するときにエネルギー損失が大きくなる。また、2本のダクトを使うのでダクトスペースも大きくなる。

正解1

R05	R04	R03	R02	R01	H30	H29

問題05 I 20 空気調和設備に関する次の記述のうち、**最も不適当な**ものはどれか。

1. 暖房時において、ガスエンジンヒートポンプは、ヒートポンプ運転により得られる加熱量とエンジンの排熱量とを合わせて利用できる。
2. 変風量単一ダクト方式は、低負荷時においては、必要換気量の確保と空気清浄度の維持が困難な場合がある。
3. 密閉回路の冷温水配管系には、一般に、膨張タンクは不要である。
4. ファンコイルユニットと定風量単一ダクトとを併用した方式は、定風量単一ダクト方式に比べて、必要とするダクトスペースを小さくすることができる。
5. 空気熱源ヒートポンプ方式のルームエアコンの暖房能力は、一般に、外気の温度が低くなるほど低下する。

解説 暖房設備等における冷温水配管では、水と温水との間の状態変化にともなう体積の膨張を吸収するため膨張タンクが必要である。膨張タンクには、密閉式と開放式がある。

正解3

R05	R04	R03	R02	R01	H30	H29

問題 06 Ⅰ 20 空気調和設備に関する次の記述のうち、**最も不適当な**ものはどれか。

1. 中央熱源方式の空気調和設備において、水方式の場合は、換気機能を有する装置が必要となる。
2. 二重ダクト空調方式は、建築物内の間仕切の変更に対して柔軟に対応できる。
3. ファンコイルユニットは、屋外に設置するもので、一般に、冷温水コイルを用いて冷却・加熱した空気を循環送風する小型ユニットである。
4. 同一量の蓄熱をする場合、氷蓄熱方式は、水蓄熱方式に比べて、蓄熱槽の容積を小さくすることができる。
5. 置換換気・空調は、空気の浮力を利用した換気・空調方式である。

解説 ファンコイルユニットは、室内に設置する小型の空調機で、冷温水コイル、送風機、エアフィルタ等を内蔵する。この方式は、室内空気を循環させながら空調するため空気が汚れるデメリットがあるが、それを補う場合はダクト併用式を用いる。その場合、ファンコイルユニットでペリメータゾーンの空調を行い、ダクトで運ばれる空気をインテリアゾーンの空調に用いる。

1. 水方式の代表例がファンコイルユニット方式で、ダクト併用方式は水ー空気方式という。
4. 蓄熱式空調方式は、夜間電気でつくった氷や水を日中の空調に用いるもので、氷蓄熱は、水蓄熱と比べて蓄熱量が大きいので、蓄熱槽の容量を小さくできる。
5. 換気・空調方式は北欧を中心に発展した。床面あたりに低風速かつ室温より低い温度で給気することにより、暖かく汚れた空気を上昇気流に乗せて室上部より排気させる仕組みで、気流を感じることもなく、混合換気方式より換気効率が高い。

正解 3

R05	R04	R03	R02	R01	H30	H29

問題 07 Ⅰ 20 空気調和設備等に関する次の記述のうち、**最も不適当な**ものはどれか。

1. 冷水、蒸気、温水などの熱媒をつくる装置を熱源装置という。
2. 全熱交換器は、室内の換気の際に排出する空気がもつ顕熱と潜熱を回収する装置である。
3. 誘引ユニットは、空調機で処理した一次空気の噴出により、室内の空気を誘引し吹き出す機構をもつものである。
4. 床暖房は、一般に、室内における上下の温度差が少なくなる。

5.　定風量単一ダクト方式は、熱負荷特性の異なる室におけるそれぞれの負荷変動に対応することができる。

解説　定風量単一ダクト方式とは、中央の機械室で適切な温度にした空気をダクトにより各室に送るものであり、元の送風温度を変えることはできるが、各室の熱負荷（熱の流出入や消費など）の変動に対しては容易に対応することはできない。

2.　全熱交換器は、換気時における環境変化が抑えられるので、夏期・冬期の冷暖房負荷を低減し、省エネ換気が可能となる。　正解 5

R05	R04	R03	R02	R01	H30	H29

問題 08　I 21　空気調和設備に関する次の記述のうち、**最も不適当な**ものはどれか。

1.　気化式加湿器は、一般に、加湿素子を水で濡らし、これに空気を接触させ、空気のもつ顕熱により水を蒸発させて加湿を行うものである。
2.　床吹出し空調方式は、通常の天井吹出しよりも冷房時の給気温度を上げる必要がある。
3.　空気熱源ヒートポンプ方式のルームエアコンの暖房能力は、外気の温度が低くなるほど向上する。
4.　ファンコイルユニット方式は、ユニットごとに風量を調節することができる。
5.　二重ダクト空調方式は、冷風と温風の2系統のダクトによる給気を混合させて温度制御を行うので、個別制御性は高いが、エネルギー損失は大きい。

解説　空気熱源ヒートポンプ方式の場合、外気の温度が低くなると、蒸発器に霜がついて冷凍能力が低下し、除霜（霜取り）運転が必要となる。除霜運転中は暖房がほとんど働かなくなるため暖房能力は低下する。

2.　床吹出し空調方式は、二重床の空間に調和空気を供給（給気）し、床面の吹出口から室内へ吹き出し天井裏空間を経由して空調機に還るので、ダクトを使用しないため空気搬送の圧力損失を減らすことが可能となる。室内環境は、調和空気を居住域に直接吹き出すので、天井吹出しよりも給気温度を上げる必要がある。　正解 3

学科Ⅰ

24 給水設備

R05	R04	R03	R02	R01	H30	H29

問題01 Ⅰ 22 給排水衛生設備に関する次の記述のうち、**最も不適当な**ものはどれか。

1. 緊急遮断弁は、地震を感知した場合に閉止し、非常用の水を確保するために受水槽への水道引込管に取り付ける。
2. 飲食店の厨房機器における排水管の末端は、排水口空間を設ける間接排水にしなければならない。
3. 大便器において、必要な給水圧力と給水配管径は、ロータンク方式より洗浄弁（フラッシュバルブ）方式のほうが大きい。
4. バキュームブレーカーは、吐水した水又は使用した水が、逆サイホン作用により給水管に逆流することを防止するために設ける。
5. 合併処理浄化槽の規模や容量を表す処理対象人員は、排出される排水量やBOD 量が何人分に相当するかを換算したものである。

解説 緊急遮断弁は、地震を感知した場合に閉止し、水の流出や受水槽への汚水の流入を防ぐ設備であり、受水槽出口側に設置する。

2. 間接排水は、排水管内の詰まりや逆流防止、害虫の侵入を防ぐため、排水口空間を設ける排水方式で、飲食店や医療機器など衛生上特に配慮する場合に用いられる。

正解 1

R05	R04	R03	R02	R01	H30	H29

問題02 Ⅰ 22 給排水衛生設備に関する次の記述のうち、**最も不適当な**ものはどれか。

1. 間接排水とは、器具からの排水管をいったん大気中で縁を切り、一般排水系統へ直結している水受け容器又は排水器具の中へ排水することをいう。
2. シングルレバー水栓や全自動洗濯機への配管において、ウォータハンマの発生を防止するためには、エアチャンバの設置が有効である。
3. 給水設備における高置水槽方式の高置水槽は、建築物内で最も高い位置にある水栓、器具等の必要水圧が確保できるような高さに設置する。

4.　吐水口空間とは、給水栓の吐水口最下端からその水受け容器のあふれ縁の上端までの垂直距離をいう。

5.　FF 式給湯機を用いる場合は、燃焼のための換気設備を別に設ける必要がある。

解説　FF 式給湯機は、強制給排気式燃焼器具で、内蔵したファンを用いて、給排気筒等により、屋外と直接給排気を行うもので、換気設備を別に設ける必要はない。

1.　飲料用や医療用などの器具からの排水を直接排水とした場合、汚水の逆流などが起こる可能性があるため、それを防ぐのに間接排水が用いられる。

4.　吐水口空間は、逆サイホン作用により、汚染された水が給水管内に流れ込むことを防ぐために設けられる。

正解 5

R05	R04	R03	R02	R01	H30	H29

問題 03　I 21　給排水衛生設備に関する次の記述のうち、**最も不適当な**ものはどれか。

1.　住宅用のタンクレス型洋式大便器は、一般に、給水管内の水圧を直接利用して洗浄するので、設置箇所の給水圧を確認する必要がある。

2.　さや管ヘッダ工法は、ヘッダから器具までの配管に継手を使用しないため、管の更新性に劣る。

3.　高層の集合住宅において、ポンプ直送方式の給水区分を 1 系統とする場合、下層階では給水管に減圧弁を設置して給水圧を調整する。

4.　使用頻度の少ないトラップに生じる蒸発作用の防止策として、封水の補給装置等が有効である。

5.　便器の洗浄水に中水を利用する場合、温水洗浄便座の給水には、別途、上水を用いなければならない。

解説　さや管ヘッダ工法は、給水・給湯用の配管（ポリエチレン製など）を樹脂製のさや（鞘）管で保護したものを、ヘッダと呼ばれる元管から独立して分岐することなく、トイレ、キッチンなどへ繋ぐ。これにより、継手箇所が原則ヘッダと先端の器具部分だけになり、劣化等による配管の交換が容易に行える。配管の材質やさや管の使用により保温性、耐久性にも優れ、所要箇所まで独立して繋がっているため水栓の同時使用による水量の変化が少ないなどの長所があるが、従来の工法に比べてコストが高くなる。

3.　ポンプ直送方式は、高層建築において給水区分を 1 系統にすると下層階において給水圧力が過大となり、騒音やウォータハンマの発生、水栓や弁類等の部品の磨耗がおきやすいため、下層階では減圧弁等を設置する必要がある。

5.　中水は、普段の生活で使う水（上水）と、生活する上で出る排水（下水）との中間にあたり、排水をきれいにしたもので、トイレの洗浄水等に再利用するが、温水洗浄便座（ウォシュレット）の洗浄用として使用すると、皮膚に炎症などを起こす可能性があるため使用できない。 正解 2

R05	R04	R03	R02	R01	H30	H29

問題 04 I 22 給排水衛生設備に関する次の記述のうち、**最も不適当な**ものはどれか。

1. 高置水槽へ給水する揚水ポンプの揚程は、実揚程、管内摩擦損失及び速度水頭（吐水口における速度水頭に相当する高さ）との合計で決定する。
2. 飲料用冷水器は、一般排水系統からの逆流等を防止するために、間接排水とする。
3. ディスポーザ排水処理システムは、ディスポーザ、専用の排水配管及び排水処理装置により構成されており、居住者の生ごみ廃棄の負担軽減や清潔性向上の効果がある。
4. 断水時に備えて、上水高置水槽と井水の雑用水高置水槽とを管で接続し、弁で切り離すことは、クロスコネクションに該当する。
5. 短時間に出湯する必要があるホテル等の場合、給湯方式には、一般に、単管式を採用する。

解説 単管式は、給湯機から各器具までの距離が短い住宅などに用いられるもので、お湯を使わない間に管内の湯の温度が下がり、使い始めに管内に残っている水が出てから湯が出てくる。ホテルのように各器具までの距離が長い場合、管内の温度が下がらないよう、給湯管と返湯管により湯を常時循環させ、給湯栓を開けると短時間で適温の湯が得られる複管式を用いる。

3. ディスポーザ排水処理システムは、ディスポーザで粉砕した生ごみを含む排水を、排水処理装置で処理してから下水道に流すもので、残ったごみは定期的に取り出さなければならない。
4. クロスコネクションは、上水と他の系統の水が混ざることで、行っていはいけない。バルブなどの弁によって意図的に切り離されていてもクロスコネクションである。

正解 5

R05	R04	R03	R02	R01	H30	H29

問題 05 I 21 給排水衛生設備に関する次の記述のうち、**最も不適当な**ものはどれか。

1. 給水設備において、水道直結直圧方式は、水道直結増圧方式に比べて、維持管理がしやすい。

2.　飲料水用の受水槽の水抜き管は、一般排水系統の配管等へ、排水口空間を介した間接排水とする。
3.　ロータンク方式の大便器は、洗浄弁方式の大便器に比べて、給水管径を小さくすることができる。
4.　バキュームブレーカは、逆サイホン作用により汚水が逆流することを防止するために、排水管に設けられる。
5.　自然流下式の排水立て管の管径は、どの階においても、最下部の最も大きな排水負荷を負担する部分の管径と同一にする必要がある。

解説　バキュームブレーカは、配管内で負圧が発生した時に、吐水した水が逆サイフォン作用により給水管に逆流するのを防ぐための装置で、排水管ではなく給水管に設置する。　正解 4

R05	R04	R03	R02	R01	H30	H29

問題 06　I 22　給排水衛生設備に関する次の記述のうち、**最も不適当な**ものはどれか。
1.　飲料水用の受水槽に設ける保守点検のためのマンホールは、有効内径 60 cm 以上とする。
2.　飲料水用の高置水槽から配管した給水管には、屋内消火栓の消火管を直接接続してはならない。
3.　ガス瞬間式給湯機の 20 号は、1 分間で 20 ℓ の水を 20℃ 上昇させる能力を有することを示している。
4.　給水設備におけるポンプ直送方式は、水の使用状況に応じて給水ポンプの運転台数や回転数の制御を行って給水する。
5.　重力式の排水横主管や排水横枝管などの排水横走管には、管径に応じて 1/50 ～ 1/200 の勾配が必要である。

解説　ガス瞬間式給湯機の号数は、1 分間に水温＋ 25℃ のお湯をどれだけの量（ℓ）を出すことができるかを表した数値で、20 号は 1 分間に水温＋ 25℃ のお湯を 20 ℓ 出すことができるということである。　正解 3

R05	R04	R03	R02	R01	H30	H29

問題 07　I 21　給水設備に関する次の記述のうち、**最も不適当な**ものはどれか。
1.　高置水槽方式は、一般に、水道直結増圧方式に比べて、給水引込管の管径が大きくなる。
2.　事務所ビルにおける飲料水の受水槽の有効容量は、一般に、1 日当たりの

予想給水量の 1/3 〜 1/2 程度とする。

3. 上水道の給水栓からの飲料水には、所定の値以上の残留塩素が含まれていなければならない。

4. ポンプ直送方式などで用いられる給水管の上向き配管方式は、一般に、最下階の天井に主管を配管し、これより上方の器具へ上向きに給水する。

5. さや管ヘッダ配管工法は、管の更新性に優れ、同時使用時の水量の変化が少なく、安定した給水ができる。

解説 高層水槽方式における給水引込管は、受水槽に水を貯めることが目的であるのに対し、水道直結増圧方式の場合は、給水引込管が最大需要量をまかなわなければならない。よって、高層水槽方式の給水引込管のほうが管径は小さくなる。

4. 上向き配管方式は、最下階で給水主管を展開し、ポンプによって各枝管を上向きに配管し給水する。下向き配管方式は、最上階まで水を汲み上げ、溜めてから給水主管を展開し、各枝管を下向きに配管し下方階へ給水する。そのため、枝管も上向き配管方式は先上がり配管、下向き配管方式は先下り配管とする。

正解 1

R05	R04	R03	R02	R01	H30	H29

問題 08 I 22 給排水衛生設備に関する次の記述のうち、**最も不適当な**ものはどれか。

1. 給水設備における水道直結直圧方式の必要圧力の算定においては、水道本管から給水する上で最も不利な状態にある水栓又は器具までの摩擦損失についても考慮する。

2. 深夜電力温水器において、レジオネラ属菌の繁殖を防ぐためには、貯湯槽内の湯の温度を 40℃ 程度に保つ必要がある。

3. シングルレバー水栓や全自動洗濯機への配管において、ウォーターハンマーの発生を防止するためには、エアチャンバーの設置が有効である。

4. 給湯配管において、直線部の配管長をやむを得ず長くする場合は、配管の線膨張に対する配慮が必要である。

5. 排水管のトラップの破封防止や円滑な排水のために設ける通気管の大気開口部においては、害虫などが侵入しないように防虫網を設ける必要がある。

解説 深夜電力温水器において、貯湯槽内の湯の温度を 60℃ 以上に保たなければレジオネラ属菌は繁殖してしまう。

正解 2

学科Ⅰ

25 排水設備

R05	R04	R03	R02	R01	H30	H29

問題01 Ⅰ 21 給排水衛生設備に関する次の記述のうち、**最も不適当な**ものはどれか。

1. 水道直結増圧方式において、水道本管への逆流を防止するためには、一般に、増圧ポンプの吸込み側に逆流防止装置を設置する。
2. 都市ガス13A、12A、5C等の分類記号は、燃焼性や燃焼速度を表し、ガス器具は使用ガスに適合した専用のものを使わなければならない。
3. 便器の洗浄水に中水を利用する場合、温水洗浄便座の給水には、別途、上水を用いなければならない。
4. 通気立て管の下部は、最低位の排水横枝管より高い位置において、排水立て管に接続する。
5. サーモスタット湯水混合水栓は、あらかじめ温度調整ハンドルで設定した温度で吐水するので、火傷の心配が少ない水栓である。

解説 通気立て管の下部は、最低位の排水横枝管より低い位置において、排水立て管又は排水横主管に接続する。また、通気立て管の上部は、最高位の衛生器具のあふれ縁から150mm以上高い位置で、伸頂通気管に接続する。

2. 都市ガスの分類記号の数字は、ガス1m³あたりの発熱量を表す。記号のA、B、Cは、燃焼速度を表しAが最も遅い。

正解4

R05	R04	R03	R02	R01	H30	H29

問題02 Ⅰ 22 給排水衛生設備に関する次の記述のうち、**最も不適当な**ものはどれか。

1. 水道水の給水栓における遊離残留塩素は、一般に、0.1mg/ℓ以上としなければならない。
2. 自然流下式の排水立て管の管径は、どの階においても、最下部の最も大きな排水負荷を負担する部分の管径と同一にしなければならない。
3. 集合住宅における設計用給水量は、居住者1人1日当たり200～350ℓである。
4. 分流式公共下水道の雨水専用管に、敷地内の雨水排水管を接続する場合には、トラップますを設置しなければならない。
5. 給水管に取り付けるエアチャンバは、ウォータハンマによる水撃圧を吸収するために設ける。

解説 トラップますは、生活排水などの雑排水を1か所に集めて、ゴミなどを沈殿させ上澄みの排水を流す構造になっていて会所ますとも言われる。分流式公共下水道の雨水専用管に接続する排水管には、雨水ますが使われる。

2. 自然流下式の排水立て管の管径は、排水時に最も大きな負荷のかかる最下階の管径と同一管径とし、接続する排水横枝管の管径以上とする。 正解 4

R05	R04	R03	R02	R01	H30	H29

問題03 Ⅰ 21 給排水衛生設備に関する次の記述のうち、**最も不適当な**ものはどれか。

1. 排水トラップを設ける目的は、衛生害虫や臭気などの室内への侵入を防止することである。
2. ホースなどが接続される給水栓には、一般に、バキュームブレーカなどの逆流防止装置を設ける。
3. トラップの封水深は、トラップの管径が25mmの場合は管径と同寸法である25mm程度とする。
4. 水道（上水）の3要素としては、適度な水圧、需要を満足する水量、水質基準を満たすことがあげられる。
5. 通気弁は、通気管内が負圧のときは空気を吸引し、排水負荷のないときや通気管内が正圧のときは臭気などの室内への侵入を防止する器具である。

解説 封水は、排水管から臭気や虫などの侵入を防ぐ蓋の役割があり、浅いと破封しやすく、深いと自浄作用がなくなるため、封水の深さは一般的に50～100mmとなっている。 正解 3

R05	R04	R03	R02	R01	H30	H29

問題04 Ⅰ 22 排水設備に関する次の記述のうち、**最も不適当な**ものはどれか。

1. Sトラップは、掃除流しなどに用いると、ため洗い後に自己サイホン作用による破封を起こすおそれがある。
2. 雨水立て管は、排水立て管、通気立て管のいずれとも兼用してはならない。
3. 通気管は、排水管内の圧力変動を緩和するために設ける。
4. 雨水排水ますには、雨水中に混在する泥などが円滑に自然流下できるように、流れの方向にインバートを設ける。
5. 間接排水の目的は、一般排水系統からの逆流や臭気等の侵入を防止することである。

解説 雨水排水ますには、雨水中に混在する泥をますに沈殿させ、排水が円滑に流れるように雨水ますの底に泥だめを設ける。インバートは汚水ますの底に設け、異物や泥などをますの中で滞留させることなく流すためのものである。 正解 4

【学科I】26 電気設備

R05	R04	R03	R02	R01	H30	H29

問題01 I 23 電気設備に関する次の記述のうち、**最も不適当な**ものはどれか。

1. 低圧屋内配線において、合成樹脂製可とう電線管をコンクリート内に埋設した。
2. 搬送動力を削減するため、送風機やポンプ等の電動機をインバータ制御とした。
3. 400Vの低圧用電動機には、D種接地工事を施した。
4. ライティングダクトを下向きに設置するに当たり、人が容易に触れるおそれがあったので、漏電遮断器を施設した。
5. 無効電流による電力損失を削減するため、誘導電動機に進相コンデンサを並列に接続した。

解説 D種接地工事は、300V以下の低圧用電動機に用いる。設置工事はA種からD種まであり、A種接地工事は高圧または特別高圧などの電圧が高い機器に用いられ、B種設置工事は高圧または特別高圧と低圧を結合させるとき低圧側の電圧を上昇させないために用い、C種は300Vを超える低圧用電動機に用いる。

1. 合成樹脂製可とう電線管は、合成樹脂製電線管のうち可とう性（柔軟で、折り曲げることが可能な性質）のある電線管で、耐候性、耐久性、耐衝撃性に優れており、コンクリート打ち込み、埋設、壁内ケーブル保護用などに使用される。
2. インバータ制御とは、電源の電圧や周波数を制御し、モーターの回転速度などを変化させる装置である。モーターを制御することにより、常にフルパワーで稼働させるよりも大幅に消費電力を抑えることができる。

正解 3

R05	R04	R03	R02	R01	H30	H29

問題02 I 23 電気設備に関する次の記述のうち、**最も不適当な**ものはどれか。

1. 低圧屋内配線におけるケーブルラックには、一般に、絶縁電線を直接敷設してはならない。
2. 無効電力を削減するためには、誘導電動機に進相コンデンサを並列に接続することによる力率改善が有効である。
3. 電気配線の許容電流値は、周囲温度や電線離隔距離に影響されない。

4. 光束法によって全般照明の照明計画を行う場合、設置直後の照度は、設計照度以上となる。
5. 貸事務所などの場合、分電盤類が設置されている EPS（電気シャフト）の位置は、共用部に面することが望ましい。

解説 許容電流値とは、電線自体を過熱せずに電流を流せる最大電流値であり、周囲温度や電線離隔距離、電線を被覆する絶縁体の種類により変化する。 正解 3

R05	R04	R03	R02	R01	H30	H29

問題 03 I 23 電気設備に関する次の記述のうち、**最も不適当な**ものはどれか。
1. 接地工事の種類は、接地工事の施設方法、接地抵抗値及び接地線の太さに応じて、A 種、B 種、C 種の 3 種類である。
2. 建築物の受電電圧は、電気事業者から電気の供給を受ける場合、一般に、契約電力により決定される。
3. 受変電設備における進相コンデンサは、主に、力率の改善を目的として使用される。
4. 中小規模の事務所ビルにおいて、電灯・コンセント用幹線の電気方式には、一般に、単相 3 線式 100 V/ 200 V が用いられる。
5. 分電盤の二次側配線距離が長くなると、電圧降下のため配線サイズを太くする必要があるので、分電盤は、電力負荷の中心に配置することが望ましい。

解説 接地工事とは、電気機器の鉄台や金属製外箱などと大地を電線でつなぐことで、漏電が起きた場合の感電事故防止などの目的で行われる。高電圧の A 種から低電圧の D 種までの 4 種類がある。 正解 1

R05	R04	R03	R02	R01	H30	H29

問題 04 I 23 事務所ビルの電気設備に関する次の記述のうち、**最も不適当な**ものはどれか。
1. 許容電流と電圧降下を考慮して、負荷容量と電線の長さから、幹線サイズを決定する。
2. 分電盤は、一般に、保守・点検が容易で、かつ、負荷の中心の近くに設ける。
3. 遮断器やヒューズを設ける目的は、回路に事故が発生した場合、直ちに事故回路を電源から切り離し、事故の拡大を防止することである。
4. 電力の供給において、想定契約電力が 40 kW となる場合、一般に、高圧受電となる。

5.　誘導電動機への進相コンデンサの接続は、力率が改善されるので、無効電流による電力損失を少なくできる。

解説　一般に、高圧受電となるのは、契約電力が 50 kW 以上 2,000 kW 未満で、契約電力が 2,000 kW 以上の場合特別高圧とする。50 kW 以上の場合、受変電室やキュービクルと呼ばれる受電設備が必要となる。 正解 4

R05	R04	R03	R02	R01	H30	H29

問題 05 Ⅰ 23　電気設備に関する次の記述のうち、**最も不適当な**ものはどれか。

1.　同一電線管に収める電線本数が多くなると、1 本当たりの電線の許容電流は小さくなる。
2.　インバータ制御は、省エネルギー性に優れているが、電源系にノイズを発生させる原因となる場合がある。
3.　幹線の電圧降下は、実負荷から電流を算出し、その電流値を用いて計算する。
4.　受電電圧は、一般に、契約電力により決定される。
5.　電線の太さと長さが同一の場合、配電電圧が小さいほうが大きな電力を供給できる。

解説　電力と電圧の関係は、電力（W）＝電流（A）×電圧（V）から比例の関係であるので、配電電圧が大きいほうが大きな電力を供給でき、電力の損失は少なくなる。

正解 5

学科Ⅰ　学科Ⅱ　学科Ⅲ　学科Ⅳ

学科Ⅰ

27 照明設備

R05	R04	R03	R02	R01	H30	H29

問題01 Ⅰ 23 照明計画に関する次の記述のうち、**最も不適当な**ものはどれか。

1. 照明率は、器具の配光や内装材の反射率が同じ場合、室指数が大きいほど低くなる。
2. 昼光照明は、明るさの変動はあるが、省エネルギーに寄与するため、大空間においては、特に効果的な計画が重要である。
3. 点光源による直接照度は、光源からの距離の2乗に反比例する。
4. 光束法によって全般照明の照明計画を行う場合、設置直後の実際の照度は、一般に、設計照度以上となる。
5. 陰影を強く出す照明計画においては、一般に、直接照明を用いる。

解説 照明率は、光源から出た光のうち、作業面に到達する光の割合で、器具の配光や内装材の反射率が同じ場合、光源から作業面までの距離が近いほど大きい値となる。室指数は、壁面積に対する床面積の割合であるので、天井が低い場合や間口、奥行が広い場合は室指数が大きくなる。よって、室指数が大きくなれば、照明率も高くなる。

5. 照明計画には、一般的に光源の光で直接被照面を照らす直接照明と、天井や壁を照らした反射光による間接照明があり、直接照明の方が陰影が強くなる。 正解 1

R05	R04	R03	R02	R01	H30	H29

問題02 Ⅰ 24 照明に関する次の記述のうち、**最も不適当な**ものはどれか。

1. 演色性は、物体色の見え方に変化を起こす光源の性質である。
2. 屋内作業面の平均照度を光束法により求める場合、ランプ光束、器具台数、照明率、保守率及び作業面面積を用いて算出する。
3. 色温度の低い光源を用いた場合、一般に、暖かみのある雰囲気となる。
4. 省エネルギーのための照明制御システムには、タイムスケジュール制御、明るさセンサによる制御、熱線センサによる制御、調光センサ制御、施錠連動制御等の手法がある。
5. タスク・アンビエント照明は、ある特定の部分だけを照明する方式である。

解説 タスク・アンビエント照明は、タスク（作業）用の照明（例：デスクスタンド）

とアンビエント（周囲）の照明（例：天井）を効果的に使用することにより、省エネルギーとするものである。手元の照度を天井等で確保しようとすると、必要としない部分まで照明することになる。周囲の照度を抑えて、作業部分の照度を別の照明器具により得ることで、在籍率の低い事務所の執務空間においても効果は期待できる。

正解 5

R05	R04	R03	R02	R01	H30	H29

問題 03 I 23 照明計画に関する次の記述のうち、**最も不適当な**ものはどれか。

1. 色温度の低い照明光源は、暖かみを感じさせる。
2. LED ランプは、水銀の使用がなく、蛍光ランプに比べて熱放射が少なく寿命が長い。
3. 昼光照明は、明るさの変動はあるが、省エネルギーに寄与するため、特に大空間においては、効果的な計画が必要である。
4. 光天井照明とは、天井に埋め込まれる小形で狭配光の器具を天井面に数多く配置する照明方式である。
5. 光束法による全般照明の平均照度計算においては、天井面や壁面等の光の反射率を考慮する必要がある。

解説 光天井照明は、天井全面を乳白色ガラスで覆い、その中に照明器具を配置した照明方式である。拡散光により室内の照度分布が均等になり照明による影を弱くさせるもので、建築化照明の一つである。

1. 色温度とは、自然光や人工照明などの光源が発する光の色を表すための尺度で、単位はケルビン（K）で表される。色温度が低いほど暖色系の色で、高いほど寒色系の色である。

正解 4

R05	R04	R03	R02	R01	H30	H29

問題 04 I 24 照明計画に関する次の記述のうち、**最も不適当な**ものはどれか。

1. 点光源による直接照度は、光源からの距離の 2 乗に反比例する。
2. 照明器具の初期照度補正制御を行うことは、明るさを一定に保つ効果はあるが、省エネルギー効果は低い。
3. 照明率は、器具の配光や内装材の反射率が同じ場合、室指数が大きいほど高くなる。
4. 昼光利用制御は、室内に入る自然光を利用して、照明器具の調光を行うものである。
5. 給湯室に人感センサーと連動させた照明器具を採用することは、省エネルギー効果が期待できる。

解説　照明器具は、使用時間が増えるに従い照度が低下するが、その状態でも適正照度が得られるように、初期段階では非常に高い照度を設定している。初期照度補正制御は、この初期段階の明るすぎる照度を調光することにより明るさを一定に保つと共に、省エネルギー効果もある。

3.　照明率は、光源から出た光のうち、作業面に到達する光の割合で、器具の配光や内装材の反射率が同じ場合、光源から作業面までの距離が近いほど大きい値となる。室指数は、壁面積に対する床面積の割合であるので、天井が低い場合や間口、奥行が広い場合は室指数が大きくなる。よって、室指数が大きくなれば、照明率も大きくなる。

正解 2

R05	R04	R03	R02	R01	H30	H29

問題 05　I 24　照明に関する次の記述のうち、**最も不適当な**ものはどれか。

1.　照明率は、光源から出た全光束のうち、作業面に到達する光束の割合である。
2.　保守率は、時間の経過に伴う照度低下の補正係数である。
3.　室指数は、対象の室の光源の高さにかかわらず、その室の間口と奥行から求められる。
4.　配光は、光源の各方向に対する光度の分布である。
5.　演色性は、物体色の見え方に変化を起こす光源の性質である。

解説　室指数は、（間口＋奥行）／光源の高さ×（間口×奥行）で表されるので、光源の高さも値に影響を与える。平面形状が、正方形に近くなれば室指数は大きくなり効率の良い照明になりやすく、細長い部屋は室指数が小さくなり効率の悪い照明になりやすい。

5.　演色性は、太陽光と比較して物を見たときの色の見え方を表現するため、太陽光に似た色の見え方をする照明を「演色性が良い（高い）」と表現し、良い照明という評価基準ではない。

正解 3

R05	R04	R03	R02	R01	H30	H29

問題 06　I 24　照明に関する次の記述のうち、**最も不適当な**ものはどれか。

1.　目の疲労の軽減策の一つとして、グレアを低減させ、視野内の輝度分布が、ある程度均一となるようにすることがあげられる。
2.　点光源による直接照度は、光源からの距離の 2 乗に反比例する。
3.　色温度の高い光源の照明器具を用いた場合、一般に、暖かみのある雰囲気となる。
4.　昼光利用制御では、設計照度を得るために、室内に入る自然光に応じて、照明器具を調光する。

5. 光束法によって全般照明の照明計画を行う場合、設置直後の照度は、設計照度以上となる。

解説 色温度が高いのは蛍光灯（ランプ）で約 6,500K（ケルビン）、光源は青白い。逆に、色温度が低いのは白熱灯で約 2,800 K、光源は赤味がある。これらの光源がもつ性質を「演色性」という。

正解 3

学科I

28 防災・消防設備

R05	R04	R03	R02	R01	H30	H29

問題01 I 24 防災・消防設備に関する次の記述のうち、**最も不適当な**ものはどれか。

1. 避雷設備の受雷部システムの設計には、保護角法、回転球体法、メッシュ法がある。
2. 避難口誘導灯は、その視認性に関する表示面の縦寸法と明るさにより、A級、B級及びC級の3区分がある。
3. 非常用の照明装置にLEDランプを用いる場合は、常温下で床面において水平面照度で2lx以上を確保する必要がある。
4. 非常警報設備は、火災等の感知と音響装置による報知とを自動的に行う設備である。
5. 粉末消火設備は、燃焼を抑制する粉末状の消火剤を加圧ガスで放出する消火設備であり、液体燃料の火災に有効である。

解説 非常警報設備は、火災の発見者がボタンを押し作動させるものである。自動的に火災を感知し、音響装置などにより報知する設備は、自動火災報知設備である。

3. 非常用照明装置を点灯させたときの床面の照度は1lx以上必要で、光源に蛍光灯、LEDランプを用いる場合は2lx以上を確保する必要がある。

正解 4

R05	R04	R03	R02	R01	H30	H29

問題02 I 18 物販店舗の防災計画に関する次の記述のうち、**最も不適当な**ものはどれか。

1. 避難階段内に、緊急時に車椅子使用者が安全に避難でき、かつ、他の避難動線等の妨げにならないように、幅1.2mの一時待避スペースを設けた。
2. 視覚障がい者に配慮して、廊下には、避難時の妨げにならないように、壁埋込型消火器ボックスを設けた。
3. 非常用の照明装置は、避難時にまぶしさを感じさせないように、間接照明とした。
4. 便所及び便房内において、聴覚障がい者に非常警報がわかるように、フラッシュライトの光警報装置を設けた。

5. 出入口の戸を全面ガラスとするに当たって、衝突時の事故防止のため、合わせガラスを用い、横桟を設けた。

解説 災害時などの停電に備え設置される非常用照明装置の照明方式は、直接照明でなければならない。また、床面では、1lx 以上の照度を確保し、器具や配線は十分に耐熱性を有するものでなければならない。

1. 車椅子使用者が緊急時に安全に避難するためには、階段の踊場、階段に隣接したバルコニー、階段付室等の一部に、一時待避スペースを避難動線の妨げとならないように設ける必要がある。また、一時待避スペースには、車いす使用者が待避するのに十分な空間を確保しなければならない。車椅子の幅は、電動車椅子でも 70cm 以下と規定されているので 1.2m の退避スペースは十分な幅といえる。

4. 物販店舗等大規模な公共施設において聴覚障がい者等に対して火災の発生を知らせることが困難な部分には、原則として光警報装置を設置することが望ましい。

正解 3

R05	R04	R03	R02	R01	H30	H29

問題 03 I 21 建築設備に関する次の記述のうち、**最も不適当な**ものはどれか。

1. 住宅の居室においては、原則として、24 時間機械換気設備の設置が義務付けられている。
2. LP ガス（液化石油ガス）のガス漏れ警報装置の検知器は、天井から 30cm 以内に設置しなければならない。
3. さや管ヘッダ工法は、ヘッダから各給水装置まで、さや管内に挿入された一本の樹脂管で接続するため、配管の更新が容易、給水・給湯圧力の安定、湯待ち時間が短いという特徴がある。
4. 合併処理浄化槽は、定期的な点検や、たまった汚泥のくみ取りが可能な場所に設ける。
5. 給湯配管において、給湯立て管の頂部にエア抜き装置を設置すると、管内騒音が低減できる。

解説 LP ガス（液化石油ガス）のガス漏れ警報装置の検知器の設置高さは、床面から警報器上端までの高さが 30cm 以内となっている。都市ガスの場合は、天井面から 30cm 以内である。

4. 合併処理浄化槽は、家庭から出る汚水・雑排水すべての排水を微生物のはたらきによって浄化し、放流する装置である。浄化槽が十分な機能を発揮するために定期的な維持管理が必要である。

正解 2

R05	R04	R03	R02	R01	H30	H29

問題 04 Ⅰ 24　消防設備等に関する次の記述のうち、**最も不適当な**ものはどれか。

1.　住宅用消火器は、蓄圧式で再充填ができないものである。
2.　屋外消火栓設備は、屋外から建築物の1階及び2階の火災を消火し、隣接する建築物への延焼等を防止するための設備である。
3.　階段室に設ける自動火災報知設備の感知器は、熱感知器とする。
4.　屋内消火栓設備における易操作性1号消火栓は、1人で操作が可能な消火栓である。
5.　非常用エレベーターは、火災時における消防隊の消火活動などに使用することを主目的とした設備である。

解説　階段室は、避難通路であり火災時に煙を上の階に運ぶ通路になるため、階段室への火災報知器の設置は煙感知器が望ましい。　正解 3

R05	R04	R03	R02	R01	H30	H29

問題 05 Ⅰ 24　防災・消防設備に関する次の記述のうち、**最も不適当な**ものはどれか。

1.　非常警報設備の非常ベルは、音響装置の中心から1m 離れた位置で 90 dB 以上の音圧が必要である。
2.　閉鎖型スプリンクラー設備には、湿式、乾式及び予作動式の3種類がある。
3.　不活性ガス消火設備は、電気室などの電気火災の消火には適さない。
4.　非常用の照明装置は、床面積が 30 m^2 の居室で地上への出口があるものには、設置しなくてもよい。
5.　水噴霧消火設備は、油火災の消火に適している。

解説　不活性ガス消火設備は、二酸化炭素や窒素などの不活性ガスを消火剤として、これを火災区域に放出することにより、酸素濃度を下げ消火するものである。水などの液体を使わないため、電気室をはじめ精密機械室や美術館などに設置される。

5.　水噴霧消火設備は、霧状の水を切れ間なく火災部分に浴びせることにより冷却し、酸素の供給を止めるもので、可燃物貯蔵庫や屋内駐車場などに設置される。　正解 3

【学科Ⅰ】

29 省エネルギー設備

R05	R04	R03	R02	R01	H30	H29

問題01 Ⅰ 25 省エネルギー等に配慮した建築・設備計画に関する次の記述のうち、**最も不適当な**ものはどれか。

1. 従来の冷却除湿方式の空調に比べて潜熱のみを効率よく除去できる、デシカント空調方式を用いた。
2. 空気搬送の圧力損失を低減するため、天井チャンバー方式を用いた。
3. 雨水利用システムにおける雨水の集水場所を、集水する雨水の汚染度を考慮して、屋根面とした。
4. 庇下部の窓面からの日射を遮蔽しつつ、庇上部の窓面から自然光を室内に導く採光手法であるライトシェルフを用いた。
5. 窓システムにおいて、ダブルスキン方式に比べて日射による窓部からの熱負荷の低減効果が高い、エアバリア方式を用いた。

解説 ダブルスキン方式は、外壁の外側をガラスで覆い、その間にブラインドを設置し、自然換気によって中に溜まった空気を排気または回収再利用するため、高い断熱性・日射遮へい性がある。エアバリア方式は、窓の室内側にブラインドを設置し、窓下に設置したファンで送風することによりエアーカーテンを作る方式で、ダブルスキン方式に比べて断熱性・遮へい性が劣る。

1. デシカント空調方式は、デシカント（乾燥材）により、湿気を吸着させることで湿度を下げ、同じ温度でも体感温度を下げるものである。

正解 5

R05	R04	R03	R02	R01	H30	H29

問題02 Ⅰ 25 環境・省エネルギーに配慮した建築・設備計画に関する次の記述のうち、**最も不適当な**ものはどれか。

1. 電気設備において、配電線路における電力損失を低減するために、配電電圧を低く設定した。
2. 窓の断熱性能を高めて、年間熱負荷係数（PAL ＊：パルスター）の値を小さくした。
3. 排水再利用設備において、洗面・手洗い排水を浄化して再利用水として使用した。
4. CASBEE における BEE（環境性能効率）を高めるため、環境負荷（L）の数値が小さくなるように、かつ、環境品質(Q)の数値が大きくなるように計画した。
5.　使用する設備機器を、ライフサイクルアセスメント（LCA）により評価し選定した。

解説　電気の効率は、電圧を高くしたほうが送電による電力損失を低減できるので配電電圧は高く設定する。発電所から変電所まで送られる電気の電圧が高いのも電力損失を低減させるためである。

2.　年間熱負荷係数は、外壁、窓等を通しての熱損失防止に関する基準の指標である。値が小さいほど熱負荷が少なく効率が良い建物であり、窓の断熱性能を高めることは年間熱負荷係数の値を小さくする。

4.　CASBEE（建築環境総合性能評価システム）におけるBEE（建築物の環境性能効率）は、建築物の環境品質（Q）を分子として、建築物の環境負荷（L）を分母とすることにより算出される指標である。

正解 1

R05	R04	R03	R02	R01	H30	H29

問題 03　I 25　我が国における環境・省エネルギーに関する次の記述のうち、**最も不適当な**ものはどれか。

1.　換気設備について、熱損失を少なくするために、全熱交換器を用いた。
2.　空気熱源マルチパッケージ型空調機は、省エネルギーに配慮し、成績係数（COP）の大きい機器を採用した。
3.　風がない場合においても温度差による換気を期待し、上下部に開口部を設けた吹き抜け空間を計画した。
4.　夏期の冷房時における窓面からの日射負荷を低減するため、東西面の窓に水平ルーバーを計画した。
5.　雨水利用システムにおける集水場所を、集水率の高さや、集水した雨水の汚染度の低さを考慮して、屋根面とした。

解説　窓面からの日射負荷を軽減させる場合、夏期は、春分・秋分の日のように真東・真西での日の出・日の入ではないので、水平ルーバーより垂直ルーバーが望ましい。

正解 4

R05	R04	R03	R02	R01	H30	H29

問題 04　I 25　環境・省エネルギー等に配慮した建築計画・設備計画に関する次の記述のうち、**最も不適当な**ものはどれか。

1.　年間を通じて安定した給湯需要のある建築物に対して、コージェネレーションシステムを採用することは、省エネルギー効果を期待できる。
2.　Low-Eガラスを使用した複層ガラスにおいて、一般に、屋内側よりも屋外側にLow-Eガラスを用いたほうが、暖房時の断熱性が高い。

3. ライトシェルフは、窓の外側に設ける水平庇(ひさし)により、庇(ひさし)下部の窓面からの日射を遮蔽しつつ、庇(ひさし)上部の窓面から自然光を室内に導く採光手法である。
4. 災害時に災害対策室の設置や避難者の受入れが想定される施設については、ライフライン途絶時においても必要な居住環境を確保するため、自然換気についても考慮する必要がある。
5. 太陽熱利用のダイレクトゲイン方式とは、窓から入射する日射熱を直接、床や壁に蓄熱し、夜間時に放熱させる方式である。

解説 Low-E ガラスの Low-E とは、低反射（Low Emissivity）を表し、複層ガラスの中空層の屋内側、屋外側どちらかに薄い金属の膜をコーティングして放射熱を低減させる働きを持っている。屋内側をコーティングしているものは、放射熱が中空層まで到達し室内に日射熱が届きやすいが、屋内側からの放射熱を低減させるため冬季の暖房時の断熱性が高く「断熱タイプ」といわれる。逆に、屋外側をコーティングしているものは、金属の膜と中空層による遮熱効果が高く、屋内に侵入する日射熱の量はかなり低減させるので冷房効果が高く「遮熱タイプ」といわれる。よって、屋内側に Low-E ガラスを用いたほうが、暖房時の断熱性が高い。

5. ダイレクトゲイン方式は、冬季に太陽熱を蓄熱材などに蓄えて夜間に放熱させるパッシブソーラーシステムの一つで、その他にトロンブ壁方式、温室利用方式などがある。

正解 2

R05	R04	R03	R02	R01	H30	H29

問題 05 I 25 環境に配慮した建築設備計画に関する次の記述のうち、**最も不適当な**ものはどれか。

1. 電気設備において、配電線路における電力損失を低減するために、配電電圧を高めた。
2. 受変電設備において、変換効率を高めるために、トップランナー仕様の変圧器を使用した。
3. 空調負荷を低減するために、地中熱を利用したクールチューブを採用した。
4. 外気負荷を低減するために、全熱交換型の換気設備を採用した。
5. 居室の南側に付室を設け、そこで集めた熱を室内に循環する方式であるソーラーチムニー方式を採用した。

解説 ソーラーチムニー方式とは、建築物に煙突（チムニー）を設け、そこの空気を太陽熱によって温め、煙突効果により周りの空気を排気させる自然換気システムである。

2. トップランナー方式とは、さまざまな機器においてエネルギー消費効率が現在商品化されている製品のうち、最も優れている機器の性能以上にするという考え方なので、環境に配慮した建築設備計画と合致する。

4.　換気における外気負荷は、室外の空気を室内と同じ状態にするための熱であるが、全熱交換型の換気設備では、排気される熱などを利用するため外気負荷を低減できる。

正解 5

R05	R04	R03	R02	R01	H30	H29

問題 06 I 25　省エネルギー・省資源に関する次の記述のうち、最も不適当なものはどれか。

1.　空調エネルギーを低減するため、夏期の夜間や中間期において自然換気による冷房を行った。
2.　使用電力量を低減するため、自然採光と人工照明を併用した。
3.　雨水利用システムにおける雨水の集水場所を、集水する雨水の汚染度を考慮して、屋根面とした。
4.　冷房負荷を低減するため、屋上・壁面緑化や屋根散水を採用した。
5.　窓システムにおいて、日射による窓部からの熱負荷低減を図るため、ダブルスキン方式に比べて日射による熱負荷の低減効果が高いエアバリア方式を採用した。

解説　ダブルスキン方式は、外壁の外側をガラスで覆い、その間にブラインドを設置し、自然換気によって中に溜まった空気を排気または回収再利用するため、高い断熱性・日射遮へい性がある。エアバリア方式は、窓の室内側にブラインドを設置し、窓下に設置したファンで送風することによりエアカーテンを作る方式で、ダブルスキン方式に比べて断熱性・日射遮へい性が劣る。

正解 5

R05	R04	R03	R02	R01	H30	H29

問題 07 I 25　我が国における環境・省エネルギーに配慮した建築・設備計画に関する次の記述のうち、**最も不適当な**ものはどれか。

1.　大空間や高天井の室において、居住域を中心とした局所空調を用いた。
2.　空気搬送の圧力損失を低減するため、天井チャンバー方式を用いた。
3.　排水再利用設備において、洗面・手洗い排水を浄化して再利用水として使用した。
4.　夏期の最大冷房負荷を抑制するため、建築物の主たる窓面を東西面に配置した。
5.　空気熱源マルチパッケージ型空調機は、成績係数（COP）の大きい機器を採用した。

解説　夏期に建築物が受ける日射量は、水平面 > 東西側壁面 > 南側壁面 > 北側壁面であるので、窓面を東西面に配置することは、夏期の最大冷房負荷を抑制させる意味でいえば有効ではない。

正解 4

「学科Ⅱ」 分野別攻略法

手続き規定

- 「用語の定義」では、過去に出題された選択肢がよく出題されるので、覚えておこう。「確認申請」「建築手続総合」も、法令集を引くことなく答えられるようにして時間短縮を図ろう。
- 「面積・高さの算定」では、敷地面積・建築面積・延べ面積・建築物の高さ・階数の算定方法を、過去問を繰り返し学習することによって身に付けよう。

単体規定（全国一律に適用）

- 「床高・天井高・階段」では、天井高さ算定法を、床高・階段は、数値を問うものが多いので、出題箇所を法令集にチェックしておこう。「採光」では、採光補正係数を求める公式を覚え、計算できるようになろう。
- 「建築設備」の換気設備は、法令集の表現が複雑なところが多いので、過去問のみ勉強し、場合によっては見送ろう。「構造強度」「構造計算」では、数値を問う問題を中心に数値をすばやく引けるように法令集を工夫しよう。余裕があれば、数値を覚えて解答時間の短縮を図ろう。
- 「耐火建築物等」では数値がキーワードで、「防火区画・間仕切壁等」「避難施設等」「内装制限」は、法令集の言い回しが複雑なので覚えたほうが効率がよい。

集団規定（都市計画区域内、準都市計画区域内に適用）

- 「道路・敷地」「建ぺい率」「日影規制」は、法令集を引かずに覚えよう。
- 「用途制限」別表2、令130条の3～130条の6の2を、「防火・準防火地域」ですばやく引いて、当該用途地域に建築できるか否かを判断しよう。
- 「容積率」「高さ制限」の計算は、確実にできるようにしよう。

建築関係法令

- 「建築士法」は毎年2問出題されている。出題頻度の高いものは覚えておこう。
- 「バリアフリー新法」「耐震改修促進法」「都市計画法」などは、比較的出題頻度は低いので、すばやく引ける程度に過去問を法令集でチェックしておこう。

二級建築士試験
平成29年度～令和5年度

学科Ⅱ

学科Ⅱ

1 用語の定義

R05	R04	R03	R02	R01	H30	H29

問題 01 Ⅱ 1 用語に関する次の記述のうち、建築基準法上、**誤っている**ものはどれか。

1. 学校の教室は、「居室」である。
2. 建築物を同一敷地内に移転することは、「建築」である。
3. 幼保連携型認定こども園の用途に供する建築物は、「特殊建築物」である。
4. 建築物の構造上重要でない最下階の床について行う過半の修繕は、「大規模の修繕」である。
5. ドレンチャーは、「防火設備」である。

解説 1. （法 2 条四号）

2. （法 2 条十三号）
3. （法 2 条二号、別表第 1 (い) 欄 (2) 項、令 115 条の 3 第一号）
4. （法 2 条十四・五号）「大規模の修繕」は、建築物の主要構造部の 1 種以上について行う過半の修繕をいうが、建築物の構造上重要でない最下階の床は、主要構造部でないので、「大規模の修繕」に該当しない。
5. （令 109 条 1 項、法 2 条九号の二ロ）

正解 4

R05	R04	R03	R02	R01	H30	H29

問題 02 Ⅱ 1 用語に関する次の記述のうち、建築基準法上、**誤っている**ものはどれか。

1. 建築物の周囲において発生する通常の火災による延焼を抑制するために当該建築物の外壁又は軒裏に必要とされる性能を、「防火性能」という。
2. 建築物の周囲において発生する通常の火災による延焼の抑制に一定の効果を発揮するために外壁に必要とされる性能を、「準防火性能」という。
3. 木造 2 階建ての一戸建て住宅において、1 階から 2 階に通ずる屋内階段の過半の修繕は、「大規模の修繕」である。
4. 地域活動支援センターの用途に供する建築物は、「特殊建築物」である。
5. 避難上有効なバルコニーがある階は、「避難階」である。

解説 1. （法2条八号）
2. （法23条）
3. （法2条十四・五号）
4. （法2条二号、別表第1（い）欄（2）項、令115条の3第一号、令19条1項）
5. （令13条一号）「避難階」とは、直接地上へ通ずる出入口のある階をいい、避難上有効なバルコニーがある階は「避難階」ではない。 正解5

R05	R04	R03	R02	R01	H30	H29

問題03 Ⅱ1 用語に関する次の記述のうち、建築基準法上、**誤っている**ものはどれか。

1. 建築物の周囲において発生する通常の火災による延焼の抑制に一定の効果を発揮するために外壁に必要とされる性能を、「防火性能」という。
2. 建築物の自重及び積載荷重を支える最下階の床版は、「構造耐力上主要な部分」である。
3. 建築物の床が地盤面下にある階で、床面から地盤面までの高さがその階の天井の高さの1/2のものは、「地階」である。
4. 建築物に関する工事の請負契約の注文者又は請負契約によらないで自らその工事をする者は、「建築主」である。
5. 原則として、地盤面から建築物の小屋組又はこれに代わる横架材を支持する壁、敷桁又は柱の上端までの高さを、「軒の高さ」という。

解説 1. （法23条、法2条八号）説明は「準防火性能」に関する記述である。「防火性能」とは、建築物の周囲において発生する通常の火災による延焼を抑制するために当該外壁又は軒裏に必要とされる性能をいう。
2. （令1条三号）
3. （令1条二号）「地階」とは、床が地盤面下にある階で、床面から地盤面までの高さがその階の天井高さの1/3以上のものをいう。
4. （法2条十六号）
5. （令2条1項七号） 正解1

◖学科Ⅱ◗

2 面積・高さの算定

R05	R04	R03	R02	R01	H30	H29

問題 01 Ⅱ 1 図のような地面の一部が一様に傾斜した敷地に建てられた建築物に関する建築物の高さ、階数、建築面積及び敷地面積の組合せとして、建築基準法上、**正しい**ものは、次のうちどれか。ただし、図に記載されているものを除き、特定行政庁の指定等はないものとし、国土交通大臣が高い開放性を有すると認めて指定する構造の部分はないものとする。

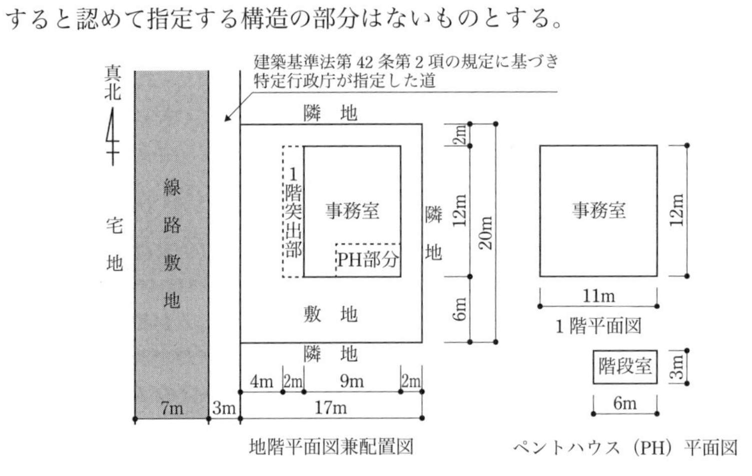

PH
建築物と地面
が接する部分
1 階
地面
線路敷地
地面
地階
2m
9m
3m
3m
3m

東西断面図

	建築物の高さ	階数	建築面積	敷地面積
1.	4.5 m	2	108 m²	330 m²
2.	4.5 m	2	132 m²	320 m²
3.	7.5 m	3	120 m²	330 m²
4.	7.5 m	3	120 m²	340 m²
5.	7.5 m	3	132 m²	320 m²

解説（令2条1項六号、2項）建築物の高さは地盤面からの高さによる。地面が傾斜している場合の地盤面は、建築物が周囲の地面と接する位置の平均の高さにおける水平面をいう。したがって、建築物が接する最も高い地面と最も低い地盤面との高低差は3mあるので、地盤面は最も低い地面より1.5m高い位置にあるものとする。また、屋上部分に設けられた階段室（ペントハウス）の水平投影面積は18m²で建築面積（132m²）の1/8以上あるので、高さに算入する。よって、建築物の高さは、1.5＋3＋3＝7.5m

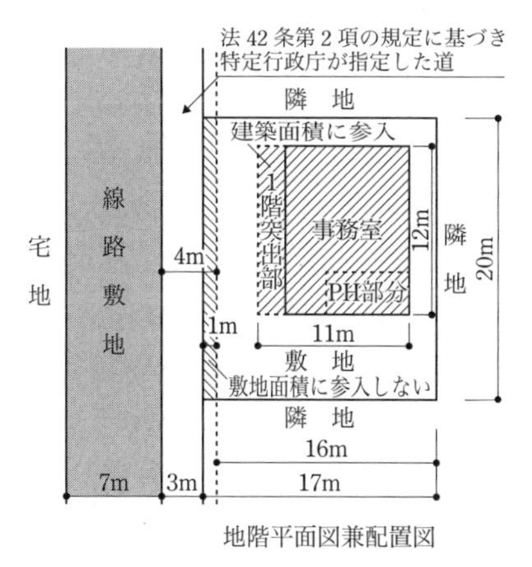

地階平面図兼配置図

（令2条1項八号）階数の算定において、建築物の高さの算定と同様に屋上部分に設けられた階段室（ペントハウス）の水平投影面積（18m²）が建築面積（132m²）の1/8を超える場合、階数に算入する。したがって、階数は3

（令2条1項二号）建築面積は外壁等の中心線で囲まれた部分の水平投影面積による。ただし、地階で地盤面上1m以下にある部分を除く。また、ひさし・バルコニー等は、外壁の中心線から1m以上突き出たものは先端から1m後退した部分までを算入する。設問の場合、1階の外壁の中心線で囲まれた部分の水平投影面積を算定すればよい。

したがって、建築面積は、12 × 11 ＝ 132m²

（令2条1項1号及び法42条2項）敷地面積は、敷地の水平投影面積による。ただし、法42条2項の規定に基づき特定行政庁が指定した道において、その中心線から2m未満で線路敷地に沿う場合、線路敷地側の道の境界線から敷地側に4m後退した線を道路境界線とみなす。

したがって、敷地面積は、20 ×（17 － 1）＝ 320m²

正解 5

R05	R04	R03	R02	R01	H30	H29

問題 02 Ⅱ 1　図のような建築物の建築面積として、建築基準法上、**正しい**ものは、次のうちどれか。ただし、国土交通大臣が高い開放性を有すると認めて指定する構造の部分はないものとする。

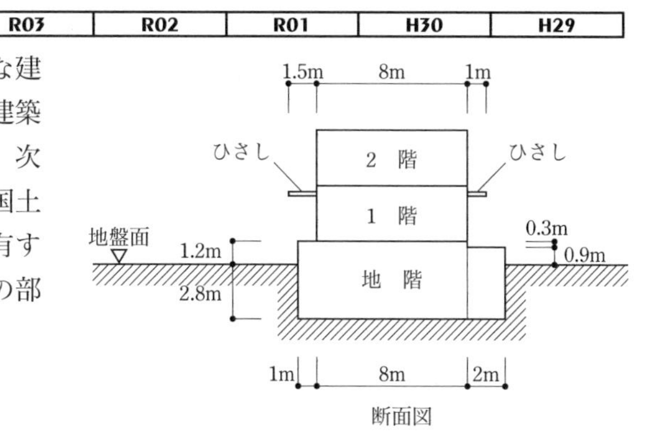

断面図

1. 68m²
2. 72m²
3. 82m²
4. 88m²
5. 106m²

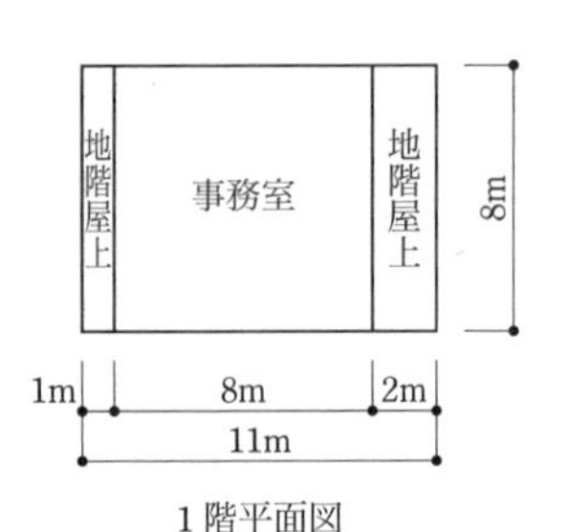

1階平面図

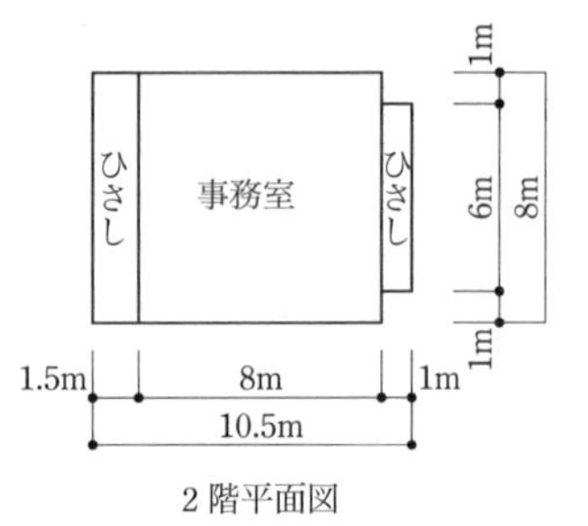

2階平面図

解説 （令2条1項二号）建築面積は外壁等の中心線で囲まれた部分の水平投影面積による。ただし、地階で地盤面上1m以下にある部分を除く。ひさし・バルコニー等は、外壁の中心線から1m以上突き出たものは先端から1m後退した部分までを算入する。

設問では、地階は、右側の地上への突出しが0.9mのため建築面積に含まず、左側の地上への突出しが1.2mのため建築面積に含む。また、ひさしは、右側ひさしが1mの突出しであるので建築面積に含まない。左側ひさしが1.5m突き出ており、ひさしの先端から1m後退した部分（ひさしの出0.5m分）が建築面積の対象となるが、直下の地階が地盤面上に1.2m突き出ているため地階を含む外壁の中心線で囲まれた部分の水平投影面積を算定すればよい。

したがって、建築面積は、(1＋8)×8＝72m²　**正解2**

R05	R04	R03	R02	R01	H30	H29

問題03 Ⅱ1　図のような建築物に関する次の記述のうち、建築基準法上、**誤っている**ものはどれか。ただし、図に記載されているものを除き、特定行政庁の指定等はないものとし、国土交通大臣が高い開放性を有すると認めて指定する構造の部分はないものとする。

1. 敷地面積は、475m²である。
2. 建築面積は、180m²である。
3. 延べ面積は、384m²である。
4. 高さは、10mである。
5. 階数は、3である。

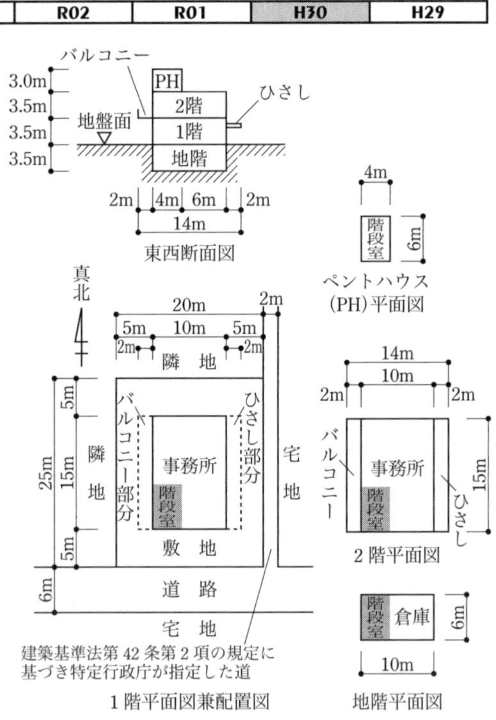

1階平面図兼配置図

地階平面図

解説 1. （令2条1項一号及び

法 42 条 2 項）敷地の東側に位置する道路の幅員が 4 m 未満なので、道路中心線より 2 m 後退したところを道路境界線とみなす。

したがって、敷地面積は、25 ×（20 − 1）＝ 475 m²

2. （令 2 条 1 項二号）建築面積は外壁等の中心線で囲まれた部分の水平投影面積による。また、ひさし・バルコニーは、先端から 1 m 後退した部分までを算入する。

したがって、15 ×（1 ＋ 10 ＋ 1）＝ 180 m²

3. （令 2 条 1 項四号）延べ面積は各階の床面積の合計による。

したがって、地階＋ 1 階＋ 2 階＋ PH ＝ 6×10 ＋ 15×10 ＋ 15×10 ＋ 6×4 ＝ 384m²

4. （令 2 条 1 項六号）建築物の高さは地盤面からの高さによる。なお、隣地高さ制限等の算定においては、屋上部分にある階段室等の床面積の合計が建築面積の 1/8 以下の場合は高さの緩和があるが、今回、階段室の床面積（24 m²）は、建築面積の 1/8（22.5 m²）を超えるので高さに緩和は適用されない。

したがって、3.5 ＋ 3.5 ＋ 3.0 ＝ 10 m

5. （令 2 条 1 項八号）階数について、屋上部分にある PH の階段室は建築面積の 1/8 以下の場合階数に算入しないが、今回の階段室の床面積（24 m²）は建築面積の 1/8（22.5 m²）を超えるので階数に含まれる。同様に、地階の倉庫は床面積の合計が建築面積の 1/8 以下の場合階数に算入しないが、地階倉庫の床面積（60 m²）も建築面積の 1/8（22.5 m²）を超えるので階数に含まれる。よって、階数は 4 である。 正解 5

R05	R04	R03	R02	R01	H30	H29

問題 04 Ⅱ 1　図のような地面の一部が一様に傾斜した敷地に建てられた建築物に関する建築物の高さ、建築面積及び敷地面積の組合せとして、建築基準法上、**正しい**ものは、次のうちどれか。ただし、図に記載されているものを除き、特定行政庁の指定等はないものとし、国土交通大臣が高い開放性を有すると認めて指定する構造の部分はないものとする。

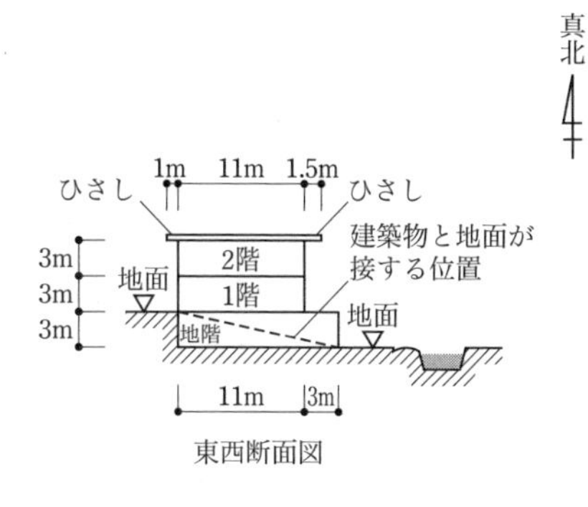

東西断面図

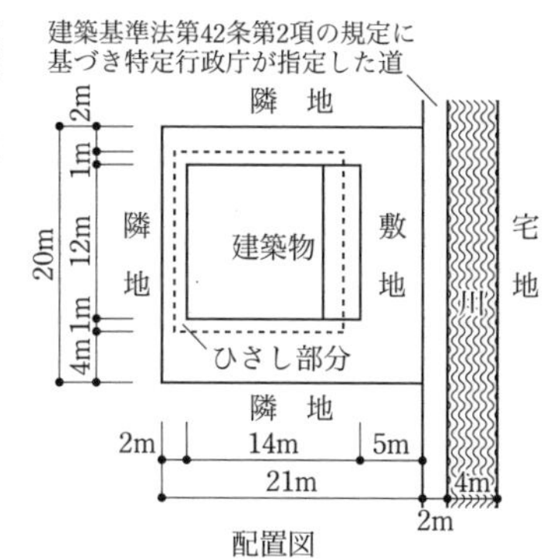

配置図

	建築物の高さ	建築面積	敷地面積
1.	7.5 m	138 m^2	400 m^2
2.	7.5 m	168 m^2	380 m^2
3.	7.5 m	168 m^2	400 m^2
4.	9.0 m	138 m^2	400 m^2
5.	9.0 m	168 m^2	380 m^2

解説 （令2条1項六号、2項）建築物の高さは地盤面からの高さによる。地面が傾斜している場合の地盤面は建築物が周囲の地面と接する位置の平均の高さにおける水平面をいう。したがって、建築物が接する最も高い地面と最も低い地盤面との高低差は3mあるので、地盤面は最も低い地面より1.5m高い位置にあるものとする。

したがって、建築物の高さは、1.5＋3＋3＝7.5m

（令2条1項二号）建築面積は外壁等の中心線で囲まれた部分の水平投影面積による。ただし、地階で地盤面上1m以下にある部分を除く。また、ひさし・バルコニー等は、外壁の中心線から1m以上突き出たものは先端から1m後退した部分までを算入する。この場合、東側ひさしが1.5m突き出ており、ひさしの先端から1mを超える部分（ひさしの出0.5m分）が建築面積の対象となるが、直下の地階が地盤面上に1.5m突き出ているため地階を含む外壁の中心線で囲まれた部分の水平投影面積を算定すればよい。

したがって、建築面積は、12×14＝168 m^2

（令2条1項一号及び法42条2項）敷地面積は、敷地の水平投影面積による。ただし、法42条2項の規定に基づき特定行政庁が指定した道において、その中心線から2m未満で川に沿う場合、川側の道の境界線から敷地側に4m後退した線を道路境界線とみなす。

したがって、敷地面積は、20×（21－2）＝380 m^2 　正解2

【学科Ⅱ】

3 確認申請

R05	R04	R03	R02	R01	H30	H29

問題01 Ⅱ2 次の行為のうち、建築基準法上、**全国どの場所においても、確認済証の交付を受ける必要がある**ものはどれか。

1. 鉄骨造平家建て、延べ面積 300 m² の、鉄道のプラットホームの上家の新築
2. 鉄骨造 2 階建て、延べ面積 100 m² の一戸建て住宅の新築
3. 鉄筋コンクリート造、高さ 2 m の擁壁の築造
4. 鉄筋コンクリート造 2 階建て、延べ面積 300 m² の共同住宅から事務所への用途の変更
5. 木造 3 階建て、延べ面積 210 m²、高さ 9 m の一戸建て住宅における、木造平家建て、床面積 10 m² の倉庫の増築

解説 1. （法 2 条一号、法 6 条 1 項）鉄道のプラットホームの上家は建築物に該当せず、確認の規定が適用されないので確認済証の交付を受ける必要はない。

2. （法 6 条 1 項三号）木造以外の建築物で階数が 2 以上の建築物の新築は、確認済証の交付を受ける必要がある。

3. （法 88 条 1 項、令 138 条 1 項五号、法 6 条 1 項）高さ 2 m 以下の擁壁は、確認の規定が適用されないので確認済証の交付を受ける必要がない。

4. （法 6 条 1 項一号、法 87 条 1 項）建築物の用途変更に対する確認の規定の適用は、特殊建築物への用途変更の場合である。よって、事務所への用途変更は、確認済証の交付を受ける必要がない。

5. （法 6 条 2 項）防火地域及び準防火地域外において、床面積 10 m² 以内の増築は、確認済証の交付を受ける必要がない。

正解 2

R05	R04	R03	R02	R01	H30	H29

問題02 Ⅱ2 次の行為のうち、建築基準法上、**全国どの場所においても、確認済証の交付を受ける必要がある**ものはどれか。

1. 鉄筋コンクリート造、高さ 2 m の擁壁の築造
2. 鉄骨造平家建て、延べ面積 200 m² の飲食店の新築
3. 木造 3 階建て、延べ面積 200 m²、高さ 9 m の一戸建て住宅における、鉄骨造平家建て、床面積 10 m² の倉庫の増築

4.　木造2階建て、延べ面積200 m^2、高さ9 mの旅館の新築
5.　木造2階建て、延べ面積300 m^2、高さ8 mの事務所から物品販売業を営む店舗への用途の変更

解説 1.（法88条1項、令138条1項五号、法6条1項）高さ2 m以下の擁壁は、確認の規定が適用されないので確認済証の交付を受ける必要はない。

2.（法6条1項一・三号、別表第1（い）欄（4）項、令115条の3第三号）延べ面積が200 m^2以下の特殊建築物（飲食店）の新築、又は木造以外の建築物（鉄骨造）で階数1、かつ延べ面積200 m^2以下の新築は、確認済証の交付を受ける必要がない。

3.（法6条2項）防火地域及び準防火地域外において、増築に係る部分の面積が10 m^2以内であるときは、確認済証の交付を受ける必要がない。

4.（法6条1項一・二号、別表第1（い）欄（2）項）延べ面積が200 m^2以下の特殊建築物（旅館）の新築、又は木造の建築物で階数2、かつ延べ面積500 m^2、高さ13 m、軒の高さ9 m以下の新築は、確認済証の交付を受ける必要がない。

5.（法6条1項一・二号、法87条1項、法2条二号、別表第1（い）欄（4）項、令115条の3第三号、令137条の18第八号）「建築物（事務所）」から「特殊建築物（物品販売業を営む店舗）」への用途変更は、その用途に供する部分の床面積の合計が200 m^2を超える場合、確認の規定が準用される。よって、確認済証の交付を受ける必要がある。なお、事務所から物品販売業を営む店舗への用途変更は、類似の用途への用途変更に該当しない。

正解 5

R05	R04	R03	R02	R01	H30	H29

問題03 II 2　次の行為のうち、建築基準法上、**全国どの場所においても、確認済証の交付を受ける必要がある**ものはどれか。

1.　鉄骨造平家建て、延べ面積300 m^2の診療所（患者の収容施設を有しないもの）の大規模の模様替
2.　鉄骨造3階建て、延べ面積300 m^2の美術館における床面積10 m^2の増築
3.　木造2階建て、延べ面積150 m^2、高さ8 mの一戸建て住宅から旅館への用途の変更
4.　木造2階建て、延べ面積200 m^2、高さ9 mの集会場の新築
5.　鉄筋コンクリート造3階建て、延べ面積400 m^2の共同住宅から事務所への用途の変更

解説 1.（法6条1項一・三号）「大規模の模様替」において、木造以外の建築物では、2以上の階数を有し、又は延べ面積が200 m^2を超える場合、確認済証の交付を受ける必要がある。なお、別表第1（い）欄の診療所は、患者の収容施設のあるものに限るため該当しない。

2.（法6条2項）防火地域及び準防火地域外において、増築に係る部分の面積が10 m² 以内であるときは、確認済証の交付を受ける必要がない。

3.（法6条1項一・二号、法87条1項、法2条二号、別表第1（い）欄（2）項）「建築物」から「特殊建築物」への用途変更に対する確認の規定の準用は、その用途に供する部分の床面積の合計が200 m² を超える場合である。よって、延べ面積が150 m² の旅館への用途変更は、確認済証の交付を受ける必要がない。また、木造建築物に対する確認の規定（階数3以上又は延べ面積500 m²、高さ13 m、軒の高さ9 m を超えるもの）にも該当しない。

4.（法6条1項一・二号、法2条二号）延べ面積が200 m² 以下の特殊建築物の新築、又は木造の建築物で階数2、延べ面積500 m²、高さ13 m、軒の高さ9 m 以下のものは、確認済証の交付を受ける必要がない。

5.（法6条1項一・三号、法87条1項、法2条二号、別表第1（い）欄（2）項）事務所は、特殊建築物ではないので「特殊建築物」への用途変更に対する確認の規定の準用対象ではない。また、建築物の建築、大規模の修繕、大規模の模様替ではないので木造以外の建築物に対する確認の規定（階数2以上又は延べ面積200 m² を超えるもの）の対象にも該当しない。 **正解 1**

R05	R04	R03	R02	R01	H30	H29

問題 04 Ⅱ 2　次の行為のうち、建築基準法上、**全国どの場所においても、確認済証の交付を受ける必要がある**ものはどれか。

1.　鉄骨造平家建て、延べ面積100 m² の一戸建て住宅における、鉄骨造平家建て、床面積100 m² の事務所の増築
2.　鉄骨造2階建て、延べ面積300 m² の倉庫から事務所への用途の変更
3.　鉄筋コンクリート造平家建て、延べ面積300 m² の事務所の大規模の修繕
4.　木造2階建て、延べ面積150 m²、高さ8m の一戸建て住宅から老人福祉施設への用途の変更
5.　木造2階建て、延べ面積200 m²、高さ9 m の共同住宅の新築

解説 1.（法6条1項三号）鉄骨造平家建ての建築物において、増築後の延べ面積が200m² 以下の場合、確認済証の交付を受ける必要がない。

2.（法6条1項一号、法87条1項）建築物の用途変更に対する確認の規定の適用は、特殊建築物への用途変更の場合である。よって、特殊建築物ではない事務所への用途変更は、確認済証の交付を受ける必要がない。

3.（法6条三号）鉄筋コンクリート造で延べ面積が200 m² を超える建築物の「大規模の修繕」は、確認済証の交付を受ける必要がある。

4.（法6条1項一・二号、法87条1項、法2条二号、別表第1（い）欄（2）項、令115条の3第一号、令19条1項）建築物の用途変更に対する確認の規定の適用は、

延べ面積が 200 m² を超える特殊建築物への用途変更の場合である。よって、延べ面積が 150 m² の老人福祉施設への用途変更は、確認済証の交付を受ける必要がない。また、木造建築物に対する確認の規定（階数 2、延べ面積 500 m²、高さ 13 m、軒の高さ 9 m を超えるもの）にも該当しない。

5.（法 6 条 1 項一・二号、別表第 1（い）欄（2）項）延べ面積が 200 m² 以下の特殊建築物の新築、又は木造の建築物で階数 2、延べ面積 500 m²、高さ 13 m、軒の高さ 9 m 以下のものは、確認済証の交付を受ける必要がない。 正解 3

R05	R04	R03	R02	R01	H30	H29

問題 05 Ⅱ 2 次の行為のうち、建築基準法上、**全国どの場所においても、確認済証の交付を受ける必要がある**ものはどれか。

1. 鉄筋コンクリート造、高さ 4 m の記念塔の築造
2. 木造 2 階建て、延べ面積 100 m²、高さ 9 m の集会場の新築
3. 木造 2 階建て、延べ面積 200 m²、高さ 8 m の一戸建て住宅の新築
4. 鉄骨造 2 階建て、延べ面積 90 m² の一戸建て住宅の大規模の修繕
5. 鉄骨造 3 階建て、延べ面積 300 m² の倉庫における床面積 10 m² の増築

解説 1. （法 88 条 1 項、令 138 条 1 項三号、法 6 条 1 項）高さ 4 m 以下の記念塔は、確認の規定が適用されないので確認済証の交付を受ける必要はない。

2. （法 6 条 1 項一・二号、別表第 1（い）欄（1）項）特殊建築物である集会場でその用途に供する床面積の合計が 200 m² 以下のもの、又は、木造の建築物で階数 3 未満又は延べ面積 500 m²、高さが 13 m、軒の高さが 9 m 以下のものの「新築」は、確認済証の交付を受ける必要がない。

3. （法 6 条二号）階数 3 未満又は延べ面積 500 m²、高さ 13 m、軒の高さ 9m 以下の木造一戸建て住宅の「新築」は、確認済証の交付を受ける必要がない。

4. （法 6 条三号）鉄骨造で階数 2 以上の建築物の「大規模の修繕」は、確認済証の交付を受ける必要がある。

5. （法 6 条 2 項）防火地域及び準防火地域外において、床面積 10 m² 以内の増築は、確認済証の交付を受ける必要がない。 正解 4

R05	R04	R03	R02	R01	H30	H29

問題 06 Ⅱ 3 次の行為のうち、建築基準法上、**全国どの場所においても、確認済証の交付を受ける必要がある**ものはどれか。

1. 鉄筋コンクリート造、高さ 2 m の擁壁の築造
2. 鉄骨造平家建て、延べ面積 200 m² の診療所（患者の収容施設を有しないもの）の大規模の修繕
3. 鉄骨造平家建て、延べ面積 300 m² の、鉄道のプラットホームの上家の新築

4. 鉄骨造2階建て、延べ面積100 m² の事務所の改築
5. 鉄骨造2階建て、延べ面積400 m² の工場における床面積10 m² の増築

解説 1. (法88条1項、令138条1項五号、法6条1項)高さ2m以下の擁壁は、確認の規定が適用されないので確認済証の交付を受ける必要はない。
2. (法6条1項一・三号)特殊建築物で患者の収容施設を有しない診療所でその用途に供する部分の面積の合計が200 m² 以下のもの、または、鉄骨造の建築物で階数2未満又は延べ面積200 m² 以下のものの「大規模の修繕」は、確認済証の交付を受ける必要がない。
3. (法2条一号、法6条)プラットホームの上家は、建築物に該当しないので確認済証の交付を受ける必要がない。
4. (法6条1項)事務所は別表第1に該当する特殊建築物ではなく、鉄骨造で階数が2以上、または、延べ床面積200 m² を超える建築物の建築(改築)は、確認済証の交付を受ける必要がある。
5. (法6条2項)防火地域及び準防火地域外において、床面積10 m² 以内の増築は、確認済証の交付を受ける必要がない。 正解 4

R05	R04	R03	R02	R01	H30	H29

問題07 II 2 次の行為のうち、建築基準法上、全国どの場所においても、**確認済証の交付を受ける必要がある**ものはどれか。
1. 鉄筋コンクリート造平家建て、延べ面積200 m² の事務所の新築
2. 鉄骨造平家建て、延べ面積300 m² の診療所(患者の収容施設がない。)から幼保連携型認定こども園への用途の変更
3. 木造3階建て、延べ面積210 m²、高さ9mの一戸建て住宅における木造平家建て、床面積10 m² の倉庫の増築
4. 木造2階建て、延べ面積500 m²、高さ8mの一戸建て住宅の大規模の修繕
5. 木造平家建て、延べ面積150 m²、高さ5mのアトリエ兼用住宅(アトリエ部分は床面積50 m²)の大規模の模様替

解説 1. (法6条1項)事務所は別表第1に該当する特殊建築物ではなく、鉄筋コンクリート造平家建て、延べ床面積200 m² 以下の建築物の新築は、確認済証の交付を受ける必要がない。
2. (法6条1項一号、法87条1項、別表第1(い)欄(2)項、令115条の3第一号、令137条の18)建築物の用途変更をして特殊建築物のいずれかとする場合、確認済証の交付を受ける必要がある。なお、診療所(患者の収容施設がない。)から幼保連携型認定子ども園への用途変更は、類似の用途相互間の変更には該当しない。
3. (法6条2項)防火地域及び準防火地域外において、床面積10 m² 以内の増築は、

確認済証の交付を受ける必要がない。

4. （法6条1項二号）木造の建築物で階数3未満又は延べ面積500m²、高さが13m、軒の高さ9m以下の住宅の「大規模の修繕」は、確認済証の交付を受ける必要がない。

5. （法6条1項二号）木造の建築物で階数3未満又は延べ面積500m²、高さが13m、軒の高さ9m以下のアトリエ兼用住宅の「大規模の模様替」は、確認済証の交付を受ける必要がない。 正解2

R05	R04	R03	R02	R01	H30	H29

問題08 Ⅱ8 建築基準法施行規則第1条の3に規定する確認申請書に添付する図書（構造計算書を除く。）に関する次の記述のうち、建築基準法上、**誤っている**ものはどれか。ただし、他の規定により添付する図書と併せて作成していないこととし、国土交通大臣があらかじめ安全であると認定した構造の建築物又はその部分に係る場合ではないものとする。

1. 建築基準法施行令第3章第2節の規定が適用される建築物の「基礎・地盤説明書」に明示すべき事項には、「地盤調査方法及びその結果」が含まれる。
2. 建築基準法施行令第3章第3節の規定が適用される建築物の「構造詳細図」に明示すべき事項には、「構造耐力上主要な部分である継手又は仕口の構造方法」が含まれる。
3. 建築基準法施行令第3章第4節の2の規定が適用される建築物の「施工方法等計画書」に明示すべき事項には、「コンクリートブロックの組積方法」が含まれる。
4. 建築基準法施行令第3章第5節の規定が適用される建築物の「構造詳細図」に明示すべき事項には、「圧縮材の有効細長比」が含まれる。
5. 建築基準法施行令第3章第6節の規定が適用される建築物の「使用構造材料一覧表」に明示すべき事項には、「コンクリートの骨材、水及び混和材料の種別」が含まれる。

解説 1. （則1条の3表2(1)項(い)欄）「法20条の規定が適用される建築物」で「令3章2節の規定が適用される建築物」において「基礎・地盤説明書」の明示すべき事項には、「地盤調査方法及びその結果」は**含まれない**。

2. （則1条の3表2(1)項(い)欄）「法20条の規定が適用される建築物」で「令3章3節の規定が適用される建築物」において「構造詳細図」の明示すべき事項には、「構造耐力上主要な部分である継手又は仕口の構造方法」は含まれる。

3. （則1条の3表2(1)項(い)欄）「法20条の規定が適用される建築物」で「令3章4節の2の規定が適用される建築物」において「施工方法等計画書」の明示すべき事項には、「コンクリートブロックの組積方法」は含まれる。

4. （則 1 条の 3 表 2 (1) 項（い）欄）「法 20 条の規定が適用される建築物」で「令 3 章 5 節の規定が適用される建築物」において「構造詳細図」の明示すべき事項には、「圧縮材の有効細長比」は含まれる。
5. （則 1 条の 3 表 2 (1) 項（い）欄）「法 20 条の規定が適用される建築物」で「令 3 章 6 節の規定が適用される建築物」において「使用構造材料一覧表」の明示すべき事項には、「コンクリートの骨材、水及び混和材料の種別」は含まれる。 正解 1

学科Ⅱ

4 建築手続総合

R05	R04	R03	R02	R01	H30	H29

問題 01 Ⅱ 3 次の記述のうち、建築基準法上、**誤っている**ものはどれか。

1. 建築主は、階数が 3 以上である鉄筋コンクリート造の共同住宅を新築する場合、2 階の床及びこれを支持するはりに鉄筋を配置する工程に係る工事を終えたときは、特定行政庁の中間検査を申請しなければならない。
2. 建築主は、都市計画区域内において木造 2 階建て、延べ面積 90 m² の一戸建て住宅を新築し、建築主事に完了検査を申請する場合、原則として、当該工事が完了した日から 4 日以内に建築主事に到達するようにしなければならない。
3. 消防法に基づく住宅用防災機器の設置の規定については、建築基準関係規定に該当し、建築主事又は指定確認検査機関による確認審査等の対象となる。
4. 木造 2 階建て、延べ面積 250 m² の共同住宅の新築において、指定確認検査機関が安全上、防火上及び避難上支障がないものとして国土交通大臣が定める基準に適合していることを認めたときは、当該建築物の建築主は、検査済証の交付を受ける前においても、仮に、当該建築物又は建築物の部分を使用し、又は使用させることができる。
5. 建築物の高さの最低限度が定められている区域外で、鉄骨造 3 階建ての共同住宅の新築工事について確認済証の交付を受けた後に、当該建築物の計画において、建築基準関係規定に適合する範囲内で、建築物の高さが減少する変更を行う場合、建築主は、改めて、確認済証の交付を受ける必要はない。

解説 1. （法 7 条の 3 第 1 項一号、令 11 条、法 7 条の 4 第 1 項）建築主は、階数が 3 以上である鉄筋コンクリート造の共同住宅を新築する場合、2 階の床及びこれを支持するはりに鉄筋を配置する工程に係る工事を終えたときは、建築主事又は指定確認検査機関の中間検査を申請しなければならない。

2. （法 7 条 2・1 項、法 6 条 1 項四号）
3. （法 6 条 1 項、令 9 条一号、消防法 9 条の 2 第 1 項）
4. （法 7 条の 6 第 1 項二号）
5. （法 6 条 1 項三号、則 3 条の 2 第 1 項三号）

正解 1

R05	R04	R03	R02	R01	H30	H29

問題 02 Ⅱ 3　次の記述のうち、建築基準法上、**誤っている**ものはどれか。

1.　建築主は、鉄筋コンクリート造3階建て、延べ面積300 m^2 の共同住宅の新築において、2階の床及びこれを支持する梁に鉄筋を配置する工程に係る工事を終えたときは、建築主事又は指定確認検査機関の中間検査を申請しなければならない。

2.　建築主は、建築物の用途の変更に係る確認済証の交付を受けた場合において、当該工事を完了したときは、建築主事に届け出なければならない。

3.　建築主は、都市計画区域内において、木造2階建て、延べ面積150 m^2 の一戸建て住宅を新築し、建築主事に完了検査を申請する場合、原則として、当該工事が完了した日から7日以内に建築主事に到達するようにしなければならない。

4.　一戸建て住宅の一部である床面積20 m^2 の部分を除却しようとする場合、当該除却の工事を施工する者は、その旨を都道府県知事に届け出なければならない。

5.　鉄骨造2階建て、延べ面積300 m^2 の倉庫の新築において、指定確認検査機関が、安全上、防火上及び避難上支障がないものとして国土交通大臣が定める基準に適合していることを認めたときは、当該建築物の建築主は、検査済証の交付を受ける前においても、仮に、当該建築物又は建築物の部分を使用し、又は使用させることができる。

解説　1.（法7条の3第1項一号、令11条、法7条の4第1項）建築主は、階数が3以上である鉄筋コンクリート造の共同住宅を新築する場合、2階の床及びこれを支持する梁に鉄筋を配置する工程に係る工事を終えたときは、建築主事又は指定確認検査機関の中間検査を申請しなければならない。

2.（法87条1項）建築主は、建築物の用途変更に係る法6条1項の確認済証の交付を受けた場合において、当該工事が完了したときは、法7条1項による建築物の完了検査は申請ではなく建築主事への届け出となる。

3.（法7条2・1項、法6条1項四号）建築主は、都市計画区域内において、建築物を新築し、建築主事に完了検査を申請する場合、原則として、当該工事が完了した日から**4日以内**に建築主事に到達するようにしなければならない。

4.（法15条1項）床面積が10 m^2 を超える建築物の部分について、除却の工事をする場合、当該除却の工事をする者は、その旨を都道府県知事に報告しなければならない。

5.（法7条の6第1項二号、法6条1項一号、別表第1（い）欄（5）項）延べ面積が200 m^2 を超える倉庫の新築では、指定確認検査機関が、安全上、防火上及び避難上支障がないものとして国土交通大臣が定める基準に適合していることを認めたときは、当該建築物の建築主は、検査証の交付を受ける前においても、仮に、当該建築物又は建築物の部分を使用し、又は使用させることができる。 正解 3

R05	R04	R03	R02	R01	H30	H29

問題 03 Ⅱ 3 次の記述のうち、建築基準法上、**誤っている**ものはどれか。

1. 建築基準法第6条第1項第一号に掲げる建築物で安全上、防火上又は衛生上特に重要であるものとして政令で定めるもの（国等の建築物を除く。）の所有者（所有者と管理者が異なる場合においては、管理者）は、当該建築物の敷地、構造及び建築設備について、定期に、一級建築士若しくは二級建築士又は建築物調査員にその状況の調査をさせて、その結果を特定行政庁に報告しなければならない。
2. 建築基準法第6条の4第1項第三号に掲げる建築物のうち準防火地域内における一戸建ての住宅を新築しようとする場合においては、建築物の建築に関する確認の特例により、建築基準法第35条の2の規定については審査から除外される。
3. 指定確認検査機関が確認済証の交付をした建築物の計画について、特定行政庁が建築基準関係規定に適合しないと認め、その旨を建築主及び指定確認検査機関に通知した場合において、当該確認済証は、その効力を失う。
4. 災害があった場合において公益上必要な用途に供する応急仮設建築物を建築した者は、その建築工事を完了した後3月を超えて当該建築物を存続させようとする場合においては、原則として、その超えることとなる日前に、特定行政庁の許可を受けなければならない。
5. 建築主は、床面積の合計が10 m² を超える建築物を建築しようとする場合においては、原則として、建築主事を経由して、その旨を都道府県知事に届け出なければならない。

解説 1. （法12条1項）

2. （法6条の4第1項三号、令10条三号）法6条の4第1項三号に掲げる建築物のうち防火地域又は準防火地域内における一戸建住宅（住宅の用途以外に供する部分の床面積の合計が延べ面積の1/2以上のもの又は50 m² を超えるものを除く）を建築しようとする場合においては、法35条の2（特殊建築物の内装）の規定は、審査から除外されない。

3. （法6条の2第6項）

4. （法85条3・2項）

5. （法15条1項） 正解 2

R05	R04	R03	R02	R01	H30	H29

問題04 Ⅱ3 次の記述のうち、建築基準法上、**誤っている**ものはどれか。

1. 建築主は、建築物の用途の変更に係る確認済証の交付を受けた場合において、当該工事を完了したときは、建築主事又は指定確認検査機関に届け出なければならない。
2. 建築基準法第6条の4第1項第三号に掲げる建築物のうち防火地域及び準防火地域以外の区域内における一戸建て住宅（住宅の用途以外の用途に供する部分はない。）を新築しようとする場合においては、建築物の建築に関する確認の特例により、建築基準法第28条（居室の採光及び換気）の規定については審査から除外される。
3. 建築基準法第6条第1項の建築、大規模の修繕又は大規模の模様替の工事の施工者は、当該工事に係る設計図書を当該工事現場に備えておかなければならない。
4. 特定行政庁、建築主事又は建築監視員は、建築物の工事監理者に対して、当該建築物の施工の状況に関する報告を求めることができる。
5. 特定行政庁は、所定の建築物の構造について、損傷、腐食その他の劣化が生じ、そのまま放置すれば保安上危険となるおそれがあると認める場合においては、当該建築物の所有者等に対して、当該建築物の維持保全に関し必要な指導及び助言をすることができる。

解説 1.（法7条1項、法87条1項、法7条の2第1項）建築主は、建築物の用途の変更に係る当該工事が完了したときは、建築主事に届け出でなければならない。ただし、指定確認検査機関が検査を引き受けた場合を除く。

2.（法6条の4第1項三号、令10条三号イ）法6条の4第1項三号に掲げる建築物のうち防火地域及び準防火地域以外の区域内における一戸建て住宅（住宅の用途以外に供する部分の床面積の合計が延べ面積の1/2以上のもの又は50m²を超えるものを除く）を建築しようとする場合においては、令10条第三号イに掲げる法28条（居室の採光及び換気）の規定は、審査から除外される。

3.（法89条2項）

4.（法12条5項一号）

5.（法9条の4）

正解 1

R05	R04	R03	R02	R01	H30	H29

問題05 Ⅱ3 イ～ニの記述について、建築基準法上、**正しいもののみの組合せ**は、次のうちどれか。

イ．建築基準法第6条第1項の規定による確認の申請書に添える付近見取図には、方位、道路及び目標となる地物を明示しなければならない。

ロ．消防法に基づく住宅用防災機器の設置の規定については、建築基準関係規定に該当し、建築主事又は指定確認検査機関による確認審査等の対象となる。

ハ．建築主は、階数が3以上である鉄筋コンクリート造の共同住宅を新築する場合、2階の床及びこれを支持する梁に鉄筋を配置する工程に係る工事を終えたときは、特定行政庁の中間検査を申請しなければならない。

ニ．指定確認検査機関は、建築物に関する完了検査の引受けを工事完了日の前に行ったときは、当該検査の引受けを行った日から7日以内に、当該検査をしなければならない。

1. イとロ
2. イとハ
3. イとニ
4. ロとハ
5. ハとニ

解説 イ．（則1条の3表1（い）項「付近見取図」）

ロ．（法6条1項、令9条一号、消防法9条の2第1項）

ハ．（法7条の3第1項一号、令11条、法7条の4第1項）建築主は、階数が3以上である鉄筋コンクリート造の共同住宅を新築する場合、2階の床及びこれを支持する梁に鉄筋を配置する工程に係る工事を終えたときは建築主事又は指定確認検査機関の中間検査を申請しなければならない。

ニ．（法7条の2第1・4項）指定確認検査機関は、工事の完了の日から4日以内に完了検査の引受けを行った場合、工事が完了した日又は当該検査の引受けを行った日のいずれか遅い日から7日以内に検査をしなければならない。設問では工事完了の前に完了検査の引受けを行っているので、工事が完了した日から7日以内に当該検査をしなければならない。

正解1

R05	R04	R03	R02	R01	H30	H29

問題06 Ⅱ2 次の記述のうち、建築基準法上、**誤っている**ものはどれか。

1. 特定行政庁、建築主事又は建築監視員は、建築材料等を製造した者に対して、建築材料等の受取又は引渡しの状況に関する報告を求めることができる。
2. 建築基準法第6条第1項第一号の建築物の新築において、指定確認検査機関が安全上、防火上及び避難上支障がないものとして国土交通大臣が定める基準に適合していることを認めたときは、当該建築物の建築主は、検査済証の交付を受ける前においても、仮に、当該建築物又は建築物の部分を使用し、又は使用させることができる。

3. 一戸建て住宅の一部である床面積 10 m² の部分を除却しようとする場合、当該除却の工事を施工する者は、その旨を都道府県知事に届け出る必要はない。

4. 鉄筋コンクリート造3階建ての事務所の新築において、確認済証の交付を受けた後に、当該建築物の計画において、建築物の階数を減少する変更を行う場合、変更後も建築基準関係規定に適合することが明らかであっても、建築主は、改めて、確認済証の交付を受ける必要がある。

5. 建築基準法第6条第1項の建築、大規模の修繕又は大規模の模様替の工事の施工者は、当該工事現場の見やすい場所に、建築主、設計者、工事施工者及び工事の現場管理者の氏名又は名称並びに当該工事に係る建築主事又は指定確認検査機関の確認があった旨の表示をしなければならない。

解説 1. (法12条5項)
2. (法7条の6第1項二号)
3. (法15条1項)
4. (則3条の2第1項四号、法6条1項)確認済証の交付を受けた後に、建築物の階数を減少する変更の計画は、変更後も建築関係規定に適合することが明らかなものであれば、「国土交通省令に定める軽微な変更」に該当するので、建築主は、改めて、確認済証の交付を受ける必要はない。
5. (法89条1項)

正解 4

R05	R04	R03	R02	R01	H30	H29

問題07 Ⅱ3 次の記述のうち、建築基準法上、**誤っている**ものはどれか。

1. 建築基準法第6条第1項の規定による確認の申請書に添える配置図に明示すべき事項には、「縮尺及び方位並びに敷地の接する道路の位置、幅員及び種類」が含まれる。

2. 建築基準法第6条第1項第一号の建築物の新築において、指定確認検査機関が、安全上、防火上及び避難上支障がないものとして国土交通大臣が定める基準に適合していることを認めたときは、当該建築物の建築主は、検査済証の交付を受ける前においても、仮に、当該建築物又は建築物の部分を使用し、又は使用させることができる。

3. 特定行政庁は、建築基準法令の規定に違反した建築物又は建築物の敷地については、当該建築物に関する工事の請負人等に対して、当該工事の施工の停止を命じることができる。

4. 指定確認検査機関が確認済証の交付をした建築物の計画について、特定行政庁が建築基準関係規定に適合しないと認め、その旨を建築主及び指定確認検査機関に通知した場合において、当該確認済証は、その効力を失う。

5. 建築審査会は、建築基準法令の規定による特定行政庁、建築主事、指定確認検査機関等の処分又はその不作為についての審査請求の裁決を行う場合、当該関係人等の出頭を求めて、公開による意見の聴取を行わなければならない。

解説 1.（則1条の3表1(い)項「配置図」）

2.（法7条の6第1項二号）

3.（法9条1項）

4.（法6条の2第6項）

5.（法94条3・1項）建築審査会は、建築基準法の規定による特定行政庁、建築主事、指定確認検査機関等の処分又はその不作為についての審査請求の採決を行う場合、当該関係人等の出頭を求めて、公開による**口頭審査**を行わなければならない。

正解5

【学科Ⅱ】

5 床高・天井高・階段

R05	R04	R03	R02	R01	H30	H29

問題 01 Ⅱ 5 図のような一様に傾斜した勾配天井部分をもつ居室の天井の高さとして、建築基準法上、**正しい**ものは、次のうちどれか。

1. 2.4 m
2. 2.5 m
3. 2.7 m
4. 2.8 m
5. 3.0 m

6m 4m A 勾配天井部分 居室 4m 2m 6m B B A

天井面を水平に投影した図

2m 4m 勾配天井 天井 床面 3m 1m 2m

A－A断面図

6m 4m 勾配天井 天井 床面 1m 2m 3m

B－B断面図

解説 （令 21 条 2 項）1 室で居室の天井の高さが異なる場合

天井の高さ＝居室の断面積 / 居室の幅　又は 居室の容積 / 居室の床面積

$$天井の高さ=\frac{(2\times10+4\times4)\times3+4\times6\times2+(4\times1\times1/2)\times6}{6\times10}=2.8\text{m}$$

正解 4

R05	R04	R03	R02	R01	H30	H29

問題 02 Ⅱ 5 図のような一様に傾斜した勾配天井部分をもつ居室の天井の高さとして、建築基準法上、**正しい**ものは、次のうちどれか。

1. 2.400 m
2. 2.700 m
3. 2.750 m
4. 2.850 m
5. 2.875 m

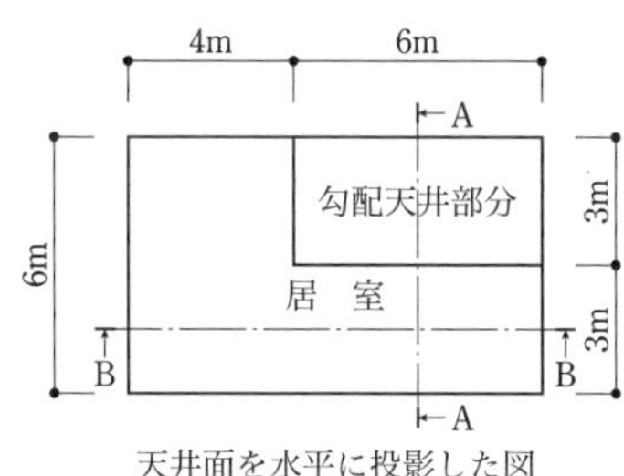

天井面を水平に投影した図

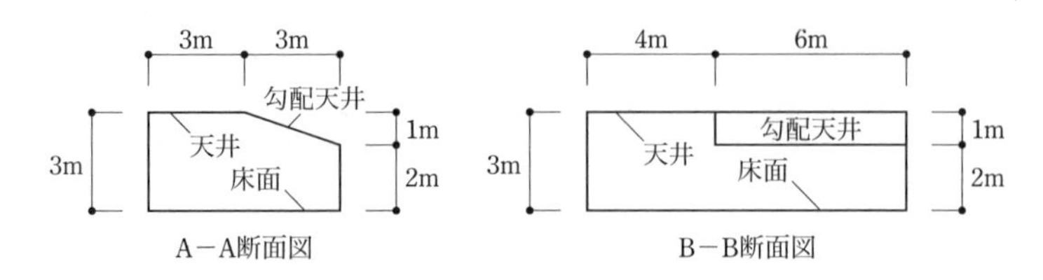

解説 （令21条2項）1室で居室の天井の高さが異なる場合

$$天井の高さ = \frac{居室の断面積}{居室の幅} \quad 又は \quad \boxed{\frac{居室の容積}{居室の床面積}}$$

$$= \frac{6 \times 10 \times 3 - (3 \times 1 \times 1/2) \times 6}{6 \times 10} = 2.85\text{m}$$

正解 4

【学科Ⅱ】

6 採光

R05	R04	R03	R02	R01	H30	H29

問題 01 Ⅱ 5 近隣商業地域内において、図のような断面を有する住宅の1階に居室（開口部は幅 1.5 m、面積 3.0 m² とする。）を計画する場合、建築基準法上、有効な採光を確保するために、隣地境界線から後退しなければならない**最小限度の距離** X は、次のうちどれか。ただし、居室の床面積は 21 m² とし、図に記載されている開口部を除き、採光に有効な措置については考慮しないものとする。

1. 1.0 m
2. 1.2 m
3. 1.5 m
4. 1.8 m
5. 2.0 m

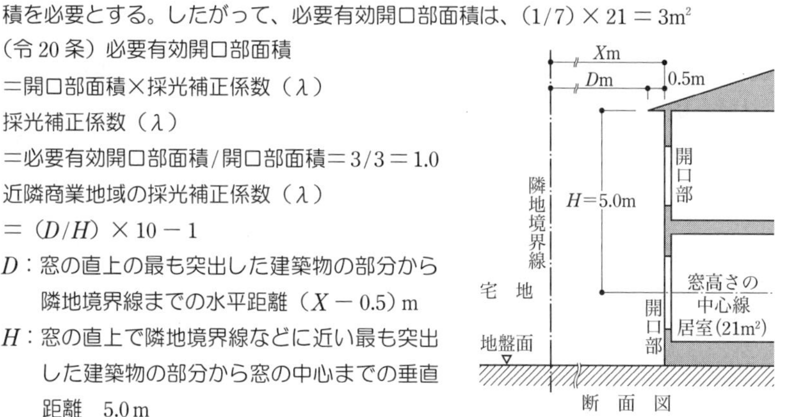

解説 法28条1項より、住宅の居室には、床面積の 1/7 以上の採光に有効な開口部面積を必要とする。したがって、必要有効開口部面積は、(1/7)×21＝3m²

（令20条）必要有効開口部面積
＝開口部面積×採光補正係数（λ）
採光補正係数（λ）
＝必要有効開口部面積/開口部面積＝3/3＝1.0
近隣商業地域の採光補正係数（λ）
＝（D/H）×10－1

D：窓の直上の最も突出した建築物の部分から隣地境界線までの水平距離（X－0.5）m

H：窓の直上で隣地境界線などに近い最も突出した建築物の部分から窓の中心までの垂直距離 5.0 m

採光補正係数より、隣地境界線から後退しなければならない最小限度の距離（X）を求める。

$$\lambda = \frac{X-0.5}{5.0} \times 10 - 1 = 1.0$$

$X = 1.5\,\text{m}$

正解 3

R05	R04	R03	R02	R01	H30	H29

問題 02 Ⅱ 5　準工業地域内において、図のような断面を有する住宅の1階の居室の開口部（幅1.5m、面積3.0m²）の「採光に有効な部分の面積」として、建築基準法上、**正しい**ものは、次のうちどれか。

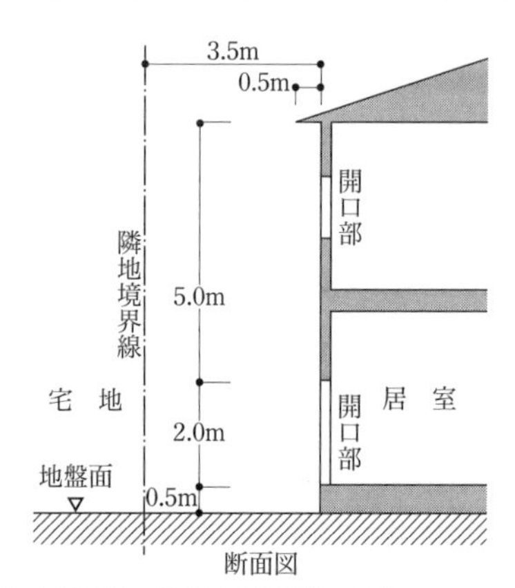

断面図

1. 4.8 m²
2. 6.3 m²
3. 9.0 m²
4. 11.0 m²
5. 12.0 m²

解説 （令20条）採光に有効な部分の面積＝開口部面積×採光補正係数（λ）

準工業地域の採光補正係数（λ）＝（D/H）× 8 － 1

D：窓の直上の最も突出した建築物の部分から隣地境界線までの水平距離＝ 3.5 － 0.5 ＝ 3.0 m

H：窓の直上で隣地境界線などに近い最も突出した建築物の部分から窓の中心までの垂直距離＝ 5.0 ＋ 2.0/2 ＝ 6.0 m

∴ λ＝（3.0/6.0）× 8 － 1 ＝ 3.0

開口部面積＝ 1.5 × 2.0 ＝ 3.0 m²

したがって、採光に有効な部分の面積＝ 3.0 m² × 3.0 ＝ 9.0 m²

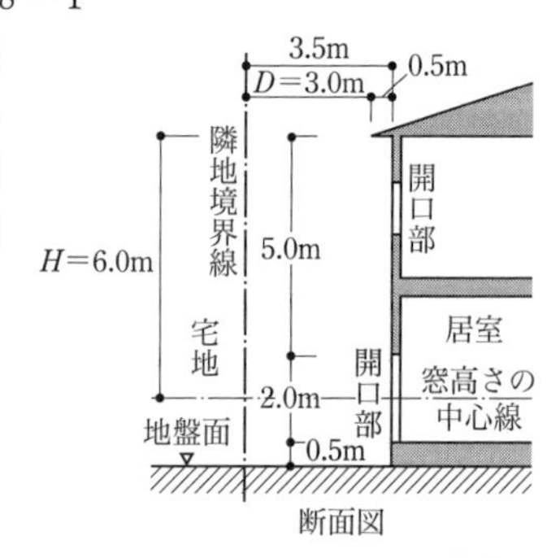

断面図

正解 3

【学科Ⅱ】

7 建築設備（換気・遮音等）

R05	R04	R03	R02	R01	H30	H29

問題 01 Ⅱ 4　図のような平面を有する集会場（床面積の合計は 42 m^2、天井の高さは全て 2.5 m とする。）の新築において、集会室に機械換気設備を設けるに当たり、ホルムアルデヒドに関する技術的基準による必要有効換気量として、建築基準法上、**正しい**ものは、次のうちどれか。ただし、常時開放された開口部は図中に示されているもののみとし、居室については、国土交通大臣が定めた構造方法は用いないものとする。

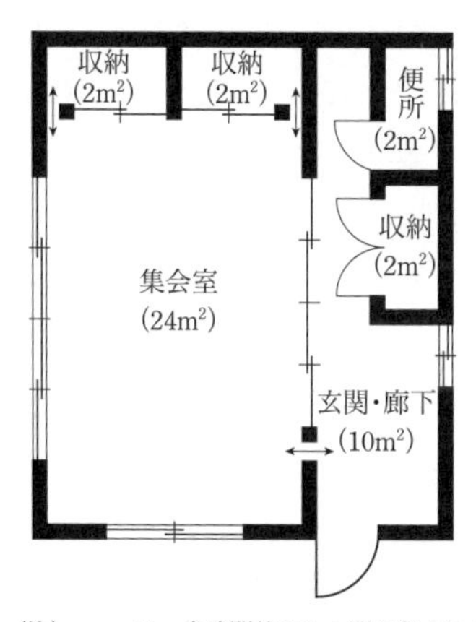

（注）←→ は、常時開放された開口部を示す。

1.　18.0 m^3/ 時
2.　21.0 m^3/ 時
3.　28.5 m^3/ 時
4.　30.0 m^3/ 時
5.　31.5 m^3/ 時

解説（令 20 条の 8 第 1 項一号イ、法 28 条の 2 第三号）集会場の新築において、集会室に機械換気設備を設けるに当たり、ホルムアルデヒドに関する技術的な基準による必要有効換気量は次式により算定する。

$Vr = nAh$

Vr：必要有効換気量（m^3/ 時）

n：1 時間当たりの換気回数（住宅等の居室以外の居室は 0.3 とする）

A：居室の面積（m^2）

常時開放された開口部を通じて居室と相互に通気が確保される廊下その他の建築物の部分の床面積を含む。

h：居室の天井高さ（m）

よって、$Vr = 0.3 \times (24 + 2 + 2 + 10) \times 2.5 = 28.5$ m^3/ 時　**正解 3**

R05	R04	R03	R02	R01	H30	H29

問題 02 Ⅱ 5　建築設備に関する次の記述のうち、建築基準法上、**誤っている**

ものはどれか。

1. 水洗便所には、採光及び換気のため直接外気に接する窓を設け、又はこれに代わる設備をしなければならない。
2. 建築物に設ける排水のための配管設備の末端は、公共下水道、都市下水路その他の排水施設に排水上有効に連結しなければならない。
3. 建築物（換気設備を設けるべき調理室等を除く。）に設ける自然換気設備の給気口は、居室の天井の高さの 1/2 以下の高さの位置に設け、常時外気に開放された構造としなければならない。
4. 住宅の浴室（常時開放された開口部はないものとする。）において、密閉式燃焼器具のみを設けた場合には、換気設備を設けなくてもよい。
5. 地上2階建て、延べ面積1,000 m^2 の建築物に設ける換気設備の風道は、不燃材料で造らなければならない。

解説 1. （令 28 条）

2. （令 129 条 2 の 4 第 3 項三号）

3. （令 129 条 2 の 5 第 1 項二号）

4. （令 20 条の 3 第 1 項一号、法 28 条 3 項）

5. （令 129 条の 2 の 4 第 1 項六号）地階を除く階数が 3 未満である建築物、地階に居室を有しない建築物又は延べ面積が 3,000m^2 以下の建築物に設ける換気設備の風道は、不燃材料で造らなくてもよい。

正解 5

R05	R04	R03	R02	R01	H30	H29

問題 03 Ⅱ 5 図のような平面を有する集会場（床面積の合計は 42 m^2、天井の高さは全て 2.5 m とする。）の新築において、集会室に機械換気設備を設けるに当たり、ホルムアルデヒドに関する技術的基準による必要有効換気量として、建築基準法上、**正しい**ものは、次のうちどれか。ただし、常時開放された開口部は図中に示されているもののみとし、居室については、国土交通大臣が定めた構造方法は用いないものとする。

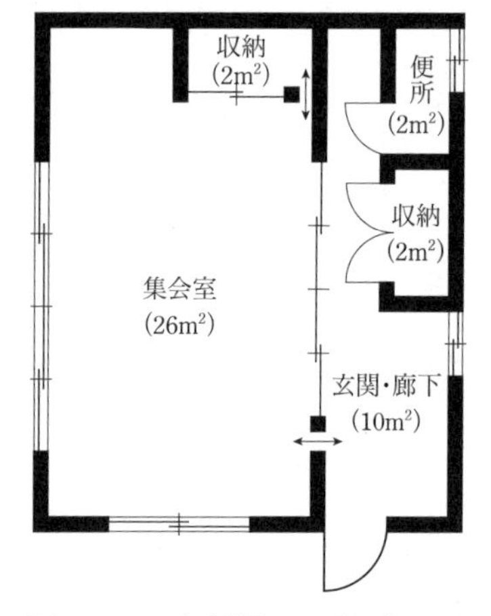

（注）←→ は、常時開放された開口部を示す。

1. 19.5 m^3/ 時
2. 27.0 m^3/ 時
3. 28.5 m^3/ 時
4. 30.0 m^3/ 時
5. 31.5 m^3/ 時

解説 (令20条の8第1項一号イ、法28条の2第三号)集会場の新築において、集会室に機械換気設備を設けるに当たり、ホルムアルデヒドに関する技術的な基準による必要有効換気量は次式により算定する。

$Vr = nAh$

Vr:必要有効換気量(m^3/h)

n:1時間当たりの換気回数(住宅等の居室以外の居室は0.3とする)

A:居室の面積(m^2)

常時開放された開口部を通じて居室と相互に通気が確保される廊下その他の建築物の部分の床面積を含む。

h:居室の天井高さ(m)

よって、$Vr = 0.3 \times (26 + 2 + 10) \times 2.5 = 28.5\,m^3/h$ 　正解3

【学科Ⅱ】

8 一般構造総合

R05	R04	R03	R02	R01	H30	H29

問題01 Ⅱ5 木造2階建て、延べ面積100 m²の一戸建て住宅の計画に関する次の記述のうち、建築基準法に**適合しない**ものはどれか。

1. 下水道法第2条第八号に規定する処理区域内であったので、便所については、水洗便所とし、その汚水管を下水道法第2条第三号に規定する公共下水道に連結した。
2. 階段に代わる高さ1.2 mの傾斜路に幅10 cmの手すりを設けたので、当該傾斜路の幅の算定に当たっては、手すりはないものとみなした。
3. 1階に設ける納戸について、床を木造とし、直下の地面からその床の上面までを40 cmとした。
4. 発熱量の合計が12 kWの火を使用する器具(「密閉式燃焼器具等又は煙突を設けた器具」ではない。)のみを設けた調理室(床面積7 m²)に、0.7 m²の有効開口面積を有する開口部を換気上有効に設けたので、その他の換気設備を設けなかった。
5. 1階の居室の床下をコンクリートで覆ったので、床の高さを、直下の地面からその床の上面まで40 cmとした。

解説 1. (法31条1項) 下水道法2条第八号に規定する処理区域内においては、便所を水洗便所とし、その汚水管を下水道法2条三号に規定する公共下水道に連結しなければならない。

2. (令23条3項・26条2項) 階段及び踊場に手すりが設けられた場合、その幅は、手すりの幅の10 cmを限度にないものとみなす。当該規定は、「階段に代わる傾斜路」に準用する。

3. (令22条、法2条四号) 最下階の居室の床が木造の場合、床の高さは、原則として、直下の地面からその床の上面までを45 cm以上としなければならないが、納戸は居室に該当しないので床の高さの制限は適用されない。

4. (法28条3項、令20条の3第1項) 床面積の合計が100 m²以内の住宅で発熱量の合計が12kW以下の火を使用する器具(「密閉式燃焼器具等又は煙突を設けた器具」ではない)のみを設けた調理室においては、当該調理室の床面積の1/10(0.8 m²未満のときは0.8 m²)以上の有効開口面積を有する開口部を換気上有効に設けなければならない。設問では調理室の床面積が7 m²であるので0.8 m²以上の開口部を設けなければならない。

5. （令 22 条）最下階の居室の床が木造の場合、床の高さは、直下の地面からその床の上面まで 45 cm 以上としなければならない。ただし、床下をコンクリート、たたきその他これらに類する材料で覆う場合を除く。 正解 4

R05	R04	R03	R02	R01	H30	H29

問題 02 Ⅱ 4 木造 2 階建て、延べ面積 100 m^2 の一戸建て住宅の計画に関する次の記述のうち、建築基準法に**適合しない**ものはどれか。

1. 敷地内の排水に支障がなかったので、建築物の敷地は、これに接する道の境よりも低くした。
2. 居室に設ける開口部で、公園に面するものについて、採光に有効な部分の面積を算定するに当たり、その公園の反対側の境界線を隣地境界線とした。
3. 居間（床面積 16 m^2、天井の高さ 2.5 m）に機械換気設備を設けるに当たり、「居室を有する建築物の換気設備についてのホルムアルデヒドに関する技術的基準」による有効換気量を、20 m^3/h とした。
4. 回り階段の部分における踏面の寸法を、踏面の狭い方の端から 30 cm の位置において、15 cm とした。
5. 階段（高さ 3.0 m の屋内の直階段）の高さ 1.5 m の位置に、踏幅 1.1 m の踊場を設けた。

解説 1. （法 19 条 1 項）建築物の敷地は、敷地内の排水に支障がない場合、これに接する道の境より高くしなくてもよい。

2. （令 20 条 2 項一号）居室に設ける開口部の有効面積を算定する場合、採光に有効な部分の面積は、当該居室の開口部ごとの面積にそれぞれ採光補正係数を乗じて算定する。このとき、開口部が公園に面する場合、当該公園の幅の 1/2 だけ隣地境界線の外側にある線を隣地境界線とする。

3. （法 28 条の 2 第三号、令 20 条の 8 第 1 項一号イ）住宅の居室に機械換気設備を設けるに当たり、ホルムアルデヒドに関する技術的な基準による必要有効換気量は次式により算定する。

$Vr = nAh$　　Vr：必要有効換気量（m^3/時）　　n：住宅の居室は 0.5
　　A：居室の床面積（m^2）　　h：居室の天井高さ（m）

よって、$Vr = 0.5 \times 16 \times 2.5 = 20.0$ m^3/時

有効換気量は、必要有効換気量（Vr）＝ 20.0 m^3/時以上とする。

4. （令 23 条 1・2 項）住宅の階段において、踏面の寸法は 15 cm 以上とする。また、回り階段における踏面の寸法は、踏面の狭い方の端から 30 cm の位置において測る。

5. （令 24 条）住宅の階段において、その高さが 4 m を超えるものは高さ 4 m 以内ごとに踏幅 1.2 m 以上の踊場を設けなければならない。設問の階段は高さが 3 m であるので、踊場を設けなくてもよい。よって、踏幅 1.1 m の踊場であってもよい。 正解 2

R05	R04	R03	R02	R01	H30	H29

問題 03 Ⅱ 4　木造 2 階建て、延べ面積 180 m² の長屋の計画に関する次の記述のうち、建築基準法に**適合しない**ものはどれか。

1.　建築材料には、クロルピリホスを添加しなかった。
2.　各戸の界壁を小屋裏又は天井裏に達するものとしなかったので、遮音性能については、天井の構造を天井に必要とされる技術的基準に適合するもので、国土交通大臣が定めた構造方法を用いるものとした。
3.　居間の天井の高さを 2.3 m とし、便所の天井の高さを 2.0 m とした。
4.　階段の片側にのみ幅 12 cm の手すりを設けたので、階段の幅は、77 cm とした。
5.　下水道法第 2 条第八号に規定する処理区域内であったので、便所を水洗便所とし、その汚水管を合併処理浄化槽に連結させ、便所から排出する汚物を公共下水道以外に放流した。

解説 1.（令 20 条の 6 第一号、法 28 条の 2 第三号）居室を有する建築物の建築材料には、クロルピリホスを添加してはならない。

2.（法 30 条 2 項・1 項二号）長屋の天井の構造が、天井に必要とされる技術的基準に適合するもので、国土交通大臣が定めた構造方法を用いるものは、各戸の界壁を小屋裏又は天井裏に達するものとしなくてもよい。

3.（令 21 条 1 項、法 2 条四号）居室である居間は天井の高さを 2.1 m 以上とし、居室ではない便所は天井の高さを 2.1 m 以上とする必要はない。

4.（令 23 条 1 項表・3 項）長屋の階段の幅は 75 cm 以上とする。また、手すりは幅が 10 cm を限度にないものとみなすので、幅が 12 cm の手すりであれば手すり幅を 2 cm とみなす。よって、75 cm に 2 cm を加えて 77 cm 以上とする。

5.（法 31 条 1 項）下水道法 2 条第八号に規定する処理区域内においては、便所を水洗便所とし、その汚水管を下水道法 2 条三号に規定する公共下水道に連結しなければならない。

正解 5

R05	R04	R03	R02	R01	H30	H29

問題 04 Ⅱ 4　木造 2 階建て、延べ面積 200 m² の共同住宅の計画に関する次の記述のうち、建築基準法に**適合しない**ものはどれか。ただし、国土交通大臣が定めた構造方法は考慮しないものとする。

1.　階段（高さ 3.0 m の屋外の直階段）の高さ 1.5 m の位置に、踏幅 1.0 m の踊場を設けた。
2.　各戸の界壁は、その構造を界壁に必要とされる遮音性能に関して政令で定める技術的基準に適合するもので、国土交通大臣の認定を受けたものとし、かつ、小屋裏又は天井裏に達するものとした。

3.　居室以外の室において、密閉式燃焼器具のみを設けたので、換気設備を設けなかった。
4.　居間（床面積 $20\,m^2$、天井の高さ 2.4 m）に機械換気設備を設けるに当たり、「居室を有する建築物の換気設備についてのホルムアルデヒドに関する技術的基準」による有効換気量を、$20\,m^3/h$ とした。
5.　寝室の天井の高さを 2.4 m とし、便所の天井の高さを 2.0 m とした。

解説　1.（令 24 条 1 項、令 23 条 1 項表 (1) (2)）共同住宅は、3 m 以内ごとに踊り場を設けなければならない階段に該当しない。よって、階段の高さが 4 m を超えるものには 4m 以内ごとに踏み幅 1.2 m 以上の踊り場を設けなければならないものになる。設問の階段の高さは 3 m なので踊り場を設ける必要はない。踊り場を設ける場合であっても踏み幅が 1.2 m 未満でもよい。
2.（法 30 条 1 項）
3.（法 28 条 3 項、令 20 条の 3 第 1 項一号）
4.（法 28 条の 2 第三号、令 20 条の 8 第 1 項一号イ）住宅の居室に機械換気設備を設けるに当たり、ホルムアルデヒドに関する技術的な基準による必要有効換気量は、次式により算定する。

$$V_r = nAh$$

V_r：必要有効換気量（m^3/時）　　n：住宅の居室は 0.5
A：居室の面積（m^2）　　h：居室の天井高さ（m）

よって、$V_r = 0.5 \times 20 \times 2.4 = 24.0\,m^3$/時
有効換気量は、必要有効換気量（V_r）＝ **24.0 m^3/時以上**としなければならない。
5.（令 21 条 1 項、法 2 条四号）天井の高さについて、寝室は居室にあたるので天井の高さを 2.1 m 以上とし、便所は居室に当たらないので 2.1 m 未満でもよい。正解 4

R05	R04	R03	R02	R01	H30	H29

問題 05　Ⅱ 4　木造 2 階建て、延べ面積 $120\,m^2$ の一戸建て住宅の計画に関する次の記述のうち、建築基準法に**適合しない**ものはどれか。
1.　発熱量の合計が 10 kW の火を使用する器具（「密閉式燃焼器具等又は煙突を設けた器具」ではない。）のみを設けた調理室（床面積 $8\,m^2$）に、$1\,m^2$ の有効開口面積を有する開口部を換気上有効に設けたので、換気設備を設けなかった。
2.　階段（直階段）の蹴上げの寸法を 23 cm、踏面の寸法を 15 cm とした。
3.　高さ 1 m 以下の階段の部分には、手すりを設けなかった。
4.　1 階の居室の床下をコンクリートで覆ったので、床の高さを、直下の地面からその床の上面まで 40 cm とした。
5.　下水道法第 2 条第八号に規定する処理区域内であったので、便所について

は、水洗便所とし、その汚水管を下水道法第2条第三号に規定する公共下水道に連結した。

解説 1. （法28条3項、令20条の3第1項）密閉式燃焼器具等のみを設けた調理室又は床面積の合計が100 m²以内の住宅で発熱量の合計が12 kW以下の火を使用する設備を設けた調理室に該当しないので、換気設備を設けなければならない。

2. （令23条1項）住宅の階段（共同住宅の共用の階段を除く）のけ上げは23 cm以下、踏面は15 cm以上とする。

3. （令25条4項）高さ1 m以下の階段の部分には手すりを設けなくてもよい。

4. （令22条）最下階の居室の床が木造の場合、床下をコンクリート、たたきで覆えば防湿のための床の高さの制限は適用されない。

5. （法31条1項）下水道法2条八号に規定する処理区域内にある便所は、下水管が下水道法2条三号に規定する公共下水道に連結された水洗便所としなければならない。

正解 1

R05	R04	R03	R02	R01	H30	H29

問題06 Ⅱ4 木造2階建て、延べ面積100 m²の一戸建て住宅の計画に関する次の記述のうち、建築基準法に**適合しない**ものはどれか。ただし、国土交通大臣が定めた構造方法及び国土交通大臣の認定は考慮しないものとする。

1. 回り階段の部分における踏面の寸法を、踏面の狭い方の端から30 cmの位置において、15 cmとした。
2. 敷地内の排水に支障がなかったので、建築物の敷地は、これに接する道の境よりも低くした。
3. 「居室を有する建築物の建築材料についてのホルムアルデヒドに関する技術的基準」において、寝室と廊下が常時開放された開口部を通じて相互に通気が確保されていたので、廊下に所定の機械換気設備を設けた。
4. 居間（床面積16 m²、天井の高さ2.5 m）に機械換気設備を設けるに当たり、「居室を有する建築物の換気設備についてのホルムアルデヒドに関する技術的基準」による有効換気量を、20 m³/hとした。
5. 居室に設ける開口部で、川に面するものについて、採光に有効な部分の面積を算定する場合、当該川の反対側の境界線を隣地境界線とした。

解説 1. （令23条1・2項）回り階段の踏面の寸法は、踏面の狭い方の端から30cm位置で測定し、15 cm以上とする。

2. （法19条1項）建築物の敷地は、敷地内の排水に支障がない場合、これに接する道の境より高くしなくてもよい。

3. （令20条の7第1項二号表の備考1、法28条の2第三号、令20条の5）

4. （令20条の8第1項一号イ(1)）機械換気設備による必要有効換気量は次式による。
$V_r = nAh$　V_r：必要有効換気量（m³/h）　n：係数（住宅等の居室は0.5）
A：居室の床面積（m²）　h：居室の天井高さ（m）
したがって、$V_r = 0.5 \times 16 \times 2.5 = 20$ m³/h
5. （令20条2項一号、法28条）居室に設ける開口部で、川に面するものについて、採光に有効な部分の面積を算定する場合、当該川の幅の1/2だけ外側の線を隣地境界線とする。
正解 5

R05	R04	R03	R02	R01	H30	H29

問題07 II 4　木造2階建て、延べ面積100 m²の一戸建て住宅の計画に関する次の記述のうち、建築基準法に**適合しない**ものはどれか。

1. 階段（高さ3.0 mの屋内の直階段）の高さ1.5 mの位置に、踏幅1.1 mの踊場を設けた。
2. 1階の居室の床下をコンクリートで覆ったので、床の高さを、直下の地面からその床の上面まで30 cmとした。
3. 子ども部屋のクロゼット（収納スペース）の天井の高さを、2.0 mとした。
4. 発熱量の合計が12 kWの火を使用する器具（「密閉式燃焼器具等又は煙突を設けた器具」ではない。）のみを設けた調理室（床面積10 m²）に、0.9 m²の有効開口面積を有する開口部を換気上有効に設けたので、その他の換気設備を設けなかった。
5. 階段に代わる高さ1.2 mの傾斜路に幅10 cmの手すりを設けたので、当該傾斜路の幅の算定に当たっては、手すりはないものとみなした。

解説 1. （令24条）住宅の階段において、その高さが4 mを超えるものにあっては高さ4 m以内ごとに踏幅1.2m以上の踊場を設けなければならない。よって、階段の高さが3 mであれば、踊場は不要であるので踏幅1.2 m未満の踊場を設けてもよい。
2. （令22条）最下階の居室の床が木造の場合、床下をコンクリート、たたきで覆えば防湿のための床の高さを45 cm以上としなくてもよい。
3. （令21条1項、法2条四号）居室の天井の高さは2.1 m以上としなければならないが、クロゼットは居室には該当しないので天井の高さに制限はない。
4. （法28条3項、令20条の3第1項二号）床面積の合計が100 m²以下の住宅において、発熱量の合計が12 kW以下の火を使用する器具を設けた調理室で、当該調理室の床面積の1/10以上の有効面積を有する開口部を換気上有効に設けたものは、換気設備を必要としない。設問では、調理室の有効開口部面積は0.9 m²であり、調理室面積（10 m²）の1/10に満たないので換気設備を設けなければならない。
5. （令26条2項、令23条3項）階段幅の算定において、手すりの幅を10 cmを限度に算入しない規定は、傾斜路において準用する。
正解 4

【学科Ⅱ】

9 構造強度

R05	R04	R03	R02	R01	H30	H29

問題 01 Ⅱ 8　平家建て、延べ面積 150 m^2、高さ 5 m の事務所における構造耐力上主要な部分の設計に関する次の記述のうち、建築基準法に**適合しない**ものはどれか。ただし、構造計算等による安全性の確認は行わないものとする。

1. 鉄骨造とするに当たって、高力ボルト接合における径 24 mm の高力ボルトの相互間の中心距離を 60 mm 以上とし、高力ボルト孔の径を 26 mm とした。
2. 鉄骨造とするに当たって、柱以外に用いる鋼材の圧縮材の有効細長比を 210 とした。
3. 鉄筋コンクリート造壁式構造とするに当たって、耐力壁の長さは 45 cm 以上とし、その端部及び隅角部には径 12 mm 以上の鉄筋を縦に配置した。
4. 鉄筋コンクリート造とするに当たって、構造耐力上主要な部分であるはり（臥梁（がりょう）を除く。）は、複筋ばりとし、これにあばら筋をはりの丈の 3/4 以下の間隔で配置した。
5. 補強コンクリートブロック造とするに当たって、耐力壁の水平力に対する支点間の距離が 8 m であったので、耐力壁の厚さを 15 cm とした。

解説　1.（令 68 条 1・2 項、令 63 条）高力ボルトの相互間の中心距離は、その径の 2.5 倍以上とする。よって、径 24 mm の場合、高力ボルトの相互間の中心距離は 60 mm 以上としなければならない。また、高力ボルトの径が 27 mm 未満の場合、高力ボルトの穴径は高力ボルトの径より 2 mm を超えて大きくしてはならない。よって、穴径は 26 mm 以下としなければならない。

2.（令 65 条、令 63 条）柱以外に用いる圧縮材の有効細長比は、250 以下としなければならない。

3.（令 78 条の 2 第 2 項一・二号、令 71 条）鉄筋コンクリート造壁式構造にするに当たって、耐力壁の長さは 45cm 以上とすること。また、その端部及び隅角部には径 12 mm 以上の鉄筋を縦に配置すること。

4.（令 78 条、令 71 条）鉄筋コンクリート造にするに当たって、構造耐力上主要な梁は、複筋梁とし、これにあばら筋を梁の丈の 3/4（臥梁にあっては 30 cm）以下の間隔で配置しなければならない。

5. （令62条の4第3項、令62条の2）補強コンクリートブロック造とするに当たって、耐力壁の厚さは、15cm以上で、かつ、耐力壁の水平力に対する支点間距離の1/50以上としなければならない。よって、耐力壁の厚さは、800cm × 1/50 = 16cm以上としなければならない。 **正解5**

R05	R04	R03	R02	R01	H30	H29

問題02 II 6　図のような平面を有する木造平家建ての倉庫の構造耐力上必要な軸組の長さを算定するに当たって、張り間方向と桁行方向における「壁を設け又は筋かいを入れた軸組の部分の長さに所定の倍率を乗じて得た長さの合計（構造耐力上有効な軸組の長さ）」の組合せとして、建築基準法上、**正しい**ものは、次のうちどれか。

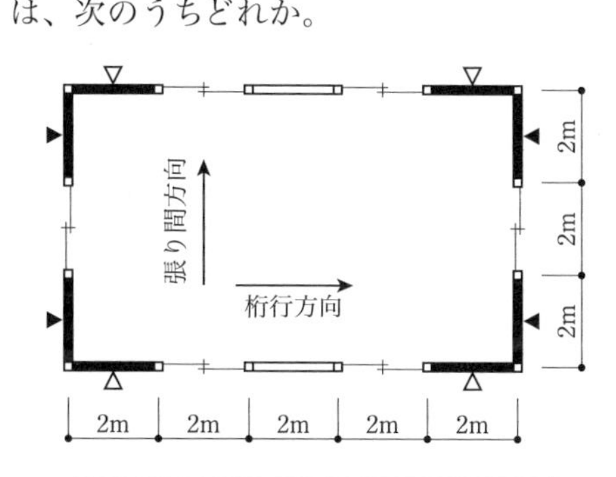

	構造耐力上有効な軸組の長さ	
	張り間方向	桁行方向
1.	40m	26m
2.	40m	24m
3.	36m	26m
4.	36m	24m
5.	32m	18m

解説（令46条4項表1）軸組の種類による軸組の倍率を求める。

木ずりを柱及び間柱の両面に打ち付けた壁を設けた軸組：1

木ずりを柱及び間柱の片面に打ち付けた壁を設けた軸組：0.5

厚さ4.5cmで幅9.0cmの木材の筋かいをたすき掛けに入れた軸組：4

厚さ4.5cmで幅9.0cmの木材の筋かいを入れた軸組：2

張り間方向と桁行方向それぞれの「構造耐力上有効な軸組の長さ」を求める。

張り間方向の構造耐力上有効な軸組長さ＝（1＋4）×2m×4ヶ所＝40m

桁行方向の構造耐力上有効な軸組長さ

＝（1＋2）×2m×4ヶ所＋0.5×2m×2ヶ所＝26m

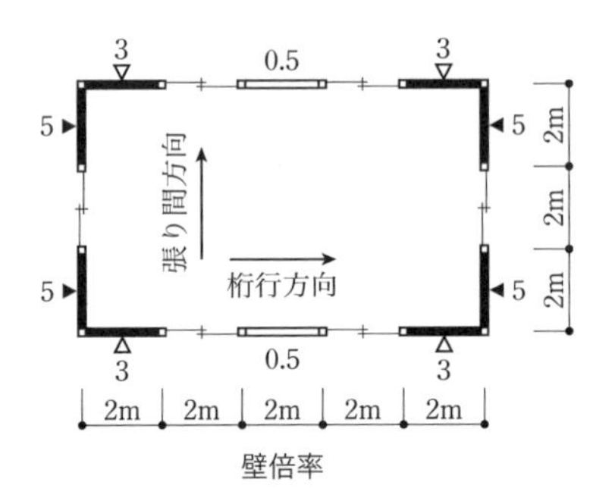

壁倍率

正解 1

R05	R04	R03	R02	R01	H30	H29

問題 03 Ⅱ 7　次の記述のうち、建築基準法上、**誤っている**ものはどれか。ただし、国土交通大臣が定める基準に従った構造計算による安全性の確認は行わないものとする。

1.　木造3階建て、延べ面積250 m²の一戸建て住宅に対し、鉄骨造平家建て、床面積 60 m² の診療所を、エキスパンションジョイントその他の相互に応力を伝えない構造方法のみで接する形で増築する場合には、建築基準法第 20 条第 1 項に規定する基準の適用については、それぞれ別の建築物とみなされる。
2.　木造 2 階建て、延べ面積 300 m² の一戸建て住宅において、構造耐力上主要な部分である 1 階の柱と基礎とをだぼ継ぎその他の国土交通大臣が定める構造方法により接合し、かつ、当該柱に構造耐力上支障のある引張応力が生じないことが国土交通大臣が定める方法によって確かめられた場合には、土台を設けなくてもよい。
3.　木造 2 階建て、延べ面積 200 m² の集会場において、床組及び小屋ばり組には木板その他これに類するものを国土交通大臣が定める基準に従って打ち付けし、小屋組には振れ止めを設けなければならない。
4.　特定天井の構造は、構造耐力上安全なものとして、国土交通大臣が定めた構造方法を用いるもの又は国土交通大臣の認定を受けたものとしなければならない。
5.　工事を施工するために現場に設ける事務所において、柱に用いる鋼材は、その品質が、国土交通大臣の指定する日本産業規格に適合しなければならない。

解説 1.（令 36 条の 4、法 20 条 2 項）
2.（令 42 条三号、令 40 条）
3.（令 46 条 3 項、令 40 条）
4.（令 39 条 3 項）特定天井とは、国土交通省 H25 告示 771 号より、吊り天井で次のいずれにも該当するものをいう。居室・廊下その他の人が日常立ち入る場所に設けられるもの、高さが 6m を超える部分でその水平投影面積が 200 m² を超えるもの、天井構成部材が 2 kg/m² を超えるもの。

5. （法 85 条 2 項、法 37 条一号）建築物の主要構造部である柱に使用する鋼材は、その品質が、国土交通大臣が指定する日本産業規格に適合しなければならない。ただし、工事を施工するために現場に設ける事務所は、当該規定を適用しない。

正解 5

R05	R04	R03	R02	R01	H30	H29

問題 04 II 6 図のような立面を有する瓦葺屋根の木造 2 階建て、延べ面積 140 m² の建築物を設ける構造耐力上必要な軸組を、厚さ 3 cm × 幅 9 cm の木材の筋かいを入れた軸組とする場合、1 階の張り間方向の当該軸組の長さの合計の最小限必要な数値として、建築基準法上、**正しい**ものは、次のうちどれか。ただし、小屋裏等に物置等は設けず、区域の地盤及び風の状況に応じた「地震力」及び「風圧力」に対する軸組の割増はないものとし、国土交通大臣が定める基準に従った構造計算は行わないものとする。

1. 1,155 cm
2. 1,275 cm
3. 1,540 cm
4. 1,700 cm
5. 2,150 cm

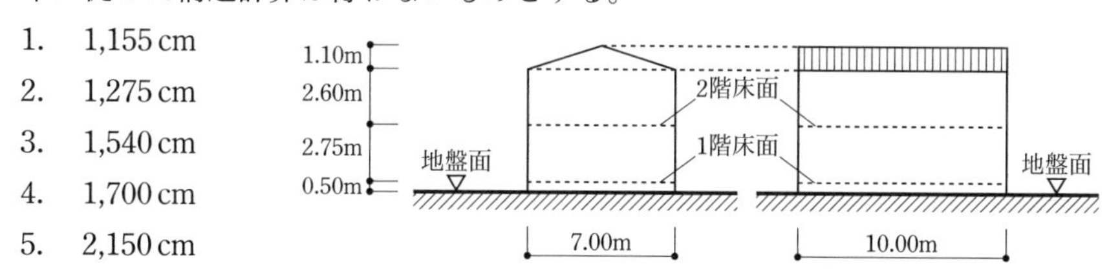

解説 （令 46 条 4 項、令 43 条 1 項表 (3) 項）1 階の張り間方向の軸組長さの合計は、床面積に（表 2）の値を乗じた数値、かつ、壁見付面積（1 階床面からの高さが 1.35 m 以下の壁の部分を除く）に（表 3）の値を乗じた数値以上とする。ただし、厚さ 3 cm ×幅 9 cm（表 1）の木材の筋かいの壁倍率は 1.5 であるので、必要軸組長さは算定値の 1/1.5 となる。

（1 階床面積）×（階の床面積に乗ずる数値（表 2））×（壁倍率の逆数）

階の床面積に乗ずる数値は、瓦葺屋根であるので令 43 条 1 項表（3）の建築物であり階数が 2 の建築物の 1 階であるので 33 cm/m² となる。

$70\,m^2 \times 33\,cm/m^2 \times 1/1.5 = 1{,}540\,cm$

（桁行方向の壁の見付面積）×（見付面積に乗ずる数値）×（壁倍率の逆数）

見付面積に乗ずる数値は、令 46 条 4 項表 3 の（1）に掲げる区域以外の区域であるので 50 cm/m² となる。

$(1.1 + 2.6 + 2.75 - 1.35) \times 10 \times 50 \times 1/1.5 = 1{,}700\,cm$

∴ 1 階張り間方向の軸組の最小必要長さは、1,700 cm である。

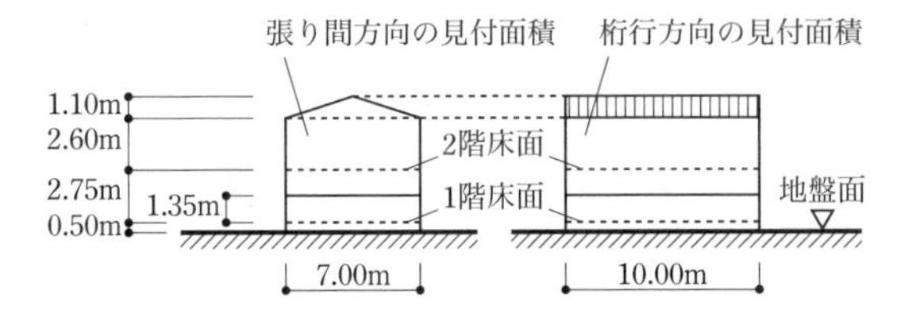

正解 4

R05	R04	R03	R02	R01	H30	H29

問題 05 Ⅱ 7　平家建て、延べ面積120 m²、高さ5mの建築物の構造耐力上主要な部分等に関する次の記述のうち、建築基準法に**適合しない**ものはどれか。ただし、構造計算等による安全性の確認は行わないものとする。

1.　木造とするに当たって、木造の筋かいに、たすき掛けにするための欠込みをしたので、必要な補強を行った。
2.　建築物に附属する高さ 1.2 m の塀を補強コンクリートブロック造とするに当たって、壁の厚さを 10 cm とし、控壁を設けなかった。
3.　鉄骨造とするに当たって、柱の材料を炭素鋼とし、その柱の脚部をアンカーボルトにより基礎に緊結した。
4.　鉄骨造とするに当たって、張り間が 13 m 以下であったので、鋼材の接合は、ボルトが緩まないように所定の措置を講じたボルト接合とした。
5.　鉄筋コンクリート造とするに当たって、柱の小径は、その構造耐力上主要な支点間の距離の 1/20 以上とした。

解説　1.（令 45 条 4 項）筋かいには欠き込みをしてはならない。ただし、筋かいをたすき掛けにするためにやむを得ない場合において、必要な補強を行ったときはこの限りではない。

2.（令 62 条の 8 第二・五号）補強コンクリートブロック造の塀において、壁の厚さは 15 cm（高さ 2 m 以下の塀は 10 cm）以上とする。また、高さ 1.2 m 以下の場合、控壁を設けなくてもよい。

3.（令 66 条、令 64 条 1 項）鉄骨造の構造耐力上主要な部分の材料は、炭素鋼、ステンレス鋼又は鋳鉄としなければならない。柱の脚部は、アンカーボルトによる緊結その他の構造方法により基礎に緊結しなければならない。ただし、滑節構造を除く。

4.（令 67 条 1 項）鋼材の接合は、軒の高さ 9m 以下、かつ、張り間が 13 m 以下の建築物（延べ面積が 3,000 m² を超えるものを除く）にあっては、ボルトが緩まないように所定の措置を講じたボルト接合とすることができる。

5.（令 77 条五号）鉄筋コンクリート造とするに当たって、柱の小径は、その構造耐

力上主要な支点間距離の1/15以上とする。　正解5

R05	R04	R03	R02	R01	H30	H29

問題06 II 6　木造2階建て、延べ面積150 m²、高さ7 mの一戸建て住宅の構造耐力上主要な部分の構造強度に関する次の記述のうち、建築基準法上、**誤っている**ものはどれか。ただし、構造計算等による安全性の確認は行わないものとし、国土交通大臣が定めた構造方法は考慮しないものとする。

1.　屋根を金属板でふいた場合、張り間方向及び桁行方向に相互の間隔が10 m未満の2階の柱において、張り間方向及び桁行方向の小径は、横架材の相互間の垂直距離の1/33以上としなければならない。
2.　構造耐力上必要な軸組の長さの算定において、軸組の種類を、厚さ4.5 cmで幅9 cmの木材の筋かいをたすき掛けに入れ、木ずりを柱及び間柱の片面に打ち付けた壁を設けた軸組とした場合、その長さに乗ずる倍率は5とすることができる。
3.　構造耐力上主要な部分である1階の柱を鉄筋コンクリート造の布基礎に緊結した場合、当該柱の下部には土台を設けなくてもよい。
4.　布基礎においては、立上り部分以外の部分の鉄筋に対するコンクリートのかぶり厚さは、捨コンクリートの部分を除いて6 cm以上としなければならない。
5.　構造耐力上主要な部分である壁、柱及び横架材を木造としたものにあっては、全ての方向の水平力に対して安全であるように、原則として、各階の張り間方向及び桁行方向に、それぞれ壁を設け又は筋かいを入れた軸組を釣合い良く配置しなければならない。

解説　1.（令43条1項表）

2.（令46条4項表1）厚さ4.5 cmで幅9 cmの木材の筋かいを入れた軸組の倍率は2、これをたすき掛けに入れると倍率は2倍になる。また、木ずりを柱及び間柱の片面に打ち付けた壁を設けた軸組の倍率は0.5である。よって、倍率の合計は2×2＋0.5＝4.5となる。

3.（令42条1項一号）

4.（令79条1項）

5.（令46条1項）　正解2

R05	R04	R03	R02	R01	H30	H29

問題07 II 7　次の記述のうち、建築基準法上、**誤っている**ものはどれか。ただし、構造計算等による安全性の確認は行わないものとする。

1. 補強コンクリートブロック造平家建て、延べ面積 40m²、高さ 3m の自動車車庫において、張り間方向及び桁行方向に配置する耐力壁の長さのそれぞれの方向についての合計は、張り間方向に 6 m 以上、桁行方向に 6m 以上としなければならない。
2. 鉄骨造平家建て、延べ面積 250 m²、高さ 4 m の物品販売業を営む店舗において、構造耐力上主要な部分である圧縮力を負担する柱の有効細長比は、200 以下としなければならない。
3. 鉄骨造 2 階建て、延べ面積 200 m²、高さ 8 m、張り間が 10 m の飲食店において、構造耐力上主要な部分である鋼材の接合は、ボルトが緩まないように当該ボルトに使用するナットの部分を溶接する措置を講じたボルト接合によることができる。
4. 鉄筋コンクリート造平家建て、延べ面積 250 m²、高さ 4 m の事務所において、構造耐力上主要な部分である柱の帯筋の間隔は、柱に接着する壁、はりその他の横架材から上方又は下方に柱の小径の 2 倍以内の距離にある部分においては、15 cm 以下で、かつ、最も細い主筋の径の 15 倍以下としなければならない。
5. 鉄筋コンクリート造 2 階建て、延べ面積 200 m²、高さ 7 m の寄宿舎において、基礎ばりの出すみ部分に異形鉄筋を使用した場合は、その末端を折り曲げなくてもよい。

解説 1. (令 62 条の 4 第 2 項、令 62 条の 2 第 2 項)張り間方向及び桁行方向に配置する耐力壁の長さのそれぞれの合計は、延べ面積に 0.15 m/m² を乗じた値以上とする。したがって、0.15 m/m² × 40 m² = 6.0 m 以上となる。
2. (令 65 条、令 63 条)
3. (令 67 条 1 項、令 63 条)鉄骨造で、軒の高さ 9 m 以下かつ張り間が 13 m 以下の建築物(延べ面積が 300 m² を超えるものを除く)において、構造耐力上主要な部分である鋼材の接合は、ボルトが緩まないように当該ボルトに使用するナットの部分を溶接する措置を講じたボルト接合によることができる。
4. (令 77 条三号、令 71 条)構造耐力上主要な部分である柱の帯筋の間隔は、柱に接着する壁、はりその他の横架材から上方又は下方に柱の小径の 2 倍以内の距離にある部分においては、10 cm 以下で、かつ、最も細い主筋径の 15 倍以下としなければならない。
5. (令 73 条 1 項一号、令 71 条) 正解 4

R05	R04	R03	R02	R01	H30	H29

問題 08 Ⅱ 6 木造平家建て、延べ面積 150 m² の一戸建て住宅における構造耐力上主要な部分の構造強度に関する次の記述のうち、建築基準法上、**誤っている**

ものはどれか。ただし、構造計算等による安全性の確認は行わないものとする。

1. 圧縮力を負担する筋かいは、厚さ1.5cm以上で幅9cm以上の木材を使用したものとしなければならない。
2. 柱、筋かい及び土台のうち、地面から1m以内の部分には、有効な防腐措置を講ずるとともに、必要に応じて、しろありその他の虫による害を防ぐための措置を講じなければならない。
3. 張り間方向及び桁行方向に配置する壁を設け又は筋かいを入れた軸組の長さの合計は、原則として、それぞれの方向につき、床面積及び見付面積をもとに求めた所定の数値以上としなければならない。
4. 基礎に木ぐいを使用する場合においては、その木ぐいは、常水面下にあるようにしなくてもよい。
5. 土台は、基礎に緊結しなければならない。

解説 1. （令45条2項）圧縮力を負担する筋かいは、厚さ3cm以上で幅9cm以上の木材を使用したものとしなければならない。なお、引張力を負担する筋かいは、厚さ1.5cm以上で幅9cm以上の木材又は径9mm以上の鉄筋を使用したものとしなければならない。

2. （令49条2項）

3. （令46条4項）

4. （令38条6項）建築物の基礎に木ぐいを使用する場合においては、その木ぐいは、常水面以下にあるようしなければならない。ただし、平家建ての建築物に使用する場合を除く。

5. （令42条2項）平家建ての建築物で延べ面積が50m²以内のものについては、土台を基礎に緊結しなくてもよい。

正解 1

R05	R04	R03	R02	R01	H30	H29

問題09 II 8 構造強度に関する次の記述のうち、建築基準法上、**誤っている**ものはどれか。ただし、構造計算等による安全性の確認は行わないものとする。

1. 補強コンクリートブロック造の塀の壁内に配置する鉄筋の縦筋をその径の40倍以上基礎に定着させる場合、縦筋の末端は、基礎の横筋にかぎ掛けしなくてもよい。
2. 補強コンクリートブロック造、高さ1.4mの塀において、基礎の丈は、35cm以上とし、根入れの深さは30cm以上としなければならない。
3. 鉄筋コンクリート造、延べ面積200m²の建築物において、柱の出隅部分に異形鉄筋を使用する場合であっても、その末端を折り曲げなければならない。
4. 鉄骨造の建築物において、構造耐力上主要な部分である鋼材の接合は、接合される鋼材がステンレス鋼であるときは、リベット接合とすることができる。

5. 固結した砂の短期に生ずる力に対する地盤の許容応力度は、国土交通大臣が定める方法による地盤調査を行わない場合、1,000 kN/m² とすることができる。

解説 1. (令 62 条の 8 第六号)

2. (令 62 条の 8 本文・七号) 補強コンクリートブロック造、高さ 1.2 m を超える塀において、基礎の丈は、35 cm 以上とし、根入れ深さは 30 cm 以上とする。ただし、高さ 1.2 m 以下の塀は除く。

3. (令 73 条 1 項) 鉄筋コンクリート造の柱及び梁(基礎梁を除く)の出すみ部分、煙突において、異形鉄筋であっても、その鉄筋の末端はかぎ状に折り曲げて、コンクリートから抜け出さないように定着しなければならない。

4. (令 67 条 1 項) 鉄骨造の建築物において、構造耐力上主要な部分である鋼材の接合は、接合される鋼材がステンレス鋼であるときは、高力ボルト接合、溶接接合又は国土交通大臣の認定を受けた接合方法によらなければならず、リベット接合としてはならない。

5. (令 93 条) 固結した砂の短期に生ずる力に対する地盤の許容応力度は、国土交通大臣が定める方法による地盤調査を行わない場合、長期の許容応力度 500 kN/m² の 2 倍の 1,000 kN/m² とすることができる。

正解 4

R05	R04	R03	R02	R01	H30	H29

問題 10 Ⅱ 6 図のような立面を有する瓦葺屋根の木造 2 階建て、延べ面積 140 m² の建築物に設ける構造耐力上必要な軸組を、厚さ 4.5 cm × 幅 9 cm の木材の筋かいを入れた軸組とする場合、1 階の張り間方向の当該軸組の長さの合計の最小限必要な数値として、建築基準法上、**正しい**ものは、次のうちどれか。ただし、小屋裏等に物置等は設けず、区域の地盤及び風の状況に応じた「地震力」及び「風圧力」に対する軸組の割増はないものとし、国土交通大臣が定める基準に従った構造計算は行わないものとする。

1. 1,015.0 cm
2. 1,155.0 cm
3. 1,250.0 cm
4. 1,375.0 cm
5. 1,587.5 cm

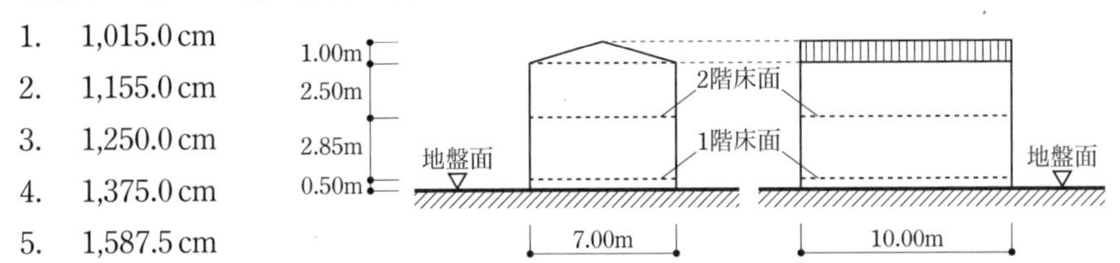

解説 (令 46 条 4 項、令 43 条 1 項表 (3)) 1 階の張り間方向の軸組長さの合計は、床面積に 33 cm/m² (表 2) を乗じた値、かつ、壁見付面積 (1 階床面からの高さが 1.35 m 以下の壁の部分を除く) に 50cm/m² (表 3) を乗じた値以上とする。ただし、厚さ 4.5 cm ×幅 9.0 cm (表 1) の木材の筋かいの壁倍率は 2 であるので、必要軸組長さは算定値

の1/2となる。

（1階床面積）×（階の床面積に乗ずる数値）×（壁倍率の逆数）

70 m² × 33 cm/m² × 1/2 = 1,155 cm

（桁行方向の壁の見付面積）×（見付面積に乗ずる数値）×（壁倍率の逆数）

（1 + 2.5 + 2.85 − 1.35）× 10 × 50 × 1/2 = 1,250 cm

∴ 1階張り間方向の軸組の最小必要長さは、1,250 cm である。

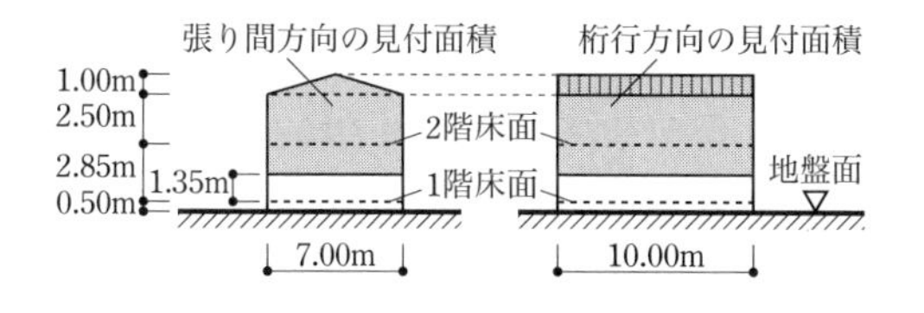

正解 3

R05	R04	R03	R02	R01	H30	H29

問題 11 Ⅱ 8　建築物の構造強度に関する次の記述のうち、建築基準法に**適合しない**ものはどれか。ただし、構造計算等による安全性の確認は行わないものとし、建築物は建築基準法第20条第2項に該当しないものとする。

1. 地盤の支持層が傾斜していたので、基礎の一部を杭基礎とした。
2. 延べ面積100 m²の木造住宅の構造耐力上主要な部分である柱の有効細長比を、120とした。
3. 鉄骨造建築物の高力ボルトの相互間の中心距離を、その径の3倍とした。
4. 高さ2 mの補強コンクリートブロック造の塀の壁の厚さを、10 cmとした。
5. 平家建て、延べ面積100 m²の鉄筋コンクリート造建築物（壁式構造ではない。）の耐力壁について、径9 mmの鉄筋を縦横50 cmの間隔で複配筋として配置した。

解説 1. （令38条2項）建築物には、異なる構造方法の基礎を併用してはならない。

2. （令43条6項）構造耐力上主要な部分である柱の有効細長比は、150以下としなければならない。

3. （令68条1項）高力ボルトの相互間の中心距離は、その径の2.5倍以上としなければならない。

4. （令62条の8第二号）補強コンクリートブロック造の塀において、高さが2 m以下の場合、壁の厚さは10 cm以上としなければならない。

5. （令78条の2第1項三号）鉄筋コンクリート造平屋建て建築物の耐力壁について、鉄筋を複配筋として配置する場合、径9 mm以上の鉄筋を縦横に50 cm以下の間隔に配置する。

正解 1

R05	R04	R03	R02	R01	H30	H29

問題12 Ⅱ 6　図のような平面を有する木造平家建ての倉庫の構造耐力上必要な軸組の長さを算定するに当たって、張り間方向と桁行方向における「壁を設け又は筋かいを入れた軸組の部分の長さに所定の倍率を乗じて得た長さの合計（構造耐力上有効な軸組の長さ）」の組合せとして、建築基準法上、**正しい**ものは、次のうちどれか。

	構造耐力上有効な軸組の長さ	
	張り間方向	桁行方向
1.	20 m	42 m
2.	24 m	40 m
3.	32 m	18 m
4.	36 m	26 m
5.	40 m	24 m

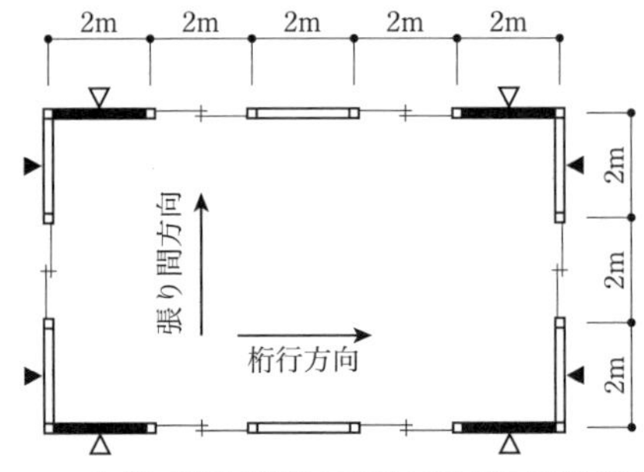

解説（令 46 条 4 項表 1）軸組の種類による軸組の倍率を求める。

木ずりを柱及び間柱の両面に打ち付けた壁を設けた軸組：1、木ずりを柱及び間柱の片面に打ち付けた壁を設けた軸組：0.5、厚さ 4.5 cm で幅 9.0 cm の木材の筋かいをたすき掛けに入れた軸組：4、厚さ 4.5cm で幅 9.0 cm の木材の筋かいを入れた軸組：2 である。

張り間方向と桁行方向それぞれの「構造耐力上有効な軸組の長さ」を求める。

張り間方向の構造耐力上有効な軸組長さ＝(0.5 ＋ 4)× 2 m×4 ヶ所＝ 36 m

桁行方向の構造耐力上有効な軸組長さ＝(1 ＋ 2)× 2m×4 ヶ所＋ 0.5 × 2m × 2 ヶ所
＝ 26 m

正解 4

学科Ⅱ

10 構造計算

R05	R04	R03	R02	R01	H30	H29

問題 01 Ⅱ 6 屋根を日本瓦で葺き、壁を鉄網モルタル塗りとした木造2階建て、延べ面積180 m^2、高さ8mの保育所において、横架材の相互間の垂直距離が1階にあっては2.8m、2階にあっては2.6mである場合、建築基準法上、1階及び2階の構造耐力上主要な部分である柱の張り間方向及び桁行方向の小径の**必要寸法を満たす最小の数値の組合せ**は、次のうちどれか。ただし、柱の小径に係る所定の構造計算は考慮しないものとする。

	1階の柱の小径	2階の柱の小径
1.	10.5 cm	10.5 cm
2.	12.0 cm	10.5 cm
3.	12.0 cm	12.0 cm
4.	13.5 cm	10.5 cm
5.	13.5 cm	12.0 cm

解説（令43条1項表(3)項）屋根を日本瓦で葺き、壁を鉄網モルタル塗りとした木造2階建て保育所の柱の小径を求める。

保育所の用途に供する建築物の柱において、土蔵造の建築物などで壁の重量が特に大きい建築物又は屋根を金属板など軽いものでふいた建築物のいずれにも該当しない建築物では、柱の小径は、その柱に接着する横架材の相互間の垂直距離に、1階にあっては1/22、2階（最上階）にあっては1/25を乗じた値以上とする。

1階の柱の小径：280 cm × 1/22 = 12.7 cm → 13.5 cm 以上

2階の柱の小径：260 cm × 1/25 = 10.4 cm → 10.5 cm 以上

正解 4

R05	R04	R03	R02	R01	H30	H29

問題 02 Ⅱ 7 建築物の新築に当たって、建築基準法上、構造計算によって安全性を**確かめる必要がある**ものは、次のうちどれか。ただし、地階は設けないものとし、国土交通大臣が指定する建築物には該当しないものとする。

1. 木造平家建て、延べ面積500 m^2、高さ6mの建築物
2. 木造2階建て、延べ面積300 m^2、高さ8mの建築物

3. 鉄筋コンクリート造平家建て、延べ面積 200 m²、高さ 5 m の建築物
4. 補強コンクリートブロック造平家建て、延べ面積 150 m²、高さ 4 m の建築物
5. 鉄骨造 2 階建て、延べ面積 80 m²、高さ 7 m の建築物

解説 1. 2.（法 20 条 1 項二・三号、法 6 条 1 項二号、令 36 条の 2）木造で、階数が 2 以下、延べ面積が 500 m² 以下、高さが 13 m 以下、軒の高さが 9 m 以下の建築物は、構造計算によりその構造が安全であることを確かめなくてもよい。

3.（法 20 条 1 項二・三号、法 6 条 1 項三号、令 36 条の 2）鉄筋コンクリート造で、平家建て、延べ面積が 200 m² 以下、高さ 20 m 以下の建築物は、構造計算によりその構造が安全であることを確かめなくてもよい。

4.（法 20 条 1 項二・三号、法 6 条 1 項三号、令 36 条の 2）補強コンクリートブロック造で、平家建て、延べ面積が 200 m² 以下の建築物は、構造計算によりその構造が安全であることを確かめなくてもよい。

5.（法 20 条 1 項二・三号、法 6 条 1 項三号、令 36 条の 2）鉄骨造で、2 以上の階数を有し、又は延べ面積が 200 m² を超える建築物は、構造計算によりその構造が安全であることを確かめなければならない。

正解 5

R05	R04	R03	R02	R01	H30	H29

問題 03 Ⅱ 8 建築物の構造強度に関する次の記述のうち、建築基準法上、**誤っている**ものはどれか。

1. 風圧力の計算に当たり、建築物に近接してその建築物を風の方向に対して有効にさえぎる他の建築物がある場合においては、その方向における速度圧は、所定の数値の 1/2 まで減らすことができる。
2. 雪下ろしを行う慣習のある地方においては、その地方における垂直積雪量が 1m を超える場合においても、積雪荷重は、雪下ろしの実況に応じて垂直積雪量を 1m まで減らして計算することができる。
3. ローム層の地盤の長期に生ずる力に対する許容応力度は、国土交通大臣が定める方法による地盤調査を行わない場合、50 kN/m² とすることができる。
4. 仕上げをモルタル塗としたコンクリート造の床の固定荷重は、実況に応じて計算しない場合、当該部分の床面積に 150 N/m²（仕上げ厚さ 1 cm ごとに、その cm の数値を乗ずるものとする。）を乗じて計算することができる。
5. 保有水平耐力計算により、地震時における構造耐力上主要な部分の断面に生ずる短期の応力度を計算する場合、特定行政庁が指定する多雪区域においては、積雪荷重を考慮する。

解説 1.（令 87 条 3 項）

2. （令 86 条 6 項）
3. （令 93 条表）
4. （令 84 条表）仕上げをモルタル塗としたコンクリート造の床の固定荷重は、実況に応じて計算しない場合、当該部分の床面積に 200 N/m²（仕上げ厚さ 1cm ごとに、その cm の数値を乗ずるものとする）を乗じて計算することができる。
5. （令 82 条二号表）保有水平耐力計算により、地震時における構造耐力上主要な部分の断面に生ずる短期の応力度を計算する場合、特定行政庁が指定する多雪区域においては、一般の場合の応力度に積雪荷重を 0.35 倍した数値を加える。 正解 4

R05	R04	R03	R02	R01	H30	H29

問題 04 II 8 建築物の構造強度及び構造計算に関する次の記述のうち、建築基準法上、**誤っている**ものはどれか。

1. 構造耐力上主要な部分で特に腐食、腐朽又は摩損のおそれのあるものには、腐食、腐朽若しくは摩損しにくい材料又は有効なさび止め、防腐若しくは摩損防止のための措置をした材料を使用しなければならない。
2. 屋根ふき材、外装材等は、風圧並びに地震その他の震動及び衝撃によって脱落しないようにしなければならない。
3. 保有水平耐力計算により、構造耐力上主要な部分の断面に生ずる長期の応力度を計算する場合、特定行政庁が指定する多雪区域においては、地震力を考慮しなければならない。
4. 倉庫業を営む倉庫における床の積載荷重は、3,900 N/m² 未満としてはならない。
5. 建築基準法第 20 条第 1 項第三号に掲げる建築物に設ける屋上から突出する煙突については、国土交通大臣が定める基準に従った構造計算により風圧並びに地震その他の震動及び衝撃に対して構造耐力上安全であることを確かめなければならない。

解説 1. （令 37 条）
2. （令 39 条 1 項）
3. （令 82 条二号表）保有水平耐力計算により、構造耐力上主要な部分の断面に生ずる長期の応力度を計算する場合、特定行政庁が指定する多雪区域においては、固定荷重（G）＋積載荷重（P）＋ 0.7 ×積雪荷重（S）によって計算する。よって、地震力（K）を考慮する必要はない。
4. （令 85 条 3 項）
5. （令 129 条の 2 の 3 第三号） 正解 3

R05	R04	R03	R02	R01	H30	H29

問題 05 Ⅱ 8　荷重及び外力に関する次の記述のうち、建築基準法上、**誤っているもの**はどれか。

1.　保有水平耐力計算により、地震時における構造耐力上主要な部分の断面に生ずる短期の応力度を計算する場合、特定行政庁が指定する多雪区域においては、積雪荷重を考慮する。
2.　保有水平耐力計算により、建築物の地上部分に作用する地震力について、必要保有水平耐力を計算する場合、標準せん断力係数は、0.2 以上としなければならない。
3.　床の積載荷重については、実況に応じて計算しない場合、室の種類と構造計算の対象に応じて定められた数値に床面積を乗じて計算することができる。
4.　風圧力の計算に当たり、建築物に近接してその建築物を風の方向に対して有効にさえぎる他の建築物がある場合においては、その方向における速度圧は、所定の数値の 1/2 まで減らすことができる。
5.　雪下ろしを行う慣習のある地方においては、その地方における垂直積雪量が 1m を超える場合においても、積雪荷重は、雪下ろしの実況に応じて垂直積雪量を 1m まで減らして計算することができる。

解説　1.（令 82 条二号表、令 82 条の 3）保有水平耐力計算により、地震時における短期の応力度を計算する場合、固定荷重、積載荷重、地震力によって生ずる力に積雪荷重の 0.35 倍の荷重を加える。

2.（令 88 条第 3 項、令 82 条の 3 第二号）必要保有水平耐力を計算する場合、地震力によって各階に生ずる力（Qud）を算定するときに用いる標準せん断力係数（C_0）は 1.0 以上としなければならない。

3.（令 85 条 1 項）

4.（令 87 条 3 項）

5.（令 86 条 6 項）

正解 2

R05	R04	R03	R02	R01	H30	H29

問題 06 Ⅱ 7　屋根を金属板で葺き、壁を金属サイディング張りとした木造 3 階建て、延べ面積 180 m² の一戸建て住宅において、横架材の相互間の垂直距離が 1 階にあっては 3.3 m、2 階にあっては 3.2 m、3 階にあっては 2.5 m である場合、建築基準法上、1 階、2 階及び 3 階の構造耐力上主要な部分である柱の張り間方向及び桁行方向の小径の**必要寸法を満たす最小の数値の組合せ**は、次のうちどれか。ただし、張り間方向及び桁行方向の柱の相互の間隔は 10 m 未満と

する。また、柱の小径に係る所定の構造計算は考慮しないものとする。

	1階の柱の小径	2階の柱の小径	3階の柱の小径
1.	12.0 cm	10.5 cm	10.5 cm
2.	12.0 cm	12.0 cm	10.5 cm
3.	12.0 cm	12.0 cm	12.0 cm
4.	13.5 cm	12.0 cm	10.5 cm
5.	13.5 cm	13.5 cm	12.0 cm

解説 （令43条1項表(2)項・2項）柱の間隔が10m未満の一戸建て住宅の用途に供する建築物の柱（表中左欄以外の柱）において、屋根を金属板でふき、壁を金属サイディング張りとした場合、柱の小径は、その柱に接着する横架材の相互間の垂直距離に1・2階にあっては1/30、3階（最上階）にあっては1/33を乗じた値以上とする。また、3階建ての建築物なので1階の柱の小径は13.5cm以上とする。

1階の柱の小径：330cm × 1/30 = 11.0cm かつ 13.5cm → 13.5cm以上

2階の柱の小径：320cm × 1/30 = 10.7cm → 12.0cm以上

3階の柱の小径：250cm × 1/33 = 7.6cm → 10.5cm以上

正解 4

R05	R04	R03	R02	R01	H30	H29

問題07 Ⅱ7 建築物の新築に当たって、建築基準法上、構造計算によって安全性を**確かめる必要がある**ものは、次のうちどれか。ただし、地階は設けないものとし、国土交通大臣が指定する建築物には該当しないものとする。

1. 木造平家建て、延べ面積500 m²、高さ6mの建築物
2. 木造2階建て、延べ面積200 m²、高さ9mの建築物
3. 鉄骨造平家建て、延べ面積150 m²、高さ8mの建築物
4. 鉄骨造2階建て、延べ面積100 m²、高さ7mの建築物
5. 補強コンクリートブロック造平家建て、延べ面積180m²、高さ5mの建築物

解説 1. 2. （法20条1項二・三号、法6条1項二号）木造で、階数が2以下、延べ面積が500 m²以下、高さが13m以下、軒の高さが9m以下の建築物は、構造計算によりその構造が安全であることを確かめなくてもよい。

3. （法20条1項三号、法6条1項三号）鉄骨造で、平家建て、延べ面積が200 m²以下の建築物は、構造計算によりその構造が安全であることを確かめなくてもよい。

4. （法20条1項三号、法81条3項、法6条1項三号）鉄骨造で、階数が2以上の建築物は、構造計算によりその構造が安全であることを確かめなければならない。

5. （法20条1項三号、法6条1項三号）補強コンクリートブロック造で、平家建て、延べ面積が200 m²以下の建築物は、構造計算によりその構造が安全であることを確かめなくてもよい。

正解 4

問題 08 Ⅱ 7　次の記述のうち、建築基準法上、**誤っている**ものはどれか。ただし、国土交通大臣が定める基準に従った構造計算による安全性の確認は行わないものとする。

1.　木造 2 階建て、延べ面積 200 m² の集会場において、床組及び小屋ばり組には木板その他これに類するものを国土交通大臣が定める基準に従って打ち付けし、小屋組には振れ止めを設けなければならない。
2.　木造 2 階建て、延べ面積 300 m² の一戸建て住宅において、構造耐力上主要な部分である 1 階の柱と基礎とをだぼ継ぎその他の国土交通大臣が定める構造方法により接合し、かつ、当該柱に構造耐力上支障のある引張応力が生じないことが国土交通大臣が定める方法によって確かめられた場合には、土台を設けなくてもよい。
3.　建築基準法第 85 条第 2 項に規定する工事を施工するために現場に設ける事務所（鉄骨造 2 階建て、延べ面積 150 m²）において、柱に用いる鋼材は、その品質が、国土交通大臣の指定する日本産業規格に適合しなければならない。
4.　木造3階建て、延べ面積250 m²の一戸建て住宅に対し、鉄骨造平家建て、床面積 60 m² の診療所を、エキスパンションジョイントその他の相互に応力を伝えない構造方法のみで接する形で増築する場合には、建築基準法第 20 条第 1 項に規定する基準の適用については、それぞれ別の建築物とみなされる。
5.　鉄骨造平家建て、延べ面積 400 m² の体育館に設けられた特定天井の構造は、構造耐力上安全なものとして、国土交通大臣が定めた構造方法を用いるもの又は国土交通大臣の認定を受けたものとしなければならない。

解説 1.（令 46 条 3 項、令 40 条）

2.（令 42 条 1 項三号）

3.（法 85 条 2 項、法 37 条一号）工事を施工するために現場に設ける事務所は、主要構造部である柱に用いる鋼材の品質が、国土交通大臣の指定する日本産業規格に適合する必要はない。

4.（令 36 条の 4、法 20 条 2 項）

5.（法 20 条 1 項三号イ、令 36 条 3 項、令 39 条 3 項、H25 国交省告示 771 号）特定天井とは、吊り天井であって、次のいずれにも該当するものをいう。①居室、廊下その他の人が日常立ち入る場所に設けられるもの、②高さが 6 m を超える天井の部分で、その水平投影面積が 200 m² を超えるものを含むもの、③天井面構成部材等の単位面積質量が 2 kg/m² を超えるもの

正解 3

◀学科Ⅱ▶ **11**

耐火建築物等・防火区画・間仕切壁等

R05	R04	R03	R02	R01	H30	H29

問題 01 Ⅱ 9　建築物の防火区画、隔壁等に関する次の記述のうち、建築基準法上、**誤っている**ものはどれか。

1.　天井のうち、その下方からの通常の火災時の加熱に対してその上方への延焼を有効に防止することができるものとして、国土交通大臣が定めた構造方法を用いるもの又は国土交通大臣の認定を受けたものを、「強化天井」という。
2.　主要構造部を準耐火構造とした4階建ての共同住宅で、メゾネット形式の住戸（住戸の階数が2で、かつ、床面積の合計が130 m^{2}であるもの）においては、住戸内の階段の部分と当該部分以外の部分とを防火区画しなくてもよい。
3.　建築基準法施行令第136条の2第二号ロに掲げる基準に適合する地上3階建ての事務所であって、3階に居室を有するものの竪穴部分については、直接外気に開放されている廊下と準耐火構造の床若しくは壁又は建築基準法第2条第九号の二ロに規定する防火設備で区画しなければならない。
4.　延べ面積がそれぞれ200 m^{2}を超える建築物で耐火建築物以外のもの相互を連絡する渡り廊下で、その小屋組が木造であり、かつ、桁行が4 m を超えるものは、小屋裏に準耐火構造の隔壁を設けなければならない。
5.　配電管が防火床を貫通する場合においては、当該管と防火床との隙間をモルタルその他の不燃材料で埋めなければならない。

解説　1.（令112条4項一号）

2.（令112条11項）主要構造部を準耐火構造等とした建築物において、3階以上の階に居室を有する共同住宅（住戸の階数が2以上のもの）の住戸については、竪穴部分（階段の部分など）と竪穴部分以外の部分とを防火区画（竪穴区画）しなければならないが、階数3以下で延べ面積が200 m^{2}以内の共同住宅の住戸おいては、竪穴部分と竪穴部分以外の部分とを防火区画しなくてもよい。

3.（令112条11項）建築基準法施行令136条の2第二号ロに掲げる基準に適合する建築物であって、3階以上の階に居室を有するものの竪穴部分については、当該竪穴部分以外の部分と準耐火構造の床若しくは壁又は法2条九号の二ロに規定する防火設備で区画しなければならないが、「直接外気に解放されている廊下」と防火区画しなくてもよい。

4. （令 114 条 4 項）

5. （令 112 条 20 項、令 113 条 2 項） 正解 3

R05	R04	R03	R02	R01	H30	H29

問題 02 Ⅱ 9 建築物の防火区画、防火壁、間仕切壁に関する次の記述のうち、建築基準法上、**誤っている**ものはどれか。

1. 主要構造部を準耐火構造とした 3 階建て、延べ面積 150 m² の一戸建て住宅（3 階部分に居室を有するもの）においては、階段の部分とその他の部分とを防火区画しなくてよい。
2. 給水管が準耐火構造の防火区画を貫通する場合においては、当該管と準耐火構造の防火区画との隙間をモルタルその他の不燃材料で埋めなければならない。
3. 配電管が防火壁を貫通する場合においては、当該管と防火壁との隙間をモルタルその他の不燃材料で埋めなければならない。
4. 防火区画（建築基準法施行令第 112 条第 18 項に規定するものを除く。）を構成する床に接する外壁については、その接する部分を含み幅 90cm 以上の部分を準耐火構造とするか、外壁面から 50 cm 以上突出した準耐火構造のひさし等で防火上有効に遮らなければならない。
5. 病院の用途に供する建築物の当該用途に供する部分の防火上主要な間仕切壁は、天井の全部が強化天井であっても、小屋裏又は天井裏に達せしめなければならない。

解説 1.（令 112 条 11 項二号）主要構造部を準耐火構造とした建築物は、竪穴部分（階段の部分など）とその他の部分とを防火区画しなければならないが、階数が 3 以下で延べ面積が 200 m² 以内の一戸建て住宅においては防火区画しなくてもよい。

2. （令 112 条 20 項）

3. （令 113 条 2 項、令 112 条 20 項）

4. （令 112 条 16 項）

5. （令 114 条 2 項、令 112 条 4 項一号）病院の用途に供する建築物の当該用途に供する部分の防火上主要な間仕切壁は、小屋裏又は天井裏に達せしめなければならないが、天井の全部が強化天井である場合を除く。 正解 5

R05	R04	R03	R02	R01	H30	H29

問題 03 Ⅱ 9 建築物の防火区画、防火壁、界壁等に関する次の記述のうち、

建築基準法上、**誤っている**ものはどれか。

1. 3階を診療所（患者の収容施設があるもの）とした3階建て、延べ面積150m²の建築物（建築基準法施行令第112条第11項に規定する建築物及び火災が発生した場合に避難上支障のある高さまで煙又はガスの降下が生じない建築物ではないものとする。）においては、竪(たて)穴部分とその他の部分とを間仕切壁又は所定の防火設備で区画しなければならない。
2. 防火区画（建築基準法施行令第112条第18項に規定するものを除く。）を構成する床に接する外壁については、その接する部分を含み幅90cm以上の部分を準耐火構造とするか、外壁面から50cm以上突出した準耐火構造のひさし等で防火上有効に遮らなければならない。
3. 建築物の竪(たて)穴部分とその他の部分とを区画する防火設備は、避難上及び防火上支障のない遮煙性能を有するものでなくてもよい。
4. 木造平家建て、延べ面積1,500m²の公衆浴場で、準耐火建築物としたものは、防火壁によって区画しなくてもよい。
5. 共同住宅の各戸の界壁（自動スプリンクラー設備等設置部分その他防火上支障がないものとして国土交通大臣が定める部分の界壁ではないものとする。）は、準耐火構造とし、天井が強化天井である場合を除き、小屋裏又は天井裏に達せしめなければならない。

解説 1. （令112条12項）3階を診療所（患者の収容施設があるもの）の用途に供する建築物のうち階数が3で延べ面積が200m²未満の建築物（令112条11項に規定する建築物及び火災が発生した場合に避難上支障のある高さまで煙又はガスの降下が生じない建築物ではないものとする）について、竪穴部分とその他の部分とを間仕切壁又は所定の防火設備で区画しなければならない。

2. （令112条16項）

3. （令112条19項二号ロ・11・12項、法2条九号の二ロ）建築物の竪穴部分とその他の部分とを区画する防火設備は、避難上及び防火上支障のない遮煙性能を有するものでなければならない。

4. （法26条第一号）延べ面積が1,000m²を超える建築物は、防火上有効な構造の防火壁又は防火床によって有効に区画し、かつ、各区画の床面積の合計をそれぞれ1,000m²以内としなければならない。ただし、耐火建築物又は準耐火建築物を除く。

5. （令114条1項）

正解 3

R05	R04	R03	R02	R01	H30	H29

問題04 II 9 建築物の防火区画、防火壁等に関する次の記述のうち、建築基準法上、**誤っている**ものはどれか。

1. 主要構造部を準耐火構造とした4階建ての共同住宅で、メゾネット形式の住戸（住戸の階数が2で、かつ、床面積の合計が130 m²であるもの）においては、住戸内の階段の部分とその他の部分とを防火区画しなくてもよい。
2. 2階建て、延べ面積が1,100 m²の展示場で、耐火建築物及び準耐火建築物以外のものは、床面積の合計1,000 m²以内ごとに防火上有効な構造の防火壁又は防火床によって有効に区画しなければならない。
3. 2階建ての建築物（各階の床面積が300 m²）で、1階が幼保連携型認定こども園、2階が事務所であるものは、幼保連携型認定こども園の部分とその他の部分とを防火区画しなければならない。
4. 防火壁に設ける開口部の幅及び高さは、それぞれ2.5 m以下とし、かつ、これに特定防火設備で所定の構造であるものを設けなければならない。
5. 配電管が準耐火構造の防火区画の壁を貫通する場合においては、当該管と準耐火構造の防火区画との隙間をモルタルその他の不燃材料で埋めなければならない。

解説 1. （令112条11項）主要構造部を準耐火構造等とした建築物において、3階以上の階に居室を有する共同住宅（住戸の階数が2以上のもの）の住戸については、竪穴部分（階段の部分など）と竪穴部分以外の部分とを防火区画（竪穴区画）しなければならないが、階数3以下で延べ面積が200 m²以内の共同住宅の住戸おいては、竪穴部分と竪穴部分以外の部分とを防火区画しなくてもよい。

2. （法26条）延べ面積が1,000 m²を超える建築物で、耐火建築物及び準耐火建築物以外のものは、各区画の床面積を1,000 m²以内ごとに防火上有効な構造の防火壁又は防火床によって有効に区画しなければならない。

3. （令112条18項、法27条1項二号、別表第1(い)欄(2)項、令115条の3第一号）建築物の一部が幼保連携こども園の場合において、2階に幼保連携保育園（床面積が300 m²以上）がなければ当該部分とその他の部分を防火区画しなくてもよい。

4. （令113条1項四号）

5. （令112条20項）

正解 3

R05	R04	R03	R02	R01	H30	H29

問題05 Ⅱ 9 次の建築物（各階を当該用途に供するものとする。）のうち、**建築基準法第27条の規定による耐火建築物等としなければならない**ものはどれか。ただし、防火地域及び準防火地域外にあるものとする。

1. 2階建ての飲食店で、各階の床面積の合計がそれぞれ250 m²のもの
2. 2階建ての児童福祉施設で、各階の床面積の合計がそれぞれ150 m²のもの
3. 2階建ての倉庫で、各階の床面積の合計がそれぞれ100 m²のもの

4. 平家建ての患者の収容施設がある診療所で、床面積の合計が 300 m² のもの
5. 平家建ての自動車車庫で、床面積の合計が 200 m² のもの

解説 1. （法 27 条 1 項二・三号、別表第 1 (4) 項、令 115 条の 3 第三号）飲食店は、その用途に供する部分の床面積の合計が 3,000 m² 以上、3 階以上の階をその用途に供する場合、2 階においてその用途に供する部分の床面積が 500 m² 以上の場合を除いて、耐火建築物等としなくてもよい。

2. （法 27 条 1 項一・二号、別表第 1 (2) 項、令 115 条の 3 第一号）児童福祉施設は、3 階以上の階をその用途に供する場合又は 2 階においてその用途に供する部分の床面積が 300 m² 以上の場合を除いて、耐火建築物等としなくてもよい。

3. （法 27 条 2 項一号・3 項一号、別表第 1 (5) 項）倉庫は、3 階以上の部分においてその用途に供する部分の床面積の合計が 200 m² 以上の場合（2 項一号）、又は床面積の合計が 1500 m² 以上の場合（3 項一号）を除いて、耐火建築物等としなくてもよい。

4. （法 27 条 1 項一・二号、別表第 1 (2) 項）患者の収容施設のある診療所は、3 階以上の階をその用途に供する場合又は 2 階においてその用途に供する部分の床面積が 300 m² 以上の場合（患者の収容施設がある場合に限る）を除いて、耐火建築物等としなくてもよい。

5. （法 27 条 2 項二号・3 項一号、別表第 1 (6) 項）自動車車庫は、その用途に供する部分の床面積が 150 m² 以上の場合、耐火建築物等としなければならない。

正解 5

R05	R04	R03	R02	R01	H30	H29

問題 06 Ⅱ 9 * 建築物の防火区画、防火壁、間仕切壁等に関する次の記述のうち、建築基準法上、**正しい**ものはどれか。ただし、耐火性能検証法、防火区画検証法、階避難安全検証法、全館避難安全検証法及び国土交通大臣の認定による安全性の確認は行わないものとし、国土交通大臣が定めた構造方法は用いないものとする。

1. 4 階建ての耐火建築物の共同住宅で、メゾネット形式の住戸（住戸の階数が 2 で、かつ、床面積の合計が 130 m² であるもの）においては、住戸内の階段の部分とその他の部分とを防火区画しなければならない。
2. 給水管が防火壁を貫通する場合においては、当該管と防火壁との隙間を準不燃材料で埋めなければならない。
3. 木造の建築物に防火壁を設けなければならない場合においては、当該防火壁は耐火構造とし、かつ、自立する構造であれば、組積造とすることができる。
4. 建築面積が 300 m² の建築物の小屋組が木造である場合においては、原則と

して、小屋裏の直下の天井の全部を強化天井とするか、又は桁行間隔 12m 以内ごとに小屋裏に準耐火構造の隔壁を設けなければならない。

5. 平家建て、延べ面積が 1,200 m² の旅館で、耐火建築物及び準耐火建築物以外のものは、床面積の合計 1,000 m² 以内ごとに防火上有効な構造の防火壁又は防火床によって有効に区画しなければならない。

解説 1. （令112条11項二号）共同住宅の住戸のうち、階数 3 以下で延べ面積が 200 m² 以内のものは、竪穴部分（階段の部分）とその他の部分を防火区画（竪穴区画）しなくてもよい。

2. （令 113 条 2 項、令 112 条 20 項）給水管が防火壁を貫通する場合においては、当該管と防火壁との隙間をモルタルその他の不燃材料で埋めなければならない。

3. （令 113 条 1 項二・三号、R1 国交告 197 号）木造の建築物において防火壁は、無筋コンクリート造または組積造としないこと。

4. （令 114 条 3 項）建築面積が 300 m² を超える建築物の小屋組が木造である場合においては、原則として、小屋裏の直下の天井の全部を強化天井とするか、又は桁行間隔 12 m 以内ごとに小屋裏に準耐火構造の隔壁を設けなければならない。

5. （法 26 条）延べ面積が 1,000 m² を超える建築物で、耐火建築物及び準耐火建築物以外のものは、各区画の床面積を 1,000 m² 以内ごとに防火上有効な構造の防火壁又は防火床によって有効に区画しなければならない。 **正解 5**

R05	R04	R03	R02	R01	H30	H29

問題 07 Ⅱ 9 * 建築物の防火区画、隔壁等に関する次の記述のうち、建築基準法上、**誤っている**ものはどれか。ただし、耐火性能検証法、防火区画検証法、階避難安全検証法、全館避難安全検証法及び国土交通大臣の認定による安全性の確認は行わないものとする。

1. 主要構造部を準耐火構造とした 3 階建て、延べ面積 150 m² の一戸建て住宅においては、階段の部分とその他の部分とを防火区画しなくてよい。

2. 2 階建て、延べ面積 300 m² の事務所の 1 階の一部が自動車車庫（当該用途に供する部分の床面積の合計が 160 m²）である場合、自動車車庫の部分とその他の部分とを防火区画しなくてよい。

3. 延べ面積がそれぞれ 200 m² を超える建築物で耐火建築物以外のもの相互を連絡する渡り廊下で、その小屋組が木造であり、かつ、桁行が 4 m を超えるものは、小屋裏に準耐火構造の隔壁を設けなければならない。

4. 建築基準法施行令第 109 条に規定する防火設備であって、これに通常の火災による火熱が加えられた場合に、加熱開始後 1 時間当該加熱面以外の面に火炎を出さないものとして、国土交通大臣が定めた構造方法を用いるもの又は国土交通大臣の認定を受けたものを、「特定防火設備」という。

5. 天井のうち、その下方からの通常の火災時の加熱に対してその上方への延焼を有効に防止することができるものとして、国土交通大臣が定めた構造方法を用いるもの又は国土交通大臣の認定を受けたものを、「強化天井」という。

解説 1. （令 112 条 11 項二号）主要構造部を準耐火構造とした建築物は、竪穴部分（階段の部分）とその他の部分とを防火区画（竪穴区画）しなければならないが、階数が 3 以下で延べ面積が 200 m² 以内の一戸建て住宅においては防火区画（竪穴区画）しなくてもよい。

2. （令 112 条 18 項、法 27 条 2 項二号・3 項一号、別表第 1 (い) 欄 (6) 項）建築物の一部が、床面積の合計 150 m² 以上の自動車車庫である場合、自動車車庫の部分とその他の部分とを防火区画（異種用途区画）しなければならない。

3. （令 114 条 4 項）

4. （令 112 条 1 項）

5. （令 112 条 4 項一号）

正解 2

学科Ⅱ

12 避難施設等

R05	R04	R03	R02	R01	H30	H29

問題 01 Ⅱ 10　建築物の避難施設等に関する次の記述のうち、建築基準法上、**正しい**ものはどれか。

1.　寄宿舎の避難階においては、階段から屋外への出口の一に至る歩行距離の制限を受けない。
2.　小学校の児童用の廊下で、両側に居室があるものの幅は、3m 以上としなければならない。
3.　中学校における建築基準法施行令第 116 条の 2 第 1 項第二号に該当する窓その他の開口部を有しない居室には、排煙設備を設けなければならない。
4.　共同住宅の住戸には、その規模にかかわらず、非常用の照明装置を設けなくてもよい。
5.　特殊建築物でなければ、その規模にかかわらず、避難階以外の階から、避難階又は地上に通ずる 2 以上の直通階段を設けなくてもよい。

解説　1.（令 125 条 1 項、令 120 条 1 項表 (2) 項、別表第 1 (い) 欄 (2) 項、令 115 条の 3 第一号、令 117 条）寄宿舎の避難階においては、階段から屋外への出口の一に至る歩行距離は令 120 条に規定する数値以下（50 m 又は 30 m）としなければならない。

2.（令 119 条表、令 117 条）小学校の児童用の廊下で両側に居室があるものの幅は、2.3 m 以上としなければならない。

3.（令 126 条の 2 第 1 項二号、令 117 条）令 116 条の 2 第 1 項二号に該当する窓その他の開口部を有しない居室であっても、学校（幼保連携認定こども園を除く）には、排煙設備を設けなくてもよい。

4.（令 126 条の 4 第一号、令 117 条）

5.（令 121 条 1 項六号、令 117 条）原則として、6 階以上の階でその階に居室を有するもの又は 5 階以下の階でその階における居室の床面積の合計が避難階の直上階にあっては 200 m² を、その他の階にあっては 100 m² を超えるものは、その階から避難階又は地上に通ずる 2 以上の直通階段を設けなければならない。

正解 4

R05	R04	R03	R02	R01	H30	H29

問題 02 II 10　建築物の避難施設等に関する次の記述のうち、建築基準法上、**誤っている**ものはどれか。ただし、いずれの建築物も各階に建築基準法施行令第116条の2第1項第一号の規定に該当する「窓その他の開口部を有しない居室」を有するものとし、避難階は1階とする。

1.　集会場における客席からの出口の戸は、内開きとしてはならない。
2.　集会場に設置する非常用の照明装置には、予備電源を設けなければならない。
3.　木造2階建ての一戸建て住宅においては、2階の居室の各部分から1階又は地上に通ずる直通階段の一に至る歩行距離の制限を受けない。
4.　木造2階建ての一戸建て住宅において、2階にあるバルコニーの周囲には、安全上必要な高さが1.1m以上の手すり壁、さく又は金網を設けなければならない。
5.　木造2階建て、延べ面積100m²の一戸建ての住宅においては、廊下の幅に制限はない。

解説　1.（令118条、117条1項）
2.（令126条の5第一号ハ、令126条の4、別表第1（い）欄（1）項）
3.（令120条表）避難階以外の階（2階）の令116条の2第1項一号に該当する「窓その他の開口部を有しない居室」の部分から避難階又は1階に通ずる直通階段の一に至る歩行距離は30m以下でなければならない。
4.（令126条1項、令117条1項）
5.（令119条表、令117条）

正解 3

R05	R04	R03	R02	R01	H30	H29

問題 03 II 10　木造2階建て（主要構造部を準耐火構造としたもの）、延べ面積600m²（各階の床面積300m²、2階の居室の床面積250m²）の物品販売業を営む店舗の避難施設等に関する次の記述のうち、建築基準法上、**誤っている**ものはどれか。ただし、避難階は1階とする。

1.　2階の居室の各部分から1階又は地上に通ずる直通階段の一に至る歩行距離は、30m以下としなければならない。
2.　2階から1階又は地上に通ずる2以上の直通階段を設けなければならない。
3.　火災が発生した場合に避難上支障のある高さまで煙又はガスの降下が生じない建築物の部分として、天井の高さ、壁及び天井の仕上げに用いる材料の種類等を考慮して国土交通大臣が定めるものには、排煙設備を設けなくてもよい。
4.　居室から地上に通ずる廊下、階段その他の通路で、採光上有効に直接外気に開放されたものには、非常用の照明装置を設けなくてもよい。

5. 敷地内には、建築基準法施行令第125条第1項の出口から道又は公園、広場その他の空地に通ずる幅員が1.5m以上の通路を設けなければならない。

解説 1.（令120条1項表(1)項、令117条、別表第1(い)欄(4)項、令115条の3第三号）

2.（令121条1項二号・六号ロ・2項、令117条、別表第1(い)欄(4)項、令115条の3第三号）床面積の合計が1,500m²以下の物品販売業を営む店舗の場合、又は、5階以下の階でかつ避難階の直上階の場合、その階における居室の床面積の合計が400m²（主要構造部が準耐火構造）以下であれば、避難階または地上に通ずる2以上の直通階段を設けなくてもよい。

3.（令126条の2第1項五号、別表第1(い)欄(4)項、令115条の3第三号）

4.（令126条の4、別表第1(い)欄(4)項、令115条の3第三号）

5.（令128条、令127条、法35条、別表第1(い)欄(4)項、令115条の3第三号）

正解2

R05	R04	R03	R02	R01	H30	H29

問題04 II 10 建築物の避難施設等に関する次の記述のうち、建築基準法上、**誤っている**ものはどれか。

1. 2階建て、各階の床面積がそれぞれ200m²の物品販売業を営む店舗（避難階は1階）は、避難階以外の階から避難階又は地上に通ずる2以上の直通階段を設けなければならない。
2. 3階建て、延べ面積600m²の下宿の宿泊室から地上に通ずる廊下、階段その他の通路で、採光上有効に直接外気に開放されたものには、非常用の照明装置を設けなくてもよい。
3. 主要構造部を準耐火構造とした2階建ての有料老人ホームの避難階以外の階において、主たる用途に供する居室及びこれから地上に通ずる主たる廊下、階段その他の通路の壁及び天井の室内に面する部分の仕上げを準不燃材料でしたものについては、居室の各部分から避難階又は地上に通ずる直通階段の一に至る歩行距離を60m以下としなければならない。
4. 病院における患者用の廊下の幅は、両側に居室がある場合、1.6m以上としなければならない。
5. 体育館における建築基準法施行令第116条の2第1項第二号に該当する窓その他の開口部を有しない居室には、排煙設備を設けなくてもよい。

解説 1.（令121条1項二号・六号ロ）避難階以外の階から避難階又は直接地上に通ずる2以上の直通階段を設けなければならない物品販売業を営む店舗（避難階は1

階）は、床面積の合計が 1,500 m² を超えるもの又は 2 階（避難階の直上階）で居室の床面積の合計が 200 m² を超えるものである。本設問では該当しない。

2. （令 126 条の 4 かっこ書き）
3. （令 120 条 1 項表(2)・2 項、別表第 1(い)欄(2)項、令 115 条の 3 第一号、令 19 条）
4. （令 119 条表）
5. （令 126 条の 2 第 1 項二号）

正解 1

R05	R04	R03	R02	R01	H30	H29

問題 05 Ⅱ 10　次の 2 階建ての建築物（各階を当該用途に供するものとし、避難階は 1 階とする。）のうち、建築基準法上、**2 以上の直通階段を設けなければならない**ものはどれか。

1. 共同住宅(主要構造部が不燃材料で造られているものとする。)で、2 階の居室の床面積の合計が 150 m² のもの
2. 診療所(主要構造部が不燃材料で造られているものとする。)で、2 階の病室の床面積の合計が 100 m² のもの
3. 事務所（主要構造部が準耐火構造でなく、かつ不燃材料で造られていないものとする。）で、各階の床面積の合計がそれぞれ 180 m² のもの
4. 飲食店（主要構造部が準耐火構造でなく、かつ不燃材料で造られていないものとする。）で、2 階の居室の床面積の合計が 150 m² のもの
5. 寄宿舎（主要構造部が準耐火構造でなく、かつ不燃材料で造られていないものとする。）で、2 階の寝室の床面積の合計が 120 m² のもの

解説 1. （令 121 条 1 項五号・2 項、令 117 条、別表第 1（い）欄（2）項）避難階以外の階を共同住宅の用途に供する場合で、その階における居室の床面積の合計が、200 m² 以下（主要構造部が不燃材料で造られているもの）であれば、その階から避難階又は地上に通ずる 2 以上の直通階段を設けなくてもよい。

2. （令 121 条 1 項四号・2 項、令 117 条、別表第 1（い）欄（2）項）避難階以外の階を診療所の用途に供する場合で、その階における病室の床面積の合計が、100 m² 以下（主要構造部が不燃材料で造られているもの）であれば、その階から避難階又は地上に通ずる 2 以上の直通階段を設けなくてもよい。

3. （令 117 条）階数 2 以下で延べ面積 1,000 m² 以下の事務所は、2 以上の直通階段を設けなくてもよい。

4. （令 121 条 1 項六号ロ、令 117 条、別表第 1（い）欄（4）項、令 115 条の 3 第三号）避難階以外の階を飲食店の用途に供する場合で、避難階の直上階（この場合は 2 階）の居室の床面積の合計が、200 m² 以下（主要構造部が準耐火構造でなく、かつ不燃材料で造られていないもの）であれば、その階から避難階又は地上に通ずる 2 以上の直通階段を設けなくてもよい。

5. （令 121 条 1 項五号・2 項、令 117 条、別表第 1（い）欄（2）項）避難階以外の階を寄宿舎の用途に供する場合で、その階における寝室の床面積の合計が、100 m²を超えるもの（主要構造部が準耐火構造でなく、かつ不燃材料で造られていない）は、その階から避難階又は地上に通ずる 2 以上の直通階段を設けなければならない。

正解 5

R05	R04	R03	R02	R01	H30	H29

問題 06 Ⅱ 10　建築物の避難施設等に関する次の記述のうち、建築基準法上、**誤っている**ものはどれか。ただし、耐火性能検証法、防火区画検証法、階避難安全検証法、全館避難安全検証法及び国土交通大臣の認定による安全性の確認は行わないものとする。

1.　建築物に非常用の進入口を設けなければならない場合、それぞれの進入口の間隔は、40 m 以下としなければならない。
2.　飲食店の用途に供する居室から地上に通ずる廊下、階段その他の通路で、採光上有効に直接外気に開放されたものには、非常用の照明装置を設けなくてもよい。
3.　避難階が 1 階である 2 階建ての下宿（主要構造部が不燃材料で造られているもの）で、2 階における宿泊室の床面積の合計が 200 m² であるものには、その階から避難階又は地上に通ずる 2 以上の直通階段を設けなければならない。
4.　小学校の児童用の廊下で、両側に居室があるものの幅は、2.3 m 以上としなければならない。
5.　共同住宅の 2 階にあるバルコニーの周囲には、安全上必要な高さが 1.1 m 以上の手すり壁等を設けなければならない。

解説 1. （令 126 条の 7 第二号）

2. （令 126 条の 4、別表第 1（い）欄（4）項、令 115 条の 3 第三号）飲食店の居室から地上に通ずる廊下、階段その他の通路には非常用の照明装置を設けなければならない。ただし、採光上有効に直接外気に解放された通路を除く。

3. （令 121 条 1 項五号・2 項、令 117 条、別表第 1（い）欄（4）項、令 115 条の 3 第三号）避難階以外の階を下宿の用途に供する場合、主要構造部が不燃材料でつくられているものは、その階における宿泊室の床面積の合計が 200 m² 以下であれば、その階から避難階又は地上に通ずる 2 以上の直通階段を設けなくてもよい。

4. （令 119 条表、令 117 条、別表第 1（い）欄（3）項）

5. （令 126 条 1 項、令 117 条、別表第 1（い）欄（2）項）

正解 3

R05	R04	R03	R02	R01	H30	H29

問題 07 Ⅱ 10　建築物の避難施設等に関する次の記述のうち、建築基準法上、

誤っているものはどれか。ただし、耐火性能検証法、防火区画検証法、階避難安全検証法、全館避難安全検証法及び国土交通大臣の認定による安全性の確認は行わないものとする。

1. 2階建ての耐火建築物である幼保連携型認定こども園の避難階以外の階において、主たる用途に供する居室及びこれから地上に通ずる主たる廊下、階段その他の通路の壁及び天井の室内に面する部分の仕上げを準不燃材料でしたものについては、居室の各部分から避難階又は地上に通ずる直通階段の一に至る歩行距離を60m以下としなければならない。
2. 集会場の客用に供する屋外への出口の戸は、集会場の規模にかかわらず、内開きとしてはならない。
3. 非常用エレベーターを設置している建築物であっても、非常用の進入口を設けなければならない。
4. 避難階以外の階をホテルの用途に供する場合、その階における宿泊室の床面積の合計が250m^{2}のものは、その階から避難階又は地上に通ずる2以上の直通階段を設けなければならない。
5. 屋内に設ける避難階段の階段室の天井（天井がない場合は、屋根）及び壁の室内に面する部分は、仕上げを不燃材料でし、かつ、その下地を不燃材料で造らなければならない。

解説 1. （令120条1項表・2項、令117条、別表第1(い)欄(2)項、令115条の3第一号）幼保連携型認定こども園は別表第1(い)欄(2)項の特殊建築物に該当し、主要構造部が準耐火構造であるか又は不燃材料で造られている場合、歩行距離は50m以下とする。また、主たる用途の居室及びこれから通ずる主たる廊下、階段その他の通路の壁及び天井の室内に面する部分の仕上げを準不燃材料でしたものについては10mの緩和がある。よって、歩行距離は60m以下とする。

2. （令125条2項、令117条、別表第1(い)欄(1)項）

3. （令126条の6第一号）建築物の高さが31m以下の部分にある3階以上の階には、原則として非常用進入口を設けなければならないが、法129条の13の3に適合するエレベーターを設置している場合は設けなくてもよい。

4. （令121条1項五号・2項、令117条、別表第1(い)欄(2)項）避難階以外の階をホテルの用途に供する場合、その階における宿泊室の床面積の合計が100m^2（主要構造部が準耐火構造であるか、又は不燃材料で造られている場合は200m^2）を超えるものは、その階から避難階又は地上に通ずる2以上の直通階段を設けなければならない。

5. （令123条1項二号）

正解 3

学科Ⅱ

13 内装制限

R05	R04	R03	R02	R01	H30	H29

問題01 Ⅱ 11 建築基準法第35条の2の規定による内装の制限に関する次の記述のうち、建築基準法上、**誤っている**ものはどれか。ただし、内装の制限を受ける「窓その他の開口部を有しない居室」はないものとする。また、火災が発生した場合に避難上支障のある高さまで煙又はガスの降下が生じない建築物の部分として、国土交通大臣が定めるものはないものとする。

1. 内装の制限を受ける特殊建築物の居室から地上に通ずる主たる廊下、階段その他の通路の床の仕上げについては、建築基準法施行令第128条の5第1項第二号に掲げる仕上げとしなければならない。
2. 自動車車庫の壁の室内に面する部分の仕上げのうち、床面からの高さが1.2m以下の部分には、難燃材料を使用することができない。
3. 内装の制限を受ける居室の窓台は、内装の制限の対象とはならない。
4. 内装の制限を受ける調理室等に天井がない場合においては、当該調理室等の壁及び屋根の室内に面する部分の仕上げが内装の制限の対象となる。
5. 地階に設ける居室で飲食店の用途に供するものを有する特殊建築物は、その構造及び規模にかかわらず、内装の制限を受ける。

解説 1. (令128条の5第1項本文) 内装の制限を受ける特殊建築物の居室から地上に通ずる主たる廊下、階段その他の通路の壁及び天井の室内に面する部分の仕上げは内装の制限を受けるが、通路の床の仕上げは内装の制限を受けない。

2. (令128条の4第1項二号、令128条の5第2項・1項二号) 自動車車庫は、当該用途に供する部分の仕上げを準不燃材料又は準不燃材料による仕上げに準ずるものとして国土交通大臣が定める方法により国土交通大臣が定める材料の組合せによってしたものによる仕上げとしなければならない。よって、壁の室内に面する部分は床面からの高さにかかわらず難燃材料を使用することができない。

3. (令128条の5第1項本文かっこ書き)

4. (令128条の5第6・1項)

5. (令128条の4第1項三号、別表第1(い)欄(4)項、128条の5第3項) **正解 1**

R05	R04	R03	R02	R01	H30	H29

問題 02 Ⅱ 11 建築基準法第35条の2の規定による内装の制限に関する次の記述のうち、建築基準法上、**誤っている**ものはどれか。ただし、内装の制限を受ける「窓その他の開口部を有しない居室」はないものとする。また、火災が発生した場合に避難上支障のある高さまで煙又はガスの降下が生じない建築物の部分として、国土交通大臣が定めるものはないものとする。

1. 主要構造部を耐火構造とした中学校は、その規模にかかわらず、内装の制限を受けない。
2. 内装の制限を受ける調理室等の壁及び天井の室内に面する部分の仕上げには、準不燃材料を使用することができる。
3. 住宅に附属する鉄骨造平家建て、延べ面積30m²の自動車車庫は、内装の制限を受けない。
4. 内装の制限を受ける居室の天井の回り縁は、内装の制限の対象とはならない。
5. 内装の制限を受ける特殊建築物の居室から地上に通ずる主たる廊下、階段その他の通路の床については、内装の制限を受けない。

解説 1. （令128条の4第2・3項、令128条の5第4項）
2. （令128条の5第6項、1項二号イ）
3. （令128条の4第1項二号）自動車車庫は、その構造・規模にかかわらず、内装制限を受ける。
4. （令128条の5第1項本文かっこ書き）
5. （令128条の5第1項本文）内装の制限を受ける特殊建築物の居室から地上に通ずる主たる廊下、階段その他の通路の壁及び天井の室内に面する部分の仕上げは内装の制限を受けるが、床は内装の制限を受けない。

正解 3

R05	R04	R03	R02	R01	H30	H29

問題 03 Ⅱ 11 建築基準法第35条の2の規定による内装の制限に関する次の記述のうち、建築基準法上、**誤っている**ものはどれか。ただし、内装の制限を受ける「窓その他の開口部を有しない居室」はないものとする。また、火災が発生した場合に避難上支障のある高さまで煙又はガスの降下が生じない建築物の部分はないものとする。

1. 主要構造部を準耐火構造とした延べ面積200m²、客席の床面積の合計が100m²の集会場（1時間準耐火基準に適合しないもの）は、内装の制限を受ける。

2.　主要構造部を準耐火構造とした平家建て、延べ面積3,500m^{2}の旅館（1時間準耐火基準に適合しないもの）は、内装の制限を受ける。
3.　木造2階建て、延べ面積200m^{2}の事務所兼用住宅の2階にある火を使用する設備を設けた調理室は、内装の制限を受けない。
4.　自動車修理工場の用途に供する部分の壁及び天井の室内に面する部分の仕上げは、準不燃材料とすることができる。
5.　地階に設ける居室を有する建築物は、当該居室の用途にかかわらず、内装の制限を受ける。

解説 1.（令128条の4第1項一号表(1)項、別表第1(い)欄(1)項）主要構造部を準耐火構造とした、客席の床面積の合計が100m^{2}以上の集会場（1時間耐火基準に適合しないもの）は、内装制限を受ける。
2.（令128条の4第3項）階数1で延べ面積が3,000m^{2}を超える建築物（学校等を除く）は、制限を受ける。
3.（令128条の4第4項）階数が2以上の住宅（事務所兼用住宅を含む）において、火を使用する設備を設けた調理室は、最上階に設ける場合は、内装制限を受けない。
4.（令128条の5第2項・1項二号イ、令128条の4第1項二号）自動車修理工場の用途に供する部分の壁及び天井の室内に面する部分の仕上げは、準不燃材料又はこれに準ずるものとして国土交通大臣が定める方法・材料によってしたものとすることができる。
5.（令128条の4第1項三号）地階に設ける居室を有する建築物で、内装制限を受けるものは、別表第1(い)欄(1)・(2)・(4)項に掲げる用途に供するものを有する特殊建築物で、これ以外は内装制限を受けない。 正解5

R05	R04	R03	R02	R01	H30	H29

問題04 II 11　建築基準法第35条の2の規定による内装の制限に関する次の記述のうち、建築基準法上、**誤っている**ものはどれか。ただし、内装の制限を受ける「窓その他の開口部を有しない居室」及び「内装の制限を受ける調理室等」はないものとする。また、自動式の消火設備及び排煙設備は設けないものとする。
1.　内装の制限を受ける居室の天井の回り縁は、内装の制限の対象とはならない。
2.　自動車車庫は、その構造及び規模にかかわらず、内装の制限を受ける。
3.　地階に設ける居室で飲食店の用途に供するものを有する特殊建築物は、その構造及び規模にかかわらず、内装の制限を受ける。
4.　延べ面積250m^{2}の障害者支援施設で、当該用途に供する部分の床面積の合

計が 180m² のものは、内装の制限を受けない。

5. 主要構造部を耐火構造とした 3 階建て、延べ面積 600m² の学校は、内装の制限を受ける。

解説 1.（令 128 条の 5 第 1 項かっこ書き）

2.（令 128 条の 4 第 1 項二号）

3.（令 128 条の 4 第 1 項三号、別表第 1（い）欄（4）項、令 115 条の 3 第三号）

4.（令 128 条の 4 第 1 項一号表（2）項、別表第 1（い）欄（2）項、令 115 条の 3 第一号、令 19 条 1 項）障害者支援施設において、当該用途に供する部分の床面積が 200 m² 未満の場合、内装制限を受けない。

5.（令 128 条の 4 第 2 項）階数 3 以上の建築物で、延べ面積が 500 m² を超えるものは、内装制限を受けるが、学校は内装制限を受けない。 正解 5

R05	R04	R03	R02	R01	H30	H29

問題 05 Ⅱ 11　次の建築物のうち、その構造及び床面積に関係なく建築基準法第 35 条の 2 の規定による**内装の制限を受ける**ものはどれか。ただし、自動式の消火設備及び排煙設備は設けられていないものとする。

1. 病院
2. 学校
3. 物品販売業を営む店舗
4. 自動車修理工場
5. 観覧場

解説 1.（令 128 条の 4 第 1 項一号表 (2) 項、別表第 1 (い) 欄 (2) 項）

2.（令 128 条の 4）

3.（令 128 条の 4 第 1 項一号表 (3) 項、別表第 1 (い) 欄 (4) 項、令 115 条の 3 第三号）

4.（令 128 条の 4 第 1 項二号）自動車修理工場の用途に供する特殊建築物は、その構造及び床面積に関係なく内装制限を受ける。

5.（令 128 条の 4 第 1 項一号表 (1) 項、別表第 1 (い) 欄 (1) 項） 正解 4

R05	R04	R03	R02	R01	H30	H29

問題 06 Ⅱ 11　建築基準法第 35 条の 2 の規定による内装の制限に関する次の記述のうち、建築基準法上、**誤っている**ものはどれか。ただし、準不燃材料に準ずるものとして国土交通大臣が定める方法により国土交通大臣が定める材料の組合せによってしたものは使用せず、居室は、内装の制限を受ける「窓その他の開口部を有しない居室」に該当しないものとする。また、自動式の消火設

備及び排煙設備は設けないものとし、耐火性能検証法、防火区画検証法、階避難安全検証法、全館避難安全検証法及び国土交通大臣の認定による安全性の確認は行わないものとする。

1. 地階に物品販売業を営む店舗（床面積が 50m²）が設けられた特殊建築物は、内装の制限を受ける。
2. 自動車修理工場の用途に供する部分の壁及び天井の室内に面する部分の仕上げは、準不燃材料としなければならない。
3. 主要構造部を耐火構造とした 2 階建ての店舗併用住宅の 1 階にある火を使用する設備を設けた調理室は、内装の制限を受けない。
4. 耐火建築物である病院の 3 階にある内装の制限を受ける病室（床面積の合計 100m² 以内ごとに準耐火構造の壁等で区画されていないものとする。）の壁の室内に面する部分にあっては、準不燃材料としなければならない。
5. 内装の制限を受ける居室の天井の回り縁は、内装の制限の対象とはならない。

解説 1.（令 128 条の 4 第 1 項三号、別表第 1(い)欄(4)項、令 115 条の 3 第三号）

2.（令 128 条の 5 第 2 項・1 項二号イ、令 128 条の 4 第 1 項二号）

3.（令 128 条の 4 第 4 項）階数が 2 以上の店舗併用住宅において、最上階以外の階に火を使用する設備を設けた調理室は、主要構造部を耐火構造とすると内装制限を受けない。

4.（令 128 条の 5 第 1 項一号）耐火建築物である病院の 3 階にある内装制限を受ける病室（床面積の合計 100 m² 以内ごとに準耐火構造の壁等で区画されていないものとする）の壁の室内に面する部分にあっては、原則として、難燃材料としなければならない。

5.（令 128 条の 5 第 1 項カッコ書き）天井の回り縁は、内装の制限を受ける天井の室内に面する部分から除かれる。

正解 4

R05	R04	R03	R02	R01	H30	H29

問題 07 Ⅱ 11 建築基準法第 35 条の 2 の規定による内装の制限に関する次の記述のうち、建築基準法上、**誤っている**ものはどれか。ただし、居室は、内装の制限を受ける「窓その他の開口部を有しない居室」に該当しないものとする。また、自動式の消火設備及び排煙設備は設けないものとし、耐火性能検証法、防火区画検証法、階避難安全検証法、全館避難安全検証法及び国土交通大臣の認定による安全性の確認は行わないものとする。

1. 内装の制限を受ける 2 階建ての有料老人ホームの当該用途に供する居室の壁及び天井の室内に面する部分の仕上げには、難燃材料を使用することができる。

2. 患者の収容施設がある2階建ての準耐火建築物の診療所で、当該用途に供する部分の床面積の合計が200 m^{2}のものは、内装の制限を受けない。

3. 平家建て、延べ面積25 m^{2}の自動車車庫は、内装の制限を受けない。

4. 木造3階建て、延べ面積150 m^{2}の一戸建て住宅の3階にある火を使用する設備を設けた調理室は、内装の制限を受けない。

5. 主要構造部を耐火構造とした学校は、その規模にかかわらず、内装の制限を受けない。

解説 1. (令128条の5第1項一号イ)

2. (令128条の4第1項一号表(2)項、別表第1(い)欄(2)項)患者の収容施設のある2階建ての準耐火建築物の診療所で、その用途に供する床面積の合計が300m^{2}未満のものは、内装制限を受けない。

3. (令128条の4第1項二号)自動車車庫は、その構造及び規模にかかわらず、**内装制限を受ける**。

4. (令128条の4第4項)階数が2以上の住宅において、最上階に火を使用する設備を設けた調理室は、内装制限を受けない。

5. (令128条の4第1項〜3項)学校は、1項の特殊建築物には該当せず、2・3項の規模についての制限にも学校は除かれるので内装制限を受けない。 正解3

【学科Ⅱ】

14 道路・敷地

R05	R04	R03	R02	R01	H30	H29

問題01 Ⅱ 12 都市計画区域内における道路等に関する次の記述のうち、建築基準法上、**誤っている**ものはどれか。ただし、特定行政庁による道路幅員に関する区域の指定はないものとし、仮設建築物に対する制限の緩和は考慮しないものとする。

1. 土地区画整理法による新設の事業計画のある幅員6mの道路で、3年後にその事業が執行される予定のものは、建築基準法上の道路に該当しない。
2. 特定行政庁は、建築基準法第42条第2項の規定により幅員1.8m未満の道を指定する場合又は同条第3項の規定により別に水平距離を指定する場合においては、あらかじめ、建築審査会の同意を得なければならない。
3. 土地を建築物の敷地として利用するために袋路状道路を築造する場合、特定行政庁からその位置の指定を受けるためには、その幅員を6m以上とし、かつ、終端に自動車の転回広場を設けなければならない。
4. 建築基準法第3章の規定が適用されるに至った際、現に建築物が立ち並んでいる幅員2mの道で、特定行政庁が指定したものに接している敷地においては、当該幅員2mの道に接して建築物に附属する門及び塀を建築することができない。
5. 敷地の周囲に広い空地を有する建築物で、特定行政庁が交通上、安全上、防火上及び衛生上支障がないと認めて建築審査会の同意を得て許可したものの敷地は、道路に2m以上接しなくてもよい。

解説 1. (法42条1項四号) 土地区画整理法による新設または変更の事業計画のある幅員4m以上の道路は、2年以内にその事業が執行されるものとして特定行政庁が指定したものでなければ建築基準法上の道路に該当しない。

2. (法42条6項)

3. (令144条の4第1項一号二、法42条1項五号) 袋路状道路を築造する場合、特定行政庁からその位置の指定を受けるためには、その幅員を6m以上とする、又は、終端に自動車の転回広場を設けるのどちらかをすればよい。

4. (法42条2項、法44条1項、法2条一号) 第3章の規定が適用されるに至った際、現に建築物が建ち並んでいる幅員 4m 未満の道で特定行政庁が指定したものは道路に該当する。その道路の中心線からの、原則として、水平距離 2m の線を道路境界線とみなす。したがって、当該幅員 2m の道に接して建築物（建築物に附属する門及び塀を含む）を建築することができない。

5. （法 43 条 1 項・2 項二号）

正解 3

R05	R04	R03	R02	R01	H30	H29

問題 02 Ⅱ 12 都市計画区域内における道路等に関する次の記述のうち、建築基準法上、**誤っている**ものはどれか。

1. 幅員 25m の自動車のみの交通の用に供する道路のみに 6m 接している敷地には、原則として、建築物を建築することができない。
2. 建築基準法上の道路に該当しない幅員 6m の農道のみに 2m 以上接する敷地における、延べ面積 150m^2 の一戸建て住宅については、特定行政庁が交通上、安全上、防火上及び衛生上支障がないと認める場合には建築することができる。
3. 非常災害があった場合において、非常災害区域等（防火地域以外の区域とする。）内に、地方公共団体が、災害救助を目的として、その災害が発生した日から 1 月以内にその工事に着手する応急仮設建築物の敷地は、道路に 2m 以上接しなければならない。
4. 土地区画整理法による幅員 8m の道路の地盤面下に設ける建築物は、特定行政庁の許可を受けることなく建築することができる。
5. 公衆便所は、特定行政庁が通行上支障がないと認めて建築審査会の同意を得て許可した場合においては、道路内に建築することができる。

解説 1.（法 43 条 1 項一号）建築物の敷地は、道路に 2m 以上接しなければならない。ただし、自動車のみの交通の用に供する道路に接する敷地には、建築物を建築することができない。

2. （法 43 条 2 項一号、則 10 条の 3 第 1 項一号・3 項）建築基準法上の道路に該当しない幅員 4m 以上の農道のみに 2m 以上接する敷地における、延べ面積 200m^2 以内の一戸建ての住宅については、特定行政庁が交通上、安全上、防火上及び衛生上支障がないと認める場合には建築することができる。

3. （法 85 条 1 項一号）非常災害があった場合において、非常災害区域等（防火地域以外の区域）内に、国、地方公共団体が、災害救助を目的として、その災害が発生した日から 1 月以内にその工事に着手するものについては、建築基準法の規定は適用しない。よって、当該敷地は、道路に 2m 以上接していなくてもよい。

4. （法 44 条 1 項一号）

5. （法 44 条 1 項二号） 正解 3

R05	R04	R03	R02	R01	H30	H29

問題 03 Ⅱ 12 都市計画区域内における道路等に関する次の記述のうち、建築基準法上、**誤っている**ものはどれか。

1. 敷地の周囲に広い空地を有する建築物で、特定行政庁が交通上、安全上、防火上及び衛生上支障がないと認めて建築審査会の同意を得て許可したものの敷地は、道路に 2m 以上接しなくてもよい。
2. 地方公共団体は、階数が 3 以上である建築物について、その用途、規模又は位置の特殊性により、避難又は通行の安全の目的を十分に達成することが困難であると認めるときは、条例で、その敷地が道路に接する部分の長さに関して必要な制限を付加することができる。
3. 工事を施工するために現場に設ける事務所の敷地であっても、道路に 2m 以上接しなければならない。
4. 建築基準法第 42 条第 1 項第五号の規定により、特定行政庁から位置の指定を受けて道を築造する場合、その道の幅員を 6 m 以上とすれば、袋路状道路とすることができる。
5. 建築基準法第 3 章の規定が適用されるに至った際現に建築物が立ち並んでいる幅員 4m 未満の道で、特定行政庁の指定したものは、建築基準法上の道路とみなされる。

解説 1. （法 43 条 1 項・2 項二号）
2. （法 43 条 3 項二号）
3. （法 85 条 2 項、法 43 条）工事を施工するために現場に設ける事務所の敷地は、第 3 章（法 43 条の敷地等と道路との関係）の規定は、適用しない。すなわち、道路に接しなくてもよい。
4. （令 144 条の 4 第 1 項一号二、法 42 条 1 項五号）
5. （法 42 条 2 項） 正解 3

R05	R04	R03	R02	R01	H30	H29

問題 04 Ⅱ 12 都市計画区域内における道路等に関する次の記述のうち、建築基準法上、**誤っている**ものはどれか。

1. 土地を建築物の敷地として利用するため袋路状道路を築造する場合、特定行政庁からその位置の指定を受けるためには、その幅員を 6 m 以上とし、かつ、終端に自動車の転回広場を設けなければならない。
2. 建築物の屋根は、壁面線を越えて建築することができる。

3.　特定行政庁は、建築基準法第42条第2項の規定により幅員1.8m未満の道を指定する場合又は同条第3項の規定により別に水平距離を指定する場合においては、あらかじめ、建築審査会の同意を得なければならない。
4.　道路内であっても、地盤面下には、建築物を設けることができる。
5.　道路法による新設の事業計画のある道路で、2年以内にその事業が執行される予定のものとして特定行政庁が指定したものは、建築基準法上の道路である。

解説　1.（令144条の4第1項一号ニ、法42条1項五号）袋路状道路を築造する場合、特定行政庁からその位置の指定を受けるためには、その幅員を6m以上とすればよい。
2.（法47条）
3.（法42条6項）
4.（法44条1項一号）
5.（法42条1項四号）

正解 1

R05	R04	R03	R02	R01	H30	H29

問題05 Ⅱ 12　都市計画区域内における道路等に関する次の記述のうち、建築基準法上、**誤っている**ものはどれか。
1.　地区計画の区域外において、自転車歩行者専用道路となっている幅員5mの道路法による道路にのみ10m接している敷地には、建築物を建築することができない。
2.　地区計画の区域内において、建築基準法第68条の7第1項の規定により特定行政庁が指定した予定道路内には、敷地を造成するための擁壁を突き出して築造することができない。
3.　地方公共団体は、特殊建築物等の用途、規模又は位置の特殊性により、避難又は通行の安全の目的を十分に達成することが困難であると認めるときは、条例で、その敷地が接しなければならない道路の幅員等に関して必要な制限を付加することができる。
4.　土地区画整理法による新設の事業計画のある幅員6mの道路で、3年後にその事業が執行される予定のものは、建築基準法上の道路に該当しない。
5.　高さ2mを超える門又は塀は、特定行政庁が指定した壁面線を越えて建築してはならない。

解説　1.（法43条1項、法42条1項一号、道路法3条）地区計画の区域外において、幅員4m以上の道路法による道路に2m以上接している敷地には、建築物を建築することができる。ただし、自動車のみの交通の用に供する道路に接する場合は除く。

2. (法 44 条 1 項、法 68 条の 7 第 4 項、法 42 条 1 項)
3. (法 43 条 3 項)
4. (法 42 条 1 項四号)
5. (法 47 条)

正解 1

R05	R04	R03	R02	R01	H30	H29

問題 06 Ⅱ 12) 都市計画区域内における道路等に関する次の記述のうち、建築基準法上、**誤っている**ものはどれか。ただし、特定行政庁による道路幅員に関する区域の指定はないものとし、仮設建築物に対する制限の緩和は考慮しないものとする。

1. 道路に 2 m 以上接していない敷地において、その敷地の周囲に広い空地を有する建築物で、特定行政庁が交通上、安全上、防火上及び衛生上支障がないと認めて建築審査会の同意を得て許可したものについては、建築することができる。
2. 建築基準法第 3 章の規定が適用されるに至った際、現に存在する幅員 4 m の私道は、建築基準法上の道路に該当しない。
3. 土地を建築物の敷地として利用するため、建築基準法第 3 章の規定が適用された後に築造される幅員 4 m の私道で、これを築造しようとする者が特定行政庁からその位置の指定を受けたものは、建築基準法上の道路に該当する。
4. 私道の変更又は廃止によって、その道路に接する敷地が建築基準法第 43 条第 1 項の規定に抵触することとなる場合においては、特定行政庁は、私道の変更又は廃止を禁止し、又は制限することができる。
5. 建築基準法第 3 章の規定が適用されるに至った際、現に建築物が立ち並んでいる幅員 2 m の道で、特定行政庁が指定したものに接している敷地においては、当該幅員 2 m の道に接して建築物に附属する門及び塀を建築することができない。

解説 1. (法 43 条 2 項二号)

2. (法 42 条 1 項三号) 幅員が 4 m 以上で第 3 章の規定が適用される至った際、現に存在する道は、道路に該当する。
3. (法 42 条 1 項五号)
4. (法 45 条 1 項)
5. (法 42 条 2 項、法 44 条、法 2 条一号) 第 3 章の規定が適用されるに至った際、現に建築物が建ち並んでいる幅員 4 m 未満の道で特定行政庁が指定したものは道路に該当する。その中心線から、原則として、2 m の線を道路境界線とみなす。したがって、当該幅員2mの道に接して建築物（建築物に附属する門及び塀を含む）を建築することができない。

正解2

R05	R04	R03	R02	R01	H30	H29

問題07 Ⅱ12　道路等に関する次の記述のうち、建築基準法上、**誤っている**ものはどれか。ただし、特定行政庁による道路幅員に関する区域の指定はないものとする。

1.　都市計画区域及び準都市計画区域以外の区域内においては、道路法による幅員2mの道路に接している敷地の道路境界線沿いに、建築物に附属する門及び塀は建築することができる。

2.　準都市計画区域内においては、都市計画法による幅員4mの道路に2m接している敷地には、建築物を建築することができる。

3.　都市計画区域内のうち用途地域の指定のない区域（都市計画法第7条第1項に規定する市街化調整区域を除く。）内においては、建築基準法第3章の規定が適用されるに至った際現に存在する幅員6mの私道を廃止しようとする場合、特定行政庁により、その私道の廃止は制限されることがある。

4.　都市計画法第7条第1項に規定する市街化調整区域内においては、土地区画整理法による幅員8mの道路の地盤面下に設ける建築物は、特定行政庁の許可を受けることなく建築することができる。

5.　都市計画法第7条第1項に規定する市街化区域内においては、都市再開発法による幅員30mの道路の歩道部分に設ける通行上支障がない公衆便所は、特定行政庁の許可を受けることなく建築することができる。

解説　1.（法41条の2、法43条1項、法2条一号）第3章の規定は、都市計画区域及び準都市計画区域以外の区域においては適用されない。したがって、建築物に附属する門及び塀（建築物に該当する）は幅員2mの道路に接して建築することができる。

2.（法43条1項、法42条1項四号、法41条の2）

3.（法45条1項、法42条1項三号）

4.（法44条1項一号、法42条1項二号）

5.（法44条1項二号、法42条1項二号）公衆便所は、特定行政庁が通行上支障がないと認めて、建築審査会の同意を得て許可したものでなければ建築することができない。

正解5

学科Ⅱ

15 用途制限

R05	R04	R03	R02	R01	H30	H29

問題 01 Ⅱ 13　2階建て、延べ面積300 m²の次の建築物のうち、建築基準法上、**新築してはならない**ものはどれか。ただし、特定行政庁の許可は受けないものとし、用途地域以外の地域、地区等は考慮しないものとする。

1.　第一種低層住居専用地域内の工芸品工房兼用住宅で、工芸品工房の部分の床面積を150 m²とし、出力の合計が0.75 kWの原動機を使用するもの
2.　第二種中高層住居専用地域内の「自家用の倉庫」
3.　第二種住居地域内の「マージャン屋」
4.　工業地域内の「共同住宅」
5.　工業専用地域内の「銀行の支店」

解説　1.　（別表第2（い）項二号、令130条の3第七号）「工芸品工房兼用住宅」について、延べ面積の1/2以上を居住の用に供し、かつ、工房（原動機を使用する場合にあっては、出力の合計が0.75kW以下のものに限る）の部分の床面積が50m²以下でなければ、新築してはならない。

2.　（別表第2（に）項）該当しないので、新築することができる。
3.　（別表第2（へ）項）該当しないので、新築することができる。
4.　（別表第2（を）項）該当しないので、新築することができる。
5.　（別表第2（わ）項）該当しないので、新築することができる。

正解 1

R05	R04	R03	R02	R01	H30	H29

問題 02 Ⅱ 14　図のような敷地及び建築物（3階建て、各階の床面積100 m²、延べ面積300 m²）の配置において、建築基準法上、**新築することができる建築物**は、次のうちどれか。ただし、特定行政庁の許可は受けないものとし、用途地域以外の地域、地区等は考慮しないものとする。

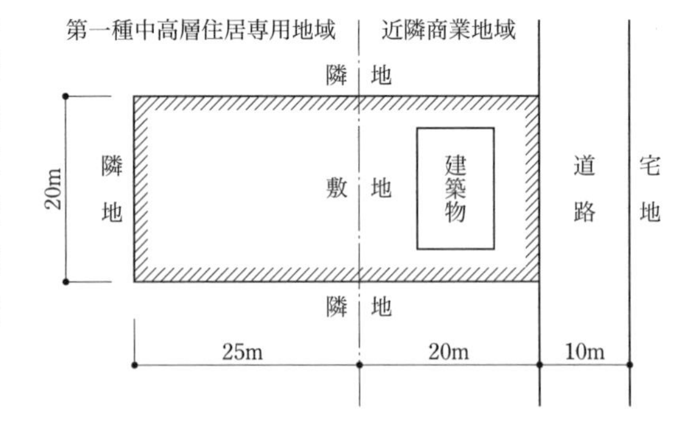

1. 旅館
2. 学習塾
3. 保健所
4. 事務所兼用住宅（1 階が事務所、2 階及び 3 階が住宅）
5. カラオケボックス

解説 法 91 条により、建築物の敷地が 2 種以上の用途地域にわたる場合は、敷地の過半に属する用途制限を適用する。第一種中高層住居専用地域の敷地面積は 500 m² で近隣商業地域の敷地面積は 400m² である。したがって、別表第 2（は）項の第一種中高層住居専用地域の用途制限を適用する。

よって、別表第 2（は）項七号、令 130 条の 5 の 4 第一号に該当する「階数 5 未満の保健所」は、新築することができる。

正解 3

R05	R04	R03	R02	R01	H30	H29

問題 03 Ⅱ 13 次の建築物のうち、建築基準法上、**新築することができる**ものはどれか。ただし、特定行政庁の許可は受けないものとし、用途地域以外の地域、地区等は考慮しないものとする。

1. 第一種低層住居専用地域内における 3 階建て、延べ面積 700 m² の児童厚生施設
2. 第二種低層住居専用地域内における 2 階建て、延べ面積 200 m² の銀行の支店
3. 第一種中高層住居専用地域内における 2 階建て、延べ面積 500 m² の旅館
4. 工業地域内における 2 階建て、延べ面積 250m² の食堂兼用住宅で、居住の用に供する部分の床面積が 100 m² のもの
5. 工業専用地域内における平家建て、延べ面積 200m² のバッティング練習場

解説 1.（別表第 2（い）項九号、令 130 条の 4 第二号）児童厚生施設は、延べ面積が 600 m² 以下のものでなければ新築してはならない。

2.（別表第 2（ろ）項）該当しないので、新築してはならない。

3.（別表第 2（は）項）該当しないので、新築してはならない。

4.（別表第 2（を）項）該当しないので、新築することができる。

5.（別表第 2（わ）項七号、令 130 条の 6 の 2）該当するので、新築してはならない。

正解 4

R05	R04	R03	R02	R01	H30	H29

問題04 Ⅱ 14 図のような敷地及び建築物（2階建て、延べ面積 $400m^2$）の配置において、建築基準法上、**新築してはならない建築物**は、次のうちどれか。ただし、特定行政庁の許可は受けないものとし、用途地域以外の地域、地区等は考慮しないものとする。

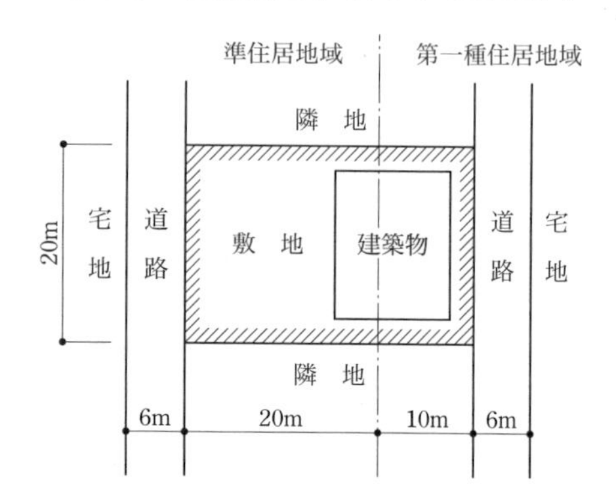

1. 事務所
2. 倉庫業を営む倉庫
3. 病院
4. ホテル
5. 客席の部分の床面積の合計が $300m^2$ の劇場

解説 法91条により、建築物の敷地が2種以上の用途地域にわたる場合は、敷地の過半に属する用途制限を適用する。準住居地域の敷地面積は $400m^2$ で第一種住居地域の敷地面積は $200m^2$ である。したがって、別表第2（と）項の準住居地域の用途制限を適用する。

よって、別表第2（と）項五号に該当する客席の部分の床面積の合計が $200m^2$ 以上の劇場は新築してはならない。

正解5

R05	R04	R03	R02	R01	H30	H29

問題05 Ⅱ 13 2階建て、延べ面積 $300m^2$ の次の建築物のうち、建築基準法上、**新築してはならない**ものはどれか。ただし、特定行政庁の許可は受けないものとし、用途地域以外の地域、地区等は考慮しないものとする。

1. 工業専用地域内の「銀行の支店」
2. 田園住居地域内の「地域で生産された農産物を材料とする料理の提供を主たる目的とする飲食店」
3. 第二種住居地域内の「ぱちんこ屋」
4. 第二種低層住居専用地域内の「日用品の販売を主たる目的とする店舗」
5. 第一種低層住居専用地域内の「老人福祉センター」

解説 1.（別表第2（わ）項）該当しないので、新築することができる。

2.（令130条の9の4第二・一号、別表第2（ち）項四号）該当するので、新築することができる。

3.（別表第2（へ）項）該当しないので、新築することができる。

4.（令130条の5の2第一号、別表第2（ろ）項二号）第二種低層住居専用地域内の

「日用品の販売を主たる目的とする店舗」で、その用途に供する部分の床面積の合計が 150 m² を超えるものは、新築することができない。

5. （令 130 条の 4 第二号、別表第 2（い）項九号）延べ面積が 600 m² 以内の「老人福祉センター」は、該当するので、新築することができる。 正解 4

R05	R04	R03	R02	R01	H30	H29

問題 06 Ⅱ 14 図のような敷地及び建築物（2 階建て、延べ面積 600 m²）の配置において、建築基準法上、**新築することができる建築物**は、次のうちどれか。ただし、特定行政庁の許可は受けないものとし、用途地域以外の地域、地区等は考慮しないものとする。

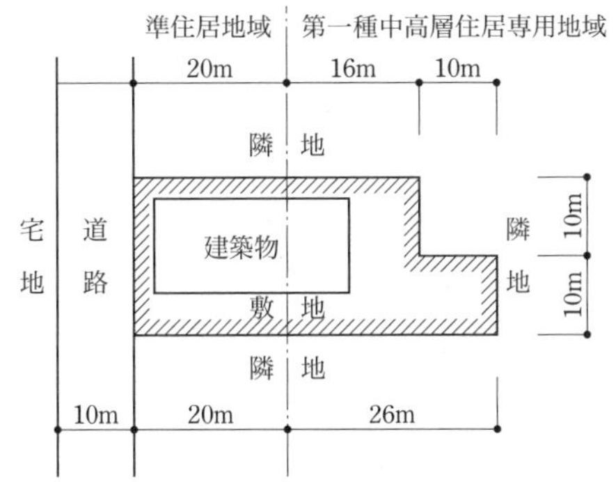

1. 料理店
2. 旅館
3. 貸本屋
4. 演芸場（客席の部分の床面積の合計が 190 m²）
5. 消防署

解説 法 91 条により、建築物の敷地が 2 種以上の用途地域にわたる場合は、敷地の過半に属する用途制限を適用する。準住居地域の敷地面積は 400m² で第一種中高層住居専用地域の敷地面積は 420 m² である。したがって、別表第 2（は）項の第一種中高層住居専用地域の用途制限を適用する。

よって、別表第 2（は）項七号、令 130 条の 5 の 4 第一号に該当する階数 5 未満の「消防署」は新築することができる。 正解 5

R05	R04	R03	R02	R01	H30	H29

問題 07 Ⅱ 13 次の建築物のうち、建築基準法上、**新築することができる**ものはどれか。ただし、特定行政庁の許可は受けないものとし、用途地域以外の地域、地区等は考慮しないものとする。

1. 第一種低層住居専用地域における 2 階建て、延べ面積 220 m² の学習塾兼用住宅で、居住の用に供する部分の床面積が 150 m² のもの
2. 第一種中高層住居専用地域における 3 階建て、延べ面積 500 m² の飲食店（各階を当該用途に供するもの）
3. 第一種中高層住居専用地域における 4 階建て、延べ面積 800 m² の保健所（各階を当該用途に供するもの）
4. 第二種中高層住居専用地域における平家建て、延べ面積 300 m² のバッティ

ング練習場

5.　第二種住居地域における平家建て、延べ面積 250 m² の原動機を使用する自動車修理工場で、作業場の床面積の合計が 100 m² のもの

解説　1.（別表第 2（い）項二号、令 130 条の 3 第六号）学習塾兼用住宅は、延べ面積の 1/2 以上を居住の用途に供し、かつ学習塾の用途に供する部分の床面積の合計が 50m² 以下でなければならないので新築してはならない。

2.（別表第 2（は）項五号かっこ書き）階数が 3 以上の飲食店は、新築してはならない。

3.（別表第 2（は）項七号、令 130 条の 5 の 4 第一号）階数 4 以下の保健所は、新築することができる。

4.（別表第 2（に）項三号、令 130 条の 6 の 2）該当するので、新築してはならない。

5.（別表第 2（へ）項二号）該当するので、新築してはならない。　正解 3

R05	R04	R03	R02	R01	H30	H29

問題 08 II 14　図のような敷地及び建築物（平家建て、延べ面積 100 m²）の配置において、建築基準法上、**新築してはならない建築物**は、次のうちどれか。ただし、特定行政庁の許可は受けないものとし、用途地域以外の地域、地区等は考慮しないものとする。

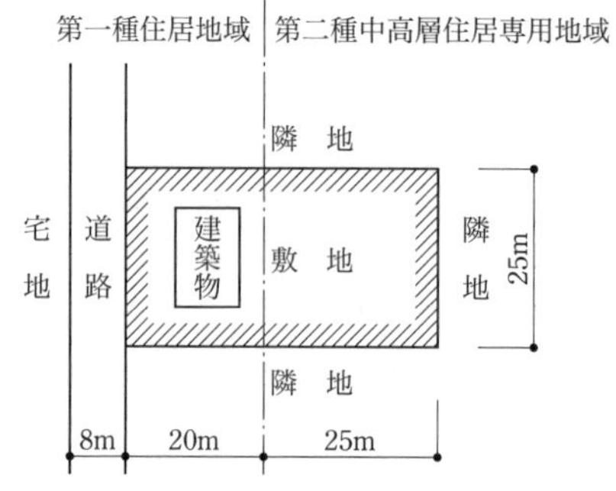

1.　パン屋の工場（作業場の床面積の合計が 50 m² で、原動機の出力の合計が 0.75 kW のもの）
2.　畜舎
3.　宅地建物取引業を営む店舗
4.　畳屋（作業場の床面積の合計が 50m² で、原動機の出力の合計が 0.75kW のもの）
5.　診療所

解説　法 91 条により、建築物の敷地が 2 種以上の用途地域にわたる場合は、敷地の過半に属する用途制限を適用する。第一種住居地域の敷地面積は 500 m² で第二種中高層住居専用地域の敷地面積は 625 m² である。したがって、別表第 2（に）項の第二種中高層住居専用地域の用途制限を適用する。

よって、別表第 2（に）項六号、令 130 条の 7 に該当する床面積の合計 15 m² を超える「畜舎」は新築してはならない。　正解 2

R05	R04	R03	R02	R01	H30	H29

問題09 II 13 建築物の用途の制限に関する次の記述のうち、建築基準法上、誤っているものはどれか。ただし、特定行政庁の許可は受けないものとし、用途地域以外の地域、地区等は考慮しないものとする。

1. 第一種低層住居専用地域内において、2階建て、延べ面積150m²の喫茶店兼用住宅（居住の用途に供する部分の床面積が100m²）は、新築することができる。
2. 第二種低層住居専用地域内において、2階建て、延べ面積200m²の学習塾は、新築することができる。
3. 第二種中高層住居専用地域内において、平家建て、延べ面積200m²の自家用の倉庫は、新築することができる。
4. 田園住居地域内において、2階建て、延べ面積300m²の当該地域で生産された農産物の販売を主たる目的とする店舗は、新築することができる。
5. 工業地域内において、2階建て、延べ面積300m²の寄宿舎は、新築することができる。

解説 1. （別表第2（い）項二号、令130条の3第二号）喫茶店兼用住宅は、延べ面積の1/2以上を居住の用途に供し、かつ、喫茶店の部分の床面積が50m²以下であるので新築することができる。

2. （別表第2（ろ）項二号、令130条の5の2第五号）床面積の合計が150m²を超える学習塾は、新築してはならない。
3. （別表第2（に）項）該当しないので、新築することができる。
4. （別表第2（ち）項四号、令130条の9の4第一号）当該地域で生産された農産物の販売を主たる目的とする店舗において、当該用途に供する部分の床面積の合計が500m²以内のもの（3階以上の部分をその用途に供するものを除く）は、新築することができる。
5. （別表第2（を）項）該当しないので、新築することができる。

正解 2

R05	R04	R03	R02	R01	H30	H29

問題10 II 14 図のような敷地及び建築物（2階建て、延べ面積600m²）の配置において、建築基準法上、**新築してはならない建築物**は、次のうちどれか。ただし、特定行政庁の許可は受けないものとし、用途地域以外の地域、地区等は考慮しないものとする。

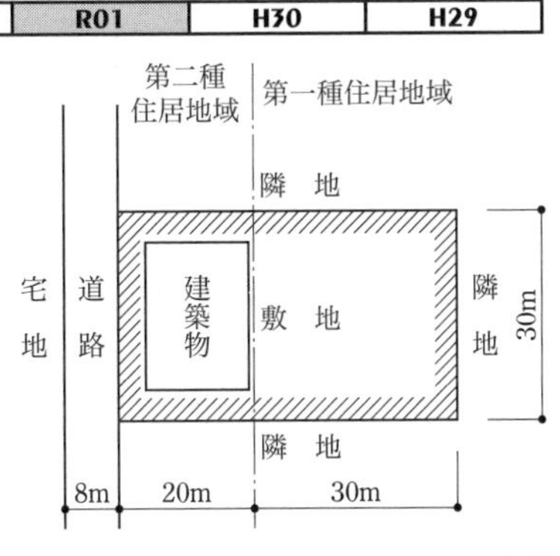

1. 老人福祉センター
2. ホテル
3. 銀行の支店
4. ゴルフ練習場
5. ぱちんこ屋

解説 法91条により、建築物の敷地が2種以上の用途地域にわたる場合は、敷地の過半に属する用途制限を適用する。第二種住居地域の敷地面積は600m²で第一種住居地域の敷地面積は900m²である。したがって、別表第2（ほ）項の第一種住居地域の用途制限を適用する。よって、別表第2（ほ）項二号に該当する「ぱちんこ屋」は新築してはならない。

正解5

R05	R04	R03	R02	R01	H30	H29

問題11 Ⅱ13 次の建築物のうち、建築基準法上、**新築してはならない**ものはどれか。ただし、特定行政庁の許可は受けないものとし、用途地域以外の地域、地区等は考慮しないものとする。

1. 第一種低層住居専用地域内における2階建て、延べ面積150m²の美容院兼用住宅で、居住の用途に供する部分の床面積が100m²のもの
2. 第二種低層住居専用地域内における2階建て、延べ面積600m²の老人福祉センター
3. 第一種中高層住居専用地域内における3階建て、延べ面積300m²の銀行の支店（各階を当該用途に供するもの）
4. 近隣商業地域内における延べ面積400m²の日刊新聞の印刷所
5. 工業専用地域内における延べ面積300m²の幼保連携型認定こども園

解説 1. （別表第2（い）項二号、令130条の3第三号）美容院部分の床面積が50m²以下であるので新築することができる。

2. （別表第2（ろ）項一号、（い）項九号、令130条の4第二号）延べ面積が600m²以内の老人福祉センターは新築することができる。
3. （別表第2（は）項五号、令130条の5の3第三号）銀行の支店の用途に供する部分の床面積の合計が500m²以内であっても、3階以上の部分を当該用途に供する場合は、新築してはならない。
4. （別表第2（り）項）該当しないので、新築することができる。
5. （別表第2（わ）項）該当しないので、新築することができる。

正解3

R05	R04	R03	R02	R01	H30	H29

問題12 Ⅱ14 図のような敷地及び建築物の配置において、建築基準法上、**新**

築することができる建築物は、次のうちどれか。ただし、特定行政庁の許可は受けないものとし、用途地域以外の地域、地区等は考慮しないものとする。

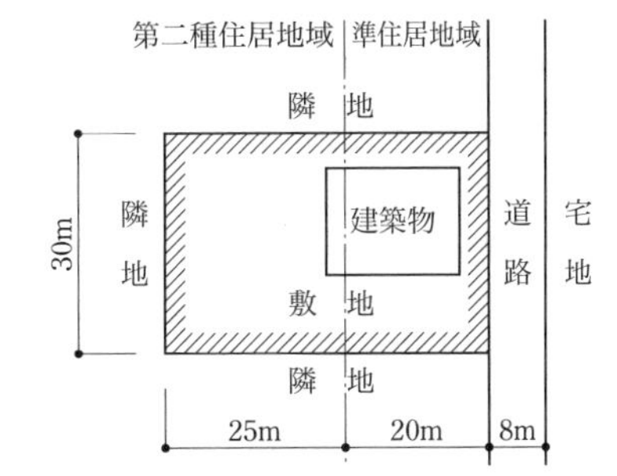

1. バッティング練習場
2. 客席の部分の床面積の合計が150 m²の劇場
3. 原動機を使用する自動車修理工場で、作業場の床面積の合計が150 m²のもの
4. 出力の合計が0.75 kWの原動機を使用する塗料の吹付を事業として営む工場
5. 倉庫業を営む倉庫

解説 法91条により、建築物の敷地が2種以上の用途地域にわたる場合は、敷地の過半に属する用途制限を適用する。第二種住居地域の敷地面積は750 m²で準住居地域の敷地面積は600 m²である。したがって、別表第2（へ）項の第二種住居地域の用途制限を適用する。

1. 各号のいずれにも該当しないので新築することができる。
2. （別表第2（へ）項三号）
3. （別表第2（へ）項二号）
4. （別表第2（へ）項一号、（と）項三号(2)）
5. （別表第2（へ）項五号）

正解 1

R05	R04	R03	R02	R01	H30	H29

問題13 Ⅱ 13 次の建築物のうち、建築基準法上、**新築することができる**ものはどれか。ただし、特定行政庁の許可は受けないものとし、用途地域以外の地域、地区等は考慮しないものとする。

1. 工業専用地域内の平家建て、延べ面積150 m²の物品販売業を営む店舗
2. 準住居地域内の平家建て、延べ面積200 m²の客にダンスをさせ、かつ、客に飲食をさせる営業（客の接待をするものを除く。）を営む施設
3. 第二種中高層住居専用地域内の平家建て、延べ面積20 m²の畜舎
4. 第一種中高層住居専用地域内の3階建て、延べ面積300 m²の自動車車庫
5. 第一種低層住居専用地域内の2階建て、延べ面積300 m²の地方公共団体の支所

解説 1. （別表第2（わ）項五号）該当するので、新築することができない。

2. （別表第2（と）項五号、令130条の9の2）床面積の合計が200 m²以上の客にダンスをさせ、かつ、客に飲食をさせる営業（客の接待をするものを除く）を営む施

設は、新築することができない。

3. （別表第2（に）項六号、令130条の7）床面積の合計が15 m²を超える畜舎は、新築することができない。

4. （別表第2（は）項六号）3階以上の部分を自動車車庫の用途に供するものは、新築することができない。

5. （別表第2（い）項九号、令130条の4第二号）床面積の合計が600 m²以下の地方公共団体の支所は、新築することができる。

正解5

R05	R04	R03	R02	R01	H30	H29

問題14 II 14 図のような敷地及び建築物の配置において、建築基準法上、**新築してはならない建築物**は、次のうちどれか。ただし、特定行政庁の許可は受けないものとし、用途地域以外の地域、地区等は考慮しないものとする。

1. 延べ面積200 m²の倉庫業を営む倉庫
2. 警察署
3. 延べ面積300 m²の旅館
4. 作業場の床面積の合計が50 m²で、原動機の出力の合計が1.5 kWの空気圧縮機を使用する自動車修理工場
5. 老人福祉センター

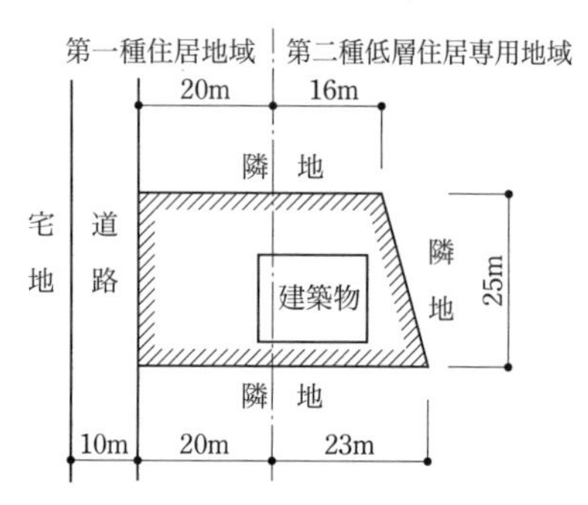

解説 法91条により、建築物の敷地が2種以上の用途地域にわたる場合は、敷地の過半に属する用途制限を適用する。第一種住居地域の敷地面積は500 m²で第二種低層住居専用地域の敷地面積は487.5 m²である。したがって、第一種住居地域の用途制限を適用する。

よって、別表第2（ほ）項一号・（へ）項五号に該当する「延べ面積200 m²の倉庫業を営む倉庫」は新築してはならない。

正解1

【学科Ⅱ】
16 建ぺい率

R05	R04	R03	R02	R01	H30	H29

問題01 Ⅱ 15 図のような敷地において、準耐火建築物を新築する場合、建築基準法上、新築することができる建築物の**建築面積の最高限度**は、次のうちどれか。ただし、図に記載されているものを除き、地域、地区等及び特定行政庁の指定・許可等は考慮しないものとする。

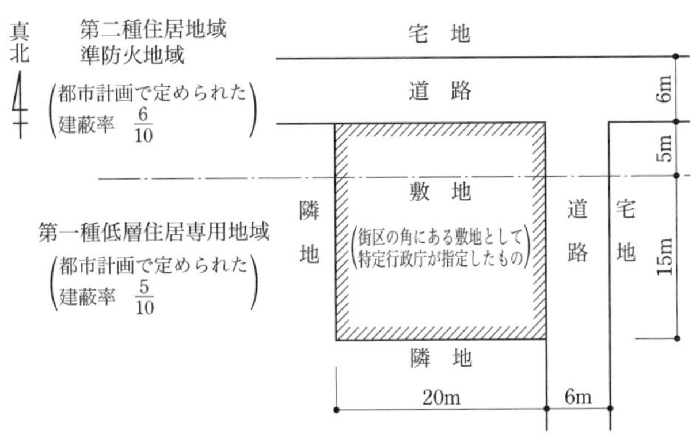

1. 210 m²
2. 250 m²
3. 260 m²
4. 290 m²
5. 400 m²

解説 （法 53 条 2 項）敷地が 2 以上の用途地域にわたる場合、建築面積の最高限度は、それぞれの用途地域の建ぺい率の限度にそれぞれの敷地面積を乗じたものの合計以下とする。

敷地面積：第二種住居地域　　$5 \times 20 = 100\,\mathrm{m}^2$

第一種低層住居専用地域　$15 \times 20 = 300\,\mathrm{m}^2$

（法 53 条 3 項一号ロ）建ぺい率の限度が 8/10 と指定されている地域外で、準防火地域内にある準耐火建築物は、指定の建ぺい率の限度に 1/10 を加える。

（法 53 条 3 項二号）街区の角にある敷地で特定行政庁が指定するものの内にある建築物は、指定の建ぺい率の限度に 1/10 を加える。

（法 53 条 8 項）建築物の敷地が準防火地域と防火地域及び準防火地域以外の区域にわたる場合、その敷地内の建築物の全部が準耐火建築物であるときは、その敷地は全て準防火地域内にあるものとみなす。

以上より、建ぺい率：第二種住居地域　$6/10 + 1/10 + 1/10 = 8/10$

第一種低層住居専用地域　$5/10 + 1/10 + 1/10 = 7/10$

よって、当該敷地の建築面積の最高限度は、$(100 \times 8/10) + (300 \times 7/10) = 290\mathrm{m}^2$

正解 4

問題 02 Ⅱ 15　図のような敷地において、耐火建築物を新築する場合、建築基準法上、新築することができる建築物の**建築面積の最高限度**は、次のうちどれか。ただし、図に記載されているものを除き、地域、地区等及び特定行政庁の指定・許可等はなく、図に示す範囲に高低差はないものとする。

1. 264 m²
2. 273 m²
3. 288 m²
4. 303 m²
5. 318 m²

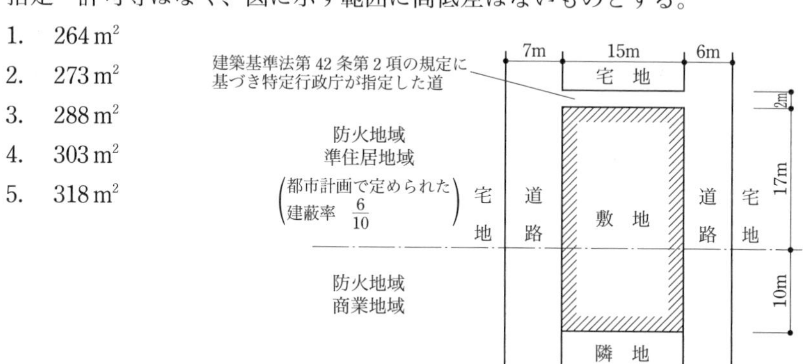

解説（法 53 条 2 項）敷地が 2 以上の用途地域にわたる場合、建築面積の最高限度は、それぞれの用途地域の建ぺい率の限度にそれぞれの敷地面積を乗じたものの合計以下とする。

（令 2 条 1 項一号、法 42 条 2 項）当該敷地が幅員 4 m 未満の道路に接するとき、敷地の反対側が宅地の場合、道路中心線より 2 m 後退した位置が道路境界線とみなされる。

敷地面積：準住居地域　（17 − 1）× 15 ＝ 240 m²

商業地域　10 × 15 ＝ 150 m²

（法 53 条 3 項一号イ）建ぺい率の限度が 8/10 と指定されている地域外で、防火地域内の耐火建築物は、指定の建ぺい率の限度に 1/10 を加える。

（法 53 条 6 項一号）建ぺい率の限度が 8/10（都市計画で定められた商業地域の建ぺい率は 8/10 である）と指定されている地域内で、防火地域内の耐火建築物は、建ぺい率を適用しない。

建ぺい率：準住居地域　6/10 ＋ 1/10 ＝ 7/10

商業地域　10/10

以上より、当該敷地の建築面積の最高限度は、

（240 × 7/10）＋（150 × 10/10）＝ 318 m²

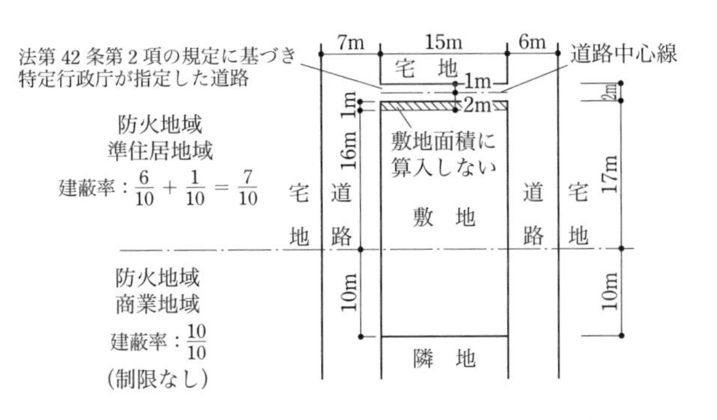

正解 5

R05	R04	R03	R02	R01	H30	H29

問題 03 Ⅱ 15 * 「建築物及び敷地の条件」とその「建蔽率の最高限度」との組合せとして、建築基準法上、**正しい**ものは、次のうちどれか。ただし、用途地域、防火地域及び準防火地域以外の地域、地区等は考慮しないものとし、特定行政庁による角地及び壁面線の指定等はないものとする。

	建築物及び敷地の条件			建蔽率の最高限度
		敷地		
	建築物の構造	用途地域(都市計画で定められた建蔽率)	防火地域又は準防火地域の指定	
1.	耐火建築物	第一種中高層住居専用地域 $\left(\frac{6}{10}\right)$	防火地域内の敷地	$\frac{6}{10}$
2.	耐火建築物	準住居地域 $\left(\frac{6}{10}\right)$	準防火地域内の敷地	$\frac{6}{10}$
3.	耐火建築物	近隣商業地域 $\left(\frac{8}{10}\right)$	防火地域の内外にわたる敷地	適用しない
4.	耐火建築物	商業地域	防火地域内の敷地	$\frac{9}{10}$
5.	準耐火建築物	工業地域 $\left(\frac{5}{10}\right)$	防火地域の内外にわたる敷地	$\frac{5}{10}$

解説 1. （法53条3項一号イ）防火地域内の耐火建築物に対する1/10緩和があるので、建ぺい率の最高限度は7/10。

2. （法53条3項一号イ）準防火地域内の耐火建築物に対する1/10緩和があるので、建ぺい率の最高限度は7/10。

3. （法53条6項一号・7項）都市計画で定められた建ぺい率が8/10とされている地域内で、かつ、防火地域内の耐火建築物については、建ぺい率の規定を適用しない。

なお、建築物の敷地が防火地域の内外にわたる場合において、その敷地内の建築物の全部が耐火建築物であるときは、その敷地はすべて防火地域内にあるものとみなす。

4. （法 53 条 6 項一号）商業地域は都市計画で定められた建ぺい率が 8/10 であり、防火地域内の耐火建築物については、建ぺい率の規定を適用しない。
5. （法 53 条 7 項・3 項一号）防火地域内の内外にわたる敷地において、敷地内の建築物の全部が耐火建築物等であれば、その敷地はすべて防火地域とみなして、1/10 の緩和があるが、準耐火建築物等の場合、防火地域とみなされず緩和はないので、建ぺい率の最高限度は 5/10。

正解 3

R05	R04	R03	R02	R01	H30	H29

問題 04 II 16　図のような敷地において、耐火建築物を新築する場合、建築基準法上、新築することができる建築物の**建築面積の最高限度**は、次のうちどれか。ただし、図に記載されているものを除き、地域、地区等及び特定行政庁の指定・許可等はなく、図に示す範囲に高低差はないものとする。

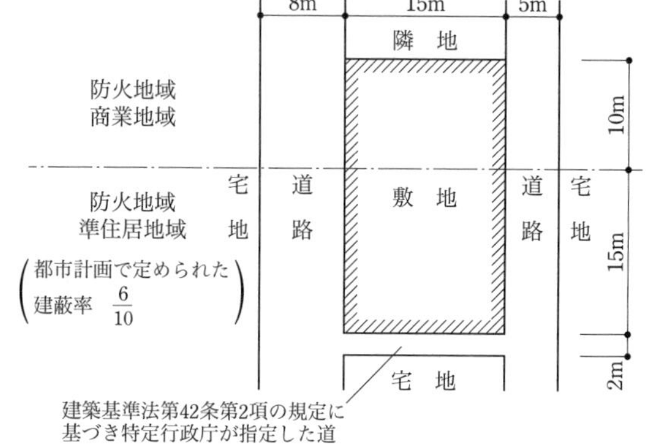

1. 246 m²
2. 255 m²
3. 276 m²
4. 285 m²
5. 297 m²

解説（法 53 条 2 項）敷地が 2 以上の用途地域にわたる場合、建築面積の最高限度は、それぞれの用途地域の建ぺい率の限度にそれぞれの敷地面積を乗じたものの合計以下とする。

（令 2 条 1 項一号、法 42 条 2 項）当該敷地が幅員 4m 未満の道路に接するとき、敷地の反対側が宅地の場合、道路中心線より 2m 後退した位置が道路境界線とみなされる。

敷地面積：商業地域　　$10 \times 15 = 150\text{m}^2$

準住居地域　$(15 - 1) \times 15 = 210\text{m}^2$

（法 53 条 6 項一号）建ぺい率の限度が 8/10 と指定されている地域内で、防火地域内の耐火建築物は、建ぺい率を適用しない。

（法 53 条 3 項一号）建ぺい率の限度が 8/10 と指定されている地域外で、防火地域内の耐火建築物は、指定の建ぺい率の限度に 1/10 を加える。

建ぺい率：商業地域　10/10

準住居地域　6/10 ＋ 1/10 ＝ 7/10

以上より、当該敷地の建築面積の最高限度は、(150 × 10/10)＋(210 × 7/10)＝ 297m²

正解 5

学科Ⅱ

17 容積率

R05	R04	R03	R02	R01	H30	H29

問題 01 Ⅱ 16　都市計画区域内における建築物の延べ面積(建築基準法第 52 条第 1 項に規定する容積率の算定の基礎となる延べ面積）に関する次の記述のうち、建築基準法上、**正しい**ものはどれか。ただし、建築物の容積率の最低限度に関する規制に係るものは考慮しないものとする。

1.　住宅の地階で、その天井が地盤面から高さ 1m 以下にあるものの住宅に供する部分の床面積は、当該建築物の住宅の用途に供する部分の床面積の合計の 1/2 を限度として、延べ面積に算入しない。
2.　物品販売業を営む店舗に設置するエレベーター及びエスカレーターの昇降路の部分の床面積は、延べ面積に算入しない。
3.　自家発電設備を設ける部分の床面積は、当該建築物の各階の床面積の合計の 1/50 を限度として、延べ面積に算入しない。
4.　宅配ボックスを設ける部分の床面積は、当該建築物の各階の床面積の合計の 1/50 を限度として、延べ面積に算入しない。
5.　老人ホーム等に設ける専ら防災のために設ける備蓄倉庫の用途に供する部分の床面積は、当該建築物の各階の床面積の合計の 1/50 を限度として、延べ面積に算入しない。

解説 1.（法 52 条 3 項）住宅の地階で、その天井が地盤面からの高さ 1m 以下にあるものの住宅の用途に供する部分の床面積は、原則として、当該住宅の用途に供する部分の 1/3 を限度として、延べ面積に算入しない。

2.（法 52 条 6 項、令 135 条の 16）建築物の容積率の算定の基礎となる延べ面積には、エレベーターの昇降路の部分の床面積は延べ面積に算入しないが、エスカレーターの昇降路の部分は延べ面積に算入する。

3.（令 2 条 1 項四号ニ・3 項四号、法 52 条 1 項）自家発電設備を設ける部分の床面積は、建築物の各階の床面積の合計の 1/100 を限度として、延べ面積算入に算入しない。

4.（令 2 条 1 項四号ヘ・3 項六号、法 52 条 1 項）宅配ボックスを設ける部分の床面積は、建築物の各階の床面積の合計の 1/100 を限度として、延べ面積算入に算入しない。

5.（令 2 条 1 項四号ロ・3 項二号、法 52 条 1 項）

正解 5

R05	R04	R03	R02	R01	H30	H29

問題 02 II 15 都市計画区域内における建築物の容積率、建蔽率及び敷地面積に関する次の記述のうち、建築基準法上、**正しい**ものはどれか。ただし、用途地域及び準防火地域以外の地域、地区等並びに特定行政庁の指定・許可等は考慮しないものとする。

1. 田園住居地域内の専用住宅の容積率は、その敷地内に政令で定める規模以上の空地（道路に接して有効な部分が政令で定める規模以上であるものに限る。）を有し、かつ、その敷地面積が政令で定める規模以上である場合、当該地域に関する都市計画において定められた容積率の 1.5 倍以下とすることができる。
2. 用途地域の指定のない区域内の耐火建築物は、容積率の制限を受けない。
3. 敷地に接する道路の幅員によって、建築物の建蔽率の制限が異なる。
4. 近隣商業地域（都市計画で定められた建蔽率は 8/10）内、かつ、準防火地域内で、準耐火建築物を建築する場合の建蔽率の最高限度は 9/10 である。
5. 用途地域に関する都市計画において建築物の敷地面積の最低限度が定められた地域内に巡査派出所を新築しようとする場合については、その敷地面積を当該最低限度以上としなければならない。

解説 1.（法 52 条 8 項、1 項二・三号）設問の容積率の緩和規定は、第一・二種中高層住居専用地域、第一・二種住居地域、準住居地域、近隣商業地域、準工業地域、商業地域内に適用されるもので、田園住居地域には適用されない。

2. （法 52 条 1 項八号）用途地域の指定のない区域内の建築物は、耐火建築物であっても容積率の制限を受ける。なお、耐火建築物による容積率の制限の緩和、除外に関する規定はない。

3. （法 52 条 2 項）敷地に接する道路の幅員によって、建築物の制限が異なるのは、建蔽率ではなく容積率である。

4. （法 53 条 3 項一号ロ・1 項三号・6 項一号）近隣商業地域（都市計画で定められた建蔽率 8/10）内において、準防火地域内にある準耐火建築物は都市計画で定められた建蔽率に 1/10 を加える。よって、建蔽率の最高限度は 9/10 となる。なお、建蔽率の限度が 8/10 の用途地域における建蔽率の適用除外の規定は、準防火地域内の準耐火建築物には適用されない。

5. （法 53 条の 2 第二号）用途地域に関する都市計画において、建築物の敷地面積の最低限度が定められた地域内に巡査派出所を新築しようとする場合、敷地面積の最低限度の規定は適用しない。

正解 4

R05	R04	R03	R02	R01	H30	H29

問題 03 II 16　図のような共同住宅（宅配ボックス設置部分を有するもの）を新築する場合、建築基準法上、**容積率の算定の基礎となる延べ面積**は、次のうちどれか。ただし、自動車車庫等の用途に供する部分及びエレベーターはないものとし、地域、地区等及び特定行政庁の指定等は考慮しないものとする。

1.　165 m²
2.　168 m²
3.　170 m²
4.　195 m²
5.　200 m²

2 階
床面積 100m²
［内訳：(A) 90m²、(B) 10m²］※

1 階
床面積 100m²
［内訳：(A) 75m²、(B) 20m²、(C) 5m²］※

地盤面

断面図

※(A) は、「住宅の用途に供する部分」の面積、
(B) は、「共用の廊下及び階段の用に供する部分」の面積、
(C) は、「宅配ボックス設置部分」の面積を示す。

解説　（法 52 条 6 項、令 2 条 1 項四号へ・3 項六号）共同住宅を新築しようとする場合、容積率の算定の基礎となる延べ面積において、「共用廊下及び階段の用に供する部分」の床面積は算入しない。よって、1 階の 20 m² 及び 2 階の 10 m² は不算入。また、1 階の「宅配ボックス設置部分」の床面積は、当該建築物の各階の床面積の合計の 1/100 を限度に延べ面積算入に算入しない。よって、(100 ＋ 100) / 100 ＝ 2 m² は不算入。

以上より、75 ＋（5 − 2）＋ 90 ＝ 168 m²

正解 2

R05	R04	R03	R02	R01	H30	H29

問題 04 II 15　都市計画区域内における建築物の延べ面積（建築基準法第 52 条第 1 項に規定する容積率の算定の基礎となる延べ面積）、建蔽率及び敷地面積に関する次の記述のうち、建築基準法上、**正しい**ものはどれか。ただし、用途地域及び防火地域以外の地域、地区等は考慮しないものとする。

1.　昇降機塔の建築物の屋上部分で、その水平投影面積の合計が当該建築物の建築面積の 1/8 以下の場合においては、その部分の床面積の合計は、延べ面積に算入しない。
2.　宅配ボックスを設ける部分の床面積は、当該建築物の各階の床面積の合計の 1/50 を限度として、延べ面積に算入しない。
3.　近隣商業地域（都市計画で定められた建蔽率は 8/10）内、かつ、防火地域内で、特定行政庁による角地の指定のある敷地において、耐火建築物を建築する場合の建蔽率の最高限度は 9/10 である。
4.　用途地域に関する都市計画において建築物の敷地面積の最低限度を定める場合においては、その最低限度は、100m² を超えてはならない。

5. 老人ホームの共用の廊下の用に供する部分の床面積は、延べ面積に算入しない。

解説 1. （令2条1項四号・六号ロ・八号）延べ面積は、建築物の各階の床面積の合計による。屋上部分に設ける階段室、昇降機塔等の部分の床面積については、延べ面積の緩和規定はない。階段室、昇降機塔等の屋上部分について緩和があるのは、「建築物の高さ」と「階数」の算定についてである。

2. （令2条1項四号へ・3項六号）宅配ボックスを設ける部分の床面積は、当該建築物の各階の床面積の合計の1/100を限度に延べ面積に算入しない。

3. （法53条6項一号・1項三号）都市計画で定められた建ぺい率が8/10とされている地域内で、かつ、防火地域内の耐火建築物については、建ぺい率の規定を適用しない。

4. （法53条の2第2項）用途地域に関する都市計画において建築物の敷地面積の最低限度を定める場合においては、その最低限度は、200 m^{2}を超えてはならない。

5. （法52条6項）

正解 5

R05	R04	R03	R02	R01	H30	H29

問題 05 Ⅱ 16 図のような敷地において、建築基準法上、新築することができる建築物の**延べ面積（同法第52条第1項に規定する容積率の算定の基礎となる延べ面積）の最高限度**は、次のうちどれか。ただし、図に記載されているものを除き、地域、地区等及び特定行政庁の指定等はないものとする。また、特定道路の影響はないものとし、建築物には容積率の算定の基礎となる延べ面積に算入しない部分及び地階はないものとする。

1. 630 m^2
2. 660 m^2
3. 690 m^2
4. 750 m^2
5. 780 m^2

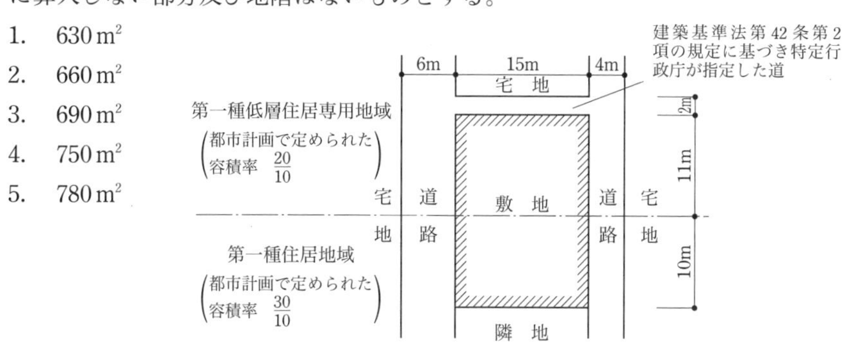

解説 （法52条1項・2項）容積率は、前面道路幅員（敷地が2以上の道路に接する場合は最大の幅員）が12 m未満の場合、前面道路の幅員から算出する容積率（前面道路容積率）と都市計画で定められた容積率のうち小さい方の値とする。前面道路容積率は、原則として、道路幅員に住居系地域は4/10を、その他の地域は6/10を乗じる。（法52条7項）敷地が2以上の用途地域にわたる場合、延べ面積の最高限度は、それぞれの用途地域の容積率の限度にそれぞれの敷地面積を乗じたものの合計以下とする。

（令2条1項一号、法42条2項）容積率を求める場合の敷地面積は、敷地が幅員4m未満の道路に接しているとき、道路の反対側の敷地が宅地の場合、道路中心線より2m後退した線を道路境界線として算出する。

以上を満足するよう、延べ面積の最高限度を算出する。

1）容積率を求める

①第一種低層住居専用地域内の敷地

6m（前面道路幅員）× 4/10 ＝ 24/10 ＞ 20/10

∴容積率＝ 20/10

②第一種住居地域内の敷地

6m × 4/10 ＝ 24/10 ＜ 30/10

∴容積率＝ 24/10

2）敷地面積を求める

①第一種低層住居専用地域内の敷地

15 ×（11 － 1）＝ 150 m²

②第一種住居地域内の敷地

15 × 10 ＝ 150 m²

3）延べ面積の最高限度を求める

①第一種低層住居専用地域内の敷地

150 × 20/10 ＝ 300 m²

②第一種住居地域内の敷地

150 × 24/10 ＝ 360 m²

以上より、敷地全体としての延べ面積の最高限度は、300 ＋ 360 ＝ 660 m²

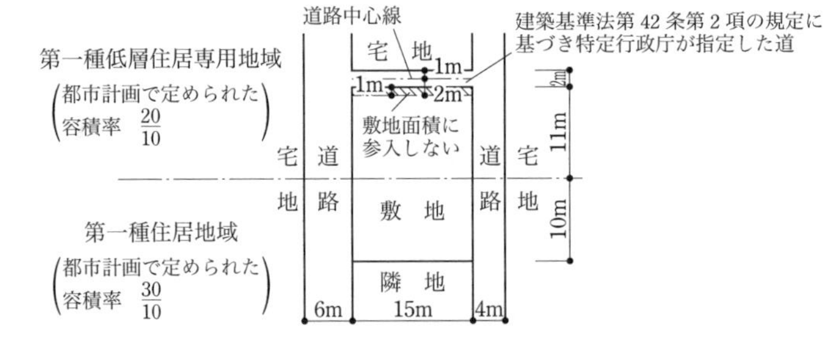

正解 2

R05	R04	R03	R02	R01	H30	H29

問題 06 II 16　図のような敷地において、建築基準法上、新築することができる建築物の**延べ面積（同法第52条第1項に規定する容積率の算定の基礎となる延べ面積）の最高限度**は、次のうちどれか。ただし、図に記載されているものを除き、地域、地区等及び特定行政庁の指定等はないものとする。

1. 240 m²
2. 312 m²
3. 360 m²
4. 468 m²
5. 500 m²

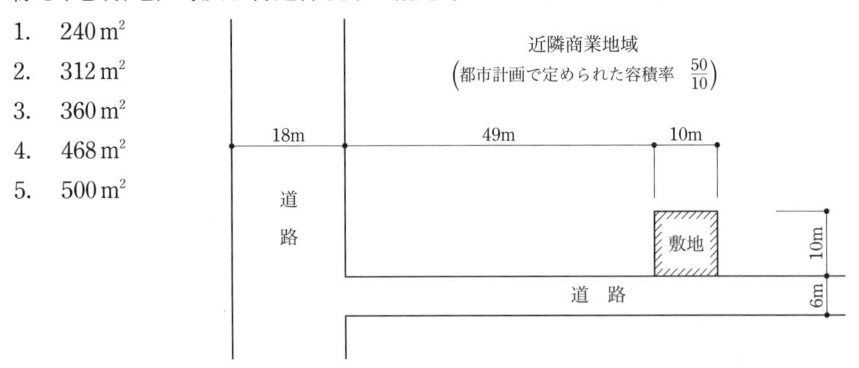

解説 法52条9項及び令135条の18より、前面道路幅員に加える数値(W_a)を求める。

W_r(前面道路幅員)＝6m　　L(特定道路から敷地までの距離)＝49m

$$W_a=\frac{(12-W_r)(70-L)}{70}=\frac{(12-6)(70-49)}{70}=1.8\text{m}$$

(法52条1項、2項三号)容積率の検討

都市計画によって定められた容積率(50/10)と前面道路幅員に6/10(近隣商業地域)を乗じて得られた数値よる容積率のうち小さいほうの値とする。

50/10 ＞ (6 ＋ 1.8) × 6/10 ＝ 46.8/10

∴容積率は、前面道路幅員から算定され46.8/10となる。

したがって、延べ面積の最高限度は、10 × 10 × 46.8/10 ＝ 468 m^2

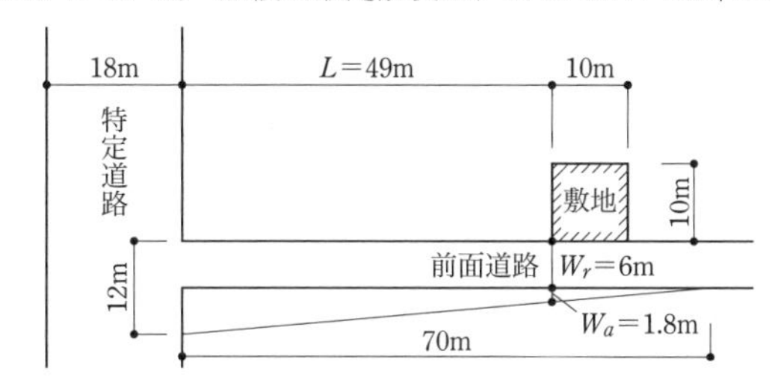

正解 4

R05	R04	R03	R02	R01	H30	H29

問題07 II 15 都市計画区域内における建築物の建蔽率又は延べ面積(建築基準法第52条第1項に規定する容積率の算定の基礎となる延べ面積)に関する次の記述のうち、建築基準法上、**誤っている**ものはどれか。ただし、用途地域及び防火地域以外の地域、地区等並びに特定行政庁の指定・許可等は考慮しないものとする。

1. 商業地域内で、かつ、防火地域内にある耐火建築物は、建蔽率の制限を受けない。
2. 準工業地域(都市計画で定められた建蔽率は6/10)内、かつ、防火地域内で、角地の指定のない敷地において、耐火建築物を建築する場合の建蔽率の最高限度は7/10である。
3. 老人ホーム等の共用の廊下又は階段の用に供する部分の床面積は、延べ面積に算入しない。
4. 床に据え付ける蓄電池を設ける部分の床面積は、当該建築物の各階の床面積の合計の1/50を限度として、延べ面積に算入しない。
5. 宅配ボックスを設ける部分の床面積は、当該建築物の各階の床面積の合計の1/50を限度として、延べ面積に算入しない。

解説 1. (法53条6項一号・1項四号)

2. （法 53 条 3 項一号）防火地域内の耐火建築物に対する 1/10 緩和があるので、建ぺい率の最高限度は 7/10。

3. （法 52 条 6 項）

4. （令 2 条 1 項四号ハ・3 項三号）

5. （令 2 条 1 項四号ヘ・3 項六号）宅配ボックスを設ける部分の床面積は、当該建築物の各階の床面積の合計の 1/100 を限度として、延べ面積に算入しない。 **正解 5**

R05	R04	R03	R02	R01	H30	H29

問題 08 Ⅱ 16　図のような事務所を併用した一戸建て住宅を新築する場合、建築基準法上、**容積率の算定 の基礎となる延べ面積**は、次のうちどれか。ただし、自動車車庫等の用途に供する部分はないものとし、地域、地区等及び特定行政庁の指定等は考慮しないものとする。

1. 180 m²
2. 240 m²
3. 250 m²
4. 270 m²
5. 300 m²

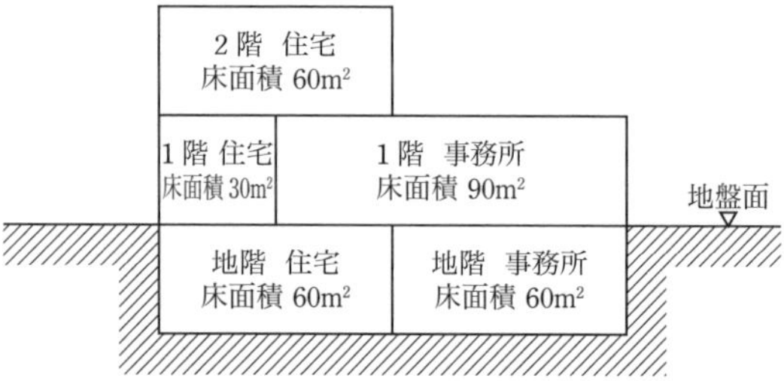

断面図

解説 （法 52 条 1・3 項）各階の床面積の合計は、120 ＋ 120 ＋ 60 ＝ 300m²。

容積率の算定の基礎となる延べ面積において、建築物の地階でその天井が地盤面から高さ 1m 以下にある住宅の用途に供する部分の床面積は、当該建築物の住宅の用途に供する部分の床面積の合計の 1/3 を限度に参入しない。

よって、(60 ＋ 30 ＋ 60) × 1/3 ＝ 50m² を不参入。

以上より、容積率の算定の基礎となる延べ面積は、300 － 50 ＝ 250 m² となる。

正解 3

R05	R04	R03	R02	R01	H30	H29

問題 09 Ⅱ 16　図のようなエレベーターのない共同住宅を新築する場合、建築基準法上、同法第 52 条第 1 項に規定する**容積率の算定の基礎となる延べ面積**は、次のうちどれか。ただし、自動車車庫等の用途に供する部分はないものとし、地域、地区等及び特定行政庁の指定等は考慮しないものとする。

1. 235 m²
2. 250 m²

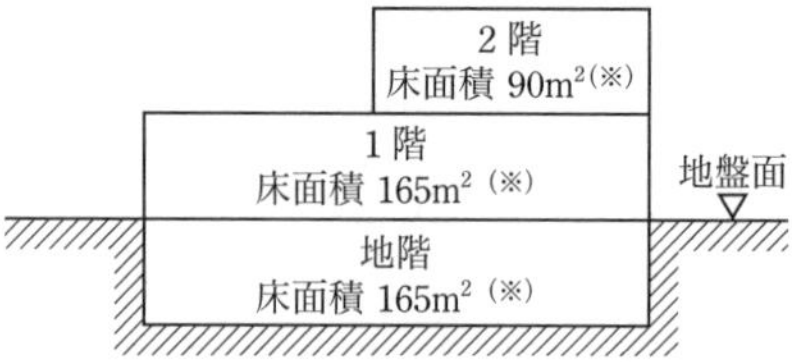

断面図

(※) 各階の床面積には、それぞれ共用の廊下及び階段の用に供する部分の床面積 15m² を含む。

3. 280 m²
4. 375 m²
5. 420 m²

解説 （法 52 条 1・6・3 項）各階の床面積の合計は、165 ＋ 165 ＋ 90 ＝ 420 m²。
容積率の算定の基礎となる延べ面積において、共同住宅の供用の廊下及び階段の用に供する部分の床面積は算入しない。よって、15 × 3 ＝ 45 m² は不算入。
また、建築物の地階でその天井が地盤面から高さ 1 m 以下にある住宅の用途に供する部分の床面積（共同住宅の共用の廊下及び階段の用に供する部分を除く）は、当該建築物の住宅の用途に供する部分の床面積の合計の 1/3 を限度に参入しない。よって、（420 － 45）× 1/3 ＝ 125 m² を不参入。
以上より、420 － 45 － 125 ＝ 250 m² 　正解 2

R05	R04	R03	R02	R01	H30	H29

問題 10 II 15　都市計画区域内における建築物の延べ面積（建築基準法第 52 条第 1 項に規定する容積率の算定の基礎となる延べ面積）及び容積率に関する次の記述のうち、建築基準法上、**正しい**ものはどれか。ただし、用途地域以外の地域、地区等は考慮しないものとする。

1. 専ら防災のために設ける備蓄倉庫の用途に供する部分の床面積は、当該建築物の各階の床面積の合計の 1/5 を限度として、延べ面積に算入しない。
2. エレベーターの昇降路の部分又は共同住宅の共用の廊下若しくは階段の用に供する部分の床面積は、延べ面積に算入しない。
3. 階段室、昇降機塔等の建築物の屋上部分で、その水平投影面積の合計が当該建築物の建築面積の 1/8 以下の場合においては、その部分の床面積の合計は、延べ面積に算入しない。
4. 第一種低層住居専用地域内の専用住宅の容積率は、その敷地内に政令で定める規模以上の空地（道路に接して有効な部分が政令で定める規模以上であるものに限る。）を有し、かつ、その敷地面積が政令で定める規模以上である場合、当該地域に関する都市計画において定められた容積率の 1.5 倍以下とすることができる。
5. 建築物の地階でその天井が地盤面から高さ 1m 以下にあるものの老人ホームの用途に供する部分の床面積は、当該建築物の老人ホームの用途に供する部分の床面積の合計の 1/2 を限度として、延べ面積に算入しない。

解説 1.（令 2 条 1 項四号ロ・3 項二号）専ら防災のために設ける備蓄倉庫の用途に供する部分の床面積は、当該建築物の各階の床面積の合計の 1/50 を限度に延べ面積算入に算入しない。

2. （法52条6項、令135条の16）
3. （令2条1項四号・六号ロ・八号）屋上部分に設ける階段室、昇降機塔等の部分の床面積については、延べ面積の算入に対する緩和規定はない。階段室、昇降機塔等の屋上部分についての緩和があるのは、「建築物の高さ」と「階数」の算定についてである。
4. （法52条8項）住宅の容積率算定において、敷地の空地率に応じた緩和は、第一種低層住居専用地域内には適用されない。
5. （法52条3項）老人ホームの地階で、その天井が地盤面からの高さ1m以下にあるものの老人ホームの用途に供する部分の床面積は、原則として、当該老人ホームの用途に供する部分の1/3を限度として、延べ面積に算入しない。 正解2

【学科Ⅱ】

18 高さ制限

R05	R04	R03	R02	R01	H30	H29

問題01 Ⅱ 17　建築物の高さの制限又は日影規制（日影による中高層の建築物の高さの制限）に関する次の記述のうち、建築基準法上、**誤っている**ものはどれか。ただし、用途地域以外の地域、地区等及び地形の特殊性に関する特定行政庁の定め等は考慮しないものとする。

1. 建築物の敷地の前面道路に沿って塀（前面道路の路面の中心からの高さが2.2mで、1.2mを超える部分が網状であるもの）が設けられている場合においては、前面道路の境界線から後退した建築物に対する道路高さ制限の緩和は適用されない。
2. 北側高さ制限における建築物の高さの算定においては、階段室の屋上部分の水平投影面積が当該建築物の建築面積の1/8以内である場合には、その階段室の高さは12mまでは当該建築物の高さに算入しない。
3. 工業地域内においては、原則として、日影規制は適用されない。
4. 日影規制が適用されるか否かの建築物の高さの算定は、平均地盤面からの高さではなく、地盤面からの高さによる。
5. 準住居地域内における高さが20m以下の建築物については、隣地高さ制限は適用されない。

解説 1. （法56条1項一号・2項、令130条の12第三号）建築物の敷地の前面道路に沿って設けられる高さ2m以下の塀（高さが1.2mを超えるものにあっては、当該1.2mを超える部分が網状その他これに類する形状であるものに限る）でなければ、前面道路の境界線から後退した建築物に対する道路高さ制限の緩和は適用されない。

2. （令2条1項六号ロ）北側高さ制限には、屋上部分の階段室に対する高さの緩和規定はない。なお、道路高さ制限・隣地高さ制限には12mの緩和規定がある。

3. （法56条の2第1項、別表第4（い）欄

4. （法56条の2第1項、別表第4（い）（ろ）欄、令2条1項六号）

5. （法56条1項二号）住居系用途地域の建築物は、高さが20mを超える建築物に対して、隣地高さ制限が適用される。

正解2

R05	R04	R03	R02	R01	H30	H29

問題02 Ⅱ18 図のように、前面道路の路面の中心から1.4m高い位置にある敷地（道路からの高低差処理は法面とし、門及び塀はないものとする。）において、建築物を新築する場合、建築基準法上、A点における**地盤面からの建築物の高さの最高限度**は、次のうちどれか。ただし、道路側を除き、隣地との高低差はなく、また、図に記載されているものを除き、地域、地区等及び特定行政庁の指定・許可等はないものとし、日影規制（日影による中高層の建築物の高さの制限）及び天空率は考慮しないものとする。なお、建築物は、全ての部分において、高さの最高限度まで建築されるものとする。

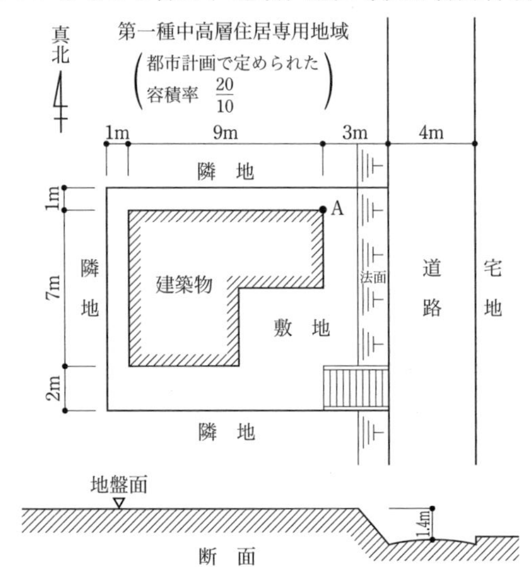

1. 7.35m
2. 11.10m
3. 11.25m
4. 11.30m
5. 11.80m

解説 **道路高さ制限（法56条1項一号・6項、令131条・135条の2第1項）**

別表第3（1）項より、第一種中高層住居専用地域の道路斜線の勾配は1.25、容積率が20/10以下のため適用距離は20mである（前面道路容積率を計算すると16/10となるが、容積率20/10で適用距離は最小の20mとなるため計算の必要はない）。

・東側道路からの道路高さ制限

（令135条の2第1項）建築物の敷地の地盤面が前面道路より1m以上高い場合、その前面道路は敷地の地盤面と前面道路との高低差から1mを減じたものの1/2だけ高い位置にあるものとする。

（法56条2項）建築物後退による緩和は3mである。

以上より、地盤面からの高さは、$(3+4+3)\times1.25-1.4+(1.4-1)/2=11.3$m

隣地高さ制限（法56条1項二号）

第一種中高層住居専用地域内の隣地高さ制限の斜線勾配は1.25、加える値は20mとなる。

隣地高さ制限は、（A点から隣地境界線までの距離＋後退距離）×1.25＋20により算定する。よって、隣地高さ制限による高さの限度は、

南側隣地より検討 $(9+2)\times1.25+20=33.75$m

西側隣地より検討　(10 ＋ 1) × 1.25 ＋ 20 ＝ 33.75 m

北側隣地より検討　(1 ＋ 1) × 1.25 ＋ 20 ＝ 22.5 m

北側高さ制限（法 56 条 1 項三号）

第一種中高層住居専用地域内の北側高さ制限の斜線勾配は 1.25、加える値は 10 m となる。

北側境界線の制限は、(A 点から真北方向の隣地境界線までの距離) × 1.25 ＋ 10 により算定する。以上より、1 × 1.25 ＋ 10 ＝ 11.25 m

∴ A 点における地盤面からの高さの最高限度は、北側高さ制限より、11.25 m となる。

東側道路高さ制限
適用距離 20m
北側高さ制限
1
1.25
A点
11.25
隣地境界線
10m
地盤面
敷地
隣地
1m
1
1.25
A点
11.3m
道路境界線
地盤面
敷地
1.4m
0.2m
宅地
3m 4m 3m
建築物後退による緩和
道路が地盤面より低い場合の緩和
道路斜線
地盤面の高さ
$H=1.4$m
道路
道路高さ
宅地
$h=0.2$m
後退緩和 3m
$h=\frac{H-1}{2}$　h：緩和される高さ　H：敷地の地盤面と前面道路との高低差

正解 3

R05	R04	R03	R02	R01	H30	H29

問題 03 Ⅱ 17　図のような敷地において、建築物を新築する場合、建築基準法上、A 点における**地盤面からの建築物の高さの最高限度**は、次のうちどれか。ただし、敷地は平坦で、敷地、隣地及び道路の相互間の高低差並びに門及び塀はなく、また、図に記載されているものを除き、地域、地区等及び特定行政庁の指定・許可等はないものとし、日影規制（日影による中

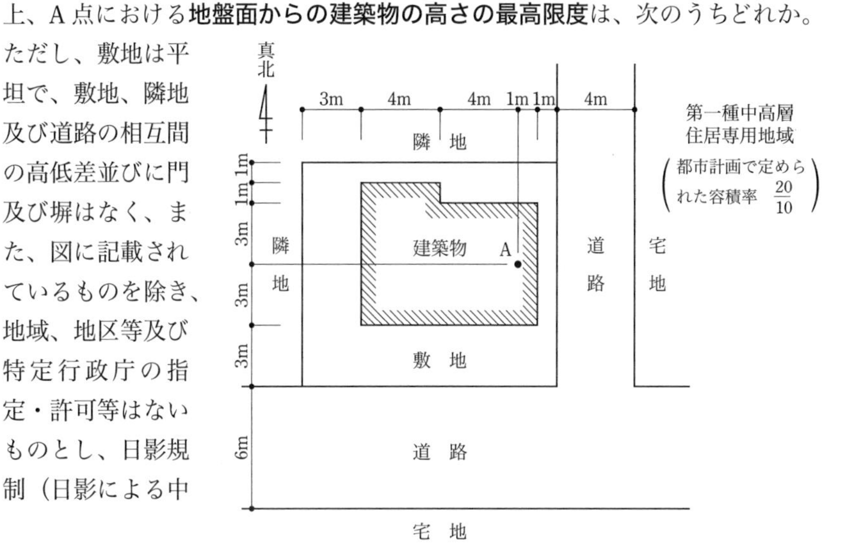

高層の建築物の高さの制限）及び天空率は考慮しないものとする。なお、建築物は、全ての部分において、高さの最高限度まで建築されるものとする。

1. 8.75 m
2. 11.25 m
3. 15.00 m
4. 16.25 m
5. 18.75 m

解説 **道路高さ制限（法 56 条 1 項一号）**

別表第 3（に）欄より、第一種中高層住居専用地域の道路斜線の勾配は 1.25、また、（ろ）欄より、容積率が 20/10 以下のため適用距離は 20 m である。

・南側道路（幅員 6m）からの道路高さ制限

（法 56 条 2 項）建築物後退による緩和は 3 m である。

以上より、（3 ＋ 6 ＋ 3 ＋ 3）× 1.25 ＝ 18.75 m

・東側道路（幅員 4m）からの道路高さ制限

（令 132 条 1 項、法 56 条 6 項）東側道路は、南側道路の道路境界線から、南側道路の幅員（6 m）の 2 倍以内かつ 35 m 以内の部分（すなわち、南側道路境界線から 12 m 以内の東側道路の部分）は、幅員 6 m とみなす。よって、A 点の東側道路幅員は 6 m とみなす。

（法 56 条 2 項）建築物後退による緩和は 1 m である。

以上より、（1 ＋ 6 ＋ 1 ＋ 1）× 1.25 ＝ 11.25 m

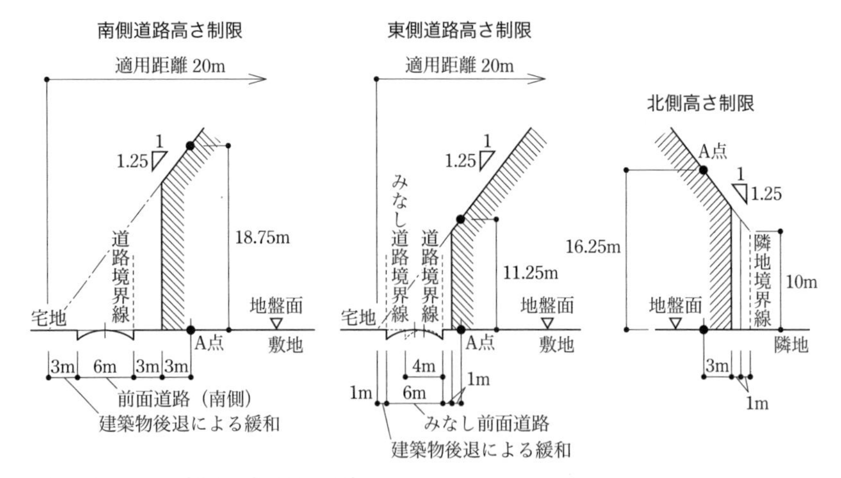

隣地高さ制限（法 56 条 1 項二号）

第一種中高層住居専用地域内の隣地高さ制限の斜線勾配は 1.25、加える値は 20 m となる。隣地高さ制限は、（A 点から隣地境界線までの距離＋後退距離）× 1.25 ＋ 20 によ

り算定する。よって、隣地高さ制限による高さの限度は、

西側隣地より検討　(11 ＋ 3) × 1.25 ＋ 20 ＝ 37.5 m

北側隣地より検討　(5 ＋ 1) × 1.25 ＋ 20 ＝ 27.5 m

北側高さ制限（法 56 条 1 項三号）

第一種中高層住居専用地域内の北側高さ制限の斜線勾配は 1.25、加える値は 10m となる。

北側境界線の制限は、(A 点から真北方向の隣地境界線までの距離) × 1.25 ＋ 10 により算定する。以上より、5 × 1.25 ＋ 10 ＝ 16.25 m

∴ A 点における地盤面からの高さの最高限度は、東側道路からの道路高さ制限より 11.25 m となる。　**正解 2**

R05	R04	R03	R02	R01	H30	H29

問題 04 II 17　図のような敷地において、建築物を新築する場合、建築基準法上、A 点における**地盤面からの建築物の高さの最高限度**は、次のうちどれか。ただし、第一種低層住居専用地域の都市計画において定められた建築物の高さの最高限度は 10 m であり、敷地は平坦で、敷地、隣地及び道路の相互間の高低差並びに門及び塀はなく、また、図に記載されているものを除き、地域、地区等及び特定行政庁の指定・許可等はないものとし、日影規制（日影による中高層の建築物の高さの制限）及び天空率は考慮しないものとする。なお、建築物は、全ての部分において、高さの最高限度まで建築されるものとする。

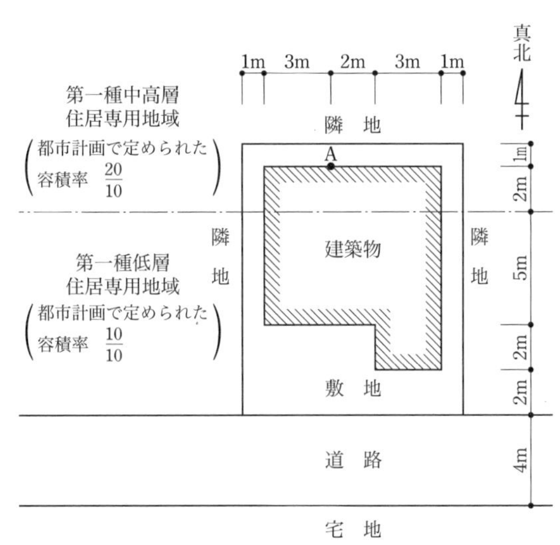

1. 6.25 m
2. 10.00 m
3. 11.25 m
4. 18.75 m
5. 21.25 m

解説　**道路高さ制限（法 56 条 1 項一号）**

（別表第 3 (1) 項）道路斜線の勾配は、(に) 欄より第一種中高層住居専用地域、第一種低層住居専用地域とも 1.25 である。

適用距離は、前面道路に接する敷地の部分の用途地域に従う。

適用容積率を算出し、（ろ）・（は）欄より適用距離を求める。

10/10 ＜（4/10）× 4 m ＝ 16/10　　（10/10）× 10m × 9m ＝ 90 m²

20/10 ＞（4/10）× 4 m ＝ 16/10　　（16/10）× 10m × 3m ＝ 48 m²

90 m² ＋ 48m² ＝ 138 m²　　適用容積率＝ 138m²/（10 m × 12 m）＝ 11.5/10

よって、適用距離：20 m

（計算をすると以上の通りであるが、設問の都市計画で定められた容積率が 20/10、10/10 で、共に 20/10 以下であるので、計算をしなくても（は）欄の適用距離は 20 m と判定できる。）

・南側道路（幅員 4 m）からの道路斜線

（法 56 条 2 項）建築物後退による緩和は 2 m である。

以上より A 点の高さの限度は、（2 ＋ 4 ＋ 2 ＋ 2 ＋ 5 ＋ 2）× 1.25 ＝ 21.25 m

隣地高さ制限（法 56 条 1 項二号）

第一種中高層住居専用地域内の隣地斜線の勾配は 1.25、加える値は 20 m となる。また、勾配 1.25 に乗じる値は、A 点から北側隣地境界線までの水平距離（1 m）に建築物の後退距離（1 m）を加えた値（北側隣地までがもっとも小さな値である）となる。

以上より A 点の高さの限度は、20 ＋（1 ＋ 1）× 1.25 ＝ 22.5 m

北側高さ制限（法 56 条 1 項三号）

第一種中高層住居専用地域内の北側斜線の勾配は 1.25、加える値は 10 m となる。また、勾配 1.25 に乗じる値は、A 点から真北方向の隣地境界線までの距離 1 m である。

以上より A 点の高さの限度は、10 ＋ 1 × 1.25 ＝ 11.25 m

∴ A 点における地盤面からの高さの最高限度は、北側高さ制限より 11.25 m

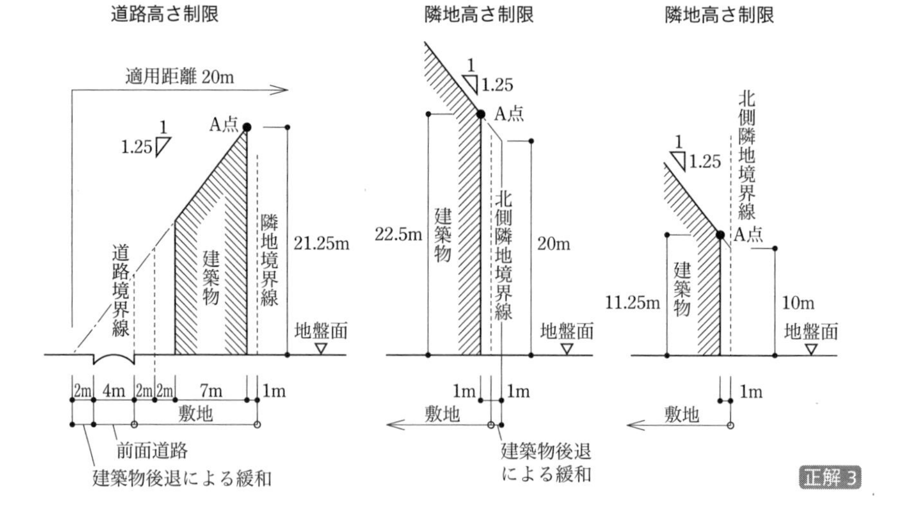

正解 3

R05	R04	R03	R02	R01	H30	H29

問題 05 Ⅱ 18　図のような敷地において、建築物を新築する場合、建築基準法上、A 点における**地盤面からの建築物の高さの最高限度**は、次のうちどれか。ただし、敷地は平坦で、敷地、隣地及び道路の相互間の高低差並びに門及び塀はなく、また、図に記載されているものを除き、地域、地区等及び特定行政庁の指定・許可等はないものとし、日影規制（日影による中高層の建築物の高さの制限）及び天空率は考慮しないものとする。なお、建築物は、全ての部分において、高さの最高限度まで建築されるものとする。

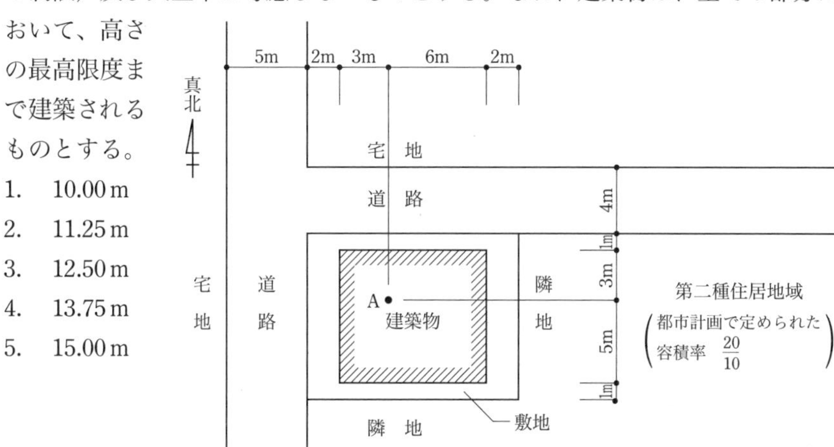

1. 10.00 m
2. 11.25 m
3. 12.50 m
4. 13.75 m
5. 15.00 m

解説　**道路高さ制限（法 56 条 1 項一号）**

（別表第 3 (1)項）（い）欄の第二種住居地域の道路斜線の勾配は（に）欄より 1.25、適用距離は容積率の限度 20/10（指定容積率 20/10、前面道路容積率 5 × 4/10 ＝ 20/10）なので（ろ）（は）欄より 20 m である。

・北側道路（幅員 4 m）からの道路斜線

（令 132 条 1 項、令 131 条、法 56 条 6 項）北側道路は、西側道路の境界線から西側道路幅員（5 m）の 2 倍以内かつ 35 m 以内の部分（すなわち、西側道路境界線から 10 m 以内の北側道路の部分）は、幅員 5 m とみなす。よって、A 点の北側道路幅員は 5 m とみなす。

（法 56 条 2 項）建築物後退による緩和は 1m である。

以上より、(1 ＋ 5 ＋ 1 ＋ 3) × 1.25 ＝ 12.5 m

・西側道路（幅員 5 m）からの道路斜線

（法 56 条 2 項）建築物後退による緩和は 2 m である。

以上より、(2 ＋ 5 ＋ 2 ＋ 3) × 1.25 ＝ 15.0 m

隣地高さ制限（法 56 条 1 項二号）

第二種住居地域内の隣地斜線の勾配は 1.25、加える値は 20 m となる。また、勾配 1.25 に乗じる値は A 点から南側隣地境界線までの水平距離（6 m）に建築物の後退距離（1 m）を加えた値（東側隣地では 10 m）となる。

以上より、20 ＋（6 ＋ 1）× 1.25 ＝ 28.75 m

北側高さ制限（法 56 条 1 項三号）

第二種住居地域には北側斜線は適用されない。

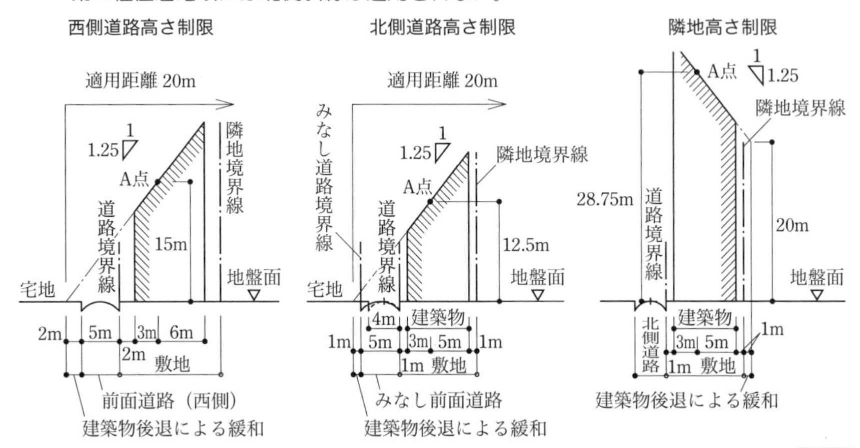

正解 3

R05	R04	R03	R02	R01	H30	H29

問題 06 Ⅱ 17　図のような敷地において、建築物を新築する場合、建築基準法上、A 点における**地盤面からの建築物の高さの最高限度**は、次のうちどれか。ただし、敷地は平坦で、敷地、隣地、道路及び道の相互間の高低差並びに門及び塀はなく、また、図に記載されているものを除き、地域、地区等及び特定行政庁の指定・許可等はないものとし、日影規制（日影による中高層の建築物の高さの制限）及び天空率は考慮しないものとする。なお、建築物は、全ての部分において、高さの最高限度まで建築されるものとする。

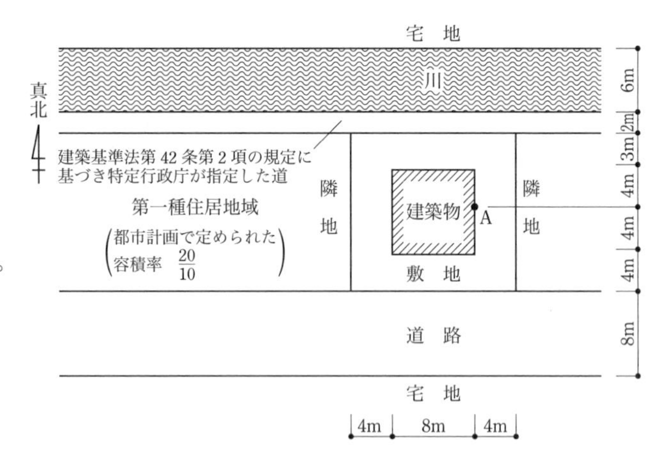

1.　12.5 m
2.　15.0 m
3.　20.0 m
4.　22.5 m
5.　25.0 m

解説 **道路高さ制限（法 56 条 1 項一号）**

別表第 3（に）欄より、第一種住居地域の道路斜線の勾配は 1.25、（は）欄より、容積率の限度が 20/10 であるので適用距離は 20m である。

・北側道路（幅員 2 m）からの道路斜線

（令 134 条 1 項、令 131 条、法 56 条 6 項）前面道路の反対側に川がある場合、当該前面道路の反対側の境界線は、当該水面の反対側の境界線にあるものとする。

（法 42 条 2 項）川に沿った幅員 4 m 未満の道は、川の道側の境界線から道の側に水平距離 4m の線をその道路の境界線とみなす。

（法 56 条 2 項）建築物後退による緩和は 1 m である。

以上より、(4 + 3 + 2 + 6 + 1) × 1.25 = 20.0 m

・南側道路（幅員 8 m）からの道路斜線

（法 56 条 2 項）建築物後退による緩和は 4 m である。

令 132 条（2 以上の前面道路がある場合）も考慮すると、A 点は適用距離外になる。

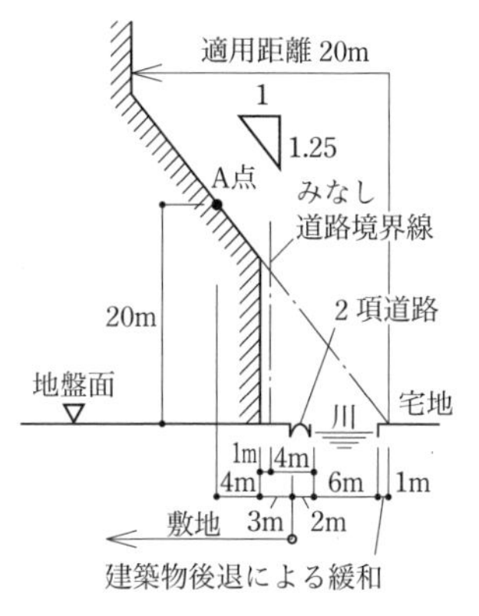

隣地高さ制限（法 56 条 1 項二号）

第一種住居地域内の隣地高さ制限の斜線勾配は 1.25、加える値は 20 m となる。よって、隣地高さ制限による高さの限度（東側隣地より検討）は、

20 + (4 + 4) × 1.25 = 35.0 m となる。

北側高さ制限（法 56 条 1 項三号）

第一種住居地域には北側斜線は適用されない。

∴ A 点における地盤面からの高さの最高限度は、北側の道路斜線より 20.0 m となる。

正解 3

R05	R04	R03	R02	R01	H30	H29

問題 07 II 17 図のような敷地において、建築物を新築する場合、建築基準法上、A 点における**地盤面からの建築物の高さの最高限度**は、次のうちどれか。ただし、敷地は平坦で、敷地、隣地及び道路の相互間の高低差並びに門及び塀はなく、また、図に記載されているものを除き、地域、地区等及び特定行政庁の指定・許可等はないものとし、日影規制（日影による中高層の建築物の高さの制限）及

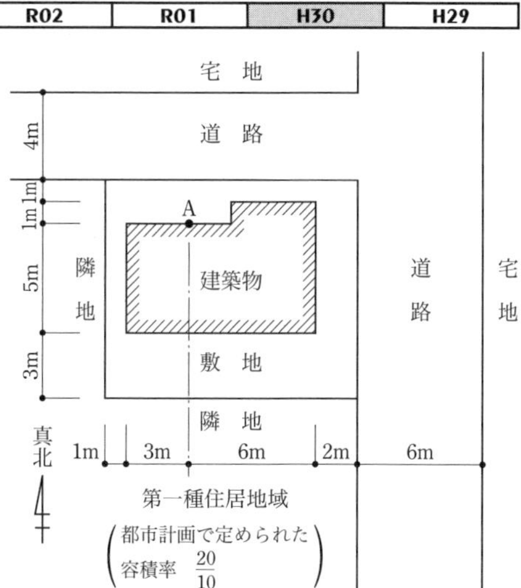

び天空率は考慮しないものとする。なお、建築物は、全ての部分において、高さの最高限度まで建築されるものとする。

1. 7.50 m
2. 8.75 m
3. 10.00 m
4. 10.50 m
5. 11.25 m

解説（法 56 条 1 項一・二号）第一種住居地域について、道路高さ制限と隣地高さ制限による算定値のうち厳しいほうの値とする。

道路高さ制限（法 56 条 1 項一号）

別表第 3（に）欄より、第一種住居地域の道路斜線の勾配は 1.25、これに A 点から敷地に接する側と反対側の道路境界線までの距離を乗じて高さを算定する。

前面道路から算定される容積率は 24/10 のため、容積率の限度は 20/10 となり、適用距離は 20 m である。

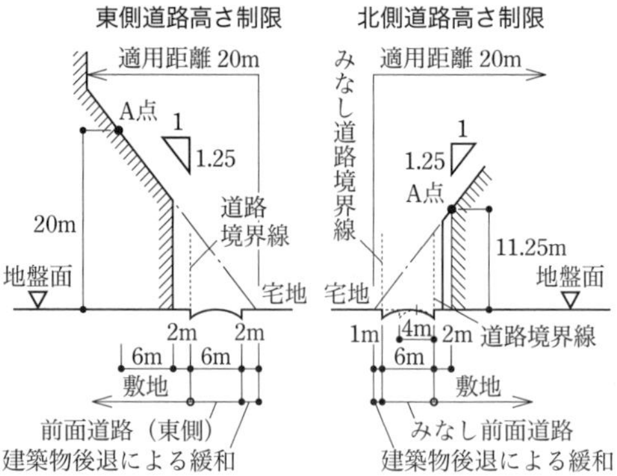

・東側道路（幅員 6 m）からの道路高さ制限

（法 56 条 2 項）建築物後退による緩和は 2m である。

以上より、(2 + 6 + 2 + 6) × 1.25 = 20.00 m

・北側道路（幅員 4 m）からの道路高さ制限

（令 132 条 1 項、法 56 条 6 項）

北側道路は、東側道路の道路境界線から、東側道路幅員（6 m）の 2 倍以内かつ 35 m 以内の部分（すなわち、東側道路境界線から 12 m 以内の北側道路の部分）は、幅員 6 m とみなす。よって、A 点北側の道路幅員は 6 m とみなす。

（法 56 条 2 項）建築物後退による緩和は 1 m（後退距離は道路境界線から建築物までの距離のうち最小のもの）である。

以上より、(1 + 6 + 2) × 1.25 = 11.25 m

隣地高さ制限（法 56 条 1 項二号）

第一種住居地域内の隣地高さ制限の斜線勾配は 1.25、加える値は 20 m となる。

隣地高さ制限は、（A 点から隣地境界線までの距離＋後退距離）× 1.25 + 20 により算定する。よって、隣地高さ制限による高さの限度は、

西側隣地より検討 (3 + 1 + 1) × 1.25 + 20 = 26.25 m

南側隣地より検討 (5 + 3 + 3) × 1.25 + 20 = 33.75 m

∴A点における地盤面からの高さの最高限度は、北側道路からの道路高さ制限より11.25mとなる。

正解5

R05	R04	R03	R02	R01	H30	H29

問題08 II 18 建築物の高さの制限又は日影規制（日影による中高層の建築物の高さの制限）に関する次の記述のうち、建築基準法上、正しいものはどれか。ただし、用途地域以外の地域、地区等及び地形の特殊性に関する特定行政庁の定め等は考慮しないものとする。

1. 都市計画において建築物の高さの限度が10mと定められた第一種低層住居専用地域内においては、建築物の敷地面積が700 m²であって、かつ、その敷地内に政令で定める空地を有し、特定行政庁が低層住宅に係る良好な住居の環境を害するおそれがないと認めるものの高さの限度は、12mとする。
2. 道路高さ制限において、建築物の敷地の地盤面が前面道路より1m以上高い場合においては、その前面道路は、敷地の地盤面と前面道路の高低差の1/2だけ高い位置にあるものとみなす。
3. 建築物の敷地が幅員12mの道路に接する場合においては、原則として当該道路の反対側の境界線から当該敷地の側に水平距離5mの線を敷地境界線とみなして、日影規制を適用する。
4. 北側高さ制限において、建築物の敷地が北側で公園に接する場合、当該隣地境界線は、当該公園の反対側の境界線にあるものとみなす。
5. 日影規制において、地方公共団体が条例で用途地域の指定のない区域を対象区域とし、高さが10mを超える建築物を指定した場合においては、平均地盤面からの高さが1.5mの水平面に生じる日影について日影規制を適用する。

解説 1.（法55条2項、令130条の10第2項）特定行政庁が750 m²以上1,500 m²未満の範囲内で定める場合を除き、建築物の敷地は、1,500 m²以上の規模でなければ建築物の高さの限度を12mとすることができない。

2.（令135条の2第1項、令131条、法56条6項・1項一号）道路高さ制限において、建築物の敷地の地盤面が前面道路より1m以上高い場合、その前面道路は、敷地の地盤面と前面道路との高低差から1m減じたものの1/2だけ高い位置にあるものとする。

3.（法56条の2第3項、令135条の12第1項一号）建築物の敷地が幅員10mを超える道路に接する場合においては、原則として、当該道路の反対側の境界線から当該敷地の側に水平距離5mの線を敷地境界線とみなして日影規制を適用する。

4.（令135条の4第1項一号、法56条6項・1項三号）北側高さ制限において、建築物の敷地が北側で公園に接する場合の緩和規定はない。

5. （法 56 条の 2 第 1 項、別表第 4（ろ）欄 4 項ロ）日影規制において、地方公共団体が条例で用途地域の指定のない区域を対象区域とし、高さが 10 m を超える建築物を指定した場合においては、平均地盤面からの高さが 4 m の水平面に生じる日影について日影規制を適用する。 **正解 3**

R05	R04	R03	R02	R01	H30	H29

問題 09 II 19　図のような敷地において、建築物を新築する場合、建築基準法上、A 点における**地盤面からの建築物の高さの最高限度**は、次のうちどれか。ただし、敷地は平坦で、敷地、隣地及び道路の相互間の高低差並びに門及び塀はなく、また、図に記載されているものを除き、地域、地区等及び特定行政庁の指定・許可等はないものとし、日影規制（日影による中高層の建築物の高さの制限）及び天空率は考慮しないものとする。なお、建築物は、全ての部分において、高さの最高限度まで建築されるものとする。

1. 11.25 m
2. 12.50 m
3. 13.75 m
4. 15.00 m
5. 16.25 m

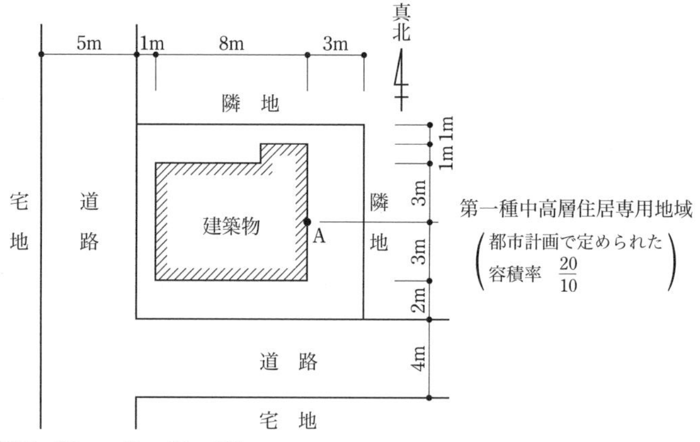

解説 **道路高さ制限（法 56 条 1 項一号）**

別表第 3（に）欄より、第一種中高層住居専用地域の道路斜線の勾配は 1.25、容積率が 20/10 以下のため適用距離は 20 m である。

・西側道路（幅員 5 m）からの道路高さ制限

（法 56 条 2 項）建築物後退による緩和は 1 m ある。

以上より、(1 ＋ 5 ＋ 1 ＋ 8) × 1.25 ＝ 18.75 m

・南側道路（幅員 4 m）からの道路高さ制限

（令 132 条 1 項、法 56 条 6 項）南側道路は、西側道路の道路境界線から、西側道路幅員（5 m）の 2 倍以内かつ 35 m 以内の部分（すなわち、西側道路境界線から 10 m 以内の南側道路の部分）は、幅員 5 m とみなす。よって、A 点の南側道路幅員は 5 m とみなす。

（法 56 条 2 項）建築物後退による緩和は 2 m である。

以上より、(2 ＋ 5 ＋ 2 ＋ 3) × 1.25 ＝ 15.0 m

隣地高さ制限（法 56 条 1 項二号）

第一種中高層住居専用地域内の隣地高さ制限の斜線勾配は 1.25、加える値は 20 m となる。

隣地高さ制限は、（A 点から隣地境界線までの距離＋後退距離）× 1.25 ＋ 20 により算定する。よって、隣地高さ制限による高さの限度は、

東側隣地より検討　（3 ＋ 3）× 1.25 ＋ 20 ＝ 27.5 m

北側隣地より検討　（5 ＋ 1）× 1.25 ＋ 20 ＝ 27.5 m

北側高さ制限（法 56 条 1 項三号）

第一種中高層住居専用地域内の北側高さ制限の斜線勾配は 1.25、加える値は 10 m となる。

北側境界線の制限は、（A 点から真北方向の隣地境界線までの距離）× 1.25 ＋ 10 により算定する。

以上より 5 × 1.25 ＋ 10 ＝ 16.25 m

∴ A 点における地盤面からの高さの最高限度は、南側道路からの道路高さ制限より 15.0 m となる。

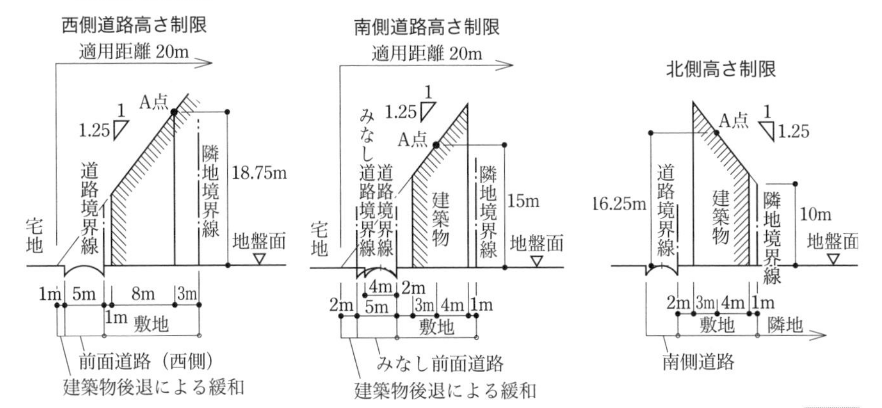

正解 4

◖学科Ⅱ◗

19 日影規制

R05	R04	R03	R02	R01	H30	H29

問題01 Ⅱ 18 建築物の高さの制限又は日影規制（日影による中高層の建築物の高さの制限）に関する次の記述のうち、建築基準法上、**誤っている**ものはどれか。ただし、用途地域以外の地域、地区等及び地形の特殊性に関する特定行政庁の定め等は考慮しないものとする。

1. 第一種中高層住居専用地域内にある高さが10mを超える建築物において、特定行政庁が土地の状況等により周囲の居住環境を害するおそれがないと認めて建築審査会の同意を得て許可した場合は、日影規制は適用されない。
2. 建築物の敷地の前面道路に沿って塀（前面道路の路面の中心からの高さが1.2mのもの）が設けられている場合においては、前面道路の境界線から後退した建築物に対する道路高さ制限の緩和を適用することができる。
3. 第一種低層住居専用地域内においては、隣地高さ制限は適用されない。
4. 日影規制において、建築物の敷地が用途地域の異なる地域の内外にわたる場合は、その建築物の全部について敷地の過半の属する地域の規定が適用される。
5. 前面道路の境界線から後退した建築物に対する道路高さ制限において、後退距離は、原則として、当該建築物から前面道路の境界線までの水平距離のうち最小のものをいう。

解説 1.（法56条の2第1項ただし書き、別表第4（い）欄2の項）

2. （令130条の12第三号、法56条2・4項）建築物の敷地の前面道路に沿って2m以下の塀（高さが1.2mを超えるものは、1.2mを超える部分が網状その他これに類する形状のものに限る）が設けられている場合においては、前面道路の境界線から後退した建築物に対する道路高さ制限を適用することができる。
3. （法56条1項二号）
4. （令135条の13、法56条の2第5項）日影規制において、建築物の敷地が用途地域の異なる地域の内外にわたる場合は、当該対象建築物が日影を生じさせる各区域内に、それぞれ対象建築物があるものとして、日影規制の規定を適用する。

測定面高さ1.5m ↔ 測定面高さ4m
4時間日影線
2時間日影線
10mライン
5mライン
建築物
（階数：3
高さ：12m）
第一種低層住居専用地域 ↔ 第一種中高層住居専用地域

対象建築物が日影規制の異なる区域の内外にわたる場合

5.（法 56 条 2 項かっこ書き） **正解 4**

R05	R04	R03	R02	R01	H30	H29

問題 02 II 18 日影規制（日影による中高層の建築物の高さの制限）に関する次の記述のうち、建築基準法上、**誤っている**ものはどれか。ただし、用途地域以外の地域、地区等及び地形の特殊性に関する特定行政庁の定め等は考慮しないものとする。

1. 商業地域内においては、原則として、日影規制は適用されない。
2. 日影規制が適用されるか否かの建築物の高さの算定は、平均地盤面からの高さではなく、地盤面からの高さによる。
3. 同一の敷地内に 2 以上の建築物がある場合、これらの建築物をそれぞれ別の建築物として、日影規制を適用する。
4. 田園住居地域内においては、原則として、軒の高さが 7 m を超える建築物又は地階を除く階数が 3 以上の建築物について、日影規制を適用する。
5. 建築物の敷地が幅員 10 m 以下の道路に接する場合、当該道路に接する敷地境界線は、当該道路の幅の 1/2 だけ外側にあるものとみなす。

解説 1.（別表第 4（い）欄各項、法 56 条の 2 第 1 項）

2.（別表第 4（ろ）欄各項、法 56 条の 2 第 1 項）日影規制が適用されるか否かの建築物の高さの算定は、地盤面からの高さで、平均地盤面からの高さは日影時間の測定時に用いられるものである。

3.（法 56 条の 2 第 2 項）同一敷地内に 2 以上の建築物がある場合、建築物を一の建築物とみなして、日影規制を適用する。

4.（別表第 4（ろ）欄 (1) 項、法 56 条の 2 第 1 項）

5.（令 135 条の 12 第 3 項一号、法 56 条の 2 第 3 項） **正解 3**

R05	R04	R03	R02	R01	H30	H29

問題 03 Ⅱ 17 建築物の高さの制限又は日影規制（日影による中高層の建築物の高さの制限）に関する次の記述のうち、建築基準法上、**誤っている**ものはどれか。ただし、用途地域以外の地域、地区等及び地形の特殊性に関する特定行政庁の定め等は考慮しないものとする。

1. 用途地域の指定のない区域においては、地方公共団体の条例で日影規制の対象区域とすることができない。
2. 第二種低層住居専用地域内においては、隣地高さ制限は適用されない。
3. 第一種中高層住居専用地域内にある高さ10mを超える建築物において、特定行政庁が土地の状況等により周囲の居住環境を害するおそれがないと認めて建築審査会の同意を得て許可した場合は、日影規制は適用されない。
4. 第二種中高層住居専用地域のうち、日影規制の対象区域内においては、北側高さ制限は適用されない。
5. 高架の工作物内に設ける建築物で特定行政庁が周囲の状況により交通上、安全上、防火上及び衛生上支障がないと認めるものについては、道路高さ制限は適用されない。

解説 1.（別表第4（い）欄（2）項、法56条の2第1項）用途地域の指定のない区域においても、地方公共団体の条例で日影規制の対象区域とすることができる。

2.（法56条1項二号）

3.（法56条の2第1項ただし書き）

4.（法56条1項三号かっこ書き、法56条の2第1項、別表第4（い）欄（2）項）

5.（法57条1項、法56条1項一号）

正解 1

R05	R04	R03	R02	R01	H30	H29

問題 04 Ⅱ 18 建築物の高さの制限又は日影規制（日影による中高層の建築物の高さの制限）に関する次の記述のうち、建築基準法上、**誤っている**ものはどれか。ただし、用途地域以外の地域、地区等及び地形の特殊性に関する特定行政庁の定め等は考慮しないものとする。

1. 道路高さ制限において、建築物の敷地の地盤面が前面道路より1m以上高い場合においては、その前面道路は、敷地の地盤面と前面道路との高低差から1mを減じたものの1/2だけ高い位置にあるものとみなす。
2. 第一種低層住居専用地域内における10m又は12mの建築物の高さの限度については、天空率の計算を行うことにより、特定行政庁の許可又は認定を受けなくても、その高さの限度を超えることができる。

3. 第一種低層住居専用地域内のうち、日影規制の対象区域内においては、北側高さ制限が適用される。
4. 第一種中高層住居専用地域内のうち、日影規制の対象区域内においては、北側高さ制限は適用されない。
5. 商業地域内にある高さが 10m を超える建築物が、冬至日において、隣接する第一種住居地域内の土地に日影を生じさせる場合は、当該建築物が第一種住居地域内にあるものとみなして、日影規制を適用する。

解説 1. （令 135 条の 2 第 1 項、法 56 条 6 項・1 項一号）
2. （法 55 条 3 項、法 56 条 7 項）第一種低層住居専用地域内における 10m 又は 12m の建築物の高さ制限は、天空率の計算により緩和されることはない。
3. 4.（法 56 条 1 項三号かっこ書き、法 56 条の 2 第 1 項、別表第 4 (2) 項）日影規制の対象区域内において、北側高さ制限が適用されないのは、第一種中高層住居専用地域及び第二種中高層住居専用地域である。
5. （法 56 条の 2 第 4 項） 正解 2

R05	R04	R03	R02	R01	H30	H29

問題 05 II 18 日影規制（日影による中高層の建築物の高さの制限）に関する次の記述のうち、建築基準法上、**誤っている**ものはどれか。ただし、用途地域以外の地域、地区等及び地形の特殊性に関する特定行政庁の定め等は考慮しないものとする。

1. 日影規制が適用されるか否かの建築物の高さの算定は、平均地盤面からの高さではなく、地盤面からの高さによる。
2. 建築物の敷地が幅員 10m 以下の道路に接する場合、当該道路に接する敷地境界線は、当該道路の幅の 1/2 だけ外側にあるものとみなす。
3. 同一の敷地内に 2 以上の建築物がある場合、これらの建築物をそれぞれ別の建築物として、日影規制を適用する。
4. 商業地域内においては、原則として、日影規制は適用されない。
5. 第二種低層住居専用地域内においては、原則として、軒の高さが 7m を超える建築物又は地階を除く階数が 3 以上の建築物について、日影規制を適用する。

解説 1. （法 56 条の 2 第 1 項、別表第 4 (ろ) 欄・(は) 欄、令 2 条 1 項六号）日影規制が適用されるか否かの建築物の高さの算定は、地盤面からの高さによる。平均地盤面からの高さは、当該高さで日影を生じさせる時間の算定に用いる。
2. （法 56 条の 2 第 3 項、令 135 条の 12 第 1 項一号）

3. （法 56 条の 2 第 2 項）同一の敷地内に 2 以上の建築物がある場合、これらの建築物を一つの建築物とみなして、日影規制を適用する。
4. （別表第 4（い）欄、法 56 条の 2 第 1 項）
5. （別表第 4（ろ）欄（1）項、法 56 条の 2 第 1 項）

正解 3

【学科Ⅱ】

20 防火・準防火地域

学科Ⅰ 学科Ⅱ 学科Ⅲ 学科Ⅳ

R05	R04	R03	R02	R01	H30	H29

問題01 Ⅱ 19 次の記述のうち、建築基準法上、**誤っている**ものはどれか。ただし、地階及び防火壁はないものとし、防火地域及び準防火地域以外の地域、地区等は考慮しないものとする。

1. 防火地域内にある建築物に附属する高さ2mを超える塀は、延焼防止上支障のない構造としなければならない。
2. 建築物の敷地が防火地域及び準防火地域にわたる場合において、当該敷地の準防火地域内の部分のみに新築される建築物であっても、防火地域内の建築物に関する規定が適用される。
3. 防火地域内において、地上に設ける高さ3.5mの看板は、その主要な部分を不燃材料で造り、又は覆わなければならない。
4. 防火地域内の建築物で、外壁が耐火構造のものは、その外壁を隣地境界線に接して設けることができる。
5. 防火地域内において、共同住宅を新築する場合、屋根の構造は、市街地における通常の火災による火の粉により、防火上有害な発炎をしないものであり、かつ、市街地における通常の火災による火の粉により、屋内に達する防火上有害な溶融、亀裂その他の損傷を生じないものとしなければならない。

解説 1. （令136条の2第五号、法61条）

2. （法65条2項）建築物が防火地域及び準防火地域内にわたる場合においては、その全部について防火地域内の建築物に関する規定が適用される。ただし、建築物が防火地域外で防火壁で区画されている場合は、防火壁外の部分は準防火地域内の建築物に関する規定を適用する。また、当該敷地の準防火地域内の部分のみに新築される建築物は、準防火地域内の建築物に関する規定を適用する。
3. （法64条）防火地域内において、地上に設ける高さ3mを超える看板は、その主要な部分を不燃材料で造り、又はおおわなければならない。
4. （法63条）
5. （令136条の2の2、法62条）

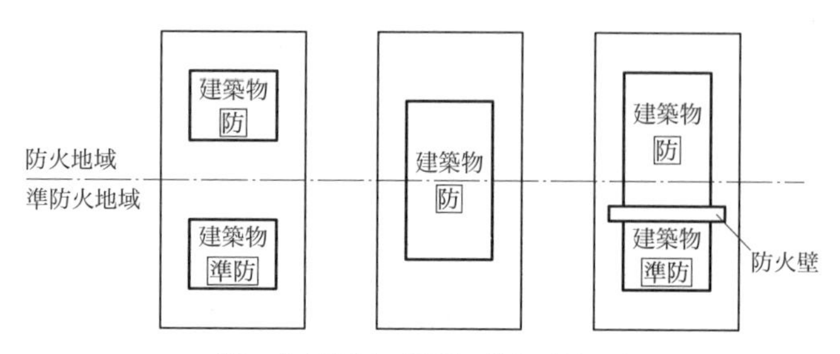

防 ：防火地域内の建築物に関する規定を適用

準防：準防火地域内の建築物に関する規定を適用

正解 2

R05	R04	R03	R02	R01	H30	H29

問題02 Ⅱ 19　次の記述のうち、建築基準法上、**誤っている**ものはどれか。ただし、地階及び防火壁はないものとし、防火地域及び準防火地域以外の地域、地区等は考慮しないものとする。

1. 準防火地域内の建築物で、外壁が準耐火構造のものは、その外壁を隣地境界線に接して設けることができる。
2. 準防火地域内において、一戸建て住宅を新築する場合、屋根の構造は、市街地における通常の火災による火の粉により、防火上有害な発炎をしないものであり、かつ、屋内に達する防火上有害な溶融、亀裂その他の損傷を生じないものとしなければならない。
3. 準防火地域内において、鉄筋コンクリート造2階建ての一戸建て住宅に附属する高さ2mを超える塀を設ける場合、その塀は、延焼防止上支障のない構造としなくてもよい。
4. 防火地域内において、建築物の屋上に設ける看板は、その主要な部分を不燃材料で造り、又は覆わなければならない。
5. 敷地が防火地域及び準防火地域にわたる場合において、当該敷地の準防火地域内の部分のみに新築される建築物には、準防火地域内の建築物に関する規定が適用される。

解説　1.（法63条）防火地域又は準防火地域内の建築物は、外壁が耐火構造でなければ、その外壁を隣地境界線に接して設けることができない。

2.（令136条の2の2、法62条）

3.（法61条ただし書き）

4.（法64条）

5.（法65条2項）建築物が防火地域及び準防火地域内にわたる場合においては、その全部について防火地域内の建築物に関する規定が適用される。ただし、建築物が防火地域外で防火壁で区画されている場合は、防火壁外の部分は準防火地域内の建築物に関する規定を適用する。また、当該敷地の準防火地域内の部分のみに新築される建築物は、準防火地域内の建築物に関する規定を適用する。 正解 1

R05	R04	R03	R02	R01	H30	H29

問題 03 II 19 2階建て、延べ面積 200 m² の共同住宅に関する次の記述のうち、建築基準法上、**誤っている**ものはどれか。ただし、地階及び防火壁はないものとし、記述されているもの以外の地域、地区等は考慮しないものとする。

1. 準防火地域内において木造建築物として新築する場合、その外壁及び軒裏で延焼のおそれのある部分を防火構造とすることができる。
2. 準防火地域内において建築物に附属する高さ 2m を超える塀を設ける場合、その塀は、当該建築物の構造にかかわらず、延焼防止上支障のない構造としなければならない。
3. 防火地域内において外壁を耐火構造として新築する場合、その外壁を隣地境界線に接して設けることができる。
4. 建築物が「準防火地域」と「防火地域及び準防火地域として指定されていない区域」にわたる場合、その全部について準防火地域内の建築物に関する規定が適用される。
5. 準防火地域内において建築物を新築する場合、屋根の構造は、市街地における通常の火災による火の粉により、防火上有害な発炎をしないものであり、かつ、屋内に達する防火上有害な溶融、亀裂その他の損傷を生じないものとしなければならない。

解説 1. （令136条の2第三号イ、令108条、法2条八号、法61条）準防火地域内にある木造建築物等のうち、地階を除く階数が2以下で延べ面積が 500 m² 以下のものは、その外壁及び軒裏で延焼のおそれのある部分を防火構造とすることができる。

2. （法61条ただし書き）準防火地域内にある建築物（木造建築物等を除く）に附属する高さ 2m を超える塀は、延焼防止上支障のない構造としなくてもよい。したがって、建築物の構造により制限が異なる。

3. （法63条）

4. （法65条1項）建築物が「準防火地域」と「防火地域及び準防火地域として指定されていない地域」にわたる場合、その全部について準防火地域内の建築物に関する規定が適用される。ただし、その建築物が「防火地域及び準防火地域として指定されていない地域」内において防火壁で区画されている場合は、その防火壁外の部分については適用されない。

5. （令136条の2の2、法62条） 正解2

R05	R04	R03	R02	R01	H30	H29

問題04 Ⅱ 19 次の記述のうち、建築基準法上、**誤っている**ものはどれか。ただし、地階及び防火壁はないものとし、防火地域及び準防火地域以外の地域、地区等は考慮しないものとする。

1. 準防火地域内にある3階建て、延べ面積300 m²の診療所（患者の収容施設がないもの）は、耐火建築物としなければならない。
2. 防火地域内において一戸建て住宅を新築する場合、屋根の構造は、市街地における通常の火災による火の粉により、防火上有害な発炎をしないもの及び屋内に達する防火上有害な溶融、亀裂その他の損傷を生じないものとしなければならない。
3. 防火地域内の高さ2mの看板で、建築物の屋上に設けるものは、その主要な部分を不燃材料で造り、又は覆わなければならない。
4. 防火地域内にある建築物に附属する高さ2mを超える塀は、延焼防止上支障のない構造としなければならない。
5. 建築物が防火地域及び準防火地域にわたる場合においては、その全部について防火地域内の建築物に関する規定が適用される。

解説 1. （法27条1項一・二号、別表第1（い）（ろ）欄（2）項、法61条、令136条の2第二号）患者の収容施設がない診療所は、耐火建築物にしなくてもよい。また、準防火地域内において、地階を除く階数が4未満、延べ面積が1,500 m²以下の建築物は、耐火建築物としなくてもよい。

2. （令136条の2の2、法62条）

3. （法64条）防火地域内にある看板で、建築物の屋上にあるもの又は高さ3mを超えるものは、その主要な部分を不燃材料で造り、又はおおわなければならない。

4. （令136条の2第五号、法61条）

5. （法65条2項）建築物が防火地域及び準防火地域にわたる場合においては、その全部について防火地域内の建築物に関する規定が適用される。ただし、建築物が防火地域外において、防火壁で区画されている場合、その防火壁外の部分は準防火地域内の建築物の規定が適用される。 正解1

R05	R04	R03	R02	R01	H30	H29

問題05 Ⅱ 19 次の記述のうち、建築基準法上、**誤っている**ものはどれか。ただし、地階及び防火壁はないものとし、防火地域及び準防火地域以外の地域、地区等は考慮しないものとする。

1. 準防火地域内の建築物で、外壁が準耐火構造のものは、その外壁を隣地境界線に接して設けることができる。
2. 準防火地域内の建築物で、3階をテレビスタジオの用途に供するものを新築する場合は、耐火建築物としなければならない。
3. 防火地域内において建築物を新築する場合、屋根の構造は、市街地における通常の火災による火の粉により、防火上有害な発炎をしないもの及び屋内に達する防火上有害な溶融、亀裂その他の損傷を生じないものとしなければならない。
4. 防火地域内の高さ2mの看板で、建築物の屋上に設けるものは、その主要な部分を不燃材料で造り、又は覆わなければならない。
5. 建築物が防火地域及び準防火地域にわたる場合においては、その全部について防火地域内の建築物に関する規定が適用される。

解説 1. （法63条）防火地域又は準防火地域内の建築物は、外壁が耐火構造でなければ、その外壁を隣地境界線に接して設けることができない。
2. （法27条2項二号、別表第1(い)欄(6)項、令115条の3第四号）3階以上の階をテレビスタジオの用途に供する建築物は、防火地域・準防火地域の区別なく耐火建築物としなければならない。
3. （法62条、令136条の2の2）
4. （法64条）防火地域内にある看板で、建築物の屋上にあるもの又は高さ3mを超えるものは、その主要な部分を不燃材料で造り、又はおおわなければならない。
5. （法65条2項）建築物が防火地域及び準防火地域内にわたる場合においては、その全部について防火地域内の建築物に関する規定が適用される。ただし、建築物が防火地域外において、防火壁で区画されている場合、その防火壁外の部分は除外される。

正解 1

R05	R04	R03	R02	R01	H30	H29

問題06 Ⅱ 19* 次の記述のうち、建築基準法上、**誤っている**ものはどれか。ただし、地階及び防火壁はないものとし、防火地域及び準防火地域以外の地域、地区等は考慮しないものとする。
1. 準防火地域内にある木造2階建て、延べ面積150m²の一戸建て住宅に附属する高さ2mの塀は、不燃材料以外の材料で造ることができる。
2. 準防火地域内にある3階建て、延べ面積300m²の診療所（患者の収容施設を有しないもの）は、防火上必要な所定の基準に適合すれば、耐火建築物及び準耐火建築物以外の建築物とすることができる。
3. 防火地域及び準防火地域にわたり、2階建て、延べ面積110m²の一戸建て

住宅を新築する場合、耐火建築物等としなければならない。

4. 防火地域内にある高さ2mの看板で、建築物の屋上に設けるものは、その主要な部分を不燃材料で造り、又は覆わなければならない。

5. 防火地域内にある建築物で、外壁が準耐火構造のものについては、その外壁を隣地境界線に接して設けることができる。

解説 1. (法61条)準防火地域内において、建築物に附属する高さ2m以下の門または塀は、延焼のおそれのある部分にあっても、不燃材料で造らなくてもよい。

2. (法61条、令136条の2第二号、R1国交告194号、法27条1項、別表第1(2)項(ろ)(は)欄)準防火地域内において、延べ面積が500 m²以下で地階を除く階数が3である建築物は、防火上必要な所定の基準に適合すれば、耐火建築物および準耐火建築物以外の建築物とすることができる。また、診療所は特殊建築物であるが、患者の収容施設を有しないものであるので耐火建築物等とする必要がない。

3. (法65条2項、法61条、令136条の2第一号、R1国交告194号)建築物が防火地域及び準防火地域の両方にわたる場合においては、建築物が防火地域外で防火壁で区画されている場合を除き、防火地域の規定が適用される。したがって、延べ面積が100 m²を超える建築物は耐火建築物等としなければならない。

4. (法64条)防火地域内にある看板で、建築物の屋上にあるものは、その主要な部分を不燃材料で造り、又はおおわなければならない。

5. (法63条)防火地域または準防火地域内の建築物は、外壁が耐火構造でなければ、その外壁を隣地境界線に接して設けることができない。 正解5

R05	R04	R03	R02	R01	H30	H29

問題07 II 17 * 次の記述のうち、建築基準法上、**誤っている**ものはどれか。ただし、地階及び防火壁はないものとし、防火地域及び準防火地域以外の地域、地区等は考慮しないものとする。

1. 防火地域内において、3階建て、延べ面積150 m²の一戸建て住宅に高さ2mの塀を設ける場合、その塀を木造とすることができる。

2. 防火地域内において、建築物の屋上に設ける看板は、その主要な部分を不燃材料で造り、又は覆わなければならない。

3. 準防火地域内において、2階建て、延べ面積300 m²(客席の床面積200m²)の集会場は、耐火建築物ではなく、主要構造部を政令で定める技術的基準に適合し、外壁の開口部で政令で定めるものに政令で定める防火設備を設けたものとすることができる。

4. 準防火地域内において、木造2階建て、延べ面積150 m²の一戸建て住宅は、その外壁で延焼のおそれのある部分を準耐火構造としなければならない。

5. 木造2階建て、延べ面積200 m^{2}の一戸建て住宅は、防火地域及び準防火地域にわたって新築してはならない。

解説 1.（法61条）高さ2 m以下の門又は塀には制限がない。

2.（法64条）

3.（法27条1項二号、別表第1 (1)項 (は)欄、令110条、110条の2、110条の3）2階建、延べ面積300 m^2（客席の床面積が200 m^2）の集会場は、耐火建築物としなくてもよい。

4.（法61条、令136条の2第三号）準防火地域内の地階を除く階数2以下で延べ面積500 m^{2}以下の木造建築物等は、その外壁及び軒裏で延焼のおそれのある部分を防火構造とすればよく、準耐火構造としなくてもよい。

5.（法65条、法61条、令136条の2第一号、R1国交告194号）建築物が防火地域及び準防火地域の両方にわたる場合においては、建築物が防火地域外で防火壁で区画されている場合を除き、防火地域の規定が適用される。したがって、100 m^{2}を超える建築物は耐火建築物でなければ建築することができない。 正解4

学科Ⅱ
21 実体規定総合（集団規定・単体規定）

R05	R04	R03	R02	R01	H30	H29

問題 01 Ⅱ 20　次の記述のうち、建築基準法上、**誤っている**ものはどれか。

1.　工事を施工するために現場に設ける事務所は、建築基準法第 20 条（構造耐力）の規定が適用されない。
2.　「簡易な構造の建築物に対する制限の緩和」の規定の適用を受ける建築物は、建築基準法第 61 条（防火地域及び準防火地域内の建築物）の規定が適用されない。
3.　建築基準法第 12 条第 7 項の規定による立入検査を拒んだ者は、1 年以下の懲役又は 100 万円以下の罰金に処せられる。
4.　一団地内に 2 以上の構えを成す建築物で総合的設計によって建築されるもののうち、特定行政庁がその各建築物の位置及び構造が安全上、防火上及び衛生上支障がないと認めるものに対する建築基準法の所定の規定の適用については、当該一団地をこれらの建築物の一の敷地とみなす。
5.　文化財保護法の規定による伝統的建造物群保存地区内においては、市町村は、国土交通大臣の承認を得て、条例で、建築基準法令の所定の規定の全部若しくは一部を適用せず、又はこれらの規定による制限を緩和することができる。

解説　1.　（法 85 条 2 項）工事を施工するために現場に設ける事務所は、建築基準法 20 条（構造耐力）の規定が適用される。
2.　（法 84 条の 2）
3.　（法 99 条 1 項七号）
4.　（法 86 条 1 項）
5.　（法 85 条の 3）

正解 1

R05	R04	R03	R02	R01	H30	H29

問題 02 Ⅱ 20　次の記述のうち、建築基準法上、**誤っている**ものはどれか。

1.　「簡易な構造の建築物に対する制限の緩和」の規定の適用を受ける建築物は、建築基準法第 20 条（構造耐力）の規定が適用されない。

2. 建築工事等において深さ1.5m以上の根切り工事を行なう場合に設けなければならない山留めについては、土圧によって山留めの主要な部分の断面に生ずる応力度が、コンクリートの場合にあっては、短期に生ずる力に対する許容応力度を超えないことを計算によって確かめなければならない。
3. 建築基準法第27条（耐火建築物等としなければならない特殊建築物）の規定に違反があった場合において、その違反が建築主の故意によるものであるときは、設計者又は工事施工者を罰するほか、当該建築主も罰則の適用の対象となる。
4. 建築基準法第48条（用途地域等）第1項から第14項までの規定に違反した場合における当該建築物の建築主は、100万円以下の罰金に処せられる。
5. 災害危険区域に関する規定は、都市計画区域及び準都市計画区域以外の区域においても適用される。

解説 1.（法84条の2）「簡易な構造の建築物に対する制限の緩和」の規定の適用を受ける建築物は、法20条（構造耐力）の規定が適用される。
2.（令136条の3第4項・5項三号ロ、令91条1項）
3.（法98条2項・1項二号）
4.（法101条1項五号）
5.（法39条、法41条の2）法39条（災害危険区域）を含む第2章の規定は、全国一律に適用される「単体規定」で、都市計画区域及び準都市計画区域以外の区域においても適用される。なお、第3章（第8節を除く）の規定は「集団規定」といい、都市計画区域及び準都市計画区域内に限り適用される。 正解1

R05	R04	R03	R02	R01	H30	H29

問題03 II 20 次の記述のうち、建築基準法上、**誤っている**ものはどれか。
1. 防火地域及び準防火地域以外の区域内における木造3階建ての一戸建て住宅（住宅以外の用途に供する部分はない。）について、指定確認検査機関が建築基準法第6条の2第1項による確認をする場合においては、消防長又は消防署長の同意が必要である。
2. 建築基準法第3条第2項の規定により一部の建築基準法令の規定の適用を受けない建築物について政令で定める範囲内において増築、改築、大規模の修繕又は大規模の模様替をする場合においては、同条第3項第三号及び第四号の規定にかかわらず、引き続き、建築基準法令の規定は、適用しない。
3. 高さ6mの観覧車を築造する場合においては、建築基準法第20条の規定が準用される。

4.　特定行政庁は、国際的な規模の競技会の用に供することにより1年を超えて使用する特別の必要がある仮設興行場について、安全上、防火上及び衛生上支障がなく、かつ、公益上やむを得ないと認める場合においても、あらかじめ、建築審査会の同意を得なければ、その建築を許可することはできない。

5.　建築基準法の構造耐力や防火区画等の規定に違反があった場合において、その違反が建築主の故意によるものであるときは、設計者又は工事施工者を罰するほか、当該建築主にも罰則が適用される。

解説　1.（法93条1項、令147条の3）防火地域及び準防火地域外における一戸建て住宅（住宅以外の用途に供する部分の床面積の合計が延べ面積の1/2以上であるもの又は50m²を超えるものを除く）の場合、消防長又は消防署長の同意は不要である。

2.（法86条の7第1項、法3条2項）

3.（法88条1項、令138条2項三号、法20条）

4.（法85条6・7・8項）特定行政庁は、国際的な規模の競技会の用に供することにより1年を超えて使用する特別の必要がある仮設興行場等について、安全上、防火上及び衛生上支障がなく、かつ、公益上やむを得ないと認める場合においては、あらかじめ、建築審査会の同意を得て、当該仮設興行場等の使用上必要と認める期間を定めてその建築を許可することができる。

5.（法98条2項・1項二・三号）　**正解1**

R05	R04	R03	R02	R01	H30	H29

問題04 Ⅱ20　次の記述のうち、建築基準法上、**誤っている**ものはどれか。

1.　都市計画区域内において、特定行政庁により、安全上、防火上及び衛生上支障がないと認められ、原則として、1年以内の期間を定めて、その建築が許可された仮設店舗は、建築基準法第56条（建築物の各部分の高さ）及び第56条の2（日影による中高層の建築物の高さの制限）の規定が適用されない。

2.　建築物の敷地が高度地区の内外にわたる場合においては、その建築物又はその敷地の全部について敷地の過半の属する地区内の建築物に関する法律の規定が適用される。

3.　「簡易な構造の建築物に対する制限の緩和」の規定の適用を受ける建築物は、建築基準法第61条（防火地域及び準防火地域内の建築物）の規定が適用されない。

4.　工事を施工するために現場に設ける事務所についても、建築基準法第28条の2（石綿その他の物質の飛散又は発散に対する衛生上の措置）の規定が適用される。

5. 建築基準法第3条第2項の規定により所定の建築基準法令の規定の適用を受けない建築物について政令で定める範囲内において増築をする場合においても、建築基準法第22条（屋根）の規定が適用される。

解説 1.（法85条6項）
2.（法91条）建築物の敷地が高度地区の内外にわたる場合、その建築物又はその敷地の全部について敷地の過半の属する地区内の建築物に関する法律の規定が適用されない。
3.（法84条の2）
4.（法85条2項）
5.（法86条の7第1項、法3条2項） 正解2

R05	R04	R03	R02	R01	H30	H29

問題05 Ⅱ 20 次の記述のうち、建築基準法上、**正しい**ものはどれか。

1. 延べ面積250 m^{2}の物品販売業を営む店舗を患者の収容施設がある診療所に用途を変更する場合においては、確認済証の交付を受ける必要はない。
2. 高さ2.2 mの擁壁を築造する場合においては、建築基準法第20条の規定は準用されない。
3. 工事を施工するために現場に設ける事務所を建築しようとする場合においては、確認済証の交付を受ける必要がある。
4. 木造2階建て、延べ面積150 m^2、高さ7 mの既存の一戸建て住宅に、増築を行わずにエレベーターを設ける場合においては、確認済証の交付を受ける必要はない。
5. 特定行政庁は、国際的な規模の会議の用に供することにより1年を超えて使用する特別の必要がある仮設興行場等について、安全上、防火上及び衛生上支障がなく、かつ、公益上やむを得ないと認める場合においても、1年を超える期間を定めてその建築を許可することはできない。

解説 1.（法6条1項一号、法87条1項、令137条の18第三号、令19条1項）確認済証の交付を受けずに患者の収容施設がある診療所に用途を変更することができる特殊建築物は、第一種低層住居専用地域、第二種低層住居専用地域、又は田園住居地域以外にある児童福祉施設等のみである。
2.（法88条1項、令138条1項五号）高さが2 mを超える擁壁を築造する場合においては、建築基準法20条の規定は準用される。
3.（法85条2項）工事を施工するために現場に設ける事務所を建築しようとする場合は、確認済証の交付を受ける必要がない。
4.（法87条の4、令146条1項一号、法6条1項一～三号）

5. （法 85 条 7 項）特定行政庁は、国際的な規模の会議の用に供することにより 1 年を超えて使用する特別の必要がある仮設興行場等について、安全上、防火上及び衛生上支障がなく、かつ、公益上やむを得ないと認める場合においては、当該仮設興行場等の使用上必要と認める期間を定めてその建築を許可することができる。 正解 4

R05	R04	R03	R02	R01	H30	H29

問題 06 Ⅱ 20 * 建築物の用途の変更に関する次の記述のうち、建築基準法上、**誤っている**ものはどれか。ただし、特定行政庁の許可は受けないものとする。

1. 木造、延べ面積 220 m² の住宅を寄宿舎に用途の変更をする場合においては、確認済証の交付を受ける必要がある。
2. 確認済証の交付を受けなければならない用途の変更の場合における確認申請書には、基礎伏図、各階床伏図、小屋伏図及び構造詳細図の添付は不要である。
3. 用途の変更について確認済証の交付を受けた建築物において、当該用途の変更に係る工事を完了したときは、建築主事に届け出なければならない。
4. 第一種中高層住居専用地域内の平家建て、床面積の合計が 90 m² の自動車車庫は、工場に用途の変更をすることができる。
5. 確認済証の交付を受けなければならないにもかかわらず、確認済証の交付を受けずに用途の変更をした建築主は、1 年以下の懲役又は 100 万円以下の罰金に処せられる。

解説 1. （法 6 条 1 項一号、別表第 1（い）欄（二）項、法 87 条 1 項、令 137 条の 18 第五号）寄宿舎への用途変更において、確認済証の交付が必要ないものは下宿のみである。よって、住宅から寄宿舎への用途に供する部分の床面積の合計が 200m² を超えるものへの用途変更は確認済証の交付を受ける必要がある。

2. （法 87 条 1 項、法 6 条 1 項一号・9 項、則 1 条の 3 第 1 項一号イ・同表 1（は）項）

3. （法 87 条 1 項、法 7 条 1 項）用途変更に係る工事を完了したときは、法 7 条 1 項中「建築主事の検査を申請しなければならない」を「建築主事に届け出なければならない」と読み替える。

4. （法 87 条 2 項、法 48 条 3 項、別表第 2（は）欄）建築物の用途変更は、法 48 条「用途地域等内の建築物の制限」が適用される。よって、工場への用途変更は、第一種中高層住居専用地域内に建築することのできる建築物に該当しないので、用途変更することができない。

5. （法 99 条 1 項一号、法 87 条 1 項） 正解 4

R05	R04	R03	R02	R01	H30	H29

問題 07 Ⅱ 20 次の記述のうち、建築基準法上、**誤っている**ものはどれか。

1. 確認済証の交付を受けた後でなければすることができない建築物の建築の工事を、確認済証の交付を受けないでした工事施工者は、罰則の適用の対象となる。
2. 非常災害が発生した区域又はこれに隣接する区域で特定行政庁が指定するものの内において、被災者が自ら使用するために建築する延べ面積 30m^2 以内の応急仮設建築物で、その災害が発生した日から1月以内にその工事に着手するものについては、防火地域内に建築する場合を除き、建築基準法令の規定は、適用しない。
3. 建築基準法第20条の規定に違反する建築物の設計及び工事監理を建築主が故意に指示し、やむを得ず建築士がそれに従って設計及び工事監理をした場合であっても、当該建築主だけでなく、当該建築士も罰則の適用の対象となる。
4. 高さ2mの擁壁には、建築基準法第20条の規定が準用される。
5. 木造3階建ての一戸建て住宅の2階及び3階に設けるバルコニーの周囲には、安全上必要な高さが1.1m以上の手すり壁、柵又は金網を設けなければならない。

解説 1.（法99条1項二号、法6条8項）確認済証の交付を受けないでした工事施工者は、1年以下の懲役又は100万円以下の罰金に処せられる。

2.（法85条1項二号）

3.（法98条第1項二号・2項、法99条第1項八号・2項）法20条の規定に違反する建築物の設計及び工事監理をした設計者には罰則が適用される。また、当該違反が建築主の故意によるものである場合、同様の罰則が適用される。

4.（法88条1項、令138条1項五号）高さ2m以下の擁壁には、法20条の規定が準用されない。

5.（令126条1項、令117条1項）階数3以上の建築物において、2階以上の階にあるバルコニーの周囲には、安全上必要な高さが1.1m以上の手すり壁、柵又は金網を設けなければならない。

正解 4

学科Ⅱ

22 建築士法

R05	R04	R03	R02	R01	H30	H29

問題01 Ⅱ 21 建築士事務所に関する次の記述のうち、建築士法上、**誤っている**ものはどれか。

1. 建築士は、他人の求めに応じ報酬を得て、建築物の建築に関する法令又は条例の規定に基づく手続の代理のみを業として行おうとするときであっても、建築士事務所を定めて、その建築士事務所について、都道府県知事（都道府県知事が指定事務所登録機関を指定したときは、原則として、当該指定事務所登録機関）の登録を受けなければならない。
2. 建築士事務所の開設者は、設計受託契約を建築主と締結しようとするときは、あらかじめ当該建築主に対し、管理建築士等をして、重要事項の説明をさせなければならない。
3. 建築士事務所の開設者と管理建築士とが異なる場合においては、その開設者は、管理建築士から建築士事務所の業務に係る所定の技術的事項に関し、その業務が円滑かつ適切に行われるよう必要な意見が述べられた場合には、その意見を尊重しなければならない。
4. 建築士事務所の開設者は、設計等の業務に関し生じた損害を賠償するために必要な金額を担保するための保険契約の締結その他の措置を講ずるよう努めなければならない。
5. 建築士事務所の開設者は、当該建築士事務所の業務の実績を記載した書類を、当該書類を備え置いた日から起算して15年を経過する日までの間、当該建築士事務所に備え置き、設計等を委託しようとする者の求めに応じ、閲覧させなければならない。

解説 1. （士法23条1項）建築士は、他人の求めに応じ報酬を得て、設計、工事監理、建築工事契約に関する事務、建築工事の指導監督、建築物に関する調査・鑑定又は建築物の建築に関する法令・条例に基づく手続きの代理を業として行おうとするときは、建築士事務所を定めて、その建築事務所について都道府県知事の登録を受けなければならない。

2. （士法24条の7第1項、則22条の2の2）

3. （士法24条4・5項）
4. （士法24条の9）
5. （士法24条の6第一号、同則22条の2第5・2項）建築士事務所の開設者は、当該建築士事務所の業務の実績を記載した書類を、当該書類を備え置いた日から起算して3年を経過する日までの間、当該建築士事務所に備え置き、設計等を委託しようとする者の求めに応じ、閲覧させなければならない。 正解5

R05	R04	R03	R02	R01	H30	H29

問題02 II 22 次の記述のうち、建築士法上、**誤っている**ものはどれか。

1. 建築士事務所の開設者は、当該建築士事務所に属する建築士の氏名及び業務の実績を記載した書類を当該建築士事務所に備え置かず、又は設計等を委託しようとする者の求めに応じて閲覧させなかったときは、30万円以下の罰金に処せられる。
2. 二級建築士は、木造3階建て、延べ面積120 m²、高さ12 m、軒の高さ10 mの一戸建て住宅の新築に係る設計をすることができる。
3. 二級建築士事務所の開設者は、当該二級建築士事務所を管理する専任の二級建築士を置かなければならない。
4. 建築士事務所の管理建築士は、その建築士事務所が受託しようとする業務を担当させる建築士その他の技術者の選定及び配置等の技術的事項を総括する。
5. 二級建築士は、設計図書の一部を変更した場合は、その設計図書に二級建築士である旨の表示をして記名しなければならない。

解説 1. （士法40条十四号・24条の6第二号）

2. （士法3条第1項二号）一級建築士でなければ設計してはならない建築物を除く建築物は、二級建築が設計することができる。よって、二級建築士は、軒の高さが9 mを超える木造の一戸建て住宅の新築に係る設計をすることができない。
3. （士法24条1項）
4. （士法24条3項二号）
5. （士法20条1項） 正解2

R05	R04	R03	R02	R01	H30	H29

問題03 II 21 次の記述のうち、建築士法上、**誤っている**ものはどれか。

1. 二級建築士は、設計図書の一部を変更した場合においては、その設計図書に二級建築士である旨の表示をして記名しなければならない。
2. 二級建築士は、原則として、木造2階建て、延べ面積800 m²、高さ12 m、軒の高さ9 mの共同住宅の新築に係る設計をすることができない。

3. 二級建築士は、他の二級建築士の設計した設計図書の一部を変更しようとするときは、当該二級建築士の承諾を求めなければならないが、承諾が得られなかったときは、自己の責任において、その設計図書の一部を変更することができる。
4. 都道府県知事は、二級建築士の業務の適正な実施を確保するため必要があると認めるときは、二級建築士に対しその業務に関し必要な報告を求めることができる。
5. 建築士事務所に属する二級建築士は、直近の二級建築士定期講習を受けた日の属する年度の翌年度の開始の日から起算して3年以内に、二級建築士定期講習を受けなければならない。

解説 1.（士法20条1項）二級建築士は、設計を行った場合においては、その設計図書に二級建築士である旨の表示をして記名しなければならない。設計図書の一部を変更した場合も同様とする。
2.（士法3条第1項）一級建築士でなければ設計してはならない建築物を除く建築物は、二級建築士が設計することができる。よって、設問の共同住宅の新築に係る設計をすることができる。
3.（士法19条）
4.（士法10条の2第2項）
5.（士法22条の2第二号、別表第2（2）の項、同則第17条の36） 正解2

R05	R04	R03	R02	R01	H30	H29

問題04 II 22 建築士事務所に関する次の記述のうち、建築士法上、**誤っている**ものはどれか。
1. 管理建築士は、重要事項を記載した書面の交付に代えて、建築主の承諾を得た場合であっても、当該書面に記載すべき事項を電子情報処理組織を使用する方法により提供してはならない。
2. 建築士事務所の登録は、5年間有効であり、その更新の登録を受けようとする者は、有効期間満了の日前30日までに登録申請書を提出しなければならない。
3. 建築士事務所の開設者は、事業年度ごとに、設計等の業務に関する報告書を作成し、毎事業年度経過後3月以内に当該建築士事務所に係る登録をした都道府県知事に提出しなければならない。
4. 建築士は、他人の求めに応じ報酬を得て、建築工事の指導監督のみを業として行おうとする場合であっても、建築士事務所を定めて、その建築士事務

所について、都道府県知事（都道府県知事が指定事務所登録機関を指定したときは、原則として、当該指定事務所登録機関）の登録を受けなければならない。

5. 建築士事務所に属する建築士が当該建築士事務所の業務として作成した設計図書又は工事監理報告書で、建築士事務所の開設者が保存しなければならないものの保存期間は、当該図書を作成した日から起算して15年間である。

解説 1.（士法24条の7第3項）管理建築士等は、重要事項を記載した書面の交付に代えて、当該建築主の承諾を得て、当該書面に記載すべき事項を電子情報処理組織を使用する方法により提供することができる。この場合において、当該建築士等は、当該書面を交付したものとみなす。

2. （士法23条3・2項、同則18条）

3. （士法23条の6）

4. （士法23条1項）建築士は、他人の求めに応じ報酬を得て、設計、工事監理、建築工事契約に関する事務、建築工事の指導監督、建築物に関する調査・鑑定又は建築物の建築に関する法令・条例に基づく手続きの代理を業として行おうとするときは、建築士事務所を定めて、その建築事務所について都道府県知事の登録を受けなければならない。

5. （士法24条の4第2項、同則21条4項一・二号・5項） 正解 1

R05	R04	R03	R02	R01	H30	H29

問題05 Ⅱ 21 次の建築物を新築する場合、建築士法上、二級建築士が**設計してはならない**ものはどれか。ただし、建築基準法第85条第1項又は第2項に規定する応急仮設建築物には該当しないものとする。

1. 延べ面積1,600 m²、高さ6 m、木造平家建ての老人ホーム
2. 延べ面積800 m²、高さ12 m、軒の高さ9 m、木造3階建ての共同住宅
3. 延べ面積600 m²、高さ9 m、木造2階建ての病院
4. 延べ面積300 m²、高さ9 m、鉄骨造2階建ての美術館
5. 延べ面積200 m²、高さ13 m、軒の高さ9 m、鉄骨造3階建ての事務所

解説 一級建築士でなければ設計してはならない建築物を除く建築物は、二級建築士が設計することができる。

3. （士法3条第1項一号）病院の用途に供する建築物で、延べ面積が500 m²を超えるものは、一級建築士でなければ設計してはならない。 正解 3

R05	R04	R03	R02	R01	H30	H29

問題06 Ⅱ 22 建築士事務所に関する次の記述のうち、建築士法上、**誤ってい**

るものはどれか。

1. 建築士事務所の開設者は、建築物の建築に関する法令又は条例の規定に基づく手続の代理の業務について、建築主と契約の締結をしようとするときは、あらかじめ、当該建築主に対し、重要事項の説明を行わなければならない。
2. 建築士事務所に属する建築士が当該建築士事務所の業務として作成した設計図書又は工事監理報告書で、建築士事務所の開設者が保存しなければならないものの保存期間は、当該図書を作成した日から起算して15年間である。
3. 建築士事務所を管理する専任の建築士が置かれていない場合、その建築士事務所の登録は取り消される。
4. 建築士事務所の開設者は、委託者の許諾を得た場合においても、委託を受けた設計又は工事監理（いずれも延べ面積が300m²を超える建築物の新築工事に係るものに限る。）の業務を、それぞれ一括して他の建築士事務所の開設者に委託してはならない。
5. 建築士は、他人の求めに応じ報酬を得て、建築工事の指導監督のみを業として行おうとするときであっても、建築士事務所を定めて、その建築士事務所について、登録を受けなければならない。

解説 1. （士法24条の7第1項）建築士事務所の開設者は、設計受託契約又は工事監理受託契約を建築主と締結しようとするときは、あらかじめ、当該建築主に対し、管理建築士等をして、設計受託契約又は工事監理受託契約の内容及びその履行に関する所定の事項を記載した書面を交付して説明をさせなければならない。「建築物の建築に関する法令又は条例の規定に基ずく手続きの代理業務」は含まない。

2. （士法24条の4第2項、同則21条5・4項）

3. （士法26条1項二号、同法23条の4第1項十号、同法24条1項）

4. （士法24条の3第2項）

5. （士法23条1項）

正解 1

R05	R04	R03	R02	R01	H30	H29

問題07 Ⅱ21 イ～ニの建築物を新築する場合、建築士法上、二級建築士が**設計してはならないもののみの組合せ**は、次のうちどれか。ただし、建築基準法第85条第1項又は第2項に規定する応急仮設建築物には該当しないものとする。

イ．延べ面積1,200m²、高さ6m、軒の高さ4m、木造平家建ての老人ホーム

ロ．延べ面積1,100m²、高さ10m、軒の高さ8m、木造2階建ての共同住宅

ハ．延べ面積600m²、高さ12m、軒の高さ9m、木造2階建ての劇場

ニ．延べ面積300m²、高さ9m、鉄骨造平家建ての機械製作工場

1. イとロ
2. イとハ
3. イとニ
4. ロとハ
5. ロとニ

解説 （士法3条・3条の2）一級建築士でなければ設計することができない建築物を除く建築物は、二級建築士が設計することができる。

イ．（士法3条1項）該当しないので二級建築士が設計することができる。

ロ．（士法3条1項四号）延べ面積が1,000 m² を超え、かつ階数が2以上の建築物は、一級建築士でなければ設計することができない。

ハ．（士法3条1項一号）延べ面積が500 m² を超える劇場は、一級建築士でなければ設計することができない。

ニ．（士法3条1項）該当しないので二級建築士が設計することができる。 正解 4

R05	R04	R03	R02	R01	H30	H29

問題08 II 22 建築士事務所に関する次の記述のうち、建築士法上、**誤っている**ものはどれか。

1. 建築士事務所の開設者は、設計等の業務に関し生じた損害を賠償するために必要な金額を担保するための保険契約の締結その他の措置を講ずるよう努めなければならない。
2. 建築士事務所の開設者と管理建築士とが異なる場合においては、その開設者は、管理建築士から建築士事務所の業務に係る所定の技術的事項に関し、その業務が円滑かつ適切に行われるよう必要な意見が述べられた場合には、その意見を尊重しなければならない。
3. 建築士事務所の開設者が建築主との工事監理受託契約の締結に先立って管理建築士等に重要事項の説明をさせる際には、管理建築士等は、当該建築主に対し、所定の建築士免許証又は所定の建築士免許証明書を提示しなければならない。
4. 管理建築士は、建築士として建築物の設計、工事監理等に関する所定の業務に3年以上従事した後、登録講習機関が行う管理建築士講習の課程を修了した建築士でなければならない。
5. 建築士は、自らが建築主となる建築物のみの設計等をする場合であっても、建築士事務所を定めて、その建築士事務所について、都道府県知事（都道府県知事が指定事務所登録機関を指定したときは、原則として、当該指定事務所登録機関）の登録を受けなければならない。

解説 1.（士法24条の9）
2.（士法24条4・5項）
3.（士法24条の7第2項）
4.（士法24条2項、士法別表第3）
5.（士法23条1項、士法26条の3第1項）建築士は、他人の求めに応じ報酬を得て設計等を業として行おうとするときは、建築士事務所を定めて、その建築士事務所について都道府県知事の登録を受けなければならない。よって、自らが建築主となる建築物のみの設計等をする場合は登録の必要はない。 正解5

R05	R04	R03	R02	R01	H30	H29

問題09 Ⅱ21 建築士事務所に所属し、建築に関する業務に従事する二級建築士に関する次の記述のうち、建築士法上、**誤っている**ものはどれか。

1. 二級建築士は、一級建築士でなければ設計又は工事監理をしてはならない建築物について、原則として、建築工事契約に関する事務及び建築工事の指導監督の業務を行うことができる。
2. 一級建築士でなければ設計又は工事監理をしてはならない建築物の新築に係る設計をした二級建築士は、1年以下の懲役又は100万円以下の罰金に処せられる。
3. 二級建築士は、他の二級建築士の設計した設計図書の一部を変更しようとする場合において、当該二級建築士から承諾が得られなかったときは、自己の責任において、その設計図書の一部を変更することができる。
4. 二級建築士は、勤務先の名称に変更があったときは、その日から30日以内に、その旨を、免許を受けた都道府県知事及び住所地の都道府県知事に届け出なければならない。
5. 二級建築士は、5年ごとに、登録講習機関が行う所定の二級建築士定期講習を受けなければならない。

解説 1.（士法21条）
2.（士法38条三号、士法3条1項）
3.（士法19条）
4.（士法5条の2第2項、同則8条1項三号）
5.（士法22条の2第二号、別表第2（二）の項、同則第17条の36）登録講習機関が行う所定の二級建築士定期講習を、直近のものを受けた日の属する年度の翌年度の開始の日から起算して3年ごとに受講しなければならない。 正解5

R05	R04	R03	R02	R01	H30	H29

問題 10 Ⅱ 22 次の記述のうち、建築士法上、**誤っている**ものはどれか。

1. 二級建築士は、鉄筋コンクリート造3階建て、延べ面積100 m²、高さ9 m の建築物の新築に係る設計をすることができる。
2. 建築士事務所の登録は、5年間有効であり、その更新の登録を受けようとする者は、有効期間満了の日までに登録申請書を提出しなければならない。
3. 建築士事務所の開設者は、当該建築士事務所の業務の実績等を記載した書類等を、当該書類等を備え置いた日から起算して3年を経過する日までの間、当該建築士事務所に備え置き、設計等を委託しようとする者の求めに応じ、閲覧させなければならない。
4. 建築士事務所を管理する専任の建築士が置かれていない場合、その建築士事務所の登録は取り消される。
5. 建築士事務所の開設者は、委託者の許諾を得た場合においても、委託を受けた設計又は工事監理の業務を建築士事務所の開設者以外の者に委託してはならない。

解説 1. （士法3条1項）二級建築士は、一級建築士でなければ設計することができない建築物以外の建築物を設計することができる。

2. （士法23条3・2項、同則18条）建築士事務所の登録は、5年間有効であり、その更新の登録を受けようとする者は、有効期間満了の日前30日までに登録申請書を提出しなければならない。
3. （士法24条の6、同則22条の2第5・2項）
4. （士法26条1項二号、同法23条の4第1項十号、同法24条1項）
5. （士法24条の3第1項）建築士事務所の開設者は、委託者の許諾を得た場合においても、委託を受けた設計又は工事監理を建築士事務所登録をしていない者へ委託してはならない。

正解 2

R05	R04	R03	R02	R01	H30	H29

問題 11 Ⅱ 21 次の建築物を新築する場合、建築士法上、二級建築士が**設計してはならない**ものはどれか。ただし、建築基準法第85条第1項又は第2項に規定する応急仮設建築物には該当しないものとする。

1. 延べ面積200 m²、高さ8 m、鉄筋コンクリート造2階建ての住宅
2. 延べ面積400 m²、高さ9 m、鉄骨造平家建ての機械製作工場
3. 延べ面積500 m²、高さ12 m、軒の高さ9 m、木造2階建ての病院
4. 延べ面積1,000 m²、高さ10 m、軒の高さ8 m、木造2階建ての共同住宅
5. 延べ面積1,200 m²、高さ6 m、軒の高さ4 m、木造平家建ての老人ホーム

解説 一級建築士でなければ設計してはならない建築物を除く建築物は、二級建築が設計することができる。

2. （士法3条第1項三号）鉄骨造の建築物で、延べ面積が300 m² を超えるものは、一級建築士でなければ設計してはならない。

正解 2

R05	R04	R03	R02	R01	H30	H29

問題 12 Ⅱ 22 次の記述のうち、建築士法上、**誤っている**ものはどれか。

1. 二級建築士試験に合格した日の属する年度の翌々年度に建築士事務所に所属した二級建築士であっても、所定の定期講習を受けたことがない場合には、当該建築士試験に合格した日の属する年度の翌年度の開始日から起算して3年以内に、所定の定期講習を受けなければならない。
2. 建築士は、工事監理を行う場合において、工事が設計図書のとおりに実施されていないと認めるときは、直ちに、工事施工者に対して、その旨を指摘し、当該工事を設計図書のとおりに実施するよう求め、当該工事施工者がこれに従わないときは、その旨を建築主に報告しなければならない。
3. 都道府県知事は、その免許を受けた二級建築士が業務に関して不誠実な行為をしたときは、当該二級建築士に対し、戒告し、若しくは1年以内の期間を定めて業務の停止を命じ、又はその免許を取り消すことができる。
4. 建築士事務所の開設者は、当該建築士事務所の業務の実績等を記載した書類を、当該書類を備え置いた日から起算して3年を経過する日までの間、当該建築士事務所に備え置き、設計等を委託しようとする者の求めに応じ、閲覧させなければならない。
5. 建築士事務所の開設者は、当該建築士事務所に属する建築士の氏名又はその者の一級建築士、二級建築士若しくは木造建築士の別について変更があったときは、2週間以内に、その旨を当該建築士事務所の所在地を管轄する都道府県知事（都道府県知事が指定事務所登録機関を指定したときは、原則として、当該指定事務所登録機関）に届け出なければならない。

解説 1. （士法22条の2第二号、同則17条の37表1号イ・2項）

2. （士法18条3項）

3. （士法10条1項二号）

4. （士法24条の6第一号、同則22条の2第5・2項）

5. （士法23条の5第2項、同法23条の2第五号）建築士事務所の開設者は、当該建築士事務所に属する建築士の氏名又はそのものの一級建築士、二級建築士もしくは木造建築士の別について変更があったときは、三ヶ月以内にその旨を当該建築所事務所の地を管轄する都道府県知事に届け出なければならない。

正解 5

R05	R04	R03	R02	R01	H30	H29

問題 13 II 21　次の記述のうち、建築士法上、**誤っている**ものはどれか。

1.　二級建築士は、設計等の委託者から請求があったときは、二級建築士免許証又は二級建築士免許証明書を提示しなければならない。

2.　建築士事務所に属する二級建築士は、直近の二級建築士定期講習を受けた日の属する年度の翌年度の開始の日から起算して 3 年以内に、二級建築士定期講習を受けなければならない。

3.　建築士法の規定に違反して二級建築士の免許を取り消され、その取消しの日から起算して 5 年を経過しない者は、二級建築士の免許を受けることができない。

4.　二級建築士は、原則として、鉄筋コンクリート造 2 階建て、延べ面積 450 m²、高さ 10 m の映画館の新築に係る設計をすることができない。

5.　延べ面積 300 m² の建築物の新築に係る設計受託契約の当事者は、契約の締結に際して、作成する設計図書の種類、設計に従事することとなる建築士の氏名、報酬の額、その他所定の事項について書面に記載し、署名又は記名押印をして相互に交付しなければならない。

解説　1.（士法 19 条の 2）

2.（士法 22 条の 2 第二号、同則第 17 条の 36）

3.（士法 7 条四号、法 10 条 1 項一号）

4.（士法 3 条 1 項三号）鉄筋コンクリート造の建築物で延べ面積が 300m² を超えるものは、1 級建築士でなければ設計することはできない。

5.（士法 22 条の 3 の 3 第 1 項）延べ面積 300 m² を超える建築物の新築に係る設計受託契約の当事者は、契約の締結に際して、作成する設計図書の種類、設計に従事することとなる建築士の氏名、報酬の額及び支払の時期、その他所定の事項を書面に記載し、署名又は記名押印をして相互に交付しなければならない。　正解 5

R05	R04	R03	R02	R01	H30	H29

問題 14 II 22　建築士事務所に関する次の記述のうち、建築士法上、**誤っている**ものはどれか。

1.　建築士は、他人の求めに応じ報酬を得て、建築工事の指導監督のみを業として行おうとするときであっても、建築士事務所を定めて、その建築士事務所について、都道府県知事（都道府県知事が指定事務所登録機関を指定したときは、原則として、当該指定事務所登録機関）の登録を受けなければならない。

2.　建築士事務所の開設者は、建築物の建築に関する法令又は条例の規定に基づく手続の代理の業務について、建築主と契約の締結をしようとするときは、あらかじめ、当該建築主に対し、重要事項の説明を行わなければならない。

3.　建築士事務所の開設者は、委託者の許諾を得た場合においても、委託を受けた設計又は工事監理（いずれも延べ面積が 300 m² を超える建築物の新築工事に係るものに限る。）の業務を、それぞれ一括して他の建築士事務所の開設者に委託してはならない。

4.　建築士事務所の開設者と管理建築士とが異なる場合においては、その開設者は、管理建築士から建築士事務所の業務に係る所定の技術的事項に関し、その業務が円滑かつ適切に行われるよう必要な意見が述べられた場合には、その意見を尊重しなければならない。

5.　建築士事務所の開設者は、設計等の業務に関し生じた損害を賠償するために必要な金額を担保するための保険契約の締結その他の措置を講ずるよう努めなければならない。

解説 1.（士法 23 条 1 項）

2.（士法 24 条の 7 第 1 項）建築士事務所の開設者は、設計受託契約又は工事監理受託契約を建築主と締結しようとするときは、あらかじめ、当該建築主に対し、管理建築士等をして、設計受託契約又は工事監理受託契約の内容及びその履行に関する所定の事項を記載した書面を交付して説明をさせなければならない。「建築物の建築に関する法令又は条例の規定に基づく手続の代理の業務」は含まない。

3.（士法 24 条の 3 第 2 項）

4.（士法 24 条 4・5 項）

5.（士法 24 条の 9）　**正解 2**

【学科Ⅱ】
23 関係法令総合

R05	R04	R03	R02	R01	H30	H29

問題 01 Ⅱ 23 イ～ニの記述について、「高齢者、障害者等の移動等の円滑化の促進に関する法律」上、**正しいもののみの組合せ**は、次のうちどれか。

イ．移動等円滑化経路を構成する出入口の幅は、80 cm 以上でなければならない。

ロ．浴室は、「建築物特定施設」に該当する。

ハ．建築主等は、床面積 250 m² の店舗併用住宅を改築するとき、当該建築物を建築物移動等円滑化基準に適合させなければならない。

ニ．建築主等は、認定を受けた特別特定建築物の建築等及び維持保全の計画の変更をしようとするときは、市町村長に届け出なければならない。

1.　イとロ
2.　イとハ
3.　ロとハ
4.　ロとニ
5.　ハとニ

解説 イ．（バリアフリー令 18 条 2 項二号イ）

ロ．（バリアフリー法 2 条二十号、同令 6 条十号、同則 3 条二号）

ハ．（バリアフリー法 14 条 1 項・2 条十九号、同令 5 条）床面積 250 m² の店舗併用住宅は、特別特定建築物に該当しないので、「建築物移動等円滑化基準」に適合させなくてもよい。

ニ．（バリアフリー法 18 条 1 項・17 条 1・3 項）認定建築主等（建築等及び維持保全の計画を認定された特定建築物の建築主）は、認定を受けた特定建築物の建築等及び維持保全の計画の変更をしようとするときは、所管行政庁の認定を受けなければならない。

正解 1

R05	R04	R03	R02	R01	H30	H29

問題 02 Ⅱ 24 次の記述のうち、「建築物のエネルギー消費性能の向上に関する法律」上、**誤っている**ものはどれか。

1. 延べ面積 300 m² の観覧場（壁を有しないことその他の高い開放性を有するものとして国土交通大臣が定めるもの）を新築する場合、当該建築物を建築物エネルギー消費性能基準に適合させる必要はない。
2. 建築主は、特定建築物以外の建築物で床面積の合計が 300 m² のものを新築する場合、その工事に着手する日の 7 日前までに、当該建築物のエネルギー消費性能の確保のための構造及び設備に関する計画を所管行政庁に届け出なければならない。
3. エネルギー消費性能とは、建築物の一定の条件での使用に際し消費されるエネルギー（エネルギーの使用の合理化等に関する法律第 2 条第 1 項に規定するエネルギーで、建築物に設ける空気調和設備等において消費されるもの）の量を基礎として評価される性能をいう。
4. 建築主等は、エネルギー消費性能の向上に資する建築物の新築をしようとするときは、建築物エネルギー消費性能向上計画を作成し、所管行政庁の認定を申請することができる。
5. 建築主は、その修繕等をしようとする建築物について、建築物の所有者、管理者又は占有者は、その所有し、管理し、又は占有する建築物について、エネルギー消費性能の向上を図るよう努めなければならない。

解説 1. （建築物のエネルギー消費性能の向上に関する法律 11 条 1 項・18 条一号、同令 4 条 1 項・6 条 1 項二号）建築主は、特定建築行為（特定建築物（非住宅部分（300 m² 以上）の新築））をしようとするときは、当該特定建築物を建築物エネルギー消費性能基準に適合させなければならない。ただし、観覧場の用途（壁を有しないことその他の高い開放性を有するものとして国土交通大臣が定めるものに限る）に供する建築物を除く。
2. （建築物のエネルギー消費性能の向上に関する法律 19 条 1 項一号、同令 7 条 1 項）建築主は、特定建築物以外の建築物で床面積の合計が 300 m² のものを新築する場合、その工事に着手する日の 21 日前までに、当該建築物のエネルギー諸費性能の確保のための構造及び設備に関する計画を所管行政庁に届け出なければならない。
3. （建築物のエネルギー消費性能の向上に関する法 2 条 1 項二号）
4. （建築物のエネルギー消費性能の向上に関する法律 34 条 1 項）
5. （建築物のエネルギー消費性能の向上に関する法律 6 条 2 項） **正解 2**

R05	R04	R03	R02	R01	H30	H29

問題 03 Ⅱ 25 次の記述のうち、**誤っている**ものはどれか。
1. 「民法」上、建物を築造するには、原則として、境界線から 50 cm 以上の距離を保たなければならない。

2. 「住宅の品質確保の促進等に関する法律」上、新たに建設された住宅で、まだ人の居住の用に供したことのないものであり、建設工事の完了の日から起算して1年を経過していないものは、「新築住宅」である。
3. 「景観法」上、景観計画区域内において、建築物の建築等をしようとする者は、原則として、あらかじめ、所定の事項を景観行政団体の長に届け出なければならず、景観行政団体がその届出を受理した日から当該届出に係る行為に着手することができる。
4. 「建築物の耐震改修の促進に関する法律」上、特定既存耐震不適格建築物である木造2階建て、床面積の合計が500 m²の幼稚園の用に供する建築物の所有者は、当該建築物について耐震診断を行い、その結果、地震に対する安全性の向上を図る必要があると認められるときは、耐震改修を行うよう努めなければならない。
5. 「建設業法」上、建設業者は、下請契約を締結して、元請負人から請け負った建設工事を施工するときは、当該工事現場における建設工事の施工の技術上の管理をつかさどる主任技術者を置かなければならない。

解説 1. （民法234条）
2. （住宅の品質確保の促進等に関する法律2条2項）
3. （景観法16条1項一号18条）景観計画区域内において、建築物の建築等をしようとする者は、原則として、あらかじめ、所定の事項を景観行政団体の長に届けなければならず、景観行政団体がその届け出を受理した日から30日を経過した後でなければ、当該届出に係る行為（根切り工事その他の政令で定める工事に係るものを除く）に着手してはならない。
4. （耐震改修促進法14条、同令6条2項一号）
5. （建設業法26条1項）

正解 3

R05	R04	R03	R02	R01	H30	H29

問題04 II 23 次の記述のうち、**誤っている**ものはどれか。
1. 「高齢者、障害者等の移動等の円滑化の促進に関する法律」上、建築主等は、特定建築物の建築をしようとするときは、特定建築物の建築等及び維持保全の計画を作成し、所管行政庁の認定を申請することができる。
2. 「都市の低炭素化の促進に関する法律」上、特定建築物の整備に関する事業を施行しようとする者は、集約都市開発事業計画を作成し、市町村長の認定を申請することができる。
3. 「建築物のエネルギー消費性能の向上に関する法律」上、建築主は、特定

建築行為をしようとするときは、特定建築物のエネルギー消費性能の確保のための構造及び設備に関する計画を提出して、所管行政庁又は登録建築物エネルギー消費性能判定機関の建築物エネルギー消費性能適合性判定を受けなければならない。

4. 「建築物における衛生的環境の確保に関する法律」上、特定建築物所有者等は、当該特定建築物が使用されるに至ったときは、その日から1箇月以内に、当該特定建築物の所在場所、用途、延べ面積及び構造設備の概要等を都道府県知事（保健所を設置する市又は特別区にあっては、市長又は区長）に届け出なければならない。

5. 「長期優良住宅の普及の促進に関する法律」上、住宅の建築をしてその構造及び設備を長期使用構造等とし、自らその建築後の住宅の維持保全を行おうとする者は、当該住宅の長期優良住宅建築等計画を作成し、建築主事又は指定確認検査機関の認定を申請することができる。

解説 1.（バリアフリー法17条1項）建築主等は、特定建築物の建築、修繕又は模様替（建築等という）をしようとするときは、特定建築物の建築等及び維持保全の計画を作成し、所管行政庁の認定を申請することができる。

2. （都市の低炭素化の促進に関する法律9条1項）

3. （建築物のエネルギー消費性能の向上に関する法律12条1項）

4. （建築物における衛生的環境の確保に関する法律5条1項・2条、同令1条）

5. （長期優良住宅普及促進法5条1項・2条6項）住宅の建築をしてその構造及び設備を長期使用構造等とし、自らその建築後の住宅の維持保全を行おうとする者は、当該住宅の長期優良住宅建築等計画を作成し、建築主事を置く市町村又は特別区の長、その他の市町村又は特別区の区域は都道府県知事の認定を申請することができる。

正解5

R05	R04	R03	R02	R01	H30	H29

問題05 II 24　次の記述のうち、**誤っている**ものはどれか。

1. 「都市計画法」上、都市計画施設の区域内における地上2階建ての木造の建築物の改築をしようとする者は、都道府県知事等の許可を受けなくてもよい。

2. 「消防法」上、住宅の用途に供される防火対象物の関係者は、原則として、市町村条例に定める基準に従い、住宅用防災警報器又は住宅用防災報知設備を設置し、及び維持しなければならない。

3. 「高齢者、障害者等の移動等の円滑化の促進に関する法律」上、工場は、「特別特定建築物」である。

4. 「宅地建物取引業法」上、2以上の都道府県の区域内に事務所を設置して宅地建物取引業を営もうとする者は、国土交通大臣の免許を受けなければならない。

5. 「建設業法」上、建設業の許可は、5年ごとにその更新を受けなければ、その期間の経過によって、その効力を失う。

解説 1.（都計法53条1項一号、同令37条）都市計画施設の区域内における階数が2以下で、かつ、地階を有しない木造の建築物の改築又は移転をしようとする者は、都道府県知事の許可を受けなくてもよい。

2. （消防法9条の2第1項、同令5条の6）

3. （バリアフリー法2条十八・十九号、令4条十八号、同令5条）工場は、「特別特定建築物」ではなく「特定建築物」である。

4. （宅地建物取引業法3条1項）2以上の都道府県の区域内に事務所を設置して宅地建物取引業を営もうとする者は、国土交通大臣の免許を受けなければならない。1の道府県の区域内のみの場合にあっては、当該事務所の所在地を管轄する都道府県知事の免許を受けなければならない。

5. （建設業法3条3項・1項）

正解 3

R05	R04	R03	R02	R01	H30	H29

問題06 II 25 次の記述のうち、**誤っている**ものはどれか。

1. 「土地区画整理法」上、個人施行者が施行する土地区画整理事業の施行地区内において、その施行についての認可の公告があった日後、換地処分があった旨の公告のある日までは、建築物の改築を行う場合には、都道府県知事等の許可を受けなければならない。
2. 「建築物の耐震改修の促進に関する法律」上、建築物の耐震改修の計画が建築基準法第6条第1項の規定による確認を要するものである場合において、所管行政庁が計画の認定をしたときは、同法第6条第1項の規定による確認済証の交付があったものとみなす。
3. 「宅地建物取引業法」上、自ら所有する不動産の賃貸及び管理をする行為は、宅地建物取引業に該当する。
4. 「消防法」上、旅館において使用するカーテンは、政令で定める基準以上の防炎性能を有するものでなければならない。
5. 「建設業法」上、元請の建設業者が請け負った、木造2階建て、延べ面積300 m^2 の共同住宅の新築工事の場合は、あらかじめ発注者の書面による承諾を得たとしても、一括して他人に請け負わせることができない。

解説 1.（土地区画整理法76条1項一号、103条4項）

2. （耐震改修促進法 17 条 10 項）建築物の耐震改修の計画が建基法 6 条 1 項の規定による確認を要するものである場合において、所管行政庁が計画の認定をしたときは、同法 6 条 1 項の規定による確認済証の交付があったものとみなす。この場合において、所管行政庁は、その旨を建築主事に通知するものとする。

3. （宅地建物取引業法 2 条二号）不動産の賃貸及び管理をする行為は、宅地建物取引業に該当しない。宅地建物取引業は、次の 3 つを業として行うものをいう。①宅地・建物の売買・交換、②宅地・建物の売買・交換又は貸借の代理、③宅地・建物の売買・交換又は貸借の媒介。

4. （消防法 8 条の 3 第 1 項、同令 4 条の 3）

5. （建設業法 22 条 1･3 項、同令 6 条の 3）元請の建設業者が請け負った、共同住宅の新築工事の場合は、あらかじめ発注者の書面による承諾を得たとしても、建築物の規模にかかわらず一括して他人に請け負わせることができない。 正解 3

R05	R04	R03	R02	R01	H30	H29

問題 07 Ⅱ 23 次の記述のうち、「建築物の耐震改修の促進に関する法律」上、**誤っている**ものはどれか。

1. 建築物の耐震改修の計画が建築基準法第 6 条第 1 項の規定による確認を要するものである場合において、所管行政庁が計画の認定をしたときは、同法第 6 条第 1 項の規定による確認済証の交付があったものとみなす。
2. 耐震改修には、地震に対する安全性の向上を目的とした敷地の整備は含まれない。
3. 建築物について地震に対する安全性に係る基準に適合している旨の認定を所管行政庁から受けた者は、当該建築物（基準適合認定建築物）、その敷地又は広告等に、所定の様式により、当該建築物が認定を受けている旨の表示を付することができる。
4. 通行障害建築物は、地震によって倒壊した場合においてその敷地に接する道路の通行を妨げ、多数の者の円滑な避難を困難とするおそれのあるものとして政令で定める建築物である。
5. 要安全確認計画記載建築物の所有者は、当該建築物について、国土交通省令で定めるところにより、耐震診断を行い、その結果を、所定の期限までに所管行政庁に報告しなければならない。

解説 1. （耐震改修促進法 17 条 10 項）

2. （耐震改修促進法 2 条 2 項）「耐震改修」とは、地震に対する安全性の向上を目的として、増築、改築、修繕、模様替若しくは一部の除却又は敷地の整備をすることをいう。

3. （耐震改修促進法 22 条 3・2 項）
4. （耐震改修促進法 5 条 3 項二号）
5. （耐震改修促進法 7 条）

正解 2

R05	R04	R03	R02	R01	H30	H29

問題 08 II 24　次の記述のうち、**誤っている**ものはどれか。

1. 「高齢者、障害者等の移動等の円滑化の促進に関する法律」上、ホテルの客室は、「建築物特定施設」に該当する。
2. 「長期優良住宅の普及の促進に関する法律」上、長期優良住宅建築等計画の認定を受けようとする住宅の維持保全の期間は、建築後 30 年以上でなければならない。
3. 「長期優良住宅の普及の促進に関する法律」上、長期優良住宅建築等計画の認定を受けようとする一戸建ての専用住宅の規模は、少なくとも一の階の床面積（階段部分の面積を除く。）が 40 m² 以上であり、原則として、床面積の合計が 75 m² 以上でなければならない。
4. 「宅地造成等規制法」上、宅地造成工事規制区域内の宅地造成において、宅地以外の土地を宅地にするために行う切土であって、当該切土をした土地の部分に高さが 2 m の崖を生ずることになるもので、当該切土をする土地の面積が 500 m² の場合は、原則として、都道府県知事の許可を受けなければならない。
5. 「都市計画法」上、都市計画施設の区域内において、地階を有しない木造 2 階建て、延べ面積 100 m² の住宅を新築する場合は、原則として、都道府県知事等の許可を受けなければならない。

解説 1. （バリアフリー令 6 条七号）

2. （長期優良住宅普及促進法 6 条 1 項四号ロ）
3. （長期優良住宅普及促進法 6 条 1 項二号、同則 4 条）
4. （宅地造成等規制法 8 条 1 項・2 条二号、同令 3 条一・四号）宅地造成工事規制区域内の宅地造成において、宅地以外の土地を宅地にするために行う切土であって、当該切土をした土地の部分に高さ 2 m 以下の崖を生ずることになるもので、かつ、当該切土をする土地の面積が 500 m² 以下の場合は、都道府県知事の許可を受けなくてもよい。
5. （都計法 53 条 1 項一号、同令 37 条）都市計画施設の区域内において、階数が 2 以下で、かつ、地階を有しない木造の建築物の改築又は移転は、都道府県知事の許可を受けなくてもよい。新築する場合は、構造・規模にかかわらず都道府県知事の許可を受けなければならない。

正解 4

R05	R04	R03	R02	R01	H30	H29

問題 09 II 25　次の記述のうち、**誤っている**ものはどれか。

1. 「建築物のエネルギー消費性能の向上に関する法律」上、建築主は、特定建築物以外の建築物で床面積の合計が 200 m² のものを新築する場合、当該行為に係る建築物のエネルギー消費性能の確保のための構造及び設備に関する計画を所管行政庁に届け出なければならない。
2. 「建設業法」上、下請契約を締結して、元請負人から請け負った建設工事（軽微な建設工事を除く。）のみを施工する下請負人であっても、建設業の許可を受けなければならない。
3. 「土地区画整理法」上、市町村又は都道府県が施行する土地区画整理事業の施行地区内において、事業計画の決定の公告があった日後、換地処分があった旨の公告のある日までは、建築物の新築を行おうとする者は、都道府県知事等の許可を受けなければならない。
4. 「建設工事に係る資材の再資源化等に関する法律」上、木造 2 階建て、床面積の合計が 500 m² の共同住宅の新築工事を行う発注者又は自主施工者は、工事に着手する日の 7 日前までに、所定の事項を都道府県知事に届け出なければならない。
5. 「消防法」上、住宅用防災機器の設置及び維持に関する条例の制定に関する基準においては、就寝の用に供する居室及び当該居室が存する階（避難階を除く。）から直下階に通ずる屋内階段等に、原則として、住宅用防災警報器又は住宅用防災報知設備の感知器を設置しなければならない。

解説　1. （建築物のエネルギー消費性能の向上に関する法律 19 条 1 項一号、同令 8 条 1 項）建築主は、特定建築物以外の建築物で床面積の合計が 300 m² 未満のものを新築する場合、当該行為に係る建築物のエネルギー消費性能の確保のための構造及び設備に関する計画を所管行政庁に届け出なくてもよい。

2. （建設業法 2 条 2 項・3 条 1 項）。

3. （土地区画整理法 76 条 1 項四号・同法 103 条 4 項）

4. （建設工事に係る資材の再資源化等に関する法律 10 条 1 項・9 条 1・3 項、同令 2 条 1 項二号）床面積の合計が 500 m² 以上の建築物の新築工事を行う発注者又は自主施工者は、工事に着手する日の 7 日前までに、所定の事項を都道府県知事に届けなければならない。

5. （消防令 5 条の 7 第 1 項一号）

正解 1

R05	R04	R03	R02	R01	H30	H29

問題 10 II 23　イ～ニの記述について、「都市計画法」上、**正しいもののみの組**

合せは、次のうちどれか。

イ．市街化調整区域のうち開発許可を受けた開発区域以外の区域内において、周辺の市街化調整区域内に居住している者の日常生活のため必要な物品の販売の業務の用に供する延べ面積 80 m² の店舗の新築で、当該市街化調整区域内に居住している者が自ら当該業務を営むために行うものは、都道府県知事の許可を必要としない。

ロ．市街化区域内で、病院を建築するために行う 1,500 m² の開発行為については、開発許可を必要としない。

ハ．「公共施設」とは、道路、公園、下水道、緑地、広場、河川、運河、水路及び消防の用に供する貯水施設をいう。

ニ．都市計画施設の区域内において、地階を有しない木造 2 階建ての建築物を新築する場合は、原則として、都道府県知事等の許可を受けなければならない。

1. イとロ
2. イとハ
3. ロとハ
4. ロとニ
5. ハとニ

解説 イ．（都計法 43 条 1 項五号、同令 35 条三号）主として当該建築物の周辺の市街化調整区域内に居住している者の日常生活のため必要な物品の販売の業務を営む店舗で、その延べ面積が 50 m² 以内のもの（当該業務の用に供する部分の延べ面積が全体の延べ面積の 50%以上のものに限る）の新築で、当該市街化調整区域内に居住している者が自ら当該業務を営むために行うものは、都道府県知事の許可を必要としない。よって誤りである。

ロ．（都計法 29 条 1 項一・三号、同令 19 条 1 項、21 条）市街化区域内で 1,000 m² 以上の開発行為は、開発許可を必要とする。また、病院は、公益上必要な建築物に該当しない。

ハ．（都計法 4 条 14 項、同令 1 条の 2）

ニ．（都計法 53 条 1 項一号、同令 37 条）階数が 2 以下で、かつ、地階を有しない木造の建築物の新築は都道府県知事の許可を受けなければならないが、改築又は移転は許可を受けなくてもよい。

正解 5

R05	R04	R03	R02	R01	H30	H29

問題 11 II 24 次の記述のうち、**誤っている**ものはどれか。

1. 「民法」上、境界線から 1 m 未満の距離において他人の宅地を見通すことのできる窓を建築物に設ける場合、原則として、目隠しを付けなければならない。

2. 「特定住宅瑕疵担保責任の履行の確保等に関する法律」上、住宅建設瑕疵担保責任保険契約は、国土交通大臣の承認を受けた場合を除き、変更又は解除をすることができない。

3. 「高齢者、障害者等の移動等の円滑化の促進に関する法律」上、事務所は、「特別特定建築物」である。

4. 「建設工事に係る資材の再資源化等に関する法律」上、発注者は、その注文する新築工事について、分別解体等及び建設資材廃棄物の再資源化等の促進に努めなければならない。

5. 「都市の低炭素化の促進に関する法律」上、低炭素化のための建築物の新築等に関する計画には、低炭素化のための建築物の新築等に係る資金計画を記載しなければならない。

解説 1.（民法 235 条 1 項）

2.（特定住宅瑕疵担保責任の履行の確保等に関する法律 2 条 6 項五号）

3.（バリアフリー法 2 条十八・十九号、同令 5 条、令 4 条八号）事務所は、「特別特定建築物」ではなく「特定建築物」である。

4.（建設工事に係る資材の再資源化等に関する法律 6 条・2 条 3 項二号）

5.（都市の低炭素化の促進に関する法律 53 条 1 項・2 項三号）　正解 3

R05	R04	R03	R02	R01	H30	H29

問題 12 II 25　次の記述のうち、**誤っている**ものはどれか。

1. 「宅地造成等規制法」上、宅地造成工事規制区域内において、宅地以外の土地を宅地にするために行う盛土であって、当該盛土をした土地の部分に高さが 1 m を超える崖を生ずることとなるものは、原則として、都道府県知事の許可を受けなければならない。

2. 「建設業法」上、建築一式工事にあっては、工事 1 件の請負代金の額が 1,500 万円に満たない工事又は延べ面積が 150 m^2 に満たない木造住宅工事のみを請け負うことを営業とする者は、建設業の許可を受けなくてもよい。

3. 「住宅の品質確保の促進等に関する法律」上、新たに建設された住宅で、まだ人の居住の用に供したことのないもの（建設工事の完了の日から起算して 1 年を経過したものを除く。）は、「新築住宅」である。

4. 「消防法」上、住宅用防災機器の設置及び維持に関する条例の制定に関する基準においては、就寝の用に供する居室及び当該居室が存する階（避難階を除く。）から直下階に通ずる屋内階段等に、原則として、住宅用防災警報器又は住宅用防災報知設備の感知器を設置し、及び維持しなければならない。

5. 「長期優良住宅の普及の促進に関する法律」上、認定を受けた長期優良住宅建築等計画のうち、住宅の建築に関する工事の完了予定時期が3月遅れる場合には、所管行政庁の変更の認定を受けなければならない。

解説 1.（宅地造成等規制法2条二号、同令3条二号、同法8条1項）

2.（建設業法3条1項、同令1条の2第1項）建設業の許可を受けなくてもよい軽微な建設工事は、建設工事一件の請負代金が1,500万円未満の建築一式工事、延べ面積が150m²未満の木造住宅工事、500万円未満の建築一式工事以外の建設工事である。

3.（品確法2条2項）

4.（消防法9条の2、同令5条の7第1項一号イ・ロ）

5.（長期優良住宅普及促進法8条1項、同則7条一号）認定を受けた長期優良住宅建築等計画のうち、住宅の建築に関する工事の完了予定時期が6月以内の範囲で遅れる場合には、所管行政庁の変更の認定を受けなくてもよい。 正解5

R05	R04	R03	R02	R01	H30	H29

問題13 II 23 イ～ニの記述について、「高齢者、障害者等の移動等の円滑化の促進に関する法律」上、**正しいもののみの組合せ**は、次のうちどれか。

イ．建築物移動等円滑化基準において、移動等円滑化経路を構成する敷地内の通路の幅は、120cm以上でなければならない。

ロ．建築物移動等円滑化誘導基準において、多数の者が利用する全駐車台数が200の駐車場には、3以上の車いす使用者用駐車施設を設けなければならない。

ハ．建築物移動等円滑化誘導基準において、建築物又はその敷地には、原則として、当該建築物又はその敷地内の移動等円滑化の措置がとられたエレベーターその他の昇降機、便所又は駐車施設の配置を表示した案内板その他の設備を設けなければならない。

ニ．建築主等は、特定建築物の建築をしようとするときは、特定建築物の建築等及び維持保全の計画を作成し、国土交通大臣の認定を申請することができる。

1. イとロ
2. イとハ
3. ロとハ
4. ロとニ
5. ハとニ

解説 イ.（バリアフリー法14条、同令10条、令18条2項七号イ）

ロ.（バリアフリー法17条3項一号、主務省（国土交通省）令114号第1条・12条）建築物移動等円滑化誘導基準において、多数の者が利用する駐車場には、当該駐車場の全駐車台数が200以下の場合は当該駐車台数に1/50を乗じて得た数以上の車いす使用者用駐車施設を設けなければならない。よって、200×1/50＝4から、4台以上の車いす使用者用駐車施設を設けなければならない。

ハ.（バリアフリー法17条3項一号、主務省（国土交通省）令114号第1条・15条1項）

ニ.（バリアフリー法17条1項）建築主等は、特定建築物の建築をしようとするときは、主務省令で定めるところにより、特定建築物の建築等及び維持保全の計画を作成し、所管行政庁の認定を申請することができる。 正解2

R05	R04	R03	R02	R01	H30	H29

問題14 Ⅱ 24 次の記述のうち、**誤っている**ものはどれか。

1. 「長期優良住宅の普及の促進に関する法律」上、長期優良住宅建築等計画には、住宅の建築に関する工事の着手予定時期及び完了予定時期を記載しなければならない。
2. 「長期優良住宅の普及の促進に関する法律」上、長期優良住宅建築等計画の認定を受けようとする住宅の維持保全の期間は、建築後30年以上でなければならない。
3. 「住宅の品質確保の促進等に関する法律」上、新たに建設された、まだ人の居住の用に供したことのないもので、建設工事の完了の日から起算して2年に満たない住宅は、「新築住宅」である。
4. 「建築物の耐震改修の促進に関する法律」上、建築物の耐震改修の計画が建築基準法第6条第1項の規定による確認を要するものである場合において、所管行政庁が計画の認定をしたときは、同法第6条第1項の規定による確認済証の交付があったものとみなす。
5. 「民法」上、境界線から1m未満の距離において他人の宅地を見通すことのできる窓又は縁側を建築物に設ける場合、原則として、目隠しを付けなければならない。

解説 1.（長期優良住宅普及促進法5条8項七号、同則3条一号）

2.（長期優良住宅普及促進法6条1項五号ロ）

3.（品確法2条2項）「新築住宅」とは、新たに建設された、まだ人の居住の用に供したことのないもので、建設工事の完了の日から起算して1年に満たないものをいう。

4. （耐震改修促進法 17 条 10 項）
5. （民法 235 条 1 項）

正解 3

R05	R04	R03	R02	R01	H30	H29

問題 15 II 25　次の記述のうち、**誤っている**ものはどれか。

1. 「景観法」上、景観計画区域内において、建築物の外観を変更することとなる色彩の変更をしようとする者は、あらかじめ、行為の種類、場所、設計又は施行方法、着手予定日等を景観行政団体の長に届け出なければならない場合がある。
2. 「建設業法」上、建築一式工事にあっては、工事 1 件の請負代金の額が 1,500 万円に満たない工事又は延べ面積が 150 m² に満たない木造住宅工事のみを請け負うことを営業とする者は、建設業の許可を受けなくてもよい。
3. 「宅地建物取引業法」上、宅地建物取引業者は、建物の売買の相手方等に対して、その契約が成立するまでの間に、宅地建物取引士をして、所定の事項を記載した書面等を交付して説明をさせなければならない。
4. 「都市計画法」上、都市計画施設の区域又は市街地開発事業の施行区域内において、地上 2 階建て、延べ面積 150 m² の木造の建築物の改築をしようとする者は、都道府県知事等の許可を受けなければならない。
5. 「建築物のエネルギー消費性能の向上に関する法律」上、建築主は、自動車車庫の用途に供する建築物を新築しようとするときは、当該行為に係る建築物のエネルギー消費性能の確保のための構造及び設備に関する計画を所管行政庁に届け出る必要はない。

解説 1. （景観法 16 条 1 項一号）
2. （建設業法 3 条 1 項、同令 1 条の 2 第 1 項）
3. （宅地建物取引業法 35 条 1 項）
4. （都計法 53 条 1 項一号、同令 37 条）都市計画施設の区域又は市街地開発事業の施行区域内において、階数が 2 以下で、かつ、地階を有しない木造の建築物の改築又は移転は、延べ面積にかかわらず都道府県知事の許可を受けなくてもよい。
5. （建築物のエネルギー消費性能の向上に関する法律 19 条 1 項一号・22 条・18 条一号、同令 7 条 1 項一号）

正解 4

R05	R04	R03	R02	R01	H30	H29

問題 16 II 23* 「長期優良住宅の普及の促進に関する法律」に関する次の記述のうち、**誤っている**ものはどれか。

1. 長期優良住宅建築等計画の認定を受けようとする共同住宅の規模は、原則として、住戸の少なくとも一の階の床面積（階段部分の面積を除く。）が 40m² 以上であり、一戸の床面積の合計（共用部分の床面積を除く。）が 75m² 以上でなければならない。

2. 所管行政庁は、認定計画実施者が認定長期優良住宅建築等計画に従って認定長期優良住宅の建築及び維持保全を行っていないと認めるときは、当該認定計画実施者に対し、相当の期限を定めて、その改善に必要な措置を命ずることができる。

3. 「建築」には、住宅を新築し、又は増築することだけでなく、改築することも含まれる。

4. 長期優良住宅の建築又は販売を業として行う者は、長期優良住宅の建築又は購入をしようとする者及び長期優良住宅の建築又は購入をした者に対し、当該長期優良住宅の品質又は性能に関する情報及びその維持保全を適切に行うために必要な情報を提供するよう努めなければならない。

5. 所定の理由により譲受人を決定する前に単独で長期優良住宅建築等計画を作成し、所管行政庁の認定を申請する分譲事業者は、当該計画に建築後の住宅の維持保全に係る資金計画を記載しなければならない。

解説 1. （長期優良住宅普及促進法6条1項二号、同則4条二号）長期優良住宅建築等計画の認定を受けようとする共同住宅の規模は、原則として、住戸の少なくとも一の階の床面積（階段部分の面積を除く）が 40 m² 以上あり、一戸の床面積の合計（共用部分を除く）が 40 m² 以上でなければならない。

2. （長期優良住宅普及促進法13条1項）

3. （長期優良住宅普及促進法2条2項）

4. （長期優良住宅普及促進法3条5項）

5. （長期優良住宅普及促進法5条3項・8項六号ロ）

正解 1

R05	R04	R03	R02	R01	H30	H29

問題 17 Ⅱ 24 次の記述のうち、**誤っている**ものはどれか。

1. 「高齢者、障害者等の移動等の円滑化の促進に関する法律」上、ホテルの客室は、「建築物特定施設」に該当する。

2. 「宅地造成等規制法」上、宅地造成工事規制区域内の宅地造成において、宅地以外の土地を宅地にするために行う切土であって、当該切土をした土地の部分に高さが 2 m の崖を生ずることになるもので、当該切土をする土地の面積が 500 m² の場合は、原則として、都道府県知事の許可を受けなければならない。

3. 「特定住宅瑕疵担保責任の履行の確保等に関する法律」上、新築住宅の「建設工事の請負人である建設業者」又は「売主である宅地建物取引業者」は、原則として、瑕疵担保保証金の供託又は瑕疵担保責任保険契約の締結のいずれかを行わなければならない。
4. 「都市計画法」上、都市計画施設の区域内において、地階を有しない木造2階建て、延べ面積 $100\ \mathrm{m}^2$ の住宅を新築する場合は、原則として、都道府県知事等の許可を受けなければならない。
5. 「建築物の耐震改修の促進に関する法律」上、「耐震改修」とは、地震に対する安全性の向上を目的として、増築、改築、修繕、模様替若しくは一部の除却又は敷地の整備をすることをいう。

解説 1. （バリアフリー法2条二十号、同令6条七号）

2. （宅地造成等規制法8条1項、2条二号、同令3条一・四号）宅地造成工事規制区域内において、宅地以外の土地を宅地にするために行う切土であって、当該切土をした部分に生じる崖の高さが2m以下かつ切土をする土地の面積が $500\ \mathrm{m}^2$ 以下である土地の形質の変更は、都道府県知事の許可を受けなくてもよい。

3. （特定住宅瑕疵担保責任の履行の確保等に関する法律3条1・2項、11条1・2項）

4. （都計法53条1項一号、同令37条）都市計画施設の区域内において、階数が2以下で、かつ、地階を有しない木造の建築物を改築又は移転する場合は、都道府県知事の許可を受けなくてもよい。新築する場合は、構造・規模にかかわらず都道府県知事の許可を受けなければならない。

5. （耐震改修促進法2条2項） 正解2

R05	R04	R03	R02	R01	H30	H29

問題18 II 25 次の記述のうち、**誤っている**ものはどれか。

1. 「消防法」上、住宅の用途に供される防火対象物の関係者は、原則として、市町村条例に定める基準に従い、住宅用防災警報器又は住宅用防災報知設備を設置し、及び維持しなければならない。
2. 「建設工事に係る資材の再資源化等に関する法律」上、木造2階建て、床面積の合計が $500\ \mathrm{m}^2$ の共同住宅の新築工事を行う発注者又は自主施工者は、工事に着手する日の7日前までに、所定の事項を都道府県知事に届け出なければならない。
3. 「土地区画整理法」上、市町村又は都道府県が施行する土地区画整理事業の施行地区内において、事業計画の決定の公告があった日後、換地処分があった旨の公告のある日までは、建築物の新築を行おうとする者は、都道府県知事等の許可を受けなければならない。

4.　「建築物のエネルギー消費性能の向上に関する法律」上、建築主は、特定建築物以外の建築物で床面積の合計が 200 m² のものを新築する場合、当該行為に係る建築物のエネルギー消費性能の確保のための構造及び設備に関する計画を所管行政庁に届け出なければならない。

5.　「建設業法」上、下請契約を締結して、元請負人から請け負った建設工事(軽微な建設工事を除く。)のみを施工する下請負人であっても、建設業の許可を受けなければならない。

解説　1.（消防法 9 条の 2 第 1 項、同令 5 条の 6）

2.（建設工事に係る資材の再資源化等に関する法律 10 条 1 項、9 条 1・3 項、同令 2 条 1 項二号）

3.（土地区画整理法 76 条 1 項四号、103 条 4 項）

4.（建築物のエネルギー消費性能の関する法律 19 条 1 項一号、同令 8 条 1 項）建築主は、特定建築物以外の建築物で床面積の合計が 300 m² 未満のものを新築する場合は、当該行為に係る建築物のエネルギー消費性能の確保のための構造及び設備に関する計画を所管行政庁に届けなくてもよい。

5.（建設業法 3 条 1 項、同令 1 条の 2 第 1 項）元請負人と下請負人の区別はなく建設業を営もうとする者は、原則として、建設業の許可を受けなければならない。ただし、軽微（請負代金や規模）な建設工事を請け負うことを営業とする者は除かれる。

正解 4

R05	R04	R03	R02	R01	H30	H29

問題 19　II 23　「住宅の品質確保の促進等に関する法律」に関する次の記述のうち、**誤っている**ものはどれか。

1.　住宅のうち雨水の浸入を防止する部分は、住宅の屋根若しくは外壁又はこれらの開口部に設ける戸、枠その他の建具及び雨水を排除するため住宅に設ける全ての排水管をいう。

2.　住宅の建設工事の請負人は、設計住宅性能評価書の写しを請負契約書に添付した場合においては、請負人が請負契約書に反対の意思を表示していなければ、当該設計住宅性能評価書の写しに表示された性能を有する住宅の建設工事を行うことを契約したものとみなす。

3.　国土交通大臣及び内閣総理大臣は、利害関係人の意向を適切に反映するように、かつ、その適用に当たって同様な条件の下にある者に対して不公正に差別を付することがないように日本住宅性能表示基準を定めなければならない。

4.　新築住宅の売買契約においては、売主が新築住宅の構造耐力上主要な部分等の瑕疵（かし）その他の住宅の隠れた瑕疵（かし）について担保の責任を負うべき期間を、買主に引き渡した時から原則10年間とするところを20年以内とすることができる。

5. 国土交通大臣が指定する住宅紛争処理支援センターの業務の一つとして、評価住宅以外の住宅の建設工事の請負契約又は売買契約に関する相談、助言及び苦情の処理を行うことが規定されている。

解説 1.（品確令5条2項、同法94条1項）住宅のうち雨水の浸入を防止する部分として政令で定めるものは、住宅の屋根若しくは外壁又はこれらの開口部に設ける戸、枠その他の建具及び雨水を排除するため住宅に設ける排水管のうち、当該住宅の屋根若しくは外壁の内部又は屋内にある部分をいう。

2.（品確法6条1・4項）

3.（品確法3条1・2項）

4.（品確法95条1項・97条）

5.（品確法83条1項七号、82条1項） **正解 1**

R05	R04	R03	R02	R01	H30	H29

問題20 II 24 次の記述のうち、関係法令上、**正しい**ものはどれか。

1. 「特定住宅瑕疵担保責任の履行の確保等に関する法律」上、「住宅販売瑕疵担保責任保険契約」は、新築住宅の工事が完了した時から10年以上の期間にわたって有効でなければならない。

2. 「長期優良住宅の普及の促進に関する法律」上、「維持保全」とは、住宅の基礎、壁、柱等の構造耐力上主要な部分及び雨水の浸入を防止する部分の点検又は調査を行い、及び必要に応じ修繕又は改良を行うことをいい、給水又は排水のための配管設備の点検等は含まない。

3. 「長期優良住宅の普及の促進に関する法律」上、長期優良住宅建築等計画を作成し、所管行政庁の認定を申請することができるのは、住宅の建築をして、自らその建築後の住宅の維持保全を行おうとする者に限られる。

4. 「建築物の耐震改修の促進に関する法律」上、特定既存耐震不適格建築物である木造2階建て、床面積の合計が500 m²の幼稚園の用に供する建築物の所有者は、当該建築物について耐震診断を行い、その結果、地震に対する安全性の向上を図る必要があると認められるときは、当該建築物について耐震改修を行うよう努めなければならない。

5. 「建設工事に係る資材の再資源化等に関する法律」上、コンクリート、コンクリート及び鉄から成る建設資材、木材、アスファルト・コンクリート、アスファルト・ルーフィングは、「特定建設資材」に該当する。

解説 1.（特定住宅瑕疵担保責任の履行の確保等に関する法律2条7項四号）「住宅販売瑕疵担保責任保険契約」は、新築住宅の買主が、当該新築住宅の売主である宅地建物取引業者から当該新築住宅の引渡しを受けた時から10年以上の期間にわたって有効でなければならない。

2. （長期優良住宅の普及の促進に関する法律2条3項、同令1・2・3条）「維持保全」とは、次に掲げる住宅の部分又は設備について、点検又は調査を行い、及び必要に応じ修繕又は改良を行うことをいう。①住宅の住宅の基礎、壁、柱等の構造耐力上主要な部分、②住宅の屋根若しくは外壁又はこれらの開口部に設ける戸、枠その他の建具で雨水の浸入を防止する部分、③住宅に設ける給水又は排水のための配管設備をいう。

3. （長期優良住宅普及促進法5条3・1項）認定の申請は、自らその建築後の住宅の維持保全を行う者の他に、分譲事業者が譲受人を決定するまでに相当の期間を要すると見込まれる場合において、当該譲受人の決定に先立って当該住宅の建築に関する工事に着手する必要があるときは、単独で長期優良住宅建築等計画を作成し、所管行政庁の認定を申請することができる。

4. （耐震改修促進法14条、同令6条2項一号）

5. （建設工事に係る資材の再資源化等に関する法律2条5項、同令1条四号）「特定建設資材」とは、コンクリート、コンクリート及び鉄から成る建設資材、木材、アスファルト・コンクリートをいい、アスファルト・ルーフィングは含まない。 正解4

R05	R04	R03	R02	R01	H30	H29

問題21 II 25 イ～ニの記述について、**正しいもののみの組合せ**は、次のうちどれか。

イ. 「都市計画法」上、市街化調整区域内で、農業を営む者の居住の用に供する建築物の建築の用に供する目的で行う開発行為をしようとする者は、都道府県知事又は指定都市等の長の許可を受けなければならない。

ロ. 「宅地造成等規制法」上、宅地以外の土地を宅地にするために行う盛土であって、当該盛土をした土地の部分に高さが1mの崖を生ずることとなるもので、当該盛土をする土地の面積が500 m^{2}を超えるものは、「宅地造成」に該当する。

ハ. 「高齢者、障害者等の移動等の円滑化の促進に関する法律」上、建築主等は、共同住宅を建築しようとするときは、当該建築物を建築物移動等円滑化基準に適合させるために必要な措置を講ずるよう努めなければならない。

ニ. 「建設業法」上、工事1件の請負代金の額が1,500万円に満たない建築一式工事のみを請け負うことを営業とする者であっても、建設業の許可を受けなければならない。

1. イとロ
2. イとハ
3. ロとハ
4. ロとニ
5. ハとニ

解説 イ．（都計法 29 条 1 項二号）市街化調整区域内で、農業を営む者の居住の用に供する建築物の建築の用に供する目的で開発行為をしようとする者は、都道府県知事又は指定都市等の長の許可を得る必要はないので誤り。

ロ．（宅地造成等規制法 2 条二号、同令 3 条四号）宅地以外の土地を宅地にするために行う盛土であって当該盛土をした土地の部分に高さが 1 m 以下の崖を生ずることとなる土地の形質の変更であっても、盛土をする土地の面積が 500 m² を超えるものは「宅地造成」に該当するので正しい。

ハ．（バリアフリー法 16 条 1 項・2 条十六号、同令 4 条九号）

ニ．（建設業法 3 条 1 項、同令 1 条の 2 第 1 項）建設工事一件の請負代金が 1,500 万円未満の建築一式工事、延べ面積が 150 m² 未満の木造住宅工事、500 万円未満の建築一式工事以外の建設工事は、建設業の許可を受けなくてもよいので誤り。 正解 3

「学科Ⅲ」 分野別攻略法

構造力学

- 「断面の性質」では、全体の断面から中空断面を差し引いて求めることがポイント。
- 「許容応力度」では、三つの出題パターンの中でも最大曲げ応力度が頻出。
- 「静定ばり・ラーメン」では、確実に反力を求めること。あとは、反力に距離を乗じる。
- 「静定トラス（節点法・切断法）」では、応力＝0となる部材から解答選択肢を絞ること。「3：4：5の直角三角形」「力の分解」をヒントにチャレンジ！
- 「座屈」は、柱の弾性座屈荷重及び各材端の支持状態における座屈長さを求める問題。
- 「荷重および外力」は、過去問から出題。地震力は、「地上と地下」の違いに注意！

各種構造

- 「地盤及び基礎構造」では、地盤の種類・性質・強度に関わる問題と直接基礎や杭基礎などの基礎構造に関わる問題が中心。
- 「木構造」では、部材とその用途の組み合わせや接合に関する問題、構造計画・構造設計に関する問題が出題される。
- 「補強コンクリートブロック造」では、本構造の建築物や耐力壁が出題される。
- 「壁式鉄筋コンクリート造」では、数値や壁量計算の問題も出題される。
- 「鉄筋コンクリート造」では、基礎知識を問う問題、鉄筋比の算出や鉄筋の配筋・継手に関する問題が出題される。
- 「鉄骨構造」では、全般に関わる問題、接合に関する知識を問うものや許容応力に関する計算問題、構造計画・構造設計に関する問題が出題される。

建築材料

- 「木材」では、強度や含水率、乾燥収縮率、腐朽等木材の性質に関わる出題が中心。
- 「コンクリート」では、セメントの種類と性質、強度、水セメント比の出題が中心。
- 「鋼材・金属材料」では、鋼材の性質や種類、アルミニウムやコンクリートとの比較、腐食などについて出題されている。

二級建築士試験
平成29年度～令和5年度

【学科Ⅲ】

1 断面の性質

R05	R04	R03	R02	R01	H30	H29

問題 01 Ⅲ 1　図のような断面において、図心を通り X 軸に平行な図心軸に関する断面二次モーメントの値として、**正しい**ものは、次のうちどれか。

1. 40 cm^4
2. 64 cm^4
3. 88 cm^4
4. 112 cm^4
5. 160 cm^4

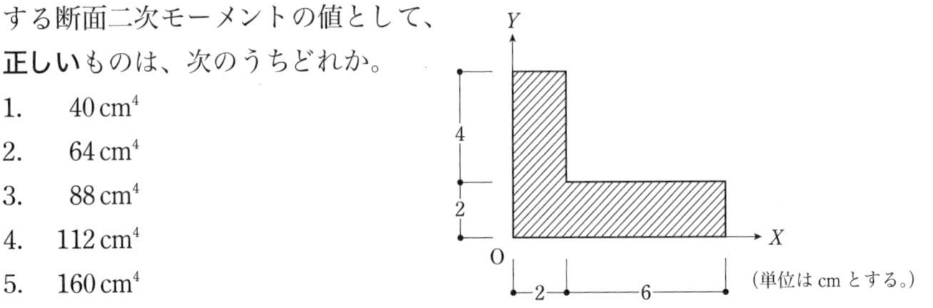

解説　断面一次モーメント S_x を使って X 軸から X 軸に平行な L 字形図形の図心軸 X' までの距離を求める。図のように L 字形図形を破線の位置で切断し、A と B の部分に分ける。A、B の X 軸に関する断面一次モーメントは、それぞれの部分の断面積に X 軸から図心までの距離を乗じて求められる。

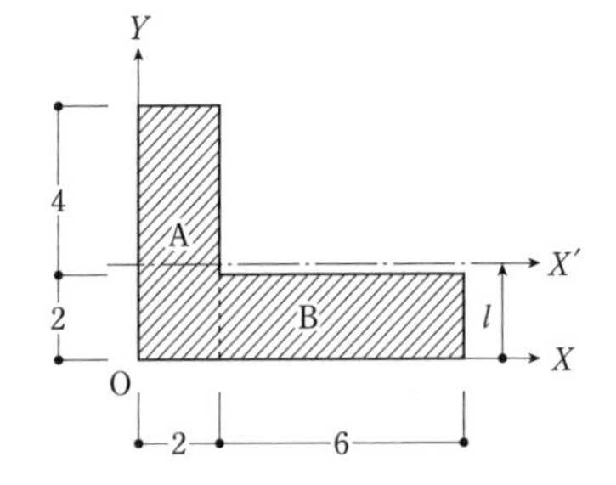

S_{xA}：A の部分の X 軸に関する図形の断面一次モーメント

S_{xB}：B の部分の X 軸に関する図形の断面一次モーメント

X 軸より図心までの距離 l は、全断面一次モーメントを全断面積で除して求める。

$$l=\frac{S_x}{A}=\frac{(2\times6\times3)+(2\times6\times1)}{(2\times6\times2)}=2$$

A：図形の断面積

l：X 軸から図形の図心までの距離

図形の断面二次モーメントは、図心における A、B それぞれの矩形の断面二次モーメントをたせばよい。ここで、矩形断面の断面二次モーメントは次式によって求めることができる。

$$I=\frac{1}{12}\times b\times D^3+b\times D\times x^2$$

b：対象となる軸に平行な方向の断面寸法

D：対象となる軸に直角な方向の断面寸法

x：矩形断面の図心軸から対象となる軸までの距離

$Ix' = IAx' + IBx' = \left\{\frac{1}{12}\times 2\times 6^3 + 2\times 6\times 1^2\right\} + \left\{\frac{1}{12}\times 6\times 2^3 + 6\times 2\times 1^2\right\} = 64$ 正解 2

R05	R04	R03	R02	R01	H30	H29

問題 02 III 1　図のような断面におけるX軸に関する断面二次モーメントの値として、**正しい**ものは、次のうちどれか。

1. 499.5 cm^4
2. 607.5 cm^4
3. 642.0 cm^4
4. 715.5 cm^4
5. 750.0 cm^4

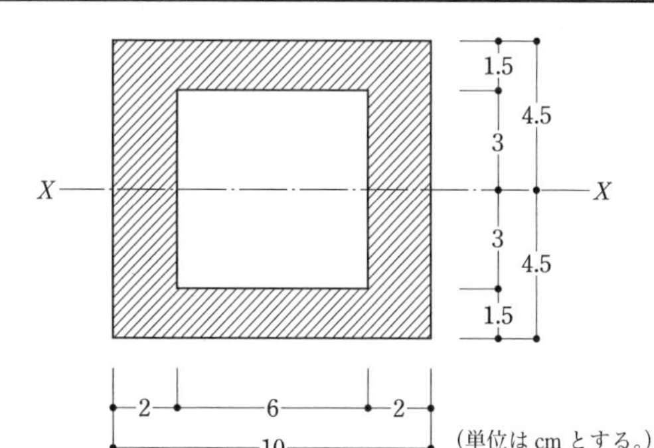

解説　矩形断面の断面二次モーメントの求め方

$I_{X'} = I_X + A \times (y_0)^2$

X' 軸に関する断面二次モーメント $I_{X'}$

矩形の重心軸（X 軸）に関する断面二次モーメント

$I_X = \frac{bh^3}{12}$

矩形の断面積 $A = bh$

X' 軸と X 軸との距離 y_0

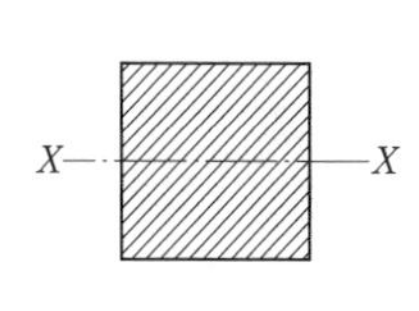

この問題では、右図のように断面アの矩形の断面二次モーメントから中央の断面イの空白部分の断面二次モーメントを差し引いて求める。また、断面ア、断面イともに X 軸は重心軸であることから、次式により断面二次モーメントが求まる。

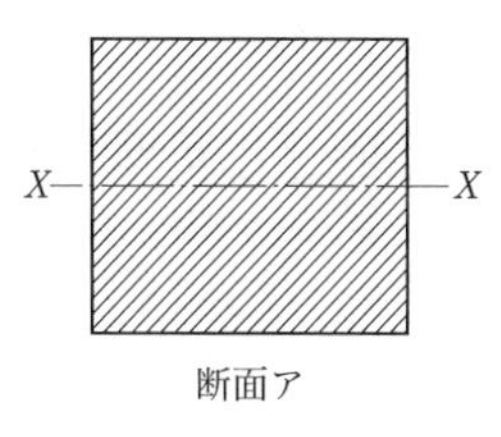

断面ア

X　X
断面イ（空白の部分）

$I_X = \frac{1}{12}\times 10\times 9^3 - \frac{1}{12}\times 6\times 6^3 = 499.5\text{cm}^4$

正解 1

R05	R04	R03	R02	R01	H30	H29

問題 03 III 1　図のような断面において、図心の座標（x_0、y_0）の値として、**正しい**ものは、次のうちどれか。ただし、$x_0 = \frac{S_y}{A}$、$y_0 = \frac{S_x}{A}$であり、S_x、S_y はそれぞれ X 軸、Y 軸まわりの断面一次モーメント、A は全断面積を示すものとする。

	x_0 (mm)	y_0 (mm)
1.	15	35
2.	15	25
3.	25	15
4.	25	25
5.	35	15

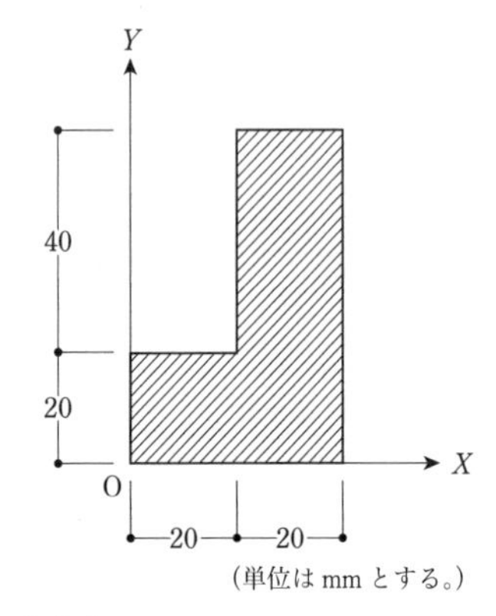

(単位は mm とする。)

解説　断面一次モーメントの求め方

断面一次モーメントは、断面をそれぞれ任意の矩形に分割し、断面一次モーメントを求め、総和する。

図のように断面を A_1 と A_2 の矩形に分割し、断面一次モーメント求め、足し合わせる。

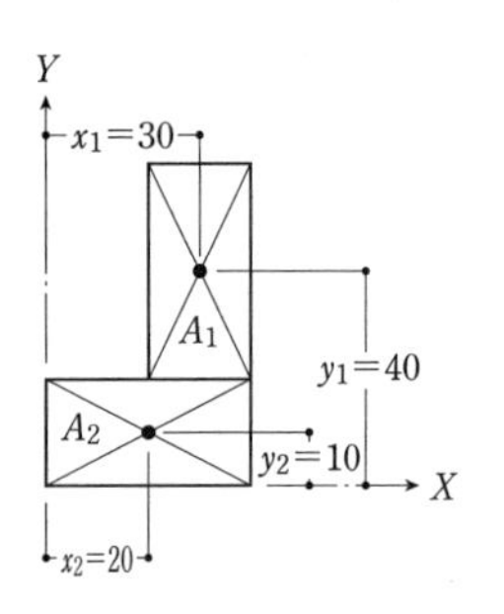

$S_x = A_1 \times y_1 + A_2 \times y_2$

$= 800\text{mm}^2 \times 40\text{mm} + 800\text{mm}^2 \times 10\text{mm} = 40{,}000\text{mm}^3$

$S_y = A_1 \times x_1 + A_2 \times x_2$

$= 800\text{mm}^2 \times 30\text{mm} + 800\text{mm}^2 \times 20\text{mm} = 40{,}000\text{mm}^3$

X・Y 軸より図心までの距離 x_0・y_0 を求める。

$$x_0 = \frac{S_y}{A_1 + A_2} = \frac{40,000}{1,600} = 25\text{mm}$$

$$y_0 = \frac{S_x}{A_1 + A_2} = \frac{40,000}{1,600} = 25\text{mm}$$

正解 4

R05	R04	R03	R02	R01	H30	H29

問題 04 Ⅲ 1　図のような形状の等しい断面 A 及び断面 B において、図心を通る X 軸に関する断面二次モーメントの値の組合せとして、**正しい**ものは、次のうちどれか。ただし、小数点以下は四捨五入とする。

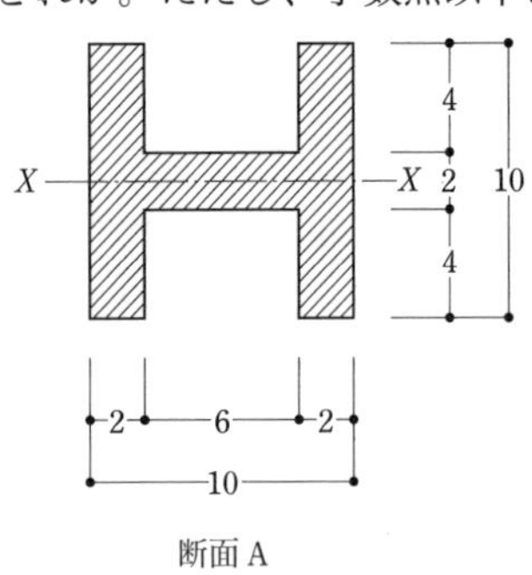

断面 A

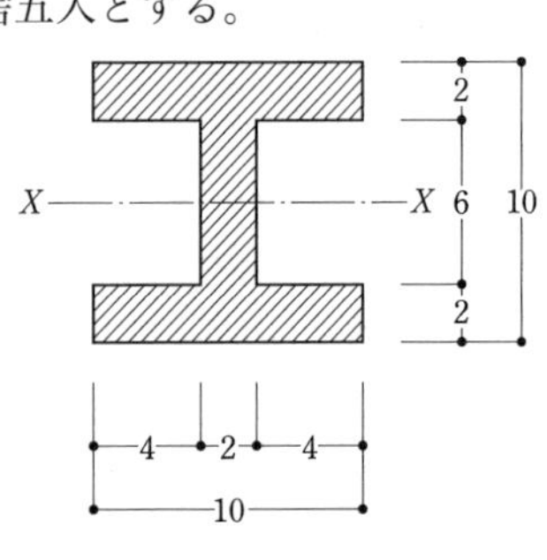

断面 B　(単位は cm とする。)

	断面A（cm^4）	断面B（cm^4）
1.	337	653
2.	337	689
3.	337	769
4.	577	407
5.	577	653

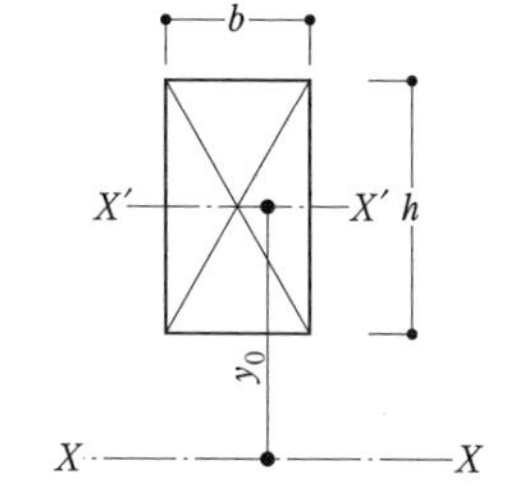

解説　矩形断面の断面二次モーメントの求め方

$I_x = I_{x'} + A \times y_0^2$

X軸に関する断面二次モーメント　I_x

矩形の重心軸に関する断面二次モーメント　$I_{X'} = \dfrac{bh^3}{12}$

矩形の断面積　$A = bh$

X軸とX'軸との距離　y_0

この問題では、下図のようにそれぞれ矩形断面（断面ア）の断面二次モーメントから欠けている部分の断面二次モーメント（断面イ）を差し引いて求める。

断面A　$I_X = \dfrac{1}{12} \times 10 \times 10^3 - \left(\dfrac{1}{12} \times 6 \times 4^3 + 4 \times 6 \times 3^2\right) \times 2 = 337.3cm^4$

断面B　$I_X = \dfrac{1}{12} \times 10 \times 10^3 - \left(\dfrac{1}{12} \times 4 \times 6^3\right) \times 2 = 689.3cm^4$

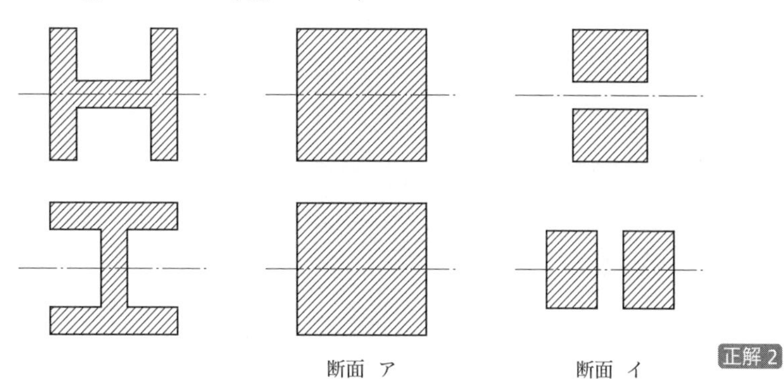

断面 ア　　断面 イ

正解2

R05	R04	R03	R02	R01	H30	H29

問題05 Ⅲ1　図のような断面において、図心の座標（x_0、y_0）の値として、**正しい**ものは、次のうちどれか。ただし、$x_0 = \dfrac{S_y}{A}$、$y_0 = \dfrac{S_x}{A}$であり、S_x、S_yはそれぞれX軸、Y軸まわりの断面一次モーメント、Aは全断面積を示すものとする。

	x_0 (mm)	y_0 (mm)
1.	15	20
2.	15	35
3.	15	40
4.	20	35
5.	20	40

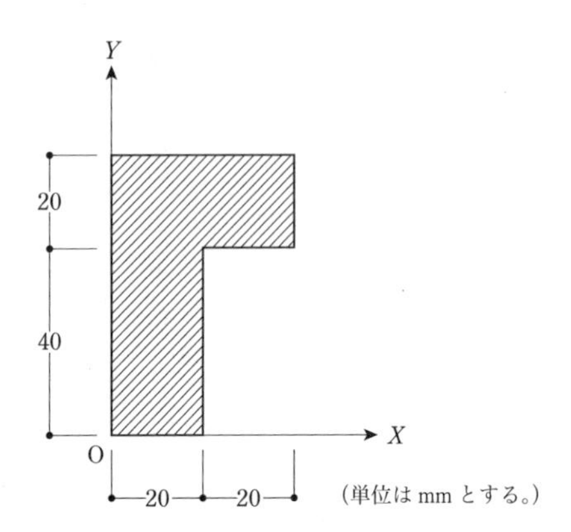

解説 **断面一次モーメントの求め方**

任意の断面の断面一次モーメントは、断面をそれぞれ矩計に分割し、断面一次モーメントを求め、総和する。

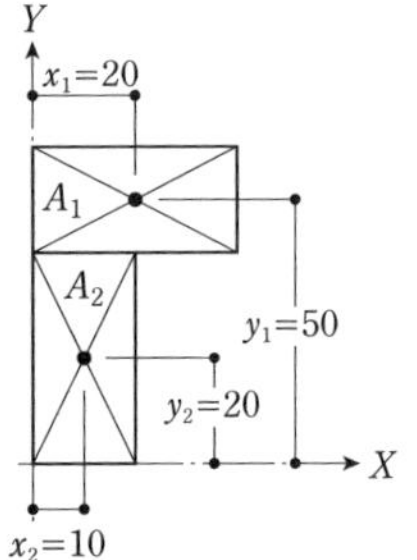

分割した断面の断面一次モーメント S_x・S_y を求める。

$S_x = A_1 \times y_1 + A_2 \times y_2 = 800\text{mm}^2 \times 50\text{mm} + 800\text{mm}^2 \times 20\text{mm}$
$= 56{,}000\text{mm}^3$

$S_y = A_1 \times x_1 + A_2 \times x_2 = 800\text{mm}^2 \times 20\text{mm} + 800\text{mm}^2 \times 10\text{mm}$
$= 24{,}000\text{mm}^3$

X・Y 軸より図心までの距離 x_0・y_0 を求める。

$x_0 = \dfrac{S_y}{A_1 + A_2} = \dfrac{24,000}{1,600} = 15\text{mm}$　　$y_0 = \dfrac{S_x}{A_1 + A_2} = \dfrac{56,000}{1,600} = 35\text{mm}$

正解 2

R05	R04	R03	R02	R01	H30	H29

問題 06 Ⅲ 1　図のような断面における X 軸に関する断面二次モーメントの値として、**正しい**ものは、次のうちどれか。

1. 251.5 cm^4
2. 433.0 cm^4
3. 540.0 cm^4
4. 796.0 cm^4
5. 978.0 cm^4

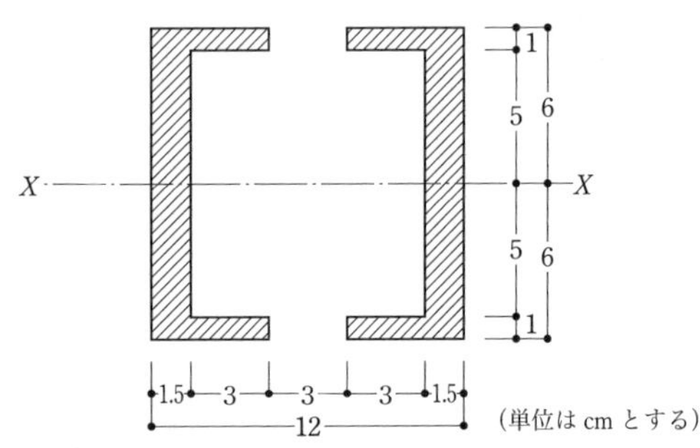

解説 図心と座標軸が一致する矩形を考える。

断面 A から断面 B、断面 C を差し引いて求める。

図心を通る X 軸に関する断面二次モーメント $I_X = \dfrac{bh^3}{12}$

断面 A　$I_{XA} = \dfrac{bh^3}{12} = \dfrac{12 \times 12^3}{12} = 1,728\text{cm}^4$

断面B　$I_{XB}=\dfrac{bh^3}{12}=\dfrac{3\times10^3}{12}=250\text{cm}^4$

断面C　$I_{XC}=\dfrac{bh^3}{12}=\dfrac{3\times12^3}{12}=432\text{cm}^4$　　よって $I_X=I_{XA}-I_{XB}\times2-I_{XC}=796\text{ cm}^4$

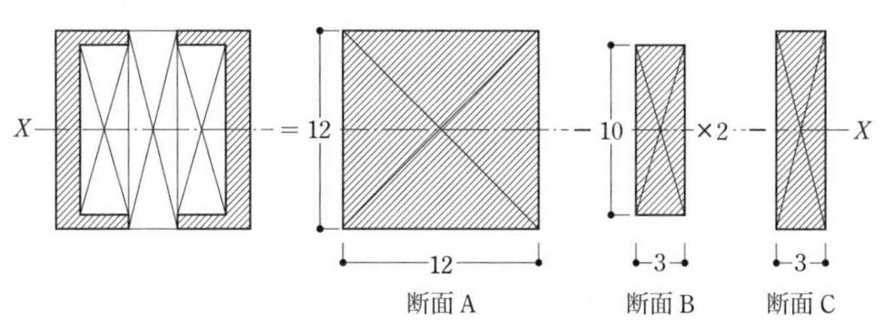

正解 4

R05	R04	R03	R02	R01	H30	H29

問題 07 III 1　図のような断面において、図心の座標(x_0、y_0)の値として、**正しい**ものは、次のうちどれか。ただし、$x_0=\dfrac{S_y}{A}$、$y_0=\dfrac{S_x}{A}$であり、S_x、S_yはそれぞれX軸、Y軸まわりの断面一次モーメント、Aは全断面積を示すものとする。

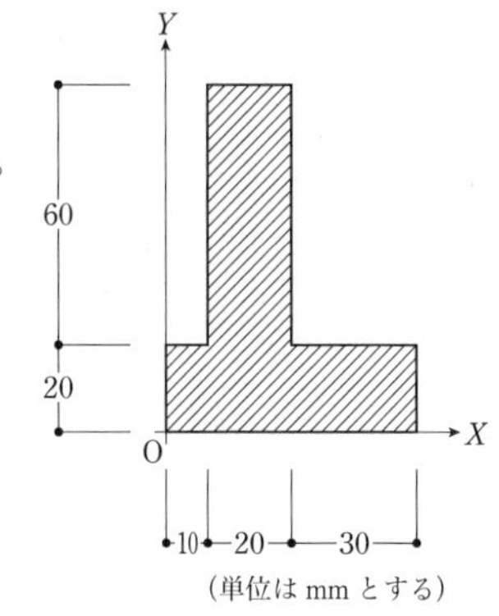

	x_0 (mm)	y_0 (mm)
1.	15	20
2.	20	20
3.	20	30
4.	25	30
5.	25	35

解説　X軸に関する断面一次モーメント

$S_x=A$（断面積）$\times y_0$（図心からX軸までの距離）　[mm^3]

Y軸に関する断面一次モーメント

$S_y=A$（断面積）$\times x_0$（図心からY軸までの距離）　[mm^3]

断面を分割して、それぞれの断面一次モーメントを求め、総和する。

①分割した断面積A_1・A_2を求める。

$A_1=20\text{ mm}\times60\text{ mm}=1{,}200\text{ mm}^2$

$A_2=60\text{ mm}\times20\text{ mm}=1{,}200\text{ mm}^2$

全体の断面積$A=A_1+A_2=1{,}200\text{ mm}^2+1{,}200\text{ mm}^2=2{,}400\text{ mm}^2$

②分割した断面のX軸に関する断面一次モーメントS_x及びY軸に関する断面一次モーメントS_yを求める。

$S_x=A_1y_1+A_2y_2=1{,}200\text{ mm}^2\times50\text{ mm}+1{,}200\text{ mm}^2\times10\text{ mm}=72{,}000\text{ mm}^3$

$S_y=A_1x_1+A_2x_2=1{,}200\text{ mm}^2\times20\text{ mm}+1{,}200\text{ mm}^2\times30\text{ mm}=60{,}000\text{ mm}^3$

③図心を求める。

$$x_0 = \frac{S_y}{A} = \frac{60,000\text{mm}^3}{2,400\text{mm}^2} = 25\text{mm} \qquad y_0 = \frac{S_x}{A} = \frac{72,000\text{mm}^3}{2,400\text{mm}^2} = 30\text{mm}$$

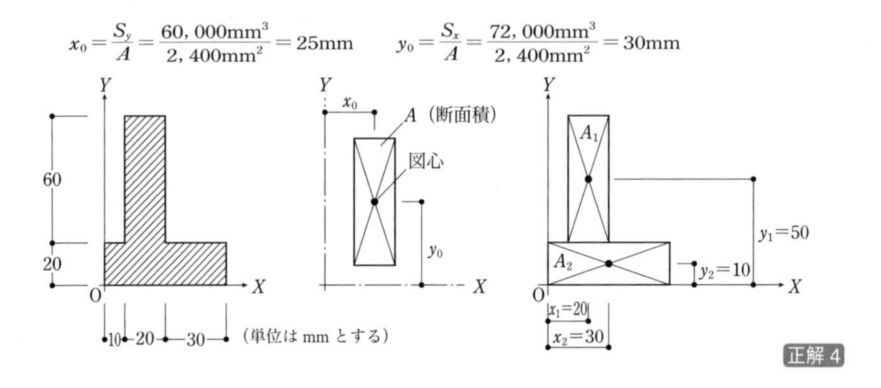

正解 4

【学科Ⅲ】

2 応力度・許容応力度

R05	R04	R03	R02	R01	H30	H29

問題 01 Ⅲ 2　図のような荷重Pを受ける単純梁に、断面300 mm × 500 mmの部材を用いた場合、その部材に生じるせん断応力度が、許容せん断応力度1 N/mm²を超えないような最大の荷重Pとして、**正しい**ものは、次のうちどれか。ただし、せん断力Qが作用する断面積Aの長方形断面に生じる最大せん断応力度τ_{max}は、下式によって与えられるものとし、部材の自重は無視するものとする。

$\tau_{max}=1.5\dfrac{Q}{A}$

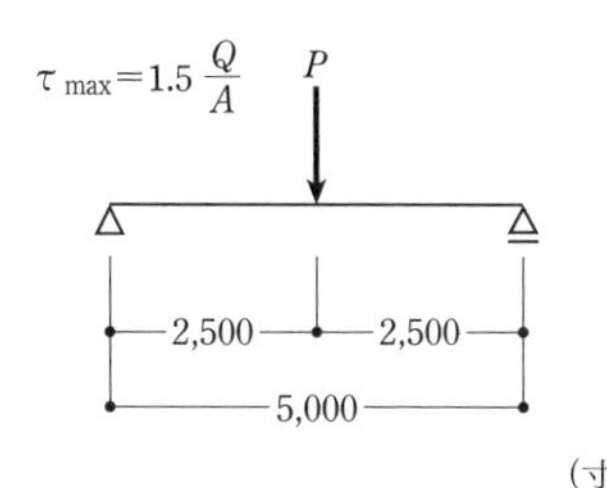

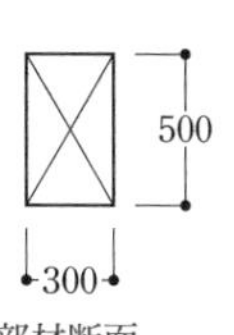

部材断面
（寸法の単位はmmとする。）

1. 100 kN
2. 150 kN
3. 200 kN
4. 250 kN
5. 300 kN

解説　左右対称で荷重が中央に作用していることから、左右の反力はPの半分の$1/2P$となり、せん断力は荷重位置より左が＋、右が－で、大きさはともに$1/2P$となる。

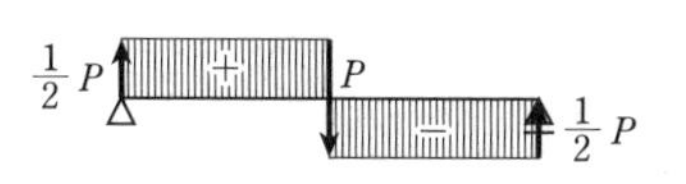

従って、$\tau_{max}=1.5\times\dfrac{Q}{A}\leqq 1\text{N/mm}^2$

$\dfrac{3}{2}\times\dfrac{\frac{1}{2}P}{300\text{mm}\times500\text{mm}}\leqq 1\text{N/mm}^2$

$\dfrac{3}{4}P\leqq 150{,}000\text{N}\qquad P\leqq 200{,}000\text{N}=200\text{kN}$

正解 3

R05	R04	R03	R02	R01	H30	H29

問題 02 Ⅲ 2　図のような荷重を受ける断面100 mm × 200 mmの部材を用いた場合、その部材に生じる最大曲げ応力度として、**正しい**ものは、次のうちどれか。ただし、部材の自重は無視するものとする。

1. 12 N/mm²
2. 24 N/mm²
3. 32 N/mm²
4. 48 N/mm²
5. 60 N/mm²

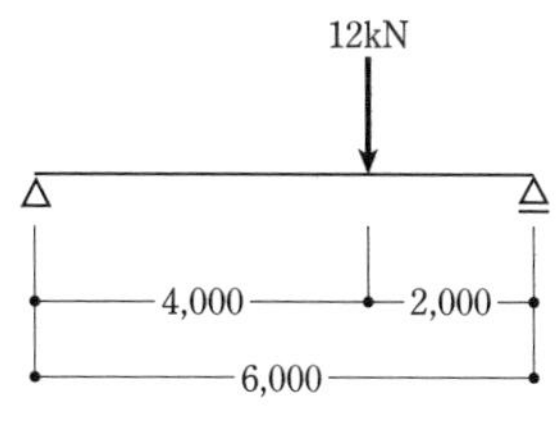

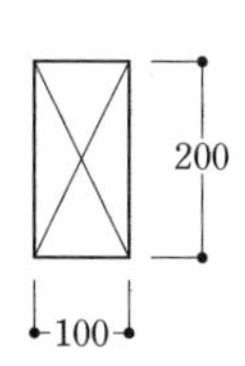

部材断面
（寸法の単位はmmとする。）

解説 最大曲げ応力度は、曲げモーメントが最大になる断面に生じる。

①この梁の曲げ応力図を求め、曲げモーメントの最大値を計算する。

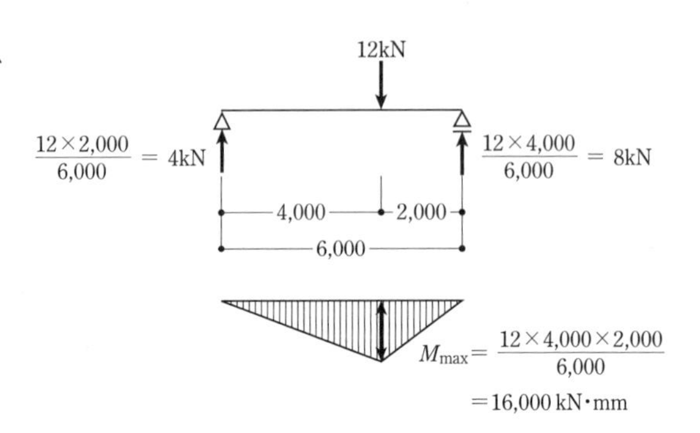

②梁の最大曲げ応力度σ_bは下図のように断面の上下端に生じ、次式によって計算される。

$\sigma_b = \frac{M}{Z}$

M：断面に作用する曲げ応力度　Z：断面係数

ただし、$Z = \frac{1}{6} \times B \times D^2$

この断面の場合は、B＝100mm　D＝200mmで、

$Z = \frac{1}{6} \times 100 \times 200^2$

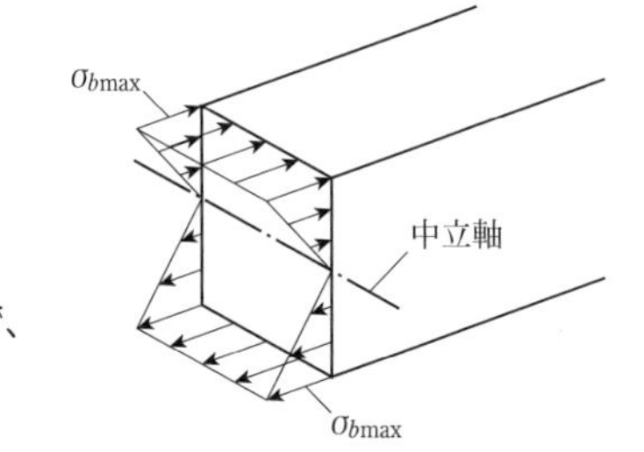

③最大曲げ応力度を求める。

$\sigma_{b\,max} = \frac{16 \times 10^6\ \mathrm{N \cdot mm}}{\frac{1}{6} \times 100 \times 200^2} = 24\mathrm{N/mm^2}$

正解 2

R05	R04	R03	R02	R01	H30	H29

問題 03 Ⅲ 2　図のような等分布荷重を受ける単純梁に断面120 mm × 150 mmの部材を用いた場合、A点の最大曲げ応力度が1 N/mm^{2}となるときの梁の長さlの値として、**正しい**ものは、次のうちどれか。ただし、部材の断面は一様とし、自重は無視するものとする。

1. 300 mm
2. 600 mm
3. 900 mm
4. 1,200 mm
5. 1,500 mm

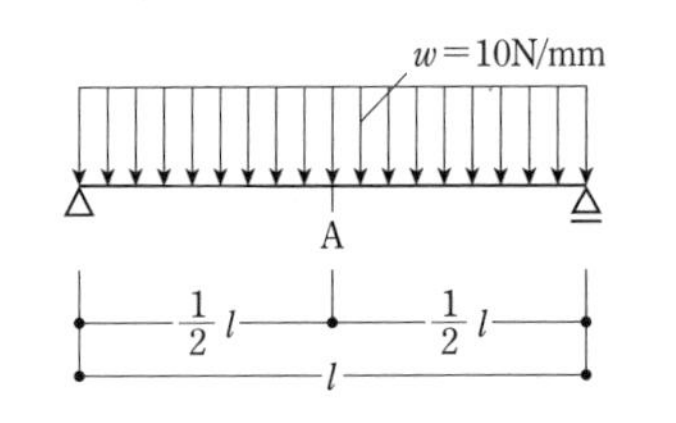

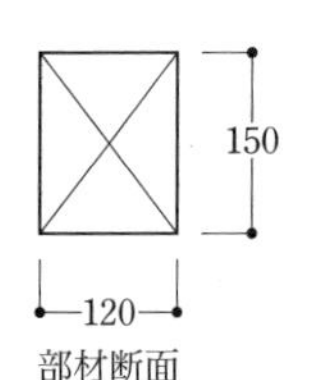

部材断面
（寸法の単位はmmとする。）

解説 この梁のA点（梁中央）での曲げモーメントの値から最大曲げ応力度を求める。

A点の最大曲げモーメントは次式で求められる。

$M_{max} = \frac{wl^2}{8}$

断面の断面係数は、$Z = \frac{bh^2}{6}$

従って最大曲げ応力度は、

$$\sigma_{b\,\max}=\frac{M_{\max}}{Z}=\frac{\frac{wl^2}{8}}{\frac{bh^2}{6}}=\frac{3wl^2}{4bh^2}$$

問題より $\sigma_{b\max}=1\,\mathrm{N/mm^2}$、$b=120\,\mathrm{mm}$、$h=150\,\mathrm{mm}$、$w=10\,\mathrm{N/mm}$ であることから、

$$\frac{3\times10\times l^2}{4\times120\times150^2}=1\quad l^2=360{,}000\quad l=600\,\mathrm{mm}$$

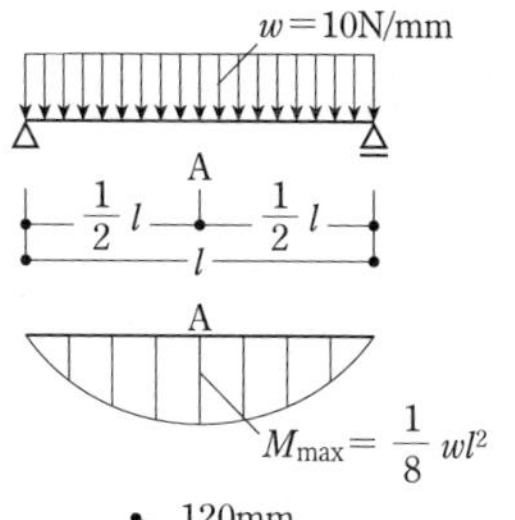

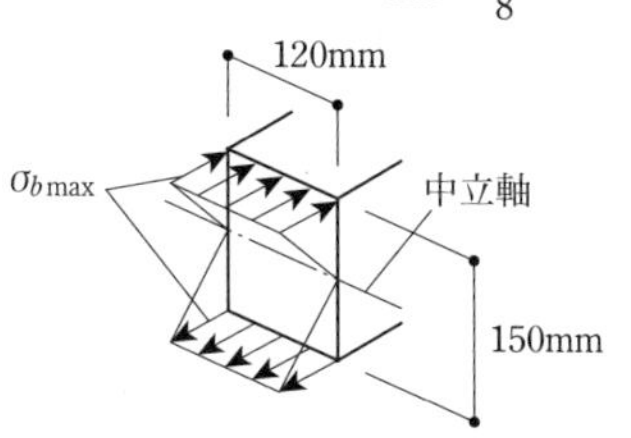

正解 2

R05	R04	R03	R02	R01	H30	H29

問題 04 Ⅲ 2 図のような等分布荷重 w を受ける長さ l の片持ち梁に断面 $b\times h$ の部材を用いたとき、その部材に生じる最大曲げ応力度として、**正しい**ものは、次のうちどれか。ただし、部材の自重は無視するものとする。

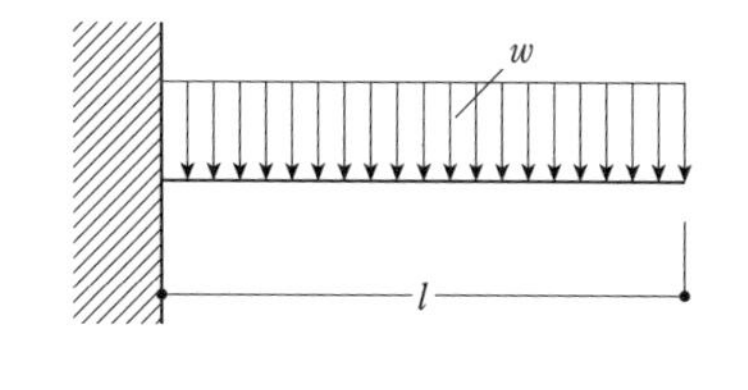

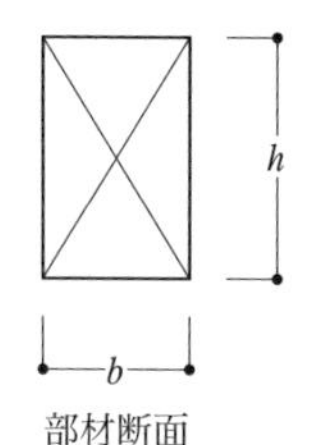

部材断面

1. $\dfrac{3wl^2}{bh^2}$　　2. $\dfrac{3wl^2}{b^2h}$　　3. $\dfrac{6wl^2}{bh^2}$

4. $\dfrac{6wl^2}{b^2h}$　　5. $\dfrac{6wl^2}{b^3h}$

解説 この梁の最大曲げモーメントの値から最大曲げ応力度を求める。
最大曲げモーメントは、固定端で生ずる。

$$M_{\max}=\frac{wl^2}{2}$$

断面の断面係数は、$Z=\dfrac{bh^2}{6}$

従って最大曲げ応力度は、

$$\sigma_{b\,\max}=\frac{M_{\max}}{Z}=\frac{\frac{1}{2}\times w\times l^2}{\frac{b\times h^2}{6}}=\frac{3wl^2}{bh^2}$$

正解 1

R05	R04	R03	R02	R01	H30	H29

問題 05 Ⅲ 2　図のような荷重を受ける単純梁に断面100 mm × 200 mmの部材を用いた場合、その部材に生じる最大曲げ応力度として、**正しい**ものは、次のうちどれか。ただし、部材の自重は無視するものとする。

1. 30 N/mm²
2. 45 N/mm²
3. 60 N/mm²
4. 75 N/mm²
5. 90 N/mm²

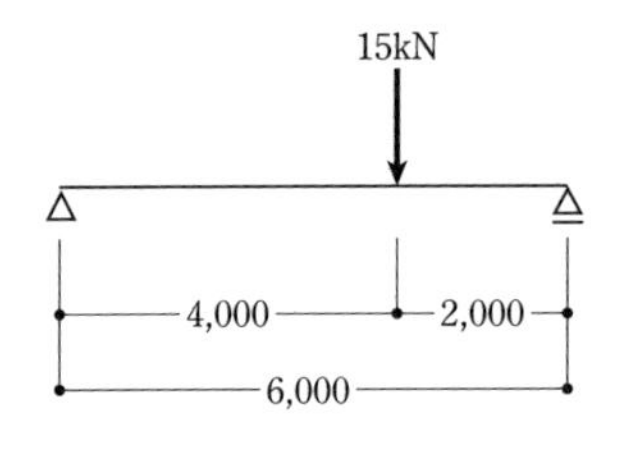

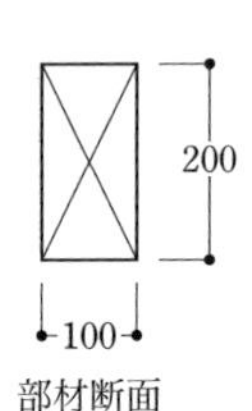

部材断面
（寸法の単位はmmとする。）

解説　この梁の最大曲げモーメントの値を求める。

①反力を求める。

$\Sigma M_B = 0$ より　$V_A \times 6{,}000\,\mathrm{mm} - 15\,\mathrm{kN} \times 2{,}000\,\mathrm{mm} = 0$　$V_A = 5\,\mathrm{kN}$（上向き）

$\Sigma Y = 0$ より　$V_A + V_B - 15\,\mathrm{kN} = 0$　$V_B = 10\,\mathrm{kN}$（上向き）

②最大曲げモーメントの値を計算する（この問題の場合、集中荷重が作用している場所）。

$$M_{max} = 5\,\mathrm{kN} \times 4{,}000\,\mathrm{mm} = 20{,}000\,\mathrm{kN \cdot mm} = 20{,}000{,}000\,\mathrm{N \cdot mm}$$

この断面の最大曲げ応力度を求める。

①断面係数 Z を求める。

$$Z = \frac{bh^2}{6} = \frac{100 \times (200)^2}{6} = \frac{4{,}000{,}000}{6}\,\mathrm{mm^3}$$

②最大曲げ応力度を求める。

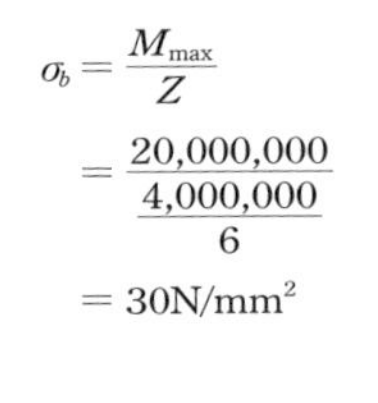

$$\sigma_b = \frac{M_{max}}{Z} = \frac{20{,}000{,}000}{\frac{4{,}000{,}000}{6}} = 30\mathrm{N/mm^2}$$

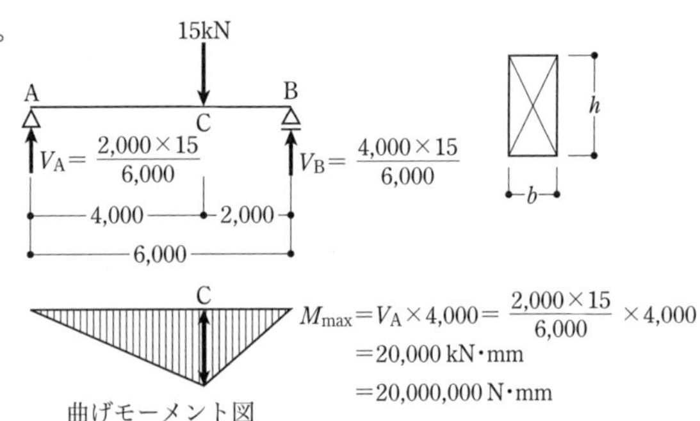

曲げモーメント図

正解 1

R05	R04	R03	R02	R01	H30	H29

問題06 Ⅲ 2 図のような荷重を受ける単純梁に、断面 90 mm × 200 mm の部材を用いた場合、その部材が許容曲げモーメントに達するときの荷重 P の値として、**正しい**ものは、次のうちどれか。ただし、部材の許容曲げ応力度は 20 N/mm² とし、自重は無視するものとする。

1. 2 kN
2. 4 kN
3. 6 kN
4. 8 kN
5. 12 kN

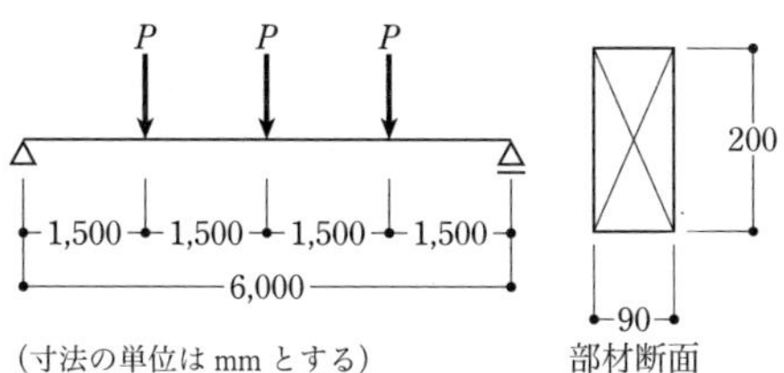

解説 はりの曲げ応力度

$$\delta_b = \frac{M_{max}\text{（曲げモーメント）}}{Z\text{（断面係数）}} \leqq f_b\text{（許容曲げ応力度）} \cdots (1)$$

①反力より M_{max} を求める。

$M_{max} = 1.5P \times 3{,}000 - P \times 1{,}500$
$= 3{,}000P$

②断面係数 Z を求める。

$$Z = \frac{bh^2}{6}$$
$$= \frac{90\text{mm} \times (200\text{mm})^2}{6}$$
$$= 600,000\text{mm}^3$$

③（1）式より P を求める。

$$f_b = \frac{M_{max}}{Z}$$

題意により、

許容曲げ応力度 $f_b = 20\text{ N/mm}^2$

$$20 = \frac{3,000P}{600,000}$$

$\therefore P = 4{,}000\text{ N} = 4\text{ kN}$

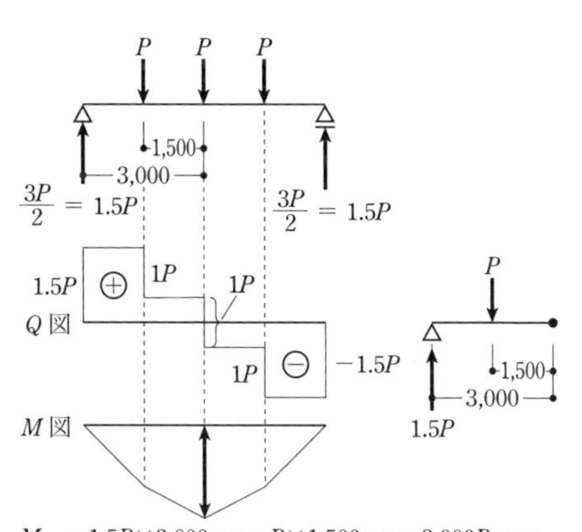

正解 2

R05	R04	R03	R02	R01	H30	H29

問題07 Ⅲ 2 図のような等分布荷重を受ける単純梁に断面 100mm×200mm の部材を用いた場合、A 点に生じる最大曲げ応力度として、**正しい**ものは、次のうちどれか。ただし、部材の断面は一様とし、自重は無視するものとする。

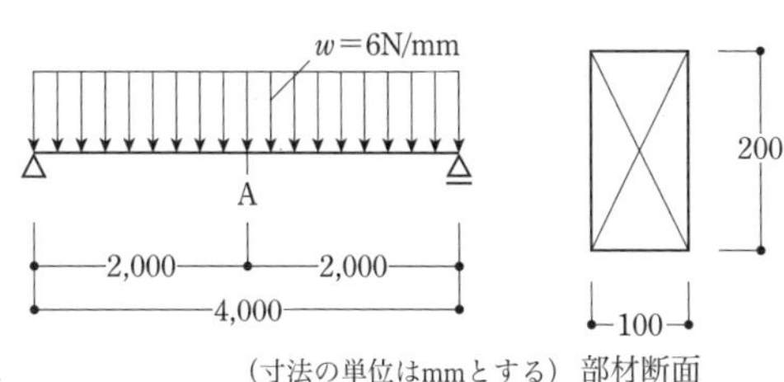

1. 6 N/mm²
2. 9 N/mm²
3. 12 N/mm²
4. 18 N/mm²
5. 36 N/mm²

解説 ①反力：等分布荷重を集中荷重に直し、反力を求める。

24,000 N × 1/2 ＝ 12,000 N

②B～A間における曲げモーメントM_Aを力の釣合条件（$\Sigma X = 0$、$\Sigma Y = 0$、$\Sigma M = 0$）より求める。

※A点に(＋)の曲げモーメントM_Aを仮定する。

$\Sigma M_A = 0$より

$12{,}000\text{N} \times 2{,}000\text{mm} - 12{,}000\text{N} \times 1{,}000\text{mm} - M_A = 0$

$\therefore M_A = 12 \times 10^6 \text{N·mm}$

②' M_{max}を公式より求める。

$$M_{max} = \frac{wl^2}{8} = \frac{6\text{N/mm} \times 4{,}000^2\text{mm}}{8} = 12 \times 10^6 \text{N·mm}$$

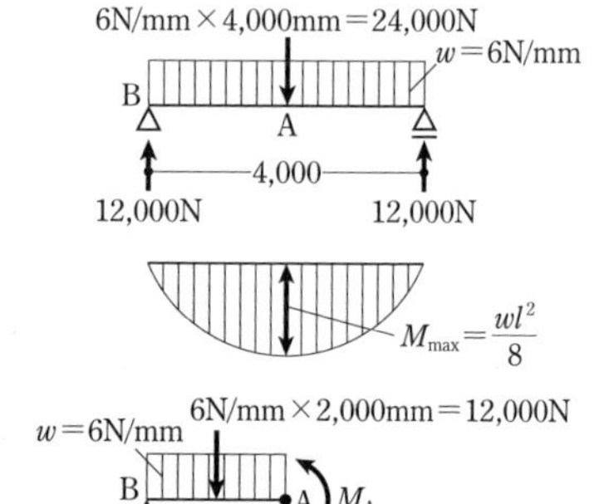

(B～A間における曲げモーメントM_A)

③断面係数Zを求める。

$$Z = \frac{bh^2}{6} = \frac{100\text{mm} \times 200^2\text{mm}}{6} = \frac{2 \times 10^6}{3}\text{mm}^3$$

④最大曲げ応力度σ_bを求める。

$$\sigma_b = \frac{M_{max}\text{（曲げモーメント）}}{Z\text{（断面係数）}} = \frac{12 \times 10^6}{\frac{2 \times 10^6}{3}} = 18\text{N/mm}^2$$

正解 4

【学科Ⅲ】

3 静定ばりの応力

R05	R04	R03	R02	R01	H30	H29

問題 01 Ⅲ 3 図のような荷重を受ける単純梁に生じる曲げモーメントの大きさの最大値として、**正しい**ものは、次のうちどれか。

1. 36 kN・m
2. 48 kN・m
3. 60 kN・m
4. 64 kN・m
5. 81 kN・m

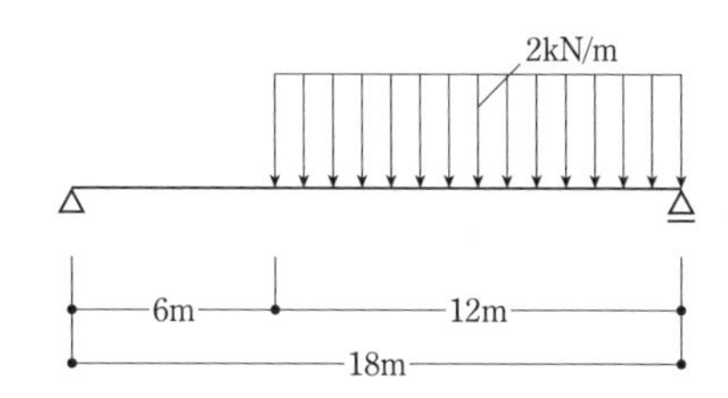

解説 最大曲げモーメントが生じる位置は、せん断力が 0 になることから、その位置を求める。

B 点のモーメントの釣合式より、A 点の垂直方向反力 V_A を求める。

$\Sigma M_B = 0$ より、

$V_A \times 18\text{m} + (-2\text{kN/m} \times 12\text{m} \times 6\text{m}) = 0$

$V_A = +8\text{kN}$（上向き）

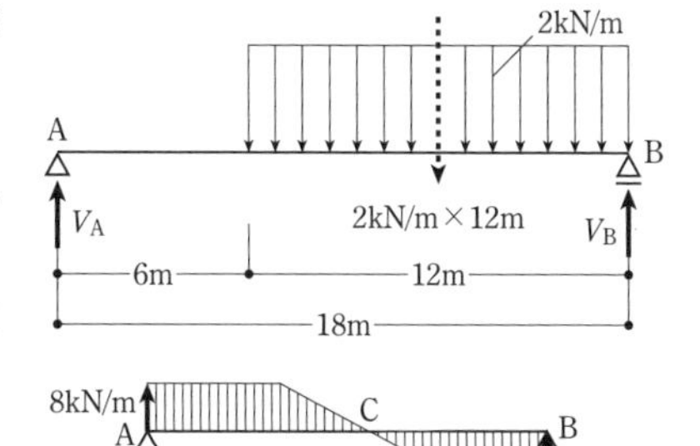

せん断力が 0 になる位置 D の C、D 間の距離 x を求める。

せん断力は、C 点まで＋ 8kN で、C 点から B 点までは 2 kN/m ずつ減少していくので、

$Q_x + 8\text{kN} - 2\text{kN/m} \times x = 0 \qquad x = 4\text{m}$

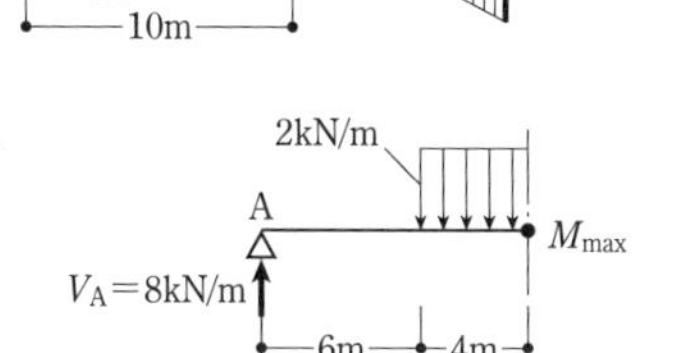

従って、最大曲げモーメントが生じる D 点の A 点からの距離は、10 m となる（D 点）。

D 点の曲げモーメントの値は、

$M_{max} = +8\text{kN} \times 10\text{m} - 2\text{kN/m} \times 4\text{m} \times 2\text{m}$

$= 64\text{kN·m}$

R05	R04	R03	R02	R01	H30	H29

問題 02 Ⅲ 3 図のような荷重を受ける梁の A 点における曲げモーメントの大きさとして、**正しい**ものは、次のうちどれか。

1. 3.0 kN・m
2. 6.0 kN・m

3.　8.5 kN･m
4.　12.0 kN･m
5.　16.0 kN･m

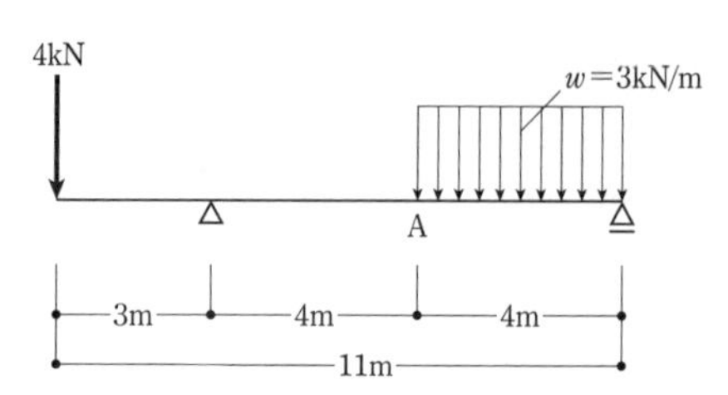

解説　A 点の曲げモーメントは、A 点を中心に A 点より左側に作用する荷重や反力のモーメントの総和、もしくは A 点より右側に作用する荷重や反力のモーメントの総和となる（右側、左側のモーメントは大きさが同じで向きが逆）。

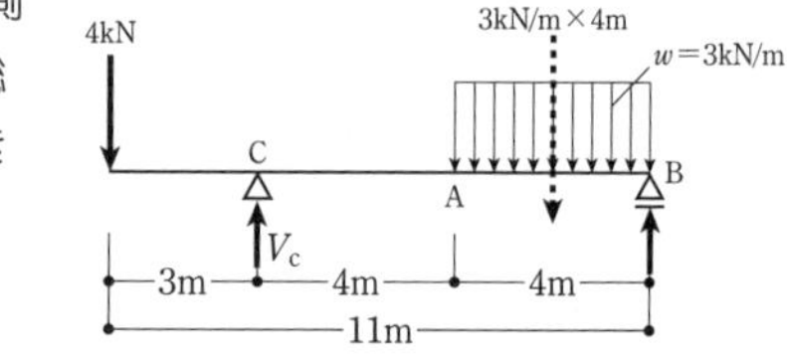

C 点の反力を求める。
B 点のモーメントの釣合式 $\Sigma M_B = 0$ より
$-4\,\text{kN} \times 11\,\text{m} - (3\,\text{kN} \times 4\,\text{m}) \times 2\,\text{m} + V_A \times 8\,\text{m} = 0$
$V_C = +8.5\,\text{kN}$（上向き）
従って A 点の曲げモーメントは、$-4\,\text{kN} \times 7\,\text{m} + 8.5\,\text{kN} \times 4\,\text{m} = 6.0\,\text{kN·m}$　**正解 2**

R05	R04	R03	R02	R01	H30	H29

問題 03 Ⅲ 3　図のような荷重を受ける単純梁において、A 点の曲げモーメント M_A の大きさと、A − B 間のせん断力 Q_{AB} の絶対値との組合せとして、**正しい**ものは、次のうちどれか。

	M_A の大きさ	Q_{AB} の絶対値
1.	40 kN･m	10 kN
2.	60 kN･m	15 kN
3.	60 kN･m	30 kN
4.	120 kN･m	15 kN
5.	120 kN･m	30 kN

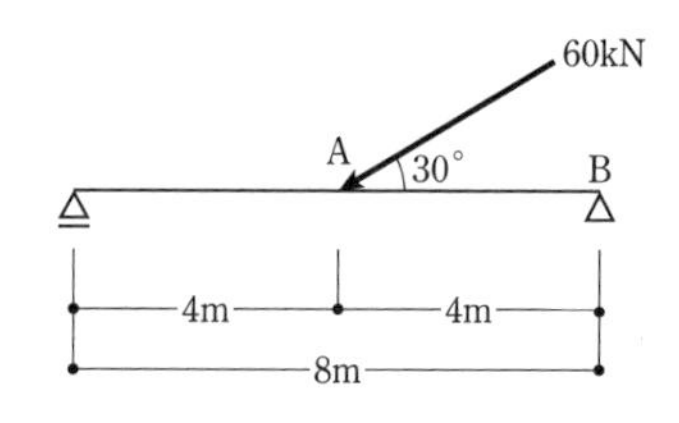

解説　斜めの荷重を、梁に水平な方向の荷重 P_x と、梁に垂直な方向の荷重 P_y に分解する。P_y は、梁のせん断応力と曲げ応力に関係するので、P_y のみ計算する（P_x は、軸方向応力に関係する）。

$$P_y = 60\text{kN} \times \sin 30° = 60\text{kN} \times \frac{1}{2} = 30\text{kN}$$

図より $Q_{AB} = 15\,\text{kN}$

$$M_A = M_{max} = \frac{1}{4} \times P_y \times l = \frac{1}{4} \times 30\text{kN} \times 8\text{m} = 60\text{kN·m}$$

正解 2

R05	R04	R03	R02	R01	H30	H29

問題04 III 3 図－1のように集中荷重を受ける単純梁を、図－2のような等分布荷重を受けるように荷重条件のみ変更した場合に生じる変化に関する次の記述のうち、**最も不適当な**ものはどれか。ただし、梁は自重を無視するものとする。

1. 支点A及びBの反力は、荷重条件変更後も、変わらない。
2. 最大曲げモーメントが、荷重条件変更後に、小さくなる。
3. C点におけるたわみが、荷重条件変更後に、小さくなる。
4. 軸方向力は、荷重条件変更後も、変わらない。
5. 最大せん断力が、荷重条件変更後に、小さくなる。

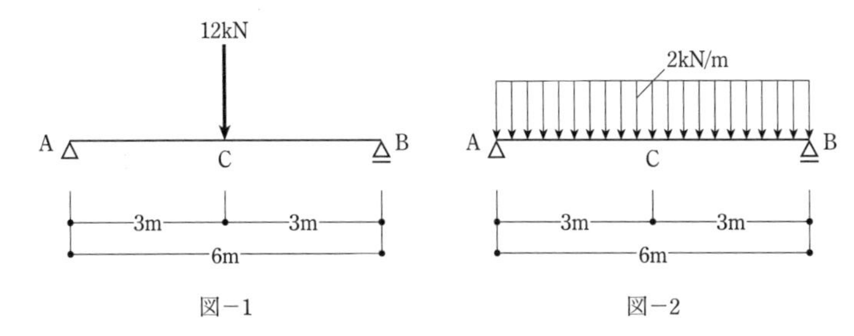

図－1　図－2

解説 1. 図－1、図－2ともに左右対称であり、反力は全荷重の1/2。

2. 最大曲げモーメントはともにC点で生じ、C点に集中荷重が作用する図－1の場合が最も大きくなり、図－2では荷重が分散されるため最大曲げモーメントは小さくなる。

図－1の場合　$M_{max}=\dfrac{P\times l}{4}=\dfrac{12\text{kN}\times 6\text{m}}{4}=18\text{kN}\cdot\text{m}$

図－2の場合　$M_{max}=\dfrac{wl^2}{8}=\dfrac{2\text{kN/m}\times(6\text{m})^2}{8}=9\text{kN}\cdot\text{m}$

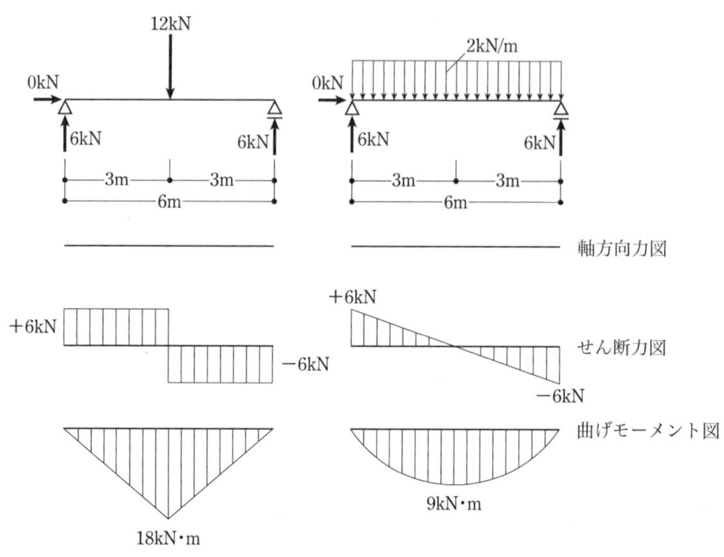

3.　2. と同様にたわみも荷重が分散することにより小さくなる。

図−1の場合　$\delta_c = \dfrac{Pl^3}{48EI} = \dfrac{12 \times 6^3}{48EI} = \dfrac{54}{EI}$

図−2の場合　$\delta_c = \dfrac{5wl^4}{384EI} = \dfrac{5 \times 2 \times 6^4}{384EI} = \dfrac{33.75}{EI}$

4.　軸方向力は、図−1、図−2どちらも作用しない。

5.　最大せん断力は、荷重条件変化後も変わらない。よって、5. が正解。　**正解 5**

R05	R04	R03	R02	R01	H30	H29

問題 05 Ⅲ 3　図−1のような荷重を受ける単純梁において、曲げモーメント図が図−2となる場合、荷重 P の大きさとして、**正しい**ものは、次のうちどれか。

1.　1kN
2.　2kN
3.　3kN
4.　4kN
5.　5kN

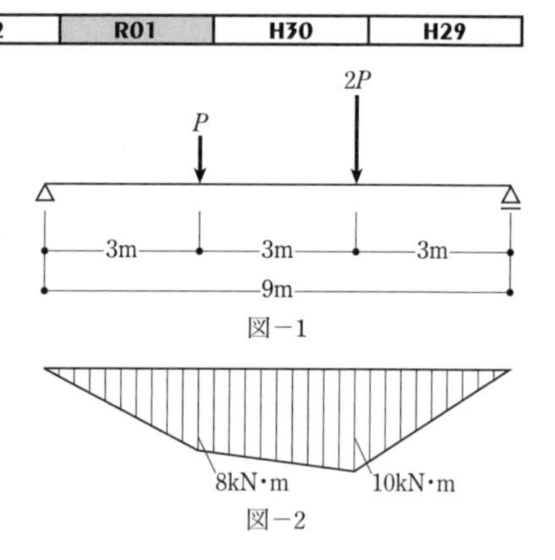

解説 ① C 点でのモーメント（8 kN･m）の値より V_A を求める。

$V_A \times 3\,\mathrm{m} = 8\,\mathrm{kN \cdot m}$　　$\therefore V_A = \dfrac{8}{3}\,\mathrm{kN}$

② V_A を P を使って表すと、

$\Sigma M_B = 0$　$V_A \times 9\,\mathrm{m} - P \times 6\,\mathrm{m} - 2P \times 3\,\mathrm{m} = 0$

$V_A = \dfrac{12P}{9}$

従って、$\dfrac{12P}{9} = \dfrac{8}{3}$　$P = \dfrac{8 \times 9}{3 \times 12} = 2$

$\therefore P = 2\,\mathrm{kN}$

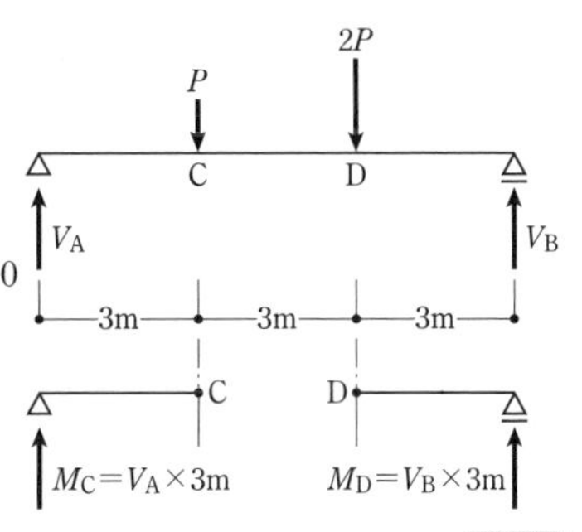

正解 2

R05	R04	R03	R02	R01	H30	H29

問題 06 Ⅲ 3　図のような荷重を受ける単純梁の A 点における曲げモーメントの大きさとして、**正しい**ものは、次のうちどれか。

1. 10 kN･m
2. 12 kN･m
3. 14 kN･m
4. 16 kN･m
5. 18 kN･m

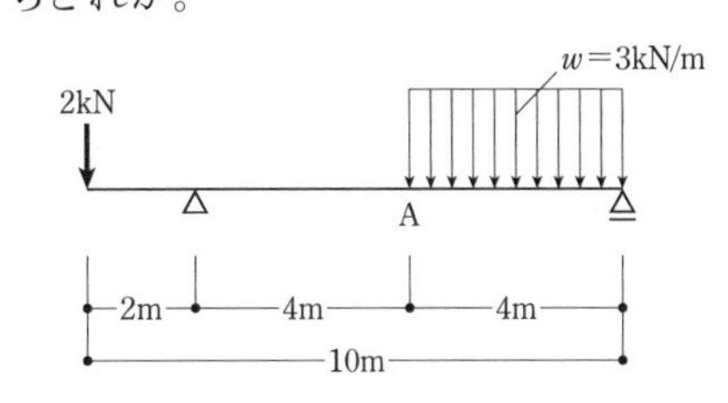

解説 ①反力：V_B、V_C を上向きに仮定し、力の釣合条件（$\Sigma X = 0$、$\Sigma Y = 0$、$\Sigma M = 0$）より求める。

$\Sigma M_B = 0$ より

$-2\,\mathrm{kN} \times 10\,\mathrm{m} + V_C \times 8\,\mathrm{m} - 12\,\mathrm{kN} \times 2\,\mathrm{m} = 0$

$\therefore V_C = 5.5\,\mathrm{kN}$（仮定通り。よって、上向き）

$\Sigma Y = 0$ より

$-2\,\mathrm{kN} + 5.5\,\mathrm{kN} - 12\,\mathrm{kN} + V_B = 0$

$\therefore V_B = 8.5\,\mathrm{kN}$（仮定通り。よって、上向き）

②左端部～ A 間における曲げモーメント M_A を力の釣合条件より求める。

※ A 点に（＋）の曲げモーメント M_A を仮定する。

$\Sigma M_A = 0$ より

$-2\,\mathrm{kN} \times 6\,\mathrm{m} + 5.5\,\mathrm{kN} \times 4\,\mathrm{m} - M_A = 0$　　$\therefore M_A = 10\,\mathrm{kN \cdot m}$

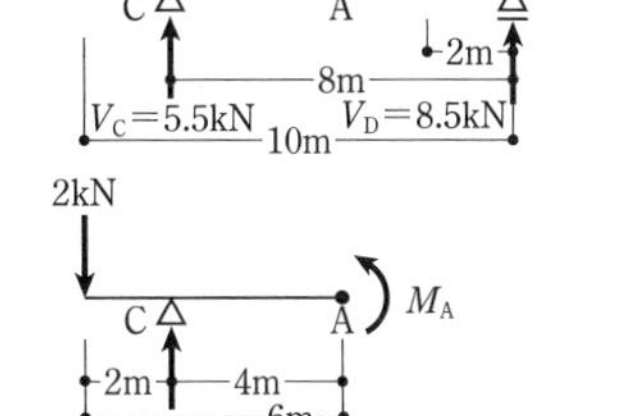

正解 1

R05	R04	R03	R02	R01	H30	H29

問題 07 Ⅲ 3　図のような荷重を受ける単純梁において、A 点の曲げモーメント M_A の大きさと、A － B 間のせん断力 Q_{AB} の絶対値との組合せとして、**正し**

いものは、次のうちどれか。

	M_Aの大きさ	Q_{AB}の絶対値
1.	10 kN・m	5 kN
2.	20 kN・m	5 kN
3.	20 kN・m	10 kN
4.	40 kN・m	10 kN
5.	40 kN・m	20 kN

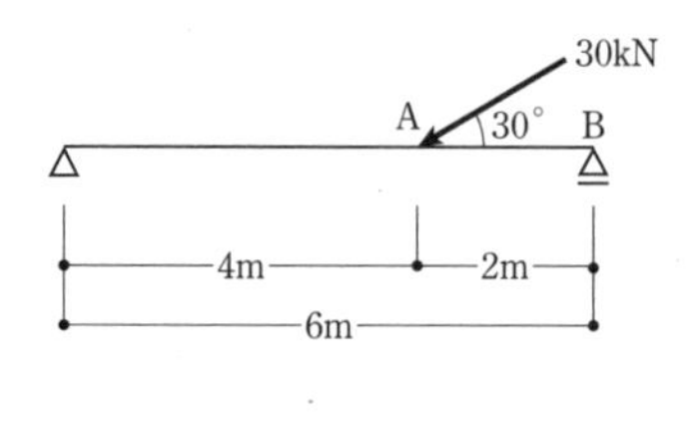

解説 ①反力：V_B、V_Cを上向きに仮定し、力の釣合条件（$\Sigma X=0$、$\Sigma Y=0$、$\Sigma M=0$）より求める。

$\Sigma M_B=0$より

$V_C\times 6\,\text{m}-15\,\text{kN}\times 2\,\text{m}=0$　　$\therefore V_C=5\,\text{kN}$（仮定通り。よって、上向き）

$\Sigma Y=0$より

$5\,\text{kN}-15\,\text{kN}+V_B=0$　　$\therefore V_B=10\,\text{kN}$（仮定通り。よって、上向き）

②C～A間における曲げモーメントM_Aを力の釣合条件より求める。

※A点に（＋）の曲げモーメントM_Aを仮定する。

$\Sigma M_A=0$より　$5\text{kN}\times 4\text{m}-M_A=0$　　$\therefore M_A=20\text{kN}\cdot\text{m}$

③A～B間におけるせん断力Q_{AB}を力の釣合条件より求める。

※B点に（＋）のせん断力Q_{AB}を仮定する。

$\Sigma Y=0$より　$5\,\text{kN}-15\,\text{kN}-Q_{AB}=0$　　$\therefore Q_{AB}=-10\,\text{kN}$

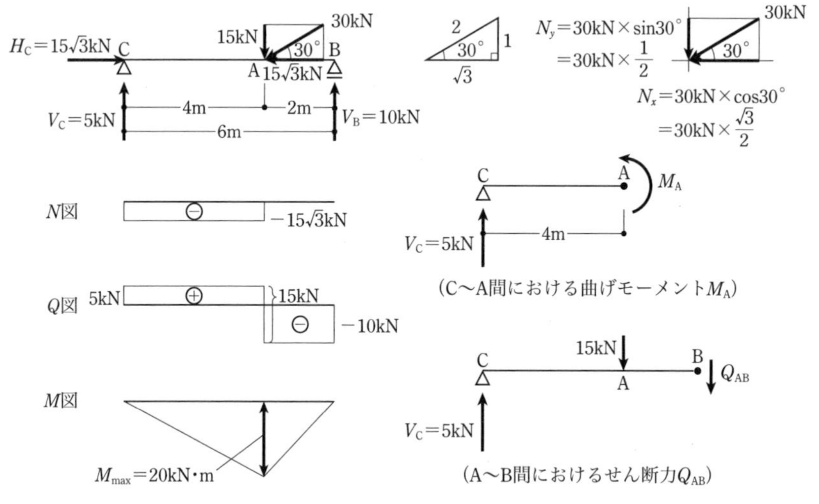

正解 3

【学科Ⅲ】

4 静定ラーメンの応力

R05	R04	R03	R02	R01	H30	H29

問題 01 Ⅲ 4　図のような外力を受ける静定ラーメンにおいて、支点Bに生じる鉛直反力 R_B、水平反力 H_B の値とE点に生じる曲げモーメント M_E の絶対値との組合せとして、**正しい**ものは、次のうちどれか。ただし、鉛直反力の方向は上向きを「＋」、下向きを「－」とし、水平反力の方向は左向きを「＋」、右向きを「－」とする。

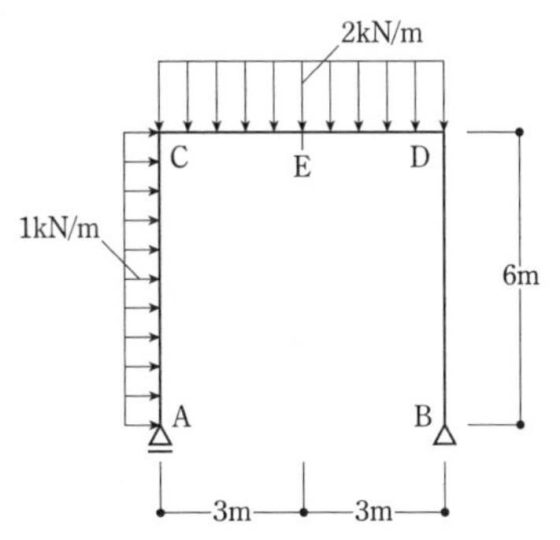

	R_B	H_B	M_E の絶対値
1.	－9kN	－6kN	0kN･m
2.	＋9kN	－6kN	54kN･m
3.	＋3kN	＋6kN	36kN･m
4.	＋9kN	＋6kN	12kN･m
5.	＋9kN	＋6kN	18kN･m

解説　B点におけるモーメントの釣合式から R_B を求める。

$-R_B \times 6\text{m} + 2\text{kN/m} \times 6\text{m} \times 3\text{m} + 1\text{kN/m} \times 6\text{m} \times 3\text{m} = 0$

$R_B = +9\text{kN}$（上向き）

Y 方向の釣合式 $\Sigma Y = 0$ より、

$R_A + R_B - 2\text{kN/m} \times 6\text{m} = 0$

$R_A + 9\text{kN} = 12$

$R_A = +3\text{kN}$（上向き）

水平方向の釣合式より、

$H_B - 1\text{kN/m} \times 6\text{m} = 0$

$H_B = +6\text{kN}$（左向き）

E点のモーメントを求める。

$M_E = +3\text{kN} \times 3\text{m} - 1\text{kN/m} \times 6\text{m} \times 3\text{m} - 2\text{kN/m} \times 3\text{m} \times 1.5\text{m} = -18\text{kN}\cdot\text{m}$

M_E の絶対値は、$M_E = 18\text{kN}\cdot\text{m}$

正解 5

R05	R04	R03	R02	R01	H30	H29

問題 02 Ⅲ4 図のような外力を受ける３ヒンジラーメンにおいて、支点 A、E に生じる鉛直反力 V_A、V_E と水平反力 H_A、H_E の値、B − C 間でせん断力が 0 になる点の B 点からの距離 x の組合せとして、**正しい**ものは、次のうちどれか。ただし、鉛直反力の方向は上向きを［+］、下向きを［−］とし、水平反力の方向は右向きを［+］、左向きを［−］とする。

	V_A	V_E	H_A	H_E	x
1.	＋5kN	＋15kN	−4kN	＋4kN	2m
2.	＋5kN	＋15kN	＋4kN	＋4kN	2m
3.	＋15kN	＋5kN	＋4kN	−4kN	3m
4.	＋15kN	＋4kN	＋5kN	＋4kN	3m
5.	＋15kN	＋5kN	＋5kN	−4kN	4m

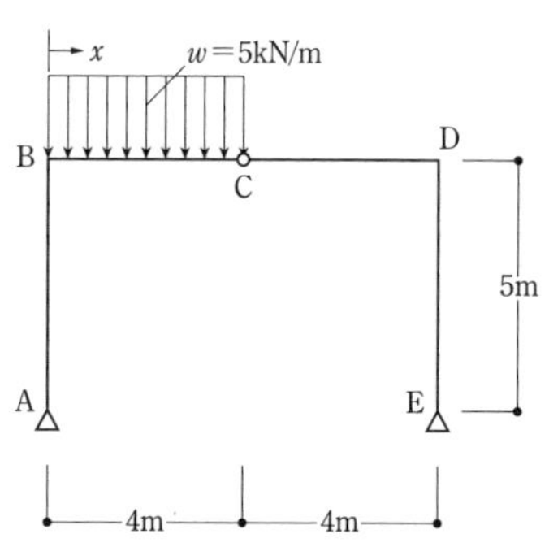

解説 ①右図のように A 支点・E 支点に生じる反力を仮定する。

②A 点を中心に荷重反力のモーメントは釣り合っていることから、

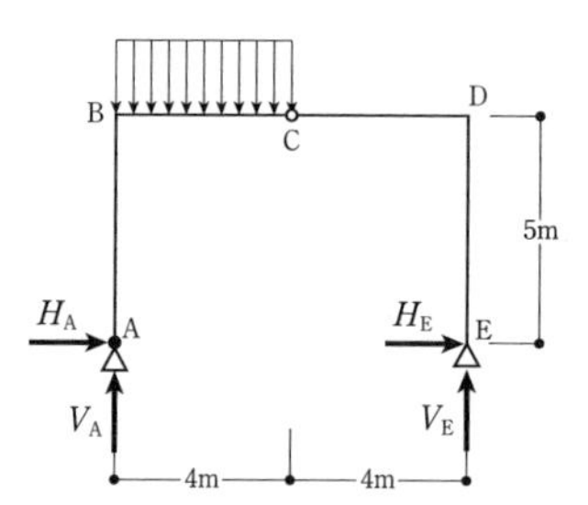

$\Sigma M_A = 0 \quad 5\,\text{kN} \times 4\,\text{m} \times 2\text{m} - V_E \times 8\,\text{m} = 0$

$V_E = +5\,\text{kN}$（上向き）

垂直方向の力の釣合式より、

$\Sigma Y = 0 \quad V_A + V_E - 5\,\text{kN/m} \times 4\,\text{m} = 0$

$V_A = 20 - 5 = +15\,\text{kN}$（上向き）

C 点がピンで曲げモーメントが 0 であることから、C 点より左側の荷重・反力による C 点の曲げ応力を求める。

$M_C = 15\,\text{kN} \times 4\,\text{m} - 5\,\text{kN/m} \times 4\,\text{m} \times 2\,\text{m} - H_A \times 5\,\text{m} = 0$

$H_A = +4\,\text{kN}$（右向き）水平方向の力の釣合より、$H_A + H_E = 0$

$H_E = -4\,\text{kN}$（左向き）

B − C 間について、右図のように B 点には A − B の部材に作用している反力の 4kN と 15kN が伝わる。

この図よりせん断応力が 0 になる位置は、

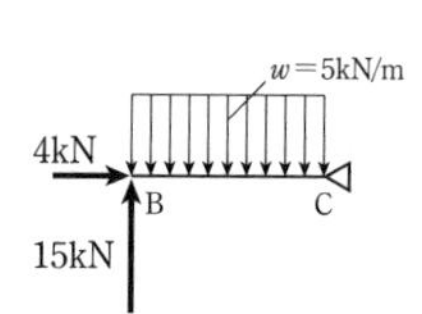

$15 - 5\,\text{kN/m} \times x = 0$

$x = 3\,\text{m}$

正解 3

R05	R04	R03	R02	R01	H30	H29

問題 03 Ⅲ 5 図1は鉛直方向に外力を受ける静定ラーメンであり、その曲げモーメント図は図2のように表せる。図1の静定ラーメンに水平方向の外力が加わった図3の静定ラーメンの曲げモーメント図として、**正しい**ものは、次のうちどれか。ただし、曲げモーメント図は、材の引張側に描くものとする。

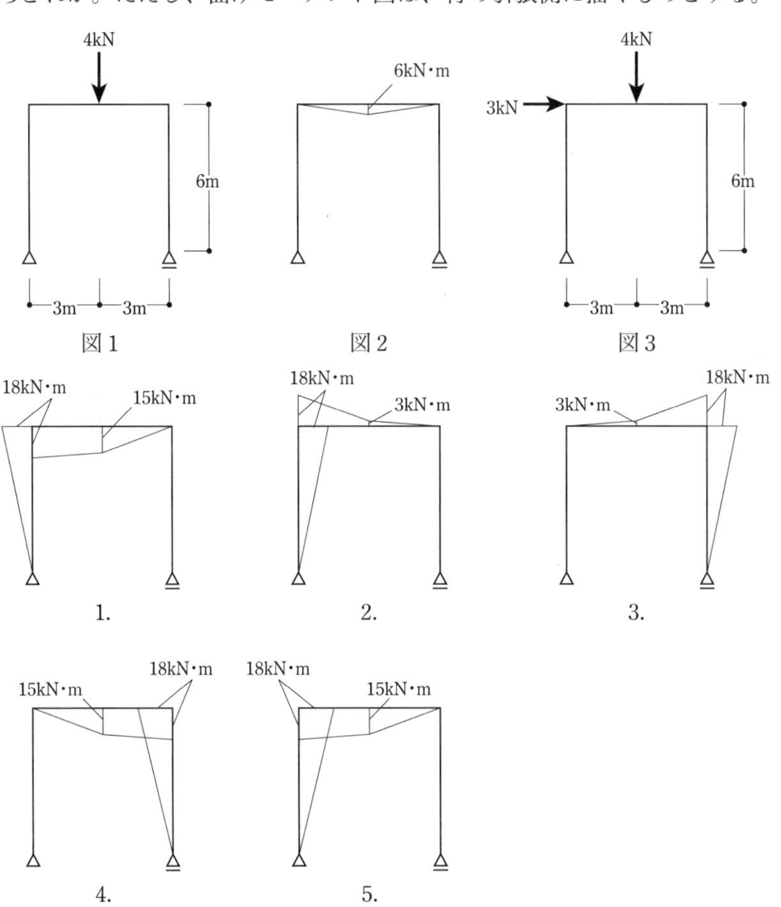

解説 図のように複数の荷重が静定構造物に作用した場合の応力図は、それぞれの荷重が単独に作用した場合の応力図を足し合わせたものとなる。

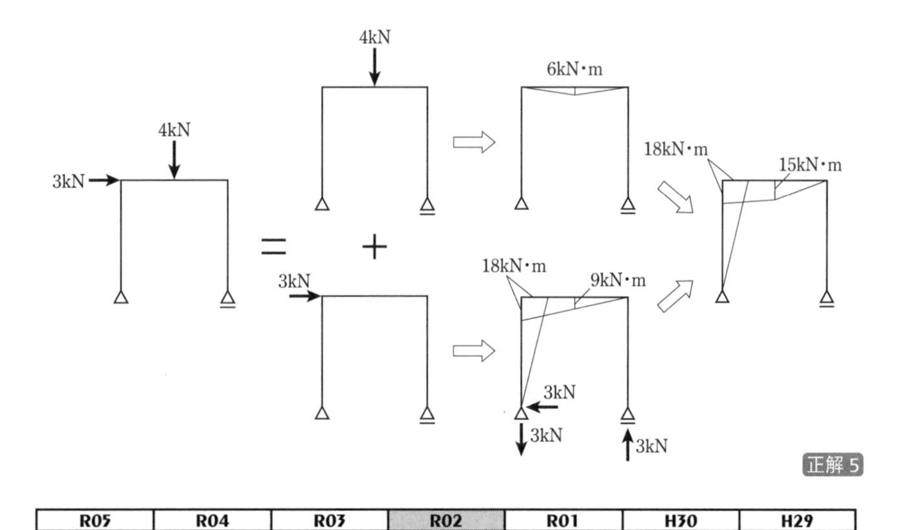

正解 5

R05	R04	R03	R02	R01	H30	H29

問題 04 Ⅲ 4　図のような曲げモーメント図となる静定ラーメンにおいて、受けている外力の大きさとして、**正しい**ものは、次のうちどれか。ただし、曲げモーメント図は、材の引張側に描くものとする。

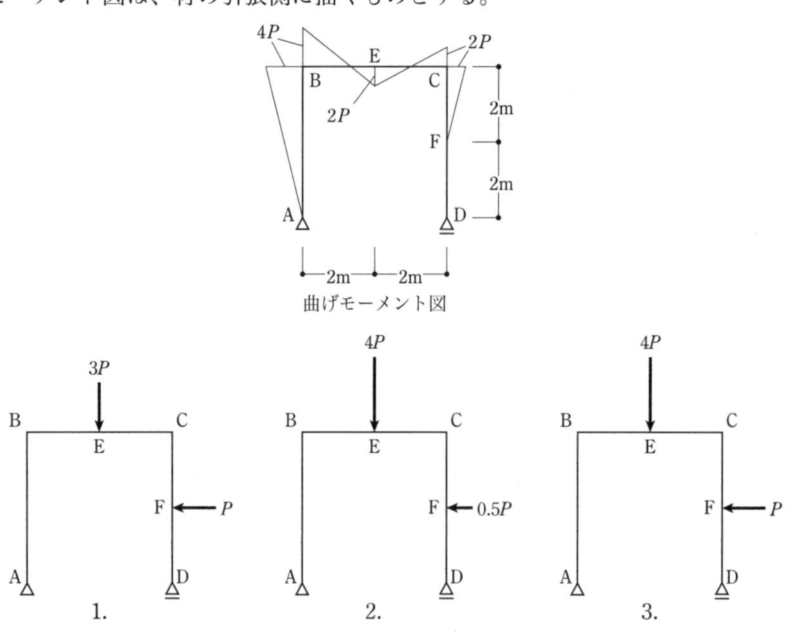

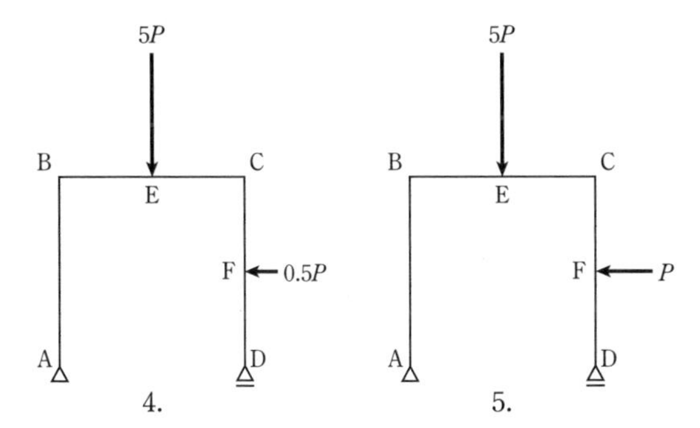

解説　下図のように問題をE点に鉛直荷重が作用した場合（イ）と、F点に水平荷重が作用した場合（ロ）に分け、それぞれ反力を求める。

A・D点の垂直反力は、鉛直荷重は作用していないのでお互いに大きさが等しく、逆向き（偶力）となる。A点（もしくはD点）のモーメントを考えると、水平荷重によるモーメントとD点の反力によるモーメントが釣り合うため、次式のようにD点の反力が求まる。

$$(-P \times 2\text{m}) + (-V_D \times 4\text{m}) = 0$$

$$V_D = -\frac{P}{2} \quad V_A = \frac{P}{2}$$

また、C点の曲げ応力が$2P$であることから、右図のようにC～D間で考えると、

$$2P = N \times 2\text{m} \qquad N = P$$

次に（イ）では、E点の鉛直荷重Wは中央に作用しているので、左右の鉛直方向反力は等しく、Wの半分となる(A点の水平方向反力はない)。

（イ）（ロ）についてそれぞれ反力とF点に作用する水平荷重の大きさがPであることが求まった。E点について（イ）（ロ）それぞれのA～E間の荷重と反力による曲げ応力を足し合わせて求める。

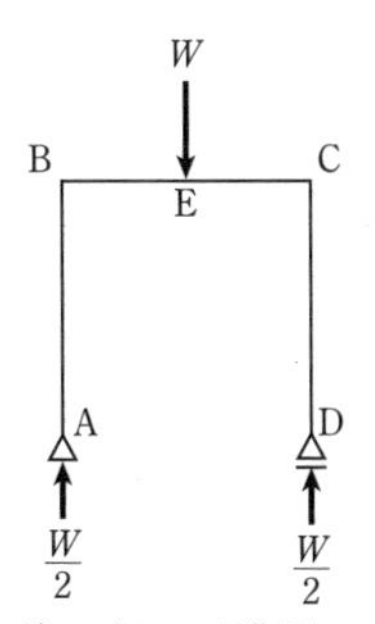

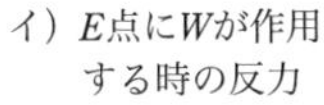

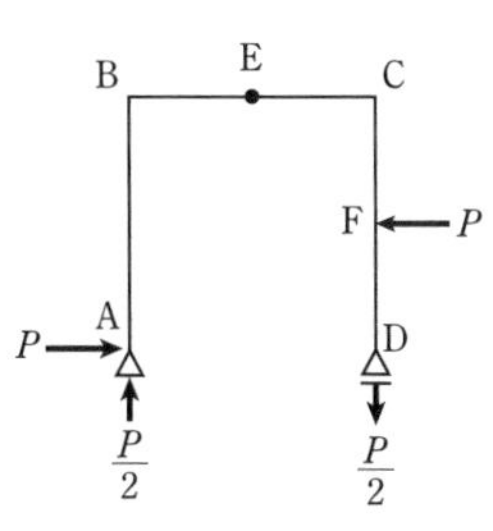

ロ）F点にPが作用する時の反力

$$M_E = \left\{\frac{W}{2} \times 2\text{m}\right\} + \left\{-P \times 4\text{m} + \frac{P}{2} \times 2\text{m}\right\} = 2P$$

$$M_E = \left\{\frac{W}{2} \times 2\text{m}\right\} + \left\{-P \times 4\text{m} + \frac{P}{2} \times 2\text{m}\right.$$

この式よりWを求めると、$W = 2P + 4P - P = 5P$　となる。　**正解 5**

問題 05 Ⅲ 4　図のような外力を受ける静定ラーメンにおいて、支点A、Bに生じる鉛直反力R_A、R_Bの値と、C点に生じるせん断力Q_Cの絶対値との組合せとして、**正しい**ものは、次のうちどれか。ただし、鉛直反力の方向は、上向きを「＋」、下向きを「－」とする。

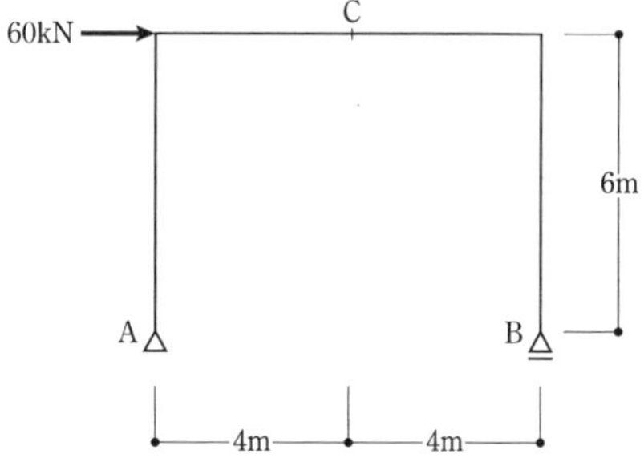

	R_A	R_B	Q_Cの絶対値
1.	－45kN	＋45kN	0kN
2.	－45kN	＋45kN	45kN
3.	＋45kN	－45kN	0kN
4.	＋45kN	－45kN	45kN
5.	＋45kN	＋45kN	45kN

解説　①支点の反力を求める。

支点A点、B点にそれぞれ＋の向き（垂直方向は上向き、水平方向は右向き）の反力を仮定し、力の釣合式（$\Sigma X = 0$、$\Sigma Y = 0$、$\Sigma M = 0$）より反力を求める。

（反力の向きは、答えが＋の場合、仮定した方向と同じ。－の場合は仮定した方向と逆）

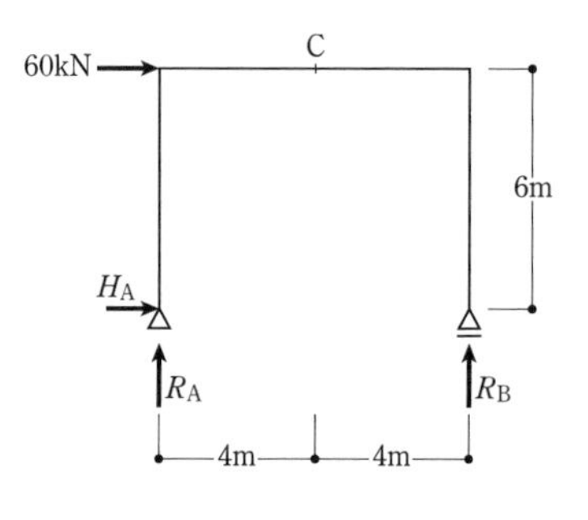

$\Sigma X = 0$

$+60\,\text{kN} + H_A = 0$

$\therefore H_A = -60\,\text{kN}$（左向き）

$\Sigma Y = 0$

$+R_A + R_B = 0$ …… (1)

$\Sigma M_B = 0$

$+R_A \times 8\,\text{m} + 60\,\text{kN} \times 6\,\text{m} = 0$

$8R_A = -360\,\text{kN·m}$

$\therefore R_A = -45\,\text{kN}$（下向き）

(1)に代入して

$-45\,\text{kN} + R_B = 0$

$\therefore R_B = +45\,\text{kN}$（上向き）

②C点のせん断力を求める。

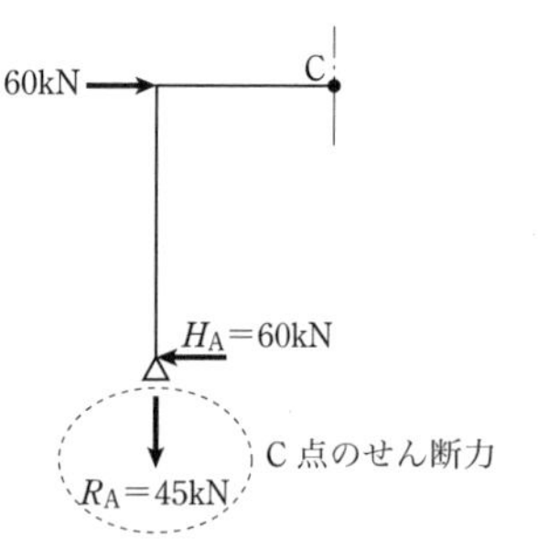

C点のせん断力は、A～Cに作用する反力・荷重のうち、梁材に直角方向（垂直方向）の力の合計。

∴A点の垂直反力＝C点のせん断力＝－45kN　→　絶対値＝45kN

正解 2

R05	R04	R03	R02	R01	H30	H29

問題 06 Ⅲ 4 図のような外力を受ける静定ラーメンにおける曲げモーメント図の形として、**正しい**ものは、次のうちどれか。ただし、曲げモーメント図は、材の引張側に描くものとする。

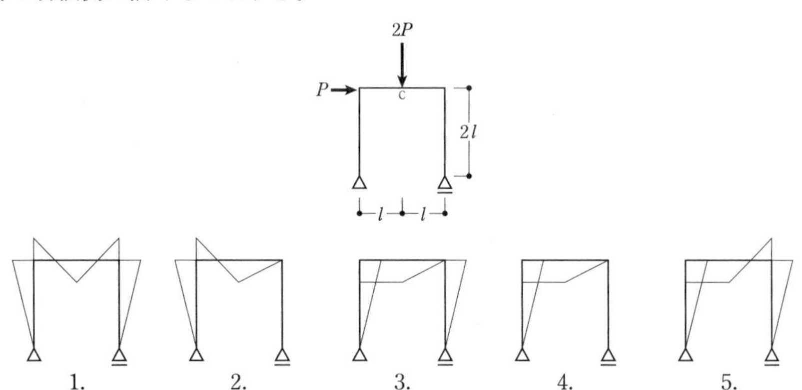

解説 ①反力：ピン支点 A に上向きの力 V_A、左向きの力 H_A、ローラー支点 B に上向きの力 V_B を仮定し、力の釣合条件（$\Sigma X = 0$、$\Sigma Y = 0$、$\Sigma M = 0$）より求める。

$\Sigma M_A = 0$ より

$P \times 2l + 2P \times l - V_B \times 2l = 0$

$\therefore V_B = 2P$（仮定通り。よって、上向き）

$\Sigma Y = 0$ より

$-2P + 2P + V_A = 0$

$\therefore V_A = 0$（反力 V_A は生じない）

$\Sigma X = 0$ より

$P - H_A = 0$

$\therefore H_A = P$（仮定通り。よって、左向き）

②力の分解図より求める。

端部の支点より各部材の釣合いを保ちながら力を伝達させる。

1) 垂直部材 AC は、反力 H_A と外力 P により、時計回りのモーメントが生じる。この力に釣合うために C 端部には反時計回りのモーメントが生じる。また、反力 H_A と外力 P が釣り合っているため、隣りの水平部材 CE には応力は伝達されない。

2) 水平部材 CE は、伝達された時計回りのモーメントとその力に釣り合うために反時計回りのモーメントのみが生じる。

3) 水平部材 ED は、伝達された時計回りのモーメントと外力のせん断力により生じる反時計回りのモーメントが釣り合っている。また、D 端部には外力 $2P$ と釣り合うために上向きの力 $2P$ が生じる。

4）垂直部材 BD は、D 端部に伝達された下向きの応力 $2P$ と上向きの反力 $2P$ が釣り合い、うまく力が伝達されたことが確認できる。

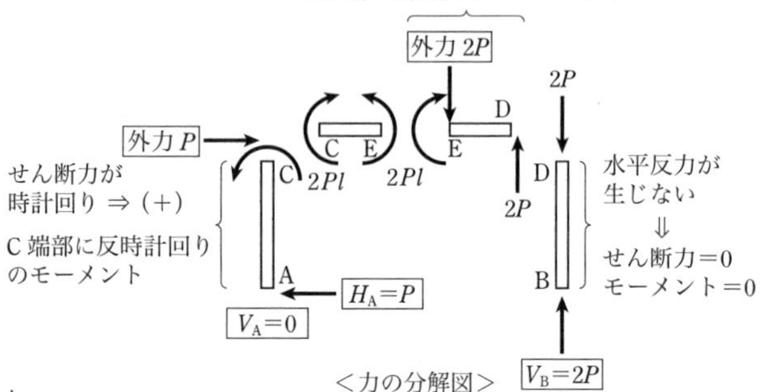

＜力の分解図＞

M 図の描き方

垂直部材 AC：C 端部の反時計回りにより、右側が引張を受ける

水平部材 CE：下側の両端が均等に引張を受ける

水平部材 ED：E 端部の時計回りにより下側が引張を受ける

垂直部材 BD：モーメント＝0

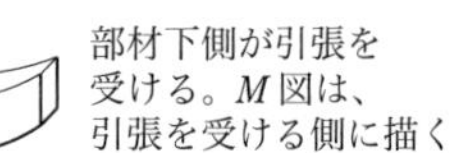

正解 4

R05	R04	R03	R02	R01	H30	H29

問題 07 Ⅲ 4　図のような外力を受ける 3 ヒンジラーメンにおいて、支点 A、B に生じる水平反力 H_A、H_B の値と、C − D 間のせん断力 Q_{CD} の絶対値との組合せとして、**正しい**ものは、次のうちどれか。ただし、水平反力の方向は、左向きを「＋」とする。

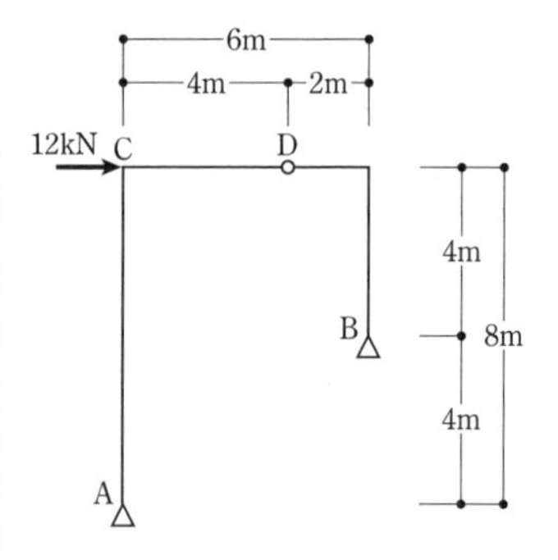

	H_A	H_B	Q_{CD} の絶対値
1.	＋ 3 kN	＋ 9 kN	6 kN
2.	＋ 3 kN	＋ 9 kN	8 kN
3.	＋ 4 kN	＋ 8 kN	8 kN
4.	＋ 4 kN	＋ 8 kN	12 kN
5.	＋ 6 kN	＋ 6 kN	12 kN

解説　力の釣合条件（$\Sigma X = 0$、$\Sigma Y = 0$、$\Sigma M = 0$）より求める。

①$\Sigma X = 0$ より　$12\text{kN} - H_A - H_B = 0$　　$\therefore H_A + H_B = 12\text{ kN}$…（1）

②$\Sigma Y = 0$ より　$V_A + V_B = 0$　　$\therefore V_A = -V_B$…（2）

③$\Sigma M_A = 0$ より　$12\text{ kN} \times 8\text{ m} - H_B \times 4\text{ m} - V_B \times 6\text{ m} = 0$

$$48\text{kN} - 2H_B - 3V_B = 0$$

$\therefore 2H_B + 3V_B = 48\,\text{kN·m}$… (3)

④D点がヒンジ接合のためD点を中心とする右側または左側の力のモーメントは0になる（右$\Sigma M_D = 0$または左$\Sigma M_D = 0$）。

右$\Sigma M_D = 0$より　$H_B \times 4\,\text{m} - V_B \times 2\,\text{m} = 0$　　$\therefore V_B = 2H_B$… (4)

⑤（4）式を（3）式に代入する

$2H_B + 6H_B = 48\,\text{kN}$　　$\therefore H_B = 6\,\text{kN}$（仮定通り。よって、左向き）

⑥（4）式に$H_B = 6\,\text{kN}$を代入すると　　$\therefore V_B = 12\,\text{kN}$（仮定通り。よって、上向き）

⑦（1）式に$H_B = 6\,\text{kN}$を代入すると　　$\therefore H_A = 6\,\text{kN}$（仮定通り。よって、左向き）

⑧C～D間におけるせん断力Q_{CD}を力の釣合条件より求める。

※D点に（＋）のせん断力Q_{CD}を仮定する。

$\Sigma Y = 0$より　$-12\text{kN} - Q_{CD} = 0$　　$\therefore Q_{CD} = -12\,\text{kN}$

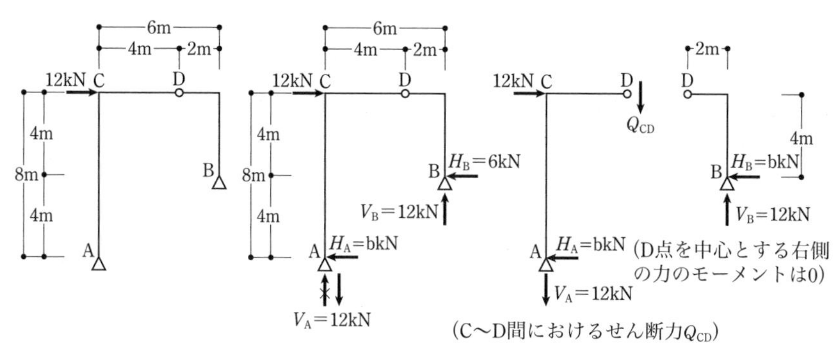

正解 5

【学科Ⅲ】

5 静定トラスの応力

R05	R04	R03	R02	R01	H30	H29

問題 01 Ⅲ 5　図のような荷重を受ける静定トラスにおいて、部材 A、B、C に生じる軸方向力の組合せとして、**正しい**ものは、次のうちどれか。ただし、軸方向力は、引張力を「＋」、圧縮力を「－」とする。なお、節点間距離は全て 2m とする。

	A	B	C
1.	$-\sqrt{3}$ kN	$-\frac{2\sqrt{3}}{3}$ kN	$-\frac{4\sqrt{3}}{3}$ kN
2.	$-\sqrt{3}$ kN	$-\frac{2\sqrt{3}}{3}$ kN	$+\frac{4\sqrt{3}}{3}$ kN
3.	$-\sqrt{3}$ kN	$-\frac{2\sqrt{3}}{3}$ kN	$+\frac{2\sqrt{3}}{3}$ kN
4.	$+\sqrt{3}$ kN	$-\frac{2\sqrt{3}}{3}$ kN	$-\frac{2\sqrt{3}}{3}$ kN
5.	$+\sqrt{3}$ kN	$+\frac{2\sqrt{3}}{3}$ kN	$-\frac{4\sqrt{3}}{3}$ kN

解説　平行弦トラスの応力を解く問題では、切断法を用いる場合が多い。
切断法では、応力を求める部材を含む 3 部材で構造物を切断（釣合が崩れて構造物は崩壊する）し、切断面に働いていた応力と同じ大きさの荷重を作用させて構造物を元の釣合状態に戻し、釣合条件式を用いて荷重の大きさ（軸方向力）を求める。
荷重を含めて左右対称であることから、支点の垂直反力はそれぞれ

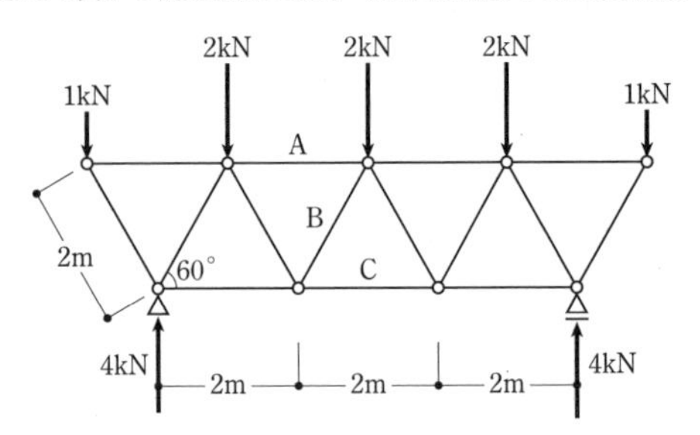

荷重合計の半分の 4kN となる。

A、B、C 部材で構造物を切断し、部材に引張応力が作用する方向に各断面の荷重 T、N、P を作用させ、この構造物が釣合状態になるようにして各荷重の大きさと向きを求める。また、部材 B、C の交点を S、部材 A、B の交点を O とする。

S 点を中心としたモーメントの釣合式

$$\Sigma M_S = +4\,\text{kN} \times 2\,\text{m} - 1\,\text{kN} \times 3\,\text{m} - 2\,\text{kN} \times 1\,\text{m} + P \times \sqrt{3}\,\text{m} = 0$$

$P = -\dfrac{3}{\sqrt{3}} = -\sqrt{3}\,\text{kN}$（部材 A の軸方向力）

O 点を中心としたモーメントの釣合式

$$\Sigma M_O = +4\,\text{kN} \times 3\,\text{m} - 1\,\text{kN} \times 4\,\text{m} - 2\,\text{kN} \times 2\,\text{m} - T \times \sqrt{3}\,\text{m} = 0$$

$T = +\dfrac{4}{\sqrt{3}} = +\dfrac{4\sqrt{3}}{3}$（部材 C の軸方向力）

垂直方向の釣り合い式

$$\Sigma Y = +4\,\text{kN} - 1\,\text{kN} - 2\,\text{kN} + N \times \sin 60^\circ = 0$$

$N \times \dfrac{\sqrt{3}}{2} = -1$

$N = -\dfrac{2}{\sqrt{3}} = -\dfrac{2\sqrt{3}}{3}$（部材 B の軸方向力）

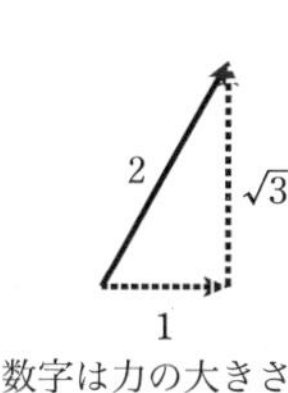

数字は力の大きさ（矢印の長さ）の割合

正解 2

R05	R04	R03	R02	R01	H30	H29

問題 02 Ⅲ 5　図のような外力を受ける静定トラスにおいて、支点 B に生じる鉛直反力 V_B と部材 AB、CD にそれぞれ生じる軸方向力 N_{AB}、N_{CD} の組合せとして、**正しい**ものは、次のうちどれか。ただし、鉛直反力の方向は上向きを［＋］、下向きを［－］とし、軸方向力は引張力を［＋］、圧縮力を［－］とする。

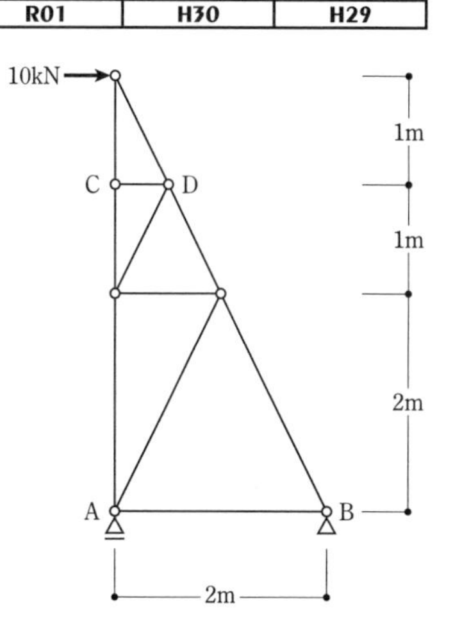

	V_B	N_{AB}	N_{CD}
1.	＋20 kN	0 kN	0 kN
2.	＋20 kN	＋5 kN	－20 kN
3.	＋10 kN	＋5 kN	$+10\sqrt{5}$ kN
4.	＋10 kN	＋10 kN	$-10\sqrt{5}$ kN
5.	＋10 kN	0 kN	0 kN

解説 N_{AB}を求めるより簡単に求まるV_BとN_{CD}の組み合わせから解答を求める。

①C点に作用する応力の釣合よりN_{CD}を求める。

C節点に接続する部材の応力を右図のようにN、P、Sとする。

C節点ではX方向、Y方向それぞれ力の釣合が成立するため、$\Sigma X=0$、$\Sigma Y=0$となる。

$\Sigma Y=0$より　$N-P=0$　$N=P$でNとPの応力は同じ大きさとなる。

$\Sigma X=0$より　$S=0$となり、$N_{CD}=0$、つまり部材CDには応力が働かない。

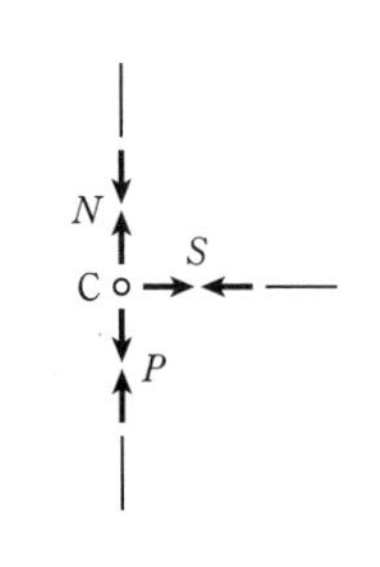

②A点を中心にモーメントの釣合式を求める。

$+10\text{kN}\times 4\text{m}-V_B\times 2\text{m}=0$　$V_B=+20\text{kN}$（上向き）

正解 1

問題03 Ⅲ4　図のような、荷重条件が異なる静定トラスA、B、Cにおいて、軸方向力が生じない部材の本数の組合せとして、**正しい**ものは、次のうちどれか。ただし、荷重条件以外の条件は、同一であるものとする。

	A	B	C
1.	3	3	3
2.	4	3	1
3.	4	4	2
4.	5	4	2
5.	5	5	5

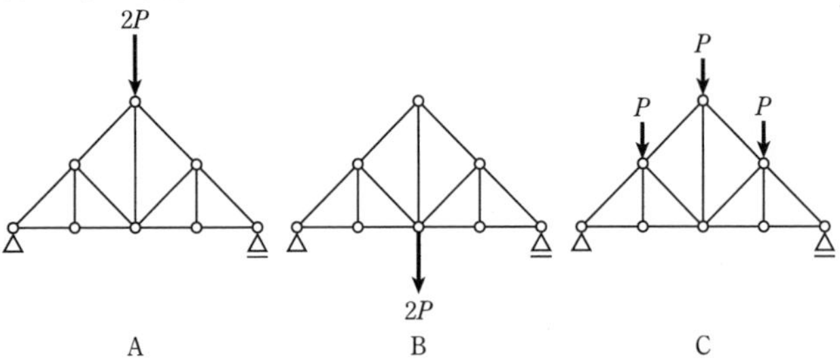

解説 節点に集まる部材が図1のような場合、節点での釣合が保てないため、その部材の応力は0となる。応力が0になる部材を順に取り払ってゆくと、Aのトラスでは5部材が、Bのトラスでは4部材が、Cのトラスでは2部材が応力0となる（図2）。

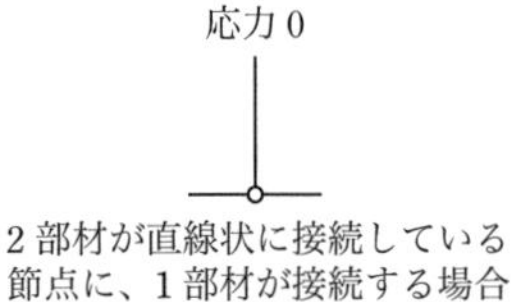

2部材が直線状に接続している節点に、1部材が接続する場合（接点に荷重は働いていない）

図1

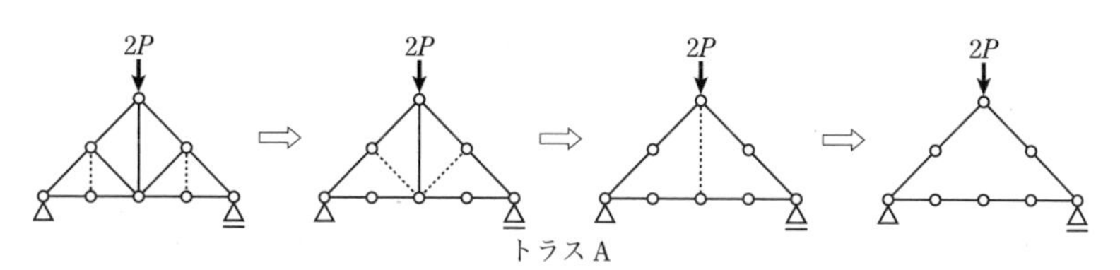

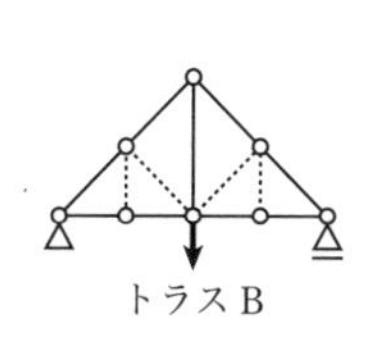

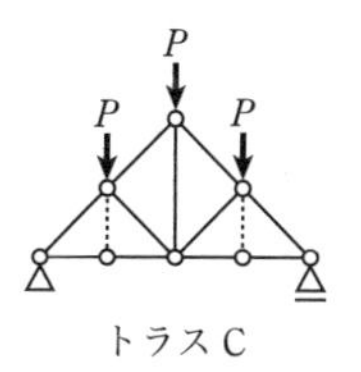

図2

正解 4

R05	R04	R03	R02	R01	H30	H29

問題 04 Ⅲ 5 図のような外力を受ける静定トラスにおいて、部材Aに生じる軸方向力の値として、**正しい**ものは、次のうちどれか。ただし、軸方向力は、引張力を「+」、圧縮力を「−」とする。

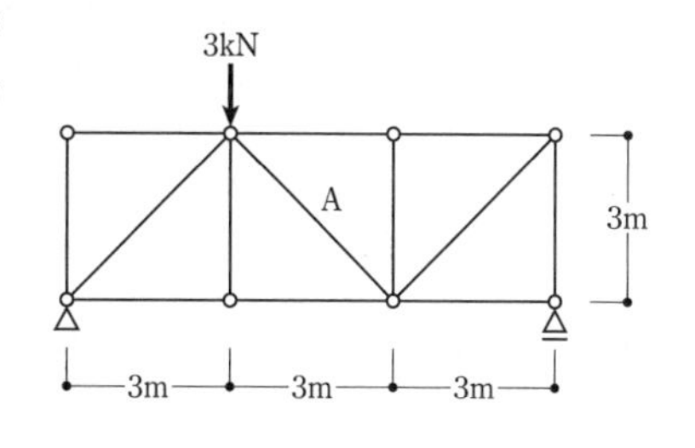

1. $-3\sqrt{2}$ kN
2. $-\sqrt{2}$ kN
3. 0kN
4. $+\sqrt{2}$ kN
5. $+3\sqrt{2}$ kN

解説 平行弦トラスの部材応力やスパンの中間あたりの特定部材の応力を解く場合、一般的に切断法を用いる。応力を求める部材を含め、3部材以下でトラスを切断し、切断面に元々働いていた応力を荷重として作用させ（N、T、R）、構造物を釣合状態に戻し、釣合式を利用して応力を求める。右図において鉛直方向の釣合条件より

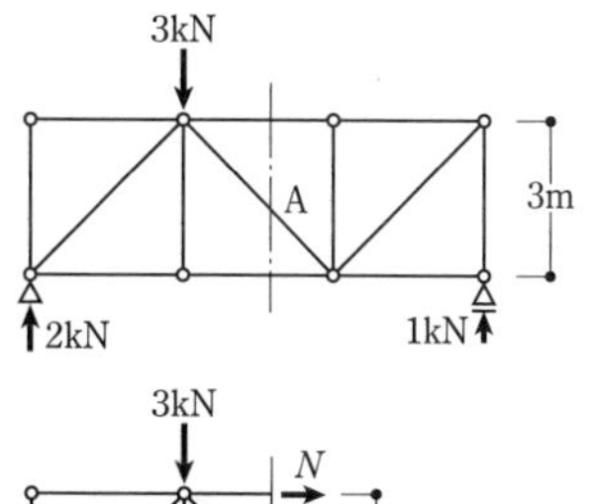

$$\Sigma Y = 0 \quad +2\,\text{kN} - 3\,\text{kN} - T\cos 45° = 0$$

$$T = \frac{-1}{\cos 45°} = \frac{-1}{\frac{1}{\sqrt{2}}} = -\sqrt{2}$$

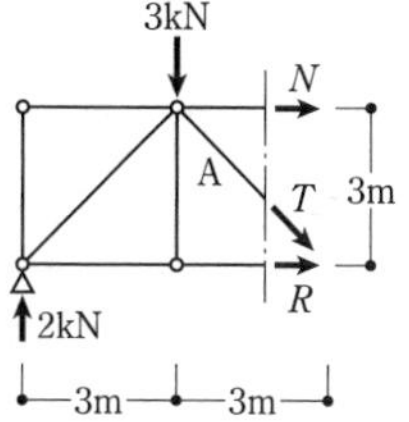

正解 2

R05	R04	R03	R02	R01	H30	H29

問題 05 Ⅲ 5 図のようなそれぞれ8本の部材で構成する片持ち梁形式の静定

トラスA、B、Cにおいて、軸方向力が生じない部材の本数の組合せとして、**正しい**ものは、次のうちどれか。

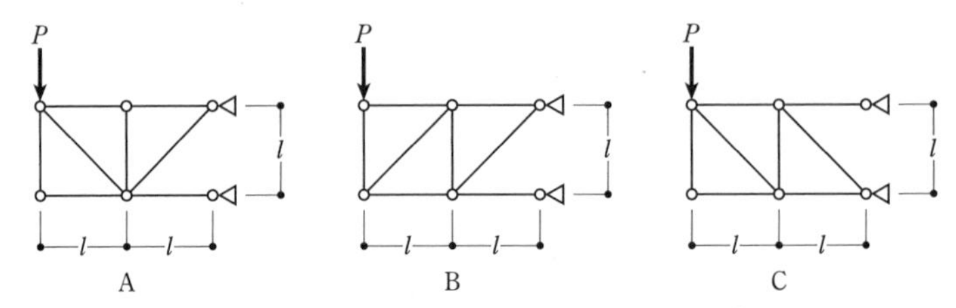

	A	B	C
1.	1本	2本	3本
2.	2本	0本	1本
3.	2本	1本	1本
4.	3本	1本	2本
5.	3本	2本	2本

解説　次のような場合は、部材応力が0となるので、予め覚えておくとよい。

①1節点に2部材がある角度をもって接合する場合どちらの部材の応力も0となる（図－1）

②1節点に3部材が接合し、そのうち2部材が直線上にある時、残りの1部材は応力が0となる（図－2）

③1節点に1荷重と2部材が作用・接続しており、荷重（反力）と1部材が直線上にあるとき、残りの1部材は応力が0となる（図－3）

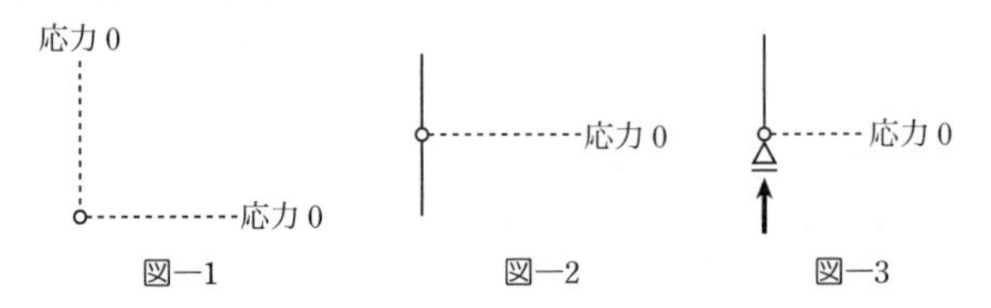

図―1　図―2　図―3

図－4に2つのケースについて、応力が0となる部材を示した。
また、この問題についてそれぞれ応力が0になる部材を図－5に示す。

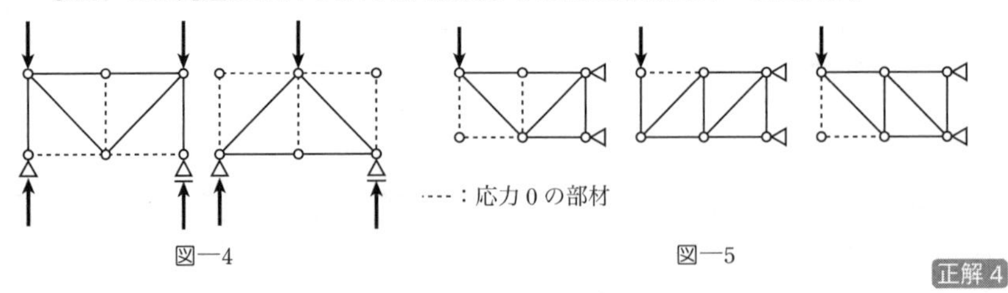

図―4　図―5

正解4

R05	R04	R03	R02	R01	H30	H29

問題 06 Ⅲ 5　図のような外力を受ける静定トラスにおいて、部材 A、B、C に生じる軸方向力の組合せとして、**正しい**ものは、次のうちどれか。ただし、軸方向力は、引張力を「＋」、圧縮力を「－」とする。

	A	B	C
1.	＋ 12 kN	＋ $6\sqrt{3}$ kN	0 kN
2.	＋ 12 kN	－ $6\sqrt{3}$ kN	0 kN
3.	－ 12 kN	＋ $6\sqrt{3}$ kN	＋ 6 kN
4.	＋ 6 kN	－ $3\sqrt{3}$ kN	0 kN
5.	－ 6 kN	＋ $3\sqrt{3}$ kN	－ 6 kN

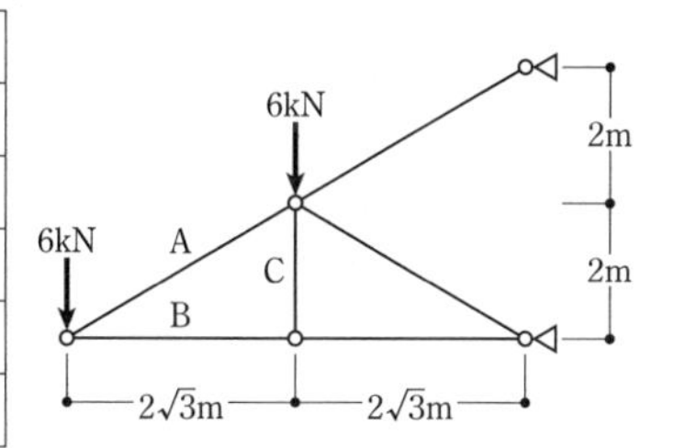

解説　節点法により、各部材の応力を求める。
（各部材の応力は、引張の向きに仮定する）
力の釣合条件（$\Sigma X = 0$、$\Sigma Y = 0$、$\Sigma M = 0$）より求める。

各辺の長さは2倍

1) ア点より、部材 A、B を求める。

$\Sigma Y = 0$ より

$$-6\,\text{kN} + N_A \times \frac{2}{4} = 0$$

$\therefore N_A = 12\,\text{kN}$（仮定通り。よって、引張）

$\Sigma X = 0$ より

$12\,\text{kN} \times \dfrac{2\sqrt{3}}{4} + N_B = 0$　　$\therefore N_B = -6\sqrt{3}\,\text{kN}$（仮定と逆。よって、圧縮）

2) イ点より、部材 C を求める。

一つの節点（支点）に三つの部材（力）が集合している場合、そのうちの二つが直線状態であれば、残りの部材の応力は 0 になる。よって、部材 C は 0 となる。　**正解 2**

R05	R04	R03	R02	R01	H30	H29

問題 07 Ⅲ 5　図のような外力を受ける静定トラスにおいて、部材 A、B、C に生じる軸方向力の組合せとして、**正しい**ものは、次のうちどれか。ただし、軸方向力は、引張力を「＋」、圧縮力を「－」とする。

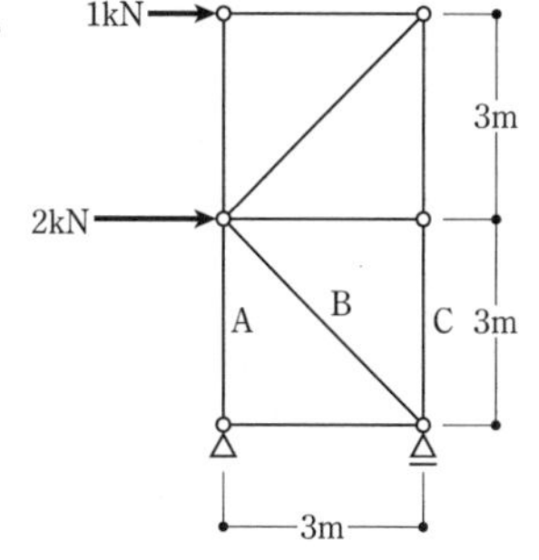

	A	B	C
1.	－ 4 kN	＋ $3\sqrt{2}$ kN	＋ 1 kN
2.	＋ 4 kN	＋ $3\sqrt{2}$ kN	－ 1 kN
3.	＋ 4 kN	－ $3\sqrt{2}$ kN	－ 1 kN
4.	＋ 8 kN	－ $3\sqrt{2}$ kN	－ 1 kN
5.	＋ 8 kN	＋ $3\sqrt{2}$ kN	－ 2 kN

解説 切断法により部材A、B、Cを求める（各部材の応力は、引張力の向きに仮定する）。

（部材C）

※D点を基点にモーメントを考えるとN_A及びN_Bの距離が0となりN_Cのみが未知数となる。

$\Sigma M_D = 0$より

$1\,\text{kN} \times 3\,\text{m} + N_C \times 3\,\text{m} = 0$

$\therefore N_C = -1\,\text{kN}$（仮定と逆。よって、圧縮）

（部材B）

$\Sigma X = 0$より

$1\,\text{kN} + 2\,\text{kN} + N_B \times \frac{1}{\sqrt{2}} = 0$

$\therefore N_B = -3\sqrt{2}\,\text{kN}$（仮定と逆。よって、圧縮）

（部材A）

$\Sigma Y = 0$より

$-N_A + 3\sqrt{2}\,\text{kN} \times \frac{1}{\sqrt{2}} + 1\,\text{kN} = 0$

$\therefore N_A = 4\,\text{kN}$（仮定通り。よって、引張）

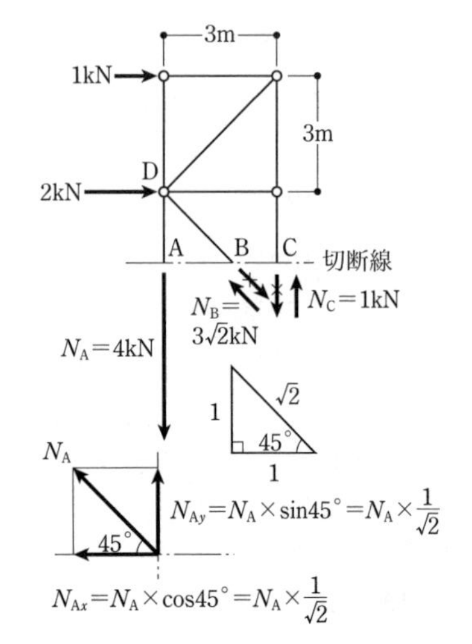

正解3

学科Ⅰ 学科Ⅱ 学科Ⅲ 学科Ⅳ

学科Ⅲ **6**

座屈（座屈長さ・座屈荷重）

R05	R04	R03	R02	R01	H30	H29

問題 01 Ⅲ 6　図のような長さ l（m）の柱（材端条件は、両端ピン、水平移動拘束とする。）に圧縮力 P が作用したとき、次の l と I との組合せのうち、**弾性座屈荷重が最も大きくなる**ものはどれか。ただし、I は断面二次モーメントの最小値とし、それぞれの柱は同一の材質で、断面は一様とする。

	l（m）	I（m⁴）
1.	3.0	3×10^{-5}
2.	3.5	4×10^{-5}
3.	4.0	5×10^{-5}
4.	4.5	7×10^{-5}
5.	5.0	8×10^{-5}

解説　座屈荷重は次式により計算される。

$$P_k=\frac{\pi^2EI}{l_k^2}$$

ただし、P_k：弾性座屈荷重　　π：円周率 3.14　　E：材の弾性係数

I：材の最小断面二次モーメント

l_k：座屈長さ（材端の支持条件を考慮した材の長さ。両端ピンの場合 $l_k=l$）

この問題の場合、材の両端の支持条件は全て同じで、柱は同一材質でできていることから、弾性座屈荷重の式中の π^2E は一定である。

従って、$\frac{I}{l_k^2}$ の値が最大になるとき、弾性座屈荷重も最大となる。

1. $\frac{3\times10^{-5}}{(3.0)^2}=0.333\times10^{-5}$　2. $\frac{4\times10^{-5}}{(3.5)^2}=0.327\times10^{-5}$　3. $\frac{5\times10^{-5}}{4^2}=0.313\times10^{-5}$

4. $\frac{7\times10^{-5}}{(4.5)^2}=0.346\times10^{-5}$　5. $\frac{8\times10^{-5}}{5^2}=0.32\times10^{-5}$

正解 4

R05	R04	R03	R02	R01	H30	H29

問題 02 Ⅲ 6　図のような材の長さ及び材端の支持条件が異なる柱 A、B、C の弾性座屈荷重をそれぞれ P_A、P_B、P_C としたとき、それらの大小関係として、**正しい**ものは、次のうちどれか。ただし、全ての柱の材質及び断面形状は同じものとする。

1. $P_A > P_B > P_C$
2. $P_A > P_C > P_B$
3. $P_B > P_C > P_A$
4. $P_C > P_A > P_B$
5. $P_C > P_B > P_A$

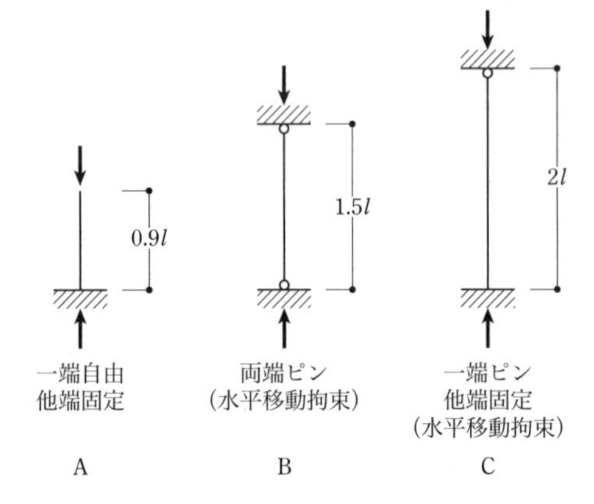

解説　材の座屈荷重は次式により計算する。

$$P_k = \frac{\pi^2 EI}{l_k^{\ 2}}$$

ここで、P_k：座屈荷重　　E：材の弾性係数　　I：材の断面二次モーメント

　　　　l_k：座屈長さ（材端の支持条件を考慮した材の長さ）

l_k は材の両端の支持条件によって以下のように計算できる。

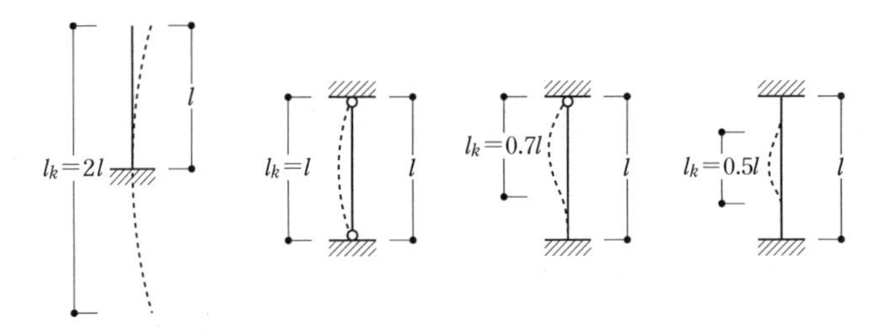

この問題では、材の材質及び断面形状が同じであることから、E と I が共通である。

従って座屈荷重 P_k は、$\frac{1}{l_k^{\ 2}}$ に比例する。

$$P_A : P_B : P_C = \frac{1}{(2\times 0.9l)^2} : \frac{1}{(1.5l)^2} : \frac{1}{(0.7\times 2l)^2} = \frac{1}{3.24} : \frac{1}{2.25} : \frac{1}{1.96}$$

$P_C > P_B > P_A$

正解 5

R05	R04	R03	R02	R01	H30	H29

問題 03　Ⅲ 6　長柱の弾性座屈荷重に関する次の記述のうち、**最も不適当なもの**はどれか。

1.　弾性座屈荷重は、柱の断面二次モーメントに比例する。
2.　弾性座屈荷重は、材料のヤング係数に反比例する。
3.　弾性座屈荷重は、柱の座屈長さの２乗に反比例する。

4.　弾性座屈荷重は、柱の両端の支持条件が水平移動拘束で「両端ピンの場合」より水平移動拘束で「両端固定の場合」のほうが大きい。
5.　弾性座屈荷重は、柱の両端の支持条件が水平移動自由で「両端固定の場合」と水平移動拘束で「両端ピンの場合」とでは、同じ値となる。

解説　長柱の弾性座屈荷重（座屈を起こすときの最低荷重）は次式で計算される。

$$N_k=\frac{\pi^2EI}{lk^2}$$

N_k：弾性座屈荷重　　π：円周率（3.14）
E：ヤング係数　　I：材の断面二次モーメント
l_k：座屈長さ（両端の拘束状態を部材長さに反映させた長さ）

従って、弾性座屈荷重はヤング係数と断面二次モーメントに比例し、座屈長さの2乗に反比例する。

正解 2

R05	R04	R03	R02	R01	H30	H29

問題 04　III 6　図のような長さ l（m）の柱（材端条件は、一端自由、他端固定とする。）に圧縮力 P が作用したとき、次の l と I との組合せのうち、**弾性座屈荷重が最も大きくなる**ものはどれか。ただし、I は断面二次モーメントの最小値とし、それぞれの柱は同一の材質で、断面は一様とする。

	l（m）	I（m^4）
1.	2.0	2×10^{-5}
2.	2.5	3×10^{-5}
3.	3.0	4×10^{-5}
4.	3.5	5×10^{-5}
5.	4.0	6×10^{-5}

解説　座屈荷重（座屈を起こすときの最低荷重）は次式で計算される。

$$N_k=\frac{\pi^2EI}{l_k^2}$$

N_k：座屈荷重　　π：円周率（3.14）
E：ヤング係数　　I：材の断面二次モーメント

この問題では、座屈荷重のうち変化するのは、l_k と I であり、他の係数は全て同一となるため、座屈荷重はこの2つのパラメータの比となる。

1. $\frac{I}{l_k^2}=\frac{2\times10^{-5}}{(2\times2.0)^2}=1.25\times10^{-6}$　　2. $\frac{I}{l_k^2}=\frac{3\times10^{-5}}{(2\times2.5)^2}=1.2\times10^{-6}$

3. $\frac{I}{l_k^2}=\frac{4\times10^{-5}}{(2\times3.0)^2}=1.11\times10^{-6}$　　4. $\frac{I}{l_k^2}=\frac{5\times10^{-5}}{(2\times3.5)^2}=1.02\times10^{-6}$

5. $\frac{I}{l_k^2}=\frac{6\times10^{-5}}{(2\times4.0)^2}=0.94\times10^{-6}$

よって、1. の弾性座屈荷重が最も大きくなる。　**正解 1**

R05	R04	R03	R02	R01	H30	H29

問題 05 Ⅲ 6　図のような材の長さ、材端又は材の中央の支持条件が異なる柱A、B、C の座屈長さを、それぞれ l_A、l_B、l_C としたとき、それらの大小関係として、**正しい**ものは、次のうちどれか。

1. $l_A > l_B > l_C$
2. $l_A = l_B > l_C$
3. $l_B > l_A > l_C$
4. $l_B > l_C > l_A$
5. $l_B = l_C > l_A$

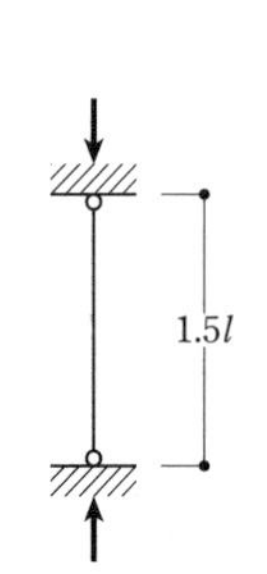

両端ピン
（水平移動拘束）
A

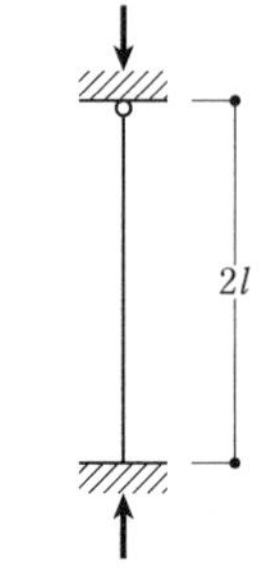

一端ピン他端固定
（水平移動拘束）
B

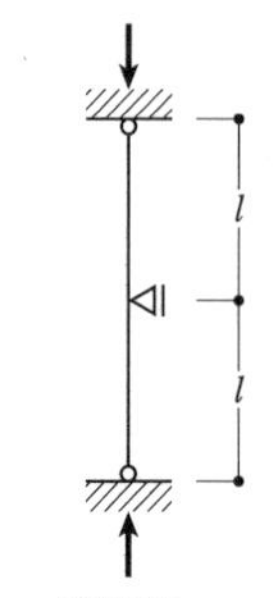

両端ピン
柱中央にローラー支点
（各支点の水平移動拘束）
C

解説 座屈長さとは、部材が座屈を起こした際の座屈曲線の1山分の長さであり、部材両端部の支持条件（自由・ピン・固定）によって決まる。

柱 A の座屈長さ $l_{kA} = l = 1.5l$

柱 B の座屈長さ $l_{kB} = 0.7l = 0.7 \times 2l = 1.4l$

柱 C は中間でローラーにより水平方向の移動が拘束されることから、次の図のような座屈曲線となる。従って、$l_{kC} = l$

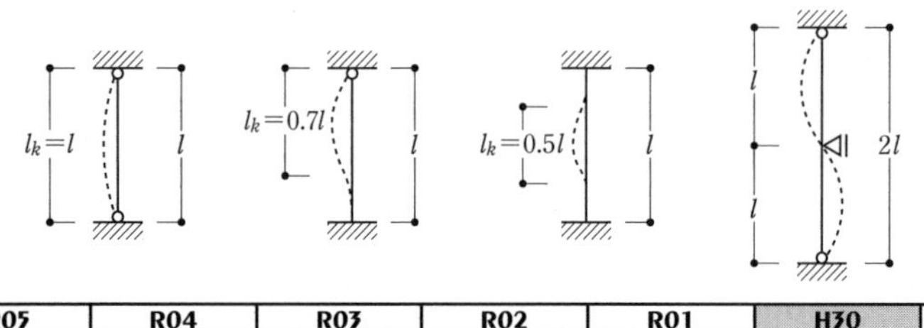

正解 1

R05	R04	R03	R02	R01	H30	H29

問題 06 Ⅲ 6　図のような材の長さ及び材端の支持条件が異なる柱 A、B、C の弾性座屈荷重をそれぞれ P_A、P_B、P_C としたとき、それらの大小関係として、**正しい**ものは、次のうちどれか。ただし、全ての柱の材質及び断面形状は同じものとする。

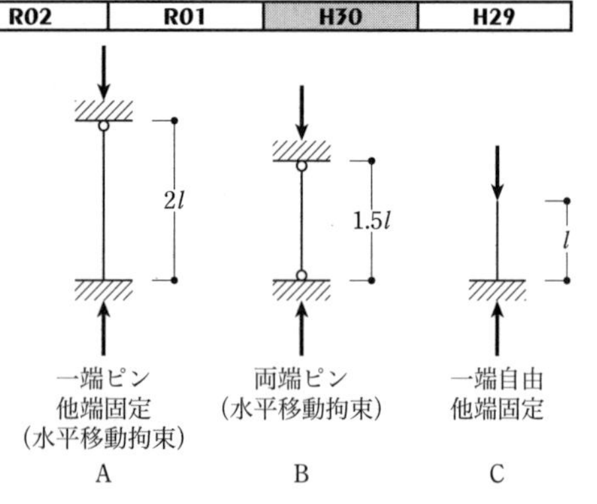

1. $P_A > P_B > P_C$
2. $P_A = P_C > P_B$
3. $P_B > P_A = P_C$
4. $P_C > P_A > P_B$
5. $P_C > P_B > P_A$

解説　座屈長さ l_k は、材長と材端の支持条件によって決定される。

座屈長さ l_k は以下になる。

一端ピン・他端固定（水平移動拘束）→ $0.7l$

両端ピン（水平移動拘束）→ l

一端自由他端固定→ $2l$

柱 A の座屈長さ $l_{kA} = 2l \times 0.7 = 1.4l$

柱 B の座屈長さ $l_{kB} = 1.5l$

柱 C の座屈長さ $l_{kC} = l \times 2$

$\therefore l_{kC} > l_{kB} > l_{kA}$

座屈長さが大きいほど、弾性座屈荷重は小さくなる。よって、$P_A > P_B > P_C$ となる。

正解 1

R05	R04	R03	R02	R01	H30	H29

問題 07　III 6　図のような材の長さ及び材端の支持条件が異なる柱 A、B、C の座屈長さをそれぞれ l_A、l_B、l_C としたとき、それらの大小関係として、**正しい**ものは、次のうちどれか。

1. $l_A > l_C > l_B$
2. $l_A = l_C > l_B$
3. $l_B > l_A = l_C$
4. $l_B > l_C > l_A$
5. $l_C > l_B > l_A$

$0.7l$　$2l$　$3l$

一端自由他端固定　A

両端ピン（水平移動拘束）　B

両端固定（水平移動拘束）　C

解説　座屈長さ l_k は、材長と材端の支持条件によって決定される。

柱 A の座屈長さ $l_{kA} = 0.7l \times 2 = 1.4l$

柱 B の座屈長さ $l_{kB} = 2l$

柱 C の座屈長さ $l_{kC} = 3l \times 0.5 = 1.5l$

よって、$l_B > l_C > l_A$ となる。

正解 4

【学科Ⅲ】

7 荷重および外力（地震力）

R05	R04	R03	R02	R01	H30	H29

問題 01 Ⅲ 7 構造計算における荷重及び外力に関する次の記述のうち、**最も不適当な**ものはどれか。

1. 各階が事務室である建築物において、柱の垂直荷重による圧縮力を計算する場合、積載荷重は、その柱が支える床の数に応じて低減することができる。
2. 多雪区域を指定する基準は、「垂直積雪量が 1m 以上の区域」又は「積雪の初終間日数の平年値が 30 日以上の区域」と定められている。
3. 風圧力を計算する場合の速度圧 q は、その地方において定められた風速 V_0 の 2 乗に比例する。
4. 地震力の計算に用いる標準せん断力係数 C_0 の値は、一般に、許容応力度計算を行う場合においては 0.2 以上とし、必要保有水平耐力を計算する場合においては 1.0 以上とする。
5. 地震力の計算に用いる振動特性係数 R_t の地盤種別による大小関係は、建築物の設計用一次固有周期 T が長い場合、第一種地盤＞第二種地盤＞第三種地盤となる。

解説 振動特性係数の値は図のとおり、建築物の一次固有周期が約 0.6 秒より長周期になると、地盤種別によって差ができ、第三種地盤＞第二種地盤＞第一種地盤となる。

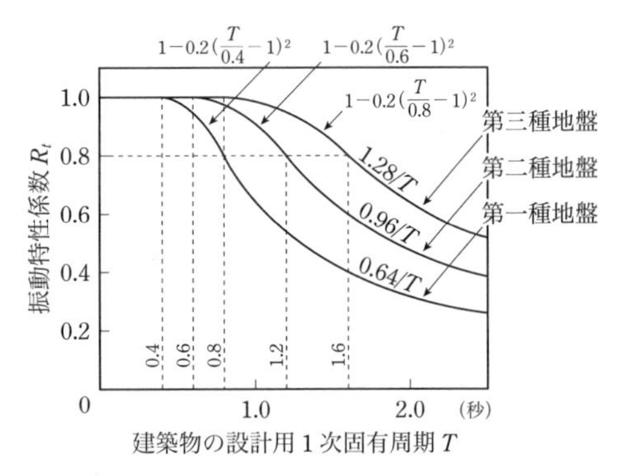

1. （建基令 85 条 2 項）
2. （建設省告示 1455 号第 1）垂直積雪量が 1 m 以上の区域もしくは、積雪の初終間日数（当該区域中の積雪部分の割合が 1/2 を超える状態が継続する期間の日数）の平年値が 30 日以上の区域を多雪区域に指定する。
3. 風圧力は暴風による建築物の外壁に作用する圧力で、次式で計算される。

$w = q \times C_f$　w：風圧力（N/m²）　q：速度圧（N/m²）　C_f：風力係数

$q = 0.6 \times E \times V_0^2$　E：ガスト影響係数

V_0：基準風速。建設省告示第1454号で規定された値。各地方における過去の記録に基づいた風害の程度で30m/s～46m/sの範囲で定められている。

4. （建基令88条2項、3項）標準せん断力係数は、0.2以上としなければならない。また、必要保有水平耐力を計算する場合は、標準せん断力係数は1.0以上としなければならない。

正解5

問題02 Ⅲ7　構造計算における荷重及び外力に関する次の記述のうち、**最も不適当な**ものはどれか。

1. 暴風時における建築物の転倒や柱の引抜き等を検討する際に、建築物の実況に応じて積載荷重を低減した数値によるものとした。
2. 多雪区域において、長期に生ずる力の計算に用いる積雪荷重として、短期に生ずる力の計算に用いる積雪荷重の0.35倍の数値とした。
3. 許容応力度等計算において、地盤が著しく軟弱な区域として指定された区域内における木造の建築物の標準せん断力係数 C_0 を、0.3として地震力を算定した。
4. 建築物の地下部分の各部分に作用する地震力として、当該部分の固定荷重と積載荷重との和に水平震度 k を乗じて計算した。
5. 地下水位以深に位置する地下外壁面に対して、土圧だけでなく、水圧も考慮した。

解説（建基令82条1項）多雪区域において、長期に生ずる力の計算に用いる積雪荷重として、短期に生ずる力の計算に用いる積雪荷重の0.7倍の数字とする。

力の種類	荷重及び外力について想定する状態	一般の場合	多雪区域	備考
長期に生ずる力	常時	$G + P$	$G + P$	建築物の転倒、柱の引抜き等を検討する場合、Pは建築物の実況に応じて積載荷重を減らした数値による。
	積雪時		$G + P + 0.7S$	
短期に生ずる力	積雪時	$G + P + S$	$G + P + S$	
	暴風時	$G + P + W$	$G + P + W$	
			$G + P + 0.35S + W$	
	地震時	$G + P + K$	$G + P + 0.35S + K$	

G：固定荷重によって生ずる力（令84条）　W：風圧力によって生ずる力（令87条）
P：積載荷重によって生ずる力（令85条）　K：地震力によって生ずる力（令88条）
S：積雪荷重によって生ずる力（令86条）

1. （建基令82条1項）表（上記）の短期に生ずる力の備考欄参照。
3. （建基令88条2項）地盤が著しく軟弱な区域として特定行政庁が国土交通大臣の

定める基準に基づいて規則で指定する区域内における木造の建築物（建基令46条2項一号に掲げる基準に適合するものを除く。）にあつては、0.3以上としなければならない。

4. （建基令88条4項）
5. 地下水位以下の地下外壁には土圧と水圧の両方が荷重として作用する。 正解2

R05	R04	R03	R02	R01	H30	H29

問題03 Ⅲ7 荷重及び外力に関する次の記述のうち、**最も不適当な**ものはどれか。

1. 同一の室において、積載荷重の大小関係は、一般に、「地震力の計算用」＞「大梁及び柱の構造計算用」＞「床の構造計算用」である。
2. 積雪荷重の計算に用いる積雪の単位荷重は、多雪区域以外の区域においては、積雪量1cmごとに20N/m^{2}以上とする。
3. 風圧力の計算に用いる平均風速の高さ方向の分布を表す係数E_rは、同じ地上高さの場合、一般に、地表面粗度区分がⅢよりⅡのほうが大きくなる。
4. 地震力の計算に用いる建築物の設計用一次固有周期（単位s）は、鉄筋コンクリート造の場合、建築物の高さ（単位m）に0.02を乗じて算出する。
5. 擁壁に作用する土圧のうち、主働土圧は、擁壁が地盤から離れる方向に変位するときに、最終的に一定値に落ち着いた状態で発揮される土圧である。

解説 1. （建基令85条2項）地震力計算用では、対象となる床の枚数は最も多く、その階の床全部が対象となり、積載荷重の低減率は最も大きい。一方、床の構造計算用では、対象となる床だけが対象で、積載荷重の低減率は最も小さい。柱や大梁では4～2枚程度の床を支えるので、積載荷重の低減率は地震の構造計算用と床の構造計算用の中間になる。「床の構造計算用」＞「大梁及び柱の構造計算用」＞「地震力の計算用」が正しい。

2. （建基令86条2項）多雪区域以外の地域では、積雪1cmごとに20N/m^{2}以上とする。
3. 地表面粗度区分とは、地表面の粗さを表す用語で、ⅢよりもⅡの方が地表面の粗度は大きく、より粗い。

粗度区分Ⅱの場合　$E_r = 1.7 \times (H/350)^{0.15}$

粗度区分Ⅲの場合　$E_r = 1.7 \times (H/450)^{0.2}$　　H：地上高さ

$H = 10\,\mathrm{m}$の場合、粗度区分Ⅱ　$E_r \fallingdotseq 0.997$

粗度区分Ⅲ　$E_r \fallingdotseq 0.794$

4. 鉄筋コンクリート建築物の設計用一次固有周期Tは次の式で略算する。

$T = h\,(0.02 + 0.01\,\alpha)$

h：建築物の高さ

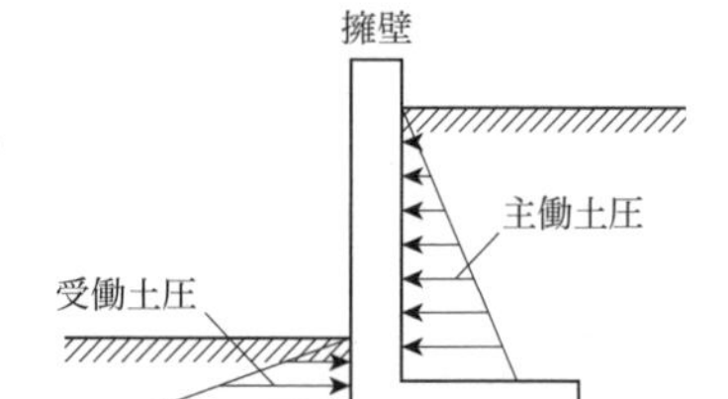

α：木造又は鉄骨造である階の高さの合計の、h に対する割合

5. 主働土圧は擁壁が土から受ける土圧で、受働土圧は、土の反力によって擁壁が受ける土圧のこと。

正解 1

R05	R04	R03	R02	R01	H30	H29

問題 04 Ⅲ 7 構造計算における設計用地震力に関する次の記述のうち、**最も不適当な**ものはどれか。

1. 許容応力度等計算において、地盤が著しく軟弱な区域として指定された区域内における木造の建築物の標準せん断力係数 C_0 は、原則として、0.3 以上とする。
2. 振動特性係数 R_t の算出のための地盤種別は、基礎底部の直下の地盤が、主として岩盤や硬質砂れき層などの地層によって構成されている場合、第一種地盤とする。
3. 建築物の地上部分の各階における地震層せん断力係数 C_i は、一般に、上階になるほど小さくなる。
4. 建築物の地下の各部分に作用する地震力の計算に用いる水平震度 k は、一般に、地盤面から深さ 20m までは深さが深くなるほど小さくなる。
5. 地震地域係数 Z は、過去の震害の程度及び地震活動の状況などに応じて、各地域ごとに 1.0 から 0.7 までの範囲内において定められている。

解説 i 層の層せん断力 Q_i は、$Q_i = \Sigma W \times C_i$ によって計算される。

また、i 層の層せん断力係数 C_i は、$C_i = Z \times R_t \times A_i \times C_0$ によって計算される。

ここで、

Z：地震の地域特性係数

R_t：建築物の振動特性係数

A_i：地震層せん断力係数の高さ方向の分布

この式で、Z、R_t、C_0 は建築物固有の値で建築物の高さ方向の変化はなく、A_i 分布によって C_i は高さ方向に分布する。A_i 分布は一般に上階になるに従って大きくなるため、C_i も上階になるほど大きくなる。

1. 標準せん断力係数 C_0 は、地盤が良好な場合 0.2 以上、軟弱な地盤では 0.3 以上とする。地盤が軟弱なほど建築物各層に作用するせん断力は大きくなる。
2. 建築物の振動特性係数 R_t は、建築物の固有周期と地盤の固有周期に応じて次式で計算される。

$T < T$ ………………$R_t = 1$

$T_C \leqq T < 2T_C$ ………$R_t = 0.2\left(\dfrac{T}{T_C} - 1\right)^2$

$2T_C \leqq T$ ……………$R_t = 1.6 \times \dfrac{T_C}{T}$

地盤の固有周期 T_C は、基礎底板直下の地盤が次の3種のいずれかによって決定する。
第1種地盤…岩盤、硬質砂れき層などで構成される洪積層の場合　0.4
第2種地盤…第1種、第3種以外の場合　0.6
第3種地盤…腐植土、泥土等で構成される沖積層の場合　0.8

4. 一般的に、地盤面からの深さが深いほど震度は小さく、地表付近に近いほど大きくなる。
5. (建設省告示1793号第1)地震地域係数の分布図を右図に示す。

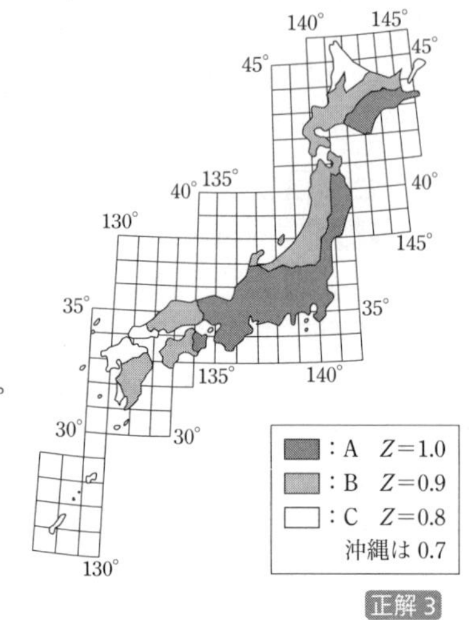

正解 3

R05	R04	R03	R02	R01	H30	H29

問題 05 Ⅲ 7　構造計算における建築物の地上部分の地震力と**最も関係の少ない**ものは、次のうちどれか。

1. 建築物の高さ
2. 建築物の積載荷重
3. 建築物の構造種別
4. 建設地の地盤周期
5. 建設地の地表面粗度区分

解説　地表面粗度区分とは、地表面の粗さ（都市化の状況）を示す用語で、風圧力の算定において考慮する。

正解 5

R05	R04	R03	R02	R01	H30	H29

問題 06 Ⅲ 7　構造計算における荷重及び外力に関する次の記述のうち、**最も不適当な**ものはどれか。

1. 同一の室における床の単位面積当たりの積載荷重は、一般に、「床の構造計算をする場合」より「地震力を計算する場合」のほうが小さい。
2. 各階が事務室である建築物において、垂直荷重による柱の圧縮力を低減して計算する場合の「積載荷重を減らすために乗ずべき数値」は、一般に、その柱が支える床の数が多くなるほど小さくなる。
3. 屋根の積雪荷重は、屋根に雪止めがある場合を除き、その勾配が60度を超える場合においては、零とすることができる。

4.　地震力の計算に用いる地震層せん断力係数の建築物の高さ方向の分布を示す係数A_iは、一般に、上階になるほど大きくなり、かつ、建築物の設計用一次固有周期Tが長くなるほどその傾向が著しくなる。
5.　地震力の計算に用いる振動特性係数R_tは、同一の地盤種別の場合、一般に、建築物の設計用一次固有周期Tが長くなるほど大きくなる。

解説　振動特性係数R_tは、一般に、建築物の設計用一次固有周期が長くなるほど小さくなる。

正解 5

R05	R04	R03	R02	R01	H30	H29

問題 07 Ⅲ 8　構造計算における設計用地震力に関する次の記述のうち、**最も不適当な**ものはどれか。

1.　建築物の地上部分の地震力は、多雪区域に指定された区域外においては、建築物の各部分の高さに応じて、当該高さの部分が支える固定荷重と積載荷重との和に、当該高さにおける地震層せん断力係数C_iを乗じて計算する。
2.　建築物の地上部分の各階における地震層せん断力係数C_iは、一般に、上階になるほど大きくなる。
3.　地盤が著しく軟弱な区域として指定された区域内における木造の建築物の標準せん断力係数C_0は、原則として、0.2 以上とする。
4.　振動特性係数R_tは、一般に、建築物の設計用一次固有周期が長くなるほど小さくなる。
5.　地震地域係数Zは、過去の震害の程度及び地震活動の状況などに応じて、各地域ごとに 1.0 から 0.7 までの範囲内において定められている。

解説　地盤が著しく軟弱な区域として指定された区域内における木造の建築物の標準せん断力係数C_0は、0.3 以上としなければならない。

正解 3

【学科Ⅲ】
8

荷重および外力（全般）

R05	R04	R03	R02	R01	H30	H29

問題 01 Ⅲ 8　多雪区域内の建築物の構造計算を許容応力度等計算により行う場合において、暴風時の応力度の計算で採用する荷重及び外力の組合せとして、**最も適当な**ものは、次のうちどれか。

凡例　G：固定荷重によって生ずる力
P：積載荷重によって生ずる力
S：積雪荷重によって生ずる力
W：風圧力によって生ずる力
K：地震力によって生ずる力

1. $G + P + 0.7S + W$
2. $G + P + 0.35S + W$
3. $G + P + 0.7S + W + K$
4. $G + P + 0.35S + W + K$
5. $G + P + S + W$

解説（建基令 82 条 1 項）多雪区域において短期に生ずる力のうち、暴風時の応力度の計算で採用する加重および外力の組み合わせは下表のとおり、$G + P + 0.35S + W$ となる。

力の種類	荷重及び外力について想定する状態	一般の場合	多雪区域	備考
長期に生ずる力	常時	$G + P$	$G + P$	建築物の転倒、柱の引抜き等を検討する場合、Pは建築物の実況に応じて積載荷重を減らした数値による。
	積雪時		$G + P + 0.7S$	
短期に生ずる力	積雪時	$G + P + S$	$G + P + S$	
	暴風時	$G + P + W$	$G + P + W$	
			$G + P + 0.35S + W$	
	地震時	$G + P + K$	$G + P + 0.35S + K$	

G：固定荷重によって生ずる力（令 84 条）　W：風圧力によって生ずる力（令 87 条）
P：積載荷重によって生ずる力（令 85 条）　K：地震力によって生ずる力（令 88 条）
S：積雪荷重によって生ずる力（令 86 条）

正解 2

R05	R04	R03	R02	R01	H30	H29

問題 02 Ⅲ 8　構造計算における風圧力と**最も関係のない**ものは、次のうちどれか。

1. 建築物の高さ
2. 建築物の屋根面の勾配
3. 建築物の壁面における開放（充分大きな面積の開口）の有無
4. 建設地の地盤周期
5. 建設地から海岸線までの距離

解説（建基令 87 条）風圧力は速度圧に風力係数を乗じて求められる。
風圧力 $w = q \times C_f$　　q：速度圧　　C_f：風力係数
$q = 0.6 \times E \times V_0^2$
E：ガスト影響係数（建物の高さや周辺状況による影響係数）
V_0：（建基令 87 条 2 項）基準風速（高さ 10m における 10 分間平均風速）
C_f：（建設省告示 1454 号）建物の形状や作用する箇所によって異なる係数
よって、建設地の地盤周期は、風圧力に関係しない。
1. ガスト係数に関係。
2. 風力係数に関係。
3. 風力係数に関係。
5. ガスト係数に関係。

正解 4

R05	R04	R03	R02	R01	H30	H29

問題 03 Ⅲ 8　一般的な 2 階建ての建築物の 1 階の構造耐力上主要な部分に生じる地震力として、**最も適当な**ものは、次のうちどれか。ただし、建設地は多雪区域以外の区域とし、また、地震層せん断力係数 C_i は 0.2、屋根部分の固定荷重と積載荷重の和を W_R とし、2 階部分の固定荷重と積載荷重の和を W_2 とする。

1. $0.2 \times W_2$
2. $0.2 \times (W_R + W_2)$
3. $0.2 \times \frac{W_2}{W_R}$
4. $0.2 \times \frac{W_R}{W_R + W_2}$
5. $0.2 \times \frac{W_2}{W_R + W_2}$

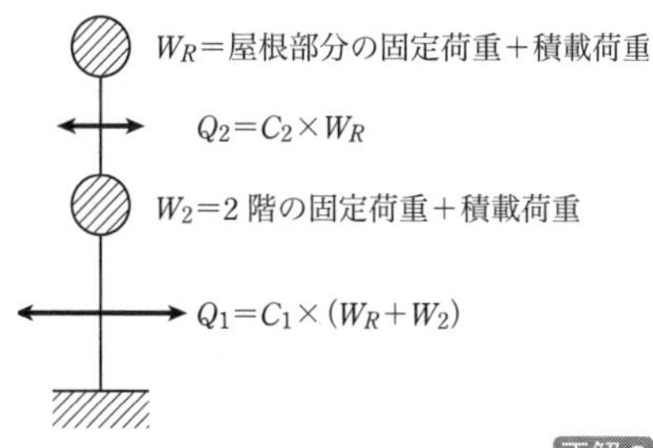

解説　i 階に生ずる地震層せん断力は、その階より上の固定荷重と積載荷重の和に地震層せん断力係数 C_i を乗じて計算される。
従って、1 階に生ずる層せん断力（地震力）は、W_R と、W_2 を足したものに、1 階の地震層せん断力係数を乗じて計算される。

正解 2

問題 04 Ⅲ 8　図のような方向に風を受ける建築物のA点における風圧力の大きさとして、**最も適当な**ものは、次のうちどれか。ただし、速度圧は 1,000N/m² とし、建築物の外圧係数及び内圧係数は、図に示す値とする。

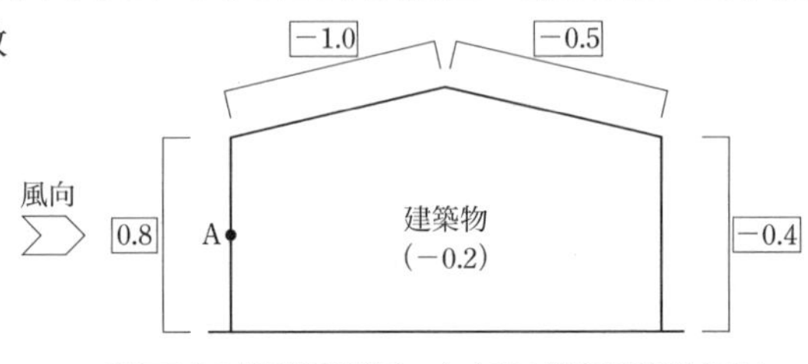

※ □ 内の値は外圧係数を、（　）内の値は内圧係数を示す。

1. 200 N/m²
2. 600 N/m²
3. 800 N/m²
4. 1,000 N/m²
5. 1,200 N/m²

解説　ある点における風圧力は、その点における速度圧に風力係数を乗じて求められる。いま、速度圧＝ 1,000 N/m²、風力係数は、外圧よる風力係数が＋ 0.8、内圧が− 0.2 で、A 点は外圧と内圧を同時に受けることになる。

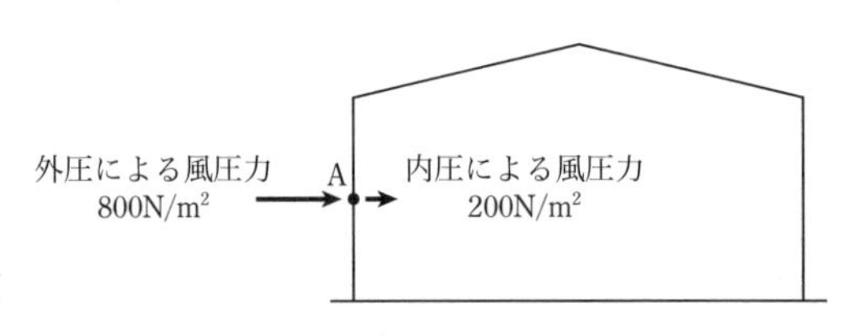

800 N/m² ＋ 200 N/m² ＝ 1,000 N/m²

正解 4

R05	R04	R03	R02	R01	H30	H29

問題 05 Ⅲ 8　荷重及び外力に関する次の記述のうち、**最も不適当な**ものはどれか。

1. 倉庫業を営む倉庫の床の積載荷重は、建築物の実況に応じて計算した値が 3,900 N/m² 未満の場合であっても 3,900 N/m² とする。
2. 屋根面における積雪量が不均等となるおそれのある場合には、その影響を考慮して積雪荷重を計算する。
3. 特定行政庁が指定する多雪区域における地震時の計算に用いる積雪荷重は、短期の積雪荷重の 0.7 倍の数値とする。
4. 建築物の屋根版に作用する風圧力と、屋根葺き材に作用する風圧力とは、それぞれ個別に計算する。
5. 開放型の建築物で風上開放の場合、風圧力の計算に用いる風力係数は、一般に、正の内圧係数を用いて計算する。

解説　多雪地域における地震時の計算に用いる積雪荷重は、短期の積雪荷重の 0.35 倍の数値とする。

正解 3

応力の組み合わせ

	荷重の状態	一般の場合	多雪区域
長期に生じる力	常　時	$G + P$	$G + P$
	積雪時		$G + P + 0.7S$
短期に生じる力	積雪時	$G + P + S$	$G + P + S$
	地震時	$G + P + K$	$G + P + 0.35S + K$
	暴風時	$G + P + W$	$G + P + W$
			$G + P + 0.35S + W$

R05	R04	R03	R02	R01	H30	H29

問題 06 Ⅲ 8　構造計算における建築物に作用する風圧力に関する次の記述のうち、**最も不適当な**ものはどれか。

1.　速度圧は、その地方において定められた風速の平方根に比例する。
2.　速度圧の計算に用いる地表面粗度区分は、都市計画区域の指定の有無、海岸線からの距離、建築物の高さ等を考慮して定められている。
3.　閉鎖型及び開放型の建築物の風力係数は、原則として、建築物の外圧係数から内圧係数を減じた数値とする。
4.　ラチス構造物の風圧作用面積は、風の作用する方向から見たラチス構面の見付面積とする。
5.　風圧力が作用する場合の応力算定においては、一般に、地震力が同時に作用しないものとして計算する。

解説　速度圧は、その地方において定められた風速の 2 乗に比例する。
速度圧＝ $0.6 \times E \times V_0^2$
E：建築物の屋根の高さ及び周辺状況に応じて算出した数値
V_0：その地方における過去の台風の記録により定められた風速

正解 1

R05	R04	R03	R02	R01	H30	H29

問題 07 Ⅲ 7　構造計算における荷重及び外力に関する次の記述のうち、**最も不適当な**ものはどれか。

1.　床の単位面積当たりの積載荷重は、一般に、「百貨店又は店舗の売場」より「教室」のほうが小さい。
2.　屋根面における積雪量が不均等となるおそれのある場合においては、その影響を考慮して積雪荷重を計算する。
3.　屋根の積雪荷重は、屋根に雪止めがある場合を除き、その勾配が 45 度を超える場合においては、零とすることができる。
4.　風圧力を計算する場合において、閉鎖型及び開放型の建築物の風力係数は、原則として、建築物の外圧係数から内圧係数を減じた数値とする。
5.　風圧力を計算する場合の速度圧は、その地方において定められた風速の 2 乗に比例する。

解説　屋根の積雪荷重は、屋根に雪止めがある場合を除き、その勾配が 60 度を超える場合においては、零とすることができる。屋根の積雪荷重は、屋根勾配が緩やかなほど大きい。

正解 3

【学科Ⅲ】

9 地盤および基礎構造

R05	R04	R03	R02	R01	H30	H29

問題 01 Ⅲ 9　地盤及び基礎構造に関する次の記述のうち、**最も不適当な**ものはどれか。

1.　土の粒径の大小関係は、砂 ＞ 粘土 ＞ シルトである。
2.　地下外壁に作用する土圧を静止土圧として算定する場合の静止土圧係数は、一般に、砂質土、粘性土のいずれの場合であっても、0.5 とする。
3.　フーチング基礎は、フーチングによって上部構造からの荷重を支持する基礎であり、独立基礎、複合基礎、連続基礎等がある。
4.　基礎に直接作用する固定荷重は、一般に、基礎構造各部の自重のほか、基礎スラブ上部の土かぶりの重量を考慮する。
5.　布基礎は、地盤の長期許容応力度が 70 kN/m² 以上であって、かつ、不同沈下等の生ずるおそれのない地盤にあり、基礎に損傷を生ずるおそれのない場合にあっては、無筋コンクリート造とすることができる。

解説　図から土の粒径の大小関係は、砂 ＞ シルト ＞ 粘度である。

	5 μm	75 μm	0.42mm	2.0mm	5.0mm	20mm	75mm
粘　土	シルト	細 砂	粗 砂	細 礫	中 礫	粗 礫	
		砂		礫			

2.　地下外壁に作用する静止土圧は、次式で計算される。

$P = K_0 \times \gamma \times H$

P：静止土圧　　K_0：静止土圧係数

γ：土の単位体積重量

H：地盤面からの深さ

K_0 は、土による鉛直方向力と水平方向力との比率で、次式で計算される。

$K_0 = 1 - \sin\phi$

地盤面

H

静止土圧 $P = K_0 \times \gamma \times H$

ϕ は内部摩擦角で、砂質土、粘性土共に内部摩擦角 $\phi = 30°$ として、$K_0 = 0.5$ とする。

3.　フーチングとは、基礎の底面を広げた部分のことで、基礎の底面積を広げることで、基礎に作用する応力度を低減する効果がある。

4.　基礎底面に作用する荷重には、基礎スラブ上面の土かぶりの重量も含まれる。

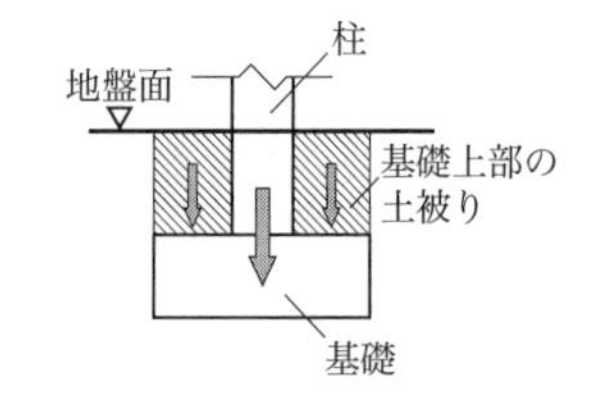

5. （建設省告示第 1347 号 3 項一号、4 項一号）　正解 1

R05	R04	R03	R02	R01	H30	H29

問題 02 Ⅲ 9　地盤及び基礎構造に関する用語とその説明との組合せとして、**最も不適当な**ものは、次のうちどれか。

1. 圧密――――地盤の「強度の増大」、「沈下の抑制」、「止水」等に必要な土の性質の改善を目的として、土に脱水処理を施すこと
2. ヒービング――地下掘削において、山留め壁の背面の土が掘削面にまわり込み、根切り底面を押し上げる現象
3. 液状化――――水で飽和した砂質土等が、振動・衝撃等により間隙水圧が上昇し、せん断抵抗を失う現象
4. 負の摩擦力――軟弱地盤等において、周囲の地盤が沈下することによって、杭の周面に下向きに作用する摩擦力
5. ボイリング――砂中を上向きに流れる水流圧力によって、砂粒がかきまわされ湧き上がる現象

解説　透水性の低い土が外力を受け、その間隙にある水を排出しつつ長時間かかって体積が減少していく現象を圧密といい、圧密による沈下を圧密沈下と呼ぶ。　正解 1

R05	R04	R03	R02	R01	H30	H29

問題 03 Ⅲ 9　地盤及び基礎構造に関する次の記述のうち、**最も不適当な**ものはどれか。

1. 沖積層は、一般に、洪積層に比べて、支持力不足や地盤沈下が生じやすい。
2. 地下外壁に地下水が接する場合、地下水位が高いほど、地下外壁に作用する圧力は大きくなる。
3. 地盤の支持力は、一般に、基礎底面の位置（根入れ深さ）が深いほど大きくなる。
4. 基礎梁の剛性を大きくすることは、一般に、不同沈下の影響を減少させるために有効である。
5. 堅い粘土質地盤は、一般に、密実な砂質地盤に比べて許容応力度が大きい。

解説（建基令 93 条）許容応力度の大きい順に並べると、次の通り。岩盤 > 固結した砂 > 土丹盤 > 密実な礫層 > 密実な砂質地盤 > 砂質地盤（地震時に液状化のおそれのないものに限る）> 堅い粘土質地盤 > 粘土質地盤 > 堅いローム層 > ローム層

1. 洪積・沖積層は第 4 期地盤に属する比較的新しい層で、洪積地盤は沖積地盤よりその生成時期が古いため、一般に沖積土に比べて固結度が高く、沖積層に比べて基礎地盤としては一般に良好である。一方、沖積層は新しい時代の生成によるもので

あるため、一般に自重による圧力以外の荷重を受けた経歴がないので強度が小さく、圧縮性も大きい。

2.　図のように地下水位が高いと、Hが大きくなる。地下壁に作用する全水圧Pは、

$P=\frac{1}{2}\times\rho\times g\times H^2$となり、$H^2$に比例する。

P：水の密度　　g：重力加速度　　H：水深

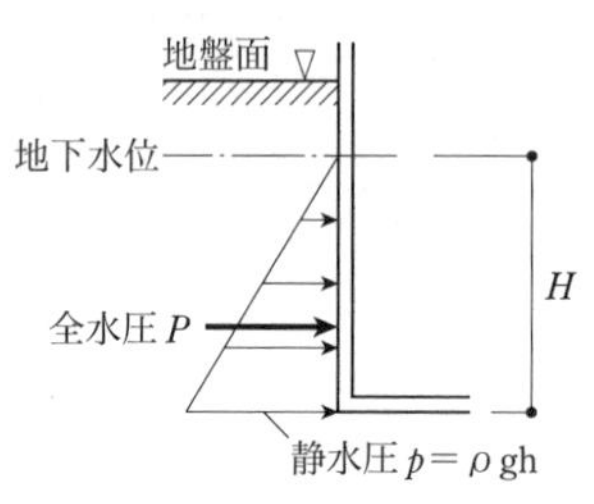

3.　基礎底面の地盤は、それより上の地盤の重量により締め固められている。従って根入れ深さが深いほど地盤の支持力は大きくなる。

4.　不同沈下とは地盤沈下の一種で、建築物の基礎部分の沈下量が一定ではなく、建築物が傾いたり損傷する現象。基礎梁の剛性を大きくすることで、不同沈下が起きても上部構造物に与える影響を小さくしたり、建築物が傾くのを軽減できる。

正解 5

R05	R04	R03	R02	R01	H30	H29

問題 04 Ⅲ 9　地盤及び基礎構造に関する次の記述のうち、**最も不適当な**ものはどれか。

1.　一般の地盤において、地盤の長期許容応力度の大小関係は、岩盤 > 粘土質地盤 > 密実な砂質地盤である。

2.　直接基礎の鉛直支持力は、原地盤から推定した地盤定数による支持力式を用いる方法又は平板載荷試験による方法のいずれかによって算定する。

3.　不同沈下が生じないようにするため、原則として、直接基礎と杭基礎との混用は避ける。

4.　基礎に直接作用する固定荷重は、一般に、基礎構造各部の自重のほか、基礎スラブ上部の土被りの重量を考慮する。

5.　直接基礎の底盤の位置は、原則として、支持地盤以下とし、かつ、表土層以下で土の含水変化や凍結のおそれの少ない深さとする。

解説　（建基令93条）地盤の長期許容応力度は、岩盤（1,000 kN/m²）> 密実な砂質地盤（200kN/m²）> 粘土質地盤（20 kN/m²）の順である。

2.　平板載荷試験は、直径300 mm以上の円形剛板地盤面に置いて上部より段階的に載荷して地盤の変形を測定し、地盤反力係数や極限支持力を求め、地盤の観察結果や地下水の状況などのデータをもとに、地盤の鉛直支持力を求める試験

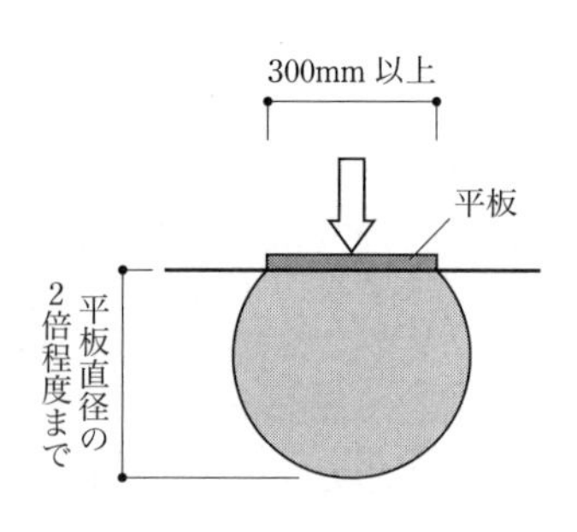

法である(右図)。調査できる地盤の性状は、平板の直径の2倍程度の深さまでであことに注意する。

地盤面
柱
基礎上部の土被り
基礎

3.　同一建築物の基礎は、直接基礎と杭基礎を混用してはならない。

4.　基礎スラブの土被りの重量は、右図による。

5.　基礎底盤の位置は、含水比変化や凍結・融解による基礎の浮上がりや沈下が起こらない深さとする。

正解 1

R05	R04	R03	R02	R01	H30	H29

問題 05 Ⅲ 9　地盤及び基礎構造に関する用語とその説明との組合せとして、**最も不適当な**ものは、次のうちどれか。

1.　負の摩擦力――軟弱地盤等において、周囲の地盤が沈下することによって、杭の周面に下向きに作用する摩擦力
2.　ヒービング――砂中を上向きに流れる水流圧力によって、砂粒がかきまわされ湧き上がる現象
3.　圧密――――透水性の低い粘性土が、荷重の作用によって、長い時間をかけて排水しながら体積を減少させる現象
4.　液状化―――水で飽和した砂質土等が、振動・衝撃等による間隙水圧の上昇によって、せん断抵抗を失う現象
5.　直接基礎―――基礎スラブからの荷重を直接地盤に伝える形式の基礎

解説　説明は「ボイリング」についてのものである。「ヒービング」とは、軟弱な粘土質地盤などで深い掘削が行われるときに、掘削周囲の土の重量によって、掘削底面に周囲の土が回り込み、掘削底がふくれ上がる現象をいう。

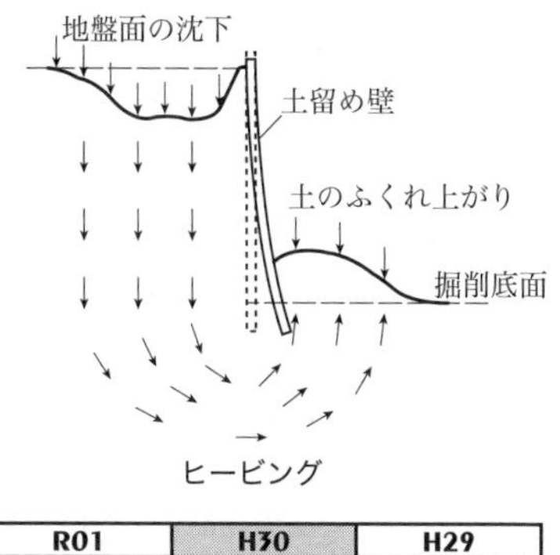

正解 2

R05	R04	R03	R02	R01	H30	H29

問題 06 Ⅲ 9　地盤及び基礎構造に関する次の記述のうち、**最も不適当な**ものはどれか。

1.　セメント系固化材を用いて地盤改良を行った場合、原則として、改良後の地盤から採取したコア供試体に対する一軸圧縮試験により、改良後の地盤の設計基準強度を確認する必要がある。

2.　地下外壁に作用する土圧を静止土圧として算定する場合の静止土圧係数は、一般に、砂質土、粘性土のいずれの場合であっても、0.5 程度である。

3.　建築基準法に基づいて地盤の許容応力度を定める方法には、「支持力係数による算定式」、「平板載荷試験による算定式」及び「スウェーデン式サウンディング試験による算定式」を用いるものがある。

4.　土の粒径の大小関係は、砂 ＞ 粘土 ＞ シルトである。

5.　布基礎は、地盤の長期許容応力度が 70kN/m² 以上であり、かつ、不同沈下等の生ずるおそれのない地盤にあり、基礎に損傷を生ずるおそれのない場合にあっては、無筋コンクリート造とすることができる。

解説　土の粒径の大小関係は、礫（75 ～ 2 mm）＞ 砂（2 ～ 0.075 mm）＞ シルト（0.075 ～ 0.0005 mm）＞ 粘土（0.0005 mm 以下）である。

正解 4

R05	R04	R03	R02	R01	H30	H29

問題 07　Ⅲ 9　地盤及び基礎構造に関する用語とその説明との組合せとして、**最も不適当な**ものは、次のうちどれか。

1.　ボイリング――砂中を上向きに流れる水流圧力によって、砂粒がかきまわされ湧き上がる現象

2.　圧密――――砂質土が、荷重の作用によって、長い時間をかけて排水しながら体積を減少させる現象

3.　液状化―――水で飽和した砂質土等が、振動・衝撃等による間隙水圧の上昇によって、せん断抵抗を失う現象

4.　負の摩擦力――軟弱地盤等において、周囲の地盤が沈下することによって、杭の周面に下向きに作用する摩擦力

5.　直接基礎―――基礎スラブからの荷重を直接地盤に伝える形式の基礎

解説　圧密とは、水を通しにくい粘土質地盤が荷重を受け続けることによって、土粒子間にある水が徐々に排出され土全体の体積が圧縮される現象である。圧密によって地盤が沈下する現象を圧密沈下という。

1. ボイリングは、地下水位が高い砂質地盤で土留め工法を行う場合に生じやすく、掘削底面から砂粒が地下水とともに湧き上がる。

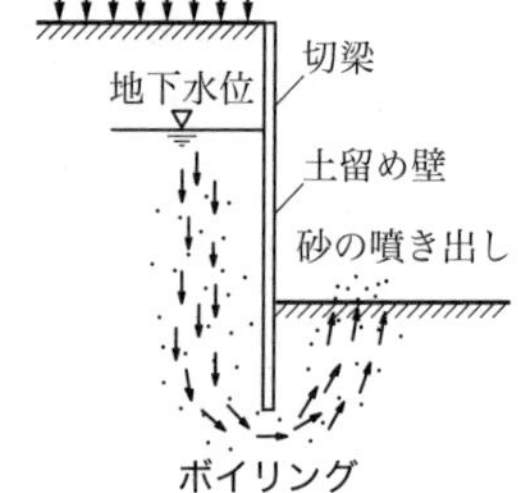

正解 2

【学科Ⅲ】

10 木構造（部材）

R05	R04	R03	R02	R01	H30	H29

問題 01 Ⅲ 10 木造建築物の部材の名称とその説明との組合せとして、**最も不適当な**ものは、次のうちどれか。

1. 破風板――――切妻屋根や入母屋（もや）屋根などの妻の部分に、垂木を隠すようにして取り付けた板材
2. 回り縁（ぶち）――――天井と壁の接する部分に取り付ける棒状の化粧部材
3. 飛梁――――――小屋組、床組における水平面において、胴差、梁、桁材に対して斜めに入れて隅角部を固める部材
4. 雇いざね―――２枚の板をはぎ合わせるときに、相互の板材の側面の溝に、接合のためにはめ込む細長い材
5. 木ずり――――しっくいやモルタルなどを塗るために、下地として取り付ける小幅の板材

解説 説明は「火打梁」についてのものである。「飛梁」は、寄棟などの小屋組において、隅木を受ける母屋の出隅交差部を支える小屋束を立てるために、軒桁と小屋梁の間に架け渡す横架材である。

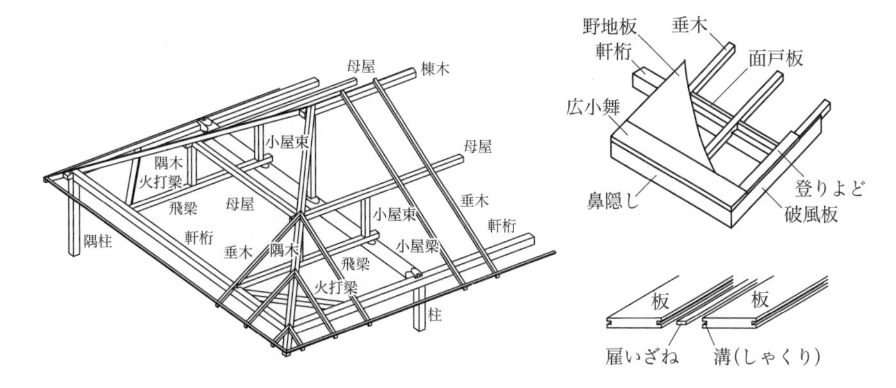

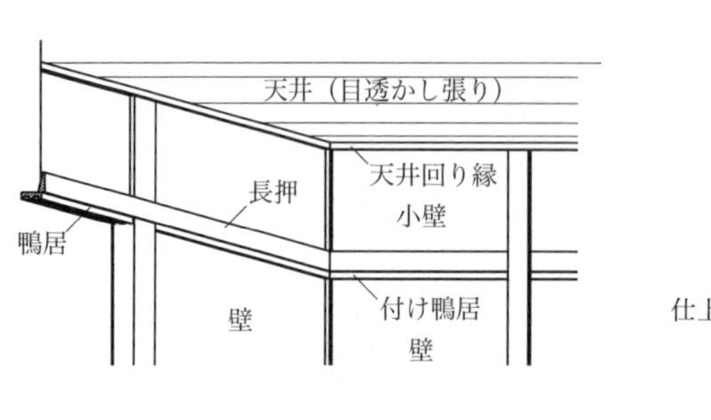

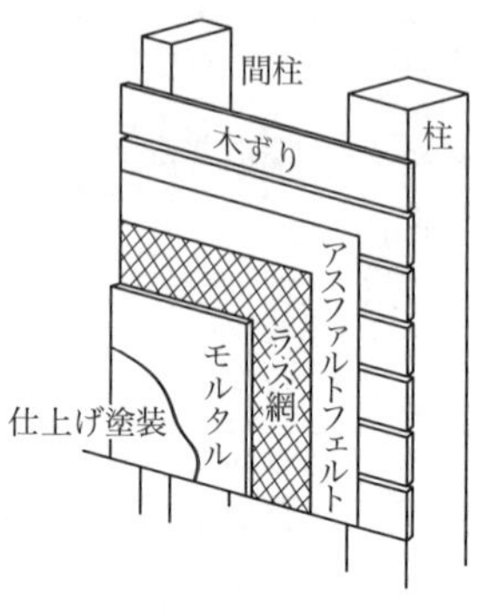

正解 3

R05	R04	R03	R02	R01	H30	H29

問題 02 Ⅲ 10　木造建築物の部材の名称とその説明との組合せとして、**最も不適当な**ものは、次のうちどれか。

1. 地貫――――床板の下端などを受けるために、柱の根元近くに入れる貫
2. 根太掛け―――柱の横や土台の側面に取り付けて、根太の端部を受ける横材
3. 雨押え――――外壁と開口部の上枠、下屋と外壁の立上りの取り合いなどに取り付ける雨水の浸入を防ぐための板
4. 額縁――――窓や出入口の枠と壁との境目を隠すために取り付ける材
5. 面戸板――――垂木の振れ止めと軒先の瓦の納まりを目的とする垂木の先端に取り付ける幅広の部材

解説　説明は「広小舞」についてのものである。「面戸板」は、垂木と垂木の間において、野地板と軒桁との間にできる隙間をふさぐために用いる板材をいう。

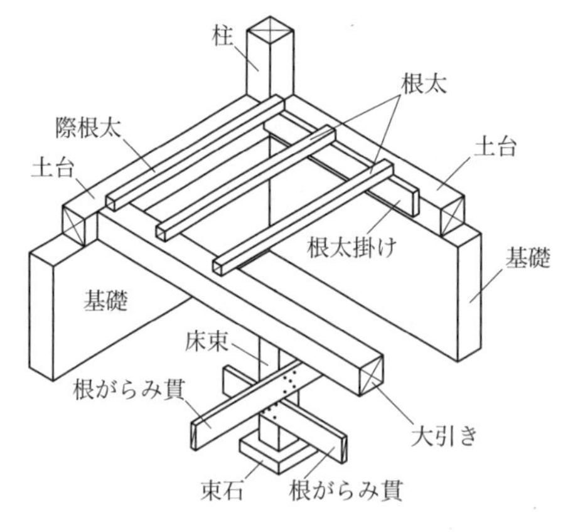

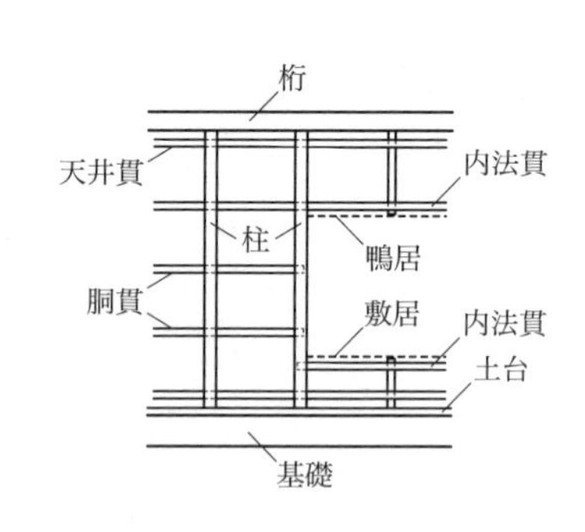

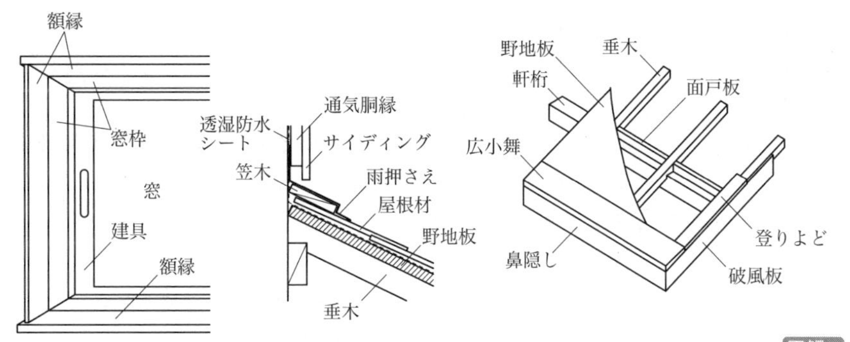

正解 5

R05	R04	R03	R02	R01	H30	H29

問題 03 Ⅲ 10　木造建築物の部材の名称とその説明との組合せとして、**最も不適当な**ものは、次のうちどれか。

1. 野縁――天井と壁の接する部分に取付ける見切り部材
2. 胴縁――壁においてボードなどを取付けるための下地材
3. 胴差――軸組において2階以上の床の位置で床梁を受け、通し柱を相互につないでいる横架材
4. 軒桁――軒の部分において小屋梁に直角に取り合う横架材
5. 側桁――階段の段板を両側で支える部材

解説　説明は「天井回り縁」についてのものである。「野縁」は、天井板や下地板を打ち付けるために、天井裏に設けられる骨組みをいう。

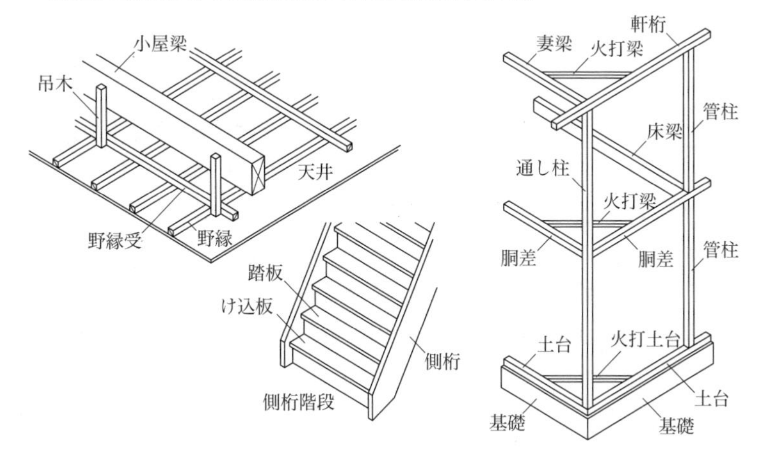

正解 1

R05	R04	R03	R02	R01	H30	H29

問題 04 Ⅲ 10　木造建築物の部材の名称とその説明との組合せとして、**最も不適当な**ものは、次のうちどれか。

1. 真束——小屋組（洋小屋）において、中央で棟木や合掌を受ける部材
2. 長押——鴨居の上端に水平に取り付けられる和室の化粧造作材
3. 面戸板——垂木と垂木の間において、野地板と軒桁との間にできる隙間をふさぐために用いる板材
4. 転び止め——小屋組においては、合掌の上に母屋を取り付ける際に、母屋が移動・回転しないように留めておく部材
5. 際根太——大引と平行に柱や間柱の側面に取り付け、根太の端部を受ける部材

解説　説明は「根太掛け」についてのものである。「際根太」は、根太のうち壁ぎわにあるものをいう。

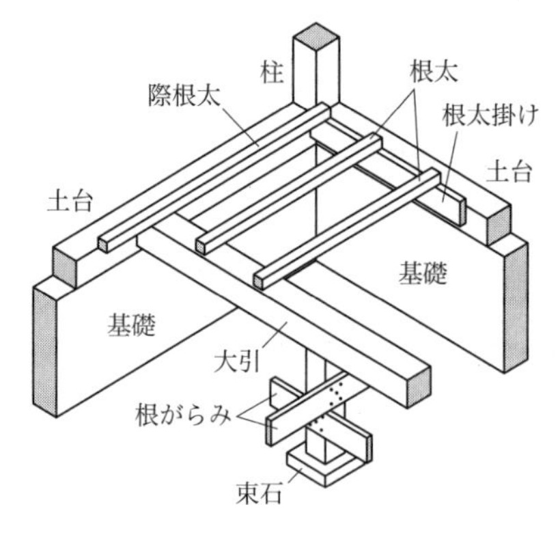

正解 5

R05	R04	R03	R02	R01	H30	H29

問題 05 Ⅲ 10　木造建築物の部材の名称とその説明との組合せとして、**最も不適当な**ものは、次のうちどれか。

1. 破風板——切妻屋根や入母屋屋根などの妻側において、山形に取り付けられた板材
2. 無目——鴨居及び敷居と同じ位置に設ける、建具用の溝のない部材
3. 振れ隅木——平面上、隅木が桁に対して45度とならない場合の隅木
4. まぐさ——開口部の上部において、襖や障子を建て込むための溝のある水平部材
5. 上がり框——玄関等の上がり口の床の縁に取り付けられた化粧材

解説　説明は、「鴨居（かもい）」についてのものである。「まぐさ」は、窓や開口部のすぐ上に取り付けられた水平材で、まぐさ上部の壁を支える。

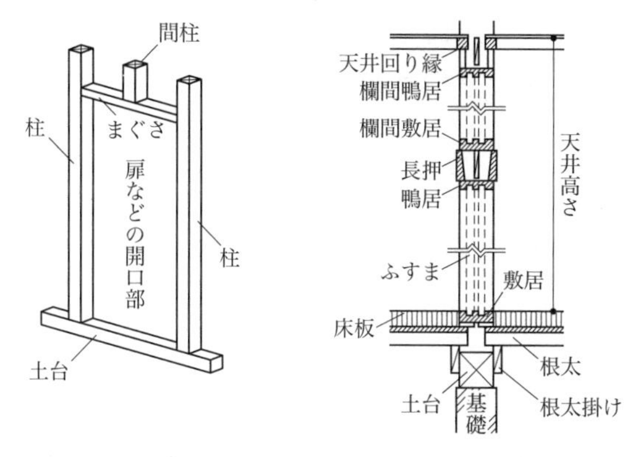

正解 4

R05	R04	R03	R02	R01	H30	H29

問題 06 III 10　木造建築物の部材の名称とその説明との組合せとして、**最も不適当な**ものは、次のうちどれか。

1.　鼻隠――――――――――軒先において、垂木の端部などを隠すために取り付ける横板
2.　鼻母屋（もや）――――――――最も軒に近い位置にある母屋（もや）
3.　方づえ――――――――小屋組、床組における水平構面において、斜めに入れて隅角部を固める部材
4.　ささら桁――――――――階段の段板を受けるため、上端を段形に切り込み、斜めに架ける部材
5.　雇いざね――――――――2枚の板をはぎ合わせるときに、相互の板材の側面の溝に、接合のためにはめ込む細長い材

解説　「方づえ」は、柱と横架材の入隅部分において、柱と横架材とを斜めに結合して隅角部を固める部材をいう。説明は、火打梁や火打土台などの「火打材」についてのものである。

正解 3

問題 07 Ⅲ 10 木造建築物の部材の名称とその説明との組合せとして、**最も不適当な**ものは、次のうちどれか。

1. 飛び梁――寄棟などの小屋組において、隅木を受ける母屋の出隅交差部を支える小屋束を立てるために、軒桁と小屋梁の間に架け渡す横架材
2. 面戸板――垂木と垂木の間において、野地板と軒桁との間にできる隙間をふさぐために用いる板材
3. 真束――小屋組（洋小屋）において、中央で棟木、合掌を受ける部材又は陸梁を吊る部材
4. 方立――柱と横架材の交点の入隅部分において、柱と横架材を斜めに結んで隅を固める部材
5. ぞうきんずり――床の間の地板と三方の壁とが接する部分に用いる細い部材

解説 説明は「方杖」についてのものである。「方立」は、窓・出入口の脇にあって立て枠を支える鉛直部材をいう。

5. ぞうきんずりは、床の間などと壁と床の見切り部分に取り付けられる細い横木をいう。

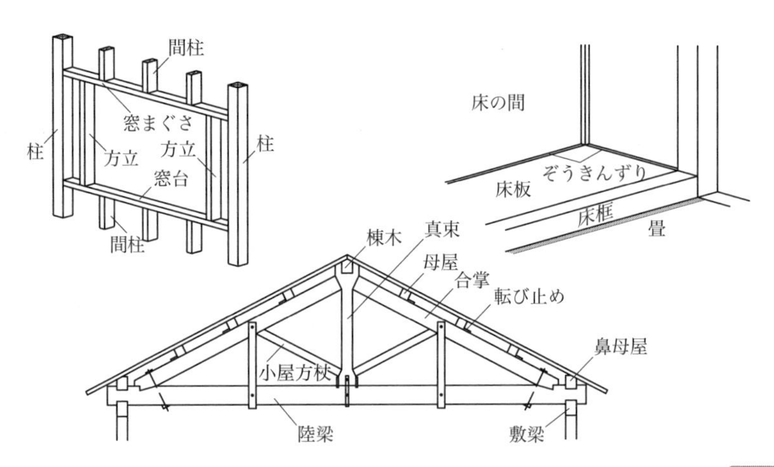

正解 4

学科Ⅲ

11 木構造（構造計画・設計）

R05	R04	R03	R02	R01	H30	H29

問題 01 Ⅲ 12　木造建築物の構造設計に関する次の記述のうち、**最も不適当なもの**はどれか。

1.　耐力壁両端の柱の接合金物を選定するための N 値法は、当該柱の両側の耐力壁の壁倍率の差、周辺部材の押さえ効果、長期軸力を考慮して N 値を決定する方法である。
2.　曲げ材の支持点付近で引張側に切欠きを設ける場合、切欠きの深さ (高さ) は、材せいの 1/2 以下とする。
3.　四分割法における耐力壁配置のバランスを確認するための壁率比は、小さいほうの壁量充足率を大きいほうの壁量充足率で除して求める。
4.　工場生産によりたて枠と面材とを接着したパネル壁は、実験や計算で確認された場合において、ストレスト・スキン効果を考慮して鉛直荷重に対して抵抗させることができる。
5.　引張力を負担する筋かいとして鉄筋を使用する場合、径が 9 mm 以上のものを使用する。

解説　曲げ材の支持点付近で引張側に切欠きを設ける場合、切欠きの深さ（高さ）は、材せいの 1/3 以下とする。

3.　四分割法は、地震時の耐震性を確認する方法の一つで、建築物の平面を、X 方向、Y 方向それぞれの方向で 4 分割して、外側 1/4 の範囲の存在壁量、必要壁量を算出する。
　・X、Y 方向ともに、壁充足率＝存在壁量 / 必要壁量≧ 1 であることを確認する。
　・壁充足率≦ 1 の場合、壁率比＝壁充足率（小）/ 壁充足率（大）≧ 0.5 であることを確認する。
　これを満足しない場合、耐力壁の量、バランスを再検討する。

5.　引張力を負担する筋かいは、厚さ 1.5 cm 以上で幅 9 cm 以上の木材又は径 9 mm 以上の鉄筋を使用したものとしなければならない（令 45 条 1 項）。　**正解 2**

R05	R04	R03	R02	R01	H30	H29

問題 02 Ⅲ 11　枠組壁工法による 2 階建ての住宅に関する次の記述のうち、最

も不適当なものはどれか。

1. 土台と基礎とを緊結するに当たり、呼び径が 13 mm、長さ 400 mm のアンカーボルトを用いた。
2. アンカーボルトは、隅角部付近及び土台の継手付近を避け、その間隔を 2.5 m とした。
3. 床版を構成する床根太相互及び床根太と側根太との間隔を 450 mm とした。
4. 床版を構成する床根太の支点間距離を 7 m とした。
5. 壁倍率が 1 の耐力壁 1 m 当たりの許容せん断耐力を 1.96 kN とした。

解説 アンカーボルトは、その間隔を 2 m 以下とし、かつ、隅角部及び土台の継手の部分に配置する。

1. 土台は、基礎に径 12 mm 以上で長さ 35 cm 以上のアンカーボルト又はこれと同等以上の引張力を有するアンカーボルトで緊結しなければならない。
3. 床根太相互及び床根太と側根太との間隔は、65 cm 以下としなければならない。
4. 床根太の支点間距離は、8 m 以下としなければならない。 正解 2

R05	R04	R03	R02	R01	H30	H29

問題 03 Ⅲ 11 木造建築物の構造設計に関する次の記述のうち、**最も不適当な**ものはどれか。

1. 地震力に対して必要な単位床面積当たりの耐力壁の有効長さは、一般に、壁や屋根の重量によって異なる。
2. 風圧力に対して必要な耐力壁の有効長さを求める場合、見付面積に乗ずる数値は、平家建ての建築物と 2 階建ての建築物の 2 階部分とでは同じ値である。
3. 軸組構法では、建築物の十分な耐力を確保するために、継手位置をそろえる。
4. 枠組壁工法において、耐力壁線によって囲まれた部分の水平投影面積を $60m^2$ とする場合、床版の枠組材と床材とを緊結する部分を構造耐力上有効に補強する必要がある。
5. 枠組壁工法において、セットバックやオーバーハングにより上下階の耐力壁線が一致しない場合、上階の壁からの鉛直力などが床版を介して下階に伝わるように設計する。

解説 軸組構法では、継手が弱点となりやすいため、継手位置を分散させる。 正解 3

R05	R04	R03	R02	R01	H30	H29

問題 04 Ⅲ 12　木造建築物の構造設計に関する次の記述のうち、**最も不適当なもの**はどれか。

1.　曲げ材は、一般に、材せいに比べて材幅が大きいほど、横座屈を生じやすい。
2.　曲げ材端部の支持点付近の引張側に設ける切欠きの深さ（高さ）は、材せいの 1/3 以下とする。
3.　トラス梁は、継手・仕口部の変形、弦材に生じる二次曲げ応力などを考慮したうえで、各部材の応力度が許容応力度を超えないように設計する。
4.　胴差の継手は、できるだけ応力の小さい位置に設ける。
5.　水平力が耐力壁や軸組に確実に伝達するように、水平構面の剛性をできるだけ高くする。

解説　曲げ材は、一般に、材せいに比べて材幅が大きいほど、横座屈を生じにくい。

正解 1

【学科Ⅲ】

12 木構造（耐力壁）

R05	R04	R03	R02	R01	H30	H29

問題 01 Ⅲ 12　木造2階建ての住宅において、地震力に対する構造耐力上必要な耐力壁の有効長さ（必要壁量）を計算する場合、各階の床面積に乗ずる数値の大小関係として、**正しい**ものは、次のうちどれか。ただし、地盤は著しく軟弱な区域として指定されていないものとする。

	1階の床面積に乗じる数値	2階の床面積に乗じる数値
瓦葺きなどの重い屋根	ア	イ
金属板葺きなどの軽い屋根	ウ	エ

1.　ア ＞ イ ＞ ウ ＞ エ
2.　ア ＞ イ ＞ エ ＞ ウ
3.　ア ＞ ウ ＞ イ ＞ エ
4.　ウ ＞ ア ＞ イ ＞ エ
5.　ウ ＞ ア ＞ エ ＞ イ

解説　建基令46条より、木造2階建て住宅において、地震力に対する構造耐力上必要な耐力壁の有効長さ（必要壁量）を求める場合、階の床面積に乗じる数値は下表の通りである。したがって、ア(33 cm/m²) ＞ウ(29 cm/m²) ＞イ(21 cm/m²) ＞エ(15 cm/m²)の順となる。

	1階の床面積に乗じる数値	2階の床面積に乗じる数値
瓦葺きなどの重い屋根	33 cm/m²	21 cm/m²
金属板葺きなどの軽い屋根	29 cm/m²	15 cm/m²

正解 3

R05	R04	R03	R02	R01	H30	H29

問題 02 Ⅲ 12　木質構造に関する次の記述のうち、**最も不適当な**ものはどれか。

1.　土台継手の上木側に、アンカーボルトを設置した。
2.　引張力を受けるボルト接合部において、ボルトの材質、ボルトの径、座金の寸法及び樹種が同じであったので、許容引張耐力は、ボルトが長くなるほど大きくなることを考慮した。

3. 柱の上下端部と横架材の接合部は、ほぞ差しなどによって、せん断力を伝達できる仕口とした。

4. 大規模木造建築物の接合部に用いられる接合金物は、火災等により加熱されると急激に耐力が低下する特性があるので、部材内部に埋め込むようにした。

5. 燃えしろ設計では、柱や梁の燃えしろを除いた有効断面を用いて許容応力度等計算を行った。

解説 引張力を受けるボルト接合部において、許容引張力に影響するのは、ボルトの材質（基準強度）、ボルトの径（軸断面積）、座金の寸法（面積）であり、ボルトの長さには関係しない。

1. アンカーボルトを土台の継手付近に設ける場合、アンカーボルトは上木側に設置し締め付ける。

5. 燃えしろ設計では、燃えしろを除いた有効断面に生じる長期応力度が短期の許容応力度を超えないことを確認する。

正解 2

R05	R04	R03	R02	R01	H30	H29

問題 03 Ⅲ 12 木造軸組工法による平家建ての建築物（屋根は日本瓦葺きとする。）において、図に示す平面の耐力壁（図中の太線）の配置計画として、**最も不適当な**ものは、次のうちどれか。ただし、全ての耐力壁の倍率は 1 とする。

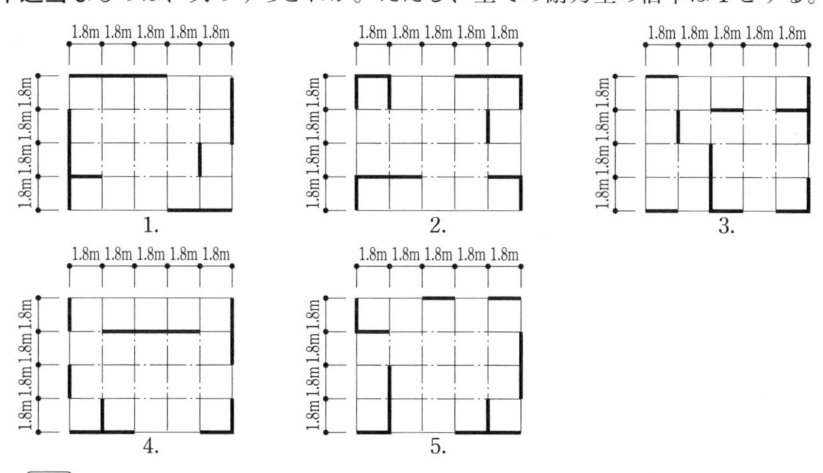

解説 4 分割法によって耐力壁のバランスをチェックする。耐力壁の倍率が全て 1 であるので基本長さを 1.8 m（1 枚）として、X・Y 方向のそれぞれの方向について、4

分割した外側の範囲内（側端部分という）にある耐力壁の枚数を数える。選択肢3の*Y*方向の耐力壁は左側1枚（中央部に配置されている2枚の耐力壁は含めない）、右側3枚でありバランスに欠ける配置となっている。これ以外の選択肢における側端部分では、*X*・*Y*方向とも耐力壁の数は3枚でバランスよく配置されている。

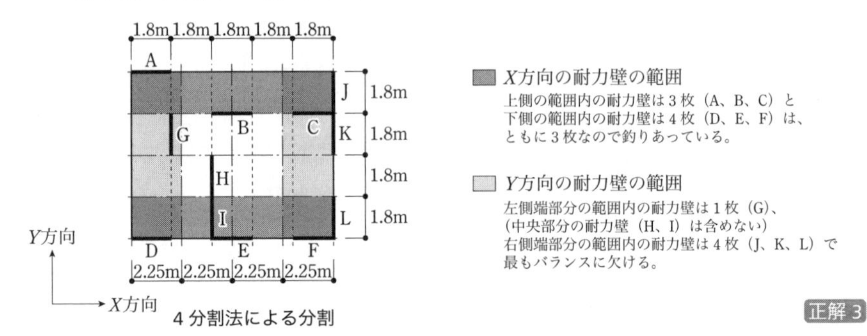

4分割法による分割

正解3

R05	R04	R03	R02	R01	H30	H29

問題04 Ⅲ11　木造軸組工法による平家建ての建築物（屋根は日本瓦葺きとする。）において、図に示す平面の耐力壁（図中の太線）の配置計画として、**最も不適当な**ものは、次のうちどれか。ただし、全ての耐力壁の倍率は1とする。

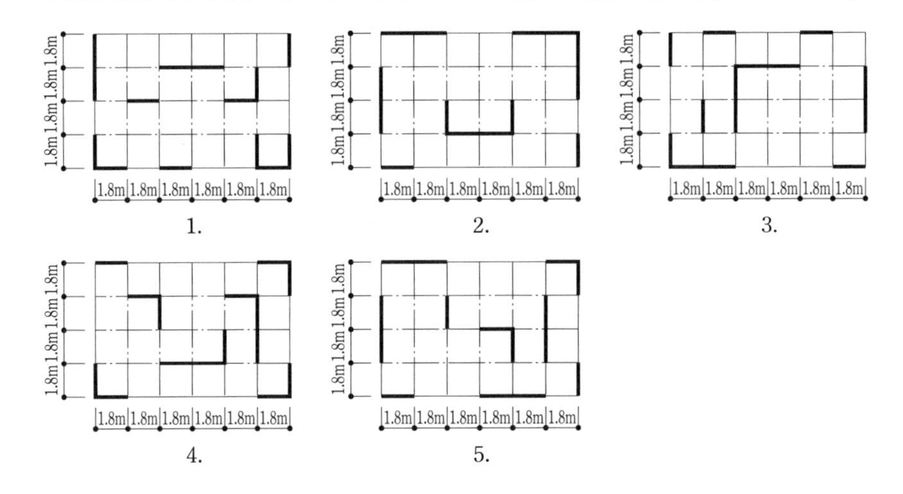

解説　4分割法によって耐力壁のバランスをチェックする。耐力壁の倍率が全て1であるので基本長さを1.8m（1枚）として、*X*・*Y*方向のそれぞれの方向について、4分割した外側の範囲内（側端部分という）にある耐力壁の枚数を数える。選択肢4の*Y*方向の耐力壁は左側1枚、右側4枚であり最もバランスに欠ける配置となっている。これ以外の選択肢における側端部分では、*X*・*Y*方向とも耐力壁の数は2枚から4枚

で選択肢4に比べてバランスがとれている。

なお、選択肢4の Y 方向の壁率比を計算から検証すると以下のようになる。

①地震力に対する側端部分の必要壁量を求める。

$$\frac{床面積（m^2）}{4} \times 15m/m^2 = （平屋建瓦葺きの場合の係数）$$

$$= \frac{7.2m \times 10.8m}{4} \times 15cm/m^2 = 291.6cm = 2.916m$$

②側端部分の存在壁量を求める。

左側端部分　1.8 m × 1（壁倍率）× 1（枚数）＝ 1.8 m

右側端部分　1.8 m × 1（壁倍率）× 4（枚数）＝ 7.2 m

③壁充足率（存在壁量 / 必要壁量）が1を超えることを確かめる。

左側端部分　1.8 m/2.916 m ＝ 0.62 ＜ 1

右側端部分　7.2 m/2.916 m ＝ 2.47

④壁充足率が1以下の場合、壁率比（小さいほうの壁充足率 / 大きい方の壁充足率）0.5以上であることを確かめる。

0.62/2.47 ＝ 0.25 ＜ 0.5

よって、壁量のバランスが悪く不適当である。

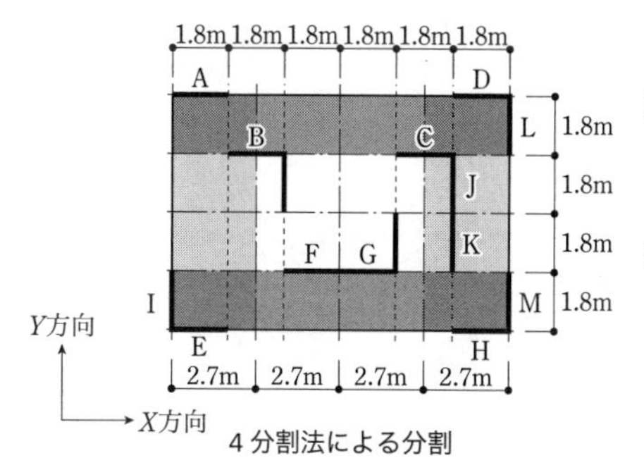

4分割法による分割

X方向の耐力壁の範囲
上側の範囲内の耐力壁は4枚（A、B、C、D）と下側の範囲内の耐力壁は4枚（E、F、G、H）は、ともに4枚なので釣りあっている。

Y方向の耐力壁の範囲
左側の範囲内の耐力壁1枚（I）、右側の範囲内の耐力壁3枚（J、K、L、M）で最もバランスに欠ける。

正解 4

【学科Ⅲ】

13 木構造（接合）

R05	R04	R03	R02	R01	H30	H29

問題 01 Ⅲ 11） 木質構造の接合に関する次の記述のうち、**最も不適当な**ものはどれか。

1. 木ねじ接合において、木材を主材として、鋼板との1面せん断接合とする場合、有効主材厚は木ねじの呼び径の6倍以上とする。
2. ドリフトピン接合において、先孔の径は、ドリフトピンと先孔との隙間の存在により構造部に支障をきたす変形を生じさせないために、ドリフトピンの径と同径とする。
3. ラグスクリュー接合において、ラグスクリューが緩む可能性があるため、潤滑剤を用いてはならない。
4. 接着接合において、木材の含水率は20%を超えない範囲で、接着される木材間の含水率の差は5%以内とする。
5. 木造軸組工法の釘接合において、木材の木口面に打たれた釘を引抜力に抵抗させることはできない。

解説 ラグスクリューはその先穴にレンチなどで回しながら挿入する。ハンマーなどで打ち込んではならない。なお、挿入を容易にするために適当な潤滑剤を用いてもよい。

正解 3

R05	R04	R03	R02	R01	H30	H29

問題 02 Ⅲ 11） 木質構造の接合に関する次の記述のうち、**最も不適当な**ものはどれか。

1. 構造耐力上主要な部分において、木口面にねじ込まれた木ねじを、引抜き方向に抵抗させることは避けた。
2. ラグスクリューを木口面に打ち込んだ場合の許容せん断耐力は、側面に打ち込んだ場合の値の2/3とした。
3. せん断力を受けるボルト接合において、座金が木材にめり込まない程度にボルトを締付けた。
4. ドリフトピン接合部において、終局せん断耐力を降伏せん断耐力と同じ値とした。
5. メタルプレートコネクターを用いて木材同士を接合する場合の木材は、気乾状態のものとした。

解説 せん断力を受けるボルトの締付けは、通常、座金が木材にわずかにめり込む程度とする。

1. 構造耐力上主要な部分において、木ねじを引抜き方向に抵抗させることは極力避ける。また、木材の木口面に打たれた木ねじを引抜き力に抵抗させることはできない。
2. ラグスクリューを木口に打ち込んだ場合のせん断耐力は、側面打ちの場合の値の2/3とする。
4. ドリフトピン接合部において、終局せん断耐力は降伏せん断耐力と同じ値とする。
5. メタルプレートコネクターを用いて木材同士を接合する場合の木材は、気乾状態でなければならない。

正解 3

R05	R04	R03	R02	R01	H30	H29

問題 03 III 12 図に示す木造建築物に用いる接合金物とその用途との組合せとして、**最も不適当な**ものは、次のうちどれか。ただし、図の寸法は一例である。

	接合金物	用途
1.	115mm 山形プレート	柱と土台、柱と桁の接合に用いる。
2.	40mm 短ざく金物	胴差同士の接合に用いる。
3.	90mm 柱脚金物	玄関の独立柱等の柱脚支持に用いる。
4.	1,075mm 火打金物	隅木と横架材の接合に用いる。
5.	175mm くら金物	垂木と軒桁、垂木と母屋（もや）の接合に用いる。

解説 火打金物は、土台と土台、胴差と床梁、軒桁と小屋梁などの横架材の接合に用い、床組や小屋組が、地震や台風時に発生する水平力によって変形することを防止するために隅角部を固める斜材である。

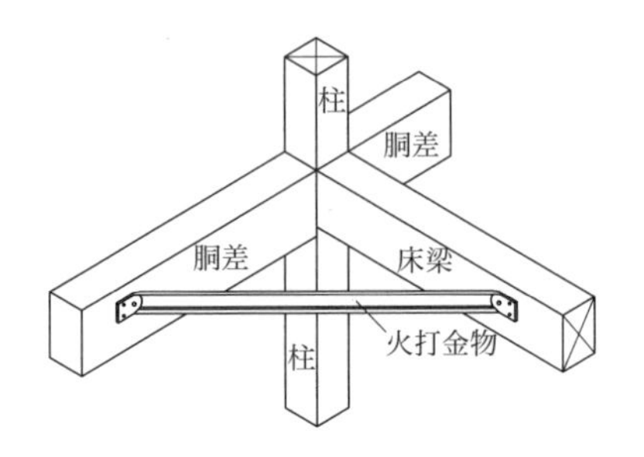

正解 4

R05	R04	R03	R02	R01	H30	H29

問題 04 Ⅲ 11 木質構造の接合に関する次の記述のうち、**最も不適当な**ものはどれか。

1. ボルト接合においては、一般に、接合部が降伏する前に、木材に割裂、せん断、引張り等による脆(ぜい)性的な破壊が生じないようにする。
2. 針葉樹合板を釘で接合する場合、打込み過ぎにより釘頭部が合板に過度にめり込むと、終局耐力や靭(じん)性が低下しやすくなる。
3. ドリフトピン接合は、ボルト接合と異なり、降伏後の耐力上昇が期待できないので、終局せん断耐力は降伏耐力とほぼ同じ値となる。
4. ボルト接合部において、せん断を受けるボルトの間隔は、木材の繊維に対する加力方向の違いに関係なく一定とする。
5. 木ねじ接合部は、一般に、ねじ部分の影響により、釘接合部に比べて変形性能が小さい。

解説 ボルトの接合部において、せん断力を受けるボルトの間隔は、木材の繊維に対する加力方向によって異なる。 正解 4

R05	R04	R03	R02	R01	H30	H29

問題 05 Ⅲ 11 木質構造の接合に関する次の記述のうち、**最も不適当な**ものはどれか。

1. ラグスクリューを木口に打ち込んだ場合の許容せん断耐力は、側面打ちの場合の値の 2/3 とする。
2. メタルプレートコネクター接合において、プレート圧入時の木材は、気乾状態である必要がある。
3. 釘接合及びボルト接合において、施工時の木材の含水率が 20%以上の場合には、接合部の許容耐力を低減する。
4. 釘を用いた木材と木材の一面せん断接合において、有効主材厚は釘径の 9

倍以上とし、側材厚は釘径の 6 倍以上とする。

5. 同一の接合部に力学特性の異なる接合法を併用する場合の許容耐力は、一般に、個々の接合法の許容耐力を加算して算出する。

解説 同一の接合部に力学特性の異なる接合法を併用する場合の許容耐力は、個々の接合法の耐力のみで安全となるよう設計する。

正解 5

R05	R04	R03	R02	R01	H30	H29

問題 06 III 12 木質構造に関する次の記述のうち、**最も不適当な**ものはどれか。

1. 土台継手の下木の端部に、アンカーボルトを設置した。
2. 軒桁と小屋梁の仕口を、羽子板ボルトで緊結した。
3. ドリフトピン接合において、施工時の木材の含水率が 20％以上であったので、接合部の許容せん断耐力を低減した。
4. 圧縮力を負担する筋かいに、厚さ 3 cm、幅 9 cm の木材を使用した。
5. 水平力が作用した場合に生じる柱の浮き上がり軸力は、柱の位置に応じて、水平力時の柱軸力を低減して算定した。

解説 アンカーボルトを継手付近に設置する場合、押さえ勝手に上木（うわぎ）を締め付ける。

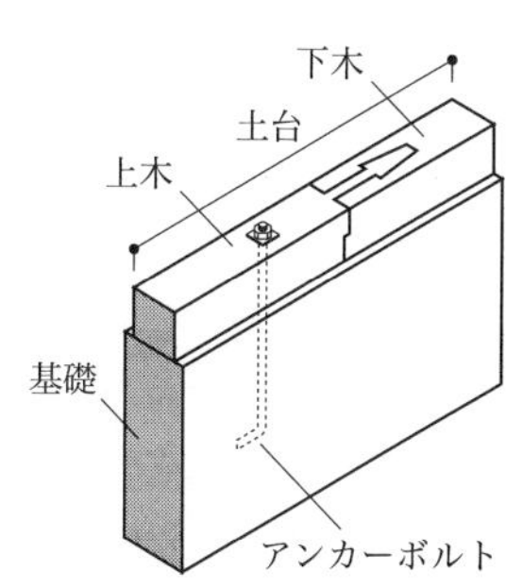

3. ドリフトピン接合において、施工時の含水率が 20％以上ある場合、接合部の許容せん断耐力は 2/3 に低減する。
4. 圧縮力を負担する筋かいは、厚さ 3 cm 以上で幅 9 cm 以上の木材を使用しなければならない。

正解 1

【学科Ⅲ】
14 補強コンクリートブロック造・組積造

R05	R04	R03	R02	R01	H30	H29

問題 01 Ⅲ 13　補強コンクリートブロック造に関する次の記述のうち、**最も不適当な**ものはどれか。

1.　床及び屋根が鉄筋コンクリート造であったので、耐力壁の中心線によって囲まれた部分の水平投影面積を、60 m² とした。
2.　2 階建て、軒の高さ 7 m（1 階の階高 3.5 m）の建築物に、A 種の空洞ブロックを用いた。
3.　両側に開口部のある耐力壁の長さ（実長）を 75 cm とし、かつ、耐力壁の有効高さの 30%以上を確保した。
4.　耐力壁の端部において、横筋に用いた異形鉄筋（D13）は、直交する耐力壁の内部に定着させ、その定着長さを 300 mm とした。
5.　耐力壁の端部において、縦筋に、異形鉄筋（D13）を用いた。

解説　耐力壁の横筋は、端部の縦方向曲げ補強筋に 180° フックでかぎ掛けする。端部で交差する耐力壁がある場合は、交差する耐力壁に定着させる。なお、定着長さは、異形鉄筋でフックなしの場合、異形鉄筋の呼び名に用いた数値（公称直径）の 40 倍とする。すなわち、13 × 40 ＝ 520 mm 以上とする。

1.　床及び屋根が鉄筋コンクリート造の場合、耐力壁の中心線で囲まれた部分の水平投影面積（分割面積）は、60 m² 以下とする。
2.　A 種空洞ブロックを用いる場合、階数 2 以下、軒の高さ 7.5 m 以下とし、かつ各階の階高は 3.5 m 以下とする。平屋にあっては、軒の高さ 4 m 以下とする。
3.　耐力壁の実長は 550 mm 以上、かつ、その有効長さの 30%以上とする。
5.　耐力壁は、その端部及び隅角部に径 12 mm（異径鉄筋は D13）以上の鉄筋を縦に配置するほか、径 9 mm（異径鉄筋は D10）以上の鉄筋を縦横に 80 cm 以内の間隔で配置したものでなければならない。

正解 4

R05	R04	R03	R02	R01	H30	H29

問題 02 Ⅲ 13　補強コンクリートブロック造に関する次の記述のうち、**最も不適当な**ものはどれか。

1.　耐力壁の端部に縦方向に設ける鉄筋を、D10 の異形鉄筋とした。

2.　耐力壁の縦筋は、溶接接合としたので、コンクリートブロックの空洞部内で継ぐこととした。
3.　耐力壁の端部及び隅角部を、場所打ちコンクリートによって形成する構造とした。
4.　耐力壁を臥梁（がりょう）で有効に連結させて、地震力等に対し、各耐力壁が一体となって抵抗するようにした。
5.　両側に開口部のある耐力壁の長さを、耐力壁の有効高さの30%以上、かつ、55 cm 以上とした。

解説　耐力壁の端部に縦方向に設ける鉄筋は、D10としてはならない。平屋または最上階でD13以上、それ以外の階では使用箇所に応じてD16またはD19以上の鉄筋を用いる。
2.　耐力壁の縦筋は、原則として、壁体内で重ね継ぎしてはならない。
3.　耐力壁の端部及び隅角部は、原則として現場打ちコンクリートで壁体の縁部分を形成する構造とする。ただし、その部分はシェル厚30 mm 程度の型枠状ブロックまたはコ形、L形のコンクリート製打込み型枠等を用い、コンクリートを充填することができる。
5.　耐力壁の実長は、55 cm 以上、かつ、その有効長さの30%以上とする。　正解1

【学科Ⅲ】15

壁式鉄筋コンクリート造

R05	R04	R03	R02	R01	H30	H29

問題 01 Ⅲ 13　壁式鉄筋コンクリート造2階建ての住宅に関する次の記述のうち、**最も不適当な**ものはどれか。

1. 構造耐力上主要な部分のコンクリートの設計基準強度を、18 N/mm² とした。
2. 各階の階高を、3.5 m とした。
3. 耐力壁の厚さを、15 cm とした。
4. 壁梁のせいを、45 cm とした。
5. 壁梁の主筋の径を、10 mm とした。

解説　壁梁の主筋の径は、12 mm 以上とする。

1. 構造耐力上主要な部分のコンクリートの設計基準強度は、18 N/mm² 以上とする。
2. 各階の階高は、3.5 m 以下とする。
3. 耐力壁の厚さは、地階を除く階数が2の建築物は15cm以上、地階を除く階数が1の建築物は12 cm以上、地階を除く階数が3以上の建築物では最上階が15 cm以上、その他の階では18 cm以上とし、地階は18cm以上とする。
4. 壁梁のせいは、原則として45 cm以上とする。

正解 5

R05	R04	R03	R02	R01	H30	H29

問題 02 Ⅲ 13　図のような平面を有する壁式鉄筋コンクリート造平屋建ての建築物の壁量計算において、*X* 方向の値として、**最も近い**ものは、次のうちどれか。ただし、階高は3m、壁厚は12cmとする。

1. 17.5 cm/m²
2. 18.0 cm/m²
3. 18.5 cm/m²
4. 19.0 cm/m²
5. 19.5 cm/m²

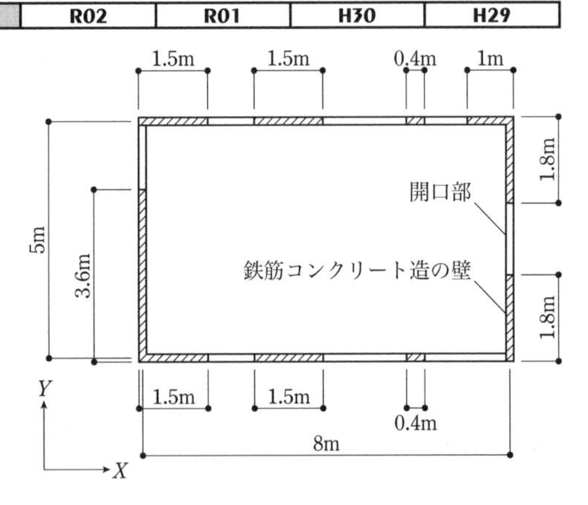

解説　壁量とは、梁間方向、桁行方向のそれぞれに配置される耐力壁の長さの合計をその階の床面積で除した値をいう。*X* 方向の壁量の算定にあたり、建基令78条の2より、壁式鉄筋コンクリート造の耐力壁の実長（*l*）は45 cm以上とする。これより、*X*

方向の実長が 40 cm の壁は耐力壁に含めない。

$$X\text{方向の壁量} = \frac{X\text{方向の耐力壁の長さの合計(cm)}}{\text{床面積}(m^2)} = \frac{150 \times 4 + 100}{5 \times 8} = 17.5\text{cm/m}^2$$

正解 1

R05	R04	R03	R02	R01	H30	H29

問題 03 III 13　壁式鉄筋コンクリート造２階建ての住宅に関する次の記述のうち、**最も不適当な**ものはどれか。

1.　構造耐力上主要な部分のコンクリートの設計基準強度を、18 N/mm² とした。
2.　各階の階高を 3 m としたので、耐力壁の厚さを 15 cm とした。
3.　長さが 45 cm の壁で、かつ、同一の実長を有する部分の高さが 200 cm である壁を、耐力壁として壁量計算に算入した。
4.　基礎梁にプレキャスト鉄筋コンクリート部材を使用したので、部材相互を緊結し基礎梁を一体化した。
5.　構造計算によって構造耐力上安全であることを確認したので、壁梁は主筋に D13 を用い、梁せいを 40 cm とした。

解説　耐力壁の実長(l)は 45 cm 以上、かつ同一の実長を有する部分の高さ(he)の 30%以上とする。この場合、200 × 0.3 ＝ 60 cm より、壁の長さが 60 cm 未満なので、耐力壁として壁量計算に算入することはできない。

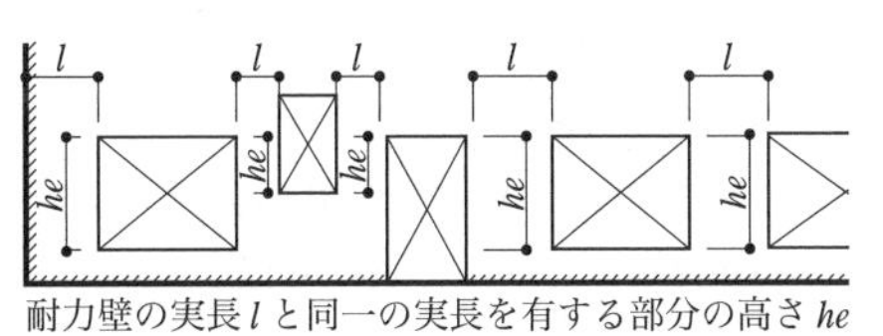

耐力壁の実長 l と同一の実長を有する部分の高さ he
※☒は開口部

1.　構造耐力上主要な部分のコンクリートの設計規準強度を 18 N/mm² 以上とする。
2.　２階建の各階の耐力壁厚さは、150 mm 以上かつ構造耐力上主要な鉛直支点間距離の 1/22 以上とする。したがって、15cm 以上かつ 300/22 ＝ 13.6cm 以上とする。正解 3

R05	R04	R03	R02	R01	H30	H29

問題 04 III 13　図のような平面を有する壁式鉄筋コンクリート造平家建ての建築物の構造計算において、X 方向の壁量の値として、**最も近い**ものは、次のうちどれか。ただし、階高は 3 m、壁厚は 12 cm とする。

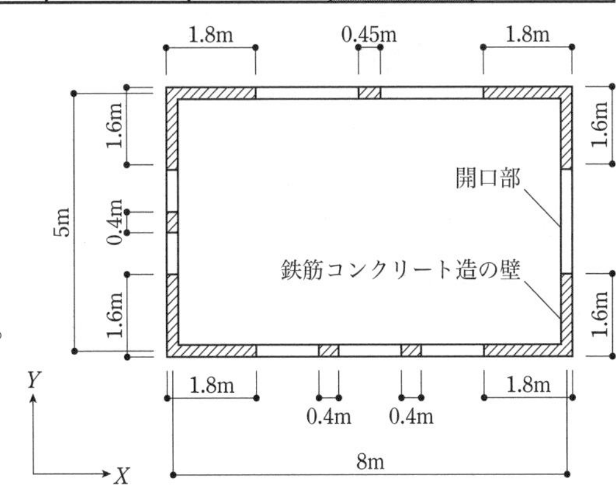

1.　16.0 cm/m²
2.　17.1 cm/m²

3.　18.1 cm/m²
4.　19.1 cm/m²
5.　21.1 cm/m²

解説　X 方向の壁量の算定にあたり、建基令 78 条の 2 より、壁式鉄筋コンクリート造の耐力壁の実長（l）は 45 cm 以上とする。これより、X 方向の実長が 40cm の壁は耐力壁に含めない。
X 方向の壁量$=\frac{180\times 4+45}{5\times 8}=19.125\ \mathrm{cm/m^2}$　$\therefore 19.1\ \mathrm{cm/m^2}$　正解 4

R05	R04	R03	R02	R01	H30	H29

問題 05 Ⅲ 13　壁式鉄筋コンクリート造 2 階建ての住宅に関する次の記述のうち、**最も不適当な**ものはどれか。ただし、壁式プレキャスト鉄筋コンクリート造ではないものとする。
1.　2 階にバルコニーを計画したので、1 階の地震力に対する壁量算定用床面積は、1 階の外周の耐力壁の中心線で囲まれる面積に、当該バルコニーの床面積の 1/2 を加えたものとした。
2.　各階の階高を 3 m としたので、耐力壁の厚さを 12 cm とした。
3.　2 階の壁梁のあばら筋比を、0.2%とした。
4.　構造耐力上主要な部分のコンクリートの設計基準強度を、18 N/mm² とした。
5.　耐力壁の実長を、45 cm 以上、かつ、同一の実長を有する部分の高さの 30% 以上とした。

解説　地上階において、耐力壁の厚さは、15cm 以上、かつ構造耐力上主要な鉛直支点間距離（300 cm）の 1/22（13.6 cm）以上とする。よって、当該建築物の耐力壁の厚さは 15cm 以上としなければならない。
1.　壁量算定用床面積について、上階にバルコニーがある場合、その階の床面積の 1/2 以上を加算する。
3.　2 階建の最上階の壁梁のあばら筋比は 0.15%以上とする。
4.　コンクリートの設計基準強度は 18 N/mm² 以上 36 N/mm² 以下とする。ただし、軽量コンクリート 1 種の場合は 18 N/mm² 以上 27 N/mm² 以下とする。
5.　耐力壁の実長は、45 cm 以上、かつ、同一の実長を有する部分の高さの 30%以上とする。
正解 2

【学科Ⅲ】

16 鉄筋コンクリート造（全般）

R05	R04	R03	R02	R01	H30	H29

問題 01 Ⅲ 14　鉄筋コンクリート構造に関する次の記述のうち、**最も不適当な**ものはどれか。

1.　柱のコンクリート全断面積に対する主筋全断面積の割合は、一般に、0.4%以上とする。
2.　柱梁接合部において、その接合部に隣接する柱の帯筋間隔が 10 cm の場合、接合部内の帯筋の間隔を 15 cm 以下、帯筋比を 0.2%以上とする。
3.　床スラブ各方向の全幅について、コンクリート全断面積に対する鉄筋全断面積の割合は、0.2%以上とする。
4.　梁の引張鉄筋比が、釣り合い鉄筋比以下の場合、梁の許容曲げモーメントは、引張鉄筋の断面積にほぼ比例する。
5.　鉄筋コンクリート造部材の曲げモーメントに対する断面算定は、一般に、曲げ材の各断面が材の湾曲後も平面を保ち、コンクリートの圧縮応力度が中立軸からの距離に比例するとの仮定に基づいて行う。

解説　柱のコンクリート全断面積に対する主筋断面積の割合は、一般に、0.8%以上とする（令 77 条六号）。

正解 1

R05	R04	R03	R02	R01	H30	H29

問題 02 Ⅲ 14　鉄筋コンクリート構造に関する次の記述のうち、**最も不適当な**ものはどれか。

1.　溶接した閉鎖形帯筋を、柱の主筋を包含するように配置したり、副帯筋を使用したりすることは、柱の靱（じん）性の確保に有効である。
2.　梁の圧縮鉄筋は、長期荷重によるクリープたわみの抑制や地震時における靱（じん）性の確保に有効である。
3.　壁板の厚さは、原則として、120 mm 以上、かつ、壁板の内法高さの 1/30 以上とする。
4.　部材の曲げモーメントに対する断面算定においては、一般に、コンクリートの引張応力度を考慮する。

5. 普通コンクリートを用いた片持ちスラブの厚さは、建築物の使用上の支障が起こらないことを計算によって確かめた場合を除き、片持ちスラブの出の長さの1/10を超える値とする。

解説 部材の曲げモーメントに対する断面算定においては、一般に、コンクリートの引張応力度を無視する。 正解4

R05	R04	R03	R02	R01	H30	H29

問題03 Ⅲ 14 鉄筋コンクリート構造に関する次の記述のうち、**最も不適当な**ものはどれか。

1. 部材の曲げ破壊は、脆(ぜい)性的な破壊であり、建築物の崩壊につながるおそれがあるので、せん断破壊よりも先行しないように設計する。
2. 柱は、一般に、負担している軸方向圧縮力が大きくなると、変形能力は小さくなる。
3. 壁板における開口部周囲及び壁端部の補強筋は、一般に、D13以上の異形鉄筋を用いる。
4. 梁せいは、建築物に変形又は振動による使用上の支障が起こらないことを計算によって確かめた場合を除き、梁の有効長さの1/10を超える値とする。
5. 柱梁接合部における帯筋比は、一般に、0.2％以上とする。

解説 部材のせん断破壊は、脆性的な破壊であり、建築物の崩壊につながるおそれがあるので、曲げ破壊よりも先行しないように設計する。

2. 柱は、負担している軸方向圧縮力が小さいときは十分な変形能力を有しているが、軸方向圧縮力が大きくなると変形能力が小さくなり脆性破壊の危険がある。 正解1

R05	R04	R03	R02	R01	H30	H29

問題04 Ⅲ 14 鉄筋コンクリート構造に関する次の記述のうち、**最も不適当な**ものはどれか。

1. 柱のコンクリート全断面積に対する主筋全断面積の割合は、一般に、0.8％以上とする。
2. 地震時の柱の靱(じん)性を確保するために、帯筋としてスパイラル筋を用いることは有効である。
3. 部材の曲げモーメントに対する断面算定においては、一般に、コンクリートの引張応力度を考慮する必要がある。
4. あばら筋は、一般に、梁のひび割れの伸展の防止や、部材のせん断終局強度及び靱(じん)性の確保に有効である。

5.　壁板の厚さが 200 mm 以上の壁部材の壁筋は、複配筋（ダブル配筋）とする。

解説　部材の曲げモーメントに対する断面算定においては、一般に、コンクリートの引張応力度を無視する。　正解 3

R05	R04	R03	R02	R01	H30	H29

問題 05 Ⅲ 14　鉄筋コンクリート構造に関する次の記述のうち、**最も不適当なもの**はどれか。

1.　柱は、一般に、負担している軸方向圧縮力が大きくなると、靱(じん)性が小さくなる。
2.　梁とスラブのコンクリートを一体に打ち込む場合、両側にスラブが付く梁の剛性については、一般に、スラブの有効幅を考慮したT形梁として計算する。
3.　梁端部の主筋に生じる引張力に対し、梁から梁主筋が引き抜けないことの確認を定着の検定、柱から梁主筋が引き抜けないことの確認を付着の検定という。
4.　梁のせいは、建築物に変形又は振動による使用上の支障が起こらないことを計算によって確かめた場合を除き、梁の有効長さの 1/10 を超える値とする。
5.　部材の曲げモーメントに対する断面算定においては、一般に、コンクリートの引張応力度を無視する。

解説　梁端部の主筋に生じる引張力に対し、梁から梁主筋が引き抜けないことの確認を付着の検定、柱から梁主筋が引き抜けないことの確認を定着の検定という。　正解 3

R05	R04	R03	R02	R01	H30	H29

問題 06 Ⅲ 14　鉄筋コンクリート構造に関する次の記述のうち、**最も不適当なもの**はどれか。

1.　梁の圧縮鉄筋は、長期荷重によるクリープたわみの抑制や地震時における靱(じん)性の確保に有効である。
2.　四周を梁で支持されている床スラブの厚さが、短辺方向における有効張り間長さの 1/30 以下の場合、建築物の使用上の支障が起こらないことについて確かめる必要がある。
3.　普通コンクリートを用いた柱の小径は、一般に、その構造耐力上主要な支点間の距離の 1/15 以上とする。
4.　袖壁付きの柱のせん断補強筋比は、原則として、0.3％以上とする。
5.　帯筋・あばら筋は、一般に、せん断ひび割れの発生を抑制することを主な目的として設ける。

解説 帯筋・あばら筋は、せん断力による破壊を防ぐために柱・梁に設けられるせん断補強筋である。 正解 5

R05	R04	R03	R02	R01	H30	H29

問題 07 Ⅲ 14 鉄筋コンクリート構造に関する次の記述のうち、**最も不適当な**ものはどれか。

1. 部材の曲げモーメントに対する断面算定においては、一般に、コンクリートの引張応力度を無視する。
2. 開口のある壁部材の許容せん断力は、壁部材に所定の開口補強がされている場合、開口のない壁部材の許容せん断力に、開口の幅、高さ及び見付面積に応じて定まる低減率を乗じて算定する。
3. 梁とスラブを一体に打ち込む場合、梁の剛性については、一般に、梁のスパン長さ等に応じたスラブの有効幅を考慮したT形梁として計算する。
4. 柱梁接合部における帯筋比は、一般に、0.2%以上とする。
5. 柱の帯筋の間隔は、一般に、柱の上下端付近より中央部を密にする。

解説 建基令77条より、柱の帯筋間隔は、15 cm（柱に接着する梁等の横架材から上方又は下方に柱の小径の2倍以内にある部分においては10 cm）以下、かつ、最も細い主筋の径の15倍以内とする。よって、柱の中央部より上下端部付近を密にする。 正解 5

学科Ⅲ

17 鉄筋コンクリート造（配筋・継手）

R05	R04	R03	R02	R01	H30	H29

問題 01 Ⅲ 15 鉄筋コンクリート構造の建築物において、図－1のような大梁及び図－2のような柱における主筋の重ね継手の位置ア～キの組合せとして、**最も適当な**ものは、次のうちどれか。なお、図中の○印は、継手の中心位置を示す。

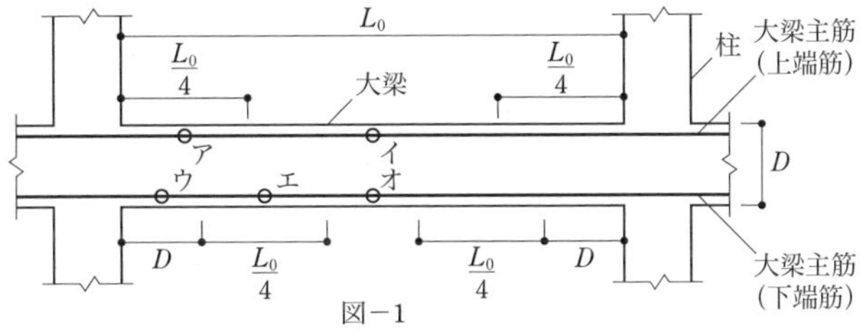

図－1

	大梁主筋の継手位置		柱主筋の継手位置
	上端筋	下端筋	
1.	ア	エ	キ
2.	ア	オ	カ
3.	イ	ウ	キ
4.	イ	エ	カ
5.	イ	オ	キ

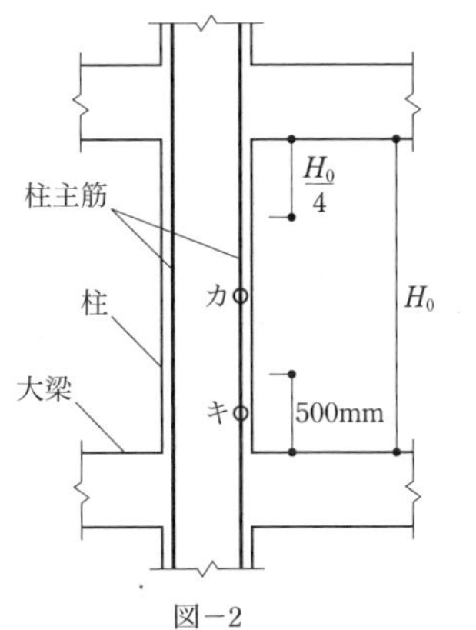

図－2

解説 鉄筋コンクリート構造の建築物において、大梁及び柱における主筋の重ね継手の位置は、原則として、図に示すような応力の小さな位置に設ける。

大梁の上端筋の継手は中央部付近に設け、下端筋は梁端部から中央部に向かって梁せい分離れた位置から梁幅の 1/4 の範囲に設ける。

柱の継手位置は柱の上端及び下端から柱の支点間距離（H_0）の 1/4 以上離れた中央部付近に設ける。

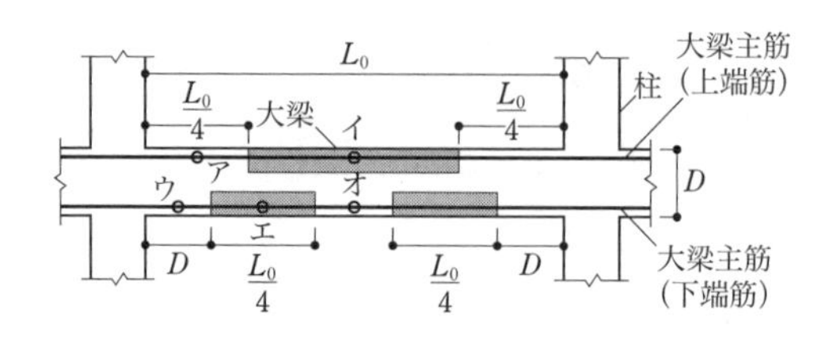

梁主筋の継手の範囲

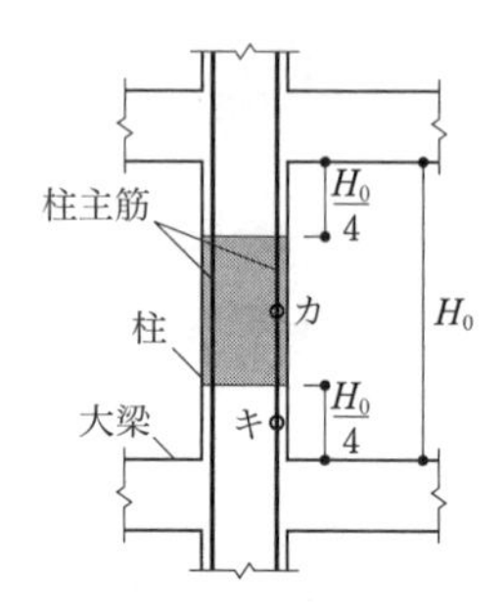

柱主筋の継手の範囲

正解 4

R05	R04	R03	R02	R01	H30	H29

問題 02 Ⅲ 15) 鉄筋コンクリート構造における配筋等に関する次の記述のうち、**最も不適当な**ものはどれか。

1. 梁のせん断補強筋比は、0.2%以上とする。
2. 柱の帯筋の末端部は、135 度以上に折り曲げて定着させるか、又は相互に溶接する。
3. 内柱において、梁降伏先行型の柱梁接合部に大梁主筋を通し配筋として定着する場合、大梁主筋の付着応力度の検討は不要である。
4. 鉄筋の径（呼び名の数値）の差が 7 mm を超える場合には、原則として、ガス圧接継手を設けてはならない。
5. D35 以上の異形鉄筋の継手には、原則として、重ね継手を用いない。

解説 内柱の柱梁接合部において、大梁主筋を通し配筋とする場合は、接合部内部で大梁主筋が付着劣化しないことを確かめる必要がある。 正解 3

R05	R04	R03	R02	R01	H30	H29

問題 03 Ⅲ 15) 鉄筋コンクリート構造における配筋等に関する次の記述のうち、**最も不適当な**ものはどれか。

1. 耐震壁の開口に近接する柱（開口端から柱端までの距離が 300 mm 未満）のせん断補強筋比は、一般に、0.4%以上とする。
2. 柱の帯筋は、「せん断補強」、「内部のコンクリートの拘束」、「主筋の座屈防止」等に有効である。
3. 周辺固定とみなせる長方形スラブが等分布荷重を受ける場合、一般に、生じる応力から必要となるスラブの配筋量は、両端の上端配筋量のほうが、中央の下端配筋量より多くなる。

4. フック付き重ね継手の長さは、鉄筋相互の折曲げ開始点間の距離とする。

5. 柱の主筋をガス圧接する場合、一般に、各主筋の継手位置は、同じ高さに設ける。

解説 柱の主筋をガス圧接する場合、原則として、各主筋の継手位置は400 mm以上ずらすものとする。

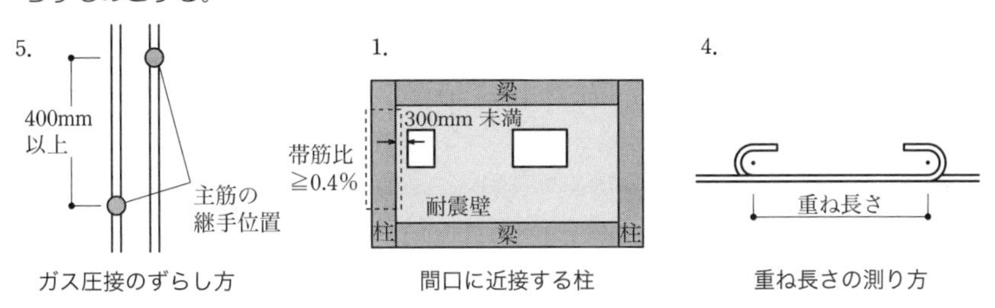

ガス圧接のずらし方　間口に近接する柱　重ね長さの測り方

正解 5

R05	R04	R03	R02	R01	H30	H29

問題 04 Ⅲ 15　鉄筋コンクリート構造における配筋に関する次の記述のうち、**最も不適当な**ものはどれか。

1. 鉄筋の重ね継手を、部材応力及び鉄筋の応力度の小さい箇所に設けた。
2. D35 の異形鉄筋の継手を、重ね継手とした。
3. 柱のせん断補強筋比を、0.2%とした。
4. 梁の圧縮鉄筋は、長期荷重によるクリープたわみの抑制及び地震時における靭(じん)性の確保に有効であることから、全スパンにわたって複筋梁とした。
5. ラーメン構造の中間階にある内柱の柱梁接合部において、大梁主筋を通し配筋としたので、地震時の接合部内における大梁主筋の付着応力度の検討を行った。

解説 D35 以上の鉄筋には、原則として、重ね継手を用いない。

1. 鉄筋の継手は、部材応力並びに鉄筋応力の小さい箇所に設けることを原則とする。
3. 柱のせん断補強筋比は、0.2%以上とする。
4. 主要な梁は、全スパンにわたり複筋梁とする。
5. ラーメン構造の中間階にある内柱の柱梁接合部において、大梁主筋を通し配筋とした場合、地震時の接合部内における大梁主筋の付着応力度の検討を行う。 正解 2

R05	R04	R03	R02	R01	H30	H29

問題 05 Ⅲ 15　鉄筋コンクリート構造の配筋及び継手に関する次の記述のうち、

最も不適当なものはどれか。

1. 柱梁接合部内の帯筋の間隔は、原則として、200 mm 以下、かつ、その接合部に隣接する柱の帯筋の間隔の 2 倍以下とする。
2. スラブの短辺方向の鉄筋量は、一般に、長辺方向の鉄筋量に比べて多くなる。
3. D35 以上の異形鉄筋の継手には、原則として、重ね継手を用いない。
4. 梁の圧縮鉄筋は、長期荷重によるクリープたわみの抑制及び地震時における靭(じん)性の確保に有効であるので、一般に、全スパンにわたって複筋梁とする。
5. 鉄筋の径（呼び名の数値）の差が 7 mm を超える場合には、原則として、ガス圧接継手を設けてはならない。

解説 柱梁接合部内の帯筋の間隔は、150 mm 以下、かつ、その接合部に隣接する柱の帯筋間隔の 1.5 倍以下とする。

正解 1

R05	R04	R03	R02	R01	H30	H29

問題 06 Ⅲ 15 図のように配筋された柱のせん断補強筋比 P_w を求める式として、**正しい**ものは、次のうちどれか。ただし、地震力は、図に示す方向とする。

1. $p_w = \dfrac{2a_w}{D_X\, s}$
2. $p_w = \dfrac{2a_w}{D_Y\, s}$
3. $p_w = \dfrac{3a_w}{D_X\, s}$
4. $p_w = \dfrac{3a_w}{D_Y\, s}$
5. $p_w = \dfrac{3a_t}{D_X\, D_Y}$

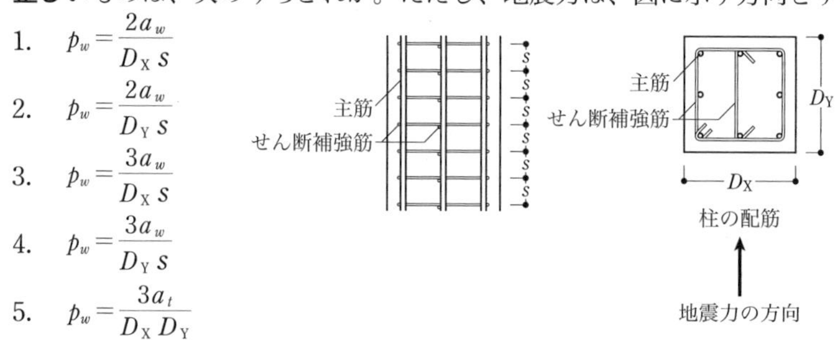

凡例
- a_t：主筋1本当たりの断面積
- a_w：せん断補強筋1本当たりの断面積
- D_X、D_Y：柱の幅
- s：せん断補強筋の間隔

解説 柱のせん断補強筋比 P_w は次式で表される。

$$\text{せん断補強筋比}\ (P_w) = \frac{\text{1組のせん断補強筋(帯筋)断面積の合計}}{\text{柱幅}\times\text{せん断補強筋(帯筋)間隔}}$$

1 組のせん断補強筋断面積の合計は、地震力の方向にあるせん断補強筋の断面積の合計をいうので、$3a_w$ となる。柱幅は、地震力の方向に直交する柱幅をいうので、D_X となり、せん断補強筋の間隔は s である。

したがって、せん断補強筋比（P_w）$= \dfrac{3a_w}{D_X s}$ となる。

正解 3

R05	R04	R03	R02	R01	H30	H29

問題 07 Ⅲ 15 鉄筋コンクリート構造において、図－1のような大梁及び図－

2のような柱における主筋の重ね継手の位置ア～キの組合せとして、**最も適当な**ものは、次のうちどれか。なお、図中の○印は、継手の中心位置を示す。

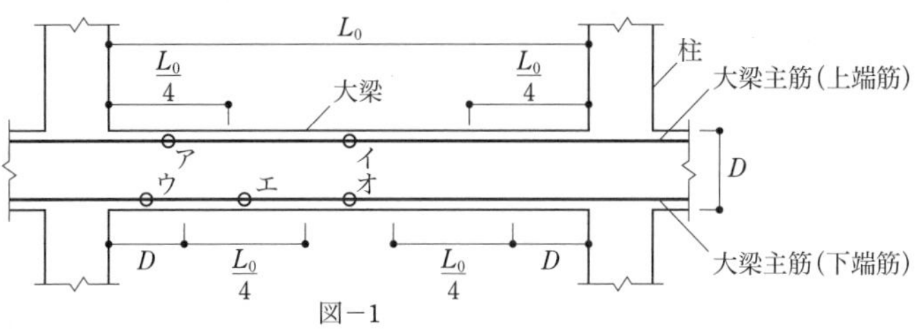

図－1

	大梁主筋の継手位置		柱主筋の継手位置
	上端筋	下端筋	
1.	ア	ウ	キ
2.	ア	エ	カ
3.	ア	オ	キ
4.	イ	エ	カ
5.	イ	オ	カ

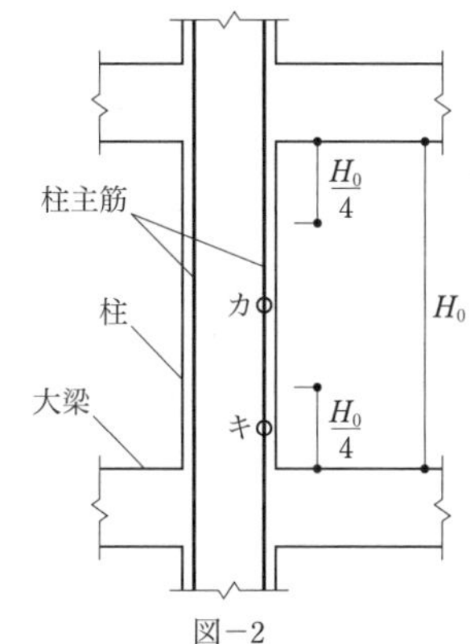

図－2

解説　主筋の重ね継手の位置は、原則として、図に示すような応力の小さい位置で設ける。

の範囲内に継ぎ手を設ける

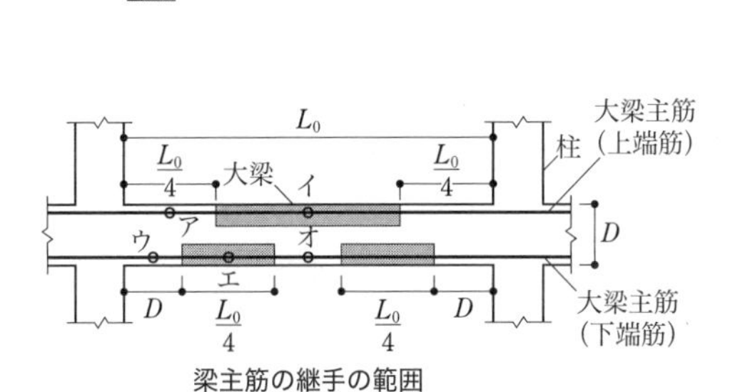

梁主筋の継手の範囲

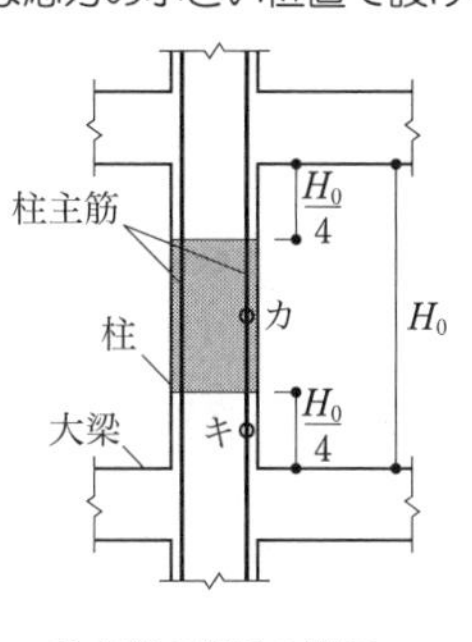

柱主筋の継手の範囲

大梁の上端筋の継手は、梁の中央部付近に設け、下端筋の継手は、梁端部から中央部に向かって梁せいと同じ位置から梁幅の1/4の範囲に設ける。

柱の主筋の継手は、柱の上端及び下端から柱の支点間距離(H_0)の1/4以上離れた中央部付近に設ける。

正解 4

【学科Ⅲ】

18 鉄骨構造（全般）

R05	R04	R03	R02	R01	H30	H29

問題01 Ⅲ 16　鉄骨構造に関する次の記述のうち、**最も不適当な**ものはどれか。

1.　梁材の圧縮側フランジに設ける横座屈補剛材は、材に元たわみがある場合においても、その耐力が確保されるように、補剛材に十分な耐力と剛性を与える必要がある。
2.　長期に作用する荷重に対する梁材のたわみは、通常の場合はスパンの 1/300 以下、片持ち梁では 1/250 以下とする。
3.　根巻き形式の柱脚において、柱下部の根巻き鉄筋コンクリートの高さは、一般に、柱せいと柱幅の大きいほうの 2.0 倍以上とする。
4.　露出柱脚に作用するせん断力は、「ベースプレート下面とモルタル又はコンクリートとの摩擦力」又は「アンカーボルトの抵抗力」によって伝達するものとして算定する。
5.　角形鋼管柱に筋かい材を取り付ける場合、角形鋼管の板要素の面外変形で、耐力上の支障をきたすことのないように、鋼管内部や外部に十分な補強を行う必要がある。

解説　H12 建設省告示 1456 号より、根巻形式の柱脚において、柱下部の根巻き鉄筋コンクリートの高さは、柱幅（張り間方向及び桁行き方向の柱の見付け幅のうち大きい方）の 2.5 倍以上とする。なお、埋込み形式柱脚については、コンクリートへの柱の埋込み部分の深さは柱幅の 2 倍以上とする。

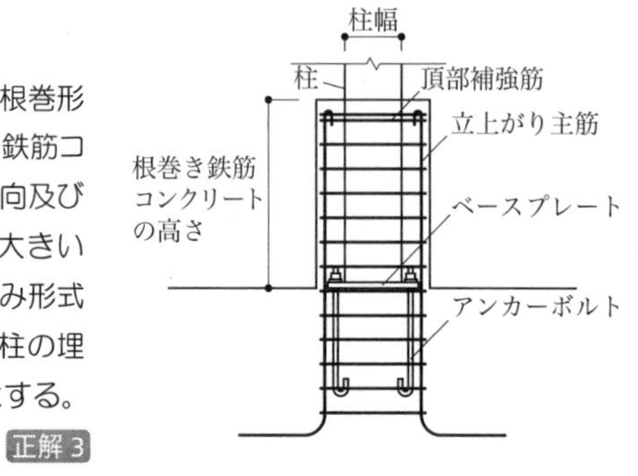

正解 3

R05	R04	R03	R02	R01	H30	H29

問題02 Ⅲ 16　鉄骨構造に関する次の記述のうち、**最も不適当な**ものはどれか。

1.　H 形断面を有する梁が強軸まわりに曲げを受ける場合、梁の細長比が大きいほど許容曲げ応力度は大きくなる。
2.　柱の根巻き形式柱脚において、一般に、根巻き部分の鉄筋コンクリートの主筋は 4 本以上とし、その頂部をかぎ状に折り曲げたものとする。

3.　横移動が拘束されているラーメンの柱材の座屈長さは、精算を行わない場合は節点間距離にすることができる。
4.　トラスの弦材においては、一般に、構面内の座屈に関する座屈長さを、精算を行わない場合は節点間距離とすることができる。
5.　鉄骨造の建築物の筋かいの保有耐力接合においては、軸部の全断面が降伏するまで、接合部が破断しないことを計算によって確認する。

解説　H 形断面を有する梁が強軸まわりに曲げを受ける場合、梁の細長比が大きいほど許容曲げ応力度は小さくなる。　正解 1

R05	R04	R03	R02	R01	H30	H29

問題 03　III 16　鉄骨構造に関する次の記述のうち、**最も不適当な**ものはどれか。
1.　露出形式の柱脚において、柱のベースプレートの厚さは、一般に、アンカーボルトの径の 1.3 倍以上とする。
2.　柱及び梁材の断面において、構造耐力上支障のある局部座屈を生じさせないための幅厚比は、炭素鋼の基準強度（*F* 値）により異なる。
3.　「建築構造用圧延鋼材 SN400」は、溶接接合を用いる建築物の場合、一般に、A 種を用いる。
4.　母屋（もや）などに用いる水平材において、長期に作用する荷重に対するたわみは、通常の場合、仕上げ材に支障を与えない範囲で、スパンの 1/300 を超えることができる。
5.　トラスにおいて、ウェブ材の構面内座屈は、材端支持状態が特に剛である場合を除き、節点間距離をもって座屈長さとする。

解説　「建築構造用圧延鋼材」は、A 種、B 種、C 種の 3 種類があり、溶接接合には B 種、C 種を用いる。A 種は溶接接合には適さない。
2.　柱及び梁材の断面において、構造耐力上支障のある局部座屈を生じさせないための幅厚比は、炭素鋼の基準強度（*F* 値）が大きいほど小さくすることができる。

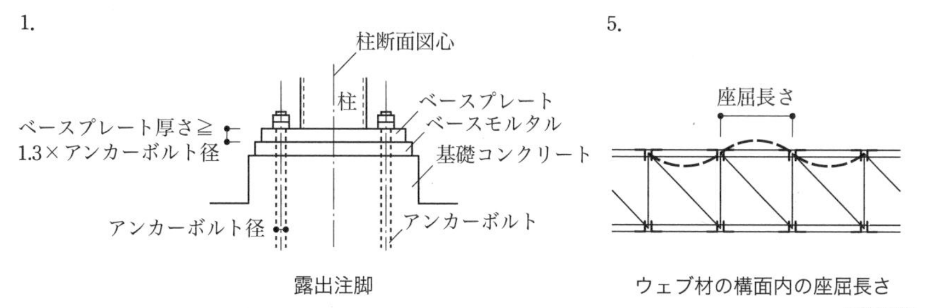

露出注脚　　ウェブ材の構面内の座屈長さ

正解 3

R05	R04	R03	R02	R01	H30	H29

問題 04 Ⅲ 16　鉄骨構造に関する次の記述のうち、**最も不適当な**ものはどれか。

1.　埋込み形式の柱脚においては、一般に、柱幅（柱の見付け幅のうち大きいほう）の 2 倍以上の埋込み深さを確保する。
2.　引張材の有効断面積は、ボルト孔などの断面欠損を考慮して算出する。
3.　トラスの弦材においては、一般に、構面内の座屈に関する座屈長さを、節点間距離とすることができる。
4.　断面の弱軸まわりに曲げモーメントを受ける H 形鋼の梁については、横座屈を考慮する必要はない。
5.　H 形鋼を梁に用いる場合、一般に、曲げモーメントをウェブで、せん断力をフランジで負担させるものとする。

解説　H 形鋼を梁に用いる場合、一般に曲げモーメントをフランジで、せん断力をウェブで負担させるものとする。

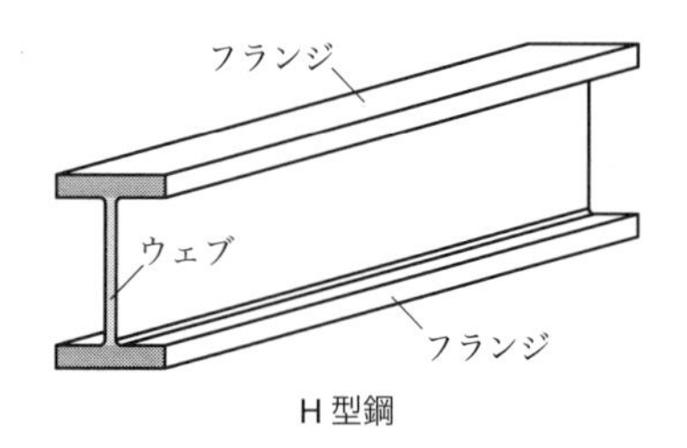

H 型鋼

正解 5

R05	R04	R03	R02	R01	H30	H29

問題 05 Ⅲ 16　鉄骨構造に関する次の記述のうち、**最も不適当な**ものはどれか。

1.　根巻形式の柱脚において、柱下部の根巻き鉄筋コンクリートの高さは、一般に、柱せいの 2.5 倍以上とする。
2.　充腹形の梁の断面係数は、原則として、断面の引張側のボルト孔を控除した断面について算出する。
3.　圧縮力を負担する柱の有効細長比は、200 以下とする。
4.　鉄骨部材は、平板要素の幅厚比や鋼管の径厚比が大きいものほど、局部座屈が生じにくい。
5.　鉛直方向に集中荷重が作用する H 形鋼梁において、集中荷重の作用点にスチフナを設ける場合、スチフナとその近傍のウェブプレートの有効幅によって構成される部分を圧縮材とみなして設計する。

解説　鉄骨部材は、平板要素の幅厚比や鋼管の径厚比が大きいものほど、局部座屈が生じやすい。

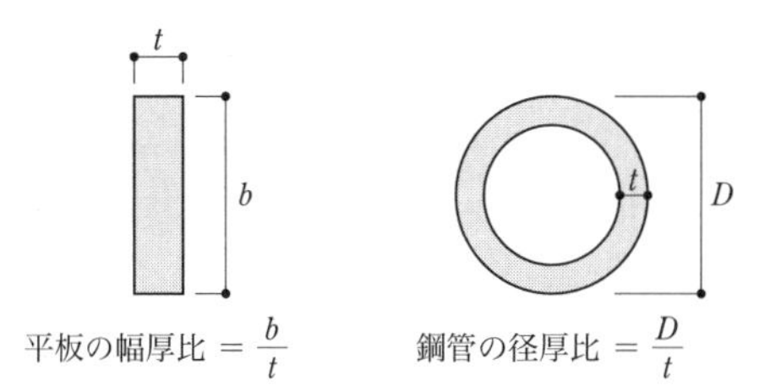

正解 4

R05	R04	R03	R02	R01	H30	H29

問題 06 Ⅲ 16　鉄骨構造に関する次の記述のうち、**最も不適当な**ものはどれか。

1.　長期に作用する荷重に対する梁材のたわみは、通常の場合ではスパンの 1/200 以下とし、片持ち梁の場合ではスパンの 1/150 以下とする。
2.　構造用鋼材の短期許容応力度は、圧縮、引張り、曲げ、せん断にかかわらず、それぞれの長期許容応力度の 1.5 倍とする。
3.　露出形式の柱脚においては、一般に、アンカーボルトの基礎に対する定着長さをアンカーボルトの径の 20 倍以上とする。
4.　鋳鉄は、原則として、引張応力が生ずる構造耐力上主要な部分には、使用してはならない。
5.　鋼材に多数回の繰返し荷重が作用する場合、応力の大きさが降伏点以下の範囲であっても破断することがある。

解説　長期に作用する荷重に対する梁材のたわみは、通常の場合ではスパンの 1/300 以下とし、片持ち梁の場合ではスパンの 1/250 以下とする。

正解 1

R05	R04	R03	R02	R01	H30	H29

問題 07 Ⅲ 16　鉄骨構造に関する次の記述のうち、**最も不適当な**ものはどれか。

1.　長期に作用する荷重に対する梁材のたわみは、通常の場合ではスパンの 1/300 以下とし、片持ち梁の場合ではスパンの 1/250 以下とする。
2.　H 形断面を有する梁が、強軸まわりに曲げを受ける場合、梁の細長比が大きいほど許容曲げ応力度が小さくなる。
3.　根巻形式の柱脚においては、一般に、柱下部の根巻き鉄筋コンクリートの高さは、柱せ

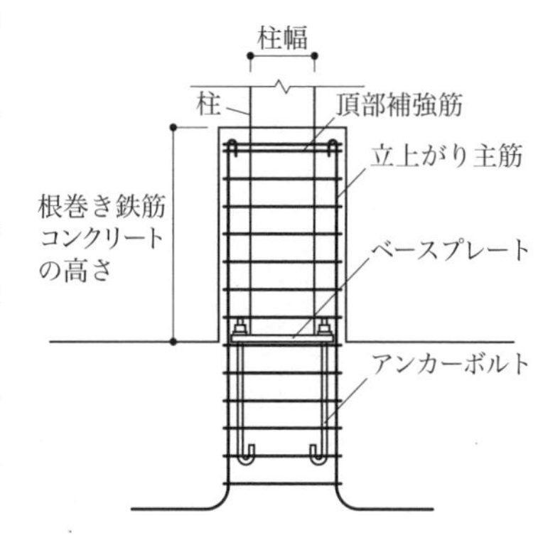

いの 1.5 倍以上とする。

4. 形鋼の許容応力度設計において、板要素の幅厚比が制限値を超える場合は、制限値を超える部分を無効とした断面で検討する。

5. 許容応力度設計において、ガセットプレートのように、細長い長方形断面のみでせん断力を負担する場合には、平均せん断応力度の 1.5 倍が許容せん断応力度以下であることを確かめる。

解説 H12 建設省告示 1456 号より、根巻形式の柱脚において、柱下部の根巻き鉄筋コンクリートの高さは、柱幅（張り間方向及び桁行き方向の柱の見付け幅のうち大きい方）の 2.5 倍以上とする。なお、埋込み形式柱脚については、コンクリートへの柱の埋込み部分の深さは柱幅の 2 倍以上とする。 正解 3

【学科Ⅲ】

19 鉄骨構造（接合）

R05	R04	R03	R02	R01	H30	H29

問題01 Ⅲ 17　鉄骨構造の接合に関する次の記述のうち、**最も不適当な**ものはどれか。

1. 片面溶接による部分溶込み溶接は、荷重の偏心によって生じる付加曲げによる引張応力がルート部に作用する箇所には使用しない。
2. 一般に、接合しようとする母材の間の角度が60度未満又は120度を超える場合の隅肉溶接には、応力を負担させない。
3. 高力ボルト摩擦接合部の許容応力度は、締め付けられる鋼材間の摩擦力と高力ボルトのせん断力との和として応力が伝達されるものとして計算する。
4. 構造用鋼材の高力ボルト摩擦接合部の表面処理方法として、浮き錆（さび）を取り除いた赤錆（さび）面とした場合、接合面のすべり係数の値は0.45とする。
5. 高力ボルト摩擦接合において、両面とも摩擦面としての処理を行ったフィラープレートは、接合する母材の鋼種にかかわらず、400 N/mm² 級の鋼材でよい。

解説　鋼構造設計規準より、高力ボルト摩擦接合部の許容応力度は、締め付けられる鋼材間の摩擦力として応力が伝達されるものとして計算するもので、高力ボルトのせん断力を加えることはできない。

正解 3

R05	R04	R03	R02	R01	H30	H29

問題02 Ⅲ 17　鉄骨構造の接合に関する次の記述のうち、**最も不適当な**ものはどれか。

1. 一つの継手に普通ボルトと溶接とを併用する場合は、ボルトには初期すべりがあるので、全応力を溶接で負担する必要がある。
2. 溶接接合において、隅肉溶接のサイズは、一般に、薄いほうの母材厚さ以下の値とする。
3. 高力ボルトの接合において、ボルト孔の中心間の距離は、ねじの呼び径の2.5倍以上とする。
4. 構造計算に用いる隅肉溶接の溶接部の有効のど厚は、一般に、隅肉サイズの0.7倍とする。
5. 柱の継手の接合用ボルト、高力ボルト及び溶接は、原則として、継手部の存在応力を十分に伝え、かつ、部材の各応力に対する許容耐力の 1/3 を超える耐力とする。

解説 柱の継手のボルト、高力ボルト及び溶接は、原則として、継手部の存在応力を十分伝え､かつ各部材の各応力に対する許容耐力の 1/2 以上の耐力を確保する。正解 5

R05	R04	R03	R02	R01	H30	H29

問題 03 Ⅲ 17 鉄骨構造の接合に関する次の記述のうち、**最も不適当な**ものはどれか。

1. 高力ボルト摩擦接合において、両面とも母材と同等の摩擦面としての処理を行ったフィラープレートは、接合する母材の鋼種に関わらず、母材と同強度の鋼材とする。
2. 高力ボルト摩擦接合において、2 面摩擦とする場合の許容耐力は、長期、短期ともに 1 面摩擦とする場合の 2 倍の数値とすることができる。
3. 曲げモーメントを伝える接合部のボルト、高力ボルト及び溶接継目の応力は、回転中心からの距離に比例するものとみなして算定する。
4. 溶接接合において、隅肉溶接のサイズは、一般に、薄いほうの母材の厚さ以下とする。
5. 応力を伝達する隅肉溶接の有効長さは、一般に、隅肉サイズの 10 倍以上で、かつ、40 mm 以上とする。

解説 高力ボルト摩擦接合において、母材の板厚差が 1 mm 以下の場合は、フィラーを用いなくてよい。板厚差が 1 mm を超える場合は、母材と同等の表面処理を両面に行ったフィラーを用いる。フィラーの材質は、母材の材質にかかわらず引張強さが 400 N/mm² 級の鋼材でよい。

4. 溶接接合において、隅肉溶接のサイズは、薄いほうの母材の厚さ以下でなければならない。ただし、T 継手で板厚 6 mm 以下の鋼板を隅肉溶接で接合する場合は、隅肉のサイズを薄いほうの材の板厚の 1.5 倍、かつ 6 mm 以下まで増すことができる。板厚が 6 mm を超える場合は、隅肉のサイズは 4 mm 以上で、かつ $1.3\sqrt{t}$ (mm) 以上でなければならない (t (mm) は厚いほうの母材の板厚を示す)。

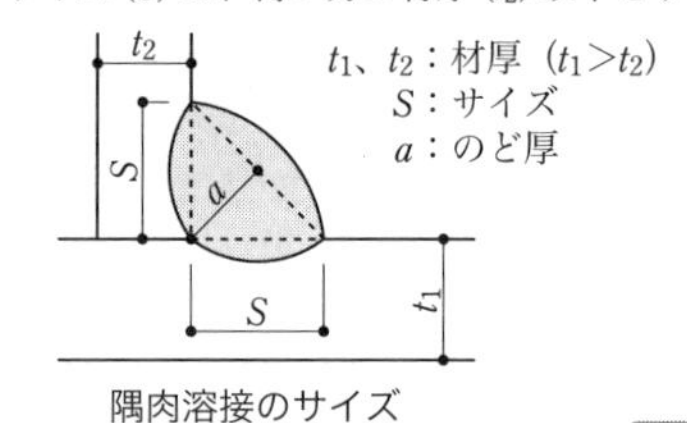

隅肉溶接のサイズ

正解 1

R05	R04	R03	R02	R01	H30	H29

問題 04 Ⅲ 17 鉄骨構造の接合に関する次の記述のうち、**最も不適当な**ものはどれか。

1. 片面溶接による部分溶込み溶接は、荷重の偏心によって生じる付加曲げによる引張応力がルート部に作用する箇所には使用しない。
2. 一つの継手に突合せ溶接と隅肉溶接を併用する場合、それぞれの応力は、各溶接継目の許容耐力に応じて分担させることができる。
3. 応力を伝達する重ね継手の溶接には、原則として、2 列以上の隅肉溶接を用いる。
4. 高力ボルトの接合において、ボルト孔の中心間の距離は、公称軸径の 2 倍以上とする。
5. 山形鋼や溝形鋼をガセットプレートの片側にのみ接合する場合は、偏心の影響を考慮して設計する。

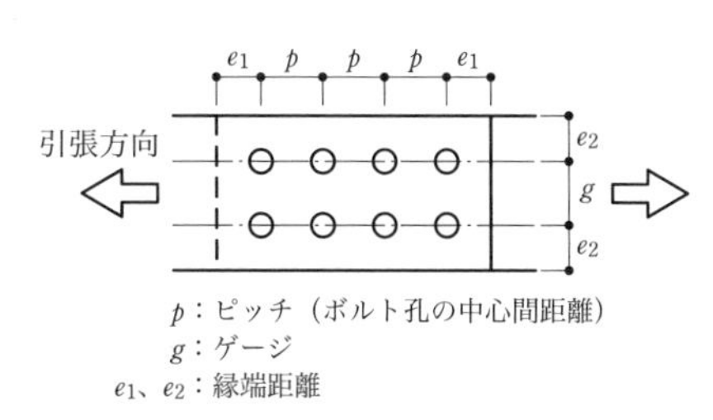

解説 高力ボルトの接合において、ボルト孔の中心間距離は、公称軸径の2.5 倍以上とする。 正解 4

R05	R04	R03	R02	R01	H30	H29

問題 05 Ⅲ 17 鉄骨構造の接合に関する次の記述のうち、**最も不適当な**ものはどれか。

1. 高力ボルト摩擦接合による H 形鋼梁継手の設計において、継手部に作用する曲げモーメントが十分に小さい場合であっても、設計用曲げモーメントは、梁の降伏曲げモーメントの 1/2 を下回らないようにする。
2. 一つの継手に高力ボルト摩擦接合と溶接接合とを併用する場合において、高力ボルト摩擦接合が溶接接合より先に施工されるときは、高力ボルト摩擦接合と溶接接合の両方の耐力を加算することができる。
3. 重ね継手において、かど部で終わる側面隅肉溶接又は前面隅肉溶接を行う場合、連続的にそのかどをまわして溶接し、まわし溶接の長さは、隅肉サイズの 2 倍を原則とする。
4. 構造計算に用いる隅肉溶接の溶接部の有効のど厚は、一般に、隅肉サイズの 1/2 とする。
5. 構造用鋼材の高力ボルト摩擦接合部の表面処理方法として、浮き錆(さび)を取り除いた赤錆(さび)面とした場合、接合面のすべり係数の値は 0.45 とする。

解説 構造計算に用いる隅肉溶接の溶接部の有効のど厚（a）は、一般に、隅肉サイズ（S）の 0.7 倍とする。 正解 4

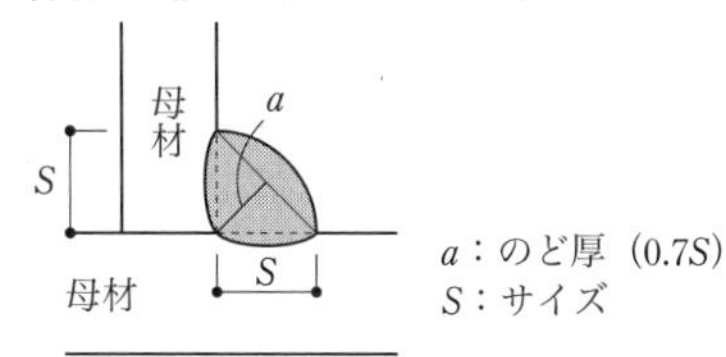

R05	R04	R03	R02	R01	H30	H29

問題 06 Ⅲ 17　鉄骨構造の接合に関する次の記述のうち、**最も不適当な**ものはどれか。

1. 軒の高さが 9 m を超える、又は張り間が 13 m を超える建築物の構造耐力上主要な部分には、原則として、普通ボルトを使用してはならない。
2. 一つの継手に高力ボルトと普通ボルトを併用する場合には、一般に、全応力を高力ボルトが負担するものとして設計する。
3. トラス部材の接合部は存在応力を十分に伝えるものとし、その耐力は部材の許容応力の 1/2 以下であってはならない。
4. 隅肉溶接においては、一般に、接合しようとする母材間の角度が 60 度以下、又は 120 度以上である場合、溶接部に応力を負担させてはならない。
5. 溶接接合において、隅肉溶接のサイズは、一般に、薄いほうの母材の厚さを超える値とする。

解説　溶接接合において、隅肉溶接のサイズは、一般に、薄いほうの母材の厚さ以下でなければならない。

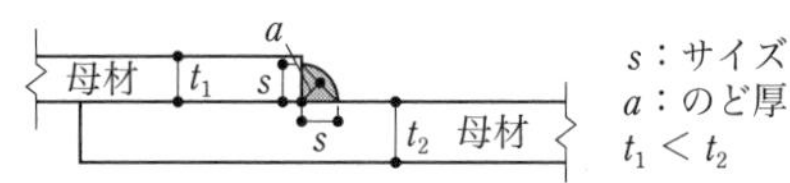

サイズは、薄いほうの母材の厚さ（t_1）以下とする

正解 5

R05	R04	R03	R02	R01	H30	H29

問題 07 Ⅲ 17　鉄骨構造の接合に関する次の記述のうち、**最も不適当な**ものはどれか。

1. 高力ボルト摩擦接合部の許容応力度は、締め付けられる鋼材間の摩擦力と高力ボルトのせん断力との和として応力が伝達されるものとして計算する。
2. 高力ボルト摩擦接合において、両面とも摩擦面としての処理を行ったフィラープレートは、接合する母材の鋼種にかかわらず、400 N/mm² 級の鋼材でよい。
3. 一つの継手に高力ボルト摩擦接合と溶接接合とを併用する場合において、高力ボルト摩擦接合が溶接接合より先に施工されるときは、高力ボルト摩擦接合部と溶接継目に応力を分担させることができる。
4. 構造計算に用いる隅肉溶接の溶接部の有効のど厚は、一般に、隅肉サイズの 0.7 倍である。
5. 応力を伝達する隅肉溶接の有効長さは、一般に、隅肉サイズの 10 倍以上で、かつ、40 mm 以上とする。

解説　鋼構造設計規準より、高力ボルト摩擦接合部の許容応力度は、締め付けられる鋼材間の摩擦力として応力が伝達されるものとして計算するもので、高力ボルトのせん断力を加えることはできない。

正解 1

【学科Ⅲ】20 構造計画・耐震診断と耐震補強

R05	R04	R03	R02	R01	H30	H29

問題 01 Ⅲ 18　建築物の耐震設計、構造計画等に関する次の記述のうち、**最も不適当な**ものはどれか。

1.　剛性率は、「各階の層間変形角の逆数」を「全ての階の層間変形角の逆数の相加平均の値」で除した値であり、その値が大きいほど、その階に損傷が集中する危険性が高いことを示している。
2.　極めて稀（まれ）に生じる地震に対しては、できる限り多くの梁に塑性ヒンジができて全体の階が一様に塑性化するような構造計画とすることが望ましい。
3.　免震構造には、建築物の長周期化を図ることにより、地震動との共振現象を避ける働きがある。
4.　制振構造について、一般に、大地震に対しては制振装置を各層に分散配置する方式が用いられ、暴風時の居住性向上には制振装置を頂部に集中配置する方式が用いられることが多い。
5.　固有周期が短い建築物では、一般に、最大応答加速度が地面の最大加速度より大きい。

解説　建築物の各階の剛性率は、「各階における層間変形角の逆数」を「全ての階の層間変形角の逆数の平均値」で除した値であり、その値が小さいほど、その階に損傷が集中する危険性が高い。

正解 1

R05	R04	R03	R02	R01	H30	H29

問題 02 Ⅲ 19　既存建築物の耐震診断、耐震補強等に関する次の記述のうち、**最も不適当な**ものはどれか。

1.　既存の鉄筋コンクリート造建築物の耐震診断基準における第 2 次診断法は、梁の変形能力などは考慮せずに、柱や壁の強さと変形能力などをもとに耐震性能を判定する診断手法である。
2.　耐震スリットとは、耐震設計で考慮されていなかった既存の鉄筋コンクリート壁が、柱や架構に悪影響を及ぼし耐震性能を低下させることを防止するために設ける構造目地である。

3. 耐震壁の開口部をふさいだり壁厚を増したりすることは、既存の鉄筋コンクリート造建築物の保有水平耐力を増して強度的に地震外力に抵抗させる補強に適している。
4. 既存の鉄筋コンクリート柱における炭素繊維巻き付け補強は、柱の曲げ耐力の向上を目的とした補強方法である。
5. 既存の木造住宅の耐震診断法における一般診断法は、「壁や柱の耐力」に「耐力要素の配置等による低減係数」と「劣化度による低減係数」を乗じて、当該住宅が保有する耐力を算定する手法である。

解説 既存の鉄筋コンクリート柱における鋼板巻き立て補強や炭素繊維巻き付け補強は、柱のせん断耐力を高めることを目的としている。また、これにより、靱性（変形能力）も向上する。

2. 鉄筋コンクリートの柱がこれに接する腰壁や垂れ壁の影響により、脆性的な破壊を生じやすい短柱になることを防ぐために、柱と腰壁、垂れ壁が接する部分にスリットを設けることにより長柱とし、柱をせん断破壊型から曲げ破壊型に改善することができる。

正解 4

R05	R04	R03	R02	R01	H30	H29

問題 03 Ⅲ 18 建築物の耐震設計に関する次の記述のうち、**最も不適当な**ものはどれか。

1. 極めて稀（まれ）に生じる地震動に対して、建築物が倒壊しないようにすることは、耐震設計の目標の一つである。
2. 建築物の耐震性は、一般に、強度と靱（じん）性によって評価されるが、靱（じん）性が乏しい場合には、強度を十分に高くする必要がある。
3. 偏心率は、各階の重心と剛心との距離（偏心距離）を当該階の弾力半径で除した値であり、その値が大きいほど、その階において特定の部材に損傷が集中する危険性が高いことを示している。
4. 鉄筋コンクリート造のスラブなどにより床の一体性の確保が図られた剛床仮定のもとでは、建築物の各層の地震力は、一般に、柱や耐震壁などの水平剛性に比例して負担される。
5. 建築物の固有周期は、構造物としての質量が同じであれば、水平剛性が低いほど短くなる。

解説 建築物の固有周期は、建築物の質量に比例し、剛性に反比例する。よって、重量が大きいほど周期は長くなり、また剛性が小さいほど周期が長くなる。 正解 5

R05	R04	R03	R02	R01	H30	H29

問題 04 III 19　建築物の構造計画に関する次の記述のうち、**最も不適当な**ものはどれか。

1.　鉄筋コンクリート造の建築物の小梁付き床スラブは、小梁の過大なたわみ及び大梁に沿った床スラブの過大なひび割れを防止するため、小梁に十分な曲げ剛性を確保した。
2.　木造の建築物について、床組や小屋梁組のたわみを減少させるために、火打材を用いて補強した。
3.　稼動するクレーンを支持する鉄骨造の梁は、繰返し応力を受けるので、高サイクル疲労の検討を行った。
4.　床面に用いる鉄骨鉄筋コンクリート造の梁について、梁のせいを梁の有効長さで除した数値が 1/12 以下であったので、過大な変形や振動による使用上の支障が起こらないことを計算によって確認した。
5.　周囲の壁との間に隙間を設けない特定天井に該当する天井面について、天井面の許容耐力、天井面を設ける階に応じた水平震度、天井面構成部材などの単位面積重量を用いて、天井面の長さの検討を行った。

解説　火打材は、梁、桁などの横架材の接合部を補強し、水平剛性を高くすることができるが、たわみを減少させることはできない。たわみを減少させるためには、横架材のスパンを短くしたり、せいを大きくする。

3.　高サイクル疲労の検討は、1×10^4 回を超える繰返し応力を受けるクレーンを支持する鉄骨造の梁に行うもので、通常の建物が地震などによる繰返し応力を受ける場合や、疲労寿命が 1×10^4 回以下の低サイクル疲労には適用できない。　正解 2

R05	R04	R03	R02	R01	H30	H29

問題 05 III 18　建築物の構造計画等に関する次の記述のうち、**最も不適当な**ものはどれか。

1.　建築物の各階における重心と剛心との距離ができるだけ大きくなるように、耐力壁を配置した。
2.　多雪区域以外の区域における規模が比較的大きい緩勾配の鉄骨造屋根について、積雪後の降雨の影響を考慮するために、「屋根の勾配」及び「屋根の最上端から最下端までの水平投影長さ」に応じて積雪荷重を割り増した。
3.　木造軸組工法の建築物について、構造耐力上主要な柱の所要断面積の 1/4 を欠込みしたので、欠込みした部分を補強した。
4.　ピロティ階の必要保有水平耐力について、「剛性率による割増し係数」と

「ピロティ階の強度割増し係数」のうち、大きいほうの値を用いて算出した。

5. 建築物の基礎の構造は、地盤の長期許容応力度が 20 kN/m² 未満であったので、基礎杭を用いた構造を採用した。

解説 建築物の「各階の重心と剛心との距離（偏心距離）」が大きいと、地震時にその階はねじれによる変形で部材が損傷する危険性が大きくなる。したがって、偏心距離が小さくなるように耐力壁を配置する。

2. 多雪区域以外の区域（垂直積雪量が 0.15 m 以上の区域に限る）内の建築物において、屋根勾配が 15° 以下、かつ、最上端から最下端までの水平投影の長さが 10 m 以上の鉄骨屋根では、積雪後の降雨の影響を考慮して、「屋根の勾配」及び「屋根の最上端から最下端までの水平投影長さ」に応じて積雪荷重を割り増す。

3. 柱に欠込みを設ける場合には、なるべく中央部を避け、目安として、断面の 1/3 以上の欠込みを行ってはならない。また、欠込み部分は、必要に応じて補強する。

4. ピロティ階を有する建築物では、地震時に剛性の小さなピロティ階に変形や損傷が生じやすい。ピロティ階の必要保有水平耐力の計算をする場合、「剛性率による割増し係数」と「ピロティ階の強度割増し係数」のうち、大きいほうの値を用いて算出する。

5. 地盤の長期許容応力度が 20 kN/m² 未満の場合は基礎杭、20 kN/m² 以上 30 kN/m² 未満の場合は基礎杭又はべた基礎、30 kN/m² 以上の場合は基礎杭、べた基礎又は布基礎を用いた構造としなければならない。

正解 1

R05	R04	R03	R02	R01	H30	H29

問題 06 Ⅲ 19 建築物の耐震設計に関する次の記述のうち、**最も不適当な**ものはどれか。

1. 建築物の各階の剛性率は、「各階の層間変形角の逆数」を「全ての階の層間変形角の逆数の相加平均の値」で除した値である。

2. 中程度の（稀（まれ）に発生する）地震動に対して、建築物の構造耐力上主要な部分に損傷が生じないことは、耐震設計の要求性能の一つである。

3. 耐震設計における二次設計は、建築物が弾性限を超えても、最大耐力以下であることや塑性変形可能な範囲にあることを確かめるために行う。

4. 鉄骨造の建築物において、保有耐力接合の検討は、柱及び梁部材の局部座屈を防止するために行う。

5. 杭基礎において、基礎の根入れの深さが 2 m 以上の場合、基礎スラブ底面における地震による水平力を低減することができる。

解説 鉄骨造の建築物において、保有耐力接合の検討は、接合する部材が十分に塑性化する（終局状態に達する）まで、接合部が破断しないように設計するもので接合部の強度確保を目的としている。柱及び梁部材の局部座屈を防止するために行うのは幅厚比の検討である。

正解 4

R05	R04	R03	R02	R01	H30	H29

問題 07 Ⅲ 18 建築物の固有周期に関する次の記述のうち、**最も不適当な**ものはどれか。

1. 建築物は、水平剛性が同じであれば、質量が小さいほど固有周期が長くなる。
2. 形状及び高さが同じであれば、一般に、鉄筋コンクリート造建築物に比べて鉄骨造建築物のほうが固有周期が長くなる。
3. 鉄筋コンクリート造建築物では、一般に、躯体にひび割れが発生するほど固有周期が長くなる。
4. 鉄筋コンクリート造建築物において、柱と腰壁の間に耐震スリットを設けると、設けない場合に比べて固有周期が長くなる。
5. 免震構造を採用した建築物は、一般に、免震構造を採用しない場合と比べて固有周期が長くなる。

解説 建築物は、水平剛性が同じであれば、質量が小さいほど固有周期が短くなる。

正解 1

R05	R04	R03	R02	R01	H30	H29

問題 08 Ⅲ 19 建築物の構造計画に関する次の記述のうち、**最も不適当な**ものはどれか。

1. 建築物の耐震性は、一般に、強度と靱(じん)性によって評価されるが、靱(じん)性が乏しい場合には、強度を十分に高くする必要がある。
2. エキスパンションジョイントのみで接している複数の建築物については、それぞれ別の建築物として構造計算を行う。
3. 各階における層間変形角の値は、一次設計用地震力に対し、原則として、1/200 以内となるようにする。
4. 鉄骨造建築物において、大梁は、材端部が十分に塑性化するまで、継手で破断が生じないようにする。
5. 鉄筋コンクリート造建築物において、柱や梁に接続する袖壁、腰壁については非耐力壁として考え、偏心率の算定に当たり、影響はないものとする。

解説 鉄筋コンクリート造建築物において、柱や梁に接続する袖壁、腰壁を非耐力壁として考えても、偏心率の算定にあたっては、袖壁、腰壁の存在を考慮した部材剛性を用いることが必要である。

正解 5

R05	R04	R03	R02	R01	H30	H29

問題 09 Ⅲ 18 建築物の構造計画に関する次の記述のうち、**最も不適当な**ものはどれか。

1. 鉄筋コンクリート造の建築物の小梁付き床スラブについて、小梁の過大なたわみ及び大梁に沿った床スラブの過大なひび割れを防止するため、小梁に十分な曲げ剛性を確保した。
2. 鉄筋コンクリート造の建築物のピロティ階について、単独柱の上下端で曲げ降伏となるように設計するとともに、ピロティ階の直上、直下の床スラブに十分な剛性と強度を確保した。
3. 木造の建築物について、床組や小屋梁組のたわみを減少させるために、火打材を用いて補強した。
4. 木造の建築物について、終局状態において耐力壁が破壊するまで、柱頭・柱脚の接合部が破壊しないことを計算によって確認した。
5. 鉄骨造の建築物の筋かいについて、軸部の全断面が降伏するまで、接合部が破断しないことを計算によって確認した。

解説 木造の建築物について、火打材は、床組や小屋梁組の平面的な変形を防ぐために入れるもので、たわみを減少させることはできない。 正解 3

R05	R04	R03	R02	R01	H30	H29

問題 10 Ⅲ 19 建築物の耐震設計に関する次の記述のうち、**最も不適当な**ものはどれか。

1. 建築物の耐震性能を高める構造計画には、強度を高める考え方とねばり強さを高める考え方がある。
2. 建築物が、極めて稀に発生する地震動に対して倒壊しないようにすることは、耐震設計の目標の一つである。
3. 建築物の固有周期は、構造物としての剛性が同じであれば、質量が大きいほど長くなる。
4. 建築物の各階の偏心率は、「各階の重心と剛心との距離（偏心距離）」を「当該階の弾力半径」で除した値であり、その値が大きいほど、その階に損傷が集中する危険性が高い。
5. 建築物の各階の剛性率は、「各階における層間変形角の逆数」を「全ての階の層間変形角の逆数の平均値」で除した値であり、その値が大きいほど、その階に損傷が集中する危険性が高い。

学科I 学科II 学科III 学科IV

解説 建築物の各階の剛性率は、「各階における層間変形角の逆数」を「全ての階の層間変形角の逆数の平均値」で除した値であり、その値が小さいほど、その階に損傷が集中する危険性が高い。

正解 5

R05	R04	R03	R02	R01	H30	H29

問題 11 III 18 建築物の耐震設計、構造計画等に関する次の記述のうち、**最も不適当な**ものはどれか。

1. 耐震設計の一次設計では、まれに発生する地震（中程度の地震）に対して建築物の損傷による性能の低下を生じないことを確かめる。
2. 鉄筋コンクリート造の建築物は、一般に、鉄骨造や木造の建築物より単位床面積当たりの重量が大きいので、構造設計においては地震力よりも風圧力に対する検討が重要となる。
3. エキスパンションジョイントのみで接している複数の建築物については、それぞれ別の建築物として構造計算を行う。
4. 建築物は、一般に、屋根や床の面内剛性を高くし、地震力や風圧力などの水平力に対して建築物の各部が一体となって抵抗できるように計画する。
5. 地震時に建築物のねじれが生じないようにするため、建築物の重心と剛心との距離ができるだけ小さくなるように計画する。

解説 鉄筋コンクリート造の建築物は、一般に、鉄骨造や木造の建築物より単位面積あたりの重量が大きいので、構造設計においては風圧力よりも地震力に対する検討が重要となる。なお、地震力は建築物の重量に、風圧力は風を受ける面積に比例して大きくなる。

正解 2

R05	R04	R03	R02	R01	H30	H29

問題 12 III 19 鉄筋コンクリート構造の既存建築物の耐震診断、耐震改修に関する次の記述のうち、**最も不適当な**ものはどれか。

1. 耐震診断基準における第2次診断法においては、建築物の形状の複雑さや剛性のアンバランスな分布などが耐震性能に及ぼす影響を評価するための形状指標を算出する。
2. あと施工アンカーを用いた補強壁の増設工事を行う場合、新設するコンクリートの割裂を防止するために、アンカー筋の周辺にスパイラル筋などを設けることが有効である。
3. 既存の耐震壁の開口部をふさいだり壁厚を増したりすることは、建築物の保有水平耐力を増加させる強度抵抗型の補強に適している。
4. 耐震スリットを設ける目的の一つは、せん断破壊型の柱を曲げ破壊型に改善することである。

5. 柱における鋼板巻き立て補強や炭素繊維巻き付け補強は、柱の曲げ耐力を高めることを目的としている。

解説 柱における鋼板巻き立て補強や炭素繊維巻き付け補強は、柱のせん断耐力を高めることを目的としている。また、これにより、靭性能も向上する。 **正解 5**

R05	R04	R03	R02	R01	H30	H29

問題 13 Ⅲ 18 建築物の構造計画等に関する次の記述のうち、**最も不適当な**ものはどれか。

1. 鉄骨造の建築物において、筋かいによって地震力に抵抗する計画とした場合、耐震計算ルート 2 では、筋かいの水平力分担率の値に応じて、地震時応力を割り増す必要がある。
2. 木造建築物において、同じ構面内の同種の筋かいは、一般に、傾きの方向が同じ向きとなるように配置する。
3. 鉄筋コンクリート造の建築物において、柱と腰壁との間に耐震スリットを設けることは、柱の脆(ぜい)性破壊の防止に有効である。
4. スウェーデン式サウンディング試験（SWS 試験）は、載荷したロッドを回転して地盤に貫入する簡便な地盤調査方法であり、手動式の場合、適用深度は 10m 程度である。
5. 建築物の外壁から突出する部分の長さが 2 m を超える片持ちのバルコニーを設ける場合、当該部分の鉛直震度に基づき計算した地震力に対して安全であることを確かめる必要がある。

解説 地震力は水平力の向きが交互に入れ替わって建築物に作用する。したがって、同じ構面内に同種の筋かいを同じ傾きの向きに入れると一方の向きのみに強い軸組になってしまう。よって、同じ構面内には、左右対称になるように傾きの異なる筋かいを同じ数だけ入れるとよい。

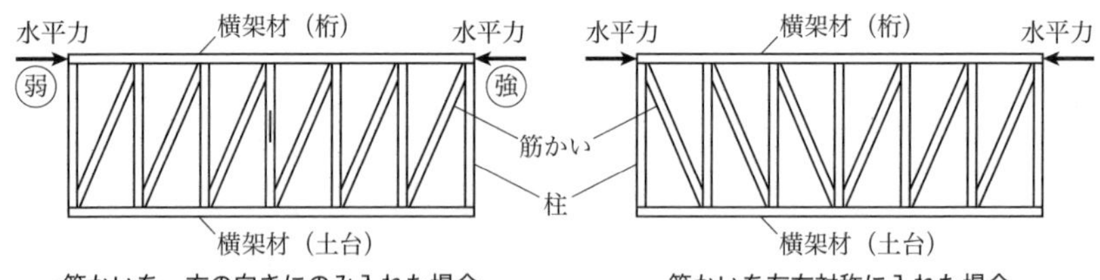

筋かいを一方の向きにのみ入れた場合
圧縮筋かいの場合、左向きの水平力に対しては強いが右向きには弱い構面になる

筋かいを左右対称に入れた場合
左右どちら向きの水平力に対しても同じ強さを持つ構面になる

正解 2

R05	R04	R03	R02	R01	H30	H29

問題 14 III 19 建築物の耐震設計等に関する次の記述のうち、**最も不適当な**ものはどれか。

1. 建築物の剛性率は、計算しようとする方向について、各階の層間変形角を建築物全体の層間変形角の平均値で除した値である。
2. 建築物の偏心率は、計算しようとする方向について、各階の偏心距離を当該階の弾力半径で除した値である。
3. 建築物の耐震性は、一般に、強度と靭性によって評価されるが、靭性が乏しい場合には、強度を十分に高くする必要がある。
4. 建築物の耐震設計は、まれに発生する地震（中程度の地震）に対して損傷による性能の低下を生じないことを確かめる一次設計と、極めてまれに発生する地震（最大級の地震）に対して崩壊・倒壊等しないことを確かめる二次設計から構成される。
5. 杭基礎において、根入れの深さが 2m 以上の場合、基礎スラブ底面における地震による水平力を低減することができる。

解説 建築物の剛性率は、計算しようとする方向について、各階の層間変形角の逆数（剛性）を全階の剛性の平均値で除した値である。剛性率の低い階があると、地震時にそこに変形が集中し破壊に至るおそれがあるため、各階の剛性率のばらつきをなくすようにする。

正解 1

学科Ⅲ

21 木材

R05	R04	R03	R02	R01	H30	H29

問題 01 Ⅲ 20　建築材料として使用される木材及び木質材料に関する次の記述のうち、**最も不適当な**ものはどれか。

1.　木材の真比重は、樹種によらずほぼ一定であり、樹種によって比重が異なるのは木材中の空隙率の違いによるものである。
2.　スギやヒノキなどの針葉樹は軟木（やわぎ）と言われ、一般に、加工がしやすく構造材にも適している。
3.　木杭は、通常の場合、腐朽を避けるために、常水面下に設置する。
4.　構造用集成材は、繊維方向、積層方向等によって強度性能上の異方性を示す。
5.　インシュレーションボードは、木材の小片（チップ）に接着剤を加えて、熱圧・成形したボードである。

解説　インシュレションボードは、木のチップに水をかけて加熱し繊維状になるまでほぐし、合成樹脂や接着剤を混ぜて、ボード状に乾燥させた木質建材で、断熱性、保温性、吸音性に優れている。木材の小片（チップ）に接着剤を加えて、熱圧・成形したボードはパーティクルボードである。

2.　軟木（やわぎ）に対し、加工性は良くないが、強度が大きく木目を活かして家具や仕上げ材に用いられる木材を堅木（かたぎ）といい、樫（かし）、楢（なら）、椽（くぬぎ）などがある。
3.　木材は乾燥している状態または水没している状態では、腐朽しにくい。　**正解 5**

R05	R04	R03	R02	R01	H30	H29

問題 02 Ⅲ 20　建築材料として使用される木材に関する次の記述のうち、**最も不適当な**ものはどれか。

1.　木材の乾燥収縮率は、繊維方向より年輪の接線方向のほうが大きい。
2.　含水率が繊維飽和点以下の木材において、膨張・収縮は、ほぼ含水率に比例する。
3.　木材の強度は、一般に、含水率の減少に伴い増大し、繊維飽和点を下回るとほぼ一定となる。

4.　木材の基準強度の大小関係は、一般に、曲げ＞引張り＞せん断である。
5.　単板積層材（LVL）は、一般に、単板の繊維方向を互いにほぼ平行にして積層接着したものである。

解説　木材の強度は、一般に、含水率の減少に伴い増大し、繊維飽和点を超えるとほぼ一定となる。繊維飽和点とは、伐採した木材内の自由水が乾燥によって抜け切った状態をいい、含水率は約30％である。

1.　乾燥収縮率は、繊維方向：接線方向：半径方向＝10：5：1～0.5の比率である。
5.　木質材料は、一般的に木材を繊維方向にスライスしたもの（挽板）を平行に積層接着した集成材、直角に積層接着した直交集成材（CLT）と、木材をかつらむきのようにした単板を平行に積層接着した単板積層材（LVL）、直角に積層接着した合板に分類される。平行に積層接着したものは柱や梁などに、直角に積層接着したものは床や壁に用いられる。

正解3

R05	R04	R03	R02	R01	H30	H29

問題03 Ⅲ20　建築材料として使用される木材に関する次の記述のうち、**最も不適当な**ものはどれか。

1.　木材の強度は、一般に、含水率の増加に伴い低下し、繊維飽和点を超えるとほぼ一定となる。
2.　木材の乾燥収縮率は、繊維方向より年輪の接線方向のほうが大きい。
3.　木材の腐朽菌は、酸素、温度、水分又は栄養源のうち、いずれか一つの条件を満たすと繁殖する。
4.　心材は、一般に、辺材に比べてシロアリなどの食害を受けにくい。
5.　木材の強度は、曲げヤング係数の値が大きくなると高くなる。

解説　木材の腐朽菌は、酸素、温度、水分及び栄養素のすべての条件が満たされた環境下でなければ繁殖しない。耐腐朽性の高い木材には、くり、ひば等がある。

5.　木材のヤング係数は、木材の変形しにくさを表し、値が大きいほど強度は大きくなる。

正解3

R05	R04	R03	R02	R01	H30	H29

問題04 Ⅲ20　建築材料として使用される木材及び木質材料に関する次の記述のうち、**最も不適当な**ものはどれか。

1.　CLTは、挽板を幅方向に並べたものを繊維方向が直交するように積層接着したものである。
2.　板目材は、乾燥すると、木裏側に凹に変形する。
3.　スギやヒノキなどの針葉樹は軟木と言われ、一般に、加工がしやすく構造材にも適している。

4. 加圧式防腐処理木材は、現場で切断加工した場合、加工した面を再処理して使用する。

5. 木材の真比重は、樹種によらずほぼ一定であり、樹種によって比重が異なるのは木材中の空隙率の違いによるものである。

解説 木材は、木表側（樹皮側）と木裏側（樹芯側）では木表側の含水量の多さなどが影響し、板目材の場合、木表側に凹に変形する。

4. 加圧式防腐処理木材を現場で切断加工した場合、防腐剤の浸透していない箇所が露出してしまうので再処理が必要である。

5. 木材の真比重とは、木材の空隙をすべて取り除いた実質の密度で、細胞壁の密度をあらわし、樹種によらず約 1.5 g/cm^3 である。一般的にいう比重は、気乾状態の体積比重（気乾比重）を表しているので樹種により違いがある。

正解 2

R05	R04	R03	R02	R01	H30	H29

問題 05 Ⅲ 20 建築材料として使用される木材に関する用語とその説明との組合せとして、**最も不適当な**ものは、次のうちどれか。

1. 木裏――――板目または追柾の板などを採材したときの樹皮側の面
2. 目切れ―――製材品の繊維方向が、長さ方向に平行ではなく、木目が途切れること
3. 丸身――――縁に樹皮の部分などが存在する製材品
4. 死節――――枝が枯れた状態で、樹幹に包み込まれてできた節で、まわりの組織と連続性がなく、大きな欠点となる部分
5. 辺材――――樹幹の外側の特異な着色がなく、一般に、立木の状態で含水率が高い部分

解説 木裏は、板目などを採材した場合の、樹心側の面のことを言い、樹皮側の面は木表である。

2. 目切れは、繊維が材料方向に平行に入っていないので強度が低くなる。

3. 丸身は、製材された木材で、丸太の表面部分がそのまま残っている部分。角材の場合は押し角材、板材は耳つき材といわれる。

目切れ　　丸身

正解 1

学科I 学科II 学科III 学科IV

R05	R04	R03	R02	R01	H30	H29

問題06 III 20　建築材料として使用される木材に関する次の記述のうち、**最も不適当な**ものはどれか。

1.　含水率が繊維飽和点以下の木材において、膨張・収縮は、ほぼ含水率に比例する。
2.　木材（心持ち材）の収縮率が接線方向と半径方向とで大きく異なることは、乾燥割れの原因の一つである。
3.　木材の繊維方向の基準強度の大小関係は、一般に、圧縮＞引張り＞曲げである。
4.　木材の腐朽菌は、酸素、温度、水分及び栄養素の全ての条件が満たされた環境下でなければ繁殖しない。
5.　木材の熱伝導率は、一般に、鋼材の熱伝導率に比べて小さい。

解説　木材の基準強度の大小は、曲げ（F_b）＞圧縮（F_c）＞引張（F_t）＞せん断（F_s）である。　**正解 3**

R05	R04	R03	R02	R01	H30	H29

問題07 III 20　建築材料として使用される木材及び木質材料に関する次の記述のうち、**最も不適当な**ものはどれか。

1.　木材を大気中で十分に乾燥させ、木材中の結合水と大気中の湿度が平衡に達した状態を、繊維飽和点という。
2.　木材の乾燥収縮率は、年輪の接線方向より繊維方向のほうが小さい。
3.　心材は、辺材よりもシロアリの食害を受けにくい。
4.　構造用集成材や合板は、繊維方向、積層方向等によって強度性能上の異方性を有している。
5.　日本工業規格（JIS）において、繊維板は、密度・用途・製法によってインシュレーションボード、MDF及びハードボードに分類される。

解説　木材中の結合水と大気中の湿度が平衡に達した状態を気乾状態といい、その時の含水率を平衡含水率という（15%）。繊維飽和点は、木材の含水率が約30%で、収縮や反りなどの形状や強度に変化が見られる状態点のことをいう。　**正解 1**

学科Ⅲ

22 コンクリート（全般）

R05	R04	R03	R02	R01	H30	H29

問題 01 Ⅲ 21　コンクリートに関する次の記述のうち、**最も不適当な**ものはどれか。

1.　コンクリートの設計基準強度は、品質基準強度よりも大きい。
2.　コンクリートの調合強度は、調合管理強度よりも大きい。
3.　コンクリートの圧縮強度は、曲げ強度よりも大きい。
4.　単位水量が少ないコンクリートほど、乾燥収縮は小さくなる。
5.　気乾単位容積質量が大きいコンクリートほど、ヤング係数は大きくなる。

解説　コンクリートの設計基準強度は、構造計算によって求められる強度で、構造物の使用期限での耐久性を確保するために必要とされる強度である耐久設計基準強度のうち大きい方の値が品質基準強度となる。そのため、品質基準強度の方が大きい。

5.　コンクリートのヤング係数は、単位質量、圧縮強度と比例関係にあるので、気乾単位容積質量が大きいほどヤング係数は大きくなる。

正解 1

R05	R04	R03	R02	R01	H30	H29

問題 02 Ⅲ 21＊　コンクリートに関する次の記述のうち、**最も不適当な**ものはどれか。

1.　コンクリートのヤング係数は、一般に、圧縮強度が高いものほど大きい。
2.　アルカリシリカ反応によるコンクリートのひび割れは、骨材中の成分がセメントペースト中に含まれるアルカリ分と反応し、骨材が膨張することによって生じる。
3.　水結合材比が小さいコンクリートほど、中性化速度は遅くなる。
4.　コンクリートの線膨張係数は、常温時において、鉄筋の線膨張係数とほぼ等しい。
5.　コンクリートの耐久設計基準強度は、計画供用期間の級が「標準」の場合より「長期」の場合のほうが小さい。

解説　コンクリートの耐久設計基準強度は、計画供用期間の級が「標準」（およそ65年）の場合24N/mm^2、「長期」（およそ100年）の場合30N/mm^{2}であるため、「長期」の場合のほうが大きい。

3.　水セメント比が小さいとコンクリート中の空隙が少なく密になることにより、二酸化炭素の侵入を防ぐことができ、中性化速度は遅くなる。

4. 線膨張係数は、温度変化による材料の長さの変化の割合で、コンクリートと鉄筋はほぼ等しい。さらに鉄筋コンクリートは、材料同士の付着力も強いため優れた構造材料となっている。 正解 5

R05	R04	R03	R02	R01	H30	H29

問題 03 Ⅲ 21* コンクリートに関する次の記述のうち、**最も不適当な**ものはどれか。

1. コンクリート養生期間中の温度が高いほど、一般に、初期材齢の強度発現は促進されるが、長期材齢の強度増進は小さくなる。
2. コンクリートの乾燥収縮は、一般に、乾燥開始材齢が遅いほど小さくなる。
3. 高炉セメントＢ種を用いたコンクリートは、圧縮強度が同程度の普通ポルトランドセメントを用いたコンクリートに比べて、湿潤養生期間を短くすることができる。
4. アルカリシリカ反応によるコンクリートのひび割れは、骨材中の成分がセメントペースト中に含まれるアルカリ分と反応し、骨材が膨張することによって生じる。
5. コンクリートの線膨張係数は、常温時において、鉄筋の線膨張係数とほぼ等しい。

解説 高炉セメントＢ種を使用したコンクリートは、長期強度発現性や化学抵抗性に優れていて、普通ポルトランドセメントに比べて、水和熱、初期強度は小さい。長期強度の増進が大きく硬化に時間のかかるセメントであるため、養生期間を長めにとる必要がある。セメントの種類としては、配合する高炉スラグ微粉末の分量によりＡ種、Ｂ種、Ｃ種の３種類があり、Ｂ種が最も多く生産され、幅広い分野で使用されている。

5. 鉄筋コンクリートは、鉄筋とコンクリートが圧縮力、引張力、せん断力をそれぞれ負担するが、それぞれの材料の線膨張係数がほぼ等しく付着力が強いため、材料として一体化して外力に抵抗することができる。 正解 3

R05	R04	R03	R02	R01	H30	H29

問題 04 Ⅲ 21* コンクリートに関する次の記述のうち、**最も不適当な**ものはどれか。

1. 単位水量の少ないコンクリートほど、乾燥収縮の程度は小さくなる。
2. 水結合材比が小さいコンクリートほど、中性化速度は遅くなる。
3. 気乾単位容積質量が大きいコンクリートほど、ヤング係数は大きくなる。
4. コンクリートの圧縮強度、引張強度、曲げ強度のうち、最も小さい値となるのは曲げ強度である。
5. コールドジョイントを防止するためには、先に打ち込まれたコンクリートの凝結が始まる前に、次のコンクリートを打ち重ねる必要がある。

解説 コンクリートの強度の大小関係は、圧縮強度 ＞ 曲げ強度 ＞ 引張強度で、圧縮強度の強さに対して曲げ強度は 2 割程度、引張強度は 1 割程度の強度である。

3. コンクリートのヤング係数 $E = 3.35\times10^4 \times\left(\frac{\gamma}{24}\right)^2\times\left(\frac{Fc}{60}\right)^{\frac{1}{3}}$ で求められ、気乾単位容積質量（γ）および圧縮強度（F_c）が大きいほど大きくなる。

正解 4

R05	R04	R03	R02	R01	H30	H29

問題 05 Ⅲ 21 コンクリートに関する次の記述のうち、**最も不適当な**ものはどれか。

1. コンクリートの調合強度は、調合管理強度よりも大きい。
2. コンクリートの設計基準強度は、品質基準強度よりも大きい。
3. コンクリートの耐久設計基準強度は、計画供用期間の級が「標準」の場合よりも「長期」の場合のほうが大きい。
4. コンクリートのヤング係数は、一般に、圧縮強度が高いものほど大きい。
5. コンクリートの圧縮強度は、一般に、曲げ強度よりも大きい。

解説 品質基準強度は、構造設計から要求される設計基準強度と構造物の耐久性から要求される耐久設計基準強度両方を確保する強度で、この 2 つの強度を比較し大きい方の値になるため、設計基準強度以上の値となる。

1. 調合強度は、調合の目標とする値で、調合管理強度に誤差を考慮して割増した値となる。

正解 2

R05	R04	R03	R02	R01	H30	H29

問題 06 Ⅲ 21 コンクリートに関する次の記述のうち、**最も不適当な**ものはどれか。

1. コンクリートの養生期間中の温度が高いほど、一般に、初期材齢の強度発現は妨げられるが、長期材齢の強度増進は大きくなる。
2. 単位水量が大きくブリーディングが多いコンクリートは、一般に、コンクリートの打込み後、数時間の間に、水平鉄筋に沿った沈みひび割れを誘発することがある。
3. 高炉セメント B 種を用いたコンクリートは、圧縮強度が同程度の普通ポルトランドセメントを用いたコンクリートに比べて、長期の湿潤養生期間が必要となる。
4. クリープは、一定の外力が継続して作用したときに、時間の経過とともにひずみが増大する現象である。
5. コールドジョイントを防止するためには、先に打ち込まれたコンクリートの凝結が始まる前に、次のコンクリートを打ち重ねる必要がある。

解説 養生温度は、コンクリートが硬化する水和反応に影響し、初期材齢の強度発現において高温だと強度発現が早く、低温では強度の発現が遅れる。逆に長期材齢の強度増進は、低い温度で養生したコンクリートの方が大きくなる。

正解 1

学科Ⅲ

23 コンクリート（材料）

R05	R04	R03	R02	R01	H30	H29

問題 01 Ⅲ 22 コンクリートの材料に関する次の記述のうち、**最も不適当な**ものはどれか。

1. ポルトランドセメントは、水和反応後、時間が経過して乾燥するにしたがって強度が増大する気硬性材料である。
2. ポルトランドセメントには、凝結時間を調整するためにせっこうが混合されている。
3. 膨張材を使用することにより、硬化後のコンクリートの乾燥収縮によるひび割れを低減することができる。
4. 高炉スラグ微粉末を使用することにより、硬化後のコンクリートの水密性や化学抵抗性を向上させることができる。
5. 流動化剤を使用することにより、硬化後のコンクリートの強度や耐久性に影響を及ぼさずに、打込み時のフレッシュコンクリートの流動性を増大させることができる。

解説 ポルトランドセメントは、水和反応によって硬化が進む水硬性材料である。焼石灰や石こうなどが気硬性材料である。 正解 1

R05	R04	R03	R02	R01	H30	H29

問題 02 Ⅲ 22 断面積が 7,850 mm^2 のコンクリートの円柱供試体（圧縮強度試験用供試体）に荷重を加えて圧縮強度試験を行ったところ、282.6 kN 最大荷重に達したのち荷重は減少し、251.2 kN で急激に耐力が低下した。このコンクリートの圧縮強度として、**正しい**ものは、次のうちどれか。

1. 24.0 N/mm^2
2. 28.0 N/mm^2
3. 32.0 N/mm^2
4. 36.0 N/mm^2
5. 40.0 N/mm^2

解説 圧縮強度は、最大荷重（N）/ 断面積（mm^2）で求められるので計算すると、

282,600 N/7,850 mm^2 = 36.0 N/mm^{2}となる。 正解 4

R05	R04	R03	R02	R01	H30	H29

問題 03 Ⅲ 22 コンクリートに関する次の記述のうち、**最も不適当な**ものはどれか。

1. コンクリートの水素イオン濃度（pH）は、12～13程度のアルカリ性を示すので、鉄筋の腐食を抑制する効果がある。
2. フライアッシュを使用すると、コンクリートのワーカビリティーは良好になるが、一般に、中性化速度は速くなる。
3. プラスティック収縮ひび割れは、コンクリートが固まる前に、コンクリートの表面が急激に乾燥することによって生じるひび割れである。
4. コンクリートのスランプは、空気量が増えると大きくなる。
5. AE剤の使用により、コンクリート中に微細な独立した空気泡が連行され、耐凍害性を低下させる。

解説 AE剤は、コンクリート中に微細な独立泡を連行させることにより、ワーカビリティーを向上させる。また、微細な独立泡が、コンクリート内で起きる水の凍結による膨張を吸収するため耐凍害性も向上する。

3. プラスティック収縮ひび割れのプラスティックとは、変形して元に戻らない（可塑性）ことを意味する。 正解 5

R05	R04	R03	R02	R01	H30	H29

問題 04 Ⅲ 22 コンクリートの材料に関する次の記述のうち、**最も不適当な**ものはどれか。

1. フライアッシュを使用することにより、フレッシュコンクリートのワーカビリティーを良好にすることができる。
2. 高炉スラグ微粉末を使用することにより、硬化後のコンクリートの水密性や化学抵抗性を向上させることができる。
3. 膨張材を使用することにより、硬化後のコンクリートの乾燥収縮によるひび割れを低減することができる。
4. AE剤を使用することにより、コンクリートの凍結融解作用に対する抵抗性を大きくすることができる。
5. 実積率の小さい粗骨材を使用することにより、同一スランプを得るための単位水量を小さくすることができる。

解説 実積率が小さいと骨材の隙間が多くなる。一般的に同一単位水量であれば、実積率の大きいコンクリートのほうがスランプ値は高くなるので、実積率の小さいコンクリートで所定のスランプ値を得るためには、モルタルの量を多くする必要があり、

コンクリートの単位水量は大きくなる。 正解 5

R05	R04	R03	R02	R01	H30	H29

問題 05 Ⅲ 22 * 表は、コンクリートの調合表の一部である。この表によって求められる事項と計算式との組合せとして、**最も不適当な**ものは、次のうちどれか。ただし、いずれの計算式もその計算結果は正しいものとする。

単位水量 (kg/m³)	絶対容積（l/m³）			質量（kg/m³）		
	結合材	細骨材	粗骨材	結合材	細骨材	粗骨材
180	95	290	390	300	740	1,060

（注）質量における細骨材及び粗骨材は、表乾（表面乾燥飽水）状態とする。

1. 細骨材の表乾密度（g/cm³）———— $\frac{740}{290}$ [≒ 2.55]
2. 水結合材比（%）———— $\frac{180}{300} \times 100$ [＝ 60.0]
3. 空気量（%）———— $\frac{1,000-(180+95+290+390)}{1,000} \times 100$ [＝ 4.5]
4. 練上がりコンクリートの単位容積質量（kg/m³）
———— 180 ＋ 300 ＋ 740 ＋ 1,060 [＝ 2,280]
5. 細骨材率（%）———— $\frac{740}{740+1,060} \times 100$ [≒ 41.1]

解説 細骨材率は、全骨材における細骨材の割合であるが、質量ではなく容積における割合である。

$\frac{290}{290+390} \times 100$ [≒ 42.6] となる。 正解 5

R05	R04	R03	R02	R01	H30	H29

問題 06 Ⅲ 21 コンクリートの一般的な性質に関する次の記述のうち、**最も不適当な**ものはどれか。

1. プラスティック収縮ひび割れは、コンクリートが固まる前に、コンクリートの表面が急激に乾燥することによって生じるひび割れである。
2. コンクリートの乾燥収縮は、単位水量が小さくなるほど大きくなる。
3. コンクリートの中性化速度は、圧縮強度が低くなるほど大きくなる。
4. コンクリートのヤング係数は、単位容積質量が大きくなるほど大きくなる。
5. コンクリートは、養生温度が低くなるほど、材齢初期の強度発現が遅くなる。

解説 コンクリートの乾燥収縮量は、単位水量が大きくなるほど大きくなり、逆に小さくなるほど小さくなる。 正解 2

R05	R04	R03	R02	R01	H30	H29

問題 07 Ⅲ 22 セメント、骨材等のコンクリートの材料に関する次の記述のうち、**最も不適当な**ものはどれか。

1. 高炉セメントB種は、普通ポルトランドセメントに比べて、アルカリシリカ反応に対する抵抗性に優れている。
2. ポルトランドセメントには、凝結時間を調整するためにせっこうが混合されている。
3. セメントは、水和反応後、時間が経過して乾燥するにしたがって強度が増大する気硬性材料である。
4. 骨材の粒径は、均一であるよりも、小さな粒径から大きな粒径までが混ざり合っているほうが望ましい。
5. AE剤は、コンクリートの凍結融解作用に対する抵抗性を増大させ、耐久性も向上させる。

解説 セメントは、水と反応して硬化が進行する水硬性材料である。消石灰や石こうなどが気硬性材料である。

1. 高炉セメントは、ポルトランドセメントに混合する高炉スラグ微粉末の割合でA種、B種、C種に分けられる。高炉スラグセメントには、水と反応して時間とともに強度が上がる性質があり、普通ポルトランドセメントに比べて初期強度は若干低めであるが、長期にわたり強度が増強する。また、セメント中に含まれるアルカリ量も少ないためB種とC種の高炉セメントには、アルカリシリカ反応を抑制させる効果がある。
4. 骨材の粒径が均一であると骨材間のすき間が多くなり、単位セメント量や単位水量も多くなってしまいワーカビリティも悪くなる。逆に、粒度が適当に分布していると、骨材間のすき間が少なくなる。図参照。

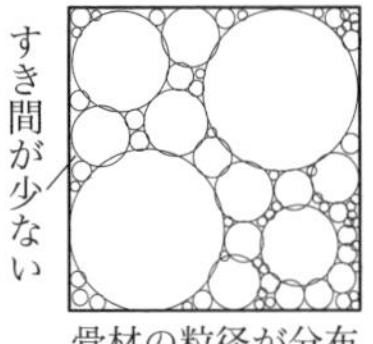

骨材の粒径が分布

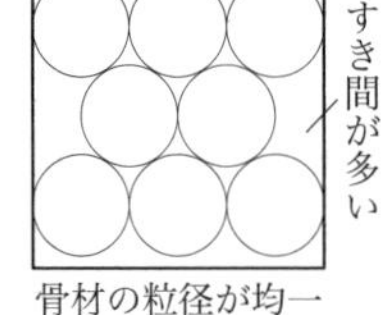

骨材の粒径が均一

正解 3

R05	R04	R03	R02	R01	H30	H29

問題08 Ⅲ22* コンクリートの一般的な性質等に関する次の記述のうち、**最も不適当な**ものはどれか。

1. 圧縮強度は、水結合材比が小さいものほど高い。
2. ヤング係数は、圧縮強度が高いものほど大きい。
3. 中性化速度は、圧縮強度が高いものほど小さい。
4. 線膨張係数は、常温時には、鉄筋の線膨張係数とほぼ等しい。
5. 長期許容圧縮応力度は、設計基準強度に2/3を乗じた値である。

解説 コンクリートの長期許容圧縮応力度は、設計基準強度に1/3を乗じた値である。また、短期許容圧縮応力度は、長期許容圧縮応力度に2を乗じた値である。 正解 5

学科III

24 鋼材・金属材料

R05	R04	R03	R02	R01	H30	H29

問題 01 III 23　鋼材に関する次の記述のうち、**最も不適当な**ものはどれか。

1. 常温において、SN400 材と SS400 材のヤング係数は、同じである。
2. 鋼材を焼入れすると、硬さ・耐摩耗性が減少するが、粘り強くなる。
3. 鋼材の比重は、アルミニウム材の比重の約 3 倍である。
4. 建築構造用耐火鋼（FR 鋼）は、一般の鋼材よりも高温時の強度を向上させ、600℃ における降伏点が常温規格値の 2/3 以上あることを保証した鋼材である。
5. 鋼材は通常、伸びと絞りを伴って破断（延性破壊）するが、低温状態や鋼材に切欠きがある場合に衝撃力がかかると脆（ぜい）性破壊しやすくなる。

解説　鋼材は、一般的に焼入れ（800℃ 程度）をすることにより硬度が増し、焼戻しをすることにより粘りや耐摩耗性が増す。基本的に焼入れと焼戻しはセットで行う。

3.　鉄の比重は 7.9 であり、アルミニウムの比重は 2.7 なので、鉄はアルミニウムの約 3 倍の比重がある。

正解 2

R05	R04	R03	R02	R01	H30	H29

問題 02 III 23　鋼材に関する次の記述のうち、**最も不適当な**ものはどれか。

1. 軟鋼は、炭素含有量が多くなると硬質になり、引張強さが大きくなる。
2. 鋼材は、一般に、炭素含有量が多くなると、溶接性が低下する。
3. 鋼を製造するときに生じる黒錆（さび）（黒皮）は、鋼の表面に被膜を形成するので、一定の防食効果がある。
4. 異形棒鋼 SD345 の引張強さの下限値は、345 N/mm^2 である。
5. 建築構造用ステンレス鋼材（SUS304A 材等）は、一般構造用圧延鋼材（SS400 材等）の炭素鋼に比べて、耐食性に優れている。

解説　異形棒鋼 SD345 に示される 345 という数字は、この材料の降伏点の下限値を表す。棒鋼 SR235 の数字も同様である。

5.　ステンレス鋼は、11%以上のクロムを含む合金鋼である。性質は、炭素鋼に比べて耐食性、耐低温性、耐火性などに優れている。

正解 4

R05	R04	R03	R02	R01	H30	H29

問題 03 Ⅲ 23 鋼材に関する次の記述のうち、**最も不適当な**ものはどれか。

1. 鋼材は、炭素含有量が多くなっても、ヤング係数はほぼ同じ値となる。
2. 鋼材の熱伝導率は、ステンレス鋼よりも大きい。
3. 鋼材の降伏比（＝降伏応力／引張強さ）は、小さいほうが降伏後の余力が大きい。
4. 鋼材の降伏点は、温度が 300 ～ 400℃ 程度で最大となり、それ以上の温度になると急激に低下する。
5. 異形棒鋼 SD345 の降伏点の下限値は、345N/mm^2 である。

解説 鋼材の降伏点は、温度が上昇するに従い低下し、約 350℃ で常温時の 2/3 になる。引張強度に関しては、約 300℃ で最大になり、その後、温度上昇に伴い急激に低下する。

1. 鋼材のヤング係数は、材料の強度や炭素の含有量に影響されず約 2.06×10^5 [N/mm^2] である。

正解 4

R05	R04	R03	R02	R01	H30	H29

問題 04 Ⅲ 23 鋼材に関する次の記述のうち、**最も不適当な**ものはどれか。

1. 鋼を熱間圧延して製造するときに生じる黒い錆（さび）（黒皮）は、鋼の表面に被膜として形成されるので防食効果がある。
2. 鋼材は、炭素含有量が多くなると硬質になり、引張強さが大きくなる。
3. 鋼材の引張強さは、一般に、温度が 200 ～ 300℃ 程度で最大となり、それ以上の温度になると急激に低下する。
4. 溶接構造用圧延鋼材 SM490A の降伏点の下限値は、490 N/mm^2 である。
5. 建築構造用圧延鋼材は、SN 材と呼ばれ、建築物固有の要求性能を考慮して規格化された鋼材である。

解説 鋼材の後ろの数値は、引張強度の下限値である。鉄筋の種類を表す SD345 などの後ろの数値が降伏点の下限値を示すとともに、その材料の短期許容応力度を示す。

正解 4

R05	R04	R03	R02	R01	H30	H29

問題 05 Ⅲ 23 鋼材に関する次の記述のうち、**最も不適当な**ものはどれか。

1. 鋼材の比重は、アルミニウム材の比重の約 1.5 倍である。
2. 常温において、長さ 10 m の鋼材は、全長にわたって断面に一様に 100 N/mm^2 の引張応力が生じる場合、約 5 mm 伸びる。

3. 鋼を熱間圧延して製造するときに生じる黒い錆（さび）（黒皮）は、鋼の表面に被膜を形成することから防食効果がある。
4. 異形棒鋼 SD345 の降伏点の下限値は、345 N/mm² である。
5. 常温において、SN400 材と SS400 材のヤング係数は、同じである。

解説 鋼材の比重は 7.85 で、アルミニウムの比重は 2.7 であるので、鋼材の比重はアルミニウムの約 3 倍である。また、普通コンクリートの比重は、2.3 なので、鋼材の比重との関係は、3 倍以上である。

4. 鉄筋の記号の後の数値は、降伏点の下限値を示すとともに、その材料の短期許容応力度を示す。
5. 鋼材のヤング係数は、材質にかかわらず一定で 2.06 × 10^5 である。コンクリートや木材は材質や樹種の変化でヤング係数も変化する。

正解 1

R05	R04	R03	R02	R01	H30	H29

問題 06 Ⅲ 23　建築物の構造材として用いられる鋼材に関する次の記述のうち、**最も不適当な**ものはどれか。

1. 日本工業規格（JIS）において、「建築構造用圧延鋼材 SN490」と「溶接構造用圧延鋼材 SM490」のそれぞれの降伏点の下限値から上限値までの範囲は、同じである。
2. 鋼材の許容疲労強さは、鋼材の強度によらず、継手等の形式に応じた基準疲労強さを用いて算定する。
3. ステンレス鋼（SUS304A 材等）は、一般構造用圧延鋼材（SS400 材等）の炭素鋼に比べて、耐食性、耐火性に優れている。
4. 一般の鋼材の引張強さは、温度が 200 ～ 300℃ 程度で最大となり、それ以上の温度になると急激に低下する。
5. 鋼材は、炭素含有量が多くなると、一般に、溶接性が低下する。

解説 建築構造用圧延鋼材 SN490 と、溶接構造用圧延鋼材 SM490 は共に引張り強度は同じ値であるが、降伏点の下限値と上限値の範囲に関しては、建築構造用圧延鋼材に関しては規定があるが、溶接構造用圧延鋼材は下限値のみ規定しているので同じにはならない。

正解 1

R05	R04	R03	R02	R01	H30	H29

問題 07 Ⅲ 23　建築物の構造材として用いられる鋼材に関する次の記述のうち、**最も不適当な**ものはどれか。

1. 鋼材は、炭素含有量が多くなると、硬質になり、引張強さが大きくなる。
2. 鋼材の降伏点は、温度が 300 ～ 400℃ 程度で最大となり、それ以上の温度になると急激に低下する。

3. 建築構造用耐火鋼（FR鋼）は、一般の鋼材よりも高温時の強度を向上させ、600℃における降伏点が常温規格値の2/3以上あることを保証した鋼材である。

4. 鋼材は、通常、伸びと絞りを伴って破断（延性破壊）するが、低温状態や鋼材に切欠きがある場合に衝撃力がかかると脆（ぜい）性破壊しやすくなる。

5. 鋼を熱間圧延して製造するときに生じる黒い錆（さび）（黒皮）は、鋼の表面に被膜を形成するので防食効果がある。

解説　鋼材の降伏点は、温度が上昇するに従い低下し約350℃で常温時の2/3になる。引張強度に関しては、約300℃で最大になり、その後の温度上昇に伴い急激に低下する。

正解 2

学科Ⅲ

25 その他各種材料

R05	R04	R03	R02	R01	H30	H29

問題 01 Ⅲ 24　ガラスに関する次の記述のうち、**最も不適当な**ものはどれか。

1.　フロート板ガラスは、平面精度が高く、透明性と採光性に優れている。
2.　型板ガラスは、板ガラスの片面に、砂や金属ブラシなどでつや消し加工をしたもので、光を通し、視線を遮る機能がある。
3.　Low-E 複層ガラスは、板ガラス1枚の片方の中空層側表面に金属膜をコーティングしたガラスで、日射制御機能と高い断熱性がある。
4.　プリズムガラスは、入射光線の方向を変える異形ガラス製品で、主に地下室の採光に用いられる。
5.　強化ガラスは、フロート板ガラスの3～5倍の衝撃強さを有し、割れても破片が砂粒状になるため安全性が高い。

解説　型板ガラスは、溶解したガラスを成形するときに型を用いてガラス表面に模様をつけたもので、砂や金属ブラシなどでつや消し加工したものは、すりガラスである。

1.　フロート板ガラスのフロートとは「浮かせる」という意味で、溶解させたガラスを金属の上に流し込み浮かせた状態で製造するため、表面が平滑なガラスができる。
4.　プリズムガラスは、トップライトに用いられるとともに、その上を通路などに使われることもあるため、強度も備えている。

正解 2

R05	R04	R03	R02	R01	H30	H29

問題 02 Ⅲ 24　ガラスに関する次の記述のうち、**最も不適当な**ものはどれか。

1.　網入り板ガラスは、板ガラスの中に金網を封入したガラスで、強度は同程度の厚さのフロート板ガラスに比べて低い。
2.　型板ガラスは、片面に型模様を付けたガラスで、装飾のためや、透視を避けるために用いられる。
3.　熱線吸収板ガラスは、ガラスの片面又は両面に金属酸化膜をコーティングしたガラスで、太陽光線を反射して冷房負荷を軽減する。
4.　倍強度ガラスは、フロート板ガラスに熱処理を施し強度を増したもので、割れると大きな破片となるため、脱落しにくい。

5.　ガラスブロックは、内部の空気が低圧となっているため、フロート板ガラスに比べて、一般に、断熱性や遮音性が優れている。

解説　熱線吸収板ガラスは、ガラスの原料に鉄、ニッケル、コバルトなどの金属を混ぜて色を付けた板ガラスで、熱線を吸収することによって、冷暖房効果が高まる。ガラスの表面に金属酸化膜をコーティングしたガラスは熱線反射ガラスで、太陽光を反射させ、遮熱効果があり、ハーフミラーの効果もある。

1.　網入り板ガラスは、火災時にガラスが飛び散らないなどの効果があり、防火性はあるが、中に金網があることによって、錆や温度変化による自然破損を起こすことがあるので、一般的なフロート板ガラスと比べて強度が高いわけではない。

5.　ガラスブロックの内部は、真空に近い0.3気圧であり、熱や音を伝達する空気が少ないため、断熱性や遮音性が優れる。

正解3

R05	R04	R03	R02	R01	H30	H29

問題03 Ⅲ24　建築物に用いられる高分子材料に関する次の記述のうち、**最も不適当な**ものはどれか。

1.　積層ゴムは、薄いゴムシートと鋼板とを交互に積層接着したもので、免震支承に用いられる。

2.　硬質塩化ビニル樹脂は、耐久性に優れることから、雨樋（どい）などの配管材に用いられる。

3.　エポキシ樹脂は、接着性が高く硬化収縮率が低いことから、コンクリートのひび割れ補修に用いられる。

4.　押出法ポリスチレンフォームは、耐火性に優れることから、延焼のおそれのある外壁下地に用いられる。

5.　シアノアクリレート系接着剤は、被着体表面の微量の水分と接触して瞬間的に硬化することから、迅速な作業が求められる場合に用いられる。

解説　押出法ポリスチレンフォームは、独立した細かい気泡から構成されたボード状の断熱材で、断熱性能が高く、堅くて耐圧力があるので外断熱に用いたり、水に強く吸湿しにくいため基礎断熱でもよく用いられる。ポリスチレン樹脂、発泡剤、難燃剤などから構成されているので耐火性能はない。耐火性のある断熱材としては、鉱石や人造鉱物繊維から作られたロックウールがある。

正解4

R05	R04	R03	R02	R01	H30	H29

問題04 Ⅲ25　建築材料に関する次の記述のうち、**最も不適当な**ものはどれか。

1.　酢酸ビニル樹脂系接着剤は、固化後にのこぎりなどにより加工ができるので、屋内の木工事に用いられる。

2. せっこうラスボードは、左官材の付着をよくするために、表面に多数のくぼみを付けたせっこうボードである。
3. けい酸カルシウム板は、断熱性・耐火性に優れているので、耐火構造の天井や壁に用いられる。
4. 強化ガラスは、2枚のフロート板ガラスを透明で強靭（じん）な中間膜で貼り合わせたもので、耐貫通性に優れている。
5. 砂岩は、堆積した岩石や鉱物の破片や粒子等が圧力により固化した岩石であり、耐火性に優れているので、内壁の仕上げに用いられる。

解説 強化ガラスは、フロート板ガラスの3～5倍の強度を有する加工ガラスであり、割れても破片が鋭角状にならない。車のフロントガラスなどに使われる。問題文の2枚のフロート板ガラスを透明で強靭な中間膜で貼り合わせたものは合わせガラスである。合わせガラスは中間膜により、割れたガラスが飛散するのを防ぐ効果がある。

正解4

R05	R04	R03	R02	R01	H30	H29

問題05 Ⅲ24 ガラスに関する次の記述のうち、**最も不適当な**ものはどれか。

1. Low-E複層ガラスは、2枚の板ガラスの片方の中空層側表面に低放射の特殊金属膜をコーティングしたガラスであり、日射制御機能と高い断熱性を有する。
2. 線入り板ガラスは、板ガラスの中に金属線を封入したガラスであり、割れても破片が落ちにくいので、防火戸に用いるガラスとして使用される。
3. 合わせガラスは、2枚の板ガラスを透明で強靭（じん）な中間膜で張り合わせたガラスであり、割れても破片の飛散を防ぐことができる。
4. 強化ガラスは、フロート板ガラスの3～5倍の強度を有する加工ガラスであり、割れても破片が鋭角状にならない。
5. 型板ガラスは、ガラスの片側表面に型模様を付けたガラスであり、光を拡散し、視線を遮ることができるので、住宅の窓ガラスなどに使用される。

解説 火災時にガラスの飛散を防ぐために防火戸には網入りガラスを使用しなければならないが、線入り板ガラスはその使用を認められていない。

正解2

【学科Ⅲ】

26 建築材料

R05	R04	R03	R02	R01	H30	H29

問題 01 Ⅲ 24　建築材料に関する次の記述のうち、**最も不適当な**ものはどれか。

1. セラミックタイルのⅠ類は、Ⅱ類、Ⅲ類に比べて、吸水率が低い。
2. 合成樹脂調合ペイントは、コンクリート面やモルタル面の塗装には不適である。
3. 大谷石は凝灰岩の一種で、軟らかく加工が容易で耐火性に優れる。
4. 複層ガラスは、複数枚の板ガラスを一定の間隔を保ち、中空層に乾燥空気を封入したもので、断熱性が高く、結露防止に有効である。
5. 針葉樹の基準強度について、年輪の幅などの条件を一定にして比較すると、一般に、スギはベイマツよりも高い。

解説　木材の基準強度は、圧縮（F_c）、引張（F_t）、曲げ（F_b）、せん断（F_s）などで定められているが、スギよりベイマツの方が基準強度が高い。ベイマツは、重く硬い材質の割には加工性が良く、梁や柱など構造材によく使われる。スギは、軽くて加工性もよく木目も美しいので、内装、外装材に使われることが多い。

1. セラミックタイルは、吸水率によって区分されていて、Ⅰ類（3％以下）、Ⅱ類（10％以下）、Ⅲ類（50％以下）となっている。

正解 5

R05	R04	R03	R02	R01	H30	H29

問題 02 Ⅲ 25　建築材料に関する次の記述のうち、**最も不適当な**ものはどれか。

1. 木毛セメント板は、ひも状の木片とセメントを用いて加圧成形した板材で、保温性、耐火性、遮音性に優れ、壁や天井などの下地材として使用される。
2. せっこうボードは、防火、耐火、遮音の性能に優れ、壁内装下地材や浴室の天井などに使用される。
3. チタンは、耐食性や意匠性に優れ、屋根や内外壁に使用される。
4. ガルバリウム鋼板は、耐食性に優れ、防音材、断熱材を裏打ちしたものが、屋根や外壁材に使用される。
5. スレート波板は、セメント、補強繊維、混和材に水を混合して成形したもので、屋根や外壁材に使用される。

解説 せっこうボードは、せっこうを板状に固めて両側から原紙を一体化させた材料で、防火、耐火、遮音の性能に優れているが、水や湿気には強くないので浴室での使用には適さない。湿気の多い場所で使用するためには、防水処理を施したシージングせっこうボードなどを使用する。 正解 2

R05	R04	R03	R02	R01	H30	H29

問題 03 III 24 建築材料に関する次の記述のうち、**最も不適当な**ものはどれか。

1. 合成樹脂調合ペイントは、耐候性に優れ、木部及び鉄部の塗装に用いられる。
2. エポキシ樹脂は、接着性、耐薬品性、耐水性に優れ、コンクリート構造物の補修に用いられる。
3. 強化ガラスは、同じ厚さのフロート板ガラスより強度が高く、割れても破片が粒状になるので、安全性が高い。
4. しっくいは、消石灰にすさ・のり・砂などを混ぜて水で練ったものであり、水と反応して固まる水硬性の材料である。
5. 花こう岩は、圧縮強度が大きく、耐摩耗性も高いので、外装材に用いられる。

解説 しっくいは、二酸化炭素を吸収することにより固まる気硬性の材料である。逆にコンクリートは、水と反応して固まる水硬性の材料である。 正解 4

R05	R04	R03	R02	R01	H30	H29

問題 04 III 25 建築材料に関する次の記述のうち、**最も不適当な**ものはどれか。

1. 押出法ポリスチレンフォームは、耐火性に優れているので、延焼のおそれのある外壁下地に用いられる。
2. 砂岩は、耐火性に優れているので、壁の内装仕上げに用いられる。
3. 磁器質のタイルは、吸水率が低いので、室内の水廻りの床と壁に用いられる。
4. シージングせっこうボードは、防水性に優れているので、台所の壁下地材に用いられる。
5. ケヤキは、針葉樹よりも強度があるので、くつずりに用いられる。

解説 押出法ポリスチレンフォームは、ポリスチレン樹脂、発泡剤、難燃剤などから構成されているので耐火性能はない。細かい気泡から構成されたボード状の断熱材で、断熱性能が高く、堅くて耐圧力があるので外断熱に用いたり、水に強く吸湿しにくいため基礎断熱でもよく用いられる。耐火性のある断熱材としては、鉱石や人造鉱物繊維から作られたロックウールがある。

2. 砂岩は堆積岩の一種で、耐火性と耐酸性に優れている。汚れが付きやすく吸水率の高いものは、凍害を受ける場合もあるため、内装材に使われることが多い。

4. シージングせっこうボードは、両面の紙と芯の石膏に防水処理を施したもので、防水性に優れているため、外壁、屋根、水回り部分の下地材として使用される。一般的に耐水ボード、防水ボードと呼ばれる。 正解 1

R05	R04	R03	R02	R01	H30	H29

問題 05 Ⅲ 25 建築材料に関する次の記述のうち、**最も不適当な**ものはどれか。

1. 外壁等に使用する薄付け仕上塗材（リシン等）は、塗厚を 1 ～ 3 mm 程度の単層で仕上げるものであり、透湿性が高い。
2. 複層仕上塗材（吹付タイル等）は、下塗材・主材・上塗材の 3 層からなる塗厚 3 ～ 5 mm 程度のものであり、防水性に優れている。
3. 押出成形セメント板は、中空のパネルであり、断熱性や遮音性に優れている。
4. 顔料系ステインは、染料系ステインよりも耐光性に優れている。
5. ALC パネルは、気泡コンクリートを用いた軽量なものであり、防水性に優れている。

解説 ALC パネルは、細かい気泡に水分が入りやすく吸水性が高いので、防水性や防湿性には劣る。逆に、細かい気泡により熱伝導率が低くなり、断熱性に優れる。またコンクリート製品であるため耐火性にも優れる。

4. 染料は、溶剤に溶けやすく透明性がある着色材料であるため、素地を活かした仕上げが可能である。顔料は、溶剤に溶けにくく不透明であるため染料より耐光性、耐水性に優れる。 正解 5

R05	R04	R03	R02	R01	H30	H29

問題 06 Ⅲ 25 建築材料に関する次の記述のうち、**最も不適当な**ものはどれか。

1. けい酸カルシウム板は、断熱性が高く、不燃材料であることから、防火構造や耐火構造の天井・壁に使用される。
2. パーティクルボードは、耐火性に優れており、壁及び床などの下地材に使用される。
3. せっこうボードは、火災時にはせっこうに含まれる結晶水が分解されるまでの間、温度上昇を防ぐので、耐火性に優れている。
4. ロックウール化粧吸音板は、ロックウールを主原料として板状に成形したもので、吸音性以外にも防火性や断熱性に優れており、天井の仕上材に使用される。

5.　ALCパネルは、軽量で耐火性及び断熱性に優れており、外壁や屋根等に使用される。

解説　パーティクルボードは、木材の木片（チップ）を接着剤と加圧成形した板材で、断熱性・吸音性には優れているが、耐火性はない。耐火性のあるボードとしては石膏を板状に固めたものの表面に紙を貼った石膏ボードがある。

正解 2

R05	R04	R03	R02	R01	H30	H29

問題 07 III 25　建築材料に関する次の記述のうち、**最も不適当な**ものはどれか。

1.　銅板などのイオン化傾向の小さい金属材料に接する鋼材は、腐食しやすい。
2.　ALCパネルは、原料を発泡させて高温高圧蒸気養生した材料であり、1mm程度の独立気泡を多く含むので、優れた耐火性・断熱性を有する。
3.　せっこうボードは、耐火性に優れるが、耐水性や耐衝撃性に劣る。
4.　しっくいは、消石灰にすさ・のり・砂などを混ぜて水で練ったもので、空気に接して固まる気硬性の材料である。
5.　合わせガラスは、2枚の板ガラスの片方の中空層側表面に低放射の金属膜をコーティングしたガラスであり、日射制御機能と高い断熱性を有する。

解説　合わせガラスは、2枚の板ガラスの間に中間膜（透明なプラスチックシート）をはさんで接着させたもので、破損時の飛散防止効果があり、大型の窓ガラスや防犯ガラスなどに用いられる。2枚の板ガラスの片方の中空層側表面に低放射の金属膜をコーティングしたガラスは、Low-E（Low Emissivity：低放射）複層ガラスである。

正解 5

R05	R04	R03	R02	R01	H30	H29

問題 08 III 24　建築材料とその用途との組合せとして、**最も不適当な**ものは、次のうちどれか。

1.　チタン――――――――――――屋根材
2.　花こう岩―――――――――――耐火被覆材
3.　グラスウール―――――――――断熱材
4.　インシュレーションボード―――吸音材
5.　シージングせっこうボード―――湿気の多い場所の壁下地材

解説　花崗岩は日本全国に広く分布し耐久性、耐摩耗性に優れ吸水性も小さいので、外壁、石垣、道標などに使われるが、耐火性が低く500℃～600℃で急激に強度が低下するため、耐火被覆としては、用いられない。

正解 2

R05	R04	R03	R02	R01	H30	H29

問題 09 Ⅲ 25　建築材料に関する次の記述のうち、**最も不適当な**ものはどれか。

1. せっこうボードは、火災時にはせっこうに含まれる結晶水が分解されるまで、温度上昇を防ぐので、優れた防火性を有している。
2. 窯業系サイディングは、セメント質原料及び繊維質原料を成形したものであり、外装材として用いられる。
3. ALC は、原料を発泡させて高温高圧蒸気養生した材料であり、1 mm 程度の独立気泡を多く含むので、優れた耐火性・断熱性を有している。
4. ガラス繊維混入セメント板（GRC パネル）は、セメント系材料にガラス繊維を混入したものであり、曲げ強度が高く薄肉化か可能なので、内外装パネルとして用いられる。
5. 木片セメント板は、細長く削り出した木毛とセメントを混合し加圧成型したものであり、加工性が良いので、天井の下地材に用いられる。

解説　木片セメント板は、比較的短い木片とセメントを混合し加圧成型したもので、セメントと板の密度により普通木片セメント板と硬質木片セメント板がある。細長く削り出した木毛とセメントを混合し加圧成型したものは木毛セメント板である。ともに軽量かつ断熱性のある準不燃材料で各種下地板に用いられる。　正解 5

二級建築士試験
平成29年度〜令和5年度

学科Ⅳ

「学科Ⅳ」 分野別攻略法

施工計画

・「施工計画」は、計画書に関する記載事項、「工程管理」は、ネットワーク工程表における各作業日数の計算が問われる。

工事管理

・「材料管理」は、例年、セメントや鉄筋など同様の材料が毎回出題される。「安全管理」は、主に足場に関する問題であるため、「仮設工事」と兼ねて進め、足場の形態や名称をイメージしながら学習するとよい。

各部工事

・「鉄筋」や「型枠」「コンクリート」工事では、コンクリート工事の流れ（段取り）をイメージしながら学習する。「かぶりと型枠」「型枠とコンクリート強度」等は関連する事項を整理し、「かぶり」「型枠の存置期間」等は図で理解。

・「鉄骨」「補強コンクリートブロック」は、例年出題パターンが同じ。過去問重視。

・「木工事」は、広範囲から出題されるが、継手や釘、防腐剤は、必修である。

・「防水」は、アスファルト防水全般、「左官」は、モルタル塗りを主体に、せっこうプラスターやセルフレベリング材などがよく出題される。

・「塗装」は、塗料と素地面の関係や素地ごしらえが出る。屋内外の違いは、要注意。

・「建具・ガラス」は含水率や丁番、サッシの腐食防止や水抜き孔が、パターン問題。

・「内装・断熱」は、広範囲からの出題。下地材の留付けは難問。まずは、エポキシ系接着剤、せっこうボード、ビニル床シート、合板の切断をおさえよう！

・「設備」は、排水ますや地中埋設深さ、トラップ、管の材質など出題範囲を絞る。

用語・積算・測量など

・「施工用語・機械器具」は、型枠や鉄筋、防水、土工事等に関する機械や工法。「積算」は、工事価格の構成や数量算出、「測量」は、平板測量を主に、各種測量と使用器具をキーワードとして学習を進める。

【学科Ⅳ】
1 施工計画

R05	R04	R03	R02	R01	H30	H29

問題 01 Ⅳ 1 施工計画に関する次の記述のうち、**最も不適当な**ものはどれか。

1. 施工計画の作成に当たっては、設計図書をよく検討し、不明な点や不足の情報、図面相互の不整合がないか確認する。
2. 実施工程表は、工事の施工順序や所要時間を示したものであり、月間工程表などが含まれる。
3. 工種別の施工計画書は、各工種別に使用材料や施工方法について記載した文書であり、鉄骨工事施工計画書や防水工事施工計画書などがある。
4. 施工図は、工事の実施に際して設計図を補うために作成される図面であり、総合仮設計画書やコンクリート躯体図などがある。
5. 工事の記録は、工事中の指示事項や進捗の経過、各種試験の結果を記載したものであり、工事日誌や工事写真などがある。

解説 施工図には、総合仮設計画書は含まれない。 正解 4

R05	R04	R03	R02	R01	H30	H29

問題 02 Ⅳ 1 次の用語のうち、ネットワーク工程表に**最も関係のない**ものはどれか。

1. ノード
2. アロー
3. バーチャート
4. EST
5. フロート

解説 バーチャートはネットワーク工程表とは無関係である。

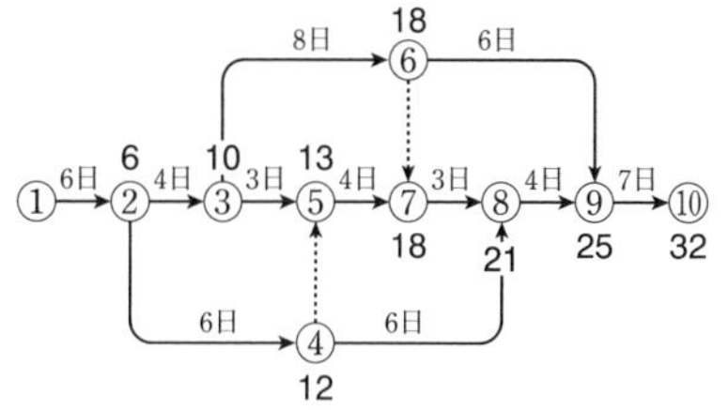

アロー形ネットワーク工程表

日程	5/1	5/2	5/3	5/4	5/5	5/6	5/7	5/8	5/9	5/10
	月	火	水	木	金	土	日	月	火	水
作業①										
作業②										
作業③										
作業④										
作業⑤										

バーチャート工程表

1. ノードとは、ネットワーク工程表の○印で、作業の始まりもしくは、作業の終わりを表す。
2. アローはネットワーク工程表の矢を表し、作業の方向を示す。
4. EST とは、ネットワーク工程表の一つの作業の最早開始時刻(Earliest Start Time)を表す。たとえば、図のネットワーク工程表で⑤→⑦の作業の EST を検討する。①→②→③→⑤の経路は 13 日かかり、①→②→④→⑤の経路は 12 日かかる。⑤→⑦の作業は 2 経路とも終了していないと作業に入れないことから、最も早く作業に入ることができるのは、13 日経過後になる。よって、⑤→⑦の作業の EST は 13 日となる。ここで④→⑤の作業はダミーと言い、実作業ではなく作業の関連を表す。
5. フロートとは、ネットワーク工程表における作業の余裕時間のこと。 **正解 3**

R05	R04	R03	R02	R01	H30	H29

問題 03 Ⅳ 1 施工計画に関する次の記述のうち、**最も不適当な**ものはどれか。

1. 施工計画書に含まれる基本工程表については、監理者が作成し、検査及び立会の日程等を施工者へ指示した。
2. 工事種別施工計画書における品質管理計画には、品質評価方法及び管理値を外れた場合の措置についても記載した。
3. 施工管理には、その任務に必要な能力、資格を有する管理者を選定し、監理者に報告した。
4. 総合施工計画書には、設計図書において指定された仮設物の施工計画に関する事項についても記載した。
5. 施工図・見本等の作成については、監理者と協議したうえで該当部分の施工図・見本等を作成し、承認を得た。

解説 (JASS1. 4. 5. a) 施工者は、主要な工事項目とともに、施工計画書を作成し、監理者の承認を受ける。

2. (JASS1. 2. 3. b)品質管理計画には、①品質管理組織、②管理項目および管理値、③品質管理実施方法、④品質評価方法、⑤管理値を外れた場合の措置を含むものとする。

3. （JASS1. 4. 1. b）施工監理には、その任務に必要な能力、資格を有する管理者を選定し、監理者に報告する。

4. （JASS1. 4. 5. b）設計図書において指定された仮設物等がある場合は、総合施工計画書にその内容を記述し、監理者の承認を受ける必要がある。

5. （JASS1. 4. 6）施工に必要な施工図・見本等を作成し、監理者の承認を受ける。

正解 1

R05	R04	R03	R02	R01	H30	H29

問題 04 Ⅳ 1　施工計画に関する次の記述のうち、**最も不適当な**ものはどれか。

1. 総合施工計画書には、工事期間中における工事敷地内の仮設資材や工事用機械の配置を示し、道路や近隣との取合いについても表示した。
2. 工事の内容及び品質に多大な影響を及ぼすと考えられる工事部分については、監理者と協議したうえで、その工事部分の施工計画書を作成した。
3. 基本工程表を作成するに当たって、施工計画書、製作図及び施工図の作成並びに承諾の時期を考慮した。
4. 設計図書に選ぶべき専門工事業者の候補が記載されていたが、工事の内容・品質を達成し得ると考えられたので、候補として記載されていない専門工事業者を、施工者の責任で選定した。
5. 工種別の施工計画書における品質計画は、使用する材料、仕上り状態及び機能・性能を定めた基本要求品質を満たすように作成した。

解説　特定の工事部分の施工を専門工事業者に行わせる場合には、その施工を担当するための適切な技術・能力がある専門工事業者を選定する。また、施工管理者は、担当する専門工事業者の一覧表を作成し監理者に提出する。設計図書に記載されていない業者を選定する場合は、事前に監理者と協議し施工者の責任で選定する。　正解 4

【学科IV】

2 工程管理

R05	R04	R03	R02	R01	H30	H29

問題01 IV 1　下に示すネットワーク工程表に関する次の記述のうち、**最も不適当な**ものはどれか。

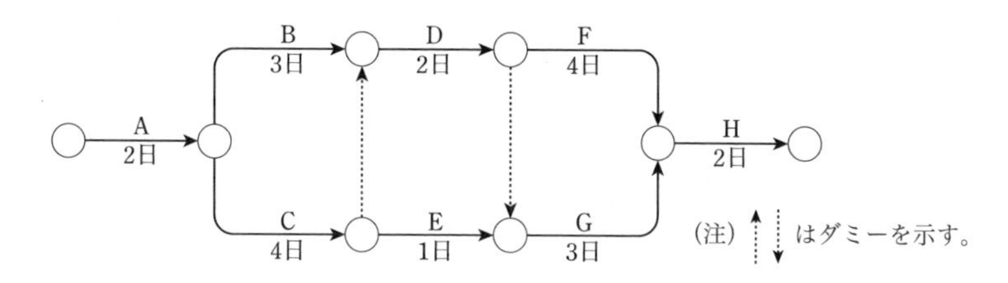

1.　この工事全体は、最短14日で終了する。
2.　C作業の所要日数を2日短縮すると、この工事全体の作業日数は、1日の短縮となる。
3.　E作業の所要日数を1日延長すると、この工事全体の作業日数は、1日の延長となる。
4.　F作業の所要日数を1日短縮すると、この工事全体の作業日数は、1日の短縮となる。
5.　G作業の所要日数を1日延長しても、この工事全体の作業日数は、変わらない。

解説　アロー型ネットワークは、各作業間の関連がわかる工程表で、ダミーは実作業はないが、作業の関連のみ示す記号である。また、クリティカルパス（以下CP）は、様々な作業ルートがある中で最も遅く作業が終了する経路を指し、このパス上の作業が遅れると全体の工期に直接遅れをきたす。この問題の場合、CPはA→B→D→F→Hとなる。

3.　CP以外の経路では、作業終了まで1日余裕があるため、作業Eの1日の遅れは工事全体の遅れにはならない。

正解3

R05	R04	R03	R02	R01	H30	H29

問題02 IV 1　工程の計画と管理に関する次の用語のうち、ネットワーク手法

に**最も関係の少ない**ものはどれか。

1. ダミー
2. アクティビティ（作業）
3. フリーフロート
4. ガントチャート
5. クリティカルパス

解説 ガントチャートは、ヘンリー・ガントによって考案された棒グラフの一種。バーチャート工程表が作業項目を縦軸に、時間を横軸に設け、各作業の開始から終了を棒グラフで表現する工程表であるのに対して、ガントチャートは、横軸に達成率を取った棒グラフである。他の用語はネットワーク工程表に関する用語である。図は、ネットワーク工程表の例である。

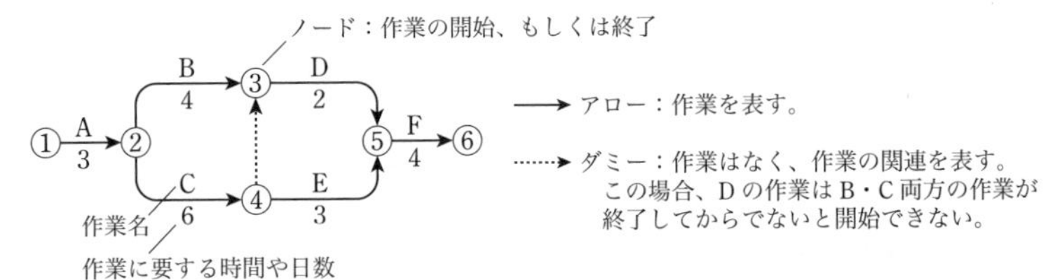

正解 4

R05	R04	R03	R02	R01	H30	H29

問題 03 Ⅳ 1 下に示すネットワーク工程表に関する次の記述のうち、**最も不適当な**ものはどれか。

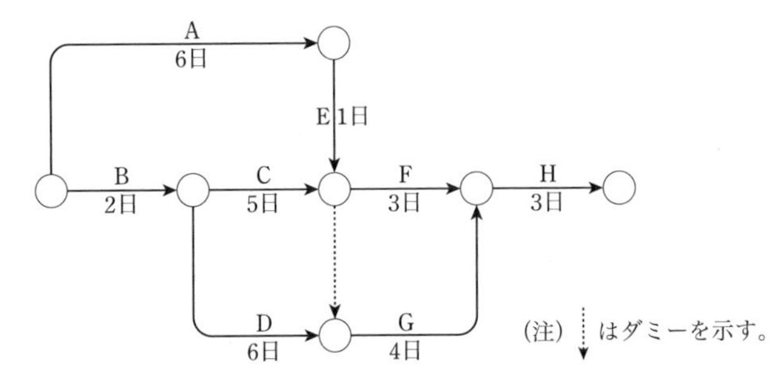

1. この工事全体は、最短 15 日で終了する。
2. A 作業の所要日数を 1 日短縮しても、この工事全体の作業日数は変わらない。
3. D 作業の所要日数を 3 日短縮すると、この工事全体の作業日数は、2 日の短縮となる。
4. E 作業が終了しなければ、G 作業は開始できない。
5. F 作業のフリーフロート（後続作業に影響せず、その作業で自由に使える余裕時間）は、1日である。

解説 工事全体の最短作業日数（クリティカルパス）は、B→D→G→H＝2日＋6日＋4日＋3日＝15日
クリティカルパス間において、作業が1日でも増減すれば工事全体の作業日数に影響する。

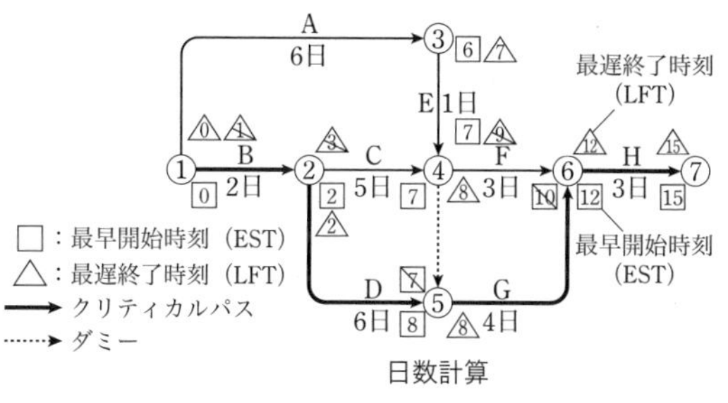

日数計算

3. D作業の所要日数が3日短縮すると、6日－3日＝3日
B→C→G→H＝2日＋5日＋4日＋3日＝14日
A→E→G→H＝6日＋1日＋4日＋3日＝14日
よって、工事全体の作業日数は、1日の短縮となる。

5. F作業のフリーフロート＝後続のEST－（F作業のEST＋作業日数）＝□12－（□7＋3）＝2日

時間計算

最早開始時刻（EST）…各作業を最も早く始められる時刻。
最早終了時刻（EFT）…各作業を最も早く終了できる時刻。
最遅開始時刻（LST）…工期に遅れない範囲で、各作業を最も遅く開始してもよい時刻
最遅終了時刻（LFT）…工期に遅れない範囲で、各作業を最も遅く終了してもよい時刻

最早開始時刻（EST）の計算

結合点	EFTの計算	EST
①		□0
②	□0 +2=2	□2
③	□0 +6=6	□6
④	□2 +5=7 □6 +1=7 最大値 7	□7
⑤	□2 +6=8 □7 +0=7 最大値 8	□8
⑥	□7 +3=10 □8 +4=12 最大値 12	□12
⑦	□12 +3=15	□15

最遅終了時刻（LFT）の計算

結合点	LSTの計算	LFT
⑦		△15
⑥	△15 −3=12	△12
⑤	△12 −4=8	△8
④	△12 −3=9 △8 −0=8 最小値 8	△8
③	△8 −1=7	△7
②	△8 −5=3 △8 −6=2 最小値 2	△2
①	△7 −6=1 △2 −2=0 最小値 0	△0

正解 3、5

※この問題は、3.が明らかな間違いであるが、5.においても、F作業のフリーフロートは定義上2日であることから、正答肢は3と5になっている。

【学科Ⅳ】

3 材料管理

R05	R04	R03	R02	R01	H30	H29

問題01 Ⅳ2 工事現場における材料の保管等に関する次の記述のうち、**最も不適当な**ものはどれか。

1. 砂利を保管するに当たり、保管場所の床は、泥土等で汚れないよう周囲地盤より高くし、かつ、水勾配を設けた。
2. 押出成形セメント板は、屋内の平坦で乾燥した場所に、台木を用いて積み上げ高さを床面より1mにして保管した。
3. シーリング材は、高温多湿や凍結温度以下とならない、かつ、直射日光や雨露の当たらない場所に密封して保管した。
4. セラミックタイル型枠先付け工法に用いるタイルユニット及び副資材は、直射日光や雨水による変質や劣化などを防止するため、シート養生を行い保管した。
5. 巻いたビニル壁紙は、くせが付かないように、平積みにして保管した。

解説（建築工事監理指針19.8.1(e)(2)）巻いた材料は、くせが付かないように立てて保管する。

1. 砂利や砂は周辺地盤より高いところに保管する。
2. 積置き場所を平坦で乾燥した屋内とし、台木を配置したうえで、パネルの積み上げ高さは、1m以下とする。屋外保管とする場合は、必ずシート養生とする。
3. 直射日光があたらず、雨がかからない、乾燥した状態の凍結温度以下にならない涼しい場所を選び、密封して保存する。
4. （建築工事監理指針11.4.4(g)(1)）

正解5

R05	R04	**R03**	R02	R01	H30	H29

問題02 Ⅳ3 工事現場における材料の保管等に関する次の記述のうち、**最も不適当な**ものはどれか。

1. 外壁工事に用いる押出成形セメント板は、屋内の平坦で乾燥した場所に、台木を用いて1.0mの高さに積み重ねて保管した。
2. 被覆アーク溶接棒は、湿気を吸収しないように保管し、作業時には携帯用乾燥器を用いた。

3. アスファルトルーフィングは、屋内の乾燥した場所に平積みにして保管した。

4. 屋外にシートを掛けて保管する断熱材は、シートと断熱材との間に隙間を設けて通気できるようにした。

5. セメントは、吸湿しないように、上げ床のある倉庫内に保管した。

解説 アスファルトルーフィングは、屋内の乾燥した場所に立置きにして保管する。

1. 押出成形セメント板は、平坦で乾燥した場所で保管し、積み上げ高さは 1.0m 以内とする。屋外保管の場合は、必ずシート養生とする。
2. 被覆アーク溶接棒は、吸湿しないようにビニールでしっかりとくるんで保管し、溶接するときは携帯用乾燥器を使用する。
4. 風通しの良いところで保管する。
5. セメントは、吸湿や風化しないよう気密性の高い倉庫に保管する。床は湿気を防ぐため地盤面より 30cm 以上高くする。また、積み重ねによる圧縮凝固を避けるため、10 袋ずつ積み重ね、搬入期日ごとに区分し保管する。

正解 3

R05	R04	R03	R02	R01	H30	H29

問題 03 IV 3 工事現場における材料の保管に関する次の記述のうち、**最も不適当な**ものはどれか。

1. 砂利を保管するに当たり、保管場所の床は、泥土等で汚れないよう周囲地盤より高くし、かつ、水勾配を設けた。

2. シーリング材は、高温多湿や凍結温度以下とならない、かつ、直射日光や雨露の当たらない場所に密封して保管した。

3. 陶磁器質タイル型枠先付け工法に用いるタイルユニット及び副資材は、直射日光や雨水による変質や劣化などを防止するため、シート養生を行い保管した。

4. 外壁工事に用いる押出成形セメント板は、屋内の平坦で乾燥した場所に、台木を用いて 1.0m の高さに積み重ねて保管した。

5. 断熱材を屋外で保管するに当たり、日射を避けるために黒色のシートで覆い、かつ、シートと断熱材との間に隙間が生じないようにした。

解説 （公共建築工事標準仕様書 19. 9. 2.（エ））断熱材の保管は、日射、温度、湿度等の影響による変質を受けないように適切な養生を行う。黒色シートは、日射により内部の温度を上昇させると共に、シートと断熱材の間に隙間がなく、結露が起こるために湿度の影響を受ける恐れがある。

1. 砂利や砂は周辺地盤より高いところに保管する。

4. 台木を 1/5L の位置に置き二点支持とする。乾燥した場所を選び積み置き高さは台木をいれて 1m 以下とする。　正解 5

R05	R04	R03	R02	R01	H30	H29

問題 04 Ⅳ 3　工事現場における材料等の保管に関する次の記述のうち、**最も不適当な**ものはどれか。

1. 既製コンクリート杭は、地盤を水平に均(なら)し、杭の支持位置にまくら材を置き、1 段に並べ仮置きした。
2. 鉄筋及び鉄骨は、泥土が付かないように受材の上に置き、シート養生を行い保管した。
3. 高力ボルトは、雨水・塵埃(じんあい)などが付着せず、温度変化の少ない場所に、等級別、ねじの呼び別、長さ別に整理して保管した。
4. アスファルトルーフィングは、屋内の乾燥した場所に立置きにして保管した。
5. 巻いたビニル壁紙は、くせが付かないように、井桁積みにして保管した。

解説　巻いたビニル壁紙の保管は、屋内の乾燥した場所に立て置きで保管する。井桁積みや平積みは、積み重ねによる折損の原因となる。　正解 5

学科Ⅳ

4 安全管理

R05	R04	R03	R02	R01	H30	H29

問題 01 Ⅳ 3　工事現場の安全確保に関する次の記述のうち、**最も不適当な**ものはどれか。

1.　高さ 1.6 m の箇所での作業のため、安全に昇降するための設備を設けた。
2.　架設通路については、墜落の危険のある箇所に、高さ 95 cm の手摺（すり）及び高さ 50 cm の中桟を設けたが、作業上やむを得なかったので、必要な部分を限って臨時にこれを取り外した。
3.　高さ 8 m の登り桟橋において、高さ 4 m の位置に踊場を 1 箇所設けた。
4.　高さ 2 m の作業構台において、作業床の床材間の隙間を 5 cm とした。
5.　吊（つ）り足場の作業床は、幅 40 cm とし、かつ、隙間がないようにした。

解説（労働安全衛生規則第 575 条の六、三）高さ 2 m 以上の作業床の床材間の隙間は、3cm 以下とすること。

1.（労働安全衛生規則第 526 条）高さ又は深さが 1.5 m をこえる箇所で作業を行うときは、安全に昇降するための設備等を設けなければならない。
2.（労働安全衛生規則第 552 条 1 項四号イ、ロ、2 項）高さ 85 cm 以上の手すりおよび高さ 35 cm 以上 50 cm 以下の桟を設けること。また、作業の必要上、臨時に手すり等又は中桟等を取り外す場合において必要な措置を講じたときは、適用しない。
3.（労働安全衛生規則第 552 条 1 項六号）建設工事に使用する高さ 8 m 以上の登り桟橋には、7 m 以内ごとに踊場を設けること。
5.（労働安全衛生規則第 574 条 1 項六号）作業床は、幅を 40 cm 以上とし、かつ、隙間がないようにすること。

正解 4

R05	R04	R03	R02	R01	H30	H29

問題 02 Ⅳ 2　工事現場における次の作業のうち、「労働安全衛生法」上、**所定の作業主任者を選任しなければならない**ものはどれか。ただし、いずれの作業も火薬、石綿などの取扱いはないものとする。

1.　掘削面の高さが 2.0 m の土止め支保工の切ばり及び腹起しの取付け作業
2.　高さが 3.6 m の枠組足場の組立て作業
3.　高さが 4.0 m のコンクリート造の工作物の解体作業

4.　軒の高さが 4.5 m の木造の建築物における構造部材の組立て作業
5.　高さが 4.5 m の鉄骨造の建築物における骨組みの解体作業

解説（労働安全衛生法 14 条、同施行令 6 条十号）土止め支保工の切ばり又は腹起しの取付け又は取外しの作業においては、高さに関係なく作業主任者を選任する。

2.（労働安全衛生法 14 条、同施行令 6 条十五号）高さが 5 m 以上の構造の足場の組立て、解体又は変更の作業は、作業主任者を選任しなければならない。
3.（労働安全衛生法 14 条、同施行令 6 条十五号の五）高さが 5 m 以上であるコンクリート造の工作物の解体又は破壊の作業は、作業主任者を選任しなければならない。
4.（労働安全衛生法 14 条、同施行令 6 条十五号の四）軒の高さが 5 m 以上の木造建築物の構造部材の組立て又はこれに伴う屋根下地若しくは外壁下地の取付けの作業は、作業主任者を選任しなければならない。
5.（労働安全衛生法 14 条、同施行令 6 条十五号の二）高さが 5 m 以上の建築物の骨組み又は塔であって、金属製の部材により構成されるものの組立て、解体又は変更の作業は、作業主任者を選任しなければならない。

正解 1

R05	R04	R03	R02	R01	H30	H29

問題 03 Ⅳ 3　工事現場における次の作業のうち、「労働安全衛生法」上、**所定の作業主任者を選任しなければならない**ものはどれか。ただし、いずれの作業も火薬、石綿などの取扱いはないものとする。

1.　軒の高さが 5.0 m の木造の建築物における構造部材の組立て作業
2.　高さが 4.5 m の鉄骨造の建築物における骨組みの組立て作業
3.　高さが 3.6 m の枠組足場の組立て作業
4.　高さが 3.0 m のコンクリート造の工作物の解体作業
5.　掘削面の高さが 1.8 m の地山の掘削作業

解説（労働安全衛生法 14 条、同施行令 6 条 1 項十五号の四）軒の高さが 5 m 以上の木造建築物における構造部材の組立作業を行う場合は、所定の作業主任者を選任しなければならない。

2.（労働安全衛生法 14 条、同施行令 6 条 1 項十五号の二）高さ 5 m 以上であるもの
3.（労働安全衛生法 14 条、同施行令 6 条 1 項十五号）高さ 5 m 以上の足場の組立て
4.（労働安全衛生法 14 条、同施行令 6 条 1 項十五号の五）コンクリート造の工作物（その高さが 5 m 以上のもの）
5.（労働安全衛生法 14 条、同施行令 6 条 1 項十五号の九）掘削面の高さが 2 m 以上となる地山の掘削

正解 1

R05	R04	R03	R02	R01	H30	H29

問題 04 Ⅳ 2　工事現場の安全確保に関する次の記述のうち、**最も不適当な**も

のはどれか。

1. スレート葺の屋根の上で作業を行うに当たり、幅24cmの歩み板を設け、防網を張った。
2. くさび緊結式足場において、高さ2m以上の場所に作業床を設置するに当たり、墜落防止措置のため、床材と建地（支柱）との隙間を10cmとした。
3. 高さ9mの登り桟橋において、踊り場を高さ3mごとに設けた。
4. 強風による悪天候のため、地盤面からの高さが2m以上の箇所で予定していた作業を中止した。
5. 高さ3mの作業場所から不要となった資材を投下する必要があったので、投下設備を設けるとともに、立入禁止区域を設定して監視人を配置した。

解説 （労働安全衛生規則524条）スレート・木毛板等で葺かれた屋根の踏み抜きの危険があるとき、幅が30cm以上の歩み板を設け、防網を張る等労働者の危険を防止するための措置を講じなければならない。

正解 1

R05	R04	R03	R02	R01	H30	H29

問題 05 Ⅳ3 建築の工事現場における次の作業のうち、「労働安全衛生法」上、**所定の作業主任者を選任しなければならない**ものはどれか。ただし、いずれの作業も火薬、石綿などの取扱いはないものとする。

1. 掘削面の高さが1.5mの地山の掘削作業
2. 軒の高さが4.5mの木造の建築物における構造部材の組立て作業
3. 高さが4.5mの鉄骨造の建築物における骨組みの組立て作業
4. 高さが4.5mのコンクリート造の工作物の解体作業
5. 高さが4.5mのコンクリート造の工作物の型枠支保工の解体作業

解説 型枠支保工の組立て又は解体作業においては、型枠支保工の組立て等作業主任者技能講習を修了した者のうちから、型枠支保工の組立て等作業主任者を選任しなければならない。なお、高さの規定は定められていない。

1. 2m以上の地山の掘削作業は、作業主任者の選任が必要である。
2. 軒の高さが5m以上の木造建築物における構造部材の組立て作業は、作業主任者の選任が必要である。

正解 5

【学科Ⅳ】

5 申請・届出・手続

R05	R04	R03	R02	R01	H30	H29

問題 01 Ⅳ 3　建築工事等に関する次の届又は報告のうち、労働基準監督署長あてに提出するものとして、**最も不適当な**ものは、次のうちどれか。

1.　クレーン設置届
2.　建設用リフト設置届
3.　特定建設作業実施届出書
4.　安全管理者選任報告
5.　特定元方事業者の事業開始報告

解説（騒音規制法 2 条 3 項、14 条）特定建設作業とは、建設工事として行なわれる作業のうち、著しい騒音を発生する作業であって政令で定めるもので、当該特定建設作業の開始の日の 7 日前までに、環境省令で定めるところにより、市町村長に届け出なければならない。

1.（労働基準法 88 条 1 項、クレーン等安全規則第 5 条）
2.（労働基準法 88 条 1 項、クレーン等安全規則第 174 条）
4.　総括安全衛生管理者、安全管理者、衛生管理者及び産業医の選任は、その選任すべき事由が発生した日から 14 日以内に選任し、遅滞なく所轄の労働基準監督署へ報告する。
5.（労働安全衛生規則 664 条）特定元方事業者は、当該作業の開始後、遅滞なく当該場所を管轄する労働基準監督署長に報告しなければならない。

正解 3

R05	R04	R03	R02	R01	H30	H29

問題 02 Ⅳ 2　建築士法の規定に基づく「建築士事務所の開設者がその業務に関して請求することのできる報酬の基準」において、建築士が行う工事監理に関する標準業務及びその他の標準業務として、**最も不適当な**ものは、次のうちどれか。

1.　設計図書の内容を把握し、設計図書に明らかな、矛盾、誤謬（ごびゅう）、脱漏、不適切な納まり等を発見した場合には、設計者に報告し、必要に応じて建築主事に届け出る。
2.　工事施工者から工事に関する質疑書が提出された場合、設計図書に定められた品質確保の観点から技術的に検討し、必要に応じて建築主を通じて設計者に確認の上、回答を工事施工者に通知する。

3.　設計図書の定めにより、工事施工者が提案又は提出する工事材料が設計図書の内容に適合しているかについて検討し、建築主に報告する。

4.　工事請負契約に定められた指示、検査、試験、立会い、確認、審査、承認、助言、協議等を行い、また工事施工者がこれを求めたときは、速やかにこれに応じる。

5.　建築基準法等の法令に基づく関係機関の検査に必要な書類を工事施工者の協力を得てとりまとめるとともに、当該検査に立会い、その指摘事項等について、工事施工者等が作成し、提出する検査記録等に基づき建築主に報告する。

解説（国土交通省告示 15 号）設計図書の内容を把握し、設計図書に明らかな、矛盾、誤謬、脱漏、不適切な納まり等を発見した場合には、建築主に報告し、必要に応じて建築主を通じて設計者に確認する。　正解 1

R05	R04	R03	R02	R01	H30	H29

問題 03　IV 2　建築工事に関する届・報告・申請書とその提出先との組合せとして、**最も不適当な**ものは、次のうちどれか。

1.　クレーン設置届――――――――――労働基準監督署長
2.　特定元方事業者の事業開始報告―――労働基準監督署長
3.　特殊車両通行許可申請書――――――道路管理者
4.　道路使用許可申請書――――――――警察署長
5.　危険物貯蔵所設置許可申請書――――消防署長

解説（消防法 11 条、危険物の規制に関する政令 6 条）消防署を置く市町村の場合は市町村長、それ以外は都道府県知事あてに提出する。　正解 5

R05	R04	R03	R02	R01	H30	H29

問題 04　IV 2　建築工事に関する申請書・届とその提出先との組合せとして、**最も不適当な**ものは、次のうちどれか。

1.　完了検査申請書――――――――――建築主事
2.　特殊車両通行許可申請書――――――道路管理者
3.　特定建設作業実施届出書――――――市町村長
4.　建築工事届―――――――――――――都道府県知事
5.　クレーン設置届――――――――――警察署長

解説　クレーン設置届は、労働基準監督署長に提出する。　正解 5

学科Ⅳ

6 産業廃棄物の処理等

R05	R04	R03	R02	R01	H30	H29

問題 01 Ⅳ4 建築等の工事現場から排出される廃棄物に関する次の記述のうち、「廃棄物の処理及び清掃に関する法律」に照らして、**最も不適当な**ものはどれか。

1. 現場事務所から排出された書類は、一般廃棄物に該当する。
2. 建築物の改修に伴って生じたガラスくずは、一般廃棄物に該当する。
3. 建築物の解体に伴って生じた木くずは、産業廃棄物に該当する。
4. 建築物の改築に伴って取り外した、ポリ塩化ビフェニルが含まれた蛍光灯安定器は、特別管理産業廃棄物に該当する。
5. 建築物の解体において、石綿の除去作業に用いたプラスチックシートは、特別管理産業廃棄物に該当する。

解説 (廃棄物の処理及び清掃に関する法律施行令第2条1項七号) ガラスくずは、産業廃棄物に該当する。

1. (廃棄物の処理及び清掃に関する法律施行令第2条1項一号) 紙くず (建設業に係るもののうち、工作物の新築、改築又は除去に伴つて生じたものに限る。)。一般廃棄物に該当する。
3. (廃棄物の処理及び清掃に関する法律施行令第2条1項二号)
4. (廃棄物の処理及び清掃に関する法律施行令第2条の四、1項五号、ロ、(6)) 金属くず (事業活動等発生物に限る。) のうち、ポリ塩化ビフェニルが付着し、又は封入されたもの。特別管理産業廃棄物に該当する。
5. (廃棄物の処理及び清掃に関する法律施行令第2条の四、1項五号、ト) 廃石綿等 (廃石綿及び石綿が含まれ、又は付着している産業廃棄物のうち、石綿建材除去事業 (建築物その他の工作物に用いられる材料であつて石綿を吹き付けられ、又は含むものの除去を行う事業をいう。) に係るもの。特別管理産業廃棄物に該当する。

正解 2

R05	R04	R03	R02	R01	H30	H29

問題 02 Ⅳ4 建築等の工事現場から排出される廃棄物に関する次の記述のうち、「廃棄物の処理及び清掃に関する法律」に照らして、**最も不適当な**ものはど

れか。

1.　店舗の改装工事に伴って取り外した木製の建具は、産業廃棄物に該当する。

2.　住宅の新築工事に伴って生じた発泡プラスチック系断熱材の廃材は、産業廃棄物に該当する。

3.　現場事務所内での作業に伴って生じた図面などの紙くずは、産業廃棄物に該当する。

4.　場所打ちコンクリート杭の杭頭処理で生じたコンクリートの破片は、産業廃棄物に該当する。

5.　事務所の解体工事に伴って取り外したポリ塩化ビフェニルが含まれている廃エアコンディショナーは、特別管理産業廃棄物に該当する。

解説（廃棄物の処理及び清掃に関する法律施行令2条一号）現場事務所内で生じた紙くずは、工作物の新築、改築又は除去に伴つて生じたものではないので、産業廃棄物に該当しない。

1.（廃棄物の処理及び清掃に関する法律施行令2条二号）木くず（建設業に係るもの（工作物の新築、改築又は除去に伴つて生じたものに限る。）は産業廃棄物に該当する。

2.（廃棄物の処理及び清掃に関する法律施行令2条十二号へ）

4.（廃棄物の処理及び清掃に関する法律施行令2条九号）工作物の新築、改築又は除去に伴って生じたコンクリートの破片その他これに類する不要物は、産業廃棄物に該当する。

5.（廃棄物の処理及び清掃に関する法律施行令2条の4第五号ロ(5)(6)）廃プラスチック類もしくは金属くず（事業活動等発生物に限る。）のうち、ポリ塩化ビフェニルが付着し、又は封入されたものは、特別管理産業廃棄物に該当する。　正解3

R05	R04	R03	R02	R01	H30	H29

問題03 IV4　建築等の工事現場から排出される廃棄物に関する次の記述のうち、「廃棄物の処理及び清掃に関する法律」に照らして、**誤っている**ものはどれか。

1.　防水工事用アスファルトの使用残さは、産業廃棄物に該当する。

2.　建築物の解体に伴って生じたれんがの破片は、産業廃棄物に該当する。

3.　事務所の基礎工事に伴って生じた汚泥は、産業廃棄物に該当する。

4.　建築物の改築工事に伴って生じた繊維くずは、一般廃棄物に該当する。

5.　石綿建材除去事業に伴って生じた飛散するおそれのある石綿は、特別管理産業廃棄物に該当する。

解説（廃棄物処理法施行令2条三号）繊維くず（建設業に係るもの（工作物の新築、改築又は除去に伴って生じたものに限る。）は産業廃棄物である。

1.2.（廃棄物処理法施行令2条九号）工作物の新築、改築又は除去に伴って生じたコンクリートの破片その他これに類する不要物（①コンクリート破片、②アスファルト・コンクリート破片、③レンガ破片）は産業廃棄物である。

3.（廃棄物処理法2条4項一号）汚泥（事業活動に伴って生じたものに限る）は産業廃棄物である。

5.（廃棄物処理法施行令2条の4、五号ト）廃石綿等建材除去事業により生じたもので、飛散するおそれがあるとして環境省令で定めるものは、特別管理産業廃棄物である。

正解4

R05	R04	R03	R02	R01	H30	H29

問題04 Ⅳ4 工事現場から排出される廃棄物等に関する次の記述のうち、「廃棄物の処理及び清掃に関する法律」に照らして、**誤っている**ものはどれか。

1. 建築物の解体に伴って生じたコンクリートの破片は、産業廃棄物に該当する。
2. 建築物の解体に伴って生じた木くずは、産業廃棄物に該当する。
3. 建築物の解体において、石綿の除去作業に用いたプラスチックシート、粉塵マスクは、特別管理産業廃棄物に該当する。
4. 建築物の改築に伴って取り外した、ポリ塩化ビフェニルが含まれた蛍光灯安定器は、特別管理産業廃棄物に該当する。
5. 建築物の新築に伴って生じた紙くずは、一般廃棄物に該当する。

解説（廃棄物の処理及び清掃に関する法律2条4項一号、廃棄物の処理及び清掃に関する法律施行令2条）建築物の新築に伴って生じた紙くずは、産業廃棄物に該当する。

正解5

R05	R04	R03	R02	R01	H30	H29

問題05 Ⅳ4 建築の工事現場から排出される廃棄物に関する次の記述のうち、「廃棄物の処理及び清掃に関する法律」に照らして、**誤っている**ものはどれか。

1. 現場事務所から排出された書類は、一般廃棄物に該当する。
2. 建築物の新築に伴って生じた廃発泡スチロールは、一般廃棄物に該当する。
3. 建築物の新築に伴って生じた壁紙くずは、産業廃棄物に該当する。
4. 建築物の解体に伴って生じた木くずは、産業廃棄物に該当する。
5. 建築物の解体に伴って生じたひ素を含む汚泥は、特別管理産業廃棄物に該当する。

解説 建築物の新築に伴って生じた廃発泡スチロールは、産業廃棄物である。 正解2

R05	R04	R03	R02	R01	H30	H29

問題06 Ⅳ 4 建築の工事現場から排出される廃棄物に関する次の記述のうち、「廃棄物の処理及び清掃に関する法律」上、**誤っている**ものはどれか。

1. 一戸建て住宅の改修工事に伴って生じたガラスくずを、一般廃棄物として処理した。
2. 現場事務所内での作業に伴って生じた図面などの紙くずを、一般廃棄物として処理した。
3. 地業工事に伴って生じた廃ベントナイト泥水を含む汚泥を、産業廃棄物として処理した。
4. 共同住宅の改修工事に伴って生じた繊維くずを、産業廃棄物として処理した。
5. 事務所の改修工事に伴って取り外したPCB（ポリ塩化ビフェニル）が含まれている蛍光灯安定器を、特別管理産業廃棄物として処理した。

解説 住宅の工事に伴って生じたガラスくずは、産業廃棄物に該当する。 正解 1

R05	R04	R03	R02	R01	H30	H29

問題07 Ⅳ 4 建築の工事現場から排出される廃棄物に関する次の記述のうち、「廃棄物の処理及び清掃に関する法律」上、**誤っている**ものはどれか。

1. 一戸建て住宅の新築工事に伴って生じた紙くずを、一般廃棄物として処理した。
2. 事務所の基礎工事に伴って生じた汚泥を、産業廃棄物として処理した。
3. 共同住宅の新築工事に伴って生じた木くずを、産業廃棄物として処理した。
4. 事務所の改築工事に伴って生じたコンクリートの破片を、産業廃棄物として処理した。
5. 共同住宅の改築工事に伴って生じた廃プラスチック類のうち、ポリ塩化ビフェニルが封入されたものを、特別管理産業廃棄物として処理した。

解説 一戸建て住宅の新築工事に伴って生じた紙くずは、産業廃棄物に該当する。ただし、現場事務所内での作業に伴って生じた紙くずは、一般廃棄物となる。 正解 1

【学科Ⅳ】

7 工事監理

R05	R04	R03	R02	R01	H30	H29

問題 01 ［Ⅳ 2］ 建築士法の規定に基づく建築士事務所の開設者が、その業務に関して請求することのできる報酬の基準において、建築士が行う工事監理に関する標準業務及びその他の標準業務に**該当しない**ものは、次のうちどれか。

1. 工事監理の着手に先立って、工事監理体制その他工事監理方針について建築主に説明する。
2. 設計図書の内容を把握し、設計図書に明らかな矛盾、不適切な納まり等を発見した場合には、建築主に報告し、必要に応じて建築主を通じて設計者に確認する。
3. 工事施工者から提出される請負代金内訳書の適否を合理的な方法により検討し、建築主に報告する。
4. 各工事の専門工事業者と工事請負契約を締結する。
5. 工事施工者から提出される最終支払いの請求について、工事請負契約に適合しているかどうかを技術的に審査し、建築主に報告する。

［解説］ 各工事の専門工事業者との工事請負契約は、施工者の業務内容である。 **正解 4**

学科Ⅳ

8 仮設工事

R05	R04	R03	R02	R01	H30	H29

問題 01 Ⅳ 5 仮設工事に関する次の記述のうち、**最も不適当な**ものはどれか。

1. 200 V の配電線の付近で移動式クレーンを使用するので、配電線からの離隔距離（安全距離）を 2.0 m とした。
2. ベンチマークは、相互にチェックできるように 2 箇所設置し、移動しないようにそれらの周囲に養生を行った。
3. 単管足場の建地の間隔を、桁行方向 1.8 m、はり間方向 1.5 m とした。
4. 高さが 2.5 m の登り桟橋は、滑止めのための踏桟を設けたので、勾配を 35 度とした。
5. 事前に工事監理者の承諾を得て、施工中の建築物のうち、施工済の一部を現場事務所として使用した。

解説（労働安全衛生規則第 552 条 1 項二号、三号）勾配は 30 度以下とするほか、勾配が 15 度を超えるものには、踏桟その他の滑止めを設ける。

1. （労働基準局通達、基発 759 号）移動式クレーン等の送配電線類への接触による感電災害の防止対策について）離隔距離は、低圧の場合 1 m 以上とするが、目測誤差およびクレーン操作特性を考慮した電力会社推奨の離隔距離として 2.0 m としている。
2. （JASS2. 3. 4. b）ベンチマークは 2 箇所以上設け、相互にチェックを行うとともに、十分に養生を行う。
3. （労働安全衛生規則第 571 条 1 項一号）建地の間隔は、けた行方向を 1.85 m 以下、はり間方向は 1.5 m 以下とする。
5. （建築工事監理指針 2. 4. 1 (a)）施工者が工事中の建築物を仮設の現場事務所として仮使用したいときは、監理者の承認を受けなければならない。

正解 4

R05	R04	R03	R02	R01	H30	H29

問題 02 Ⅳ 5 仮設工事に関する次の記述のうち、**最も不適当な**ものはどれか。

1. 単管足場における建地の間隔を、桁行方向 1.8 m、はり間方向 1.4 m とした。
2. 単管足場における地上第一の布を、地面から高さ 2.5 m の位置に設けた。
3. 枠組足場における水平材を、最上層及び 3 層ごとに設けた。

4.　単管足場における高さ 4.5m の位置に設ける作業床の幅を、45cm とした。

5.　単管足場における建地間の積載荷重の限度を、400kg とした。

解説 （労働安全衛生規則 571 条二号）地上第一の布は、2m 以下の位置に設けること。

1.（労働安全衛生規則 571 条一号）建地の間隔は、桁行方向 1.85m 以下、はり間方向 1.5m 以下とする。

3.（労働安全衛生規則 571 条五号）最上層及び 5 層以内ごとに水平材を設けること。

4.（労働安全衛生規則 564 条四号イ）高さが 2m 以上の構造の足場の組立て、解体又は変更の作業を行うとき、幅 40cm 以上の作業床を設けること。

5.（労働安全衛生規則 571 条四号）建地間の積載荷重は、400kg を限度とすること。

正解 2

R05	R04	R03	R02	R01	H30	H29

問題 03 Ⅳ5　仮設工事に関する次の記述のうち、**最も不適当な**ものはどれか。

1.　高さが 12m の枠組足場における壁つなぎの間隔を、垂直方向 9m、水平方向 8m とした。

2.　高さが 9m の登り桟橋において、高さ 4.5m の位置に踊り場を設けた。

3.　はしご道のはしごの上端を、床から 40cm 突出させた。

4.　枠組足場において、墜落防止のために、交差筋かい及び高さ 30cm の位置に下桟を設けた。

5.　単管足場において、作業に伴う物体の落下防止のために、作業床の両側に高さ 10cm の幅木を設けた。

解説 （労衛則 556 条五号）はしごの上端を床から 60cm 以上突出させること。

1.（労衛則 570 条五号イ）高さが 5m 未満のものを除く。

2.（労衛則 552 条六号）建設工事に使用する高さ 8m 以上の登り桟橋には、7m 以内ごとに踊場を設けること。

4.（労衛則 563 条三号イ（1））枠組足場において、交差筋かい及び高さ 15cm 以上 40cm 以下の桟を設ける。

5.（労衛則 563 条六号）物体が落下することにより、労働者に危険を及ぼすおそれのあるときは、高さ 10cm 以上の幅木を設けること。

正解 3

R05	R04	R03	R02	R01	H30	H29

問題 04 Ⅳ5　仮設工事の枠組足場に関する次の記述のうち、**最も不適当な**ものはどれか。

1.　水平材を、最上層及び 5 層以内ごとに設けた。

2.　墜落防止設備として、構面には、交差筋かい及び作業床からの高さ 30cm の位置に下桟を設けた。

3.　墜落防止設備として、妻面には、作業床からの高さ 90 cm の位置に手摺(すり)と高さ 40 cm の位置に中桟を設けた。
4.　作業床については、床材間の隙間が 3 cm 以下となるようにした。
5.　壁つなぎの間隔を、垂直方向 8 m、水平方向 9 m とした。

解説（労働安全衛生規則 570 条）枠組足場の壁つなぎは、垂直方向 9 m 以下、水平方向 8 m 以下とする。 正解 5

R05	R04	R03	R02	R01	H30	H29

問題 05 IV 5　仮設工事に関する次の記述のうち、**最も不適当な**ものはどれか。
1.　市街地における鉄骨造 2 階建ての建築物の新築工事において、仮囲いは、高さ 3.0 m の鋼製板を用いた。
2.　単管足場の壁つなぎの間隔は、垂直方向 5.5 m、水平方向 5 m とした。
3.　工事用シートの取付けにおいて、足場に水平材を垂直方向 5.5 m 以下ごとに設け、隙間やたるみがないように緊結材を使用して足場に緊結した。
4.　木造 2 階建ての住宅の新築工事において、必要な足場の高さが 7 m であったので、ブラケット一側足場を用いた。
5.　200 V の配電線の付近で移動式クレーンを使用するので、配電線からの離隔距離（安全距離）を 2.0 m とした。

解説 1.　（建築基準法施行令 136 条 2 の 20）木造以外の建築物で 2 以上の階数を有するもので、建築・修繕・模様替又は除却のための工事を行う場合、工事期間中工事現場の周囲にその地盤面からの高さが 1.8 m 以上の板塀その他これらに類する仮囲いを設けなければならない。
2.　（労働安全衛生規則 570 条）単管足場における壁つなぎの間隔は、垂直方向 5 m 以下、水平方向 5.5 m 以下とする。
3.　物の落下防止用シートの取付。水平材 5.5 m 以下ごとに設ける。足場を設けない鉄骨造などの場合は、垂直支持材を水平方向 4 m 以下ごとに設ける。
4.　（安全衛生規則第 571 条第 1 項第 3 号）ブラケット一側足場は、足場の基底部より最上層作業床までの高さは、原則として 15 m 以下とし、建地を鋼管 2 本組などの補強をすれば、それ以上の高さで使用することができる。
5.　最小離隔距離は、100 ～ 200V（低圧）で 1 m、6,600V（高圧）で、1.2 m 以上。 正解 2

R05	R04	R03	R02	R01	H30	H29

問題 06 IV 5　仮設工事に関する次の記述のうち、**最も不適当な**ものはどれか。
1.　単管足場の建地の間隔を、桁行方向 1.8 m、はり間方向 1.5 m とした。
2.　高さが 12 m の枠組足場における壁つなぎの間隔を、垂直方向 8 m、水平方向 9 m とした。

3.　高さが 12 m のくさび緊結式足場における壁つなぎの間隔を、垂直方向、水平方向ともに 5 m とした。

4.　高さが 9 m の登り桟橋において、高さ 4.5 m の位置に踊り場を設置した。

5.　架設通路を設けるに当たって、勾配が 30 度を超えるので、階段を設置した。

解説　枠組足場における壁つなぎの間隔は、垂直方向 9 m 以下、水平方向 8 m 以下とする。

正解 2

R05	R04	R03	R02	R01	H30	H29

問題 07 Ⅳ 5　仮設工事に関する次の記述のうち、**最も不適当な**ものはどれか。

1.　鉄骨造 2 階建ての建築物の工事において、高さ 1.8 m の仮囲いを設けた。

2.　工事用シートの取付けにおいて、足場に水平材を垂直方向 5.5 m 以下ごとに設け、隙間やたるみがないように緊結材を使用して足場に緊結した。

3.　高さ 18 m のくさび緊結式足場の組立てにおいて、建枠・建地の間隔を、桁行方向 1.8 m、梁間方向 1.5 m とした。

4.　架設通路の階段の踊り場において、墜落の危険のある箇所には、高さ 80 cm の手摺（すり）を設け、高さ 40 cm の中桟を取り付けた。

5.　ベンチマークは、相互にチェックできるように 2 箇所設置し、移動しないようにそれらの周囲に養生を行った。

解説　（JASS2. 4. 3）仮設通路において、墜落のおそれのある箇所は、95 cm 以上の手摺と中桟を、それ以外の箇所は、90 cm 以上の手摺と中桟を安全上設置することとする（労働安全衛生規則では、高さ 85 cm 以上の丈夫な手摺を設けると規定されている）。

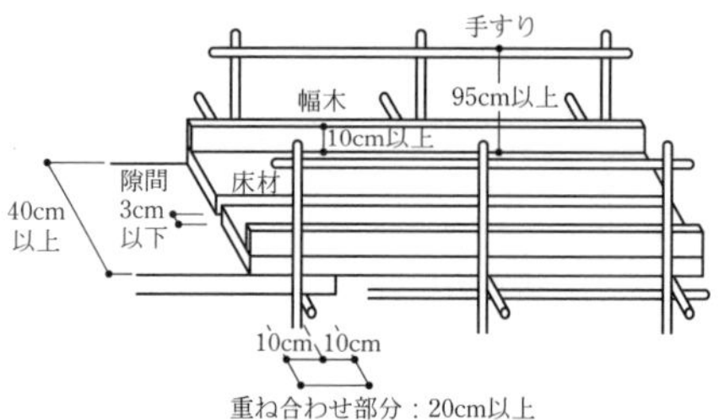

1.　（建基令 136 条の 2 の 20）木造の建築物で高さが 13 m 若しくは軒の高さが 9 m を超えるもの、又は木造以外の建築物で 2 以上の階数を有するものについては、高さ 1.8 m 以上の仮囲いを設けなければならない。

3.　くさび緊結式足場における建地の間隔は、桁行方向 1.85 m 以下、梁間方向 1.5 m 以下とする。

5.　（JASS2. 3. 4. b）ベンチマークは建築物の高さおよび位置の基準となるものであり、敷地付近の移動のおそれのない箇所に設置し、監理者の検査を受ける。また、ベンチマークは 2 箇所以上設ける。

正解 4

【学科Ⅳ】

9 地盤調査

R05	R04	R03	R02	R01	H30	H29

問題 01 Ⅳ 7　地盤調査等に関する次の記述のうち、**最も不適当な**ものはどれか。

1. 地表面付近にある地下埋設物の調査は、電磁波探査法により行った。
2. 砂質地盤において、地盤のせん断強度を把握するために、ベーン試験を行った。
3. 標準貫入試験を、ボーリングと同時に行った。
4. スウェーデン式サウンディング試験の結果を、地盤の許容応力度の算定に利用した。
5. 地層の透水係数を求めるために、ボーリング孔を利用して透水試験を行った。

解説　ベーン試験は、粘性土におけるせん断強さ、粘着力を測定する方法（右図）で、ボーリング穴を利用するボアホール式と押込み式がある。

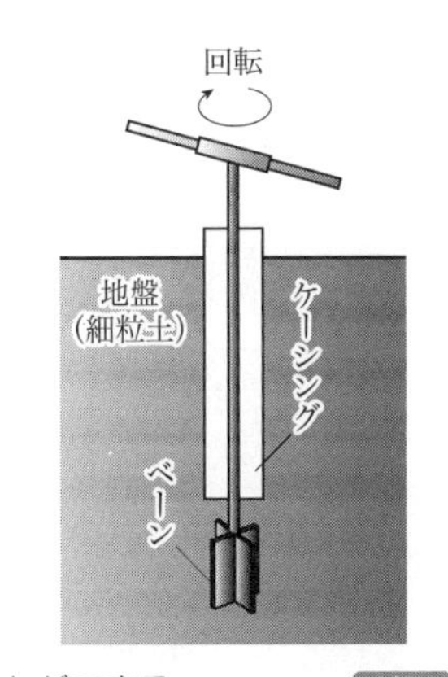

1. 電磁波による地中レーダー探査が一般的である。
3. 一般にボーリングによって掘削した孔を利用して一定深さごとに標準貫入試験を行う。
4. 地盤調査（ボーリング調査・標準貫入試験・土質試験または、平板載荷試験やスウェーデン式サウンディング試験）の結果に基づいて地盤の許容応力度を決定する。
5. 現場透水試験は、1つのボーリング穴を利用した単孔式の試験法で、地盤の透水係数を簡易に求めることができる。

正解 2

R05	R04	R03	R02	R01	H30	H29

問題 02 Ⅳ 6　地盤の調査事項とその調査方法との組合せとして、**最も不適当な**ものは、次のうちどれか。

1. 地盤のせん断強さ――――ベーン試験
2. 地盤の粒度分布――――平板載荷試験

3.　地盤構成――――――ボーリング
4.　地下埋設物の調査―――電磁波探査法
5.　N 値―――――――――標準貫入試験

解説　平板載荷試験は、支持地盤に設置した載荷板に荷重を加え、載荷荷重と地盤の沈下量の関係から地盤の地耐力を求める試験である。地盤の粒度分布は、土の粒度試験より求める。

1.　ベーン試験：十字形の羽根（ベーン）を地中で回転させ、その抵抗から粘土地盤のせん断強さを調べる試験である。
3.　ボーリング：ロッド（鉄棒）の先端にチューブビットを取り付け、回転させながらチューブ内に各地層の試料を採取し、地盤構成を調べる。一般に、標準貫入試験と併せて行われる。
5.　準貫入試験：各地層の硬軟を調べるためにロッドの先端に標準貫入試験用サンプラーを取付け、63.5 ± 0.5 kg のハンマーを 76 ± 1 cm の高さから自由落下させて各地層を 30 cm 貫入させるのに必要な打撃回数 N 値を求める試験である。　正解 2

学科Ⅳ

10 地業・基礎工事

R05	R04	R03	R02	R01	H30	H29

問題01 Ⅳ6 木造2階建て住宅の基礎工事に関する次の記述のうち、**最も不適当な**ものはどれか。

1. 割栗地業における締固めはランマー3回突きとし、凹凸部は目つぶし砂利で上ならしを行った。
2. 布基礎の基礎底盤の主筋にはD13を用い、その間隔を250mmとした。
3. べた基礎の底盤には、雨水を排水するために、適切な位置に水抜き孔を設け、工事完了後にふさいだ。
4. コンクリートの打込みに際しては、コンクリートに振動を与えないように注意して打ち込んだ。
5. 普通ポルトランドセメントを使用したコンクリートの打込み後、最低気温が15℃を下回らなかったので、型枠の存置期間を3日とした。

解説 （木造住宅工事仕様書（フラット35）3.3.6 3.）コンクリート打込みに際しては、空隙が生じないよう十分な突き、たたきを行う。

1. （木造住宅工事仕様書（フラット35）3.2.1 二）割栗地業における締め固めは、ランマー3回突き以上とし、凹凸部は目つぶし砂利で上ならしを行う。
2. （木造住宅工事仕様書（フラット35）3.3.2 4.ハ）布基礎底盤部分の主筋はD10以上、間隔は300mm以下とする。
3. （木造住宅工事仕様書（フラット35）参考図3.3.3 3.）べた基礎の基礎底盤には、施工中の雨水等を排水するための水抜き孔を設置する。なお、工事完了後は、当該水抜き孔は適切にふさぐ。
5. （木造住宅工事仕様書（フラット35）3.3.13 2.）普通ポルトランドセメントを用いる場合の型枠の存置期間は、気温15℃以上の場合は3日以上、5℃以上15℃未満の場合は5日以上とする。

正解4

R05	R04	R03	R02	R01	H30	H29

問題02 Ⅳ7 杭工事に関する次の記述のうち、**最も不適当な**ものはどれか。

1. セメントミルク工法において、アースオーガーの回転方向は、掘削時、引き上げ時共に正回転とする。
2. アースドリル工法による掘削は、表層ケーシングを建て込み、安定液を注入しながらドリリングバケットにより掘進する。

3.　オールケーシング工法による掘削は、ケーシングチューブを回転圧入しながら、ハンマーグラブにより掘進する。

4.　リバース工法では、地下水位を確認し、水頭差を2m以上保つように掘進する。

5.　場所打ちコンクリート杭工法には、プレボーリング拡大根固め工法がある。

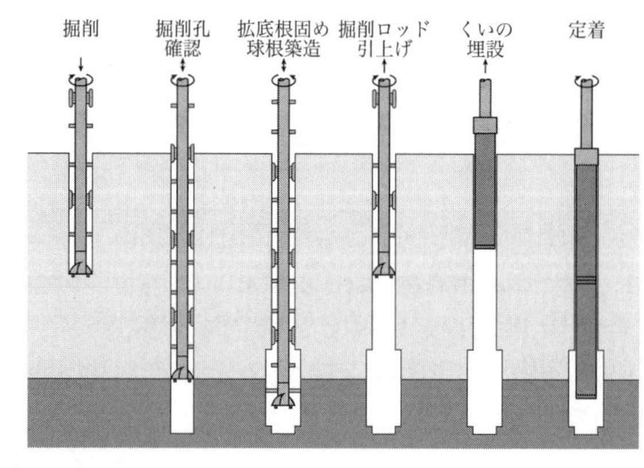

解説（JASS4. 2. 2　解説表2. 1）プレボーリング拡大根固め工法は、既製杭埋込工法で、地盤を所定深度まで掘削攪拌し、根固め液に切り替え、拡大ヘッドなどにより杭径以上の根固め球根を築造する工法。

1.（公共建築工事標準仕様書4. 3. 4(6)(オ)）引抜き時にアースオーガーを逆回転させてはならない。

2.（JASS4. 3. 2 (1)）アースドリル工法は、アースドリル機のケリーバーの先端に取り付けたドリリングバケットを回転させることにより地盤を掘削し、同時に掘削土砂をバケット内に収納し、地上に引き上げ排出する。掘削孔壁の保護は、地盤表層部はケーシングにより、ケーシング下端以深はベントナイトなどの安定液により保護する。

3.（JASS4. 3. 2 (2)）掘削孔の全長をケーシングチューブで孔壁保護する。ケーシングチューブは、揺動または回転させながら土中に圧入し、ハンマーグラブによってチューブ内の土を排出する。

4.（JASS4. 3. 4. 3. c (3)）リバース工法による掘削は、地下水に対して常に2m以上の水頭差が得られるように孔内水位を保持する。

正解5

R05	R04	R03	R02	R01	H30	H29

問題03　Ⅳ6　木造2階建て住宅の基礎工事等に関する次の記述のうち、**最も不適当なもの**はどれか。

1.　布基礎において、底盤部分の主筋にはD10を用い、その間隔を300mmとした。

2.　柱脚部の短期許容耐力が25kNのホールダウン専用アンカーボルトのコンクリート基礎への埋込み長さを、250mmとした。

3.　布基礎の天端ならしは、遣方（やりかた）を基準にして陸墨（ろくずみ）を出し、調合が容積比でセメント1：砂3のモルタルを水平に塗り付けた。

4.　布基礎の立上りの厚さは150mmとし、セパレーターを用いて型枠間の幅を固定した。

5.　ねこ土台を使用するべた基礎の床下換気措置として、外周部の土台の全周にわたって、1m当たり有効面積75cm²以上の換気孔を設けた。

解説（木造住宅工事仕様書（フラット35））引張耐力が25kN以下の場合は、埋め込み長さ360mm以上、25kNを超え35.5kN以下の場合の埋め込み長さは510mm以上とする（M16の場合）。

1.（建設省告示1347号4項三号）底盤に補強筋として径9mm以上の鉄筋を30cm以下の間隔で配置し、底盤の両端部に配置した径9mm以上の鉄筋と緊結する。

3.　遣方を基準にして陸墨を出し、布基礎の天端をあらかじめ清掃、水湿しするとともに、セメント・砂の割合が容積比にして1：3のモルタルなどを水平に塗り付ける。

4.（建設省告示1347号4項一号、3項三号）立上り部分の厚さは12cm以上とする。

5.（木造住宅工事仕様書（フラット35））ねこ土台工法によるスリット状の換気孔であっても、床下換気孔は4mごとに300cm²以上の換気孔を設置する、または1m当たり75cm²以上の換気孔を設置しなければならない。

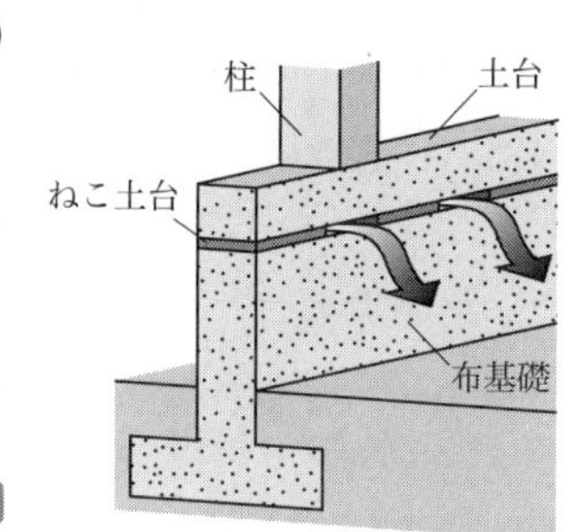

正解 2

R05	R04	R03	R02	R01	H30	H29

問題04 IV 7　土工事及び地業工事に関する次の記述のうち、**最も不適当な**ものはどれか。

1.　土工事において、地盤沈下を防止するための地下水処理の工法として、ディープウェル工法を採用した。

2.　砂地業において、シルトを含まない山砂を使用した。

3.　オールケーシング工法において、所定の支持層を確認後は、孔底部のスライムを除去した。

4.　場所打ちコンクリート杭工事において、特記がなかったので、本杭の施工における各種管理基準値を定めるための試験杭を、最初に施工する1本目の本杭と兼ねることとした。

5.　基礎の墨出しを行い、配筋、型枠の建込みを正確に行うために、捨てコンクリート地業を行った。

解説　ディープウェル工法は、250～600mm程度の井戸を掘り、地下水位の高低差により井戸内に地下水を集め、水中ポンプで強制排水する工法で、井戸枯れ地盤沈下等の問題が発生する。

2. （公共建築工事標準仕様書 4. 6. 2 (2)）シルト、有機物等の混入しない締め固めに適した山砂、川砂又は砕砂とする。

3. （公共建築工事標準仕様書 4. 5. 5 (3) (オ) (カ)）

4. （JASS4. 3. 5）最初に施工する本杭を試験杭として実施する。

5. 捨てコンクリート地業は、①コンクリート上に基礎の墨出しを行い、型枠等を正確に設置する、②鉄筋の組立を正確に行う、③基礎底面を平らにするために行うものである。 正解 1

R05	R04	R03	R02	R01	H30	H29

問題 05 Ⅳ 6 木造住宅の布基礎において、図中のA～Eとその一般的な寸法との組合せとして、**最も不適当な**ものは、次のうちどれか。ただし、アンカーボルトはホールダウン専用アンカーボルト (M16) とし、柱脚部の短期許容耐力を 20 kN とする。

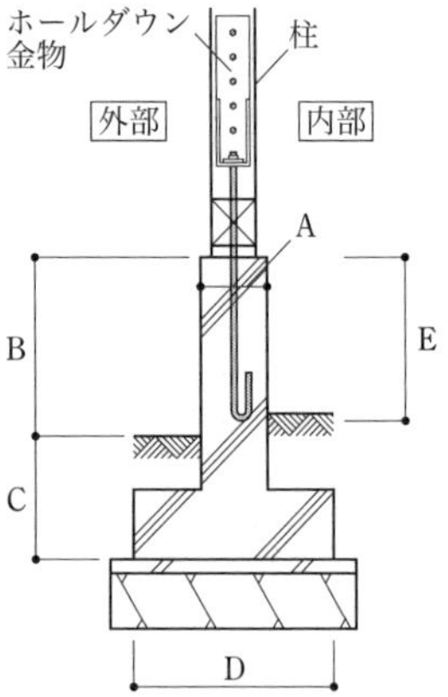

1. A（立上り部分の厚さ）――― 150 mm
2. B（地面から基礎上端までの高さ ――― 400 mm
3. C（根入れ深さ）――― 200 mm
4. D（底盤の幅）――― 450 mm
5. E（アンカーボルトのコンクリート基礎への埋込み長さ）――― 360 mm

解説（建設省告示 1347 号 4 項一号）根入れの深さにあっては 24 cm 以上としなければならない。

1. （建設省告示第 1347 号第 3 項三号）立ち上がり部分の厚さは 12 cm 以上とする。
2. （建設省告示第 1347 号第 3 項三号）立上り部分の高さは、30 cm 以上とする。
4. （建設省告示 1347 号 4 項二号）地盤の長期許容応力度と階数によるが、基礎底盤の幅の最大値は 45 cm である。
5. 木造住宅工事仕様書（フラット 35）では、引張耐力が 25kN 以下の場合は埋込み長さ 360 mm 以上、25 kN を超え 35.5 kN 以下の場合は埋込み長さ 510 mm 以上（M16 の場合）としている。 正解 3

R05	R04	R03	R02	R01	H30	H29

問題 06 Ⅳ 7 杭工事に関する次の記述のうち、**最も不適当な**ものはどれか。

1. アースドリル工法において、表層ケーシングを建て込み、安定液を注入しながらドリリングバケットにより掘進した。

2. オールケーシング工法において、ケーシングチューブを回転圧入しながら、ハンマーグラブにより掘進した。
3. セメントミルク工法において、アースオーガーによる掘削中は正回転とし、引上げ時には逆回転とした。
4. リバース工法において、地下水位を確認し、水頭差を 2m 以上保つように掘進した。
5. スライムの処理において、一次処理は掘削完了直後に、二次処理はコンクリート打込み直前に行った。

解説 アースオーガーの引上げにあたっては、負圧によって地盤を緩めないためにオーガーはゆっくりと正回転で引き上げる。

1. ドリリングバケットは底面に掘削用の歯があるが、底ざらいバケットにはなく、回転させるとバケット内部にスライムが溜まる。
2. ケーシングは、鋼製の筒で、掘削した地盤の孔壁を保護する。ハンマーグラブはケーシング内の土砂を掘削するため、歯を開いた状態で自由落下させ、歯の内部に突き刺さった土砂を歯を閉じてすくい取り、ハンマーグラブを引き上げて掘削する。

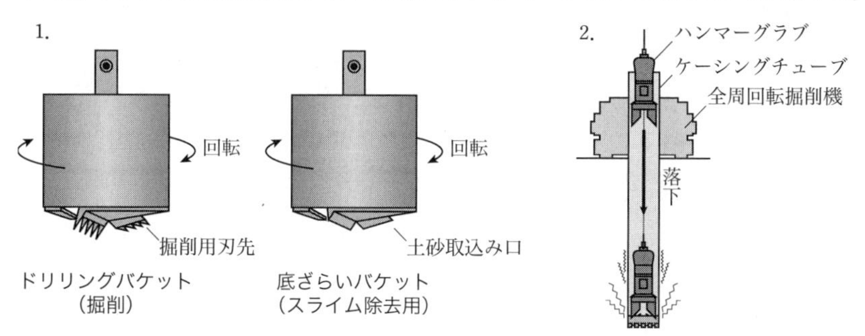

4. ビットを回転させ地盤を切削し、その土砂を孔内に入れた安定液とともにサクションポンプまたはエアリフト方式などで孔外に吸上げて地上へ排出する工法で、掘削完了後、鉄筋かごとトレミー管を建込み、コンクリートを充填する。

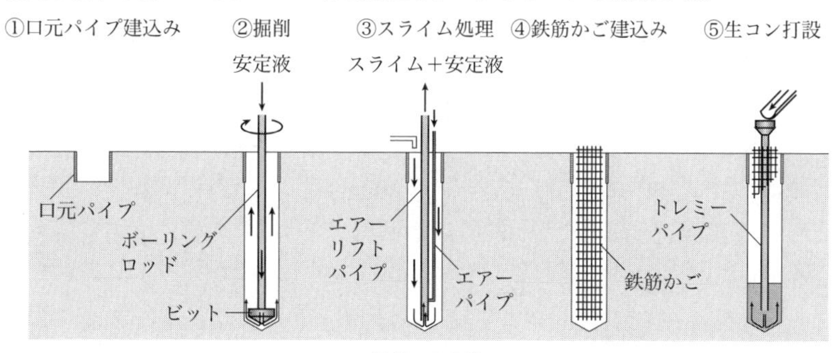

リバース工法

5. スライムとは、施工時に生じる掘りくずのことで、ベントナイト溶液の細粒や泥水中に浮遊する土砂が混じって、杭の底部に沈殿したもの。スライムは杭の支持力低下の原因となるため、必ず除去しなければならない。 正解 3

R05	R04	R03	R02	R01	H30	H29

問題 07 IV 6 木造住宅の基礎工事に関する次の記述のうち、**最も不適当な**ものはどれか。

1. べた基礎において、地面から基礎の立上り部分の上端までの高さを、400 mm とした。
2. 布基礎において、底盤部分の主筋には D10 を用い、その間隔を 300 mm とした。
3. 布基礎の床下防湿措置として、床下地面を盛土し十分に突き固めた後、床下地面全面に厚さ 60 mm のコンクリートを打ち込んだ。
4. ねこ土台を使用するべた基礎の床下換気措置として、外周部の土台の全周にわたって、1 m 当たり有効面積 75 cm^2 以上の換気孔を設けた。
5. 普通ポルトランドセメントを用いたコンクリートの打込み後、気温が 10 ～ 12℃ の日が続いたので、型枠の存置期間を 3 日とした。

解説 （公共建築工事標準仕様書 6. 8. 4）5℃ 以上 15℃ 未満の場合、型枠の最小存置期間は 5 日である。

1. （建設省告示 1347 号 3. 三） 立ち上がり部分の高さは地上部分で 30 cm 以上とすること。
2. （建設省告示 1347 号 4. 三）径 9 mm 以上の鉄筋を 30cm 以下の間隔で配置する。

正解 5

R05	R04	R03	R02	R01	H30	H29

問題 08 IV 6 木造 2 階建ての住宅の基礎工事等に関する次の記述のうち、**最も不適当な**ものはどれか。

1. 布基礎の底盤については、厚さを 120 mm、幅を 450 mm とした。
2. 布基礎の天端ならしは、遣方（やりかた）を基準にして陸墨（ろくずみ）を出し、調合が容積比でセメント 1：砂 3 のモルタルを水平に塗り付けた。
3. 布基礎の床下防湿措置を行うに当たり、床下地面を盛土し十分に突き固めた後、床下地面全面に厚さ 60 mm のコンクリートを打設した。
4. べた基礎において、地面から基礎の立上り部分の上端までの高さを、400 mm とした。
5. 径 12 mm のアンカーボルトのコンクリートへの埋込み長さを、250mm 以上とした。

解説 （建設省告示第 1347 号）建築物の基礎を布基礎とする場合にあっては、根入れの深さにあっては 24cm 以上、 底盤の厚さにあっては 15 cm 以上としなければならない。

3. （住宅の品質確保の促進等に関する法律）床下地面に盛土し、十分に突き固めた上、床下地面全体に厚さ 6 cm 以上のコンクリートを打設する。
4. （住宅性能表示の規定）地面から基礎上端までの高さが 400 mm 以上であることとされている。また、（建設省告示第 1347 号）では「立上り部分の高さは地上部分で 30 cm 以上とする。」とあり、法令上 30cm 以上あれば良い。 正解 1

R05	R04	R03	R02	R01	H30	H29

問題 09 Ⅳ 7 土工事及び地業工事に関する次の記述のうち、**最も不適当な**ものはどれか。

1. 土工事において、地盤沈下を防止するための地下水処理の工法として、ディープウェル工法を採用した。
2. 砂地業において、シルトを含まない山砂を使用した。
3. 基礎の墨出し、配筋、型枠の建込みをするために、捨てコンクリート地業を行った。
4. 場所打ちコンクリート杭の施工において、試験後の抗体の強度に十分な余裕があると予想されたので、試験杭を本杭とした。
5. 既製コンクリート杭の施工において、作業地盤面以下への打込みには、やっとこを使用した。

解説 ディープウェル工法は、アースドリルなどの削孔機で地中深く掘り下げて、径 600 mm 程度の井戸用鋼管を設置し、井戸内に流入した地下水を水中ポンプで排水して井戸周辺の水位を低下させる工法。

欠点として
①地下水汲上げにより、周辺の井戸水がかれたり、広い範囲で地下水位が低下する。
②地下水位低下によって地盤が沈下する。

2. （公共建築工事標準仕様書 4.6.2.(2)）砂地業に使用する砂は、シルト、有機物等の混入しない締固めに適した山砂、川砂又は砕砂を使用する。
3. 基礎の底面を平らにし、構造体の位置を決めたり（墨出し）、型枠の建て込み配筋を整然と行うために敷くコンクリート。構造耐力上の意味はない。
4. 試験杭は本杭を兼ねており、本杭の中から 1 本を試験杭に割り当てる。 正解 1

R05	R04	R03	R02	R01	H30	H29

問題 10 Ⅳ 6　木造住宅の基礎工事等に関する次の記述のうち、**最も不適当な**ものはどれか。

1.　土間コンクリートは、厚さ 120 mm とし、断面の中心部に、鉄線の径が 4.0 mm で網目寸法が 150 mm × 150 mm のワイヤーメッシュを配した。
2.　柱脚部の短期許容耐力が 25 kN のホールダウン専用アンカーボルトのコンクリート基礎への埋込み長さを、250 mm とした。
3.　布基礎の床下防湿措置において、床下地面全面に厚さ 0.1 mm の住宅用プラスチック系防湿フィルムを、重ね幅 150 mm として敷き詰めた。
4.　床下換気措置において、ねこ土台を使用するので、外周部の土台の全周にわたって、1 m 当たり有効面積 75 cm^2 以上の換気孔を設けた。
5.　布基礎の底盤部分の主筋に D10 を用い、その間隔を 300 mm とした。

解説（独立行政法人住宅金融支援機構　木造住宅工事仕様書（H22 改訂版）3. 3. 9）
ホールダウン専用アンカーボルトのコンクリート基礎への埋込み長さは、360 mm 以上とする。

1.　土間コンクリートは、厚さ 120 mm 以上とし、中央部にワイヤーメッシュ（径 4mm 以上の鉄線で 150 mm × 150 mm 以内）を配する。
4.　ねこ土台を使用しない場合は、有効換気面積 300 cm^2 以上の床下換気孔を間隔 4 m 以内ごとに設ける。ただし、床に断熱材を施工せず、基礎の外側、内側又は両側に地面に垂直に断熱材を施工する基礎断熱工法の場合は、床下換気孔は設置しないこととする。

正解 2

R05	R04	R03	R02	R01	H30	H29

問題 11 Ⅳ 7　杭工事に関する次の記述のうち、**最も不適当な**ものはどれか。

1.　場所打ちコンクリート杭に用いるコンクリートの構造体強度補正値（S）は、特記がなかったので、3 N/mm^2 とした。
2.　既製コンクリート杭の継手は、特記がなかったので、アーク溶接による溶接継手とした。
3.　オールケーシング工法において、近接している杭を連続して施工しないようにした。
4.　アースドリル工法において、掘削深さが所定の深度となり、排出された土によって予定の支持地盤に達したことを確認したので、スライム処理を行った。
5.　セメントミルク工法において、杭は建込み後、杭心に合わせて保持し、養生期間を 48 時間とした。

解説 （公共建築工事標準使用書（H28 年版）4. 3. 4. (f)）セメントミルク工法において、杭は建込み後、杭心に合わせて保持し、7 日程度養生する。

1. 場所打ちコンクリート杭は、現場でつくる大口径の杭で、所定の位置に孔をあけ、そこに鉄筋かごを挿入しコンクリートを打設する杭である。コンクリートの調合管理強度は、設計基準強度に構造体強度補正値（S）を加えた値とし、構造体強度補正値（S）は、特記がなければ 3 N/mm² とする。
2. （公共建築工事標準使用書（H28 年版）4. 3. 6 (a)、(c)）杭の継手の工法は、アーク溶接又は無溶接継手とし、継手の溶接は溶接方法に応じた技能資格者が行う。
3. オールケーシング工法は、場所打ちコンクリート杭の一つで、ケーシングチューブを地盤に圧入し掘削する。ケーシングチューブは、掘削孔の全長にわたって建て込むため、孔壁のくずれは発生しない。掘削後、鉄筋かごを挿入し、ケーシングチューブを引き抜きながらコンクリートを打込む。このとき、ケーシングチューブの先端はコンクリート中に常に 2 m 以上入っているように保持する。急速に引き抜くとコンクリート中に泥水を巻き込むことになるので十分注意する。 正解 5

R05	R04	R03	R02	R01	H30	H29

問題 12 Ⅳ 7 木造 2 階建て住宅の基礎工事等に関する次の記述のうち、**最も不適当な**ものはどれか。

1. 柱脚部の短期許容耐力が 25 kN 以下のホールダウン専用アンカーボルトのコンクリート基礎への埋込み長さは、360 mm とした。
2. 布基礎の底盤部分の主筋に D10 を用い、その間隔を 300 mm とした。
3. アンカーボルトの埋込み位置は、隅角部及び土台の継手位置付近とし、その他の部分は間隔を 2.0 m とした。
4. 床下の防湿措置において、床下地面全面に厚さ 0.15 mm のポリエチレンフィルムを、重ね幅 100 mm として敷き詰めた。
5. 布基礎の立上りの厚さは 150 mm とし、セパレーターを用いて型枠の幅を固定した。

解説 床下の防湿措置において防湿フィルムを施工する場合、厚さは 0.1 mm 以上とし重ね幅は 150 mm 以上とする。また、基礎断熱工事の場合は、重ね幅は、300 mm 以上となる。 正解 4

【学科Ⅳ】

11 鉄筋工事（継手・定着）

R05	R04	R03	R02	R01	H30	H29

問題 01 Ⅳ8　鉄筋工事に関する次の記述のうち、**最も不適当な**ものはどれか。

1.　鉄筋表面のごく薄い赤錆(さび)は、コンクリートとの付着を妨げるものではないので、除去せずに鉄筋を組み立てた。
2.　ガス圧接継手において、外観検査の結果、圧接部の片ふくらみが規定値を超えたため、再加熱し、加圧して所定のふくらみに修正した。
3.　降雪時のガス圧接において、覆いを設けたうえで、作業を行った。
4.　鉄筋相互のあきは、「粗骨材の最大寸法の1.25倍」、「25mm」及び「隣り合う鉄筋の径（呼び名の数値）の平均の1.5倍」のうち最大のもの以上とした。
5.　梁の配筋において、鉄筋のかぶり厚さを確保するためのスペーサーの配置は、特記がなかったので、間隔を1.5m程度とし、端部については0.5m程度となるようにした。

解説（公共建築標準仕様書 5. 4. 11. 1（オ））圧接部の片ふくらみが規定値を超えた場合は、圧接部を切り取って再圧接する。

1.（JASS5. 10. 4. c.）鉄筋表面のごく薄い赤錆はコンクリートの付着も良好で害はない。
3.（公共建築工事標準仕様書 5. 4. 8 (3)）降雨、降雪又は強風の場合は、圧接作業を行ってはならない。ただし、風除け、覆い等の設備を設置した場合には、作業を行うことができる。
4.（公共建築工事標準仕様書 5. 3. 5 (4)）鉄筋径のあきは次の値のうち最大のものとする。（ア）粗骨材の最大寸法の1.25倍、（イ）25mm、（ウ）隣り合う鉄筋の径の平均の1.5倍。
5.（JASS5. 10. 6 表 10. 3）間隔は1.5m程度、端部は0.5m程度。

正解 2

R05	R04	R03	R02	R01	H30	H29

問題 02 Ⅳ8　鉄筋工事に関する次の記述のうち、**最も不適当な**ものはどれか。

1.　柱・梁等の鉄筋の加工及び組立におけるかぶり厚さは、施工誤差を考慮し、最小かぶり厚さに10mmを加えた値とした。
2.　ガス圧接完了後の圧接部の外観検査において、検査方法は目視又はノギス、スケール等を用いて行い、検査対象は抜取りとした。

3. ガス圧接において、圧接後の形状及び寸法が設計図書に合致するよう、圧接箇所1か所につき鉄筋径程度の縮み代を見込んで、鉄筋を加工した。

4. 径の同じ鉄筋のガス圧接継手において、圧接部における鉄筋中心軸の偏心量は、鉄筋径の1/5以下とした。

5. スラブ及び梁の底部のスペーサーは、特記がなかったので、型枠に接する部分に防錆（せい）処理が行われている鋼製のものを使用した。

解説（公共工事標準仕様書5.4.10（ア）(a)(c)）外観試験は、全ての圧接箇所とし、目視により必要に応じてノギス、スケールその他適切な器具を使用して行う。

1. （公共建築工事標準仕様書5.3.5(2)）柱、梁等の鉄筋の加工に用いるかぶり厚さは、最小かぶり厚さに10mmを加えた数値を標準とする。

3. （公共建築工事標準仕様書5.4.6(1)）鉄筋は、圧接後の形状及び寸法が設計図書に合致するよう、圧接箇所1か所につき鉄筋径程度の縮み代を見込んで、切断又は加工する。

4. （建設省告示1463号2項二号）圧接部の膨らみにおける圧接面のずれは主筋等の径の1/4以下とし、かつ、鉄筋中心軸の偏心量は、主筋等の径の1/5以下とする。

5. （公共工事標準仕様書5.3.3）鋼製のスペーサーは、型枠に接する部分に防錆処理を行ったものとする。

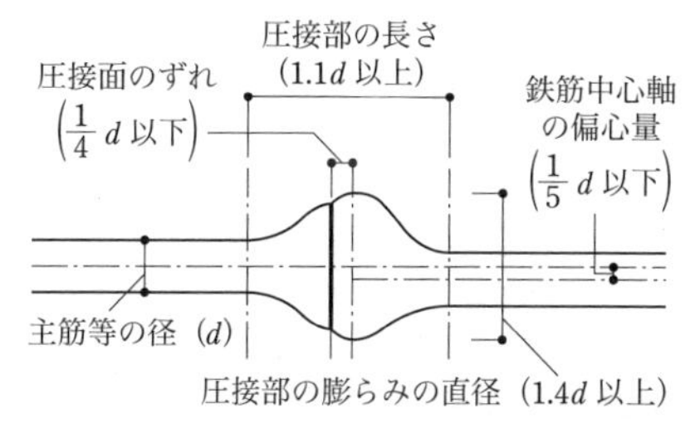

正解 2

R05	R04	R03	R02	R01	H30	H29

問題03 IV 8 鉄筋工事に関する次の記述のうち、**最も不適当な**ものはどれか。

1. 梁・柱・基礎梁・壁の側面のスペーサーは、特記がなかったので、プラスチック製のものを用いた。

2. 梁主筋を柱内に折り曲げて定着させる部分では、特記がなかったので、投影定着長さを柱せいの1/2とした。

3. 鉄筋に付着した油脂類、浮き錆（さび）、セメントペースト類は、コンクリート打込み前に除去した。

4. 鉄筋の重ね継手において、鉄筋径が異なる異形鉄筋相互の継手の長さは、細いほうの鉄筋径を基準として算出した。

5. 梁の貫通孔に接する鉄筋のかぶり厚さは、梁の鉄筋の最小かぶり厚さと同じとした。

解説（JASS5. 10. 9. d 表 10. 6）梁主筋を柱へ定着する場合、L_a の数値は、原則として柱せいの3/4倍以上とする。

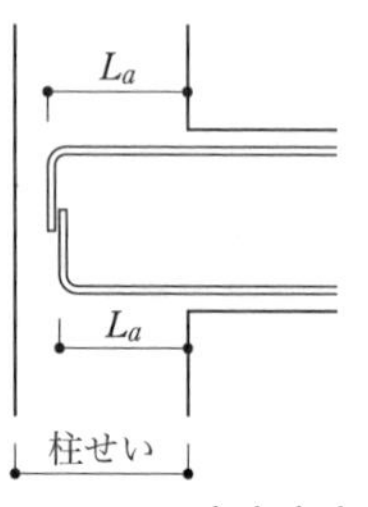

1. （JASS5. 10. 7. d 表 10. 3）梁・柱・基礎梁・壁および地下外壁のスペーサーは、側面に限りプラスチック製でもよい。
3. （建築工事管理指針 5. 1. 2 (b)）付着性能を阻害するような油脂類、浮き錆、セメントペースト類はコンクリート打込み前に除去しておくこと。
4. （JASS5. 10. 10. a 表 10. 7）直径の異なる鉄筋相互の重ね継手の長さは、細いほうの異形鉄筋の呼び名の数値による。
5. （公共建築工事標準仕様書 5. 3. 5 (6)）（梁の）貫通孔に接する鉄筋のかぶり厚さは、（梁の）最小かぶり厚さ以上とする。

正解 2

R05	R04	R03	R02	R01	H30	H29

問題 04 Ⅳ 9　鉄筋工事に関する次の記述のうち、**最も不適当な**ものはどれか。

1. 屋根スラブの下端筋として用いる鉄筋の直線定着の長さを、10d以上、かつ、150mm以上とした。
2. D19の鉄筋に180度フックを設けるための折曲げ加工を行ったので、その余長を4dとした。
3. 鉄筋径が異なるガス圧接継手において、圧接部のふくらみの直径を、細いほうの鉄筋径の1.4倍以上とした。
4. 梁主筋を柱内に定着させる部分では、柱せいの1/2の位置において、梁主筋を折り曲げた。
5. 柱の四隅の主筋において、最上階の柱頭の末端部には、フックを付けた。

解説（JASS5. 10. 9. e）梁主筋を柱内に定着させる場合は、通常90°フック付き定着とし、柱せい（柱幅）の3/4倍以上をのみ込ませる必要がある。よって、「柱せいの1/2の位置において、梁主筋を折り曲げた」は誤りとなる。

1. （JASS5. 10. 9. c）スラブの下端筋の直線定着長さは、10dかつ150mm以上とする。また、小梁は20d以上となる。
2. 鉄筋の折曲げ加工における形状及び寸法

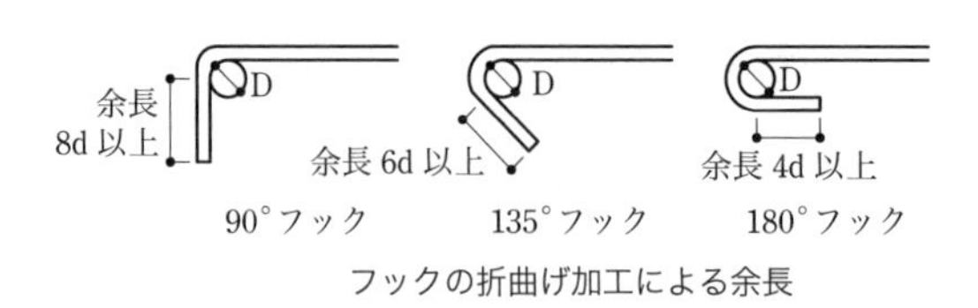

フックの折曲げ加工による余長

正解 4

【学科Ⅳ】

12 鉄筋工事（加工・組立）

R05	R04	R03	R02	R01	H30	H29

問題 01 Ⅳ 11 鉄筋工事に関する次の記述のうち、**最も不適当な**ものはどれか。

1. 柱主筋のガス圧接継手の位置については、特記がなかったので、隣り合う主筋で同じ位置とならないように300mmずらした。
2. 鉄筋表面のごく薄い赤錆(さび)は、コンクリートとの付着を妨げるものではないので、除去せずに鉄筋を組み立てた。
3. ガス圧接継手において、外観検査の結果、圧接部に明らかな折れ曲がりが生じたことによって不合格となったので、再加熱して修正し、所定の検査を行った。
4. 鉄筋径が異なるガス圧接継手において、圧接部のふくらみの直径を、細いほうの鉄筋径の1.4倍以上とした。
5. 柱の配筋において、鉄筋のかぶり厚さを確保するために使用するスペーサーについては、特記がなかったので、同一平面に点対称となるように設置した。

解説 (JASS5. 10. 11. c) ガス圧接部は原則として400mm以上ずらすものとする。

2. (JASS5. 10. 5. c)ただし、粉状になるような赤錆はコンクリートの付着を低下させるので、ワイヤブラシやハンマーなどで取り除くのがよい。
3. (JASS5. 10. 11. i)
4. (公共建築工事標準仕様書 5. 4. 4 (ア))
5. (JASS5. 10. 7. d 表 10. 3)

正解 1

R05	R04	R03	R02	R01	H30	H29

問題 02 Ⅳ 11* 鉄筋工事に関する次の記述のうち、**最も不適当な**ものはどれか。

1. 柱の配筋において、最上階の柱頭の四隅にある主筋には、フックを設けた。
2. 鉄筋の加工寸法の検査は、加工種別ごとに搬入時の最初の一組について行った。
3. 梁の配筋において、鉄筋のかぶり厚さを確保するためのスペーサーの配置は、特記がなかったので、間隔を 1.5 m 程度とし、端部については 0.5 m 程度となるようにした。

4. D19 の異形鉄筋の端部に設ける 180 度フックにおいて、折り曲げた余長を 3d とした。
5. ガス圧接継手において、外観検査の結果、ふくらみの直径や長さが規定値を満たさず不合格となった圧接部は、再加熱・加圧して修正した。

解説 折り曲げた余長は、4d とする。 正解 4

R05	R04	R03	R02	R01	H30	H29

問題 03 Ⅳ 11 * 鉄筋工事に関する次の記述のうち、**最も不適当な**ものはどれか。

1. 柱及び梁の配筋において、主筋に D29 を使用したので、主筋のかぶり厚さを、その主筋径（呼び名の数値）の 1.5 倍とした。
2. 鉄筋相互のあきは、「粗骨材の最大寸法の 1.25 倍」、「25 mm」及び「隣り合う鉄筋の平均径（呼び名の数値）の 1.5 倍」のうち最大のもの以上とした。
3. D25 の主筋の加工寸法の検査において、特記がなかったので、加工後の外側寸法の誤差が ± 25 mm の範囲のものを合格とした。
4. 鉄筋の重ね継手において、鉄筋径が異なる異形鉄筋相互の継手の長さは、細いほうの鉄筋径により算出した。
5. スラブ配筋において、特記がなかったので、鉄筋のかぶり厚さを確保するために、上端筋及び下端筋のスペーサーの間隔を、0.9 m 程度とした。

解説 （JASS5. 10. 4. d）鉄筋の加工寸法の検査において、主筋が D25 以下では加工後の外側寸法の許容差は、± 15 mm とする。また、D29 以上 D41 以下では ± 20 mm となる。 正解 3

学科Ⅳ

13 型枠工事

R05	R04	R03	R02	R01	H30	H29

問題 01 Ⅳ 9　型枠工事に関する次の記述のうち、**最も不適当な**ものはどれか。

1.　資源有効活用の面から、使用後の型枠については、コンクリートに接する面をよく清掃し、締付けボルトなどの貫通孔や破損個所を修理のうえ、剥離剤を塗布して転用、再使用した。
2.　せき板として使用する材料は、特記がなかったので、広葉樹と針葉樹を複合したコンクリート型枠用合板で、JAS に適合するものを使用した。
3.　支柱として使用するパイプサポートは、3本継ぎとし、それぞれ4本のボルトで継いで強固に組み立てた。
4.　計画供用期間の級が「標準」の建築物において、構造体コンクリートの圧縮強度が 5 N/mm² に達したことを確認したので、柱及び壁のせき板を取り外した。
5.　支柱の取外し時期を決定するためのコンクリート供試体の養生方法は、工事現場における封かん養生とした。

解説（労働安全衛生規則第 242 条 1 項七号、イ）パイプサポートを三以上継いで用いないこと。

1.（JASS5. 9. 3. d）せき板を再使用する場合は、コンクリートに接する面をよく清掃し、締付けボルトなどの貫通孔または破損箇所を修理の上、必要に応じて剥離剤を塗布して用いる。
2.（公共建築工事標準仕様書 6. 8. 2 (2)）合板に用いる樹種は、広葉樹、針葉樹又はこれらを複合したもので、「合板の日本農林規格」に適合したものとする。
4.（JASS5. 9. 10. a）基礎・梁側・柱および壁のせき板の存置期間は、計画共用期間の級が短期および標準の場合は構造体コンクリートの圧縮強度が 5 N/mm² 以上に達したことが確認されるまでとする。
5.（公共建築標準仕様書 6. 8. 4 (2)（ア）表 6. 8. 3（注））支柱の取外し期間を決定するためには、コンクリートの材齢による場合と、コンクリートの圧縮強度による場合があり、コンクリートの圧縮強度は、水中養生又は、封かん養生した供試体の圧縮強度とする。

正解 3

R05	R04	R03	R02	R01	H30	H29

問題 02 Ⅳ 9　型枠工事に関する次の記述のうち、**最も不適当な**ものはどれか。

1.　セパレーター（丸セパＢ型）のコーン穴の処理については、コーンを取り外したのち、防水剤入りモルタルを充填した。
2.　コンクリートの有害なひび割れ及びたわみの有無は、支保工を取り外した後に確認した。
3.　梁を貫通する配管用スリーブには、紙チューブを使用した。
4.　柱の型枠の加工及び組立てに当たって、型枠下部にコンクリート打込み前の清掃用に掃除口を設けた。
5.　コンクリート圧縮強度が 12 N/mm² に達し、かつ、施工中の荷重及び外力について、構造計算により安全が確認されたので、スラブ下の支柱を取り外した。

解説（公共工事標準仕様書 6. 8. 2 (9)（イ））スリーブに用いる材料の材種は、鋼管管・硬質ポリ塩化ビニル管・溶融亜鉛めっき鋼板・つば付き鋼管とする。

1.（公共工事標準仕様書 6. 8. 5 (2)）型枠締付け金物にコーンを使用した場合は、コーンを取り外して保水剤又は防水剤入りモルタルを充填するなどの措置をとる。
2.（公共建築工事標準仕様書 6. 6. 7（イ））コンクリートの有害なひび割れ及びたわみの有無の確認は、支保工の取外し後に行う。
4.（JASS5. 9. 8. e）型枠には、打込み前の清掃用に掃除口を設けること。
5.（JASS5. 9. 10. f）スラブ下および梁下の支保工の取外し可能なコンクリートの圧縮強度は、構造計算による安全の確認結果にかかわらず、最低 12 N/mm² 以上としなければならない。

正解 3

R05	R04	R03	R02	R01	H30	H29

問題 03 Ⅳ 9　型枠工事に関する次の記述のうち、**最も不適当な**ものはどれか。

1.　せき板として JAS で規定されているコンクリート型枠用合板は、特記がなかったので、その厚さを 12 mm とした。
2.　梁の側面のせき板は、建築物の計画供用期間の級が「標準」であり、普通ポルトランドセメントを使用したコンクリートの打込み後 5 日間の平均気温が 20℃ 以上であったので、圧縮試験を行わずに取り外した。
3.　支柱として用いるパイプサポートの高さが 3.6m であったので、水平つなぎを高さ 1.8 m の位置に二方向に設け、かつ、水平つなぎの変位を防止した。
4.　型枠は、足場等の仮設物とは連結させずに設置した。
5.　構造体コンクリートの圧縮強度が設計基準強度の 90％に達し、かつ、施工中の荷重及び外力について構造計算による安全が確認されたので、梁下の支柱を取り外した。

解説（JASS5. 9. 10. C）スラブ下および梁下の支保工の存置期間は、構造体コンクリートの圧縮強度がその部材の設計規準強度に達したことが確認されるまでとする。

1. （農林水産庁告示 303 号 5 条）コンクリート型枠用合板の規格表示は、厚さ 12 mm 以上。
2. （JASS5. 9. 10. b 表 9. 2）平均気温が 20° 以上の場合、基礎・梁側・柱および壁のせき板をコンクリートの材齢 4 日以上経過すれば、圧縮試験を行わずに取り外すことができる。
3. （労衛則 242 条七号ハ）高さが 3.5 m を超えるときは、高さ 2 m 以内ごとに水平つなぎを 2 方向に設け、かつ水平つなぎの変位を防止しなければならない。
4. （公共工事標準仕様書 6. 8. 3 (5)）型枠は、足場や遣方等の仮設物と連結させない。

正解 5

R05	R04	R03	R02	R01	H30	H29

問題 04 IV 10　型枠工事に関する次の記述のうち、**最も不適当な**ものはどれか。

1. コンクリートの表面が打放し仕上げであったので、型枠緊張材（セパレーター）にコーンを使用した。
2. せき板として使用する合板は、特記がなかったので、国産材の活用促進等の観点から、材料に国産の針葉樹を用いたコンクリート型枠用合板で、JAS に適合するものを使用した。
3. 柱の型枠下部には、打込み前の清掃用に掃除口を設けた。
4. 構造体コンクリートの圧縮強度が 12 N/mm^2 に達し、かつ、施工中の荷重及び外力に対して、構造計算により安全が確認されたので、片持ちスラブ下の支保工を取り外した。
5. 使用後の型枠については、コンクリートに接する面をよく清掃し、締付けボルトなどの貫通孔や破損箇所を修理のうえ、剥離剤を塗布して再使用した。

解説（JASS5. 9. 10. g）片持ちスラブの支保工の存置期間は、構造体コンクリートの圧縮強度がその部材の設計規準強度に達したことが確認できるまでとする。

1. （公共工事標準仕様書 6. 8. 3 (9) (ウ)）
2. （公共工事標準仕様書 6. 8. 2 (2) (ア) (イ)）
3. （JASS5. 9. 8. e）
5. （JASS5. 9. 3. d）

正解 4

R05	R04	R03	R02	R01	H30	H29

問題 05 IV 10　型枠工事に関する次の記述のうち、**最も不適当な**ものはどれか。

1. 地盤上に支柱を立てるに当たり、支柱がコンクリートの打込み中や打込み後に沈下しないよう、地盤を十分に締め固めるとともに、支柱の下に剛性のある板を敷いた。

2. 型枠の再使用に当たり、せき板とコンクリートとの付着力を減少させ、脱型時にコンクリート表面や型枠の傷を少なくするために、せき板に剥離剤を塗布した。

3. せき板・支保工・締付け金物などの材料の品質管理・検査は、搬入時に行うとともに、型枠の組立て中にも随時行った。

4. 構造体コンクリートの圧縮強度が設計基準強度以上に達し、かつ、施工中の荷重及び外力について構造計算により安全であることが確認されたので、コンクリートの材齢にかかわらず梁下の支柱を取り外した。

5. 柱及び壁のせき板は、建築物の計画供用期間の級が「短期」であり、普通ポルトランドセメントを使用したコンクリートの打込み後2日間の平均気温が20℃であったので、圧縮強度試験を行わずに取り外した。

解説 （JASS5. 9. 10. b）計画供用期間の級が短期及び標準の場合、せき板存置期間中の平均気温が20℃以上で、普通ポルトランドセメントを使用したコンクリートでは、コンクリートの打込み後4日以上経過していれば圧縮強度試験を省略し、せき板を取り外すことができる。

1. （公共工事標準仕様書 6. 8. 3）地盤に支柱を立てる場合は、地盤を十分締め固めるとともに、剛性のある板を敷くなど支柱が沈下しないよう必要な措置を講ずる。

4. （公共工事標準仕様書 6. 8. 4）圧縮強度が設計基準強度（Fc）以上であり、かつ、施工中の荷重及び外力について、構造計算により安全であることが確認されるまで梁下の支柱を取り出してはならない。

正解 5

R05	R04	R03	R02	R01	H30	H29

問題 06 Ⅳ 10 型枠工事に関する次の記述のうち、**最も不適当な**ものはどれか。

1. コンクリートの圧縮強度が12 N/mm² に達し、かつ、施工中の荷重及び外力について、構造計算により安全が確認されたので、スラブ下の支柱を取り外した。

2. 梁の側面のせき板は、建築物の計画供用期間の級が「短期」であり、普通ポルトランドセメントを使用したコンクリートの打込み後5日間の平均気温が20℃以上であったので、圧縮試験を行わずに取り外した。

3. 支柱として使用するパイプサポートは、3本継ぎとし、それぞれ4本のボルトで継いで強固に組み立てた。

4. 支柱は、コンクリート施工時の水平荷重による倒壊、浮き上がり、ねじれなどが生じないよう、水平つなぎ材、筋かい材・控え鋼などにより補強した。

5.　型枠の強度及び剛性の計算は、打込み時の振動・衝撃を考慮したコンクリート施工時における「鉛直荷重」、「水平荷重」及び「コンクリートの側圧」について行った。

解説 パイプサポートを支柱として用いる場合は、2本継ぎまでとし、4本以上のボルト又は専用金具で継がなければならない。

正解 3

R05	R04	R03	R02	R01	H30	H29

問題 07 IV 8　型枠工事に関する次の記述のうち、**最も不適当な**ものはどれか。

1.　せき板として使用する合板は、直射日光にさらされないように、シート等を使用して保護した。
2.　柱及び壁のせき板は、計画供用期間の級が「短期」であり、コンクリートの打込み後4日間の平均気温が10℃であったので、圧縮強度試験を行わずに取り外した。
3.　型枠は、足場等の仮設物とは連結させずに設置した。
4.　使用後の型枠については、コンクリートに接する面をよく清掃し、締付けボルト等の貫通孔を修理した後、剥離剤を塗り再使用した。
5.　スリーブには、鋼管を使用し、管径が大きい箇所にはコンクリート打込み時の変形防止のために補強を行った。

解説 （JASS5. 9. 10. b）計画供用期間の級が短期及び標準の場合、せき板存置期間中の平均気温が10℃以上で、所要日数以上を経過していれば圧縮試験を省略し、せき板を取り外すことができる。表より、コンクリートの材齢が、その最大値である9日以上経過すればよい。

1.　（JASS5. 9. 3. c）木材は、長時間、太陽光に当たると、セメントの硬化阻害物質の生成量が増大し、コンクリート表面の硬化不良の原因となる。よって、木製せき板は、出来る限り直射日光に当てないようにする。

基礎・梁側・柱および壁のせき板の存置期間を定めるためのコンクリートの材齢（日）

結合材の種類 ＼ 平均気温	早強ポルトランドセメント	普通ポルトランドセメント 高炉セメント A 種 高炉セメント A 種相当 フライアッシュセメント A 種 フライアッシュセメント A 種相当	高炉セメント B 種 高炉セメント B 種相当 フライアッシュセメント B 種 フライアッシュセメント B 種相当	中庸熱ポルトランドセメント 低熱ポルトランドセメント 高炉セメント C 種 高炉セメント C 種相当 フライアッシュセメント C 種 フライアッシュセメント C 種相当
20℃ 以上	2	4	5	7
20℃ 未満 10℃ 以上	3	6	8	9

正解 2

【学科Ⅳ】 14

コンクリート工事（運搬・打込み）

R05	R04	R03	R02	R01	H30	H29

問題 01 Ⅳ 10　コンクリート工事に関する次の記述のうち、**最も不適当な**ものはどれか。

1.　コンクリートの練混ぜから打込み終了までの時間は、外気温が 20℃ であったので、120 分以内とした。
2.　レディーミクストコンクリートの受入れにおいて、コンクリートの種類、呼び強度、指定スランプ等が、発注した条件に適合していることを、運搬車 2 台に対して 1 台の割合で、納入書により確認した。
3.　フレッシュコンクリートの試験に用いる試料の採取は、荷卸しから打込み直前までの間に、許容差を超えるような品質の変動のおそれがなかったので、工事現場の荷卸し地点とした。
4.　レディーミクストコンクリートの受入検査において、コンクリートに含まれる塩化物量が、塩化物イオン量として、0.30 kg/m^3 であったので、合格とした。
5.　レディーミクストコンクリートの受入検査において、指定したスランプ 18 cm に対して、スランプが 20 cm であったので、合格とした。

解説（公共建築工事標準仕様書 6. 5. 1 (ア)）納入されたコンクリートが発注した条件に適合していることを、各運搬車の納入書により確認する。

1.（JASS5. 7. 4. c.）コンクリートの練り混ぜから打ち込み終了までの時間の限度は、外気温が 25℃ 未満のときは 120 分、25℃ 以上のときは 90 分とする。
3.（公共建築工事標準仕様書 6. 9. 2 (1) (ア)）資料の採取場所は、工事現場の荷卸し地点とする。ただし、荷卸しから打ち込み直前までの間に、許容差を超えるような品質の変動のおそれがある場合は、その品質を代表する箇所で採取する。
4.（建築工事監理指針 6. 5. 4 (a) (1)）塩化物量の測定結果が 0.30 kg/m を超えるとコンクリート柱の鉄筋の腐食が促進される可能性があるため、この値以下とすることが定められている。
5.（JASS5. 11. 5 (7) 解説表 11. 6）スランプ 8 cm 以上 18 cm 以下の場合、スランプの許容差は ± 2.5 cm とする。

正解 2

R05	R04	R03	R02	R01	H30	H29

問題 02 Ⅳ 11　コンクリート工事に関する次の記述のうち、**最も不適当な**ものはどれか。

1.　コンクリートポンプによる圧送において、スラブのコンクリート打込みは、輸送管の振動により、配筋に有害な影響を与えないように、支持台を使用して輸送管を保持した。
2.　2 つの工場で製造されたレディーミクストコンクリートは、同一打込み区画に打ち込まないように打込み区画を分けた。
3.　コンクリートの品質に悪影響を及ぼすおそれのある降雪が予想されたので、適切な養生を行ったうえでコンクリートを打ち込んだ。
4.　梁のコンクリートは、柱及び壁のコンクリートの打込みと連続して梁の上部まで打ち込んだ。
5.　梁や壁の打継ぎ部は、鉄筋を骨としてメタルラスを張って仕切った。

解説（公共建築工事標準仕様書 6. 6. 3 (7)）梁及びスラブのコンクリートの打込みの手順は、壁及び柱のコンクリートの沈みが落ち着いた後に、梁に打ち込み、梁のコンクリートの沈みが落ち着いた後に、スラブに打ち込む。

1.（JASS5. 7. 4. e (5)）輸送管の配置にあたっては、型枠、配筋およびすでに打ち込んだコンクリートに振動による有害な影響を与えないように、支持台や緩衝材を使用する。
2.（公共建築工事標準仕様書 6. 6. 3 (4) (ウ)）同一打込み区画に、2 つ以上のレディーミクストコンクリート工場のコンクリートを打ち込まないこと。
3.（公共建築工事標準仕様書 6. 6. 3 (1)）コンクリートの品質に悪影響を及ぼすおそれのある降雨又は降雪が予想される場合もしくは打込み中のコンクリート温度が 2℃を下回るおそれのある場合は、適切な養生を行う。
5.（建築工事監理指針 6. 6. 3 (b) (2)）梁や壁には鉄筋を骨としてメタルラスや板を張って仕切るのがよい。

正解 4

R05	R04	R03	R02	R01	H30	H29

問題 03 Ⅳ 11　コンクリート工事に関する次の記述のうち、**最も不適当な**ものはどれか。

1.　コンクリートの打込みにおいて、同一区画の打込み継続中における打重ね時間の間隔は、外気温が 20℃であったので、120 分以内とした。
2.　床スラブの打込み後、24 時間が経過したので、振動や衝撃などを与えないように、床スラブ上において墨出しを行った。
3.　梁及びスラブにおける鉛直打継ぎの位置を、そのスパンの端部とした。

4.　棒形振動機による締固めの加振は、コンクリートの上面にセメントペーストが浮くまでとした。

5.　コンクリートの打込み当初及び打込み中に随時、ワーカビリティーが安定していることを目視により確認した。

解説（JASS5. 7. 8. b (1)）鉛直打継ぎ部は、スパンの中央または端から1/4付近に設ける。

1. （JASS5. 7. 5. f）打重ね時間の間隔の限度は、一般的に外気温が25℃未満の場合は150分、25℃以上の場合は120分を目安とし、先に打ち込んだコンクリートの再振動可能時間内とする。
2. （JASS5. 8. 4. b）少なくとも1日間、できれば3日間ぐらいはその上を歩いたり重量物を載せたりすることを避ける。もし、次工程の墨出しなどをするため、やむを得ず床スラブの上に載るような場合には、乾燥、振動や過大な荷重などを与えないよう、適切な養生を行い、なるべく静かに作業を行わなければならない。
4. （JASS5. 7. 6. c）
5. （JASS5. 11. 5. a (5)）フレッシュコンクリートが適切な柔らかさと粘りを有し、施工が容易でかつ分離が起こらないコンクリートであるかどうかを目視で確認する。この目視確認は、打込み初期や打込み中できるだけ頻繁に行うのがよい。　正解 3

R05	R04	R03	R02	R01	H30	H29

問題 04　Ⅳ 8　コンクリート工事に関する次の記述のうち、**最も不適当な**ものはどれか。

1.　コンクリートの締固めにおいて、コンクリート棒形振動機は、打込み各層ごとに用い、その下層に振動機の先端が入るようにほぼ鉛直に挿入し、引き抜くときはコンクリートに穴を残さないように加振しながら徐々に行った。

2.　片持ちスラブなどのはね出し部は、これを支持する構造体部分と一体となるようにコンクリートを打ち込んだ。

3.　コンクリートの打継ぎにおいては、打継ぎ面にあるレイタンスなどを取り除き、十分に乾燥させた状態で、コンクリートを打ち込んだ。

4.　寒冷期におけるコンクリートの養生については、コンクリートを寒気から保護し、打込み後5日間にわたって、コンクリート温度を2℃以上に保った。

5.　構造体コンクリート強度の判定用の供試体の養生は、標準養生とした。

解説（JASS5. 7. 8. e）打継ぎ部のコンクリートは、散水などにより湿潤にしておく。ただし、打継ぎ面の水は、コンクリートの打込み前に高圧空気などによって取り除く。

1. （JASS5. 7. 6. c）
2. （公共建築工事標準仕様書 6. 6. 3 (4)(ア)）

4. （建基令 75 条）
5. （JASS5. 11. 11. e 表 11. 9）標準養生とする。
（JIS A 1132）標準養生とは、20 ± 2℃ の水中養生または、湿潤な状態（相対湿度 95 %以上）に置く。
正解 3

R05	R04	R03	R02	R01	H30	H29

問題 05 Ⅳ 8　コンクリート工事に関する次の記述のうち、**最も不適当な**ものはどれか。

1. 捨てコンクリートの粗骨材の最大寸法は、25mm とした。
2. レディーミクストコンクリートの受入れに当たって、各運搬車の納入書により、コンクリートの種類、呼び強度、指定スランプ等が、発注した条件に適合していることを確認した。
3. 床スラブの打込み後、24 時間経過したので、振動や衝撃などを与えないように、床スラブ上において墨出しを行った。
4. ポンプによるスラブの打込みは、コンクリートの分離を防ぐため、前へ進みながら行った。
5. 梁及びスラブの鉛直打継ぎ面の位置は、そのスパンの端部から 1/4 の付近とした。

解説 （建築工事監理指針（H19 年版）6. 6. 4）スラブの打込みは、遠方から手前に打ち続けるように行う。前へ進みながら打つと骨材が分離を起こすため、後ろへ下がりながら打つ。
正解 4

R05	R04	R03	R02	R01	H30	H29

問題 06 Ⅳ 10　コンクリート工事に関する次の記述のうち、**最も不適当な**ものはどれか。

1. コンクリートの打込み中に降雨となったので、打込み箇所を上屋やシートで覆ったうえで、工事監理者の承認を受け、打込み作業を継続した。
2. コンクリートの打込み中において、スラブ筋の跳ね上がりやスペーサーからの脱落が生じたので、打込みを中断して修正を行い、必要な措置を講じたうえで、打込みを再開した。
3. コンクリートの打継ぎ面は、散水後の水膜を残した状態からコンクリートを打ち込んだ。
4. 梁及びスラブにおけるコンクリートの鉛直打継ぎの位置を、そのスパンの端から 1/4 付近とした。
5. 寒冷期のコンクリートの打込み工事であったので、コンクリートを寒気から保護し、打込み後5日間にわたって、コンクリート温度を2℃以上に保った。

解説 （JASS5. 7. 3. c）散水などにより型枠内に溜まった水は、型枠下端に排水口を設けるなどして、打込み前に確実に排出し、打ち込んだコンクリートに悪影響を与えないようにする。また、型枠内に木片、鉄筋片および土などが入ったままコンクリートを打込むと、欠陥部をつくることになるため、下部に掃除口を設け高圧空気などにより型枠内の異物を取り除いて、清掃しなければならない。

4. （JASS5. 7. 8. b）打継ぎ部の位置は、構造部材の耐力への影響の最も少ない位置に定めるものとする。(1) ～ (3) を標準とする。
   (1) 梁、床スラブおよび屋根スラブの鉛直打継ぎ部は、スパンの中央または端から1/4付近に設ける。
   (2) 柱および壁の水平打継ぎ部は、床スラブ・梁の下端または床スラブ梁・基礎梁の上端に設ける。
   (3) 片持床スラブなどのはね出し部は、これを支持する構造部分と一緒に打ち込み、打継ぎを設けない。

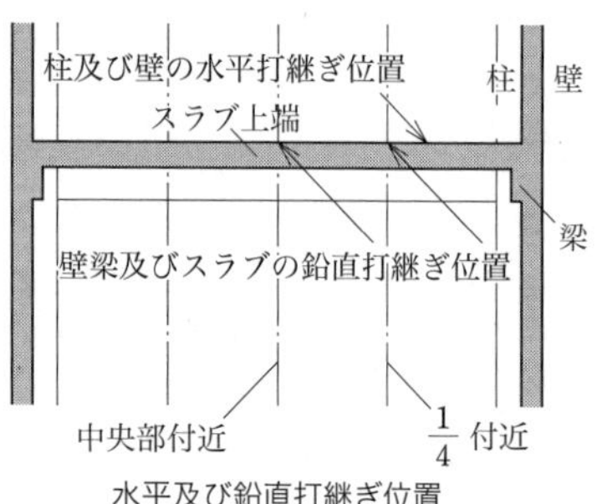

水平及び鉛直打継ぎ位置

5. （公共建築工事標準仕様書（H28年版） 6.7.1 (a)）寒冷期においては、コンクリー トを寒気から保護し、打込み後5日間以上 （早強ポルトランドセメントの場合は、3日間以上）は、コンクリート温度を2℃ 以上に保つ。 正解 3

【学科IV】 15

コンクリート工事（全般）

R05	R04	R03	R02	R01	H30	H29

問題01 IV 11　コンクリート工事に関する次の記述のうち、**最も不適当な**ものはどれか。

1.　数スパン連続した壁のコンクリートの打込みにおいて、一つのスパンから他のスパンへ柱を通過させて、横流ししながら打ち込んだ。
2.　コンクリート打込み後の養生期間中に、コンクリートが凍結するおそれのある期間において、初期養生は所定の試験による圧縮強度が 5 N/mm^2 以上となるまで行った。
3.　日平均気温の平年値が 25℃ を超える期間のコンクリート工事において、コンクリート打込み後の湿潤養生の開始時期は、コンクリート上面のブリーディング水が消失した時点とした。
4.　パラペットの立上り部分のコンクリートは、これを支持する屋根スラブと同一の打込み区画として打設した。
5.　コンクリート表面の仕上がりに軽微な豆板があったので、健全部分を傷めないように不良部分をはつり、水洗いした後、木ごてで硬練りモルタルを丁寧に塗り込んだ。

解説（公共建築工事標準仕様書 6. 6. 3 (3)）柱で区切られた壁においては、柱を通過させるようなコンクリートの横流しをしない。

2.（公共建築工事標準仕様書 6. 7. 1 (2)、6. 11. 4 (2)(ア)）コンクリート打込み後、初期凍害を受けるおそれがある場合は、所定の試験によるコンクリートの圧縮強度が 5N/mm^2 以上となるまで初期養生を行う。

3.（公共建築工事標準仕様書 6. 12. 4（イ））湿潤養生の開始時期は、コンクリート上面ではブリーディング水が消失した時点とし、せき板に接する面では脱型直後とする。

4.（公共建築工事標準仕様書 6. 6. 3 (4)（ア））パラペットの立上り、ひさし、バルコニー等は、これを支持する構造体部分と同一の打込み区画とする。

5.（JASS5. 7. 7. d.）コンクリート表面の仕上がり状態は、セパレータの頭処理はもちろん、豆板・空洞・砂じま・コールドジョイント・表面硬化不良、コンクリートの突起、過度の不陸などの欠陥がない状態とする。これらの打込欠陥が生じた場合は、補習を適切に行うこととする。

正解 1

R05	R04	R03	R02	R01	H30	H29

問題 02 Ⅳ 10　コンクリート工事に関する次の記述のうち、**最も不適当な**ものはどれか。

1.　材齢 28 日で試験を行うための構造体コンクリートの圧縮強度推定用供試体は、工事現場の直射日光の当たらない屋外において、水中養生とした。
2.　普通コンクリートの気乾単位容積質量を、2.3 t/m³ とした。
3.　調合管理強度の判定は、3 回の試験で行い、1 回の試験における圧縮強度の平均値が調合管理強度の 90%、かつ、3 回の試験における圧縮強度の総平均値が調合管理強度以上であったので、合格とした。
4.　構造体コンクリート強度の判定のための供試体は、任意の運搬車 1 台からコンクリート試料を採取して、3 個の供試体を作製した。
5.　コンクリートの計画調合は、調合強度等について所定の品質が得られることを試し練りによって確認したうえで定めた。

解説（JASS5. 11. 11. c）1 回の試験には、適当な間隔を置いた 3 台の運搬車から 1 個ずつ採取した合計 3 個の供試体を使用すること。

1.（公共建築工事標準仕様書 6. 9. 3　1.（イ）、表 6. 9. 2）
2.（JASS5. 1. 6）普通コンクリートとは、主として普通骨材を使用し、気乾単位容積重量がおおむね 2.1 ～ 2.5 t/m³ の範囲のコンクートである。
3.（公共建築工事標準仕様書 6. 9. 4 (1)（ア）（イ））調合管理強度の判定は、3 回の試験で行い、1 回の試験における圧縮強度の平均値が、調合管理強度の 85%以上かつ、3 回の試験における圧縮強度の総平均値が、調合管理強度以上でなければならない。
5.（公共建築工事標準仕様書 6. 3. 2（ウ）(a) (b)）計画調合は、試し練りによって定める。試し練りは、計画スランプ、計画空気量及び調合強度が得られることを確認する。

正解 4

R05	R04	R03	R02	R01	H30	H29

問題 03 Ⅳ 10　コンクリート工事に関する次の記述のうち、**最も不適当な**ものはどれか。

1.　ひび割れの発生を防止するため、所要の品質が得られる範囲内で、コンクリートの単位水量をできるだけ小さくした。
2.　構造体強度補正値は、特記がなかったので、セメントの種類及びコンクリートの打込みから材齢 28 日までの予想平均気温に応じて定めた。
3.　コンクリートの強度試験は、打込み日及び打込み工区ごと、かつ、150m³ 以下にほぼ均等に分割した単位ごとに行った。
4.　コンクリートの品質基準強度は、設計基準強度と耐久設計基準強度との平均値とした。

5. 日平均気温の平年値が 25℃ を超える期間のコンクリート工事において、特記がなかったので、荷卸し時のコンクリートの温度は、35℃以下となるようにした。

解説（JASS5. 5. 2. a）コンクリートの品質規準強度は、設計規準強度または耐久設計規準強度のうち、大きい方の値とする。

1. （JASS5. 5. 6）コンクリートの単位水量が大きくなると、構造体コンクリートに乾燥収縮によるひび割れ、ブリーディング、打込み後の沈降による沈みひび割れの誘発を生じさせるなど、鉄筋コンクリート造の品質や耐久性に好ましくない性質が多くなる。
2. （JASS5. 5. 2. c 表 5. 1）
3. （公共建築工事標準仕様書 6. 9. 3 表 6. 9. 2）
5. （公共建築工事標準仕様書 6. 12. 1 (1) 6. 12. 3 (1)）

正解 4

R05	R04	R03	R02	R01	H30	H29

問題 04 Ⅳ 9 コンクリート工事に関する次の記述のうち、**最も不適当な**ものはどれか。

1. レディーミクストコンクリートの受入れにおいて、荷卸し直前にトラックアジテータのドラムを高速回転させ、コンクリートを均質にしてから排出した。
2. レディーミクストコンクリートの受入検査において、指定した空気量の値に対して、＋ 1.5％であったので許容した。
3. レディーミクストコンクリートの受入検査において、指定したスランプ 18 cm に対して、20 cm であったので許容した。
4. コンクリートの圧送に先立ち、コンクリートの品質の変化を防止するための先送りモルタルは、型枠内には打ち込まずに廃棄した。
5. コンクリートの練混ぜから打込み終了までの時間は、外気温が 28℃ であったので、特段の措置を講ずることなく、120 分を限度とした。

解説（公共建築工事標準仕様書 6. 6. 2）練混ぜから打込み終了までの限界時間は、外気温が 25℃ 未満の時は 120 分、25℃ 以上のときは 90 分とする。

1. （公共建築工事標準仕様書 6. 4. 4 (ウ)）
2. （公共建築工事標準仕様書 6. 5. 3 (1)）
3. （公共建築工事標準仕様書 6. 5. 2 (2)）スランプ 8 cm 以上 18 cm 以下の場合、± 2.5 cm 以下、21 cm の場合、± 1.5 cm とする。
4. （公共建築工事標準仕様書 6. 6. 1 (ウ)）

正解 5

R05	R04	R03	R02	R01	H30	H29

問題 05 Ⅳ 8 コンクリート工事に関する次の記述のうち、**最も不適当な**もの

はどれか。

1. 普通ポルトランドセメントによる構造体強度補正値については、特記がなく、コンクリートの打込みから材齢28日までの予想平均気温が5℃であったので、3 N/mm² とした。
2. 外壁におけるコンクリートの水平打継ぎについては、止水性を考慮し、打継ぎ面には外側下がりの勾配を付ける方法とした。
3. 直接土に接する柱・梁・壁・スラブにおける設計かぶり厚さは、特記がなかったので、50 mm とした。
4. 柱のコンクリートの打込みについては、コンクリートが分離しないようにするため、スラブ又は梁で受けた後、柱の各面の方向から流れ込むように行った。
5. 梁のコンクリートの打込みについては、壁及び柱のコンクリートの沈みが落ち着いた後に行った。

解説 (JASS5. 5. 3. b 表 5･1) 調合管理強度を求める際の構造体強度補正値の標準値。表より予想平均気温が 5℃ である場合、構造体強度補正値 $_{28}S_{91}$ (N/mm²) は、6 (N/mm²) とする。

セメントの種類	コンクリートの打込みから28日までの期間の予想平均気温 θ の範囲 (℃)	
普通ポルトランドセメント	$0 \leqq \theta < 8$	$8 \leqq \theta$
構造体強度補正値 $_{28}S_{91}$ (N/mm²)	6	3

2. (JASS5. 7. 8) 外壁では、打ち継ぎ面に外側下がりの勾配をつける方法が簡便である。
3. (JASS5. 3. 11. b) 設計かぶり厚さ 5cm 以上、最小かぶり厚さ 4 cm 以上とする。

かぶり厚さ (JASS5)

部位・部材の種類		最小かぶり厚さ (mm) 一般劣化環境(非腐食環境)	最小かぶり厚さ (mm) 一般劣化環境(腐食環境) 計画供用期間の級 短期	標準・長期	超長期	設計かぶり厚さ (mm) 一般劣化環境(非腐食環境)	設計かぶり厚さ (mm) 一般劣化環境(腐食環境) 計画供用期間の級 短期	標準・長期	超長期
構造部材	柱・梁・耐力壁	30	30	40	40	40	40	50	50
構造部材	床スラブ・屋根スラブ	20	20	30	40	30	30	40	50
非構造部材	構造部材と同等の耐久性を要求する部材	20	20	30	40	30	30	40	50
非構造部材	計画供用期間中に保全を行う部材	20	20	30	30	30	30	40	40
直接土に接する柱・梁・壁・床および布基礎の立ち上がり部		40				50			
基礎		60				70			

正解 1

R05	R04	R03	R02	R01	H30	H29

問題 06 Ⅳ 9　コンクリート工事に関する次の記述のうち、**最も不適当な**ものはどれか。

1.　コンクリートの強度試験は、打込み日及び打込み工区ごと、かつ、150m³以下にほぼ均等に分割した単位ごとに行うこととした。
2.　建築物の計画供用期間の級が「短期」であったので、普通ポルトランドセメントを使用したコンクリートの打込み後の湿潤養生期間を、5日間とした。
3.　構造体コンクリートの有害なひび割れ及びたわみの有無は、支保工を取り外した後に確認した。
4.　構造体コンクリートの圧縮強度推定用の供試体は、適切な間隔をあけた3台の運搬車を選び、それぞれ1個ずつ合計3個作製した。
5.　調合管理強度の管理試験において、1回の試験結果が調合管理強度の80%であり、かつ、3回の試験結果の平均値が調合管理強度以上であったので、合格とした。

解説（公共工事標準仕様書 6. 9. 4）調合管理強度の判定は3回の試験で行い、1回の試験における圧縮強度の平均値が、調合管理強度の85%以上であるとともに、3回の試験における圧縮強度の総平均値が、調合管理強度以上であれば合格となる。

1.（公共建築工事標準仕様書 6. 9. 3）1回の試験について、打込み日ごと、打込み工区ごと、かつ、150m³以下にほぼ均等に分割した単位ごとに行う。
2.（JASS5. 8. 2. a）計画供用期間の級が「短期」で、普通コンクリートを使用した場合、湿潤養生の期間は、5日間以上である。

湿潤養生の期間　（JASS5）

セメントの種類＼計画供用期間の級	短期および標準	長期および超長期
早強ポルトランドセメント	3日以上	5日以上
普通ポルトランドセメント、フライアッシュセメントA種、高炉セメントA種、エコセメント等	5日以上	7日以上
中庸熱および低熱ポルトランドセメント フライアッシュセメントB種、高炉セメントB種	7日以上	10日以上

4.（公共工事標準仕様書 6. 9. 3. 表 6. 9. 2）構造体コンクリート強度の判定は、適切な間隔をあけた3台の運搬車から、それぞれ試料（供試体）を採取し、1台につき1個（合計3個）の供試体を作製する。

正解 5

R05	R04	R03	R02	R01	H30	H29

問題 07 Ⅳ 9　コンクリート工事に関する次の記述のうち、**最も不適当な**ものはどれか。

1.　コンクリートの打込み・養生期間等により、材齢28日で所定の圧縮強度が得られないことを懸念し、圧縮強度推定試験を行うための現場封かん養生供試体をあらかじめ用意した。

2. 調合管理強度の管理試験用の供試体は、適切な間隔をあけた3台の運搬車を選び、それぞれ1個ずつ合計3個作製した。

3. 現場水中養生供試体について、材齢28日までの平均気温が20℃以上であり、1回の圧縮強度試験の結果（3個の供試体の平均値）が、調合管理強度以上であったので合格とした。

4. 材齢28日で試験を行うための構造体コンクリートの圧縮強度推定用供試体の標準養生は、20℃の水中養生とした。

5. コンクリートの品質基準強度は、設計基準強度又は耐久設計基準強度のうち、大きいほうの値とした。

解説 コンクリートの強度試験における供試体の試料採取は、適切な間隔をあけた3台の運搬車から、それぞれ試料を採取する。ただし、調合管理強度の管理試験用は、1台の運搬車の試料から3個の供試体を作製する。

正解 2

R05	R04	R03	R02	R01	H30	H29

問題 08 Ⅳ 11 コンクリート工事に関する次の記述のうち、**最も不適当な**ものはどれか。

1. 普通コンクリートの気乾単位容積質量を、2.3 t/m³とした。

2. コンクリートのワーカビリティーを改善し、所要のスランプを得るため、AE減水剤を使用した。

3. 軽量コンクリートに用いる人工軽量骨材は、コンクリートの輸送によってスランプの低下等が生じないよう、あらかじめ十分に吸水させたものを使用した。

4. 荷卸し時のコンクリートにおいて、空気量が指定された値に対して、－1.0％であったので、許容した。

5. コンクリートの強度試験は、レディーミクストコンクリート工場及びコンクリートの種類が異なるごとに1日1回、かつ、コンクリート200 m³ごとに1回行った。

解説 （公共建築工事標準仕様書（H28年版）6. 9. 3）コンクリートの強度試験は、製造工場及びコンクリートの種類が異なるごとに1日1回以上、かつ、150 m³ごと及びその端数につき1回以上とする。1回の試験の供試体の数は、試験用その他必要に応じて、それぞれ3個とし、適切な間隔をあけた3台の運搬車からそれぞれ試料を採取する。

4. （JASS5. 11. 5. a）コンクリートの空気量の許容差は、±1.5％の範囲内とする。

正解 5

空気量の許容差（単位：％）

コンクリートの種類	空気量	空気量の許容差
普通コンクリート	4.5	±1.5
軽量コンクリート	5.0	
高強度コンクリート	4.5	

【学科Ⅳ】

16 鉄骨工事（全般）

R05	R04	R03	R02	R01	H30	H29

問題 01 Ⅳ 12 高力ボルト接合に関する次の記述のうち、**最も不適当な**ものはどれか。

1. 接合部の材厚の差により 1.2 mm の肌すきが生じたので、ボルトの締付けのトルク値を高めることにより修正した。
2. 一群のボルトの締付けは、群の中央部から周辺に向かう順序で行った。
3. ボルト頭部と接合部材の面が、1/20 以上傾斜していたので、勾配座金を使用した。
4. 仮ボルトは、本接合のボルトと同軸径の普通ボルトを用い、締付け本数は、一群のボルト数の 1/3 以上、かつ、2 本以上とした。
5. 一次締め終了後に行うボルトのマーキングは、ボルト軸、ナット、座金及び母材（添え板）にかけて行った。

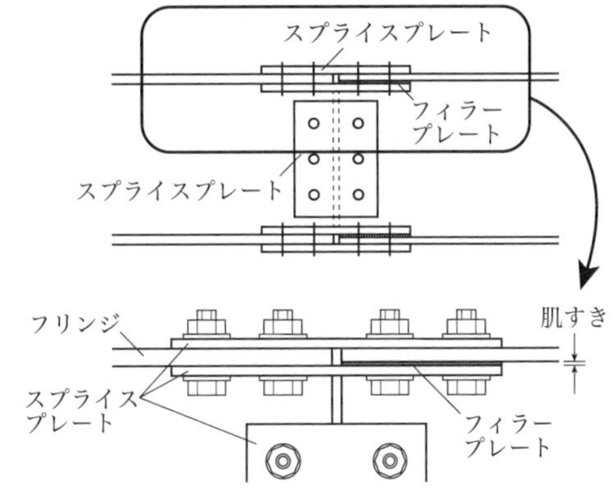

解説（公共建築工事標準仕様書 7. 4. 6）1 mm を超える肌すきがある場合はフィラープレートを入れる。

2. （公共建築工事標準仕様書 7. 4. 7 (4)）一群のボルトの締付けは、群の中央から周辺に向かう順序で行う。
3. （公共建築工事標準仕様書 7. 4. 6 (3)）ボルト頭部又はナットと接合部材の面が、1/20 以上傾斜している場合は、勾配座金を使用する。
4. （公共建築工事標準仕様書 7. 10. 5 (2)）仮ボルトは、本接合のボルトと同軸径の普通ボルト等で損傷のないものを使用し、締付け本数は、一群のボルト数の 1/3 以上かつ 2 本以上とする。
5. （公共建築工事標準仕様書 7. 4. 7 (6)）一次締めしたボルトには、ボルト、ナット、座金及び母材（添え板）にかけてマークを施す。

正解 1

R05	R04	R03	R02	R01	H30	H29

問題02 Ⅳ13 鉄骨工事に関する次の記述のうち、**最も不適当な**ものはどれか。

1. 架構の倒壊防止用に使用するワイヤロープは、建入れ直し用に兼用した。
2. 筋かいによる補強作業は、建方の翌日に行った。
3. 板厚が22mmの鋼材相互を突合せ継手とする完全溶込み溶接において、溶接部の余盛りの高さは、特記がなかったので、2mmとした。
4. 溶接部の清掃作業において、溶接作業に支障のない溶接面に固着したミルスケールは、除去せずにそのまま残した。
5. 隅肉溶接の溶接長さは、有効溶接長さに隅肉サイズの2倍を加えたものとした。

解説 筋かいによる補強作業は、倒壊の危険性があるため建方当日に行うこと。

1. （JASS6. 12. 4. f. (4)）架構の倒壊防止用ワイヤーロープを使用する場合、このワイヤーロープを建入れ直し用に兼用してよい。
3. （JASS6 付則6、付表3 (3)）完全溶け込み溶接・突合せ継手における余盛りの最小の管理許容差は $0 \leqq \Delta h \leqq 3$mm である。

最小管理許容差　$0 \leqq \Delta h \leqq 3$mm

4. （公共建築工事標準仕様書 7. 6. 6）溶接部は、溶接に先立ち、水分、油、スラグ、塗料、錆、溶融亜鉛めっきの付着等の溶接に支障となるものを除去する。なお、ミルスケールとは、製鉄所で付いたうろこ状の黒い錆、黒皮を指す。
5. （公共建築工事標準仕様書 7. 6. 7 (4)(ア)）施工する溶接長さは、有効長さに隅肉溶接のサイズの2倍を加えたものとする。

正解 2

R05	R04	R03	R02	R01	H30	H29

問題03 Ⅳ12 鉄骨工事における建方に関する次の記述のうち、**最も不適当な**ものはどれか。

1. 吊(つり)上げの際に変形しやすい部材については、適切な補強を行った。
2. アンカーボルトの心出しは、型板を用いて基準墨に正しく合わせ、適切な機器を用いて行った。
3. 本接合に先立ち、ひずみを修正し、建入れ直しを行った。
4. 柱の溶接継手におけるエレクションピースに使用する仮ボルトについては、一群のボルト数の3/4を締め付けた。
5. 敷地が狭く部材の搬入経路が一方向となるので、鉄骨建方は、建逃げ方式を採用した。

解説 （公共建築工事標準仕様書 7. 10. 5 (4)）柱又は梁を現場溶接接合とする場合は、

エレクションピース等の仮ボルトは、高力ボルトを使用し、全て締め付ける。

1. （公共建築工事標準仕様書 7. 10. 5 (4)）吊上げの際に変形しやすい部材は、適切な補強を行う。
2. （公共建築工事標準仕様書 7. 10. 3 (1) (ア)）アンカーボルトの心出しは、型板を用いて基準墨に正しく合わせ、適切な機器等で正確に行う。
3. （公共建築工事標準仕様書 7. 10. 5 (4)）本接合に先立ち、ひずみを修正し、建入れ直しを行う。
5. 積み上げ方式と建逃げ方式がある。建逃げ方式は、移動式クレーンを使って敷地の奥から手前方向に移動させながら組み立てていく工法で、クレーンの移動や資材の搬入が逆方向からでは建方が無理な場合に用いる方式である。

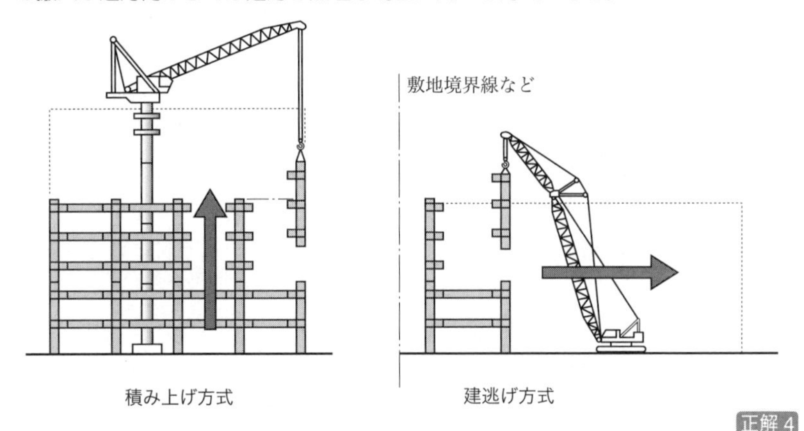

正解 4

R05	R04	R03	R02	R01	H30	H29

問題 04 IV 13 鉄骨工事における溶接に関する次の記述のうち、**最も不適当な**ものはどれか。

1. 開先の加工は自動ガス切断とし、加工精度の不良なものは修正した。
2. 溶接部の超音波探傷試験において、不合格の部分は全て除去して再溶接を行った。
3. 完全溶込み溶接において、初層の溶接で継手部と裏当て金が十分に溶け込むようにした。
4. スタッド溶接完了後の試験において、仕上り高さが指定寸法の－ 2mm、傾きが 4 度であったので、合格とした。
5. 作業場所の気温が 3℃ であったので、溶接線から 40 mm までの範囲の母材部分を加熱して、溶接を行った。

解説（公共建築工事標準仕様書 7. 6. 8 (2)）作業場所の気温が－ 5℃ 以上 5℃ 以下の場

合は、溶接線から100 mm 程度の範囲を適切な方法で加熱して、溶接を行う。

1. （公共建築工事標準仕様書 7. 6. 4 (2)）開先の加工は、自動ガス切断又は機械加工とし、精度が不良なものは、修正する。
2. （公共建築工事標準仕様書 7. 6. 13 (1) (カ)）超音波探傷試験の結果が不合格の部分は、除去した後、再溶接を行う。
3. （公共建築工事標準仕様書 7. 6. 7 (1) (コ) (d)）初層の溶接において、継手部と裏当て金が十分に溶け込むようにする。
4. （公共建築工事標準仕様書 7. 7. 3 (1) (2)）スタッドの仕上り高さは、所定の高さ±2 mm までの範囲とし、スタッドの傾きは、5 度以内とする。 正解 5

R05	R04	R03	R02	R01	H30	H29

問題 05 IV 12　鉄骨工事に関する次の記述のうち、**最も不適当な**ものはどれか。

1. ベースプレートとアンカーボルトとの緊結を確実に行うため、ナットは二重とし、ナット上部にアンカーボルトのねじ山が3山以上出るようにした。
2. トルシア形高力ボルトの締付け作業において、締付け後のボルトの余長は、ナット面から突き出た長さが、ねじ1～6山の範囲のものを合格とした。
3. 高力ボルトの締付け作業において、高力ボルトを取り付けた後、一次締め、マーキング、本締めの順で行った。
4. トルシア形高力ボルトの締付け後の目視検査において、共回りや軸回りの有無については、ピンテールの破断により判定した。
5. 建方において、架構の倒壊防止用ワイヤーロープを、建入れ直し用に兼用した。

解説 一次締めの際につけたマークのずれにより、共回り又は軸回りが生じていないことを確認する。

1. 特記のない場合は、二重ナット締めを行ってもねじ山が外に3山以上出ることを標準とする。 正解 4

R05	R04	R03	R02	R01	H30	H29

問題 06 IV 13　鉄骨工事に関する次の記述のうち、**最も不適当な**ものはどれか。

1. 柱の溶接継手におけるエレクションピースに使用する仮ボルトは、高力ボルトを使用して全数締め付けた。
2. 作業場所の気温が4℃であったので、溶接線から100 mm までの範囲の母材部分を加熱して、溶接を行った。
3. 溶接部に割れがあったので、溶接金属を全長にわたって除去し、再溶接を行った。

4.　溶接部にブローホールがあったので、除去した後、再溶接を行った。

5.　スタッド溶接の溶接面に著しい錆が付着していたので、スタッド軸径の1.5倍の範囲の錆をグラインダーで除去し、溶接を行った。

解説　溶接面に、水分、錆、塗料、亜鉛メッキ等の溶接作業及び溶接結果に支障となるものがある場合は、スタッド軸系の2倍以上を丁寧に除去し、清掃を行う。

1.　柱や梁を現場溶接接合とする場合は、エレクションピース等の仮ボルトは、高力ボルトを使用し、全て締め付ける。

2.　作業場所の気温が－5℃以上5℃以下の場合は、溶接線から100mm程度の範囲を適切な方法で加熱して、溶接を行う。

3.　適切な試験により、割れの範囲を明らかにした場合は、割れ及び割れの端から50mm以上の範囲を除去し、再溶接を行う。

正解5

R05	R04	R03	R02	R01	H30	H29

問題07 Ⅳ12　鉄骨工事に関する次の記述のうち、**最も不適当な**ものはどれか。

1.　ターンバックル付き筋かいを有する建築物であったので、その筋かいを活用して建入れ直しを行った。

2.　柱の現場溶接継手において、エレクションピースに使用する仮ボルトは、高力ボルトを使用して全数締め付けた。

3.　高力ボルト接合による継手の仮ボルトは、本接合のボルトと同軸径の普通ボルトを用い、締付け本数は、一群のボルト数の1/3以上、かつ、2本以上とした。

4.　高力ボルト摩擦接合において、接合部の材厚の差により生じた肌すきが1.0mmであったので、フィラープレートを挿入せず、そのまま締め付けた。

5.　高力ボルト用の孔あけ加工は、接合面をブラスト処理する前に行った。

解説（JASS6. 12. 4. f (2)）ターンバックル付き筋かいを有する構造物においては、その筋かいを用いて建て入れ直しを行ってはならない。

2.　（JASS6. 12. 4. g (3)）

3.　（JASS6. 12. 4. g (1)）

4.　（JASS6. 6. 3. a (2) 表 6. 5）

5.　（JASS6. 4. 9 (1)）

正解1

R05	R04	R03	R02	R01	H30	H29

問題08 Ⅳ13　鉄骨工事における溶接に関する次の記述のうち、**最も不適当な**ものはどれか。

1.　溶接部の清掃作業において、溶接作業に支障のない溶接面に固着したミルスケールは、除去せずにそのまま残した。

2.　隅肉溶接の溶接長さは、有効溶接長さに隅肉サイズの1/2倍を加えたものとした。

3.　板厚が22mmの鋼材相互を突合せ継手とする完全溶込み溶接において、溶接部の余盛りの高さは、特記がなかったので、2mmとした。

4.　不合格溶接部の手溶接による補修作業は、径が4mmの溶接棒を用いて行った。

5.　溶接作業は、治具を使用して、できるだけ下向きの姿勢で行った。

解説（JASS6. 5. 9. c）溶接長さは、有効溶接長さに隅肉サイズの2倍の長さを加えたものである。

1.（公共建築工事標準仕様書 7. 6. 6）溶接作業に支障となるものを除去する。

3.（JASS6. 5. 8. d）

4.（公共建築工事標準仕様書 7. 6. 13（1）（キ））

5.（公共建築工事標準仕様書 7. 6. 7（1）（エ））

正解 2

R05	R04	R03	R02	R01	H30	H29

問題 09 IV 12　鉄骨工事における溶接に関する次の記述のうち、**最も不適当な**ものはどれか。

1.　吸湿の疑いのある溶接棒は、再乾燥させてから使用した。

2.　溶接部に割れがあったので、溶接金属を全長にわたって削り取り、再溶接を行った。

3.　作業場所の気温が4℃であったので、溶接線から50mmまでの範囲の母材部分を加熱して、溶接を行った。

4.　スタッド溶接の溶接面に著しい錆（さび）が付着していたので、スタッド軸径の2倍以上の範囲の錆（さび）をグラインダーで除去し、溶接を行った。

5.　スタッド溶接後の打撃曲げ試験において15度まで曲げたスタッドのうち、欠陥のないものについては、そのまま使用した。

解説（JASS6. 5. 7. h（1））気温が－5℃を下回る場合は、溶接を行ってはならない。気温が－5℃から5℃においては、溶接部より100mmの範囲の母材部分を適切に加熱すれば溶接することができる。

1.（JASS6. 5. 5. b）吸湿の疑いのあるものは、その溶接材料の種類に応じた乾燥条件で乾燥して使用する。

2.（公共建築工事標準仕様書 7. 6. 13（オ））溶接部に割れがある場合は、溶接金属を全長にわたり除去し、再溶接を行う。ただし、適切な試験により、割れの範囲を明らかにした場合は、割れ及び割れの端から 50 mm 以上の範囲を除去し、再溶接を行う。

4. （公共建築工事標準仕様書 7. 7. 4 (5)）溶接面に、水分、錆、塗料、亜鉛めっき等の溶接作業及び溶接結果に支障となるものがある場合は、スタッド軸径の 2 倍以上を丁寧に除去し、清掃を行う。

5. （公共建築工事標準仕様書 7. 7. 6 (b)）打撃により 15° まで曲げ、溶接部に割れその他の欠陥が生じない場合は、そのロットを合格とする。 正解 3

R05	R04	R03	R02	R01	H30	H29

問題 10 Ⅳ 13 高力ボルト接合に関する次の記述のうち、**最も不適当な**ものはどれか。

1. ボルト締めによる摩擦接合部の摩擦面には、錆(さび)止め塗装を行わなかった。
2. ナット回転法による M16（ねじの呼び径）の高力六角ボルトの本締めは、一次締付け完了後を起点としてナットを 120 度回転させて行った。
3. ボルト頭部と接合部材の面が、1/20 以上傾斜していたので、勾配座金を使用した。
4. 一群のボルトの締付けは、群の中央部から周辺に向かう順序で行った。
5. 接合部の材厚の差により 1.2 mm の肌すきが生じたので、ボルトの締付けのトルク値を高めることにより修正した。

解説 （JASS6. 6. 3. 9 (2)）接合部に、肌すきがある場合の処理は、右表による。

肌すきがある場合の処理 （JASS6）

肌すき量	処理方法
1mm 以下	処理不要
1mm を超えるもの	フィラープレートを入れる

1. 摩擦面は、すべり係数値が 0.45 以上確保できるよう、摩擦接合面全面の範囲のミルスケールを除去した後、一様に錆を発生させたものとする。
2. （JASS6. 4. b (2) i)）ナット回転法による本締めは、一次締め付け完了後を起点としてナットを 120°（M12 は 60°）回転させて行う。ただし、ボルトの長さがボルト呼び径の 5 倍を超える場合のナット回転量は特記による。
3. （公共建築工事標準仕様書 7. 4. 6 (3)）ボルト頭部又はナットと接合部材の面が、1/20 以上傾斜している場合は、勾配座金を使用する。
4. （公共建築工事標準仕様書 7. 4. 7 (4)）一群のボルトの締付けは、群の中央から周辺に向かう順序で行う。 正解 5

R05	R04	R03	R02	R01	H30	H29

問題 11 Ⅳ 12 鉄骨工事に関する次の記述のうち、**最も不適当な**ものはどれか。

1. 建方の精度検査において、特記がなかったので、高さ 5 m の柱の倒れが 5 mm 以下であることを確認した。

2.　筋かいによる補強作業は、建方の翌日に行った。
3.　ワイヤロープを架構の倒壊防止用に使用するので、そのワイヤロープを建入れ直し用に兼用した。
4.　吹付け材による鉄骨の耐火被覆工事において、吹付け厚さを確認するために設置した確認ピンは、確認作業後も存置した。
5.　トルシア形高力ボルトの締付け作業において、締付け後のボルトの余長は、ナット面から突き出た長さが、ねじ1山～6山の範囲のものを合格とした。

解説　鉄骨工事の建方において、筋かいによる補強作業は安全上、当日に行うものとし、翌日に持ち越してはならない。
5.（JASS6. 6. 6. a）ボルトの余長は、ナット面から突き出た長さが、ねじ1山～6山の範囲にあるものを合格とする。　正解2

R05	R04	R03	R02	R01	H30	H29

問題12 Ⅳ13　鉄骨工事に関する次の記述のうち、**最も不適当な**ものはどれか。
1.　高力ボルトの締付け作業において、一群のボルトの締付けは、群の周辺部から中央に向かう順序で行った。
2.　高力ボルト用の孔あけ加工は、接合面をブラスト処理する前にドリルあけとした。
3.　完全溶込み溶接における余盛りは、母材表面から滑らかに連続する形状とした。
4.　溶接部の清掃作業において、溶接に支障のないミルスケールは、除去せずに存置した。
5.　デッキプレート相互の接合は、アークスポット溶接により行った。

解説（JASS6. 6. 4. a）ボルト群ごとに、締付けによる板のひずみを周辺に逃がすために、継手の中央から周辺にむかって行う。
5.（JASS6. 12. 7. d (5)）デッキプレート相互の接合は、溶接（アークスポット溶接、隅肉溶接）、タッピングねじ、嵌合（かんごう）、かしめまたは重ねによる。　正解1

R05	R04	R03	R02	R01	H30	H29

問題13 Ⅳ12　鉄骨工事における建方に関する次の記述のうち、**最も不適当な**ものはどれか。
1.　高力ボルト接合による継手の仮ボルトは、本接合のボルトと同軸径の普通ボルトを用い、締付け本数は、一群のボルト数の1/3以上、かつ、2本以上とした。

2. 柱接合部のエレクションピースは、あらかじめ工場において、鉄骨本体に強固に取り付けた。
3. 本接合に先立ち、ひずみを修正し、建入れ直しを行った。
4. ターンバックル付きの筋かいを有する構造物においては、その筋かいを用いて建入れ直しを行った。
5. 架構の倒壊防止用に使用するワイヤーロープを、建入れ直し用に兼用した。

解説 （JASS6. 12. 4. f (2) ）ターンバックル付き筋かいを有する構造物においては、その筋かいを用いて建入れ直しを行うと締付けが不均一になり、変形を起こさせる原因となるので行ってはならない。

1. （JASS6. 12. 4. g (1)）仮ボルトは中ボルトなどを用い、ボルト一群に対して1/3程度かつ2本以上とする。
5. （JASS6. 12. 4. f (4)）架構の倒壊防止用ワイヤーロープを使用する場合、このワイヤーロープを建入れ直し用に兼用してよい。

正解 4

R05	R04	R03	R02	R01	H30	H29

問題 14 IV 13 高力ボルト接合に関する次の記述のうち、**最も不適当な**ものはどれか。

1. 座金との接触面にまくれがあったので、ディスクグラインダー掛けにより取り除き、平らに仕上げた。
2. 高力ボルト摩擦接合部の摩擦面には、締付けに先立ち防錆（せい）塗装を行った。
3. 一次締め終了後に行うボルトのマーキングは、ボルト軸から、ナット、座金及び母材（添え板）にかけて行った。
4. トルシア形高力ボルトの締付け検査において、締付けの完了したボルトのピンテールが破断したものを合格とした。
5. 作業場所の気温が0℃以下となり、接合部に着氷のおそれがあったので、締付け作業を中止した。

解説 鋼材には、錆止め塗装が施されるが、下記の箇所には塗装をしてはならない。①高力ボルト摩擦接合部分、②コンクリートに埋め込まれる部分、③耐火被覆を吹き付ける部分、④現場溶接を行う箇所及びそれに隣接する両側100mm以内、⑤組立てによる部材の肌合わせ部分、⑥ピン、ローラーなどに密着する部分、⑦密閉となる部分。

正解 2

【学科Ⅳ】
17

補強コンクリートブロック工事・ALCパネル工事

R05	R04	R03	R02	R01	H30	H29

問題01 Ⅳ14 ALCパネル工事に関する次の記述のうち、**最も不適当な**ものはどれか。

1. 外壁パネルを横壁アンカー構法で取り付けるに当たり、自重受け金物は、パネル積上げ段数5段ごとに設けた。
2. 外壁パネルの短辺小口相互の接合部の目地は伸縮調整目地とし、特記がなかったので、目地幅は5mmとした。
3. 外壁パネルを縦壁ロッキング構法で取り付けるに当たり、床パネルとの取り合い部分の隙間には、外壁パネルに絶縁材を張り付けたうえで、セメントモルタルを充填した。
4. 外壁パネルの外部に面する部分の目地には、シーリング材を充填した。
5. 床パネルの短辺小口相互の接合部には20mmの目地を設け、支持梁上になじみよく敷き並べた。

解説（公共建築工事標準仕様書 8. 4. 3 (6)）パネルの短辺小口相互の接合部の目地は伸縮調整目地とし、目地幅は特記がない場合10～20mmとする。

1. （JASS21. 3. 1. a (2)）パネル重量は3～5段ごとに定規アングルなどに取り付けた自重受け鋼材により支持する。
3. （公共建築工事標準仕様書 8. 4. 3 (12)）パネルとスラブが取り合う部分の隙間は、モルタル又は耐火材料を充填する。また、モルタルとパネルの間にはクラフトテープ等の絶縁材料を入れる。
4. （公共建築工事標準仕様書 8. 4. 3 (11)）雨掛り部分のパネルの目地はシーリング材を充填する。
5. （公共建築工事標準仕様書 8. 4. 5　表 8. 4. 4 (1)）短辺小口相互の接合部には、20mm程度の目地を設け、支持梁上になじみよく敷き並べる。

正解2

R05	R04	R03	R02	R01	H30	H29

問題02 Ⅳ14 補強コンクリートブロック造工事に関する次の記述のうち、**最も不適当な**ものはどれか。

1. ブロックの空洞部への充填用コンクリートには、空洞部の大きさを考慮して、豆砂利コンクリートを用いた。

2. 耐力壁のブロックは、水平目地のモルタルをフェイスシェル部分にのみ塗布して積み上げた。
3. 押し目地仕上げは、目地モルタルが硬化する前に、目地こてで押さえた。
4. 高さ 2.2 m のブロック塀において、特記がなかったので、厚さ 150 mm の空洞ブロックを用いた。
5. ブロック塀の縦筋は、頂上部の横筋に 180 度フックによりかぎ掛けとした。

解説 (公共建築工事標準仕様書 8. 2. 7 (3)) 横 (水平) 目地モルタルはブロック上端全面に、縦目地モルタルは接合面に、それぞれ隙間なく塗り付ける。

1. (建築工事監理指針 8. 2. 4 (a)) 充填用及びまぐさ用には、空洞部の大きさを考慮して豆砂利コンクリートが用いられる。
3. (建築工事監理指針 8. 2. 7 (6)) 押し目地仕上げの場合は、目地モルタルが硬化する前に、目地こてで押さえる。
4. (公共建築工事標準仕様書 8. 3. 2 (1) (イ)) 塀に用いるブロックの正味厚さは、塀の高さが 2m 以下の場合は 120 mm、2 m を超える場合は 150mm とする。
5. (JASS7. 7. 3. (3)) 縦筋の端部は、頂部では余長 4d 以上の 180 度フック又は余長 10d 以上の 90 度フックで、横筋にかぎ掛けにより結束する。

正解 2

R05	R04	R03	R02	R01	H30	H29

問題 03 IV 14 外壁の ALC パネル工事及び押出成形セメント板工事に関する次の記述のうち、**最も不適当な**ものはどれか。

1. 雨掛り部分の ALC パネルの目地には、シーリング材を充填した。
2. ALC パネルの短辺小口相互の接合部の目地は伸縮調整目地とし、特記がなかったので、目地幅は 10 mm とした。
3. 押出成形セメント板における出隅及び入隅のパネル接合目地は伸縮調整目地とし、特記がなかったので、目地幅は 15 mm とした。
4. 押出成形セメント板に損傷があったが、パネルの構造耐力や防水性能などに影響のない軽微なものであったので、補修して使用した。
5. 押出成形セメント板を横張り工法で取り付けるに当たり、取付け金物は、セメント板がスライドしないように取り付けた。

解説 取付け金物は、パネルの左右端部に、スライドできるように取り付ける。

1. 雨掛り部分のパネルの目地は、シーリング材を充填する。
2. 特記がなければ、10 ～ 20 mm とする。
3. 特記がなければ、目地幅は 15 mm 程度とし、シーリング材を充填する。
4. 使用上支障のない軽微なひび割れ及び欠けは、専用の補修材料を用いて補修する。

正解 5

R05	R04	R03	R02	R01	H30	H29

問題 04 Ⅳ 14　補強コンクリートブロック造工事に関する次の記述のうち、**最も不適当な**ものはどれか。

1.　耐力壁の縦筋は、基礎コンクリート打込み時に移動しないように、仮設の振れ止めと縦筋上部とを固定した。
2.　直交壁がある耐力壁の横筋の端部は、その直交壁の横筋に重ね継手とした。
3.　ブロック積みは、中央部から隅角部に向かって、順次水平に積み進めた。
4.　押し目地仕上げとするので、目地モルタルの硬化前に、目地ごてで目地ずりを行った。
5.　吸水率の高いブロックを使用するブロック積みに先立ち、モルタルと接するブロック面に、適度な水湿しを行った。

解説　ブロック積みは、水糸に沿って隅角部より各段ごとに順次中央部分に向かって、水平に行う。
正解 3

R05	R04	R03	R02	R01	H30	H29

問題 05 Ⅳ 14　コンクリートブロック工事及び外壁の押出成形セメント板工事に関する次の記述のうち、**最も不適当な**ものはどれか。

1.　補強コンクリートブロック造において、ブロック空洞部の充填コンクリートの打継ぎ位置は、ブロックの上端から 5 cm 程度下がった位置とした。
2.　補強コンクリートブロック造において、直交壁のない耐力壁の横筋の端部は、壁端部の縦筋に 180 度フックによりかぎ掛けとした。
3.　高さ 1.8 m の補強コンクリートブロック造の塀において、長さ 4.0 m ごとに控壁を設けた。
4.　押出成形セメント板を縦張り工法で取り付けるに当たり、セメント板相互の目地幅は、特記がなかったので、長辺の目地幅を 8 mm、短辺の目地幅を 15 mm とした。
5.　押出成形セメント板を横張り工法で取り付けるに当たり、取付け金物は、セメント板がスライドできるように取り付けた。

解説　（建基令 62 条の 8）塀高さが 1.2m を超える場合、長さ 3.4 m 以内ごとに控え壁を設けなければならない。

1.　（公共建築工事標準仕様書 8. 2. 8 (2)）縦目地空洞部には、ブロック 2 段以下ごとに、適切にモルタル又はコンクリートを充填する。なお、1 日の作業終了時の打止め位置は、ブロックの上端から 5 cm 程度の下がりとする。
2.　（公共建築工事標準仕様書 8. 2. 5 (イ)）壁横筋は、壁端部縦筋に 180° フックによりかぎ掛けとする。

4. (公共工事標準仕様書 8. 5. 3 (6)) パネル相互の目地幅は、特記によるが、長辺の目地幅は 8 mm 以上、短辺の目地幅は 15 mm 以上とする。

5. (公共工事標準仕様書 8. 5. 3 (1)) 横張り工法で取り付ける場合、取付け金物は、パネルの左右端部に、スライドできるように取り付ける。 正解 3

R05	R04	R03	R02	R01	H30	H29

問題 06 Ⅳ 14 外壁の ALC パネル工事及び押出成形セメント板工事に関する次の記述のうち、**最も不適当な**ものはどれか。

1. 縦壁ロッキング構法による ALC パネル工事において、ALC パネルとスラブとが取り合う部分の隙間には、あらかじめ絶縁材を ALC パネルに張り付け、モルタルを充填した。
2. ALC パネルの取付け完了後、使用上支障のない欠けや傷が見つかったので、補修用モルタルを用いて補修した。
3. ALC パネルの短辺小口相互の接合部の目地幅は、耐火目地材を充填する必要がなかったので、5 mm とした。
4. 押出成形セメント板における出隅及び入隅のパネル接合目地は、伸縮調整目地とした。
5. 押出成形セメント板を縦張り工法で取り付けるに当たり、パネル相互の目地幅は、特記がなかったので、長辺の目地幅を 8 mm、短辺の目地幅を 15 mm とした。

解説 (公共建築工事標準仕様書 (H28 年版) 8. 4. 3 (f)) パネルの短辺小口相互の接合部の目地は伸縮目地とし、目地幅は 10mm 以上とする。

2. (建築工事監理指針 H19 年版 (上巻) 8. 4. 2 (c)) ALC パネル工事に用いるモルタルは、密実に充填する必要があるので、作業性の良好なものを用いる。ALC が乾燥していると、モルタルの水分が ALC に吸収され、充填欠陥が生じやすい。メチルセルロース等の保水剤を混和剤として用いると、この欠陥の防止に効果がある。

4. (公共建築工事標準仕様書 (H28 年版) 8. 5. 3 (f)) 押出成型セメント板における出隅及び入隅のパネル接合目地は伸縮調整目地とし、目地幅は特記による。特記がなければ、目地幅は 15 mm とし、シーリング材を充填する。

5. (建築工事監理指針 H19 年版 (上巻) 8. 5. 3 (f)) 押出成型セメント板のパネル相互の目地幅は、地震時の変形に対応する縦使い及び横使いの場合も短辺の方が大きな目地幅が必要である。長辺が 8 mm 以上、短辺が 15 mm 以上を標準とする。

正解 3

問題 07 Ⅳ 14　補強コンクリートブロック工事及び外壁のALCパネル工事に関する次の記述のうち、**最も不適当な**ものはどれか。

1.　臥梁（がりょう）の直下のブロックには、横筋用ブロックを使用し、臥梁（がりょう）へのコンクリートの打込みを行った。
2.　ブロックの空洞部を通して電気配管を行うに当たり、横筋のかぶり厚さに支障のないように空洞部の片側に寄せて配管を行った。
3.　ブロック塀の縦筋については、下部は基礎に定着させ、上部は最上部の横筋に90度フック、余長5dで定着させた。
4.　ALCパネルの最小幅は、300mmとした。
5.　ALCパネルの短辺小口相互の接合部の目地幅は、耐火目地材を充填する必要がなかったので、10mmとした。

解説　補強コンクリートブロック造の塀の縦筋は、下部は基礎に定着させ、上部は最上部の横筋に90°フックする場合、余長は10d以上とする。また、180°フックでかぎ掛けとする場合は、余長4d以上となる。

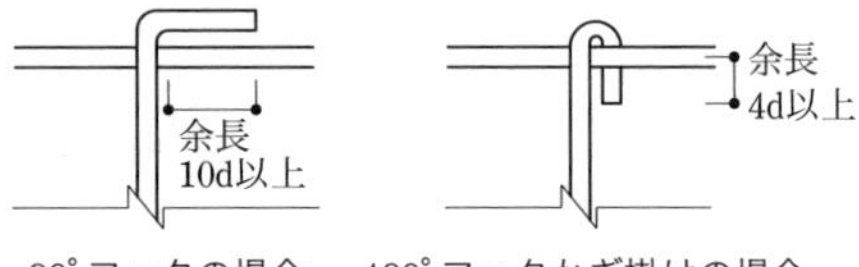

90°フックの場合　180°フックかぎ掛けの場合

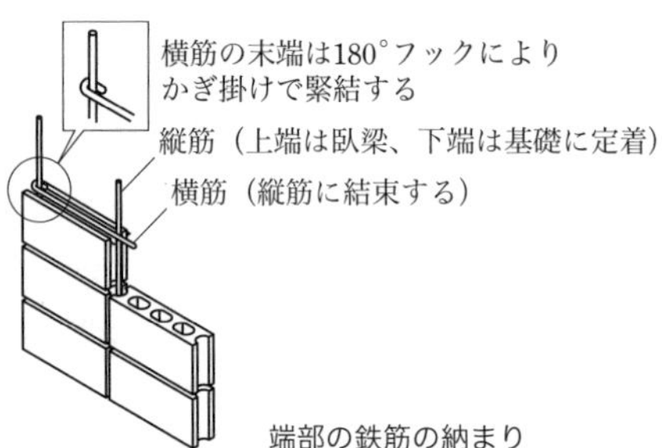

端部の鉄筋の納まり

1. （建築工事監理指針（H19年版）8. 2. 9 (a)）臥梁は、ブロック壁の頂部を固定する役目がある。臥梁に打ち込むコンクリートがブロック壁空洞部に落下しないように臥梁のすぐ下のブロックには横筋用ブロックを使用する。また、臥梁部の型枠とブロックとの取合い部は目地棒とを用い、水漏れがないようにする。
2. （建築工事監理指針（H19年版）8. 2. 11）ブロック壁内に上下水道・ガス等の配管を行うと配管のメンテナンス時に壁を傷つけることになるため配管をブロック内に埋め込んではならない。ただし、電気配管はメンテナンスが不要であり径も細いため、ブロック壁内に埋め込んでもよい。
4. （公共建築工事標準仕様書（H28年版）8. 4. 3 (d)）パネル幅の最小限度は、300mmとする。

正解 3

【学科Ⅳ】18 木工事

R05	R04	R03	R02	R01	H30	H29

問題 01 Ⅳ 15　木造2階建て住宅における木工事に関する次の記述のうち、**最も不適当な**ものはどれか。

1.　跳ね出しバルコニーの水勾配は、下地板で1/50とし、排水溝部分では1/200とした。
2.　垂木の固定は、くら金物SS当て、太め釘ZN40打ちとした。
3.　構造用面材による床組の補強において、105mm角の床梁を1,820mmの間隔で配置した。
4.　上下階の同位置に配置する大壁の耐力壁における構造用面材は、胴差部において面材の相互間に3mmのあきを設けた。
5.　真壁の耐力壁における構造用面材の下地は、15mm × 90mmの貫を5本設けた。

解説（木造住宅工事仕様書（フラット35）5. 3. 2　2.）1階及び2階の上下同位置に構造用面材の耐力壁を設ける場合は、胴差し部において、構造用面材相互間に原則として、6mm以上のあきを設ける。

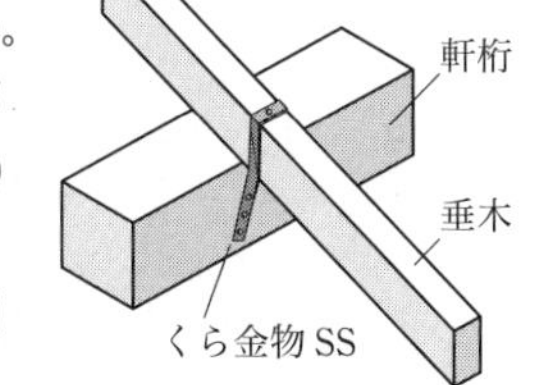

1.（木造住宅工事仕様書（フラット35）5. 10. 1　7.）下地板は1/50以上の勾配を設け、排水溝部分では1/200以上の勾配を設ける。
2.（木造住宅工事仕様書（フラット35）4. 1. 6　参考図4. 1. 6）
3.（木造住宅工事仕様書（フラット35）5. 8. 8　1.）構造用面材による床組みの補強方法は、断面寸法105mm × 105mm以上の床梁を、1,820mm内外の間隔で、張り間方向又はけた行き方向に配置する。
5.（木造住宅工事仕様書（フラット35）5. 4. 2　2.（イ）（ロ））構造用面材の下地に貫を用いる場合、貫は15mm × 90mm以上とし、5本以上設ける。

正解 4

R05	R04	R03	R02	R01	H30	H29

問題 02 Ⅳ 16　木工事における各部の継手・仕口に関する次の記述のうち、**最も不適当な**ものはどれか。

1. 通し柱と桁の仕口は、長ほぞ差し、込み栓打ちとした。
2. 筋かいが付かない管柱と土台の仕口は、短ほぞ差し、かすがい打ちとした。
3. 天端そろえとする胴差と梁の仕口は、渡りあご掛け、羽子板ボルト締めとした。
4. 隅木の継手は、母屋(もや)心より上方で、腰掛け蟻継ぎ、かすがい打ちとした。
5. 軒桁の継手は、小屋梁の掛かる位置を避けて、追掛大栓継ぎとした。

解説 渡りあご掛けは、片側の部材を他方の部材に垂直に載せる工法で、双方の木に溝をほって、そこを互いにはめ込んでいく。上になる男木の一部を切り欠いて、下になる女木の角を欠くため、天端そろえとすることはできない。

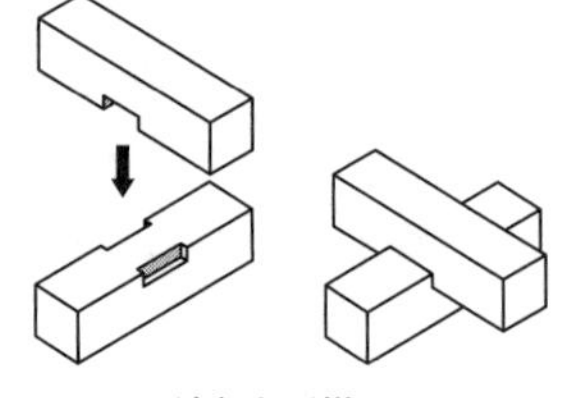

渡りあご掛け

正解 3

R05	R04	R03	R02	R01	H30	H29

問題 03 IV 15 木造軸組工法における接合金物とその用途との組合せとして、**最も不適当な**ものは、次のうちどれか。

1. 短ざく金物――――――上下階の柱相互の接合
2. 羽子板ボルト――――――小屋梁と軒桁の接合
3. 筋かいプレート――――――筋かいを柱と軒桁に同時に接合
4. かど金物――――――引張りを受ける柱と土台の接合
5. かね折り金物――――――垂木と軒桁の接合

解説 かね折り金物は出隅にある通し柱と2方向の胴差を接合する金物で、垂木と軒桁の接合には、くら金物またはひねり金物もしくは折り曲げ金物を用いる。

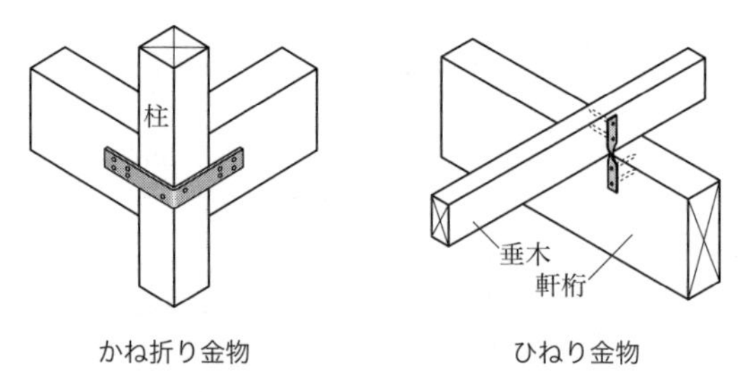

かね折り金物　　ひねり金物

正解 5

R05	R04	R03	R02	R01	H30	H29

問題 04 IV 16 木造住宅における木工事に関する次の記述のうち、**最も不適当な**ものはどれか。

1. 土台には、ひばを使用した。
2. 大引は、腹を上端にして使用した。
3. 床板は、木表を上にして取り付けた。
4. 柱は、末口を土台側にして取り付けた。
5. 桁は、背を上端にして使用した。

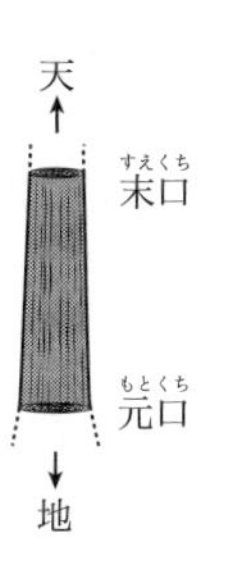

解説 柱は、元口を土台側にして取り付ける。

正解 4

R05	R04	R03	R02	R01	H30	H29

問題 05 Ⅳ 15 木工事に関する次の記述のうち、**最も不適当な**ものはどれか。

1. 構造材に用いる製材の品質は、JAS に適合する構造用製材若しくは広葉樹製材、又はこれらと同等以上の性能を有するものとする。
2. 根太を設けた床組の床下地板にパーティクルボードを使用する場合は、厚さ 12 mm 以上のものを用いる。
3. 建入れ直し後の建方精度の許容値は、特記がなければ、垂直、水平の誤差の範囲を 1/1,000 以下とする。
4. 合板とは、木材を薄くむいた 1.0 ～ 5.5 mm の単板を繊維方向に 1 枚ごと直交させ、奇数枚を接着剤で貼り合わせて 1 枚の板としたものである。
5. 合板等の釘打ちについて、長さの表示のない場合の釘の長さは、打ち付ける板厚の 2.5 倍以上を標準とする。

解説（公共建築工事標準仕様書 12. 6. 2 表 12. 6. 1）根太間隔 300 mm 程度の下張り用床板に使用するパーティクルボードは、厚さ 15 mm とし、受材心で 2 ～ 3 mm の目地をとり、乱に継ぎ、釘打ち又は木ネジ留めとする。

1. （建基法 37 条）主要構造部など政令で定める部分に使用する木材等として国土交通大臣が定めるものは、その品質が日本農林規格（JAS）等に適合するものでなければならない。

3. （公共木造建築工事標準仕様書 6. 5. 7 (a)）建入れ直し後の建方精度の許容値は、特記による。特記がなければ、垂直、水平の誤差の範囲を 1/1,000 以下とする。

5. （建築工事監理指針 12. 2. 2. (a) (2)）釘径は、板厚の 1/6 以下とし、釘の長さは打ち付ける板厚の 2.5 ～ 3 倍のものとする。

正解 2

R05	R04	R03	R02	R01	H30	H29

問題 06 Ⅳ 16 木工事等に関する次の記述のうち、**最も不適当な**ものはどれか。

1. 木造軸組工法において、基礎と土台とを緊結するアンカーボルトについては、耐力壁の両端の柱の下部付近及び土台継手・土台仕口の下木の端部付近に設置した。
2.　垂木と軒桁の接合に、ひねり金物を使用した。
3.　桁に使用する木材については、継ぎ伸しの都合上、やむを得ず長さ2mの短材を使用した。
4.　和室の畳床において、根太の間隔を450mmとした。
5.　外気に通じる小屋裏の外壁部分については、天井面に断熱材を施工したので、断熱構造としなかった。

解説 (JASS11. 2. 3 表2. 1) 継手付近に設けるアンカーボルトは、土台の浮き上がりを防止するため、押さえ勝手に上木を締め付ける。

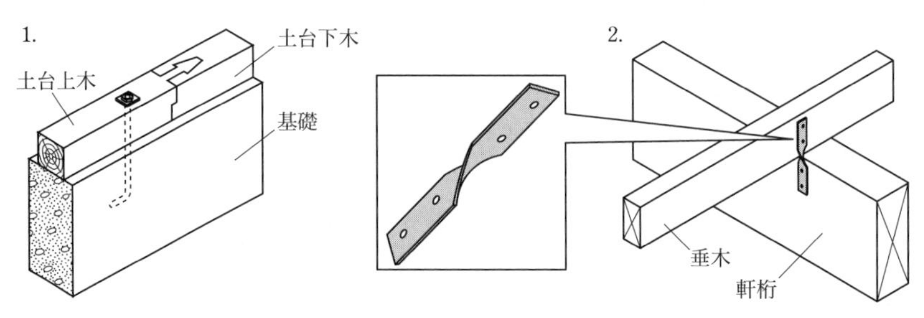

3. (建築工事監理指針 12. 1. 5 (b)) 応力伝達に支障がないように補強している場合を除き、なるべく2m程度を限界とすることが望ましい。
4. (公共建築工事標準仕様書 12. 6. 2 表12. 6. 1)
5. (住宅に係るエネルギーの使用の合理化に関する設計、施工及び維持保全の指針) 屋根又はその直下の天井、外気等に接する天井、壁、床及び開口部並びに外周が外気等に接する土間床等については、地域の区分に応じ、断熱構造とすること。ただし、外気に通じる床裏、小屋裏又は天井裏に接する壁については、この限りでない。

正解 1

R05	R04	R03	R02	R01	H30	H29

問題07 Ⅳ 15　木造軸組工法における接合金物とその用途との組合せとして、**最も不適当な**ものは、次のうちどれか。
1.　かど金物――――引張りを受ける柱の上下の接合
2.　短ざく金物―――上下階の柱相互の接合
3.　かね折り金物――通し柱と胴差の取り合い
4.　折曲げ金物―――小屋組の隅角部の補強
5.　ひねり金物―――垂木と軒桁の接合

解説 折曲げ金物は、垂木のあおり止めや根太と梁など、部材の手違い部分の補強に用いられる。ひねり金物と折曲げ金物は、形状が違っている。

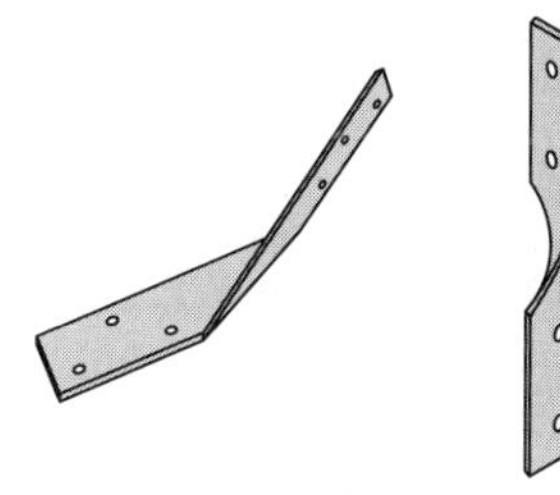

折曲げ金物の例　　ひねり金物の例

正解 4

R05	R04	R03	R02	R01	H30	H29

問題 08 IV 16　木工事に関する次の記述のうち、**最も不適当な**ものはどれか。

1. 外気に通じる小屋裏の外壁部分については、断熱構造としなかった。
2. 梁は、背を上端にして取り付けた。
3. 大引の継手は、床束心から 150 mm 持ち出し、そぎ継ぎとした。
4. 桁に使用する木材については、継ぎ伸ばしの都合上、やむを得ず短材を使用する必要があったので、その長さを 2 m とした。
5. 構造用面材による床組の補強において、根太、床梁及び胴差の上端高さが同じであったので、根太の間隔を 455 mm とした。

解説（JASS11. 6. 3. 表 6. 1）大引の継ぎ手は、床束心より 150 mm 持ち出し、腰掛けあり継ぎ釘打ちとする。

1. （住宅に係るエネルギーの使用の合理化に関する設計、施工及び維持保全の指針）外壁に通じる床裏、小屋裏又は天井裏に接する壁は、断熱構造にしなくてよい。

正解 3

R05	R04	R03	R02	R01	H30	H29

問題 09 IV 15　木工事に関する次の記述のうち、**最も不適当な**ものはどれか。

1. 木造 2 階建ての住宅の通し柱である隅柱に、断面寸法が 120 mm × 120 mm のベイヒを用いた。
2. 大引きの間隔が 910 mm であったので、根太には、断面寸法が 60 mm × 60 mm のものを用いた。
3. 大壁造の面材耐力壁は、厚さ 9 mm の構造用合板を用い、N50 の釘を 150 mm 間隔で留め付けた。
4. 棟木の継手位置は、小屋束より持出しとした。
5. 床板張りにおいて、本ざねじゃくりの縁甲板を根太に直接張り付けるに当たり、継手位置は根太の心で一直線上にそろえた。

解説 継手位置は乱にし、受材（根太）心で目違い継ぎまたは、相欠き継ぎとする。

正解 5

R05	R04	R03	R02	R01	H30	H29

問題 10 Ⅳ 16 木造2階建ての住宅の木工事に関する次の記述のうち、**最も不適当な**ものはどれか。

1. ホールダウン金物と六角ボルトを用いて、柱を布基礎に緊結した。
2. 耐力壁でない軸組において、管柱と胴差との仕口は、短ほぞ差しとし、かど金物を当て釘打ちとした。
3. 筋かいと間柱が取合う部分については、間柱を筋かいの厚さだけ欠き取った。
4. 小屋梁と軒桁との仕口は、かぶと蟻掛けとし、羽子板ボルトで緊結した。
5. 敷居には、木裏側に建具の溝を付けたものを使用した。

解説 敷居や鴨居の溝じゃくりを行う場合は、木表に溝を付ける。木材は、乾燥すると木裏が凸になる傾向があり、溝じゃくりを木裏に設けると建具が開閉しにくくなるため。

正解 5

R05	R04	R03	R02	R01	H30	H29

問題 11 Ⅳ 15 木工事に関する次の記述のうち、**最も不適当な**ものはどれか。

1. 桁に使用する木材については、継ぎ伸しの都合上、やむを得ず短材を使用する必要があったので、その長さを2mとした。
2. 内装材を取り付ける壁胴縁や野縁の取付け面の加工は、機械かんな1回削りとした。
3. 跳出しバルコニーにおける跳出し長さは、屋内側の床梁スパンの1/2以下、かつ、外壁心から910mm以下とし、先端部分をつなぎ梁で固定した。
4. 真壁造の面材耐力壁は、厚さ12.5mmのせっこうボードを用い、GNF40の釘を150mm間隔で留め付けた。
5. 根太を用いない床組（梁等の間隔が910mm）であったので、床下地板として厚さ15mmの構造用合板を用いた。

解説 根太を用いない床組で使用する床下地合板の厚さは、24mm以上とする。

1. （建築工事監理指針　H19年版（上巻）12. 1. 5 (b)）構造材では、原則として、あまり短い材料を使うことは避けるべきである。継ぎ伸ばしの都合上、やむを得ず短材を使用する時は、土台では布基礎のある場合でも1m程度を限度とすると定められている。しかし、その他の部分でも同様であるが、応力伝達に支障がないように補強している場合を除き、なるべく2m程度を限界とすることが望ましい。
3. 跳出しバルコニーにおける跳出し長さは屋内側の床梁スパンの1/2以下、かつ、外壁心から1m以下とし、これを超える場合は、特記による。また、その先端部分は、つなぎ梁で固定する。

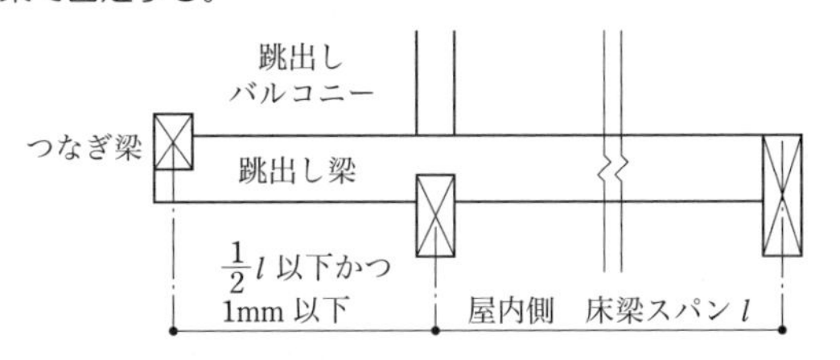

正解 5

R05	R04	R03	R02	R01	H30	H29

問題 12 IV 16　木造住宅における木工事に関する次の記述のうち、**最も不適当な**ものはどれか。

1. 心持ち化粧柱には、髄まで背割りを入れたものを使用した。
2. 桁は、背を上端にして使用した。
3. 敷居は、木裏を上端にして使用した。
4. 梁には、アカマツを使用した。
5. 土台と柱との接合には、かど金物を使用した。

解説　鴨居や敷居の加工は、木表側が水分を多く含み凹面に反る性質があるため、木表側に溝じゃくりを施す。

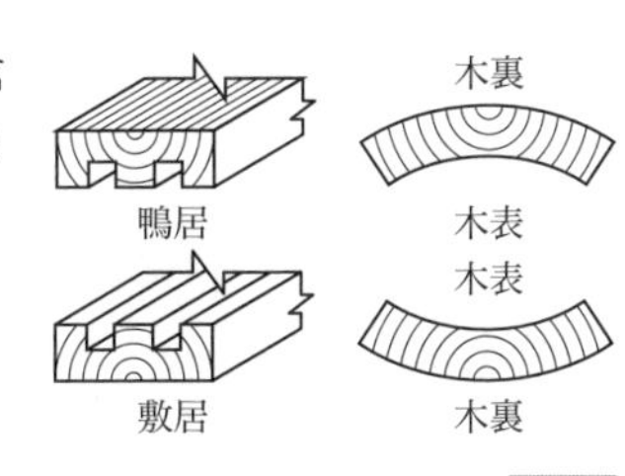

正解 3

R05	R04	R03	R02	R01	H30	H29

問題 13 IV 15　木工事に関する次の記述のうち、**最も不適当な**ものはどれか。

1. 根太を設けた床組の床下地板には、厚さ12mmのパーティクルボードを使用した。
2. 桁に使用する木材については、継伸しの都合上、やむを得ず短材を使用する必要があったので、その長さを2mとした。
3. 外壁の通気構法において、特記がなかったので、下地の通気胴縁の寸法を、厚さ18mm×幅100mmとした。
4. 建入れ直し後の建方精度の誤差において、特記がなかったので、垂直・水平ともに1/1,000以下を許容した。
5. 防腐処理において、薬剤を塗布した後、十分に乾燥させ、2回目の塗布を行った。

解説 根太を設けた床組の床下地板において、パーティクルボードを使用する場合の厚さは15mm以上とする。また、構造用合板では、12mm以上とする。

4. （JASS11. 1. 11. d）建方精度の許容差は特記による。特記のない場合は垂直、水平の誤差の範囲は1/1,000以下とする

5. （JASS11. 1. 12. d）工事現場において行う保存薬剤現場処理の範囲は、地表面より高さ1m以下とする。木部の表面処理は2回塗布または吹付けとし、1回処理後、監督員の指示に従い次回の処理を行う。 正解1

R05	R04	R03	R02	R01	H30	H29

問題14 Ⅳ16 木工事の継手・仕口等に関する次の記述のうち、**最も不適当な**ものはどれか。

1. 大引の継手は、床束(づか)心から150mm程度持ち出した位置とし、腰掛け蟻継ぎとした。
2. せっこうラスボードの張付けにおいて、釘留め間隔をボード周辺部については150mm、その他の中間部は200mmとした。
3. 末口寸法180mmの小屋梁の継手は、受材上で台持ち継ぎとし、六角ボルトM12で緊結した。
4. 床仕上げの縁甲板張りは、本実(ざね)、隠し釘打ちとした。
5. 開口部のまぐさ・窓台の仕口は、柱に対して傾ぎ大入れとした。

解説 （建築工事監理指針（H19年版）12. 8. 2）せっこうラスボードの張付けにおける釘留め間隔は、ボード周辺部では100mm程度、その他中間部では150mm以下とする。また、せっこうラスボードの張付けによる壁胴縁の取付間隔は450mm程度であり、せっこうボードでは300mm程度となる。

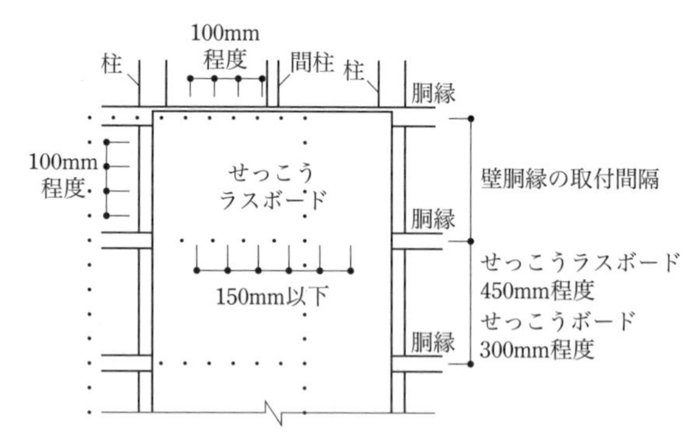

せっこうラスボードの釘留め間隔・胴縁取付け間隔 正解2

【学科Ⅳ】

19 防水工事・屋根工事

R05	R04	R03	R02	R01	H30	H29

問題01 Ⅳ17 防水工事に関する次の記述のうち、**最も不適当な**ものはどれか。

1. アスファルト防水工事において、保護層の入隅部分には、成形緩衝材を設けた。
2. 改質アスファルトシート張付け防水工事において、コンクリート下地が、十分に乾燥した後、清掃を行い、プライマーを塗布した。
3. 加硫ゴム系シートによる合成高分子系シート張付け防水工事において、平場一般部のシートの重ね幅を、幅方向、長手方向とも100mmとした。
4. ウレタンゴム系塗膜防水工事において、防水層の下地は、出隅は通りよく45度の面取りとし、入隅は通りよく直角とした。
5. シーリング材の充填作業において、シリコーン系シーリング材が充填箇所以外の部分に付着したので、硬化前に取り除いた。

解説 （公共建築工事標準仕様書9.7.4(4)(ク)）充填箇所以外の部分に付着したシリコーン系シーリング材は、硬化後に取り除く。

1. （公共建築工事標準仕様書9.2.5(1)）入隅部分には成形緩衝材を入れる。
2. （公共建築工事標準仕様書9.2.4(2)(a)）コンクリート下地が十分乾燥した後に清掃を行い、アスファルトプライマーを塗布する。
3. （公共建築工事標準仕様書9.4.4(6)(エ)(c)）ルーフィングシートの重ね幅は、幅方向、長手方向とも100mm以上とする。
4. （公共建築工事標準仕様書9.5.4(1)(ア)）防水層の下地は、出隅は通りよく45°の面取りとし、入隅は通りよく直角とする。

正解5

R05	R04	R03	R02	R01	H30	H29

問題02 Ⅳ17 屋根工事及び防水工事に関する次の記述のうち、**最も不適当な**ものはどれか。

1. 長尺金属板葺の下地に使用する下葺材は、野地面上に軒先と平行に敷き込み、軒先から上に向かって張り、その重ね幅は上下（流れ方向）100mm、左右（長手方向）200mmとした。

2. 鉄筋コンクリート造の陸屋根において、鋳鉄製ルーフドレンの取付けは、コンクリートに打込みとし、水はけよく、床面より下げた位置とした。
3. 鉄筋コンクリート造の陸屋根のシート防水工事において、塩化ビニル樹脂系ルーフィングシートを使用したので、平場のシートの重ね幅は縦横方向いずれも 40 mm とした。
4. 鉄筋コンクリート造の陸屋根のアスファルト防水工事において、防水層の下地の入隅は、通りよく直角とした。
5. シーリング工事におけるボンドブレーカーは、シーリング材と接着しない粘着テープとした。

解説 （公共建築工事標準仕様書 9. 2. 4 (1) (ウ)）出隅及び入隅は、通りよく 45 度の面取りとする。

1. （公共建築工事標準仕様書 13. 2. 3 (4) (ア) (a)）下葺材は、野地面上に軒先と平行に敷き込み、軒先から上へ向かって張る。上下（流れ方向）は 100 mm 以上、左右（長手方向）は 200 mm 以上重ね合わせる。
2. （公共建築工事標準仕様書 13. 5. 3 (5)）ルーフドレンの取付けは、原則として、コンクリートに打込みとし、水はけよく、床面より下げた位置とする。
3. （公共建築工事標準仕様書 9. 4. 4 (6) (エ) (b)）ルーフィングシートの重ね幅は、幅方向、長手方向とも 40 mm 以上とする。
5. （公共建築工事標準仕様書 9. 7. 2 (5) (ウ)）ボンドブレーカーは、紙、布、プラスチックフィルム等の粘着テープで、シーリング材と接着しないものとする。

正解 4

R05	R04	R03	R02	R01	H30	H29

問題 03 IV 17 屋根工事及び防水工事に関する次の記述のうち、**最も不適当な**ものはどれか。

1. 木造 2 階建て住宅の平家部分の下葺きに用いるアスファルトルーフィングは、壁面との取合い部において、その壁面に沿って 250 mm 立ち上げた。
2. 木造住宅の樋工事において、硬質塩化ビニル製の雨樋を使用し、特記がなかったので、軒樋の樋受金物の取付け間隔を 1.8 m とした。
3. 木造住宅の粘土瓦葺における瓦の留付けに使用する緊結線は、径 0.9 mm のステンレス製のものとした。
4. 鉄筋コンクリート造建築物の陸屋根のアスファルト防水工事において、アスファルトルーフィングの上下層の継目が同一箇所とならないように張り付けた。
5. 鉄筋コンクリート造建築物の陸屋根のウレタンゴム系高伸長形塗膜防水工

法(密着工法)において、防水材の塗継ぎの重ね幅については100mmとした。

解説 (公共建築木造工事標準仕様書14.8.2(2)表14.8.2)硬質塩化ビニル雨どいの取付け間隔は0.6m以下とする。
1. 壁面に沿って250mm以上立ち上げる。
3. 緊結線は、合成樹脂等で被覆された径1.0mm以上の銅線又は径0.9mm以上のステンレス製とする。
4. アスファルトルーフィング類の上下層の継目は、同一箇所としない。
5. 塗継ぎの幅は100mm程度とする。 正解 2

R05	R04	R03	R02	R01	H30	H29

問題04 IV 17 防水工事に関する次の記述のうち、**最も不適当な**ものはどれか。
1. アスファルト防水工事において、アスファルト防水層の保護コンクリートにおける伸縮調整目地の深さは、保護コンクリートの上面から下面まで達するようにした。
2. 加硫ゴム系シートを用いた合成高分子系シート防水工事において、平場一般部のシートの重ね幅を、幅方向、長手方向とも40mmとした。
3. 合成高分子系シート防水工事において、防水下地の屋根スラブとパラペットとが交差する入隅部分は、通りよく直角とした。
4. 塗膜防水工事において、プライマー塗りについては、当日の防水材施工範囲のみ行った。
5. シーリング防水工事において、窯業系サイディングのパネル間目地については、目地深さが所定の寸法であったので、目地底にボンドブレーカーを設置して、二面接着とした。

解説 (JASS8.1.4.5.c(1)(VI))平場の接合幅は、100mmとする。 正解 2

R05	R04	R03	R02	R01	H30	H29

問題05 IV 17 防水工事及び屋根工事に関する次の記述のうち、**最も不適当な**ものはどれか。
1. シーリング工事におけるボンドブレーカーは、シーリング材と接着しない粘着テープとした。
2. シーリング材の充填作業において、充填箇所以外の部分に付着したシリコーン系シーリング材は、硬化後の早い時期に取り除いた。
3. アスファルト防水工事において、アスファルトプライマーを塗布した後、直ちにルーフィング類の張付けを行った。

4.　折板葺のタイトフレームと下地材との接合は、隅肉溶接とし、溶接後はスラグを除去し、錆止め塗料を塗布した。
5.　木造住宅の屋根用化粧スレートの葺板は、1枚ごとに専用釘を用いて野地板に留め付けた。

解説 (JASS8. 1. 6. 5. c (1))アスファルトプライマーは、下地を十分に清掃した後、はけなどで施工範囲の全面にむらなく均一に塗布し、乾燥させる。

1. (建築工事監理指針 (H19 年版) 9. 6. 2 (d) (2)) ボンドブレーカーは、紙、塩ビ、フッ素系樹脂、ポリエチレン、ポリエステル等からなる粘着テープで、プライマーを塗布しても変質せず、かつ、シーリング材が接着しないものを選定する。
2. (建築工事監理指針 (H19 年版) 9. 6. 4 (e) (4)) シリコーン系シーリング材は、未硬化状態でふき取ると、汚染を拡散するおそれがあるため、硬化してから除去する。
4. (建築工事監理指針 (H19 年版) 13. 3. 3 (c) (2)・(4)) 風による繰り返し荷重による緩みを防ぐため、ボルトではなく、隅肉溶接と規定している。溶接後はスラグを除去し、溶接部分およびその周辺に有効な防錆処理をおこなう。 正解 3

R05	R04	R03	R02	R01	H30	H29

問題06 Ⅳ17 防水工事に関する次の記述のうち、**最も不適当な**ものはどれか。

1.　鉄筋コンクリート造の陸屋根のアスファルト防水工事において、保護コンクリートに設ける伸縮調整目地のうち、パラペットに最も近い目地は、パラペットの立上りの仕上面から 1.5 m の位置に設けた。
2.　鉄筋コンクリート造の陸屋根のアスファルト防水工事において、ルーフドレン回りのルーフィング類の張付けは、平場に先立って行った。
3.　鉄筋コンクリート造の陸屋根のシート防水工事において、塩化ビニル樹脂系ルーフィングシートを使用したので、平場のシートの重ね幅を縦横方向いずれも 40 mm とした。
4.　木造住宅の屋根の下葺きに用いるアスファルトルーフィングの張付けは、野地板の上に軒先と平行に敷き込み、重ね幅をシートの長手方向は 200 mm、流れ方向は 100 mm とした。
5.　木造住宅の屋根の下葺きに用いるアスファルトルーフィングの棟部分の張付けは、250 mm の左右折り掛けとし、棟頂部から左右へ一枚ものを増張りした。

解説 (公共建築工事標準仕様書 (H28 年版) 9. 2. 5 (f)) 平場の屋根防水保護層には、伸縮調整目地を設ける。伸縮調整目地の割付けは、周辺の立上り部の仕上り面から 600 mm 程度とし、中間部は縦横間隔 3,000 mm 程度とする。

3. 塩化ビニル樹脂系ルーフィングシートを用いた防水工事において、平場のシート重ね幅は、40 mm 程度とする。 正解 1

R05	R04	R03	R02	R01	H30	H29

問題 07 Ⅳ 17 防水工事及び屋根工事に関する次の記述のうち、**最も不適当な**ものはどれか。

1. シーリング工事において、バックアップ材はシーリング材と十分に接着させた。
2. 住宅屋根用化粧スレートの葺板は、特記がなかったので、1 枚ごとに専用釘を用いて野地板に直接留め付けた。
3. アスファルト防水工事において、出隅・入隅等へのストレッチルーフィングの増張りを行った後、一般平場部分にストレッチルーフィングを張り付けた。
4. 木造住宅の粘土瓦葺における瓦の留付けに使用する緊結線は、径 0.9 mm のステンレス製のものとした。
5. 木造住宅の金属板葺の下地に使用する改質アスファルトルーフィング下葺材の張付けは、野地板の上に軒先と平行に敷き込み、重ね幅をシートの長手方向 200 mm、流れ方向 100 mm とした。

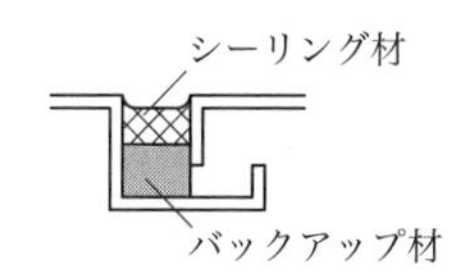

解説 （建築工事監理指針（H19 年版）9. 6. 2）バックアップ材は、シーリング材と接着せず、弾力性をもつ材料で適用箇所に適した形状のものを使用する。材質は、ポリエチレンフォーム、合成ゴム成型材で、シーリング材に移行して変質させるような物質を含まない材料を選定する。バックアップ材は、シーリング材の三面接着の回避、充てん深さの調整あるいは目地底の形成を目的として用いる。 正解 1

学科Ⅳ 20

左官工事・タイル工事・石工事

R05	R04	R03	R02	R01	H30	H29

問題 01 Ⅳ 18　タイル工事及び石工事に関する次の記述のうち、**最も不適当な**ものはどれか。

1.　内壁の石張りにおいて、石材を空積工法で取り付ける際に、石材の裏面とコンクリート躯体面との間隔を 15mm とした。
2.　外壁乾式工法による石材の取付けにおいて、特記がなかったので、石材間の目地幅を 10 mm とした。
3.　セメントモルタルによるタイル張りにおいて、タイル張りに先立ち、下地モルタルに水湿しを行った。
4.　タイル工事において、下地のひび割れ誘発目地、打継ぎ目地及び構造スリットの位置には、伸縮調整目地を設けた。
5.　タイル工事において、張付けモルタルの練混ぜは機械練りとし、1 回に練り混ぜる量は 60 分以内に張り終える量とした。

解説　（公共建築工事標準仕様書 10. 4. 3 (1)、10. 3. 3 (1)）石材の裏面とコンクリート躯体との間隔は、40 mm 程度とする。

2.（公共建築工事標準仕様書 10. 5. 3 (6) (ア)）目地幅は、特記がなければ、8 mm 以上とする。

3.（公共建築工事標準仕様書 11. 2. 6 (カ)）タイル張りに先立ち、下地面を清掃した後に、下地モルタルに適度の水湿し又は吸水調整材の塗布を行う。

4.（公共建築工事標準仕様書 11. 1. 3 (1)）下地のひび割れ誘発目地、打継ぎ目地及び構造スリットの位置並びに他部材との取り合い部には、伸縮調整目地を設ける。

5.（公共建築工事標準仕様書 11. 2. 5 (1)）モルタルの練り混ぜは、内装タイルの改良積上げ張りに用いるものを除き、原則として機械練りとする。また、1 回の練混ぜ量は、60 分以内に張り終える量とする。

正解 1

R05	R04	R03	R02	R01	H30	H29

問題 02 Ⅳ 18　左官工事、タイル工事及び石工事に関する次の記述のうち、**最も不適当な**ものはどれか。

1.　コンクリート床面へのセルフレベリング材塗りにおいて、低温の場合の養生期間は7日とした。

2. コンクリート外壁面へのモルタル塗りにおいて、各層の1回当たりの塗り厚は7mm以下とし、全塗厚は25mm以下とした。
3. 屋外のセメントモルタルによるタイル張りにおいて、セメントモルタルの硬化後、全面にわたり打診を行った。
4. 壁タイル張りの密着張りにおいて、張付けモルタルの塗付け後、直ちにタイルを押し当て、タイル張り用振動機を用い、タイル表面に振動を与えながら張り付けた。
5. 外壁に湿式工法で石材を取り付けるに当たり、裏込めモルタルの調合は、容積比でセメント1：砂3とした。

解説 （公共建築工事標準仕様書15.5.5(5)(イ)）セルフレベリング材塗り後の養生期間は7日以上、低温の場合は14日以上とし、表面仕上材の施工までの期間は、30日以内を標準とする。

2. （公共建築工事標準仕様書15.3.3(2)(3)）1回の塗厚は7mm以下とし、全塗厚は25mm以下とする。
3. （公共建築工事標準仕様書11.1.7(2)(ア)）屋外のタイル張り、屋内の吹抜け部分等のタイル張りは、モルタル及び接着剤の硬化後、全面にわたり打診を行う。
4. （公共建築工事標準仕様書11.2.6(3)(イ)(c)）張付けは、張付けモルタルの塗付け後、タイルをモルタルに押し当て、タイル張り用振動機（ヴィブラート）を用い、タイル表面に振動を与え、張付けモルタルがタイル裏面全面に回り、さらに、タイル周辺からモルタルがはみ出すまで振動機を移動させながら、目違いのないよう通りよく張り付ける。
5. （公共建築工事標準仕様書10.2.3(イ)表10.2.5）

セメントモルタルの調合（容積比）

材料 / 用途	セメント	砂	備考
裏込めモルタル	1	3	—
敷モルタル	1	4	—
張付け用ペースト	1	0	—
目地モルタル	1	0.5	目地幅を考慮して砂の粒径を定める。

正解 1

R05	R04	R03	R02	R01	H30	H29

問題03 Ⅳ18 左官工事、タイル工事及び石工事に関する次の記述のうち、**最も不適当な**ものはどれか。

1. コンクリート壁面へのモルタル塗りにおいて、上塗りには、下塗りよりも貧調合のモルタルを使用した。

2. 屋内のせっこうプラスター塗りにおいて、施工後、せっこうが硬化したので、適度な通風を与えて塗り面の乾燥を図った。

3. 外壁の二丁掛けタイルの密着張りにおいて、張付けモルタルの塗り厚は、15mmとした。

4. タイルのマスク張りにおいて、ユニットタイル用マスクを用い、ユニット裏面全面に張付けモルタルを塗り付け、タイル周辺から張付けモルタルがはみ出すまでたたき締めた。

5. 外壁乾式工法による石材の取付けにおいて、特記がなかったので、石材間の目地幅を8mmとし、シーリング材を充填した。

解説 外壁の二丁掛けタイルの密着張りにおいて、貼付けモルタルの塗り厚（総厚）は5～8mmとする。

1. モルタル塗りは、仕上げ側になるほど貧調合になることを留意して、塗り回数を決定する。

2. 塗り作業中は、可能な限り通風をなくす、施工後もせっこうが硬化するまでは、著しい通風を避ける。その後は適当な通風を与えて塗り面の乾燥を図る。

4. ユニットタイルの裏面に専用のマスクをかぶせて張付けモルタルを塗り付け、下地にユニットタイルをたたき板で張り付ける工法。表貼りの紙の一部がはみ出したモルタルで湿るまで、十分たたき押さえる。

5. 石材間の目地および他部材と取り合う目地の目地幅は特記によるが、8～10mmとし、目地はシーリング材を充填する。

正解 3

R05	R04	R03	R02	R01	H30	H29

問題 04 Ⅳ 18 左官工事、タイル工事及び石工事に関する次の記述のうち、**最も不適当な**ものはどれか。

1. セメントモルタル塗りにおいて、練り混ぜは機械練りとし、1回に練り混ぜる量は60分以内に使い切れる量とした。

2. 屋内のセルフレベリング材塗りにおいて、材料が硬化するまでの間は、通風を避けるために窓や開口部をふさいだ。

3. コンクリート外壁へのタイル張りにおいて、下地のひび割れ誘発目地及び各階の水平打継ぎ部の目地の位置に、タイル面の伸縮調整目地を設けた。

4. 密着張りによるタイル張りにおいて、張付けモルタルはこて圧をかけずに1層で塗り付けた。

5. 乾式工法による石張りにおいて、石材は、特記がなかったので、形状は正方形に近い矩形で、1枚の面積は0.8m²以下のものを用いた。

解説 （公共建築工事標準仕様書 11. 2. 7 (3) (イ) (a)）密着張りの張付けモルタルは、2層に分けて塗り付けるものとし、1層目はこて圧をかけて塗り付ける。 正解 4

R05	R04	R03	R02	R01	H30	H29

問題 05 IV 18 左官工事、タイル工事及び石工事に関する次の記述のうち、**最も不適当な**ものはどれか。

1. せっこうプラスター塗りにおいて、上塗りに使用するプラスターは、加水後1時間以内に使用した。
2. セルフレベリング材塗りにおいて、セルフレベリング材の硬化後、打継ぎ部及び気泡跡周辺の突起をサンダーで削り取った。
3. 壁のタイルの改良圧着張りにおいて、タイル下地面とタイル裏面の双方に張付けモルタルを塗り付けた。
4. 内壁タイルの接着剤張りにおいて、タイルの張付けに当たり、下地面に吸水調整材を塗布した。
5. 屋内の床の石張りにおいて、敷きモルタルの調合は、容積比でセメント 1：砂 4 とした。

解説 （建築工事監理指針 11. 3. 7 (a)）吸水調整材と接着剤との接着性が悪くなる場合があるため、吸水調整材の使用は避ける。接着剤張りにおいては、施工前に下地が乾燥していることを確認する。

1. （JASS15. 9. 6. a (4)）現場調合プラスターおよび既調合プラスターは加水後、下・中塗りは2時間以内、上塗りは1時間30分以内に使用する。
2. （JASS15. 21. 5. f. 5 (i)）硬化後、打ち継ぎ部の凸部および気泡跡周辺の凸部などはサンダーなどで削り取る。
3. 張付けタイルモルタルを下地面側に4～6mmにむらなく塗る。塗り置き時間は、夏期30分、冬期で40分以内とし、張付けタイル裏面全体に張付モルタルを1～3mm程度の厚さで平らに均し、直ちに下地面に押さえつけ、タイル張りに用いるハンマーなどでタイルの周辺からモルタルがはみ出すまで入念にたたき押えを行う。
5. （建築工事監理指針（H19年版）10. 6. 2 (c)）敷モルタルはセメント1に対し、砂4程度に少量の水を加え、手で握って形が崩れない程度の硬練りモルタルとする。

正解 4

R05	R04	R03	R02	R01	H30	H29

問題 06 IV 18 左官工事及びタイル工事に関する次の記述のうち、**最も不適当な**ものはどれか。

1. コンクリート壁面へのモルタル塗りにおいて、上塗りには、下塗りよりも貧調合のモルタルを使用した。

2. コンクリート壁面へのモルタル塗りにおいて、下塗り→中塗り→むら直し→上塗りの順で行った。
3. 内壁タイルの密着張りにおいて、タイルは、上部から下部へ、一段置きに水糸に合わせて張った後、それらの間を埋めるように張り進めた。
4. 内壁への接着剤を用いた陶器質タイルの張付けにおいて、あらかじめ下地となるモルタル面が十分に乾燥していることを確認した。
5. 屋内の床面へのモザイクタイル張りにおいて、あらかじめ下地となるモルタル面に水湿しを行った。

解説 （公共建築工事標準仕様書（H28年版）15. 2. 5 (a)）コンクリート壁面へのモルタル塗りは、下塗り→むら直し→中塗り→上塗りの順で行う。下塗り後のむら直しが部分的な場合は、下塗りに引き続いて行い、14日以上放置する。ひび割れ等を十分発生させてから、中塗りにかかる。むら直し部分が比較的大きい場合は、14日以上放置して塗り付ける。塗付け後は荒らし目をつけ、7日以上放置し、次の塗付けにかかる。上塗りは、中塗りの硬化状態を見計らいながら、乾燥時間をとらずに引き続き行われる場合が多い。

1. モルタル塗りの上塗りは、下塗りに比べてセメントに対する砂の割合が大きい貧調合（強度が小さい）として、乾燥収縮を小さくする。逆に下塗りは、下地との接着性を高めるためにセメントの量が多い富調合とする。
4. タイルの接着剤張りにおいて、接着剤の1回の塗付け面積は、3 m²以内、かつ30分以内に張り終える面積とする。また、接着剤は金ごて等を用いて平たんに塗布した後、くし目ごてを用いて、くし目を立て、タイルを張り付ける。
5. （JASS19. 3. 6. 2. d）モザイクタイル張りにおいて、下地面に対する張付け用モルタルの塗付けは二度塗りとし、一度目のモルタル塗りは、こて圧を掛けたしごき塗りとし、合計の塗り厚は3～5 mmとする。また、1回の張付け用モルタルの塗付け面積は、3 m²以内とする。タイル張付けが終了したのち、時期を見計らって表面に水湿しを行って紙をはがす。

正解 2

R05	R04	R03	R02	R01	H30	H29

問題 07 Ⅳ 18 左官工事、タイル工事及び石工事に関する次の記述のうち、**最も不適当な**ものはどれか。

1. 外壁湿式工法による石材の取付けにおいて、石材の裏面とコンクリート躯体面との間隔を40 mmとした。
2. 壁のタイルの改良圧着張りにおいて、タイル下地面とタイル裏面の双方に張付けモルタルを塗り付けた。
3. 壁のモザイクタイル張りにおいて、表張り紙の紙はがしは、張付け後に時期を見計らい、表面に水湿しをしてから行った。

4. ラス下地面へのせっこうプラスター塗りにおいて、上塗りは中塗りが半乾燥の状態のうちに行った。

5. 屋内の床面のセルフレベリング材塗りにおいて、材料が硬化するまでの間は、窓や出入口を開けて通風を確保した。

解説 （建築工事共通仕様書（H25 年）5. 4. 5 (e)）セルフレベリング材塗り後の養生は、硬化するまで窓や開口部をふさぎ、ドライアウトを防止する。ここでは、「通風を確保」の言葉に注意する。

1. （建築工事監理指針（H19 年版）10. 3. 3）外壁湿式工法による石材とコンクリート躯体との取付け代は、取付け作業を適切に行うために、間隔は 40 mm を標準としたが、これは躯体の施工誤差± 15 mm を見込んだ大きめな寸法である。躯体をはつることのないように躯体の面精度を管理することが重要である。 正解 5

【学科Ⅳ】

21 塗装工事

R05	R04	R03	R02	R01	H30	H29

問題 01 Ⅳ 19　塗装工事に関する次の記述のうち、**最も不適当な**ものはどれか。

1.　塗料は、気温の低下などから所定の粘度が得られないと判断したので、適切な粘度に調整して使用した。
2.　パテかいは、一回で厚塗りせず、木べらを用いて数回に分けて行った。
3.　壁面のローラーブラシ塗りに当たり、隅やちり回りなどは、先行して小ばけを用いて塗装した。
4.　鉄鋼面に使用する合成樹脂調合ペイントの上塗りは、エアレススプレーによる吹付け塗りとした。
5.　外壁の吹付け塗りにおいて、スプレーガンを素地面に対して直角に保ち、1列ごとの吹付け幅が重ならないように吹き付けた。

解説　スプレーガンは、塗装する面に対して、常に直角に向けるようにし、一定の太さ（パターン幅）の帯状に塗り重ねる。

1.（公共建築工事標準仕様書 18. 1. 4 (1)）塗料は、調合された塗料をそのまま使用する。ただし、素地面の粗密、吸収性の大小、気温の高低等に応じて、適切な粘度に調整することができる。
2.（公共建築工事標準仕様書 18. 1. 4 (4)(イ)）パテかいは、へら・又はこてで薄く塗り付ける。
3.（公共建築工事標準仕様書 18. 1. 4 (5)(ウ)）ローラーブラシ塗りは、隅角部、ちり回り等を小ばけ又は専用ローラーを用い、全面が均一になるように塗る。
4.（建築工事監理指針 18. 4. 4 (a)）鉄鋼面合成樹脂調合ペイント塗りの方法は、刷毛塗り又は吹付け塗りとする。

正解 5

R05	R04	R03	R02	R01	H30	H29

問題 02 Ⅳ 19　塗装工事に関する次の記述のうち、**最も不適当な**ものはどれか。

1.　屋外の鉄鋼面における中塗り及び上塗りは、アクリルシリコン樹脂エナメル塗りとした。
2.　屋内のせっこうボード面は、合成樹脂エマルションペイント塗りとした。
3.　木部の素地ごしらえにおいて、節止めに木部下塗り用調合ペイントを塗布した。

4. 冬期におけるコンクリート面への塗装において、コンクリート素地の乾燥期間の目安を、14 日間とした。

5. 塗料は、気温の低下などから所定の粘度が得られないと判断したので、適切な粘度に調整して使用した。

解説 冬期においては、4 週間以上（28 日以上）を目安とする。

1. （建築工事監理指針（下巻）18. 3. 2 (b) (4)）弱溶剤系のアクリルシリコン樹脂エナメルなども鉄鋼面に使用できる。
2. （建築工事監理指針 18. 1. 3 (e) 表 18. 1. 1）
3. （公共建築工事標準仕様書 18. 2. 2 表 18. 2. 1）
5. （公共建築工事標準仕様書 18. 1. 4 (1)）塗料は、調合された塗料をそのまま使用する。ただし、素地面の粗密、吸水性の大小、気温の高低等に応じて、適切な粘度に調整することができる。

正解 4

R05	R04	R03	R02	R01	H30	H29

問題 03 IV 19 塗装工事に関する次の記述のうち、**最も不適当な**ものはどれか。

1. 屋内の木部は、オイルステイン塗りとした。
2. 屋内の亜鉛めっき鋼面は、合成樹脂調合ペイント塗りとした。
3. 木部の素地ごしらえにおいて、穴埋めとして、合成樹脂エマルションパテを使用した。
4. 屋外の鉄骨面は、合成樹脂エマルションペイント塗りとした。
5. 屋外のモルタル面の素地ごしらえにおいて、建築用下地調整塗材を使用した。

解説 合成樹脂エマルションペイントは、コンクリート面、モルタル面、プラスター面、せっこうボード面、その他ボード面の塗装に適用する。

1. オイルステインは、屋内外の木部に使用し、塗膜を作らず含浸して着色する塗料である。

正解 4

R05	R04	R03	R02	R01	H30	H29

問題 04 IV 19 塗装工事に関する次の記述のうち、**最も不適当な**ものはどれか。

1. 外壁の吹付け塗りにおいて、スプレーガンを素地面に対して直角に保ち、1 行ごとの吹付け幅が重ならないように吹き付けた。
2. 吹付け塗りは、スプレー塗装時の空気圧力が低すぎると噴霧が粗く、塗り面がゆず肌状になるので、スプレーガンの口径に応じて空気圧力を調整した。
3. 屋内の木部つや有合成樹脂エマルションペイント塗りの下塗り後のパテか

いにおいて、水回り部分以外にあっては、耐水形の合成樹脂エマルションパテを使用した。

4.　屋内の木部のクリヤラッカー塗りの中塗り材は、サンジングシーラーを使用した。

5.　屋内のモルタル面のアクリル樹脂系非水分散形塗料塗りにおいて、下塗りには、シーラーではなく、上塗りと同一材料を使用した。

解説　一定の幅を重ねながら吹き付ける。

3.（公共建築工事標準仕様書 18. 8. 3　表 18. 8. 2）

4.（公共建築工事標準仕様書 18. 5. 2　表 18. 5. 1）

5.（公共建築工事標準仕様書 18. 6. 2　表 18. 6. 1）

正解 1

R05	R04	R03	R02	R01	H30	H29

問題 05　IV 19　塗装工事に関する次の記述のうち、**最も不適当な**ものはどれか。

1.　鉄鋼面に使用する合成樹脂調合ペイントの上塗りは、エアレススプレーによる吹付け塗りとした。

2.　木部のクリヤラッカー塗りの下塗りには、ジンクリッチプライマーを用いた。

3.　オイルステイン塗りの色調の調整は、所定のシンナーによって行った。

4.　壁面のローラーブラシ塗りに当たり、隅やちり回りなどは、先行して小ばけを用いて塗装した。

5.　パテかいは、一回で厚塗りせず、木べらを用いて数回に分けて行った。

解説　（公共工事標準仕様書 18. 5. 2）木部のクリアラッカー塗りにおいて、下塗りにはウッドシーラーを用いる。

3.　色濃度の調整は、シンナーで行う。

4.（公共工事標準仕様書（18. 1. 4 (5)（ウ））ローラーブラシ塗りは、隅角部、ちり回り等を小ばけ又は専用ローラーを用い、全面が均一になるように塗る。

5.（公共工事標準仕様書 18. 1. 4 (4)（イ））パテかいは、塗装面の状況に応じて、塗装面のくぼみ、隙間、目違い等の部分に、パテをへら又はこてで薄く付ける。

正解 2

R05	R04	R03	R02	R01	H30	H29

問題 06　IV 19　塗装工事に関する次の記述のうち、**最も不適当な**ものはどれか。

1.　鋼製建具の亜鉛めっき鋼面への錆（さび）止め塗料塗りにおいて、見え隠れ部分は、部材を組み立てる前に行った。

2.　屋内の亜鉛めっき鋼面は、合成樹脂調合ペイント塗りとした。

3.　屋内のせっこうボード面は、合成樹脂エマルションペイント塗りとした。

4.　屋外のモルタル面の素地ごしらえにおいて、合成樹脂エマルションパテを使用した。
5.　冬期におけるコンクリート面への塗装において、素地の乾燥期間の目安を4週間とした。

解説　合成樹脂エマルションパテは、耐水性に劣るため屋内のコンクリート、モルタル、せっこうボード面の素地ごしらえに適する。 正解4

R05	R04	R03	R02	R01	H30	H29

問題07 IV 19　塗装工事に関する次の記述のうち、**最も不適当な**ものはどれか。
1.　木部の素地ごしらえにおいて、節止めに木部下塗り用調合ペイントを塗布した。
2.　屋内のせっこうボード面は、合成樹脂エマルションペイント塗りとした。
3.　内壁の中塗り及び上塗りにおいて、塗料の色を変えた。
4.　塗装場所の湿度が85％であったので、塗装を行わなかった。
5.　冬期におけるコンクリート面への塗装において、コンクリート素地の乾燥期間の目安を、14日間とした。

解説　コンクリート面への塗装において、素地の乾燥期間は、冬期で4週間、夏期で3週間以上とする。
3.　各層の塗り方は、なるべく色を変えて違いがわかるように行う。
4.　作業時は、低温、多湿を避け、5℃以下、湿度85％以上のときは、作業を中止する。 正解5

【学科Ⅳ】

22 建具工事・ガラス工事・内装工事・断熱工事

R05	R04	R03	R02	R01	H30	H29

問題01 Ⅳ20 建具工事、ガラス工事及び内装工事に関する次の記述のうち、**最も不適当な**ものはどれか。

1. FRP系塗膜防水とアルミニウム製建具が取り合う箇所は、防水工事を施工した後、建具の取付けを行った。
2. 外部に面したアルミニウム製建具に網入りガラスをはめ込むに当たり、これを受ける下端ガラス溝に、径6mmの水抜き孔を2箇所設けた。
3. ガラスブロック積みにおいて、伸縮調整目地の幅については、特記がなかったので、5mmとした。
4. 洗面室にビニル床シートを張り付けるに当たり、エポキシ樹脂系の接着剤を使用した。
5. コンクリート壁下地へのせっこうボードの直張りにおいて、せっこうボード張付け後10日放置し、仕上げに支障がないことを確認してから、表面に通気性のある壁紙を張り付けた。

解説 (公共建築工事標準仕様書16.14.5(2)(ウ)(b)) 特記がなければ6m以下ごとに幅10～25mmの伸縮調整目地を設ける。

1. (公共建築工事標準仕様書16.2.5(2)(c)) FRP系塗膜防水と建具が取合う場合は、FRP系塗膜防水工事を施工した後、建具の取付けを行うものとする。
2. (建築工事監理指針16.14.3(b)(iii)) 網入り板ガラスでは、ガラスの小口に突出する線材が水分の影響で発錆するおそれがあるため、建具の下枠に直径6mm以上の水抜き孔を2箇所設ける。
4. (公共建築工事標準仕様書19.2.2(6)(ア)表19.2.1) 施工箇所が洗面所の場合は、エポキシ樹脂系もしくは、ウレタン樹脂系の接着剤を使用すること。
5. (建築工事監理指針19.7.3(5)(カ)) せっこうボードの直張り工法は、せっこうボード張付け後、仕上材に通気性のある場合で7日以上、通気性のない場合で20日以上放置し、直張り用接着材が乾燥し、仕上げに支障のないことを確認してから、仕上げを行う。

正解3

R05	R04	R03	R02	R01	H30	H29

問題 02 IV 20 建具工事、ガラス工事及び内装工事に関する次の記述のうち、**最も不適当な**ものはどれか。

1. 木造の一戸建て住宅のバルコニーにおいて、FRP 系塗膜防水工事の後のアルミニウム製建具の取付けにより、建具釘打ちフィンと下地の間に隙間が生じたので、パッキン材を挟んだ。
2. ガラスブロック積みにおいて、特記がなかったので、平積みの目地幅の寸法を 10 mm とした。
3. 地下部分の最下階の床にゴム床タイルを張り付けるに当たり、エポキシ樹脂系の接着剤を使用した。
4. 壁紙の張付け工事において、壁紙のホルムアルデヒド放散量について、特記がなかったので、壁紙はホルムアルデヒド放散量の等級が「F ☆☆☆☆」のものを用いた。
5. 高さが 2.1 m の木製開き戸を取り付けるに当たり、特記がなかったので、木製建具用丁番を 2 枚使用した。

解説 (公共建築工事標準仕様書 16. 8. 2 (9) (ア) 表 16. 8. 2) 建具の高さが 2,000 mm 以上 2,400 mm 以下の場合、丁番の枚数は 3 枚とする。

金属製建具用丁番

建具の種類	枚数		大きさ〔mm〕	
	建具の高さが 2,000mm 未満	建具の高さが 2,000mm 以上 2,400mm 以下	長さ ( ) 内は最小呼び寸法	厚さ
アルミニウム製建具 鋼製軽量建具	2 枚 または 3 枚注 2	3 枚	127 (125)	3.0
鋼製建具注 1 ステンレス製建具注 1			127 (125) または 152 (150)	4.0

注 1：片面フラッシュ戸（点検扉等）で質量 40kg 以下の場合は、丁番の枚数と大きさは質量に適した建具の製造所の仕様とする。
注 2：丁番は、求められる性能に応じた枚数とする。

1. (公共建築工事標準仕様書 16. 2. 5 (ウ) (c) ②) 建具の取付けにより、建具と建具取付け下地に隙間が生じた場合には、建具釘打ちフィンの裏側にパッキン材を設ける。
2. (公共建築工事標準仕様書 16. 14. 5 (2) (ウ) (a) ①) 平積みの場合は、8 mm 以上、15 mm 以下とする。
3. (公共建築工事標準仕様書 19. 2. 2 (6) (ア) 表 19. 2. 1) → 次頁
4. (公共建築工事標準仕様書 19. 8. 2 (1)) ホルムアルデヒド放散量は、特記による。特記がなければ、F ☆☆☆☆とする。

接着剤の主成分による区分と施工箇所

主成分による区分	施　工　箇　所
酢酸ビニル樹脂系溶剤形 ビニル共重合樹脂系溶剤形 アクリル樹脂系エマルション形 ウレタン樹脂系 ゴム系ラテックス形	一般の床、幅木等
エポキシ樹脂系 ウレタン樹脂系	地下部分の最下階、玄関ホール、湯沸室、便所、洗面所、床下防湿層のない土間、貯水槽、浴室の直上床ならびに脱衣室等張付け後に湿気および水の影響を受けやすい箇所、耐動荷重性床シートの場合、化学実験室等

（注）施工箇所の下地がセメント系下地および木質系下地以外の場合は、特記による。

正解 5

R05	R04	R03	R02	R01	H30	H29

問題 03 IV 20　建具工事、ガラス工事及び内装工事に関する次の記述のうち、**最も不適当な**ものはどれか。

1.　木造の一戸建て住宅のバルコニーにおいて、FRP 系塗膜防水工事を施工した後、アルミニウム製建具の取付けを行った。
2.　アルミニウム製建具に厚さ 18 mm の複層ガラスをはめ込むに当たって、特記がなかったので、建具枠のガラス溝の掛り代を 10 mm とした。
3.　ガラスブロック積みにおいて、伸縮調整目地の位置について、特記がなかったので、伸縮調整目地を 5 m ごとに設置した。
4.　ビニル床シートの張付けに先立ち、床コンクリート直均し仕上げの施工後、28 日以上乾燥させてから、ビニル床シートを張り付けた。
5.　せっこうボードを洗面所内の天井に張り付けるに当たって、ステンレス鋼製の小ねじを使用した。

解説　複層ガラスのかかり代は、赤外線による封着部の劣化を防ぐために 15 mm 以上とする。

1.　FRP 系塗膜防水と建具が取り合う場合は、FRP 系塗膜防水工事を施工した後、建具の取付けを行うものとする。
3.　伸縮調整目地の位置は、特記による。特記がなければ、6 m 以下ごとに幅 10 ～ 25 mm の伸縮調整目地を設ける。
4.　モルタル塗り下地は施工後 14 日以上、コンクリート下地は床コンクリート直均し仕上げの施工後 28 日以上放置し、乾燥したものとする。
5.　浴室、洗面所、便所、湯沸室、厨房等の湿気の多い箇所に使用する小ねじ等は、ステンレス製とする。

正解 2

R05	R04	R03	R02	R01	H30	H29

問題 04 IV 20　建具工事、ガラス工事及び内装工事に関する次の記述のうち、**最も不適当な**ものはどれか。

1. アルミニウム製建具のコンクリート躯体への取り付けにおいて、建具側のアンカーとあらかじめコンクリートに埋め込んだ溶接下地金物とを溶接により固定した。
2. 外部に面する網入り板ガラスの小口処理については、下辺小口及び縦小口下端から 1/4 の高さまで、防錆(せい)テープによる防錆(せい)処理を行った。
3. ガラスブロック積みにおいて、壁用金属枠の外部に面する下枠の溝には、径 8 mm の水抜き孔を 1.5 m 間隔に設けた。
4. ビニル床シートを張付け後、熱溶接工法によって目地処理を行った。
5. コンクリート壁下地へのせっこうボードの直張りにおいて、せっこうボード表面への仕上材が通気性のない壁紙であったので、直張り用接着材の乾燥期間を 14 日間とした。

解説（公共建築工事標準仕様書 19. 7. 3 (6) (カ)）仕上材に通気性のある場合は 7 日以上、通気性のない場合は 20 日以上放置し、直張り用接着材が乾燥し、仕上げに支障のないことを確認してから、仕上げを行う。

1. （公共建築工事標準仕様書 16. 2. 5 (2) (ア) (a)）
2. （公共建築工事標準仕様書 16. 14. 4 (ウ)）
3. （公共建築工事標準仕様書 16. 14. 5 (2) (ウ) (e)）
4. （公共建築工事標準仕様書 19. 2. 3 (2) (ウ)）

正解 5

R05	R04	R03	R02	R01	H30	H29

問題 05 IV 20　建具工事、ガラス工事及び内装工事に関する次の記述のうち、**最も不適当な**ものはどれか。

1. 木製建具の保管に当たり、障子は平積みとし、フラッシュ戸は立てかけとした。
2. 高さが 2.0 m の木製開き戸を取り付けるに当たり、木製建具用丁番を 3 枚使用した。
3. 外部に面したアルミニウム製建具に複層ガラスをはめ込むに当たり、下端のガラス溝に径 6 mm の水抜き孔を 3 箇所設けた。
4. 洗面室にビニル床シートを張り付けるに当たり、ウレタン樹脂系の接着剤を使用した。
5. 床にフローリングを張るに当たり、室の中心部から割付けを行い、壁際で寸法調整をした。

解説 建具は原則、立てかけとするが、フラッシュ戸は、剛性が高いので、起こす際の変形が小さいため、平積みとする。

2. （公共工事標準仕様書 16. 8. 2 (9)）木製建具用の丁番の枚数及び大きさは、特記による。特記がなければ、建具の高さが 2,000 mm 未満 2 枚、建具の高さが 2,000 mm 以上 2,400 mm 以下 3 枚、ピボットヒンジは、建具の高さが 2,000 mm 以上の場合は中吊金物付きとする。

3. （公共工事標準仕様書 16. 14. 3 (2)）アルミニウム製建具、樹脂製建具、鋼製建具及びステンレス製建具の場合、外部に面する複層ガラス、合わせガラス、網入り板ガラス及び線入り板ガラスを受ける下端ガラス溝には、径 6mm 以上の水抜き孔を 2 か所以上設ける。また、セッティングブロックによるせき止めがある場合には、セッティングブロックの中間に 1 か所追加する。

4. （公共工事標準仕様書 19. 2. 2 (6)）ビニル床シート及びビニル床タイル用接着剤は、JIS A 5536 床仕上げ材用接着剤 に基づき、種別は次表による施工箇所に応じたものとする。

接着剤の種別と施工箇所

種別	施工箇所
酢酸ビニル樹脂系 ビニル共重合樹脂系 アクリル樹脂系 ウレタン樹脂系 ゴム系ラテックス形	一般の床
エポキシ樹脂系 ウレタン樹脂系	地下部分の最下階、玄関ホール、湯沸室、便所、洗面所、防湿層のない土間、貯水槽、浴室の直上床ならびに脱衣室等張付け後に湿気および水の影響を受けやすい箇所、耐動荷重性床シートの場合、化学実験室等
酢酸ビニル樹脂系 ビニル共重合樹脂系 アクリル樹脂系 ウレタン樹脂系 ゴム系ラテックス形 ゴム系溶剤形	垂直面

正解 1

R05	R04	R03	R02	R01	H30	H29

問題 06 Ⅳ 20 建具工事、ガラス工事及び内装工事に関する次の記述のうち、**最も不適当な**ものはどれか。

1. 鉄筋コンクリート造の建築物の外部に面するアルミニウム製建具枠の取付けにおいて、仮留め用のくさびを残し、モルタルを充填した。
2. 外部に面する建具への複層ガラスのはめ込みにおいて、下端のガラス溝に径 6 mm の水抜き孔を 3 箇所設けた。
3. 全面接着工法によりフリーアクセスフロア下地にタイルカーペットを張り付けるに当たって、タイルカーペットを下地パネル目地にまたがるように割り付けた。

4. フローリングボードの根太張り工法において、スクリュー釘を使用した。

5. 洗面脱衣室などの断続的に湿潤状態となる壁の下地材料として、日本農林規格（JAS）による普通合板の1類を使用した。

解説 （公共建築工事標準仕様書（H28年版）16. 2. 5 (b)）外部に面するアルミニウム製建具枠の取付けは、仮留め用のくさびは取り除く。ただし、屋内で水掛り部分以外にあっては、くさびを残しモルタルを充填することができる。

5. 洗面室や洗濯室などの水掛り箇所の下地材は、JASの普通合板1類を使用する。この他、屋外又は常時湿潤状態となる箇所には特類を使用し、その他は2類とする。

正解 1

R05	R04	R03	R02	R01	H30	H29

問題 07 IV 20 建具工事、ガラス工事及び内装工事に関する次の記述のうち、**最も不適当な**ものはどれか。

1. 鉄筋コンクリートの水掛り部分におけるアルミニウム製建具枠の取付けに当たって、仮留め用のくさびを取り除き、モルタルを充填した。

2. アルミニウム製建具に厚さ18mmの複層ガラスをはめ込むに当たって、特記がなかったので、建具枠のガラス溝の掛り代を15mmとした。

3. 接着工法により直張り用複合フローリングを張り付けるに当たって、ウレタン樹脂系接着剤を用いた。

4. コンクリート壁下地にせっこうボードを直張りするに当たって、せっこうボード表面への仕上材に通気性があったので、直張り用接着剤の乾燥期間を、5日間とした。

5. 全面接着工法によりフリーアクセスフロア下地にタイルカーペットを張り付けるに当たって、タイルカーペットは、下地パネルの目地にまたがるように割り付けた。

解説 コンクリート下地にせっこうボードを直張りする場合、せっこうボードの直張り用接着剤の乾燥期間は、ボード仕上げ材に通気性がある場合は、7日以上とする。また、通気性がない場合は、20日以上とする。なお、石こうボードは、湿気、水分を吸収すると強度が低下するので、床面には直付けしない。

5. （建築工事監理指針（H19年版）19. 3. 4）タイルカーペットの特徴は部分的に簡単にはがせて、かつ簡単に張り替えることができる点であるため、接着剤は粘着はく離形接着剤とし、張付けは、特に指定がない限り市松張りを原則とする。フリーアクセスフロアー（二重床）への施工は、床パネルの段違いや隙間を1mm以下に調整したのち、床パネルの目地とタイルカーペットを100mm程度ずらして行う。

正解 4

【学科Ⅳ】

23 設備工事

R05	R04	R03	R02	R01	H30	H29

問題 01 Ⅳ 21 木造住宅における設備工事に関する次の記述のうち、**最も不適当な**ものはどれか。

1. 屋内の排水横管の勾配は、管径が 75mm であったので、1/150 とした。
2. 給湯管には、架橋ポリエチレン管を使用した。
3. 雨水ますには、底部の泥だめの深さが 150mm のものを用いた。
4. 寒冷地以外の一般敷地内において、特記がなかったので、給水管の地中埋設深さは、土かぶりを 400mm とした。
5. コンクリート埋込みとなる分電盤の外箱は、型枠に取り付けた。

解説 （公共建築工事標準仕様書（機械設備工事編）2. 6. 2 (2)）屋内横走り配水管の勾配は、原則として、呼び径 65 以下は 1/50、呼び径 75、100 は最小 1/100、呼び径 125 は最小 1/150、呼び径 150 以上は最小 1/200 とする。

2. （公共建築工事標準仕様書（機械設備工事編）2. 1. 2. 5 表 2. 2. 6）
3. （下水道排水設備指針と解説）雨水用のますには底部に 150 mm 以上の泥だめを設ける。また、汚水ますには底部にインバート（排水誘導用の半円形の溝）を設けたインバートますを用いる。
4. （公共建築工事標準仕様書（機械設備工事編）2. 7. 2）管の地中埋設深さは、車両道路では管の上端より 600 mm 以上、それ以外では 300 mm 以上とする。
5. （公共建築工事標準仕様書（電気設備工事編）2. 2. 3 (8)）コンクリート埋込みのボックス及び分電盤の外箱等は、型枠に取り付ける。

正解 1

R05	R04	R03	R02	R01	H30	H29

問題 02 Ⅳ 21 住宅における設備工事に関する次の記述のうち、**最も不適当な**ものはどれか。

1. 給水横走り管は、上向き給水管方式を採用したので、先上がりの均一な勾配で配管した。
2. 温水床暖房に用いる埋設方式の放熱管を樹脂管としたので、管の接合は、メカニカル継手とした。
3. 雨水用排水ますには、深さ 150 mm の泥だめを設けた。
4. 換気設備の排気ダクトは、住戸内から住戸外に向かって、先下がり勾配となるように取り付けた。

5. 給湯用配管は、管の伸縮が生じないように堅固に固定した。

解説 給湯用配管は、熱による管の伸縮を妨げないよう考慮して固定する。

1. 上向き給水方式の場合は先上りとし、下向き給水方式の場合は先下りとする。いずれの場合も空気だまりや泥だまりが生じないよう、均一な勾配で配管する。
3. 雨水ますの底部には深さ 150 mm 以上の泥だめを設ける。
4. 換気ダクトは外壁に向かって 1/100 以上の先下がり勾配をとる。 **正解 5**

R05	R04	R03	R02	R01	H30	H29

問題 03 Ⅳ 21 木造住宅における設備工事に関する次の記述のうち、**最も不適当な**ものはどれか。

1. 屋内給水管の防露・保温材には、特記がなかったので、厚さ 20mm の保温筒を使用した。
2. 給水管と排水管を平行に地中に埋設するに当たり、両配管の水平間隔を 500 mm 以上とし、給水管が排水管の上方となるようにした。
3. 住宅用防災警報器は、天井面から下方 0.15 m 以上 0.5 m 以内の位置にある壁の屋内に面する部分に取り付けた。
4. ユニットバスの設置に当たって、下地枠の取付けに並行して、端末設備配管を行った。
5. 空気よりも軽い都市ガスのガス漏れ警報設備の検知器は、その下端が天井面から下方 50 cm の位置となるように取り付けた。

解説 空気より軽いガスの場合、天井面から 30 cm 以内に取り付ける。

4. ユニットバスの設置は下地枠の取付けに並行して端末設備配管を行う。 **正解 5**

R05	R04	R03	R02	R01	H30	H29

問題 04 Ⅳ 21 設備工事に関する次の記述のうち、**最も不適当な**ものはどれか。

1. LP ガス（液化石油ガス）のガス漏れ警報設備の検知器は、ガス燃焼器から水平距離 4 m 以内、かつ、その上端が床面から上方 0.3 m 以内の位置となるように取り付けた。
2. コンクリート埋込みとなる分電盤の外箱は、型枠に取り付けた。
3. 敷地内の雨水ますには、深さ 150 mm の泥だめを設けた。
4. 給水管と排水管とを平行に地中に埋設するに当たり、両配管の水平間隔を 300 mm とし、給水管が排水管の上方となるように埋設した。
5. 温水床暖房に用いる埋設方式の放熱管を樹脂管としたので、管の接合は、メカニカル継手とした。

解説 給水管と排水管が平行して埋設される場合は、両配管の水平間隔は500mm以上とし、かつ給水管は排水管の上方に埋設する。両配管が交差する場合も、給水管は排水管の上方に埋設する。

1. 空気より重いガス（LPガス）の場合、検知機の上端が床面より0.3m以内、かつ、ガス燃焼器より水平距離4m以内に設置する。
2. （公共建築工事標準仕様書（電気設備工事編）2.2.3 (8)）
3. （下水道排水設備指針と解説）泥だめの深さは、15cm以上とする。

正解 4

R05	R04	R03	R02	R01	H30	H29

問題05 Ⅳ21 木造住宅における設備工事に関する次の記述のうち、**最も不適当な**ものはどれか。

1. 換気設備の排気ダクトは、住戸内から住戸外に向かって、先下がり勾配となるように取り付けた。
2. 給湯管には、架橋ポリエチレン管を使用した。
3. 給水横走り管は、上向き給水管方式を採用したので、先上がりの均一な勾配で配管した。
4. 雨水ますには、インバートが設けられたますを使用した。
5. 金属板張りの外壁に照明器具を設置するに当たり、照明器具の金属製部分及び取付金具は、金属板と絶縁して取り付けた。

解説 インバートますは汚水ますの底面に管のあるますのことで、雨水ますには使用しない。汚物により管が詰まるのを避け、汚水が流れやすいようにますの底面に管の半分が食い込むように彫り込まれている。一方、雨水用の排水ますは、ます底を接続管より15cm以上深くして泥溜めを設けている。

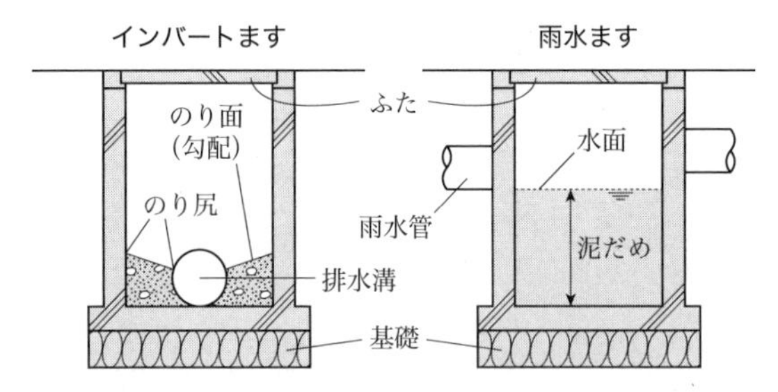

1. （フラット35対応木造住宅工事仕様書）雨水や結露の住戸内への侵入防止のため。換気ダクトは外壁に向かって1/100以上の勾配をとる。
2. 架橋ポリエチレン管、耐熱性硬質塩化ビニル管、耐熱性塩化ビニルライニング鋼管、銅管などが使用される。
3. 上向き配管方式の場合は先上がり配管、下向き配管の場合は先下がり配管とする。横引き管には1/300程度の勾配をつける。

正解 4

R05	R04	R03	R02	R01	H30	H29

問題 06 Ⅳ 21　木造住宅における設備工事に関する次の記述のうち、**最も不適当な**ものはどれか。

1.　屋内の電気配線は、弱電流電線、水道管、ガス管などに接触しないように離隔して施設した。
2.　都市ガスのガス漏れ警報設備の検知器は、その下端が天井面から下方 30 cm の位置に取り付けた。
3.　給水管は、断面が変形しないよう、かつ、管軸心に対して直角に切断し、切り口は平滑に仕上げた。
4.　給湯管の配管において、管の伸縮を妨げないよう伸縮継手を設けた。
5.　屋内排水横管の配管において、管径が 50 mm であったので、勾配を 1/100 とした。

解説　排水横管の勾配は、管径 65 mm 以下は 1/50 とする。また、75 mm 及び 100 mm は 1/100、125 mm は 1/150、150 mm 以上では 1/200 とし、流速が 0.6 m/s を下回らないようにする。

正解 5

R05	R04	R03	R02	R01	H30	H29

問題 07 Ⅳ 21　木造住宅における設備工事に関する次の記述のうち、**最も不適当な**ものはどれか。

1.　雨水用排水ますには、深さ 150 mm の泥だめを設けた。
2.　住宅用防災警報器は、天井面から下方 0.15 m 以上 0.5 m 以内の位置にある壁の屋内に面する部分に取り付けた。
3.　ユニットバスの設置に当たって、下地枠の取付けに並行して、端末設備配管を行った。
4.　LP ガス（液化石油ガス）のガス漏れ警報設備の検知器は、ガス燃焼器から水平距離 4 m 以内、かつ、その上端が床面から上方 0.3 m 以内の位置となるように取り付けた。
5.　給水管と排水管を平行に地中に埋設するに当たって、両配管の水平間隔を 400 mm とし、給水管が排水管の上方となるようにした。

解説　給水管と排水管を平行に地中に埋設する場合、両配管の水平間隔は、500 mm 以上とし必ず給水管が上方になるようにする。

4.　LP ガス（プロパンガス）のガス漏れ警報設備の検知器の上端は、LP ガスが空気より重いため、床面から 30cm 以内、かつ燃焼機器からの水平距離 4 m 以内に取り付ける。ただし、都市ガスの場合は、空気よりも軽いため検知器の下端は、天井面から下方に 30 cm 以内に取り付ける。

正解 5

◀学科Ⅳ▶

24 改修工事・各種工事

R05	R04	R03	R02	R01	H30	H29

問題 01 Ⅳ 22　改修工事に関する次の記述のうち、**最も不適当な**ものはどれか。

1.　木部のクリヤラッカー塗りにおける着色は、下塗りのウッドシーラー塗布前に行った。
2.　合成樹脂エマルションペイント塗りにおいて、天井面等の見上げ部分については、研磨紙ずりを省略した。
3.　コンクリート柱の耐震改修工事において、連続繊維シートを張り付けて、シートの上面に下塗りの含浸接着樹脂がにじみ出るのを確認した後、ローラーで上塗りを行った。
4.　防煙シャッター更新工事において、スラットの形状は、インターロッキング形とした。
5.　枠付き鉄骨ブレースを設置する耐震改修工事において、鉄骨が取り付く範囲の既存構造体のコンクリート面には、目荒らしを行った。

解説 （建設省告示第 2564 号）インターロッキング形のスラットは、防火用のシャッターとして、オーバーラッピング形スラットは防煙シャッターとして使用される。

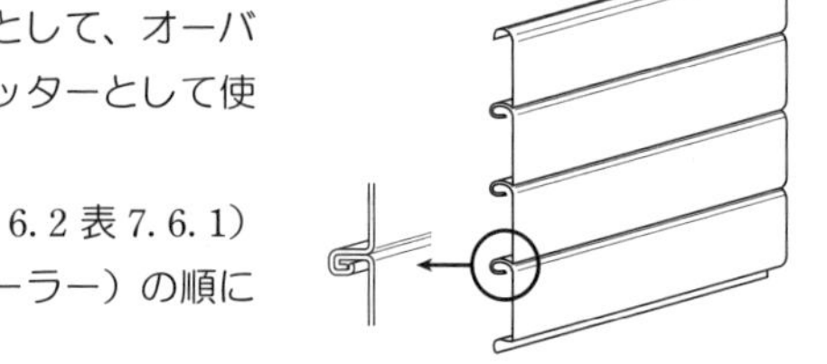

1. （公共建築改修工事標準仕様書 7. 6. 2 表 7. 6. 1）目止め、着色、下塗り（ウッドシーラー）の順に行う。
2. （公共建築改修工事標準仕様書 7. 10. 2 (1)）天井面等の見上げ部分は、研磨紙ずりを省略する。
3. （公共建築改修工事標準仕様書（建築工事編）8. 24. 6 (4) (ウ)）貼り付けた連続繊維シートの上面に、下塗りの含浸接着樹脂がにじみ出るのを確認した後、上塗りの含浸接着樹脂をローラー又ははけで塗布する。
5. （公共建築改修工事標準仕様書 8. 22. 3 (1)）枠付きの鉄骨ブレースにおいて鉄骨ブレースの取り付く範囲の既存構造体のコンクリート面に、目あらしを行う。

正解 4

R05	R04	R03	R02	R01	H30	H29

問題 02 Ⅳ 22　改修工事に関する次の記述のうち、**最も不適当な**ものはどれか。

1.　せっこうボードを用いた壁面の目地を見せる目透し工法による内装の改修において、テーパー付きせっこうボードを用いた。
2.　コンクリート打放し仕上げの外壁のひび割れの補修を自動式低圧エポキシ樹脂注入工法により行う場合、ひび割れの幅等を考慮して注入用器具の取付間隔を決定した。
3.　コンクリート面を仕上塗材塗りとするので、下地の目違いをサンダー掛けにより取り除いた。
4.　防火シャッター更新工事において、危害防止機構として接触型の障害物感知装置を設け、シャッターに挟まれても重大な障害を受けないようにした。
5.　軽量鉄骨壁下地材におけるそで壁端部の補強は、開口部の垂直方向の補強材と同材を用いて行った。

解説　(公共建築改修工事標準仕様書 6. 13. 3 (7) (ア)) 目透かし工法の場合、せっこうボードのエッジの種類は、ベベルエッジもしくはスクェアエッジとする。

目地工法の種類とせっこうボードのエッジの種類

目地施工の種類	せっこうボードのエッジの種類
継目処理工法	テーパーエッジ、ベベルエッジ
突付け工法	ベベルエッジ、スクェアエッジ
目透し工法	ベベルエッジ、スクェアエッジ

2. (公共建築改修工事標準仕様書 4. 3. 4 (3) (イ)) 注入間隔は、特記による。特記がなければ、200 ～ 300mm 間隔とする。
3. (公共建築改修工事標準仕様書 4. 6. 3 (1) (ア))
4. (公共建築改修工事標準仕様書 5. 10. 2. (4) (エ) (a)) シャッター最下部の座板に感知板を設置し、シャッターが煙感知器もしくは熱感知器又は手動閉鎖装置の作動により降下している場合には、感知板が人に接触すると同時に閉鎖作動を停止し、接触を解除すると、再び降下を開始し、完全に閉鎖する。
5. (公共建築改修工事標準仕様書 6. 7. 4 (8)) そで壁の端部は、スタッドに縦枠補強材と同材を添えて補強する。

正解 1

R05	R04	R03	R02	R01	H30	H29

問題 03 Ⅳ 22　改修工事に関する次の記述のうち、**最も不適当な**ものはどれか。

1.　防水改修工事におけるアスファルト防水の既存下地の処理において、下地コンクリートのひび割れが 0.7 mm の箇所があったので、その部分を U 字形にはつり、シーリングを充填した後、アスファルトルーフィングを増し張りした。

2. コンクリート打ち放し外壁の 0.5mm のひび割れを改修する樹脂注入工法において、特記がなかったので、自動式低圧エポキシ樹脂注入工法により行った。
3. アクリル樹脂系非水分散形塗料塗りの塗替えにおいて、モルタル面の下地調整における吸込止めの工程を省略した。
4. 防煙シャッターの更新工事において、スラットはオーバーラッピング形とし、自動閉鎖型の障害物感知装置付とした。
5. 軽量鉄骨壁下地材の錆(さび)止め塗料塗りは、現場での溶接を行った箇所には行ったが、高速カッターによる切断面には行わなかった。

解説 ポリマーセメントで補修する。ひび割れ幅が2mm以上の場合は、Uカットのうえ、ポリウレタン系シーリング材等を充填する。

4. スラットの形状は、防煙シャッターの場合はオーバーラッピング形、防火シャッターの場合はインターロッキング形が使用される。

5. 高速カッター等による切断面については、亜鉛の犠牲防食作用が期待できるので、錆止め塗料塗りを行わなくてもよい。溶接部分にはスプレー等で錆止めを施す。 正解 1

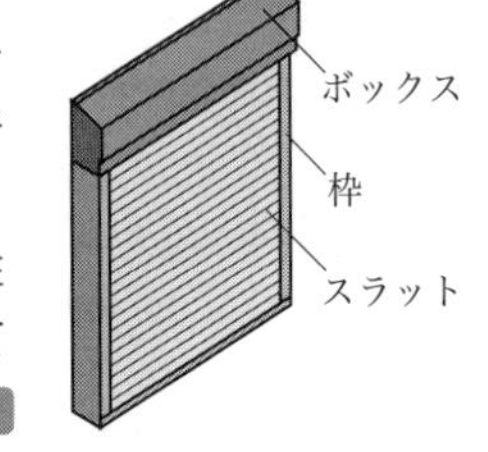

R05	R04	R03	R02	R01	H30	H29

問題 04 Ⅳ 22 改修工事に関する次の記述のうち、**最も不適当な**ものはどれか。

1. 外壁のタイル張替えにおいて、張付け後のタイルの引張接着強度については、接着力試験機を用いて測定した。
2. 下地がモルタル面の塗装改修工事において、既存塗膜を全面撤去した後、合成樹脂調合ペイントを塗布した。
3. エポキシ樹脂注入工法によるコンクリート外壁のひび割れ改修工事において、エポキシ樹脂注入材の硬化を待って、注入器具を撤去した。
4. 枠付き鉄骨ブレースを設置する耐震改修工事において、鉄骨が取り付く範囲の既存構造体のコンクリート面には、目荒らしを行った。
5. コンクリート柱の耐震改修工事において、連続繊維シートの貼り付け後の上塗りは、貼り付けたシートの上面に、下塗りの含浸接着樹脂がにじみ出るのを確認した後、ローラーで塗布した。

解説 合成樹脂調合ペイントは、屋内外の鉄鋼面、亜鉛メッキ鋼面、屋内木部に適している。耐アルカリ性が弱いために、コンクリートやモルタル面などアルカリ性の強い下地には使用してはならない。

1. （公共建築改修工事標準仕様書 4. 5. 8 (4) (ウ) ①）
3. （公共建築改修工事標準仕様書 4. 3. 4 (4) (オ)）
4. （公共建築改修工事標準仕様書 8. 22. 3 (1)）
5. （公共建築改修工事標準仕様書 8. 24. 6 (4) (ウ)）

正解 2

R05	R04	R03	R02	R01	H30	H29

問題 05 IV 22　改修工事に関する次の記述のうち、**最も不適当な**ものはどれか。

1. モルタル塗り仕上げ外壁の改修において、モルタル層の欠損部の周囲に浮きがあったので、ダイヤモンドカッターにより健全部と縁を切って、その部分をはつり取った。
2. 内装の改修において、せっこうボードを用いた壁面の目地を見せる目透し工法とするために、テーパー付きせっこうボードを用いた。
3. 屋上の防水改修において、既存の露出アスファルト防水層の上に、合成高分子系ルーフィングシートを施工した。
4. 床の改修において、ビニル床シートの張付け前にモルタル下地の乾燥程度を確認するため、高周波式水分計による計測を行った。
5. 天井の改修において、天井のふところが 1.5m であったので、補強用部材を用いて、軽量鉄骨天井下地の吊りボルトの水平補強と斜め補強を行った。

解説 （公共建築改修工事標準仕様書 6. 13. 3 (7)）目透かし工法とする場合、せっこうボードのエッジは、ベベルエッジ、もしくはスクェアエッジとする。

1. （公共建築改修工事標準仕様書 4. 4. 3 (1)）欠損部周辺のモルタル浮き部分は、ダイヤモンドカッター等で健全部と縁を切って、損傷が拡大しないようにはつり撤去する。
3. M4S 工法として、既存露出アスファルト防水層の上に、合成高分子系ルーフィングシートを施工する工法がある。
   M……露出アスファルト防水工法
   4……露出防水層非撤去
   S……合成高分子系ルーフィングシート防水工法
4. ビニル系床材は、下地との接着力が耐久性や他の諸性能に大きな影響を与えるため、充分な接着力を発揮させるためには、下地の乾燥状態や下地強度の確認、適切な接着剤の選定などが必要である。施工方法の目安は、高周波容量式水分計を用いて、下地水分のグレードに照らし合わせて確認できる。
5. （公共建築改修工事標準仕様書 6. 6. 4 (8)）天井のふところが 1.5m 以上の場合、補強方法は特記による。特記がなければ、天井のふところが 3m 以下の場合、次により、補強用部材又は［− 19 × 10 × 1.2（mm）以上を用いて、吊りボルトの水平補強、斜め補強を行う。

正解 2

R05	R04	R03	R02	R01	H30	H29

問題 06 Ⅳ 22　改修工事に関する次の記述のうち、**最も不適当な**ものはどれか。

1.　かぶせ工法によるアルミニウム製建具の改修工事において、既存枠へ新規に建具を取り付けるに当たり、小ねじの留付け間隔は、中間部で 400 mm とした。
2.　U カットシール材充填工法によるコンクリート外壁のひび割れ改修工事において、充填時に被着体の温度が 5℃ であったので、作業を中止した。
3.　モルタル塗り仕上げ外壁の改修工事において、モルタルを撤去した欠損部の面積が 1 箇所当たり 0.50 m^2 程度となったので、充填工法を採用した。
4.　内装改修工事において、せっこうボードの壁面を目地のない継目処理工法とするために、テーパー付きせっこうボードを用いた。
5.　床の改修工事において、タイルカーペットは、粘着剥離形接着剤を使用し、市松張りとした。

解説　（公共建築改修工事標準仕様書（H28 年版）4. 4. 8 (a)、4. 3. 7 (b)）モルタル塗り仕上げ外壁の改修工事において、充填工法の適用範囲は欠損部の面積が 1 箇所当たり 0.25m^2 程度以下の場合とする。

ポリマーセメントモルタルを充填又は塗り付ける場合は以下とする。

①欠損部のぜい弱部分をハンマー等で取り除き、はけを用いてプライマーを被着面に塗布する。

②ポリマーセメントモルタルは、製造所の仕様により、調合し混練りする。

③はがれの状況により、1 ～ 3 層に分けてポリマーセメントモルタルを充填又は塗り付ける。各層の塗り厚は 7 mm 程度とし、表面を金ごてで加圧しながら平滑に仕上げる。

2.（公共建築改修工事標準仕様書（H28 年版）4. 3. 6 (a)）U カットシール材充填工法によるコンクリート外壁のひび割れ改修工事において、プライマーの塗布及び充填時に被着体が 5℃ 以下及び 50℃ 以上になるおそれのある場合は、作業を中止する。

正解 3

R05	R04	R03	R02	R01	H30	H29

問題 07 Ⅳ 22　改修工事等に関する次の記述のうち、**最も不適当な**ものはどれか。

1.　外壁のタイル張替えにおいて、張付け後のタイルの引張接着強度は、接着力試験機を用いて測定した。
2.　コンクリート打放し仕上げの外壁改修において、幅 0.5mm の挙動のあるひび割れについては、U カットシール材充填工法を採用した。

3.　かぶせ工法によるアルミニウム製建具の改修において、既存枠へ新規に建具を取り付けるに当たり、小ねじの留付け間隔は、中間部で 500 mm とした。
4.　床の改修において、ビニル床シートの張付け前にモルタル下地の乾燥程度を確認するため、高周波式水分計による計測を行った。
5.　建材の撤去において、アスベスト含有の有無を把握するため、目視、設計図書等により製品名、製造所名、製造年月日等の確認を行った。

解説　かぶせ工法によるアルミニウム製建具の改修において、既存枠へ新規に建具を取り付ける場合、原則として小ねじ留めとする。留め付けは、端部は 100 mm 以下、中間の留め付け間隔は 400 mm 以下とする。

1.　試験方法は、接着力試験機による引張接着強度の測定により行う。試験体の個数は、100 m^2 ごと及びその端数につき 1 個以上、かつ、全体で 3 個以上とする。
2.　コンクリート打放し仕上げの外壁改修においてUカットシール材充填工法のひび割れ部の処置および充填は、以下とする。

①ひび割れ部に沿って電動カッター等を用いて幅 10 ～ 15 mm 程度に U 字型の溝を設ける。
② U カット溝内部に付着している切片、粉じん等を取り除く。
③プライマーを溝内部に塗布する。
④プライマー塗布後、ごみ、ほこり等が付着していないことを確認し、シーリング材を充填する。

正解 3

学科Ⅳ

25 工事と工法・施工機械器具

R05	R04	R03	R02	R01	H30	H29

問題 01 Ⅳ 23　施工機械・器具とそれを用いた作業との組合せとして、**最も不適当な**ものは、次のうちどれか。

1. ハッカー――――――鉄筋の結束
2. チェーンブロック――鉄骨骨組の建入れ直し
3. インパクトレンチ――型枠のフォームタイの締付け
4. トレミー管―――――場所打ちコンクリート杭のコンクリートの打込み
5. タンパー―――――コンクリート表面のたたき締め

解説　インパクトレンチは、高力ボルトの締付けに使用する器具である。

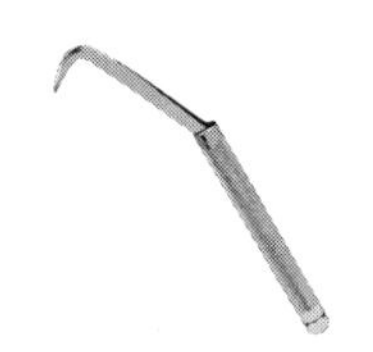

ハッカー

チェーンブロック

インパクトレンチ

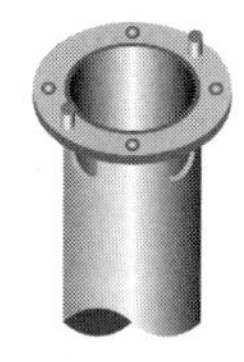

トレミー管

タンパー

正解 3

R05	R04	R03	R02	R01	H30	H29

問題 02 Ⅳ 23　建築工事に用いられる機械・器具に関する次の記述のうち、**最も不適当な**ものはどれか。

1. 山留め壁の撤去工事において、鋼矢板の引抜きに、バイブロハンマーを使用した。
2. 左官工事において、床コンクリート直均し仕上げに、トロウェルを使用した。
3. 鉄骨工事において、建入れ直しに、ターンバックルを使用した。
4. 杭地業工事において、既製コンクリート杭の打込みに、振動コンパクターを使用した。
5. 鉄筋工事において、鉄筋の切断にシヤーカッターを使用した。

解説　振動コンパクターは、ランマーやプレートコンパクターなど振動によって地盤や割り栗などを締め固める機械の総称で、既成コンクリート杭の打込みには使用しない。

1. 鋼矢板等を通じて鋼矢板等に接する地盤に振動を与え、地盤に流動化または鋭敏化現象を起こさせて、鋼矢板やH形鋼の貫入・引抜きを容易にする。
2. トロウェルとは、床面に打設したコンクリートをならすために用いられる動力機械で、コテが付いた円盤を回転させながらコンクリートを平滑にする。
3. ワイヤーロープを筋かい状にラーメンの斜め方向に張り、中間にターンバックルを挿入してワイヤーロープを緊張し、柱の垂直を補正する。倒壊防止用のワイヤーロープを兼用してもよい。
5. シヤーカッターは、はさみのように鉄筋の軸と直角方向に上下から歯を互い違いに落として鉄筋を切断する装置。

正解 4

R05	R04	R03	R02	R01	H30	H29

問題 03 IV 23 建築工事に用いられる工法に関する次の記述のうち、**最も不適当な**ものはどれか。

1. 山留め工事において、地下水位が床付け面より低かったので、親杭横矢板工法を採用した。
2. 既製コンクリート杭工事において、支持地盤に杭先端部を定着させるプレボーリング根固め工法を採用した。
3. 鉄筋工事において、同一径の鉄筋の継手には、ノンスカラップ工法を採用した。
4. 鉄骨工事において、露出形式柱脚のベースモルタルの全面を、あらかじめ同一の高さで平滑に仕上げることが困難であったので、あと詰め中心塗り工法を採用した。
5. タイル工事において、外壁への二丁掛けタイルの張付けは、特記がなかったので、密着張り（ヴィブラート工法）を採用した。

解説 1. 止水性がない壁であるため、床付け面より地下水位が低い場合に適している山留壁。

2. 杭先端で荷重を支持する先端支持杭の施工法の一つ（下図）。

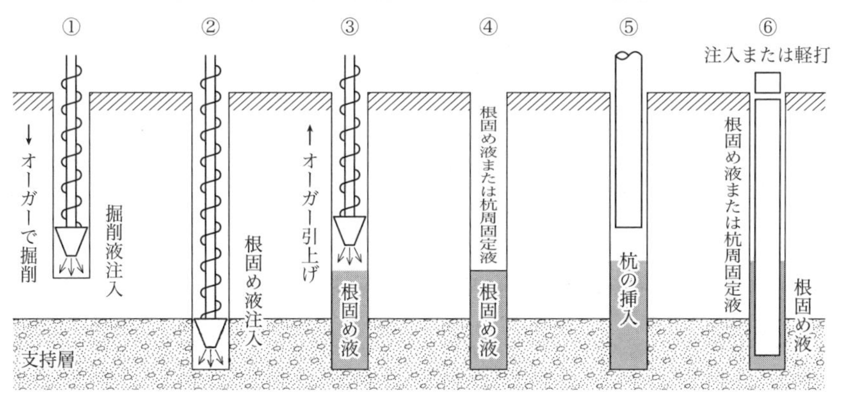

プレボーリング根固め工法

3. 鉄骨の溶接部において、溶接線が重ならないよう空けた穴をスカラップと言う。近年はスカラップは断面欠損や応力集中などが起こるため、強度低下を招くことから、スカラップのない施工法が採られるようになった。これをノンスカラップ工法という。

4. あと詰め中心塗り工法とは、基礎上面の中央部にだけモルタルを塗り、建方を行い、修正完了後にグラウト（モルタル）を周囲面に後詰めする工法。

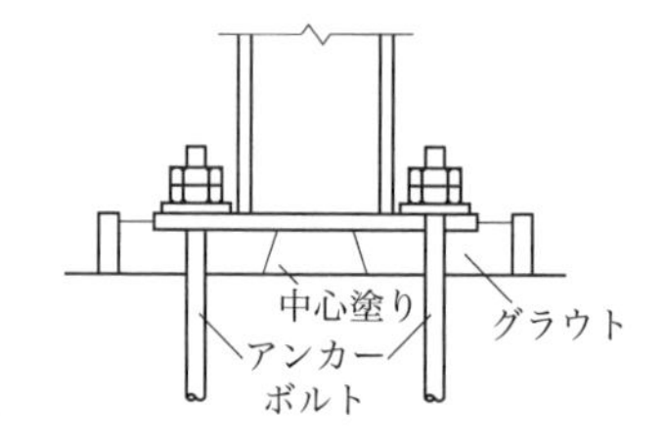

5. （JASS19. 3. 1. 2. a (2)）外壁への二丁掛けタイルの貼り付けは、特記のない場合、改良圧着張り、改良積上げ張り、密着張りの中から工事監理者と協議のうえ決定する。

正解 3

R05	R04	R03	R02	R01	H30	H29

問題 04 Ⅳ 23 建築工事に用いられる工法及び機械・器具に関する次の記述のうち、**最も不適当な**ものはどれか。

1. 杭工事において、地盤が軟弱であったので、地盤アンカー工法を採用した。
2. 防水工事において、におい対策に有効なトーチ工法を採用した。
3. 土工事において、掘削機械が置かれている地面よりも高い位置の土砂の掘削に、パワーショベルを使用した。
4. 鉄筋工事において、鉄筋の切断にシヤーカッターを使用した。
5. 鉄骨工事において、トルシア形高力ボルトの一次締付けに電動式インパクトレンチを使用した。

解説 地盤アンカー工法は、山留め工事のひとつで、切ばりや支柱の代わりにアンカーで山留め壁を支持する工法である。

2. トーチ工法（改質アルファシート防水）は、表面に改質アスファルト層を付けたルーフィングシートをトーチバーナーで加熱し、改質アスファルトを溶解させながら、下地に接着させる防水工法である。

3. パワーショベルに対して、掘削機械の設置面より下方の掘削はバックホウを使用する。

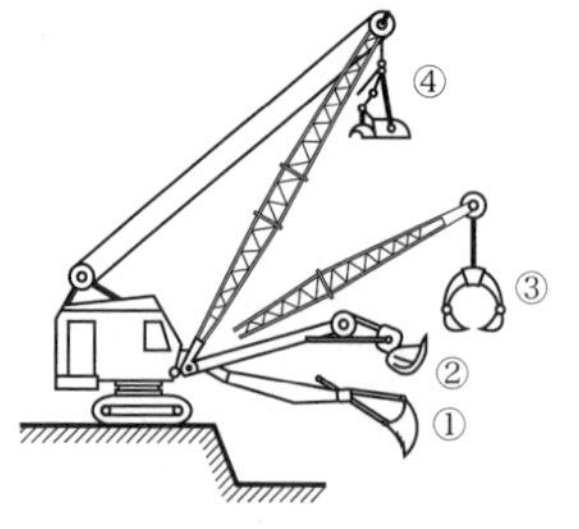

掘削用機械のアタッチメント
①バックホウ（ドラッグショベル）
②パワーショベル
③クラムシェル
④ドラッグライン

正解 1

学科Ⅳ

26 積算

R05	R04	R03	R02	R01	H30	H29

問題01 Ⅳ24 建築積算に関する次の記述のうち、**最も不適当な**ものはどれか。

1. 共通仮設費は、各工事種目に共通の仮設に要する費用である。
2. 現場管理費は、工事施工に当たり、工事現場を管理運営するために必要な費用で、共通仮設費以外の費用である。
3. 一般管理費等は、工事施工に当たる受注者の継続運営に必要な費用で、一般管理費と付加利益等からなる。
4. 消費税等相当額は、工事価格に消費税及び地方消費税相当分からなる税率を乗じて算定する。
5. 共通費は、共通仮設費、現場管理費及び直接工事費に区分される。

解説 共通費は、共通仮設費、現場管理費、一般管理費で、直接工事費は含まれない。

正解 5

R05	R04	R03	R02	R01	H30	H29

問題02 Ⅳ24 建築積算に関する次の記述のうち、**最も不適当な**ものはどれか。

1. 共通仮設は、複数の工事種目に共通して使用する仮設をいう。
2. 直接仮設は、工事種目ごとの複数の工事科目に共通して使用する仮設をいう。
3. 専用仮設には、コンクリート足場が含まれる。
4. 直接仮設には、遣方(やりかた)や墨出しが含まれる。
5. 共通仮設には、土工事における山留めが含まれる。

解説 仮設には共通仮設と直接仮設がある。共通仮設は工事期間のほとんどを通じて複数の工事に共通して使用する仮設で、仮囲いや仮設建築物、工事用電気設備・給排水設備などがある。一方、直接仮設は工事実施にあたり、各工事別に直接必要な仮設で、遣方・足場、揚重設備、構台、災害防止設備などがある。山留めは直接仮設である。

正解 5

R05	R04	R03	R02	R01	H30	H29

問題 03 Ⅳ 24　建築積算に関する次の記述のうち、**最も不適当な**ものはどれか。

1. 工事費の積算は、建築工事、電気設備工事、機械設備工事及び昇降機設備工事等の工事種別ごとに行う。
2. 工事費は、直接工事費、共通費及び消費税等相当額に区分して積算する。
3. 直接工事費については、設計図書の表示に従って各工事種目ごとに区分する。
4. 共通費については、共通仮設費、現場管理費及び一般管理費等に区分する。
5. 共通仮設費は、各工事種目ごとに必要となる仮設に要する費用とする。

解説　共通仮設費は、各工事種目ごとの内容を一つにまとめ、一式として計上する。

正解 5

R05	R04	R03	R02	R01	H30	H29

問題 04 Ⅳ 24　建築積算に関する次の記述のうち、**最も不適当な**ものはどれか。

1. 工事費は、工事価格に消費税等相当額を合わせたものをいう。
2. 一般管理費等には、現場管理費は含まれない。
3. 直接工事費には、直接仮設及び下請経費は含まれない。
4. 共通仮設費には、現場事務所などの施設に要する仮設建物費が含まれる。
5. 直接仮設は、工事種目ごとの複数の工事科目に共通して使用する仮設をいう。

解説（公共住宅建築工事積算基準）直接工事費は、工事目的物を作るために直接必要とする費用で、直接仮設は含むが、下請け経費は含まない。

正解 3

R05	R04	R03	R02	R01	H30	H29

問題 05 Ⅳ 24　建築積算の用語に関する次の記述のうち、**最も不適当な**ものはどれか。

1. 設計数量は、設計図書に記載されている個数及び設計寸法から求めた長さ、面積、体積等の数量をいう。
2. 所要数量は、定尺寸法による切り無駄や、施工上やむを得ない損耗を含んだ数量をいう。
3. 計画数量は、設計図書に基づいた施工計画により求めた数量をいう。
4. 共通仮設は、複数の工事種目に共通して使用する仮設をいう。
5. 直接仮設は、工事種目ごとの工事科目で単独に使用する仮設をいう。

解説　1.（公共建築数量積算基準 1. 3 (1)）設計図書に表示されている個数や、設計寸法から求めた正味の数量をいい、大部分の施工数量がこれに該当し、材料のロス等については単価の中で考慮する。

2. （公共建築数量積算基準 1. 3 (3)）定尺寸法による切り無駄や、施工上やむを得ない損耗を含んだ数量をいい、鉄筋、鉄骨、木材等の数量がこれに該当する。

3. （公共建築数量積算基準 1. 3 (2)）設計図書に表示されていない施工計画に基づいた数量をいい、仮設や土工の数量等がこれに該当する。

4. （公共建築数量積算基準 2 (1)）共通仮設とは、複数の工事種目に共通して使用する仮設をいう。

5. （公共建築数量積算基準 2 (2)）直接仮設とは、各工事種目ごとの複数の工事科目に共通して使用する仮設をいう。

正解 5

R05	R04	R03	R02	R01	H30	H29

問題 06 Ⅳ 24　建築積算に関する次の記述のうち、建築工事建築数量積算研究会「建築数量積算基準」に照らして、**最も不適当な**ものはどれか。

1. 外部本足場の数量は、足場の中心（構築物等の外壁面から 1.0 m の位置）の水平長さと構築物等の上部までの高さによる面積として算出した。
2. 土工事における土砂量は、地山数量とし、掘削による増加や締固めによる減少は考慮しないで算出した。
3. 鉄骨工事における形鋼、鋼管及び平鋼の所要数量は、設計数量の 5% 増しとして算出した。
4. シート防水の数量は、シートの重ね代（しろ）の面積を加えて算出した。
5. 壁仕上げ塗装で開口部の面積が 1 箇所当たり 0.5 m^2 以下は、開口部による主仕上の欠除はないものとして算出した。

解説　シート防水の数量において、シートの重ね代の面積は加えない。　正解 4

R05	R04	R03	R02	R01	H30	H29

問題 07 Ⅳ 24　工事費の構成において、A～C に該当する用語の組合せとして、**最も適当な**ものは、次のうちどれか。

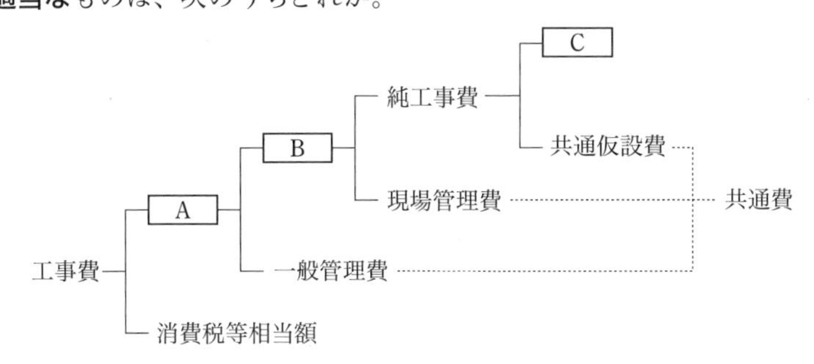

	A	B	C
1.	工事原価	工事価格	直接工事費
2.	工事原価	直接工事費	工事価格
3.	直接工事費	工事原価	工事価格
4.	工事価格	直接工事費	工事原価
5.	工事価格	工事原価	直接工事費

解説　工事費の構成は図の通り。

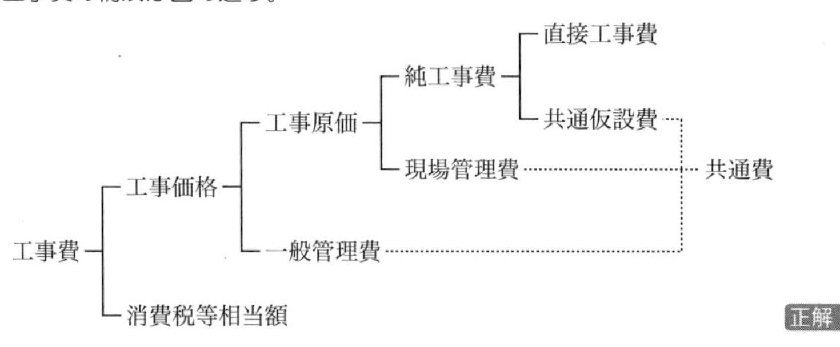

正解 5

学科Ⅳ

27 測量

R05	R04	R03	R02	R01	H30	H29

問題 01 Ⅳ 23　測量に関する次の記述のうち、**最も不適当な**ものはどれか。

1.　傾斜地の距離測量において、傾斜地の高いほうから低いほうへ下がりながら測定する降測法を用いた。
2.　平板測量において、敷地内に建築物があり、見通しが悪いので放射法により測量した。
3.　真北の測定において、測量した場所の磁針偏差を調べて真北を求めた。
4.　水準測量において、高低差が大きかったので、レベルを据え付ける位置を変えながら測量した。
5.　トラバース測量において、閉合トラバースの測角誤差が許容誤差以内であったので、それぞれの角に等しく配分して調整した。

解説　放射法は見通しの良い地形に用いられるのに対して、進測法は見通しの悪い地形に用いられる。

1.　傾斜地の距離測量には、登測法と降測法がある。降測法のほうが、作業が容易で比較的精度の高い測定が可能なため、一般的に多く用いられる。
3.　磁北と真北とのずれを磁針偏差という。磁針偏差を用いて磁北を補正し、真北を求める。

正解 2

R05	R04	R03	R02	R01	H30	H29

問題 02 Ⅳ 23　閉合トラバースの内角を測定した結果、図に示す実測値を得た。測角誤差の値として、**正しい**ものは、次のうちどれか。

1.　6″
2.　16″
3.　26″
4.　36″
5.　46″

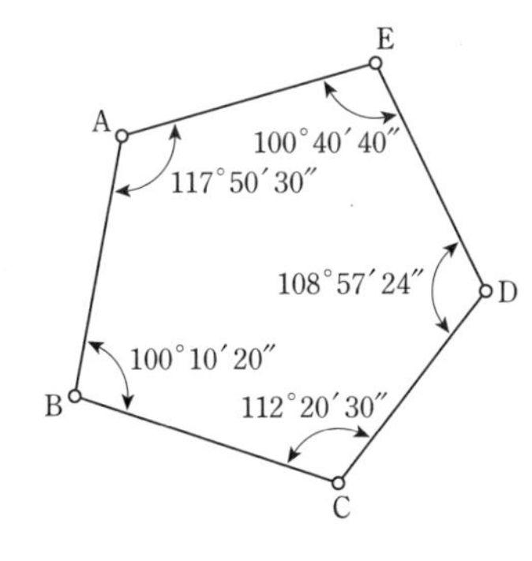

解説　五角形の内角の和は、180°×5－360°＝540° 0′ 0″である。図の場合、内角の実測値の総和は、117° 50′ 30″＋100° 40′ 40″＋108° 57′ 24″＋112° 20′ 30″＋100° 10′ 20″＝539° 59′ 24″となる。従って、測角誤差は、540° 0′ 0″－539° 59′ 24″＝0° 0′ 36″となる。　**正解 4**

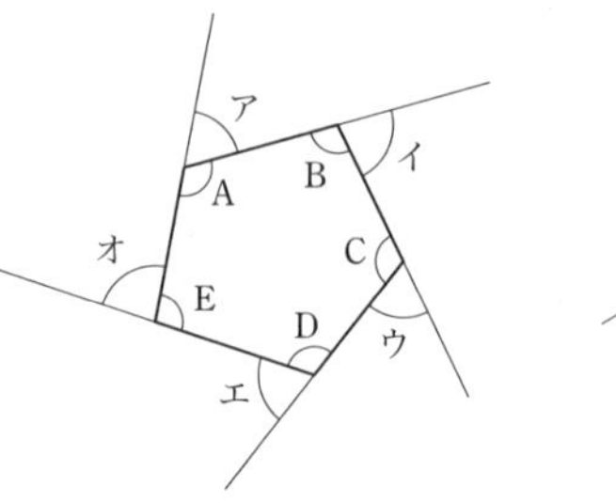

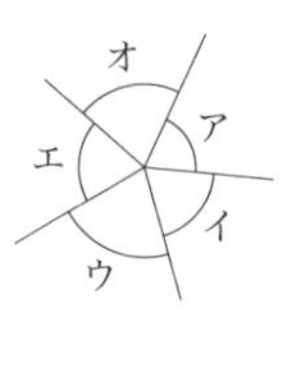

∠A＋∠B＋∠C＋∠D＋∠E
＝180°×5－∠ア＋∠イ＋∠ウ＋∠エ＋∠オ
＝900°－360°＝540°

R05	R04	R03	R02	R01	H30	H29

問題 03 Ⅳ 23　図に示す高低測量において、A 点の標高が 2.0 m であった場合、D 点の標高として、**正しい**ものは、次のうちどれか。

1.　3.2 m
2.　3.4 m
3.　3.6 m
4.　3.8 m
5.　4.0 m

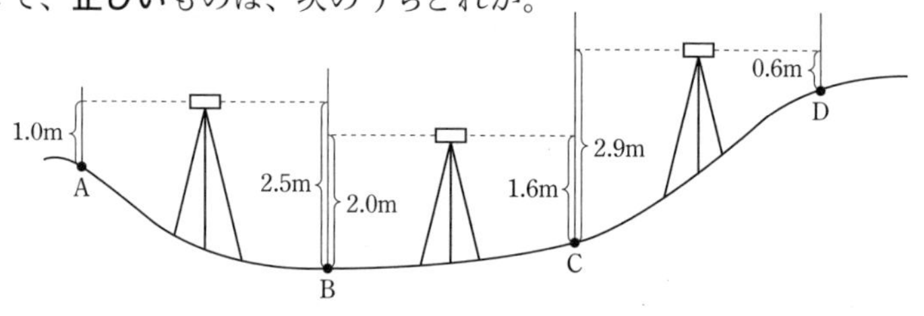

解説　2 点 A, B の差 h を高低差といい、A 点の標尺の読みを後視（back sight：B.S）、B 点の標尺の読みを前視（fore sight：F.S）という。A 点の標高を h_A とすると、B 点の標高 h_B は以下のようになる。

$h_B = h_A +$（B.S － F.S）……（1）

点の標高 $h_D = 2 + (1.0 + 2.0 + 2.9) - (2.5 + 1.6 + 0.6) = 3.2$　　∴ 3.2 m

C 点の標高 $h_C = 2 + (1.0 + 2.0) - (2.5 + 1.6) = 0.9$　　∴ 0.9 m

（1）より

B 点の標高 $h_B = 2 + (1.0) - (2.5) = 0.5$　　∴ 0.5 m

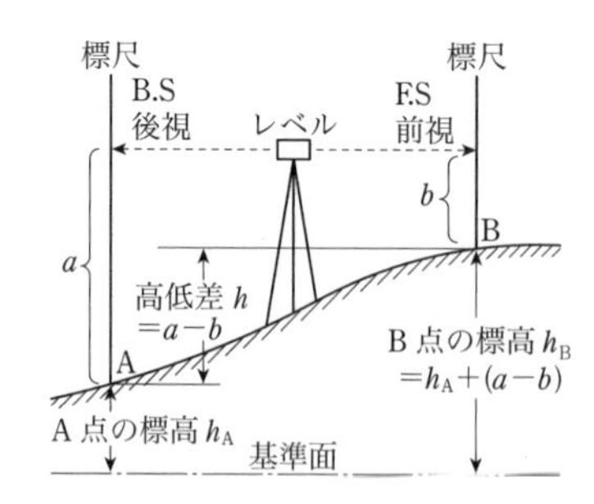

正解 1

学科Ⅰ
学科Ⅱ
学科Ⅲ
学科Ⅳ

【学科Ⅳ】

28 工事契約・仕様書

R05	R04	R03	R02	R01	H30	H29

問題 01 Ⅳ 25 請負契約に関する次の記述のうち、中央建設業審議会「民間建設工事標準請負契約約款（甲）」（令和4年9月改正）に照らして、**最も不適当なもの**はどれか。

1. 請負代金額を変更するときは、原則として、工事の減少部分については監理者の確認を受けた請負代金内訳書の単価により、増加部分については時価による。
2. 受注者は、監理者の処置が著しく適当でないと認められるときは、発注者に対して異議を申し立てることができる。
3. 受注者は、契約を締結した後、速やかに請負代金内訳書及び工程表を発注者に、それぞれの写しを監理者に提出し、請負代金内訳書については、監理者の確認を受ける。
4. 発注者又は受注者は、工事について発注者、受注者間で通知、協議を行う場合は、契約に別段の定めのあるときを除き、原則として、通知は監理者を通じて、協議は監理者を参加させて行う。
5. 受注者は、契約の履行報告につき、設計図書に定めがあるときは、その定めるところにより監理者に報告しなければならない。

解説 （民間（七会）連合協定 工事請負契約約款第11条）受注者は、この契約の履行報告につき、設計図書等に定めがあるときは、その定めに従い発注者に報告しなければならない。

正解 5

R05	R04	R03	R02	R01	H30	H29

問題 02 Ⅳ 25 中央建設業審議会「民間建設工事標準請負契約約款（甲）」における監理者が行う業務に関する次の記述のうち、**最も不適当なもの**はどれか。

1. 設計図書等の内容を把握し、設計図書等に明らかな矛盾、誤謬（ごびゅう）、脱漏、不適切な納まり等を発見した場合は、受注者に通知する。
2. 設計内容を伝えるため発注者と打ち合わせ、適宜、この工事を円滑に遂行するため、必要な時期に説明用図書を発注者に交付する。
3. 受注者から工事に関する質疑書が提出された場合、設計図書等に定められた品質確保の観点から技術的に検討し、当該結果を受注者に回答する。

4. 設計図書等の定めにより受注者が作成、提出する施工計画について、設計図書等に定められた工期及び品質が確保できないおそれがあると明らかに認められる場合には、受注者に対して助言し、その旨を発注者に報告する。
5. 工事と設計図書等との照合及び確認の結果、工事が設計図書等のとおりに実施されていないと認めるときは、直ちに受注者に対してその旨を指摘し、工事を設計図書等のとおりに実施するよう求めるとともに発注者に報告する。

解説 (民間建設工事標準請負契約約款（甲）第九条1項二号) 設計内容を伝えるため受注者と打ち合わせ、適宜、この工事を円滑に遂行するため、必要な時期に説明用図書を受注者に交付する。 正解 2

R05	R04	R03	R02	R01	H30	H29

問題 03 IV 25 請負契約に関する次の記述のうち、中央建設業審議会「民間建設工事標準請負契約約款（甲）」に照らして、**最も不適当な**ものはどれか。

1. 発注者は、工事が完成するまでの間は、必要があると認めるときは、書面をもって受注者に通知して工事を中止することができる。
2. 受注者は、発注者及び監理者立会いのもと、法定検査を受ける。
3. 工事を施工しない日又は工事を施工しない時間帯を定める場合は、その内容を契約書に記載する。
4. 発注者は、工期の変更をするときは、変更後の工期を建設工事を施工するために通常必要と認められる期間に比して著しく短い期間としてはならない。
5. 受注者は、工事現場における施工の技術上の管理をつかさどる監理技術者又は主任技術者を定め、書面をもってその氏名を発注者に通知する。

解説 発注者は、受注者及び監理者立会いのもと、法定検査を受ける。 正解 2

R05	R04	R03	R02	R01	H30	H29

問題 04 IV 25 中央建設業審議会「民間建設工事標準請負契約約款（甲）」(平成29年7月改正) 上、**設計図書に含まれない**ものは、次のうちどれか。

1. 仕様書
2. 設計図
3. 施工図
4. 現場説明書
5. 質問回答書

解説 民間建設工事請負契約書には、設計図書として設計図、仕様書、現場説明書、

質問回答書がある。 正解 3

R05	R04	R03	R02	R01	H30	H29

問題 05 Ⅳ 25 請負契約に関する次の記述のうち、中央建設業審議会「民間建設工事標準請負契約約款（甲）」に照らして、**最も不適当な**ものはどれか。

1. 受注者は、図面若しくは仕様書の表示が明確でないことを発見したときは、直ちに書面をもって発注者に通知する。
2. 契約書及び設計図書に、工事中における契約の目的物の一部の発注者による使用についての定めがない場合、発注者は、受注者の書面による同意がなければ、目的物の一部の使用をすることはできない。
3. 発注者は、必要があると認めるときは、書面をもって受注者に通知して工事を中止し、又は契約を解除することができる。
4. 受注者が正当な理由なく、着手期日を過ぎても工事に着手しないときは、発注者は、受注者に損害の賠償を請求することができる。
5. 受注者は、工事の追加又は変更があるときは、発注者に対して、その理由を明示して、必要と認められる工期の延長を請求することができる。

解説 請負者は図面又は仕様書について疑を生じたとき、その部分の着手前に、監理技師（監理技師をおかない場合は発注者）の指図をうけ、重要なものは、請負者・監理技師と協議して定める。

2. （第 26 条要約）工事中におけるこの契約の目的物の一部の発注者による使用については、契約書および設計図書に別段の定めのない場合、発注者は、部分使用に関する監理者の技術的審査を受けた後、工期の変更及び請負代金額の変更に関する受注者との事前協議を経た上、受注者の書面による同意を得なければならない。
3. （第 34 条）発注者は、必要があると認める場合は、書面をもって受注者に通知して工事を中止し、又はこの契約を解除することができる。この場合、発注者は、これによって生じる受注者の損害を賠償する。
4. （第 34 条 2、第 34 条 2. 一要約）受注者が正当な理由なく、着手期日を過ぎても工事に着手しないとき、発注者は、書面をもって受注者に通知して工事を中止し、又はこの契約を解除することが出来る。
5. （31 条 5）受注者は、この契約に別段の定めのあるほか、工事の追加又は変更、不可抗力、関連工事の調整、近隣住民との紛争その他正当な理由があるときは、発注者に対して、その理由を明示して、必要と認められる工期の延長を請求することができる。

正解 1

R05	R04	R03	R02	R01	H30	H29

問題 06 Ⅳ 25* 請負契約に関する次の記述のうち、民間七会連合協定「工事請

負契約約款」に照らして、**最も不適当な**ものはどれか。

1.　工事請負契約約款の各条項に基づく協議、承諾、承認、確認、通知、指示、請求等は、原則として、書面により行う。
2.　受注者は、工事請負契約を締結したのち速やかに工程表を発注者及び監理者に提出する。
3.　受注者は、工事現場における施工の技術上の管理をつかさどる監理技術者又は主任技術者を定め、書面をもってその氏名を発注者に通知する。
4.　請負代金額を変更するときは、工事の増加部分については監理者の確認を受けた請負代金内訳書の単価により、減少部分については変更時の時価による。
5.　発注者が前払又は部分払を遅滞したとき、受注者は、発注者に対し、書面をもって、相当の期間を定めて催告してもなお解消されないときは、この工事を中止することができる。

解説（民間（七会）連合協定工事請負契約約款第 29 条 (2)）請負代金額を変更するときは、原則として、この工事の減少部分については監理者の確認を受けた請負代金内訳書の単価により、増加部分については変更時の時価による。　正解 4

R05	R04	R03	R02	R01	H30	H29

問題 07 IV 25 *　請負契約に関する次の記述のうち、民間七会連合協定「工事請負契約約款」に照らして、**最も不適当な**ものはどれか。

1.　施工のため第三者に損害を及ぼしたときは、発注者の責めに帰すべき事由により生じたものを除き、受注者の負担とする。
2.　受注者は、発注者に対して、工事内容の変更（施工方法等を含む。）に伴う請負代金の増減額を提案することができない。
3.　受注者は、工事の施工中、この工事の出来形部分と工事現場に搬入した、工事材料、建築設備の機器などに火災保険又は建設工事保険を付し、その証券の写しを発注者に提出する。
4.　発注者は、受注者、監理者又は設計者（その者の責任において設計図書を作成した者をいう。）の求めにより、設計意図を正確に伝えるため設計者が行う質疑応答又は説明の内容を受注者及び監理者に通知する。
5.　契約を解除したときは、発注者が工事の出来形部分並びに検査済みの工事材料及び設備の機器（有償支給材料を含む。）を引き受けるものとして、発注者及び受注者が協議して清算する。

解説（民間（七会）連合協定工事請負契約約款第 28 条 (3)）受注者は、発注者に対してこの工事の内容の変更及び当該変更に伴う請負代金の増減額を提案することができる。この場合、受注者は、発注者及び監理者と協議の上、発注者の書面による承認を得た場合には、工事の内容を変更することができる。 正解 2

監修：一般社団法人 全日本建築士会
良質な建築士の育成、建築文化の発展を目的とする国土交通省所管の社団法人

編者：建築資格試験研究会

● 担当メンバー

小山将史（こやま まさし）――学科Ⅰ（建築計画）、学科Ⅲ（建築構造）
磯村俊和（いそむら としかず）――学科Ⅰ（建築計画）、学科Ⅲ（建築構造）
山岡　徹（やまおか とおる）――学科Ⅱ（建築法規）、学科Ⅲ（建築構造）
塩塚義夫（しおつか よしお）――学科Ⅳ（建築施工）、学科Ⅲ（建築構造）
景山公三（かげやま こうぞう）――学科Ⅳ（建築施工）、学科Ⅲ（建築構造）

二級建築士試験
出題キーワード別問題集　2024年度版

2024年1月1日　2024年度版第1刷発行

監　修　　一般社団法人 全日本建築士会
編　者　　建築資格試験研究会

発行者　　井口夏実
発行所　　株式会社 学芸出版社
京都市下京区木津屋橋通西洞院東入
TEL.075(343)0811　〒600-8216
http://www.gakugei-pub.jp/
info@gakugei-pub.jp
編集担当　中木保代

装　丁　　KOTO DESIGN Inc. 山本剛史
印　刷　　亜細亜印刷
製　本　　亜細亜印刷

ISBN978-4-7615-0354-3
Printed in Japan